OpenCV로 배우는
영상처리 및 응용

정성환 · 배종욱 지음

생능출판

OpenCV로 배우는 영상 처리 및 응용

초판발행 2017년 3월 3일
제1판4쇄 2020년 3월 12일

지은이 정성환, 배종욱
펴낸이 김승기
펴낸곳 (주)생능출판사 / **주소** 경기도 파주시 광인사길 143
출판사 등록일 2005년 1월 21일 / **신고번호** 제406-2005-000002호
대표전화 (031)955-0761 / **팩스** (031)955-0768
홈페이지 www.booksr.co.kr

책임편집 김민보 / **편집** 신성민, 유제훈, 명하나, 권소정 / **디자인** 유준범
마케팅 최복락, 김민수, 심수경, 차종필, 백수정, 최태웅, 김범용, 김민정
인쇄 · 제본 (주)상지사P&B

ISBN 978-89-7050-894-8 93000
정가 35,000원

머리말

오늘날 스마트폰의 급격한 보급과 활용 덕분에 이제는 어디에서나 누구든지 쉽게 영상 (image)을 촬영할 수 있습니다. 또한 영상 처리와 컴퓨터 비전 기술이 맞물려서, 기존에 바코드를 인식하는 기술 수준에서 이제는 상품의 영상을 바로 인식하는 기술, 단말기를 통하지 않고 카메라를 통하여 신용 카드의 종류와 번호를 바로 인식하는 등의 기술로 발전하였습니다. 또한 최근 페이스북(Facebook)에서 딥 러닝(deep learning) 기술을 기반으로 4백만 가지의 얼굴 영상으로 훈련시켜 사람의 눈과 같은 수준으로 얼굴을 인식하는 딥페이스(deepface)와 같은 기술까지 등장하는 등, 첨단 영상 처리와 컴퓨터 비전의 응용이 계속 새롭게 발전하고 있습니다.

어떠한 운동이든 기초가 잘 다듬어져야, 더 높은 기술의 수준으로 나아 갈 수 있습니다. 영상 처리 관련 기술들의 빠른 발전 속에서 카메라에 입력된 영상을 근본적으로 어떻게 처리하는지에 대한 기본적인 영상 처리 이론을 알아보는 것은 매우 중요한 일입니다. 그러나 영상 처리의 기본 지식의 이해가 중요하다는 것만 알고 그냥 이론적으로만 배운다면, 실제 영상처리 문제 해결과 괴리가 있을 수밖에 없습니다.

하지만 초보자가 영상 처리 알고리즘을 실제로 구현하는 것 또한 어려운 일입니다. 따라서 만일 우리가 영상 처리의 기본 이론을 쉽게 구현해 볼 수 있는 여건이 된다면, 실제적인 영상 처리 관련 문제 해결에 대한 능력을 높일 수가 있습니다.

OpenCV는 오픈소스 라이브러리로 공개되어 누구나 사용할 수 있습니다. 그리고 다행히 OpenCV에는 영상 처리와 관련된 많은 함수가 이미 구현되어 있어서, 영상처리 이론을 쉽게 구현해 볼 수 있는 멋진 기회를 제공합니다.

이 책은 영상처리의 기본적인 이론의 소개와 OpenCV를 사용한 그 이론의 구현으로 구성되어 있습니다. 비유를 든다면 한 손은 설계도면 정보가, 다른 한 손은 연장이 주어진 학습자의 멋진 환경과 같다고 볼 수 있습니다. 독자들은 이 책을 따라 영상 처리 이론을 알아가면서, OpenCV 라이브러리라는 연장을 가지고 직접 그 이론을 쉽게 구현하여 실제 영상 처리를 경험해 볼 수 있습니다.

이 책은 독자들에게 영상처리의 기본 이론과 응용 분야에서 실제 도움이 되기를 바라는 마음에서 다음과 같이 3개의 부, 12개의 장으로 구성하였습니다.

- 제1부: 영상처리 개요 및 OpenCV 소개
- 제2부: 영상처리와 OpenCV 함수 활용
- 제3부: 영상처리 응용 사례

각 부로 나눈 이유는 영상처리 이론을 단계적으로 이해하는, 동시에 OpenCV를 사용해 영상처리 이론을 구현해 본 기회를 독자들에게 제공하고자 함입니다. 가능하다면 독자들도 실제로 주어진 프로그램 코드를 가지고 구현해 보는 기회를 가지기를 권합니다. 각 부와 장들에 대한 연계 로드맵은 다음과 같습니다.

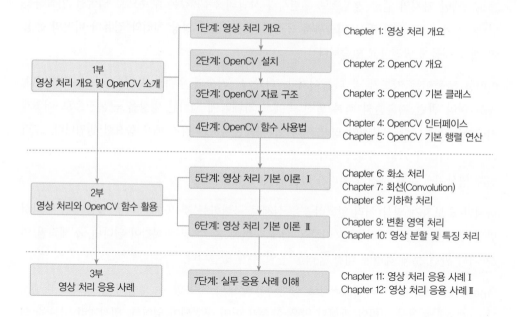

이 책을 대학 교재로 사용할 경우에, 강사는 제1부와 제2부는 차례로 진행하고, 제3부는 학생들에게 팀 프로젝트의 주제(Topic) 제공할 수 있습니다. 즉, 주어진 기본 프로그램 코드의 이해와 추가적인 기능의 향상을 팀 프로젝트로 제시할 수 있습니다. 이 책을 사용하여 독자들이 차례대로 따라간다면 영상 처리 이론뿐만 아니라 OpenCV의 영상 처리 관련 함수의 이해와 사용법까지 알 수 있어서 다음과 같은 효과를 동시에 얻을 수 있습니다.

- 첫째, 영상 처리의 기본 이론을 학습할 수 있고, OpenCV의 설치, OpenCV의 구조

등을 파악할 수 있습니다.

- 둘째, 영상 처리 관련 OpenCV의 함수를 이해할 수 있고, 이를 활용하여 영상 처리의 기본 이론을 구현해 볼 수 있습니다.
- 셋째, 영상 처리 및 컴퓨터 비전 응용 문제들에 대한 팀 프로젝트의 기회를 제공해, 기초적인 실무 경험의 기회를 제공할 수 있습니다.

오늘날과 같은 인터넷 시대가 아니면 이 책의 집필은 불가능하였을 것입니다. 독일에서 연구년을 보내는 본인과 한국에서 공동 저자인 배 박사의 열정으로 이 책을 완성하였습니다. 이 책의 대부분의 영상들은 독일에서 연구년을 보내면서 주변에서 촬영한 스위스와 독일의 아름다운 정경들입니다. 이 책을 통하여 영상 처리의 이론을 먼저 이해하고, 주어진 프로그램 코드의 처리를 그냥 눈으로만 읽고 끝내지 말기를 다시 한 번 권합니다. 만일 독자들이 실제로 컴퓨터에 프로그램 코드를 옮겨 실행한 결과를 확인한다면, 영상 처리가 저 멀리 있는 것이 아니라 바로 독자들의 손 안에 있을 것입니다.

마지막으로, 이 책이 독자들에게 영상 처리의 이론과 함께 OpenCV 구현을 통한 영상처리의 실제적 이해에 조금이나마 도움이 된다면, 저자인 저희들에게 큰 보람이 될 것입니다. 이 책이 나오기까지 도움을 주신 생능출판사 사장님과 김민수 이사님, 임직원 여러분께 감사드립니다.

2016년 12월, 대한민국의 안정과 조국의 새로운 도약을 기원하면서...
봉림골 교정에서
정성환, 배종욱 드림— D.S.G.

이 책의 특징

● **그림을 통한 중요 개념 설명**

OpenCV의 자료구조와 함수들을 포함한 중요한 개념들을 다양한 그림을 통해서 쉽게 설명하였다.

● **OpenCV 함수에 대한 자세한 설명**

OpenCV에서 제공하는 함수의 인수 구조와 인수의 사용법을 표를 통해서 자세히 설명하였다.

● **다양한 OpenCV 예제 제공**

OpenCV 함수와 클래스를 활용할 수 있도록 다양한 기본 예제와 심화 예제를 제공하였다.

● **기본 영상 처리 알고리즘의 구현**

OpenCV에서 제공하는 기본 영상 처리 알고리즘을 직접 구현해서 제공하였으며, 이를 이용해서 영상처리 이론의 습득은 물론 OpenCV의 함수 사용법도 익힐 수 있다.

● **응용편을 통한 팀 프로젝트 주제 및 소스 제공**

영상 처리를 실제 응용할 수 있는 응용 예제들을 제공하였다. 이를 통해서 학기말 팀 프로젝트를 수행할 수 있으며, 실제적인 영상처리 및 컴퓨터 비전 실무 프로그램을 만들 수 있다.

● **다양한 수준의 연습문제의 제공**

연습문제는 주로 OpenCV 함수 및 영상 처리 알고리즘의 개념을 이해하고 풀 수 있는 기본 문제들을 제공하였다. 그리고 교재 내의 예제들을 확장한 심화 문제들도 추가되어 있다.

강의 계획표 예시

이 책은 1학기 분량의 강의의 경우, 15주로 가정하여 다음과 같이 진행할 수 있다. 1장과 2장은 합쳐서 한 주로 구성할 수 있으며, 6장, 7장은 2주에 걸쳐서 강의하는 것이 바람직하다.

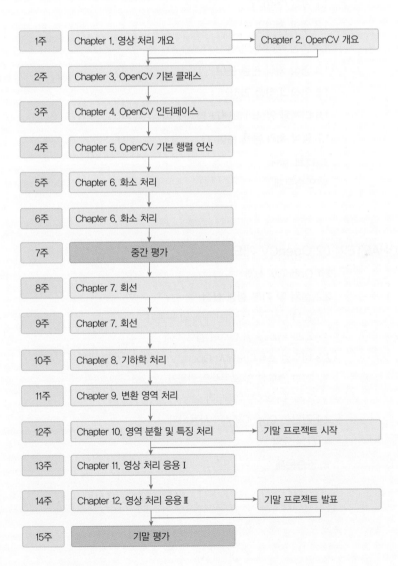

차례

CHAPTER 03 OpenCV의 기본 자료 구조

PART 02 영상 처리와 OpenCV 함수 활용

CHAPTER 06 화소 처리

PART 03 영상처리 응용 사례

PART 01

영상 처리 개요 및 OpenCV 소개

CHAPTER 01

영상 처리 개요

나르시서스(Narcissus) - 이미지와 사랑

인간은 시각적인 존재이다. 눈을 통해 시각적 이미지를 만들어 내고, 이미지를 매체로 대상을 인식한다. 청춘 남녀의 '첫눈에 반한 사랑'은 이미지가 사람에게 미치는 영향이 대단함을 말해주는 대표적인 사례이다. 그 외에도 '첫인상(이미지)의 중요성', '이미지 관리' 등 이미지가 사람에게 미치는 영향의 대단함을 나타내는 이야기들이 많이 있다.

나르시서스(Narcissus)는 물에 비친 자신의 아름다운 이미지(image-영상)를 보고 반하였다. 그리고 그곳에서 말라 죽었고, 그의 이름을 딴 수선화(Narcissus)가 그 자리에 피어났다. 다른 사람들에게 비치는 나 자신의 이미지는 어떤 모습일까? 영상 처리는 실제적인 이미지 처리이다.

01
영상 처리 개요

1.1 영상 처리란?

영상은 밝기와 색상이 다른 일정한 수의 화소(picture element)들로 구성된다. 영국의 윌트셔 출신의 알렉스 튜(Alex Tew)는 학비를 벌기 위해 2005년에 웹사이트를 개설하고, 1000×1000 크기의 화소 공간에 들어가는 100만 화소의 이미지를 팔았다. (http://www.milliondollarhomepage.com)

화소로 구성된 영상은 인간의 시각 정보처리에 중요한 대상이다. 요즘은 스마트폰의 급속한 보급으로 사진과 같은 디지털 영상을 쉽게 누구나 얻을 수 있다.

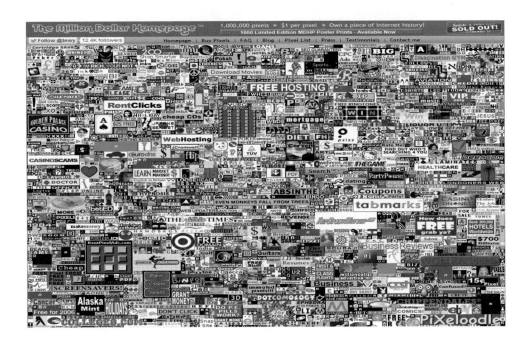

영상 처리(image processing)는 입력된 영상을 어떤 목적을 위해 처리하는 기술이다. 이전에는 광학장치를 사용한 아날로그 영상 처리를 하였다. 하지만, 오늘날 컴퓨터와 디지털 기술의 발전으로 인해, 대부분의 영상 처리는 디지털 영상 처리(digital image processing)를 가리킨다. 디지털 영상은 밝기 값과 위치 값을 가진 일정 수의 화소(pixel)들로 구성되어 있다. 결국 영상 처리는 어떤 목적을 위해 수학적 연산을 이용해 화소들에 대해 변화를 주는 것이다.

예로서, 〈그림 1.1.1〉의 왼쪽 상단에 있는 어두운 영상의 각 화소에 밝기 값 50을 더하는 연산을 통해, 오른쪽 상단과 같은 영상을 만들 수 있다. 또한 왼쪽 아래 밝은 영상의 화소에 밝기 값 50을 빼는 연산을 이용해 화소에 변화를 주어, 오른쪽 아래 영상과 같은 결과 영상을 얻을 수도 있다. 이와 같이 입력 영상인 어두운 사진 영상을 밝게 하기 위해 화소들의 값을 증가시키거나, 반대로 너무 밝은 사진 영상에 대해 화소들의 값을 줄여서 상대적으로 어두운 영상을 만드는 것이 영상 처리이다.

〈그림 1.1.1〉 영상 처리의 예

1.2 영상 처리의 수준

영상 처리는 영상을 입력받아서 어떤 목적을 위해 처리하여 새로운 영상을 얻는 기술이다. 이 과정에서 처리 결과인 출력이 영상 자체인 경우와 영상의 특성(attributes)인 경우로 크게 나눌 수 있다. 일반적으로 처리하고 난 결과가 영상인 경우는 기본적인 영상 처리기술인 '저수준 영상 처리(low-level image processing)'라고 한다. 예로서, 잡음을 제거하거나 영상을 사람들의 눈에 보게 좋게 향상시키는 영상 향상(image enhancement)처리 등을 들 수 있다. 여기에는 기본적인 화소에 대한 처리를 포함한 화소들이 모인 영역(윈도우)처리, 화소들의 위치에 변화를 주는 기하학처리, 화소의 공간영역에서 다른 변환영역으로 처리하는 변환영역 처리 등의 기본적인 영상 처리들이 있다. 본서에서는 저수준 영상 처리를 기본적으로 다루고, 3부 기타 응용편에서는 고수준 영상 처리도 함께 다룬다.

영상 처리 과정에서 출력이 영상이 아니라, 영상의 특성을 나타내는 영상 처리를 '고수준 영상 처리(high-level image processing)'라고 한다. 예로서, 영상분할, 특징추출, 영상표현, 물체 인식 등이 여기에 속한다. 이 경우는 영상 처리가 컴퓨터 비전 분야와 겹치게된다. 컴퓨터 비전은 영상을 분석해서 유용한 정보를 추출한다. 좁은 의미의 영상 처리는 기본적인 저수준 영상 처리를 가리킨다. 그러나 넓은 의미의 영상 처리는 저수준 영상 처리부터 고수준 영상 처리까지 모두 포함한다.

영상획득	
영상향상	
영상복원	저수준 영상 처리
변환처리	(좁은 의미의 영상 처리)
영상압축	
영상분할	
영상표현	고수준 영상 처리
영상인식	(컴퓨터 비전)

〈그림 1.2.1〉 영상 처리 분야

1.3 영상 처리의 역사

1920년대 초반에 런던과 뉴욕 간에 해저 케이블을 통하여 신문사들이 사진을 전송한 사례를 영상 처리의 시작으로 본다. 일주일 이상 걸렸던 사진 전송 시간이 두세 시간으로 시간을 단축할 수 있었다. 그러나 본격적인 영상 처리의 시작은 디지털 컴퓨터 및 관련된 기술들의 발전과 관련이 있다. 1940년대 폰 노이만(J. Von Neumann)의 디지털 컴퓨터의 개념을 시작으로, 1948년 트랜지스터, 1958년 IC (Inegrated Circuit), 1970년대 마이크로프로세서의 발명, 1980년대 VLSI (Very Large Scale Integration)과 같은 하드웨어의 발달과 1950~60년대 프로그램의 언어의 발달과 운영체제 등의 소프트웨어 기술에 힘입어 디지털 영상 처리가 실제로 가능하게 되었다.

또한 영상 처리는 미국의 유인 우주 탐사 계획인 아폴로 계획(1961~1972)과도 관련이 있다. 이 과정에서 1964년 미국 LA에 부근에 있는 JPL(Jet Propulsion Laboratory) 연구소에서 우주선에서 보내온 훼손된 영상의 복원 연구 과정에서 대학과 공동연구를 통해 본격적인 디지털 영상 처리가 시작되었다.

우주 탐사계획과 더불어, 1970년대는 CT(Computerized Tomography), MRI (Magnetic Resonance Imaging) 등의 의료 분야와 원격 자원 탐사 그리고 우주 항공과 관련하여 영상 처리 분야가 더욱 발전하였다. 그리고 1990년대 초반 브라우저 출시로부터 시작된 본격적인 인터넷 시대에 영상검색, 영상전송, 영상광고, 또한 디지털 방송과 관련하여 컴퓨터 그래픽스, 디지털카메라의 보급과 연관하여 컴퓨터 비전 등, 영상 처리는 그 응용 분야가 급속히 확장되어 갔다.

그 결과, 영상 처리는 우주 분야, 지질, 기상, 제품 검사, 항공 분야, 원격 탐사, 물리 및 전자 현미경, 방사선, 초음파 의료 분야, 영상 통신, 방송 분야 등, 오늘날 산업의 전 분야에 사용되지 않는 분야가 거의 없을 정도로 발전하였다. 또한 최근 스마트폰의 보급으로 스마트폰에 내장된 카메라로 누구나 영상을 쉽게 얻을 수 있는 새로운 환경이 되었다. 따라서 영상을 처리하는 영상 처리 기술은 모든 곳에서 쉽게 만날 수 있게 되었다.

1.4 영상 처리 관련 분야

영상 처리는 컴퓨터 비전, 컴퓨터그래픽스 분야와 서로 관련이 있다. 이들 세 가지 분야의 영역들은 일부 내용이 겹쳐 있어서 구분하기가 때로는 명확하지 않을 수도 있다. 하지만, 입출력의 형태가 영상인지 아니면 영상과 관련된 서술(description)인지에 따라 크게 세 가지 분야로 분류할 수 있다.

영상 처리는 입력 영상을 처리하여 출력으로 처리된 영상을 얻는다. 그러나 컴퓨터 비전에서는 입력은 영상, 출력은 어떤 정보이다. 즉, 컴퓨터 비전은 기본적인 영상 처리를 바탕으로 영상에서 특정한 정보를 추출하여 처리하는 기술이다. 예로서, 얼굴 인식이 여기에 속한다. 얼굴 영상이 입력되면 그 얼굴이 누구인지를 인식한다. 또한 컴퓨터그래픽스는 컴퓨터 비전과 반대로 입력이 어떤 서술이고, 출력이 영상이다. 즉, 데이터를 사용하여 원하는 영상을 만들어 내는 기술이다. 예로서, CAD 프로그램을 사용하여 그리고자 하는 물체의 수치를 입력하면, 해당 물체의 그래픽 영상이 출력으로 생성된다. 이들 세 분야의 관계를 다음 〈그림 1.4.1〉에 개념적으로 간단히 나타내었다.

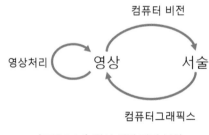

〈그림 1.4.1〉 영상 처리 관련 분야

1.5 영상의 형성 과정

영상은 위치 값과 밝기 값을 가진 일정한 수의 화소들의 모임으로 정의하였다. 영상을 $f(x, y)$로 표시하자. 여기서 (x, y)는 위치를 가리키는 좌표 값이다. 그리고 $f(\ )$는 해당 위치의 밝기 값이다. 예로서, 2차원 평면 $x=100$, $y=50$ 위치에 밝기 값이 128인 화소가 있다면, $f(100, 50) = 128$이 된다. 그러면 이와 같은 화소의 집합인 영상은 어떤 원리로 형성되는 것일까?

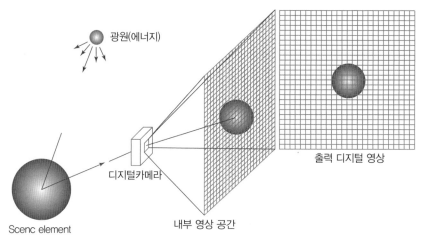

광원(에너지)

출력 디지털 영상

디지털카메라

내부 영상 공간

Scenc element

〈그림 1.5.1〉 디지털 영상 형성 과정

그림 〈1.5.1〉은 디지털 영상이 어떻게 형성되는가를 개념적으로 잘 설명해 준다. 그림과 같이 영상이 형성되기 위해서는 빛(에너지)이 물체에 비치고, 물체는 빛을 받는다. 그 물체에 비친 빛(에너지)의 일부가 반사되어 카메라 센서에 들어가 영상을 형성하게 만든다. 물체의 표면이 매끄러우면 빛이 많이 반사되어 카메라에 들어가고, 거칠면 빛의 일부가 카메라에 들어가게 될 것이다. 따라서 영상 $f(x, y)$는 다음과 같은 식으로 형성된다.

$$f(x, y) = i(x, y) * r(x, y)$$

여기서 $i(x, y)$는 물체에 비친 조명의 세기이며, $r(x, y)$는 반사계수로서 0과 1 사이의 값을 가진다. 또한 참고로, 〈그림 1.5.1〉의 디지털 영상 형성 과정에서 광원(에너지)은 주로 태양이나 조명과 같은 가시광선이 되겠지만, 그 종류에 따라 다양한 영상이 형성된다. 예로서, 광원이 적외선이면 적외선 영상을 얻게 된다. 광원의 주파수에 따라 다양한 영상들이 형성되며, 이것은 영상 처리 응용분야와 관련된다.

〈그림 1.5.1〉의 카메라 센서에 들어온 빛이 최종적인 디지털 영상을 형성하기 위해서는 표본화(sampling)와 양자화(quantization)란 두 단계가 필요하다. 카메라 센서에 감지된 값들은 아날로그 값이기에 무한개의 연속된 값을 가지고 있다. 따라서 먼저, 디지털카메라에 표시하기 위해 카메라 해상도에 해당되는 유한개의 화소의 수만큼 입력 값을 취한다. 이것을 표본화 혹은 샘플링(sampling) 단계라고 한다.

그리고 디지털카메라에서 제한된 비트 크기로 화소값을 나타내기 위해 밝기 값을 모두 다 나타낼 수는 없다. 예로서, 어떤 위치의 표본화된 화소값이 128.345라고 해도, 8비트 디지털 화소로 나타내는 경우에 128로만 나타난다. 이와 같이 표본화된 화소의 값을 디지털 화소로 표현하는 단계를 양자화(quantization) 단계라고 한다.

이 단계들을 영상의 1차원 단면을 사용하여 간단히 개념을 정리하면, 그림 〈1.5.2〉와 같다.

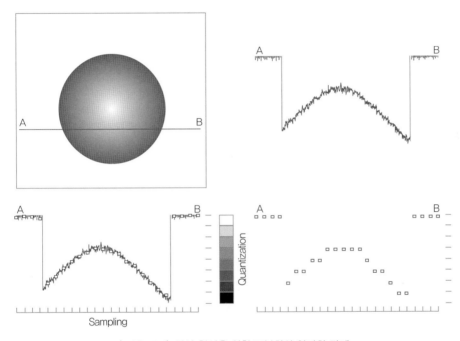

〈그림 1.5.2〉 영상 형성을 위한 표본화와 양자화 단계

카메라 센서에 입력된 값들은 〈그림 1.5.2〉의 오른쪽 위의 그림과 같이 아날로그 값으로 연속된 무한한 종류의 값을 가진다. 따라서 〈그림 1.5.2〉의 왼쪽 아랫부분의 그림과 같이 일정한 위치에서 카메라가 지원하는 해상도 수에 따라 표본화(sampling)하여 화소 수를 정한다. 그리고 아래 오른쪽 그림과 같이 표본화된 화소를 제한된 비트의 디지털 값으로 나타낸다.

1.6 디지털 영상의 표현과 영상 처리

표본화와 양자화 단계를 거친 영상은 〈그림 1.6.1〉과 같이 일정 수의 화소(pixel)들의 집합인 $M \times N$ 크기의 영상으로 표현된다. 그리고 원점의 위치는 $(x, y) = (0, 0)$인 왼쪽 위 코너에 있다.

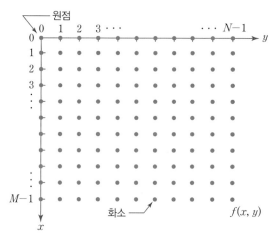

〈그림 1.6.1〉 디지털 영상의 공간 표현

표본화 수에 따라 세로, 가로의 크기인 M과 N이 결정된다. 그리고 각 화소의 양자화 수준에 따라 밝기 값의 수준(gray-level)이 정해진다. 만일 k 비트로 양자화되었다면, 밝기 값의 수준 $L = 2^k$를 가진다. 즉, 밝기 값은 0에서 $L-1$ 수준(단계)의 밝기 값들로 표현된다. 그러면 이 영상을 저장하기 위해 필요한 저장 공간의 크기는 얼마일까? 먼저 화소 수가 $M \times N$개이고, 한 개의 화소가 k 비트로 표현되므로, 필요한 저장 공간 $S = M \times N \times k$ 비트가 필요하다.

또한 화소들은 일반적으로 정숫값을 갖는 수들이므로, 〈그림 1.6.1〉은 수들의 집합인 매트릭스 A로 표현할 수 있다. 따라서 모든 영상 처리는 이 매트릭스의 처리로도 생각할 수 있다.

2부에서 본격적으로 다루는 영상 처리는 그림 〈1.6.2〉와 같이 대부분 화소 공간에서 처리가 일어난다.

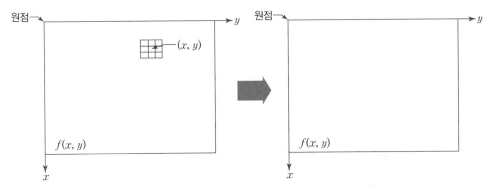

〈그림 1.6.2〉 디지털 영상 처리의 개념

입력 영상 $f(x, y)$에 대하여 각종 영상 처리를 $T[\quad]$로 표현하자. 그러면, 일반적인 영상 처리는 다음과 같이 표현이 가능하다.

$$g(x, y) = T[f(x, y)]$$

여기서 $g(x, y)$는 처리된 출력 영상이며, $f(x, y)$는 입력 영상이다. 그리고 $T[\quad]$는 화소 처리, 영역 처리, 기하학 처리 등을 나타낸다. 자세한 내용은 2부 영상 처리와 OpenCV 함수 활용에서 다룰 것이다.

1.7 영상 처리 응용 분야

영상 처리의 응용 분야는 초기에 사진 전송이나 잡음 제거와 같은 기본적인 영상 처리 분야에서 출발하였다. 그러나 오늘날 컴퓨터 비전 분야 또는 컴퓨터그래픽 분야와 겹치는 다양한 분야들로 그 응용 분야가 확대되고 있다. 다음은 그 응용 분야의 예들이다.

1) 의료 분야 (방사선, 초음파)

의료 산업은 영상 처리를 오래 전부터 사용해 왔다. 여기서 다루는 영상으로 X-ray와 초음파 영상 등이 포함된다. 컴퓨터 단층촬영(CT: Computerized Tomography)은 척추, 머리, 골반과 같은 뼈의 상태를 진단하기 위해 사용한다. 자기 공명 영상(MRI: Magnetic

Resource Imaging)은 척추와 심장과 같은 얇은 조직을 가시화해 보는 것이 가능하다. 또한 양전자 단층촬영(PET: Positron Emission Tomography)은 신체의 화학적, 물리적 처리 과정을 측정해 주며, 주로 뇌나 심장 질환의 진단에 사용된다.

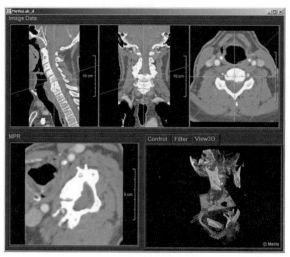

참조: https://idoimaging.com/programs/184

〈그림 1.7.1〉 의료 영상의 예

이러한 영상들은 컴퓨터에 저장되어 중요한 부분들을 집중하여 볼 수 있도록 영상 확장과 조작이 가능하다. 또한 요즈음 나오는 CT나 MRI들은 촬영된 영상들로 3차원 영상을 만들 수 있다. 따라서 스크린 상에서 영상의 특정 부분들 3차원 공간상에서 회전시키고 변형시킬 수도 있다. 또한 초음파를 이용하여 태아의 성장과 이상 유무를 진단하고 관찰하는 것은 이미 일반화되었다. 이것들은 영상 처리가 우리들에게 가져다준 큰 혜택 중에 하나이다.

2) 방송 통신 분야

기존의 아날로그 텔레비전은 영상 데이터를 순차적으로 획득한 후, 이를 변조해 전송하는 방식을 사용하였다. 그 때문에 잡음처리 문제와 해상도 향상에 제한이 있었다. 그러나 현재 서비스 중인 디지털 방송은 고해상도 영상을 취득하여, 이를 디지털 영역에서 압축한 후 전송하는 방식을 사용한다. 따라서 아날로그 방식에 비해 잡음처리 문제가 거의 사라졌고, 다양한 서비스가 가능해졌다. 디지털 방송 서비스 덕분에 다양한 영상 처리 기술 개발이 활발해졌고, 앞으로도 더 많은 기술들이 개발될 것이다.

방송 분야의 응용 제품으로 디지털카메라가 있다. 디지털카메라의 기능은 광학 분야와 영상 처리 분야로 나눌 수 있다. 과거에는 광학 분야의 기술이 카메라의 성능을 결정했다면, 현재는 디지털 영상 처리 분야가 훨씬 더 중요한 분야가 되었다. 영상의 화질 향상뿐 아니라, 다양한 특수 효과나 영상에서 사람 얼굴만 인식하는 등의 다양한 지능적 기술이 적용되고 있다.

참조: http://mlbpark.donga.com/mlbpark/b.php?&b=kbotown&id=1004256

〈그림 1.7.2〉 스포츠 방송 분야의 예

참조: http://roomsidead.tistory.com/6

〈그림 1.7.3〉 가상 광고 예

예를 들어, 스포츠 방송 분야에 영상 처리 기술이 적용되어, 기본 동작 정보에 합성된 영상 형태로 제공되고 있다. 야구 중계에서 스트라이크 존과 함께 투수가 던진 공의 위치를 방송화면 상에 표시해 준다. 또한 축구 중계 중에 중앙선 부근이나 골라인 근처에 3D로 제작된 가상의 광고도 그 한 사례이다.

3) 공장 자동화 분야

산업 기술이 발달하면서 과거 공장에서 사람이 처리하던 많은 일들을 산업용 로봇들이 대신하게 되었다. 이 과정에서 자동화된 생산 라인에서 제품이 생산되면 산업용 카메라 등으로 제품의 품질을 모니터링 해, 제품의 불량을 즉각적으로 검사한다.

즉, 생산된 제품의 품질 검사에서 제품에 대한 디지털 영상을 만들어 불량 유무를 자동으로 기계가 판별한다. 이 품질 검사 과정에서 디지털 영상 처리 기술이 활용된다. 이 분야를 특히 머신 비전(machine vision)이라고 한다. 근래에는 산업용 로봇에 3D 카메라를 직접 설치해서 로봇이 생산 제품에 대해 직접 검사와 작업을 동시에 하는 시스템들도 개발되고 있다.

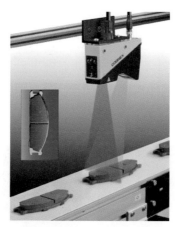

참조: http://acquireautomation.com/test/vision-integration/3d-inspection/

〈그림 1.7.4〉 카메라의 제품 검사 장면

4) 출판 및 사진 분야

사진사, 광고 제작자, 출판 종사자들도 영상 처리를 기본적으로 사용하고 있다. 그들은 영상을 만들어내고, 영상의 품질을 향상시키고, 색상을 조작하는 등의 작업을 위해 영상 처리 기술들을 사용한다.

참조: http://s3.amazonaws.com/postjobs/how-to-freelance-photography-for-magazines.html

〈그림 1.7.5〉 출판 사진 분야의 예

기존 영상에 영상 처리 기술을 융합하여 새로운 합성 영상을 만들 수가 있다. 광고 분야에서 사진 수정 기술은 사진작가들에게 다양한 효과와 수정을 가능하게 한다. 심지어 요즈음은 포토샵을 적용하지 않는 광고사진이 존재하지 않을 정도로 많이 사용되고 있다.

5) 애니메이션 및 게임 분야

영상 처리 기술은 2차원 또는 3차원 애니메이션이나 게임을 제작하는데도 사용된다. 경우에 따라서 실제로 촬영된 영상과 그래픽 기술이 조합되어 현실감을 더 높이기도 한다. 일반적으로 영화의 경우에는 사실적인 캐릭터 묘사를 위해 매우 복잡한 모델링이 사용되고, 또 고화질의 렌더링이 요구된다. 따라서 이를 위해서는 고급 영상 처리 기술뿐만 아니라 많은 양의 인적, 물적 자원이 제작에 소요된다.

참조: http://it.donga.com/16099/

〈그림 1.7.6〉 애니메이션 제작의 예

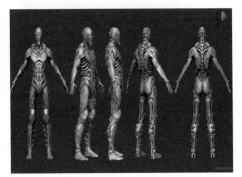

참조: http://webneel.com/daily/3d-man-monster-fighter-model

〈그림 1.7.7〉 캐릭터 모델링 예

6) 기상 및 지질 탐사 분야

매일 우리 생활과 관련된 날씨 예측과 태풍과 같은 자연재해를 예방하는 분야에도 영상 처리 기술이 중요하게 되었다. 위성에서 보낸 사진을 분석하고, 각 지점들에서 측정한 온도와 습도, 풍향 등의 방대한 기상 정보를 이용해 기상 정보를 처리하는 분야에도 영상 처리가 중요하게 사용된다.

또한 광물 탐사와 같은 원격 탐사나 지질 분야에도 다양한 주파수의 파장을 이용하여 멀티스펙트럴 영상(multispecdtral image)을 획득하고 분석함으로써 보다 더 정확한 광물이나 지질의 정보를 얻을 수 있다. 또한 대도시의 주거 환경이나 국토의 개발 정도를 위해 항공사진을 주기적으로 만들고, 다양한 주파수의 사진들을 이용한 영상 처리 기술을 통해 많은 관련 정보를 얻을 수 있다.

참조: https://en.wikipedia.org/wiki/
Tropical_cyclone

참조: http://sedac.ciesin.columbia.edu/
data/set/ulandsat-cities-from-space/
maps/3

〈그림 1.7.8〉 기상 영상의 예　　　　　〈그림 1.7.9〉 원격 지형 탐사 사진의 예

그 외에도 영상 처리 응용 분야는 다양하기 때문에 본서의 지면 제한 상으로 다 소개할 수는 없으며, 다양한 응용 분야를 위해 〈그림 1.7.10〉을 참고하기 바란다.

영상 처리 기술은 또한 단순한 응용분야를 넘어서 영상의 내용 자체인 질감, 컬러, 모양 등을 사용하여 영상을 검색하는 내용기반 영상검색 기술과 관련이 있다. 또한, 디지털 영상의 저작권을 보호하기 위한 디지털 워터마킹기술, 비밀 정보 통신을 위한 스테가노그라피, 최근에는 3차원 장면 정보를 추출할 수 있는 계산 사진학(computational photography) 등과 같은 다양한 관련 기술 분야들로 확대되고 있다.

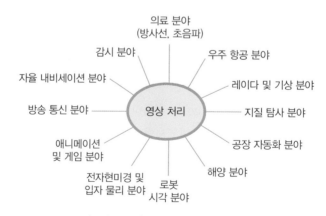

〈그림 1.7.10〉 영상 처리의 응용분야

| 단원 요약 |

1. 영상 처리는 어떤 목적을 위해, 입력된 영상에 수학적 연산을 화소에 가해 변화를 주는 것이다.

2. 영상 처리는 잡음 제거와 같은 저수준 영상 처리로부터 물체 인식과 같은 고수준 영상 처리까지 포함한다. 기본적인 영상 처리는 저수준 영상 처리를 말한다.

3. 영상 처리의 역사는 IT 기술에 힘입어 1960년대 초부터 본격적으로 가능하게 되었다.

4. 영상 처리의 관련 분야인 컴퓨터 비전, 컴퓨터그래픽스는 서로 관련이 있고 서로의 구분은 입력의 형태로 구분할 수 있다.

5. 영상의 형성은 광원으로부터 물체에 비친 빛이 카메라 센서를 통해 영상을 형성한다. 영상 $f(x,y)$는 조명의 세기 $i(x,y)$와 반사계수 $r(x,y)$의 곱으로 나타난다.

6. 디지털 영상은 표본화(sampling)와 양자화(quantization) 단계를 거쳐서 일정한 수의 화소의 집합 $M \times N$ 크기로 표현된다.

7. 영상 처리는 의료 분야, 방송통신 분야를 포함한 최근의 계산 사진학과 같은 다양한 응용분야들을 가지고 있고, 그 응응 분야가 점차 확대되고 있다.

연습문제

1. 디지털 영상의 정의는 무엇인가?

2. 디지털 영상 처리란 무엇인가?

3. 저수준의 영상 처리와 고수준의 영상 처리의 차이점은 무엇인가?

4. 영상 처리 역사에서 1920년대 영상 처리는 왜 엄밀한 의미에서 디지털 영상 처리의 시작으로 인정되지 못하는가?

5. 영상 처리, 컴퓨터 비전, 컴퓨터그래픽스의 차이를 설명하라.

6. 디지털 영상 형성 과정을 설명하라.

7. 카메라의 해상도와 표본화와 양자화 단계는 어떤 관련이 있는가?

8. 그레이 레벨이 256인 영상의 크기가 1024×768이라면, 이 영상을 저장하기 위해 필요한 저장 공간은 얼마인가?

9. 본인이 관심이 있는 영상 처리 응용분야를 나열하고, 실제로 영상 처리의 어떤 기술이 사용되는지 조사해 보라.

10. 계산 사진학(computational photography) 이란 근래에 시작된 영상 처리 관련 분야에 대하여 조사하고 정리해 보라.

CHAPTER 02

OpenCV 개요

개문만복래 – 문을 열면 복이 온다

오픈 소스(open source)라는 말은 1998년 2월 초에 캘리포니아 팔 알토에서 넷스케이프 브라우저의 소스 공개를 알린 직후에 열린 전략 회의에서 만들어졌다. 넷스케이프의 소스 공개 발표 덕분에 오픈 개발 환경의 우수성을 교육하고 지지할 수 있는 좋은 기회가 만들어졌다고 생각했기 때문이다. 오픈 소스는 제작자의 권리를 지키면서 원시 코드를 누구나 볼 수 있도록 한 소프트웨어 혹은 소프트웨어 라이선스에 따르는 것을 통칭한다.

오픈 소스는 또한 넓은 의미에서 소스 코드, 디자인, 내용물까지 사용을 허락하는 생산물을 말한다. 따라서 오픈 소스는 소프트웨어뿐만 아니라 오픈 소스 하드웨어, 오픈 소스 비디오 게임, 오픈 소스 뮤직, 오픈 소스 콜라 음료수까지 있다.

닫아두는 것보다 오픈하여 공개함으로써 더 많은 발전과 기여, 혜택들이 우리 모두에게 돌아오기 때문인 것이다. 옛말에 "開門萬福來(개문만복래)–문을 열면 복이 온다"는 말도 있다. OpenCV는 오픈 소스 컴퓨터 비전(Computer Vision)이다.

02 OpenCV 개요

2.1 OpenCV 소개

OpenCV(Open Source Computer Vision Library)는 영상 처리와 컴퓨터 비전 관련 오픈 소스 라이브러리이다. OpenCV의 영상 처리 및 컴퓨터 비전의 라이브러리를 사용하여 응용 프로그램을 쉽고 빠르게 만들 수 있다.

OpenCV 라이브러리는 2,500개가 넘는 알고리즘으로 구성되어 있다. 이 라이브러리는 영상 처리, 컴퓨터 비전 및 기계 학습과 관련된 전통적인 알고리즘뿐만 아니라 최첨단 알고리즘을 갖추고 있다. 이 알고리즘들은 얼굴 검출과 인식, 객체 인식, 객체의 3D 모델 추출, 스테레오 카메라에서 3D 좌표 생성, 고해상도 영상 생성을 위한 이미지 스티칭(stiching), 영상 검색, 적목 현상 제거, 안구 운동 추적 등 다양한 응용 분야에 사용된다. 또한 현재 4만 7천명 이상의 사용자 그룹과 7백만 번을 초과하는 다운로드 횟수를 자랑하며, 기업과 관련 연구소, 그리고 정부 기관에서 널리 사용하고 있다.

OpenCV는 C, C++, 파이썬(Python), 매트랩 인터페이스를 갖추고 있으며, 윈도우즈, 리눅스, 안드로이드, 맥 OS에 이르기까지 다양한 운영체제를 지원한다. 그뿐만아니라 OpenCV는 MMX(MultiMedia eXtension)와 SSE(Streaming SIMD Extensions) 명령어를 통해 고속의 알고리즘을 구현해 실시간 비전 응용에 더욱 강점이 있다. 또한 CUDA(Compute Unified Device Architecture)와 OpenCL(Open Computing Language) 인터페이스가 현재 개발되어 사용되고 있다.

OpenCV는 인텔사(Intel)에서 개발된 IPL(Image Processing Library)을 기반으로 1999년부터 컴퓨터 비전 라이브러리로 시작했다. 2006년 1.0 버전을, 2008년에는 1.1 버전을 발표했다. 2009년 OpenCV 2.0버전으로 올라가면서, C++ API를 기본으로 제공했다. 2010년 2.1 버전과 2.2 버전을 발표했고, 2011년 2.3 버전을, 2012년에는 2.4 버전을 발표했다. 그리고 2015년 12월에 3.1 버전을 발표했다. 이와 같이 OpenCV는 계속 발전하고 새로운 버전이 앞으로도 계속 나올 것이다.

OpenCV는 2.0 버전 이후부터 기본적으로 C++ 기반으로 작성되었다. 따라서 C++ 표준 라이브러리(STL: Standard Template Library)의 컨테이너를 원활하게 작동할 수 있도록 템플릿 인터페이스를 갖추고 있다.

1.0 버전의 C 언어 API도 사용할 수 있으며, 여기에는 CvPoint, CvScalar, CvMat, IplImage 등의 자료구조를 위한 구조체를 지원한다. 2.0 버전부터 기본으로 사용하는

〈표 2.1.1〉 OpneCV 버전별 특징

1.0 버전	2.0 버전	2.1 버전
• C 언어 기반 API • 구조체 기반 데이터 구조 사용 • 비주얼 스튜디오에서 라이 브러리 컴파일 후 사용 • highgui 모듈에서 8비트 PNG, JPEG2000 입출력 지원 • 샘플 예제 파일 추가(calibrate. cpp, inpaint.cpp, leter_recog. cpp 등)	• C++ 언어 기반 API • 클래스 기반 데이터 구조 도입 • CMake를 이용하여 라이브러리 컴파일 후 사용 가능 • highGUI에서 스테레오 카메라 지원 • 소스 디렉터리 구조 구성	• 에러 체킹 코드 대신에 C++ try-catch 문 사용 • OpenMP에서 인텔 TBB(Threa ding Building Blocks)로 병렬처리 루프 변경 • 윈도우와 Mac OS X에서 64비트 모드에서 OpenCV 빌드 가능 • Mac OS에서 Cocoa와 QTKit 지원
2.2 버전	2.3 버전	2.4 버전
• 템플릿 자료구조 추가 • 5개의 기존 라이브러리를 12개의 작은 모듈로 재구성 • 안드로이드 지원 가능 • highgui 모듈에서 16비트 LZW 압축 지원(TIFF 영상) • GPU 처리 지원	• 새롭게 제공되는 바이너리 패키지가 다양한 프리컴파일 라이브러리 포함 • stitching 모듈에서 파노라마 지원 • gpu 모듈에서 CUDA 4.0 지원	• 새 기본 클래스인 cv::Algorithm 도입 • SIFT와 SURF를 유료 모듈로 변경 및 SIFT 성능 대폭 개선 • 캐니 에지 컬러 영상에서 수행
2.4.3 버전	2.4.7 버전	3.0 버전
• TBB 설치 없이 기본적인 병렬처리 지원 • OpenCL 컴퓨터 비전 알고리즘인 ocl 모듈 도입 • OpenCV 매니저 개선 • 안드로이드 카메라 지원 개선	• video super-resolution 모듈 도입 • GPU 모듈이 CUDA 5.0까지 지원 • 안드로이드 NDK-r9 지원 • 안드로이드 4.3 지원	• 기존 C++ API 대폭 개선 • cv::Algorithm 적극 사용 • 모바일 CUDA 지원 • IPP, FastCV 같은 저수준 API 지원

C++ API는 Point_, Size_, Rect_, Scalar_, Mat_, Vec 등의 자료구조를 위한 템플릿 클래스를 지원한다. 또한 라이브러리 함수 및 클래스를 cv 네임스페이스에서 구현하여 제공한다. 특히, C++ API를 사용하면 포인터에 할당된 메모리의 생성과 해제를 클래스의 생성자와 소멸자에서 수행하기 때문에 좀 더 편리하게 프로그램을 작성할 수 있다.

2.2 설치 및 기본 환경 설정

2.2.1 OpenCV 내려받기 및 압축 풀기

OpenCV를 사용하려면 설치 파일을 내려받아야 한다. OpenCV 공식 사이트(http://opencv.org)를 찾아가 보자. 홈페이지의 오른쪽을 보면 "LATEST DOWNLOADS"와 그 아래에 각 운영체제에 따른 최신 버전의 링크가 있다. 최신 버전의 링크를 클릭하면 바로 OpenCV 설치 파일을 내려받을 수 있다. 또한 "LATEST DOWNLOADS"를 클릭하면 시기에 따라 업데이트된 여러 버전들을 볼 수 있다.

이제 OpenCV 버전과 운영체제를 선택하여 해당하는 설치파일을 내려받도록 하자. 본서에서는 최근(2015년 12월)에 발표된 3.1 버전을 예시로 사용한다. 내려받은 파일(OpenCV-3.1.0.exe)을 클릭하면 〈그림 2.2.1〉과 같이 설치 폴더의 위치를 지정하는 창이 뜬다. 여기서 기본적으로 지정되어 있는 폴더 위치를 지우고 새 설치 폴더로 'C:₩' 를 설정하여 압축을 푼다.

〈그림 2.2.1〉 압축 해제 폴더 지정 창

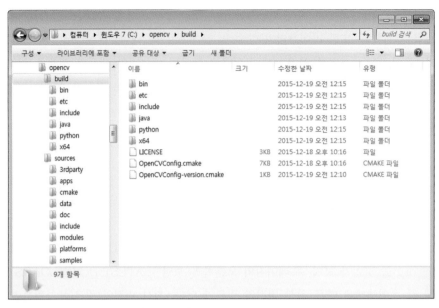

〈그림 2.2.2〉 OpenCV 기본 디렉터리

압축 해제가 완료되면 C:\opencv\ 폴더가 만들어지고, 그 아래에 〈그림 2.2.2〉와 같은 폴더 구조가 생성된다. OpenCV 설치 폴더는 사용자가 원하는 다른 폴더를 지정할 수 있다. 그러나 비주얼 스튜디오의 OpenCV 디렉터리 설정 과정에서 연관된 디렉터리들의 파악에 어려움이 있을 수 있다. 따라서 디렉터리 설정 과정의 단순함을 위해서 초보자에게는 본 서 내용을 그대로 따르기를 권장한다.

2.2.2 Path 환경 변수에 경로 추가

오픈 소스로 제공되는 API(Applation Program Interface)들은 대부분 동적 연결 라이브러리(DLL: Dynamic Linking Library) 파일로 제공된다. 동적 연결 라이브러리는 프로그램 내에서는 함수의 호출 정보만을 포함하고, 목적 코드를 실행 시간에 호출하여 실행하기 때문에 메모리를 절약하고 디스크 공간을 줄일 수 있다. 그리고 DLL의 업그레이드나 출시 후 지원을 쉽게 할 수 있는 장점들이 있다. 본서에서 주로 사용하는 OpenCV API도 DLL 파일의 형태로 제공된다.

동적 연결 라이브러리(DLL)를 응용 프로그램에서 사용하려면, 해당 DLL 파일이 있는 폴더를 개발하려는 응용 프로그램에서 공유할 수 있어야 한다. 이것은 다음의 세 가지 방법으로 해결할 수 있다.

1) DLL 파일을 현재 프로젝트의 실행 디렉터리에 복사하는 방법

2) 환경변수에서 경로가 설정된 디렉터리(예 C:\Windows\system32)에 복사하는 방법

3) 시스템 환경 변수 중에 하나인 Path에 DLL 파일이 있는 디렉터리의 경로를 추가하는 방법

앞의 두 가지 방법은 DLL 파일들을 디렉터리에 직접 복사해야 하는 번거로움이 있기 때문에 편리한 마지막 방법에 대해서 자세히 설명한다. 다음은 시스템 환경 변수 Path의 수정 과정이다.

윈도우의 [시작] 메뉴에서 [제어판]을 열고, 항목 중에 [시스템]을 클릭한다. [시스템] 창에서 [고급 시스템 설정]을 선택하면 〈그림 2.2.3〉의 왼쪽 그림과 같이 [시스템 속성] 창이 나타난다. 여기서 〈환경 변수(N)〉 버튼을 클릭하면, 〈그림 2.2.3〉의 오른쪽 그림과 같이 [환경 변수] 창을 열 수 있다.

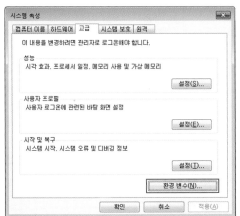 

〈그림 2.2.3〉 환경 변수 대화창

[환경 변수] 창에서 [시스템 변수(S)] 항목의 변수 중에 [Path] 항목을 선택하고 〈편집〉 버튼을 클릭한다. 그러면 〈그림 2.2.4〉와 같이 [시스템 변수 편집] 창이 뜨고, [변수 값]의 마지막 부분에 OpenCV의 DLL 파일이 있는 폴더를 경로로 추가하고, 〈확인〉을 클릭한다. 각 경로들은 세미콜론(;)으로 구분되기 때문에 추가할 경로명에 앞서 세미콜론을 적는 것을 잊지 말아야 한다. 환경 변수를 변경하면 원칙적으로 재부팅을 해줘야 설정이 적용된다.

〈그림 2.2.4〉 환경 변수 편집 창

여기서 OpenCV DLL 파일이 있는 디렉터리의 경로는 비주얼 스튜디오 버전과 응용 프로그램의 지원 플랫폼(32비트/64비트 운영체제)에 따라서 다르게 지정해야 한다. 〈표 2.2.1〉은 해당하는 버전의 DLL 파일이 있는 세부적인 경로를 나타낸 것이다.

〈표 2.2.1〉 비주얼 스튜디오 버전에 따른 경로 정보

OpenCV 버전	플랫폼	비주얼 스튜디오 버전	지정 경로
3.0.0	32비트 응용	비주얼 스튜디오 2012 이하 비주얼 스튜디오 2013	C:₩opencv₩build₩x86₩vc11₩bin₩ C:₩opencv₩build₩x86₩vc12₩bin₩
	64비트 응용	비주얼 스튜디오 2012 이하 비주얼 스튜디오 2013	C:₩opencv₩build₩x64₩vc11₩bin₩ C:₩opencv₩build₩x64₩vc12₩bin₩
3.1.0	64비트 응용	비주얼 스튜디오 2013 이하 비주얼 스튜디오 2015	C:₩opencv₩build₩x64₩vc12₩bin₩ C:₩opencv₩build₩x64₩vc14₩bin₩

OpenCV 3.0까지는 운영체제 플랫폼과 비주얼스튜디오 버전에 맞추어서 폴더를 세부적으로 선택해야 했다. 3.1 버전부터는 64비트 플랫폼만 ₩x64 폴더로 제공하며, 비주얼스튜디오 버전은 2013 이전 버전과 2015 버전 두 종류를 제공한다.

2.3 비주얼 스튜디오에서 OpenCV 디렉터리 설정하기

비주얼 스튜디오에서 OpenCV API를 사용하려면 세 가지 파일이 필요하다. 즉, OpenCV API의 DLL 파일(.dll)과 DLL에 정의된 함수의 원형이 선언된 헤더 파일(.hpp) 그리고 DLL을 빌드할 때 함수 정보를 포함하는 라이브러리(.lib) 파일들을 각 프로젝트에서 필요하다.

이것은 비주얼 스튜디오의 프로젝트 속성 창에서 설정을 변경하여 이 세 가지 파일들이 있는 폴더를 공유함으로써 지정할 수 있다. 본서에서는 이러한 과정을 "OpenCV 디렉터리

설정"이라 하겠다.

2.3.1 솔루션 및 프로젝트 만들기

먼저, 비주얼 스튜디오 2015를 실행하여 새 프로젝트를 만들어 보자. 〈그림 2.3.1〉과 같이
시작 페이지의 상단 메뉴에서 [파일]–[새로 만들기]–[프로젝트] 항목을 선택하여 [새 프로젝
트] 창을 연다.

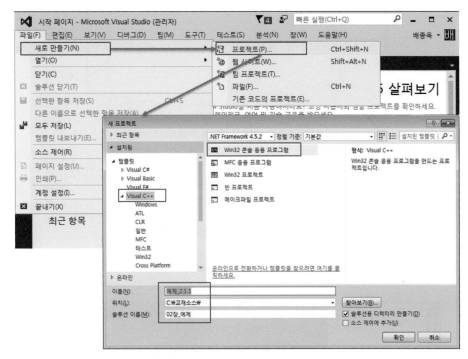

〈그림 2.3.1〉 새 프로젝트 대화창

[새 프로젝트] 창의 오른쪽 템플릿 항목에서 [Visual C++]을 선택하고, 가운데 화면에
서 [Win32 콘솔 응용 프로그램]을 선택한다. 그리고 창 아래쪽의 입력란에서 이름은 "예
제_2.1.1"이라고 지정하고, 위치는 "C:\교재소스"로, 솔루션 이름은 "02장_예제"로 지정한
후에 〈확인〉을 클릭한다. 그러면 "C:\교재소스" 폴더에서 "02장_예제"로 폴더가 생성되고,
그 아래에 새로운 프로젝터가 만들어진다.

〈그림 2.3.2〉 응용 프로그램 마법사 창

〈그림 2.3.2〉와 같이 [Win32 응용프로그램 마법사] 창이 열리면, 절차에 따라 〈다음〉을 클릭하면 〈그림 2.3.3〉과 같이 프로젝트 생성이 완료된다. 다만, [Win32 응용프로그램 마법사] 창의 추가 옵션에서 [빈 프로젝트]에 체크하고 진행한다.

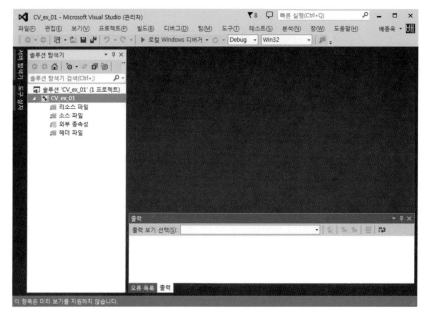

〈그림 2.3.3〉 프로젝트 생성 완료

솔루션 및 프로젝트를 완성했으면 탐색기를 통해서 〈그림 2.34〉와 같이 생성된 폴더와 파일들을 확인할 수 있다.

〈그림 2.3.4〉 프로젝트 생성 완료

2.3.2 OpenCV 디렉터리 설정

이제 본격적으로 OpenCV의 디렉터리를 설정해 보자. 〈그림 2.3.5〉의 상단 메뉴에서 [프로젝트]-[속성]을 선택하면, 〈그림 2.3.6〉과 같이 "속성 페이지"라는 창이 뜬다.

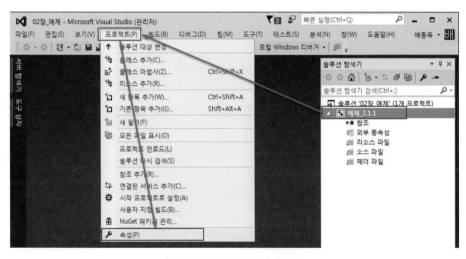

〈그림 2.3.5〉 프로젝트 속성 메뉴

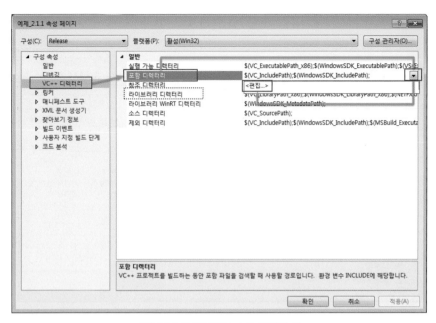

〈그림 2.3.6〉 프로젝트 속성 페이지 창

창 왼쪽에서 [VC++ 디렉터리] 항목을 선택하면, 오른쪽과 같이 [포함 디렉터리]와 [라이브러리 디렉터리] 항목을 볼 수 있다. 먼저, [포함 디렉터리] 항목에서 그림과 같이 오른쪽의 역삼각형 모양을 클릭하면 〈편집〉이라는 탭이 뜨며, 〈편집〉을 클릭하면 〈그림 2.3.7〉과 같이 디렉터리 창이 뜨며, 폴더를 추가할 수 있다. 같은 방법으로 [라이브러리 디렉터리] 항목도 편집할 수 있다.

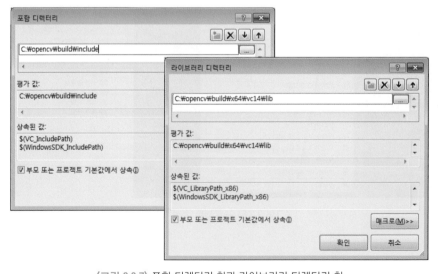

〈그림 2.3.7〉 포함 디렉터리 창과 라이브러리 디렉터리 창

〈그림 2.3.7〉에서 [포함 디렉터리] 항목에는 OpenCV의 헤더 파일(.hpp)이 있는 디렉터리를 추가하고, [라이브러리 디렉터리] 항목에는 OpenCV의 임포트(import) 라이브러리 파일(.lib)이 있는 디렉터리를 추가한다.

라이브러리 디렉터리의 경우, 비주얼 스튜디오의 버전에 따라 세부 디렉터리는 조금씩 다르게 설정해야 한다. 본서에서는 비주얼 스튜디오 2015에서 64비트 플랫폼의 응용 프로그램 작성을 전제하기 때문에 다음과 같이 설정한다.

포함 디렉터리 : C:₩opencv₩build₩include
라이브러리 디렉터리 : C:₩opencv₩build₩x64₩vc14₩lib

여기서 OpenCV 3.1 버전에서는 64비트 플랫폼만 제공하기 때문에 응용 프로그램의 플랫폼을 64비트로 지정해야 한다. 〈그림 2.3.8〉과 같이 플랫폼을 x86에서 x64로 변경한다. 비주얼 스튜디오 2013 버전이라면 x64 탭이 없기 때문에 [구성 관리자]를 클릭해서 64비트 플랫폼을 생성해야 한다.

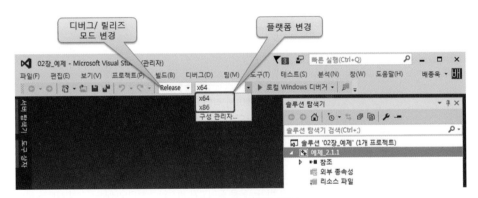

〈그림 2.3.8〉 플랫폼 변경

마지막으로 추가 종속성을 설정해야 한다. 〈그림 2.3.9〉와 같이 [속성 페이지] 창에서 [링커]–[입력]–[추가 종속성] 항목을 선택하여 [편집]을 클릭하면 [추가 종속성] 창이 뜬다.

이 창에서 C:₩opencv₩build₩x64₩vc14₩lib 폴더에 있는 *.lib 파일들을 추가한다. OpenCV 3.0.0 버전부터는 동적 라이브러리 파일이 opencv_world3xx.lib로 통합되어 이 파일만 추가하면 된다. 본 교재의 예제는 OpenCV의 버전이 3.1.0을 사용하기 때문에

'opencv_world310.lib'으로 추가한다.

여기서 디버그 모드로 설정할 때에는 *d.lib 파일들을 추가해야 하며, 릴리즈 모드로 설정할 때에는 'd'를 제외한 파일명을 추가해야 한다.

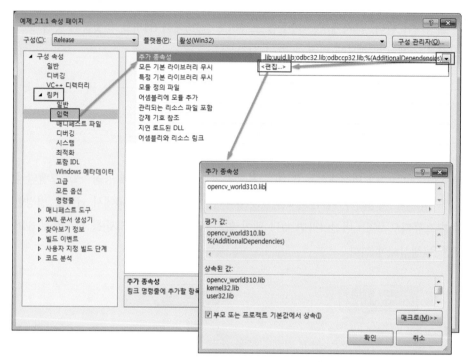

〈그림 2.3.9〉 속성 페이지 창의 추가 종속성

| Tip 1 | 속성 시트 활용

OpenCV 디렉터리 설정을 위해서 프로젝트의 속성을 [속성 페이지]에서 수정할 경우, 프로젝트를 만들 때마다 속성 페이지를 매번 설정해줘야 한다. 이런 번거로움을 줄이고자 비주얼 스튜디오에서는 속성 시트를 파일로 저장하여 재사용할 수 있는 방법을 제공한다. 다음은 그 방법에 대해서 간단히 설명한다.

비주얼 스튜디오의 상단 메뉴에서 [보기]-[다른 창]-[속성 관리자]를 차례대로 클릭하면, [속성 관리자] 창을 열 수 있다. 여기에 디버그 모드로 [Debug| Win32], [Debug| x64] 폴더가 있으며, 릴리즈 모드로 [Release| Win32], [Release| x64] 폴더가 있다. 각각 디버그 모드와 릴리즈 모드에서의 프로젝트 속성을 적용하는 것이다.

[Release| x64] 폴더에서 [마우스 오른쪽 버튼]-[새 프로젝트 속성 시트 추가]를 선택하면 [새 항목 추가] 창이 열리며, 여기서 저장할 속성 시트의 이름과 저장 위치를 지정할 수 있다.

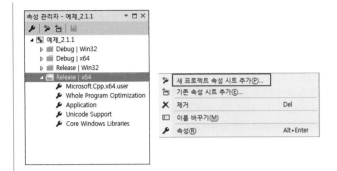

속성 시트 파일의 이름과 위치를 아래 그림과 같이 지정하여 〈추가〉를 클릭하여 저장한다. 여기서 저장 위치
와 파일 이름은 재사용을 위해서 반드시 기억하기 바란다.

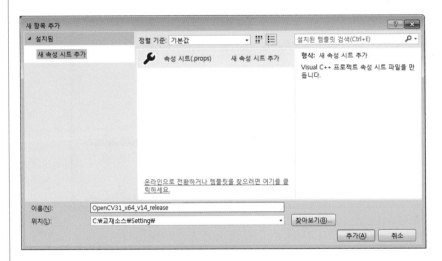

저장하고 나서 [속성 관리자] 창을 다시 보면, 저장한 속성 시트 파일의 이름이 추가된다. 이 이름의 속성 시트
에서 [오른쪽 마우스 버튼]-[속성]을 클릭하면, 〈그림 2.3.6〉과 유사한 [속성 페이지] 창이 뜬다.

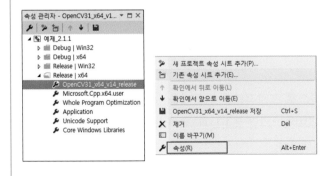

이것은 비주얼 스튜디오에서 프로젝트의 속성을 하나의 시트로 저장한 파일이다. 여기 [OpenCV31_x64_v14_release 속성 페이지] 창에서 앞 절에서 설명한 대로 포함 디렉터리와 라이브러리 디렉터리 그리고 추가 종속성을 설정하면 OpenCV 디렉터리 설정이 완료된다.

특히, 저장된 이 속성 시트는 다른 프로젝트에서 재사용이 가능하다. 다른 프로젝트를 만들었다면, 다시 비주얼 스튜디오 상단 메뉴에서 [보기]–[다른 창]에서 [속성 관리자] 창을 연다. 그리고 [Release| x64] 폴더(64비트 릴리즈 모드 기준)에서 [오른쪽 마우스버튼]–[기존 속성 시트 추가]를 클릭하고 저장되어 속성 시트를 선택하면, 그 속성 시트의 정보를 가져와서 현재 프로젝트에 적용할 수 있다.

이렇게 속성 시트를 한번 만들어 저장해 두면, 여러 프로젝트에서 동일한 속성 시트의 재사용해서 OpenCV 디렉터리 설정을 쉽게 완료할 수 있다.

다음은 'OpenCV31_x64_v14_release.props' 파일을 세부 내용이다. xml 형식으로 되어있으며, 포함 디렉터리와 라이브러리 디렉터리 그리고 추가 종속성이 설정되어 있는 것을 확인할 수 있다.

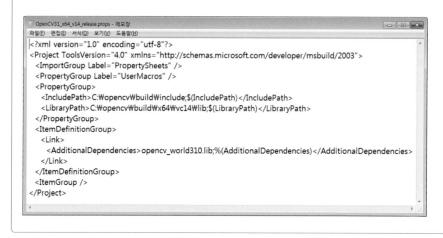

2.4 간단한 OpenCV API 사용하기

OpenCV 디렉터리 설정을 완료했으면, 이제 본격적으로 OpenCV API들을 사용할 수 있다. 디렉터리 설정이 정확히 되었는지를 확인하려면 OpenCV API 중에서 기본적인 함수를 사용해 확인할 수 있다.

2.3절에서 '예제_2.1.1'이라는 이름으로 프로젝트를 만들었을 것이다. 생성된 프로젝트에서 OpenCV 디렉터리 설정을 완료했으면, 〈그림 2.4.1〉과 같이 [소스 파일] 항목에서 [마우스 오른쪽 버튼]–[추가]–[새 항목]을 선택한다.

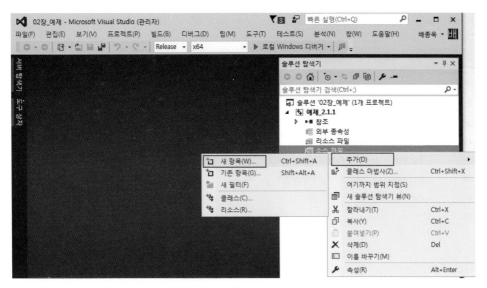

〈그림 2.4.1〉 소스 파일 추가

〈그림 2.4.2〉와 같은 [새 항목 추가] 창이 뜨면 중앙 상단에서 [C++ 파일(.cpp)]를 선택하고, 하단에 이름 항목에서 파일명을 "first"라고 지정한 후에 〈추가〉를 클릭한다.

〈그림 2.4.2〉 새 항목 추가 창

[소스 파일] 항목의 first.cpp를 클릭한 후에 소스 창에서 다음과 같이 소스 코드를 작성해 보자. 그리고 [ctrl] + [F5] 키를 눌러서 컴파일과 실행을 동시에 해보자. "영상보기"라는 창

이 뜨며 내부 바탕색이 회색으로 설정되는 것을 확인할 수 있다.

예제 2.1.1   영상보기 - first.cpp

```
01    #include <opencv2/highgui.hpp>
02
03    void   main()
04    {
05         cv::Mat   image(300, 400, CV_8UC1, cv::Scalar(200));
06         cv::imshow("영상보기", image);
07         cv::waitKey(0);
08    }
```

| 설명 |

① 1행 윈도우 창을 띄우기 위한 cv::imshow() 함수를 사용하기 위해 highgui.hpp 헤더 파일을 포함한다.

② 5~7행의 cv 네임스페이스를 사용해야만 OpenCV 함수들을 사용할 수 있다.

③ 5행은 300행, 400열 크기의 행렬을 1채널 uchar형(CV_8UC1)으로 생성하고, 초기값으로 모든 원소를 200으로 설정한 것이다.

④ 6행은 cv::imshow() 함수로 행렬의 내용을 윈도우에 영상으로 표시한다.

⑤ 7행은 cv::waitKey() 함수는 키보드로부터 키가 입력될 때까지 계속해서 기다린다.

| 실행결과 |

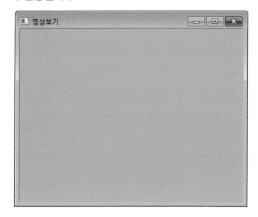

비주얼 스튜디오에서 코드 작성시 명령어에서 에러가 발생하면 빨간색의 밑줄이 생긴다. 만약 〈그림 2.4.3〉과 같이 #include 나 cv:: 등의 OpenCV 명령어에서 빨간색 밑줄이 생긴다면 이것은 OpenCV 디렉터리 설정이 잘못되었을 가능성이 높다. 이 경우에는

OpenCV 디렉터리 설정을 다시 점검해 보도록 한다.

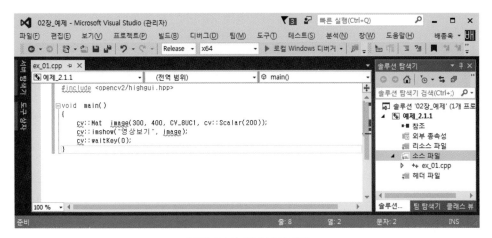

〈그림 2.4.3〉 에러 발생 화면

에러를 발견하지 못했다면, 윈도우의 Path 설정이 정확히 되었는지 다시 확인한다. 그럼에도 에러를 발견하지 못했다면, 새로 솔루션과 프로젝트를 생성해서 OpenCV 디렉터리를 설정하는 것이 바람직하다.

| 단원 요약 |

1. OpenCV(Open Source Computer Vision Library)은 인텔사(Intel)에서 개발된 IPL(Image Processing Library)을 기반으로 만들어진 컴퓨터 비전 라이브러리이다. 2006년 1.0 버전을, 2008년에는 1.1 버전을 발표했다. 2009년 OpenCV 2.0 버전으로 올라가면서, C++ API를 기본으로 제공했다. 현재 3.1 버전을 발표했다.

2. OpenCV API는 동적 연결 라이브러리(DLL) 파일로 제공되며, DLL을 응용 프로그램에서 사용하려면, 윈도우즈의 시스템 환경변수인 Path에 DLL 파일이 있는 디렉터리의 경로를 추가해야 한다.

3. 비주얼 스튜디오의 프로젝트에서 OpenCV의 디렉터리를 설정하려면, [프로젝트]-[속성]을 선택해서 "속성 페이지" 창을 열고, 포함 디렉터리와 라이브러리 디렉터리를 다음과 같이 지정한다.

> 포함 디렉터리 : C:\opencv\build\include
> 라이브러리 디렉터리 : C:\opencv\build\x64\vc14\lib

4. 추가 종속성에 라이브러리 파일을 직접 입력해야 한다. [속성 페이지] 창에서 [링커]-[입력]-[추가 종속성] 항목을 선택하고, C:₩opencv₩build₩x64₩vc14₩lib 폴더에 있는 *.lib 파일명을 적는다. 디버그 모드에서는 opencv_world3xxd.lib를 적으며, 릴리즈 모드에서는 opencv_world3xx.lib로 적는다.

5. 프로젝트의 속성은 속성 시트 파일로 저장할 수 있고, 저장된 속성 시트 파일을 불러와서 사용하면 매번 프로젝트 속성을 설정해야하는 번거로움을 덜 수 있다. [속성 관리자] 창에서 저장하고 불러온다.

6. [속성 관리자] 창은 [보기]-[다른 창]-[속성 관리자]를 차례대로 클릭하여 연다. 여기에 디버그 모드로 [Debug| Win32], [Debug| x64] 폴더가 있으며, 릴리즈 모드로 [Release| Win32], [Release| x64] 폴더가 있다. 해당 플랫폼에서 [마우스 오른쪽 버튼]-[새 프로젝트 속성 시트 추가]를 선택하여 속성 시트를 저장한다.

■ 연습문제

1. 오픈소스(Open Source)란 무엇인가?

2. 대부분의 오픈 소스 API들은 동적연결라이브러리(DLL) 파일 형태로 제공된다. DLL 파일을 사용하는 이유는 무엇인가?

3. OpenCV에서 제공하는 DLL 파일들을 사용하려면 해당 응용 프로그램이 DLL 파일이 있는 디렉터리에 접근할 수 있어야 한다. 그 세 가지 방법을 적으시오.

4. OpenCV의 DLL 파일을 윈도우 환경변수인 Path로 지정하는 방법을 설명하시오.

5. OpenCV 디렉터리 설정 과정에서 포함 디렉터리와 라이브러리 디렉터리를 적으시오.

6. OpenCV 디렉터리 설정 과정에서 포함 디렉터리와 라이브러리 디렉터리 대신에 추가 포함 디렉터리와 추가 라이브러리 디렉터리를 설정하는 방법이 있다. 자세히 설명하시오.

7. OpenCV 디렉터리 설정 과정에서 추가 종속성에 작성해야하는 라이브러리 파일명을 적으시오(디버그 모드와 릴리즈 모드).

8. 비주얼 스튜디오 2015에서 속성 시트를 이용해서 OpenCV디렉터리 설정을 완료하고, 속성 시트 내용을 메모장에 출력하시오.

9. 비주얼 스튜디오 2015에서 64비트 플랫폼 설정을 어떻게 하는가?

10. OpenCV 디렉터리 설정을 완료하고, 〈예제 2.1.1〉의 소스를 윈도우 창에 검은색이 나타나게 소스를 변경하시오.

CHAPTER 03

OpenCV의 기본 자료 구조

붕어빵 틀 – 학교 앞 붕어빵 이야기

학교 앞에는 항상 붕어빵 아저씨가 있다. 그는 따끈하고 맛있는 붕어빵을 매일 구워낸다. 만일 붕어빵 틀이 없다면 아저씨가 그 많은 붕어빵을 매일 만드는 것이 가능할까?

붕어빵(객체)을 만들기 위해 아저씨는 붕어 모양으로 생긴 빵틀(template-템플릿)을 사용한다. 빵틀인 템플릿 속에 밀가루와 설탕 같은 재료를 넣어서 객체인 붕어빵을 쉽게 만든다. 요즘은 붕어보다 큰 잉어빵도 만들고, 집에서 호두과자, 와플 팬(Pan)을 사용하여 호두과자, 와플도 쉽게 만들 수 있다.

이같이 맛있는 다양한 간식거리를 쉽게 만들 수 있는 것은 객체들(붕어나 호두, 와플)을 닮은 템플릿(빵틀과 팬)이 있기 때문이다. 클래스(class)는 프로그램 객체를 만들어내는 프로그램 코드 템플릿으로서 빵틀과 같다.

03
OpenCV의 기본 자료 구조

OpenCV는 자체적으로 다양한 자료구조를 제공한다. C의 API에서는 CvPoint, CvScalar, CvMat, IplImage 등의 자료구조를 위한 구조체를 제공한다. 또한 C++의 API에서는 Point2_, Point3_, Size_, Rect_, Vec_, Scalar_, Mat_ 등의 자료구조를 위한 템플릿 클래스를 제공한다. 여기서 클래스(class)란 구조체가 확장된 것으로 보면 된다. C 언어에서 타입이 다른 변수들의 집합을 구조체라 했다면, C++에서 클래스는 구조체에 함수(메서드)까지 포함한 것이다.

이 절에서는 클래스 기반의 OpenCV 데이터 구조와 그 사용법을 알아본다. 특히, OpenCV의 기본이 되는 Mat 클래스의 내부 메서드에 대해서 자세히 살펴본다.

3.1 기본 템플릿 클래스

OpenCV에서는 사각형, 좌표, 크기, 색상 등을 나타내는 다양한 자료구조들을 템플릿 클래스로 제공한다. 템플릿 클래스로 제공함으로써 동일한 규칙으로 int 형, float 형, double형 등과 같은 다양한 자료형을 쉽게 이용할 수 있다.

3.1.1 Point_ 클래스

Point_ 클래스는 가로와 세로의 위치를 2차원 좌표로 나타내기 위한 템플릿 클래스이다. 멤버 변수로 가로와 세로 위치를 나타내는 x, y가 있다.

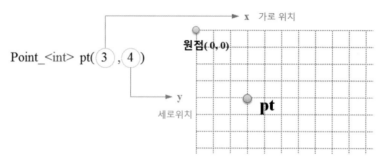

〈그림 3.1.1〉 Point_ 클래스의 의미

다음과 같은 생성자와 멤버 변수 및 내부 메서드가 있다.

클래스 생성자 및 메서드의 반환자료형과 인수 구조

Point_();
Point_(_Tp _x, _Tp _y);
Point_(const CvPoint& pt);
Point_(const Size_<_Tp>& sz);
Point_(const Vec<_Tp, 2>& v);
 	
Tp dot(const Point& pt);
double cross(const Point_& pt);
bool inside(const Rect_<_Tp>& r);

함수	설명
Point_()	클래스 생성자
• _Tp _x, _Tp _y • CvPoint& pt • Size_<_Tp>& sz • Vec<_Tp, 2>& v	가로와 세로 좌표, 템플릿 타입으로 int, float, double 등 기본 자료형 모두 가능 OpenCV 1.x 버전의 CvPoint 구조체로 Point_ 클래스 선언 가능 Size_ 클래스를 이용해서 Point_ 클래스 선언 가능 2개 원소를 갖는 Vec 클래스를 이용하여 선언 가능
_Tp dot()	객체의 좌표와 인수로 입력된 좌표의 내적(product)을 계산한다.
double cross()	객체의 좌표와 인수로 입력된 좌표의 외적(cross product)을 계산한다.
bool inside()	객체의 좌표가 인수로 입력된 사각형(Rect_)의 범위 안(inside)에 있는지 확인한다.
Rect_<_Tp>& r	Rect_ 클래스 타입, 사각형 자료

Point_ 객체 간의 산술(덧셈, 뺄셈) 연산과 비교(==, !=) 연산이 가능하다. 산술연산에서는 각 객체의 원소 간(element-wise) 덧셈 혹은 뺄셈을 수행한다. 그리고 Point_형과 스칼라값의 곱셈 및 나눗셈 연산이 가능하다. 다만 Point_형 간의 곱셈은 불가능하다.

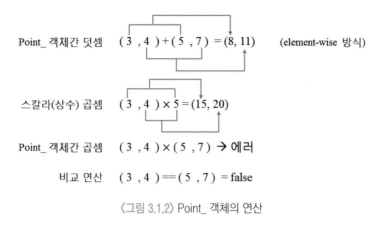

〈그림 3.1.2〉 Point_ 객체의 연산

요즘 유행하는 '귀차니즘'이라는 말을 아는가? 특히 전산인들은 참 귀차니즘이 강하다. 어떻게든 컴퓨터로 하는 반복적인 작업을 회피하려 하며, 조금이라도 긴 명령어, 자주 사용하는 명령어들이 있으면 함수로 만들어 사용한다.

OpenCV에서도 이 귀차니즘이 잘 구현되어 있다. 대표적으로 Point_ 클래스로 int, float 등의 각 자료형을 선언하는 것도 귀찮은 것이다. 이것을 'Point2'와 문자 'i', 'f', 'd'를 조합해서 자료형을 간결하게 표현할 수 있게 전처리 지시자인 typedef 명령어로 다음과 같이 정의해 두었다.

```
[types.hpp 헤더 파일 내용]

typedef   Point_<int>   Point2i;
typedef   Point_<float> Point2f;
typedef   Point_<double> Point2d;
typedef   Point2i   Point;
```

여기서 i, f, d는 각각 int, float, double의 자료형을 의미한다. 특히, 가장 자주 사용되는 int 형인 Point2i를 Point로 정의해 두었다. 앞으로 나올 다양한 자료형이 이와 같은 간결 선언 방식을 지원한다.

예제를 보기 전에 OpenCV의 API를 사용하기 위해서는 해당 함수마다 그 함수가 정의된 헤더 파일을 포함(include)해야 한다. 필요한 헤더 파일을 일일이 적지 않아도 되게끔

OpenCV에서는 기본 헤더 파일인 opencv.hpp를 제공한다. 이 파일에는 아래와 같이 중요한 OpenCV 헤더 파일들을 대부분 포함하고 있다.

```
[opencv.hpp 헤더 파일 내용]

#ifndef __OPENCV_ALL_HPP__
#define __OPENCV_ALL_HPP__

#include "opencv2/core.hpp"
#include "opencv2/imgproc.hpp"
#include "opencv2/photo.hpp"
#include "opencv2/video.hpp"
#include "opencv2/features2d.hpp"
#include "opencv2/objdetect.hpp"
#include "opencv2/calib3d.hpp"
#include "opencv2/imgcodecs.hpp"
#include "opencv2/videoio.hpp"
#include "opencv2/highgui.hpp"
#include "opencv2/ml.hpp"

#endif
```

이제 예제를 통해서 Point_ 클래스의 사용법을 확인해 보자.

예제 3.1.1	Point 클래스 사용 – point2.cpp

```
01  #include <opencv2/opencv.hpp>
02
03  int  main()
04  {
05      // Point_ 객체 선언 방식
06      cv::Point_<int> pt1(100, 200);
07      cv::Point_<float> pt2(92.3f, 125.23f);
08      cv::Point_<double> pt3(100.2, 300.9);
09
10      // Point_ 객체 간결 선언 방식
11      cv::Point2i  pt4(120, 69);
```

```
12        cv::Point2f    pt5(0.3f, 0.f), pt6(0.f, 0.4f);
13        cv::Point2d    pt7(0.25, 0.6);
14
15        // Point_ 객체 연산
16        cv::Point      pt8 = pt1 + (cv::Point) pt2;        // 자료형이 다른 Point 객체 덧셈
17        cv::Point2f    pt9 = pt6 * 3.14f;                  // Point 객체에 대한 스칼라 곱
18        cv::Point2d    pt10 = (pt3 + (cv::Point2d) pt6) * 10;
19
20        std::cout << "pt8 =" << pt8.x << " , " << pt8.y << std::endl;
21        std::cout << "[pt9] =" << pt9 << std::endl;
22        std::cout << (pt2 == pt6) << std::endl;
23        std::cout << "pt7과 pt8의 내적 : " << pt7.dot(pt8) << std::endl;
24        return 0;
25  }
```

| 설명 |

① 1행은 OpenCV API를 사용하기 위한 기본 헤더 파일(opencv.hpp)를 포함한다.

② 11~13행은 'Point2'와 'i', 'f', 'd' 문자를 이용한 간결 선언방식이다.

③ 16행은 두 좌표의 덧셈 연산을 수행한다. Point_ 클래스의 산술 연산은 두 피연산자의 자료형이 같아야하기 때문에 Point〈float〉형인 pt2의 타입을 Point로 형변환한다.

④ 17행은 좌표(pt6)에 곱셈 연산을 수행한다. pt6 객체의 멤버 변수인 x와 y 좌표에 각각 상수값(3.14)이 곱해진다.

⑤ 20행은 Point_ 클래스의 멤버 변수인 x, y를 각각 콘솔창에 출력한다.

⑥ 21행에서 표준 입력 함수인 std::cout 함수는 다양한 클래스의 원소를 쉽게 출력하는 기능을 제공한다. Point_ 객체를 스트림 연산자(〈〈)로 연결하면 클래스의 멤버 변수의 값을 쉽게 출력할 수 있다.

⑧ 22행은 두 좌표가 같은지 비교해서 같으면 1, 그렇지 않으면 0을 콘솔창에 출력한다.

⑨ 23행은 두 좌표(pt7, pt8)를 벡터로 취급해서 내적(product)을 계산한다.

| 실행결과 |

```
C:\Windows\system32\cmd.exe
pt8 = 192 , 325
[pt9] = [0, 1.256]
0
pt7과 pt8의 내적 : 243
계속하려면 아무 키나 누르십시오 . . .
```

3.1.2 Point3_ 클래스

OpenCV에는 3차원 자료를 나타내기 위한 자료형도 있다. 바로 Point3_ 클래스이다. 멤버 변수로 x, y, z가 있으며, Point_ 클래스와 같이 'Point3'과 'i', 'f', 'd' 문자를 조합해서 간결한 표현이 가능하다. 기본 표현 및 연산 방식은 Point_ 클래스와 동일하다.

다음 예제를 통해서 그 사용법을 익혀보자.

| 예제 3.1.2 | Point3 클래스 사용 - point3.cpp |

```cpp
01   #include <opencv2/opencv.hpp>
02   using namespace cv;
03   using namespace std;
04
05   int  main()
06   {
07       // 객체 기본 및 간결 선언 방식
08       Point3_<int> pt1(100, 200, 300);
09       Point3_<float> pt2(92.3f, 125.23f, 250.f);
10       Point3f  pt3(0.3f, 0.f, 15.7f);
11       Point3d  pt4(0.25, 0.6, 33.3);
12
13       // 객체 간결 선언 및 객체 연산
14       Point3i  pt5 = pt1 - (Point3i)pt2;        // 자료형이 다른 Point3 객체 뺄셈
15       Point3f  pt6 = pt2 * 3.14f;
16       Point3d  pt7 = ((Point3d)pt3 + pt4) * 10.f;     // 객체간 덧셈 및 스칼라 곱
17
18       cout << "두 벡터(pt4, pt7)의 내적 " << pt4.dot(pt7) << endl;
19       cout << "pt5 = " << pt5.x <<", " << pt5.y <<", " << pt5.z << endl;
20       cout << "[pt6] = " << pt6 << endl;
21       cout << "[pt7] = " << pt7 << endl;
22       return 0;
23   }
```

| 설명 |

① 2, 3행에서 cv와 std 네임스페이스의 사용을 선언한다. 이를 통해서 소스코드 내에서 cv:: 및 std::를 사용하지 않아도 된다.

② 14~16행은 좌표에 대한 산술연산(덧셈, 뺄셈)과 상수 곱셈 연산을 보여준다. 덧셈, 뺄셈 연산에서 반드시 피연산자의 자료형이 동일해야 한다.

③ 18행은 3차원의 두 좌표를 벡터로 간주하고 내적을 계산한 값을 출력한다.

④ 19행에서 Point3_ 객체의 멤버 변수들을 출력한 예시이다.

⑤ 20, 21행에서 cout 함수를 통해 콘솔창에 Point3_ 객체의 멤버 변수들을 출력한다.

| 실행결과 |

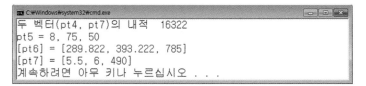

| Tip |

네임스페이스(namespace)는 내부 식별자(형식, 함수, 변수 등의 이름)에 범위를 제공하는 선언적 영역이다. 이것은 코드를 논리 그룹으로 구성하고, 코드에 여러 라이브러리가 포함된 경우, 발생할 수 있는 이름 충돌을 방지하기 위해 사용된다.

같은 네임스페이스 범위에 있는 모든 식별자는 제한 없이 서로 접근할 수 있다. 그러나 네임스페이스 외부 식별자는 각 식별자의 정규화된 이름(예 std::vector⟨std::string⟩ vec;)을 사용해야 접근할 수 있다.

다른 방법으로는 using 지시문을 사용할 수도 있다. 즉, 네임스페이스의 모든 식별자에 대한 using 지시문(using namespace std)을 사용하거나 단일 식별자에 대한 선언 사용(using std::string)을 통해 멤버에 액세스할 수 있다.

3.1.3 Size_ 클래스

Size_는 이미지나 사각형의 크기를 규정하는 템플릿 클래스이다. 이 클래스는 다음 〈그림 3.1.3〉과 같이 width와 height의 멤버 변수를 갖는다.

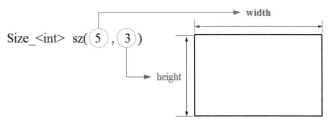

〈그림 3.1.3〉 Size_ 객체의 구성

인수 중에서 _Tp는 템플릿 자료형을 말하는 것으로 int, float, double 등 모든 자료형이 가능함을 의미한다.

클래스 생성자 및 메서드의 반환자료형과 인수 구조
Size_<_Tp>::Size_()
Size_<_Tp>::Size_(_Tp _width, _Tp _height)
Size_<_Tp>::Size_(const Size_& sz)
Size_<_Tp>::Size_(const Point_<_Tp>& pt)

_Tp area();

인수	설명
Size_()	생성자
• _Tp _width	너비 값
• _Tp _height	높이 값
• Size_& sz	Size_ 클래스 및 CvSize 구조체를 이용하여 선언 가능
• Point_<_Tp>& pt	Point_ 클래스를 이용하여 선언 가능
_Tp area()	내부 영역의 넓이(width*height)를 계산하여 반환

Size_ 클래스와 Point_ 클래스는 내부 멤버 변수의 구조가 동일하기 때문에 서로 형변환
이 가능하다. 따라서 형변환을 통해서 Size_와 Point_ 객체간의 산술(덧셈, 뺄셈) 연산
이 가능하다. 그리고 'Size2'와 'i', 'f', 'd' 문자로 간결한 표현이 가능하며, 자주 사용되는
Size2i는 Size로 정의해 두었다.

다음 예제를 통해서 그 사용법을 알아보자.

예제 3.1.3　　Size 클래스 사용 - size.cpp

```
01   #include <opencv2/opencv.hpp>
02   using namespace cv;
03   using namespace std;
04   int  main()
05   {
06       // Size_ 객체 기본 선언 방식
07       Size_<int> sz1(100, 200);
08       Size_<float> sz2(192.3f, 25.3f);
09       Size_<double> sz3(100.2, 30.9);
10
11       // Size 객체 간결 선언 방식
12       Size    sz4(120, 69);
13       Size2f  sz5(0.3f, 0.f);
```

```
14        Size2d   sz6(0.25, 0.6);

15

16        Point2d  pt1(0.25, 0.6);

17        Size2i   sz7 = sz1 + (Size2i)sz2;              // 자료형이 다른 Size 객체 덧셈

18        Size2d   sz8 = sz3 - (Size2d)sz4;

19        Size2d   sz9 = sz5 + (Size2f)pt1;              // Size 객체와 Point 객체 덧셈

20

21        cout << "sz1.width = " << sz1.width;

22        cout << ",  sz1.height = " << sz1.height << endl;

23        cout << "sz1 넓이" << sz1.area() << endl;

24        cout << "[sz7] = " << sz7 << endl;

25        cout << "[sz8] = " << sz8 << endl;

26        cout << "[sz9] = " << sz9 << endl;

27        return 0;

28    }
```

| 설명 |

① 17, 18행에서 두 Size 객체의 덧셈 및 뺄셈 연산을 수행한다. 두 피연산자의 자료형이 동일해야 한다.

② 19행에서 pt1이 Point2d 형이기 때문에 Size_로 형변환 후에 덧셈 연산을 수행한다.

③ 21, 22행은 Size_ 객체의 멤버 변수에 접근하여 출력한 예시이다.

④ 23행은 Size_::area() 함수는 sz1 객체의 넓이를 반환한다.

⑤ 24~26행은 cout 함수를 통해서 객체의 멤버 변수를 콘솔창에 출력한다.

| 실행결과 |

```
C:\Windows\system32\cmd.exe
sz1.width = 100,  sz1.height = 200
sz1 넓이 20000
[sz7] = [292 x 225]
[sz8] = [-19.8 x -38.1]
[sz9] = [0.55 x 0.6]
계속하려면 아무 키나 누르십시오 . . . ■
```

3.1.4 Rect_ 클래스

클래스 생성자 및 메서드의 반환자료형과 인수 구조

```
Rect_();
Rect_(_Tp _x, _Tp _y, _Tp _width, _Tp _height);
Rect_(const Rect_& r);
Rect_(const CvRect& r);
Rect_(const Point_<_Tp>& pt1, const Size_<_Tp>& sz);
Rect_(const Point_<_Tp>& pt1, const Point_<_Tp>& pt2);

Point_<_Tp> tl();
Point_<_Tp> br();
Size_<_Tp> size();
_Tp area();
bool contains(const Point_<_Tp>& pt);
```

함수 및 인수	설명
Rect_()	생성자
• _Tp _x , _Tp _y • _Tp _width, _Tp _height • Rect_& r • Point_<_Tp>& pt1 • Size_<_Tp>& sz • Point_<_Tp>& pt2	사각형의 시작 좌표(가로 위치, 세로 위치) 사각형의 너비와 높이 값 Rect_ 클래스 및 CvRect 구조체를 이용하여 선언 가능 사각형의 상단 왼쪽 좌표(시작 좌표) 사각형의 크기 - 시작 좌표와 크기로 사각형 선언 가능 사각형의 하단 오른쪽 좌표(종료 좌표)
Point_<_Tp> tl()	사각형의 상단 왼쪽 좌표(Top-Left)를 반환한다.
Point_<_Tp> br()	사각형의 하단 오른쪽 좌표(Bottom-Right)를 반환한다.
Size_<_Tp> size()	사각형의 크기를 Size_ 형으로 반환한다.
_Tp area()	사각형 영역의 넓이(width*height)를 계산하여 반환한다.
bool contains()	사각형 내부에 인수로 입력된 좌표가 있는지 확인한다.

Rect_ 클래스는 2차원의 사각형 정보를 나타내기 위한 템플릿 클래스이다. 멤버 변수로 시작 좌표(x, y)와 크기(width, height) 정보를 포함한다. Rect_ 클래스의 내부 메서드는 시작 좌표와 종료 좌표를 반환하는 Rect_::tl(), Rect_::br() 함수와 사각형의 크기 및 영역 넓이를 반환하는 Rect_::size(), Rect_::area() 함수 등이 있다.

누군가에게 내가 생각하는 사각형을 그려보라고 했을 때, 정보를 정확히 전달해야 그릴 수 있다. 이때 우리는 사각형을 정의할 수 있어야 한다. 그 방법은 다양하게 있을 수 있다. 먼저, 왼쪽 상단좌표와 오른쪽 하단좌표가 있으면 사각형을 정의할 수 있다. 다른 방법으로 왼쪽 상단좌표와 사각형의 크기가 있어도 사각형 그리는 것이 가능하다.

Rect_ 클래스의 객체를 선언할 때에도 마찬가지이다. OpenCV에서 사각형을 정의할 수 있는 정보로 객체를 선언하도록 Rect_ 클래스의 생성자들을 구현해 두었다.

〈그림 3.1.4〉는 Rect_ 클래스의 생성자에 인수를 통해서 객체를 선언하는 대표적인 방법을 그림으로 나타내었다. 여기서 왼쪽 상단좌표를 사각형 시작 좌표로 표현하며, 오른쪽 하단좌표를 종료 좌표로 표현한다.

1) x좌표, y좌표, 너비, 높이
2) 시작 좌표(pt1)와 크기(sz)
3) 시작 좌표(pt1)와 종료 좌표(pt2)

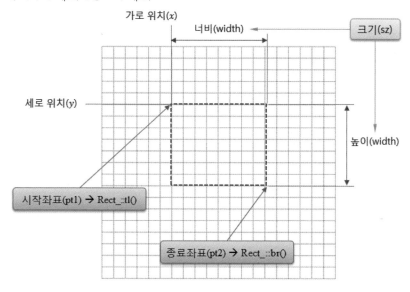

〈그림 3.1.4〉 Rect 객체의 선언 방식 예시

Rect_ 객체는 Point_ 객체 및 Size_ 객체와 산술(덧셈, 뺄셈) 연산이 가능하다. 이 경우에 Point_ 객체와의 연산은 시작 좌표에 적용되며, Size_ 객체와의 연산은 크기 정보에 적용된다. 또한 두 개의 Rect_ 객체간의 논리(&, |) 연산도 가능하다.

1) rect = rect ± point   사각형에 대한 평행이동
2) rect = rect ± size   사각형 크기의 변경
3) rect = rect1 & rect2   사각형의 교차영역
4) rect = rect1 | rect2   rect2 와 rect3 영역을 모두 포함하는 영역

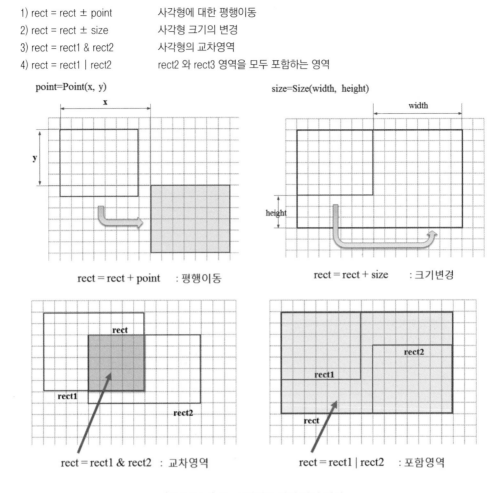

〈그림 3.1.5〉 Rect 객체의 선언 방식 예시

다른 기본 클래스와 같이 'Rect2'와 'i', 'f', 'd' 문자를 조합해서 자료형의 간결한 표현이 가능하며, 자주 사용되는 Rect2i는 Rect으로 정의되어 있다.

다음 예제를 통해서 그 사용법을 설명한다.

예제 3.1.4   Rect 클래스 사용 – rect.cpp

```cpp
01   #include <opencv2/opencv.hpp>
02   using namespace cv;
03   using namespace std;
04   int  main()
05   {
06       Size2d  sz(100.5, 60.6);                   // 사각형 크기
07       Point2f  pt1(20.f, 30.f), pt2(100.f, 200.f);   // 시작 좌표 및 종료 좌표
08
09       // Rect_ 객체 기본 선언 방식
10       Rect_<int>    rect1(10, 10, 30, 50);
11       Rect_<float>   rect2(pt1, pt2);             // 시작 좌표와 종료 좌표로 선언
12       Rect_<double> rect3(Point2d(20.5, 10), sz);  // 시작 좌표와 Size_ 객체로 선언
13
14       // 간결 선언 방식 & 연산 적용
15       Rect    rect4 = rect1 + (Point)pt1;        // 시작 좌표 변경 → 평행이동
16       Rect2f rect5 = rect2 + (Size2f)sz;         // 사각형 덧셈 → 크기 변경
17       Rect2d rect6 = rect1 & (Rect)rect2;        // 두 사각형 교차영역
18
19       // 결과 출력
20       cout << "rect3 = " << rect3.x << ", " << rect3.y << ", ";
21       cout << rect3.width << "x" << rect3.height << endl;
22       cout << "rect4 = " << rect4.tl() << " " << rect4.br() << endl;
23       cout << "rect5 크기 = " << rect5.size() << endl;
24       cout << "[rect6] = " << rect6 << endl;
25       return 0;
26   }
```

| 설명 |

① 6~7행은 Rect_ 객체 선언에 사용할 Size_과 Point_ 객체이다.

② 10행은 시작 좌표(10, 10) 및 너비와 높이(30, 50)를 지정해서 사각형 선언한다.

③ 15행은 rect1 객체의 시작 좌표에 좌표(pt1)를 더해서 사각형이 평행이동된다.

④ 16행은 rect2 객체의 크기에 sz를 더해서 사각형의 크기가 변경된다.

⑤ 17행은 두 사각형(rect1, rect2)의 & 연산을 통해서 교차영역을 구한다.

⑥ 20, 21행은 Rect_ 클래스의 멤버 변수를 콘솔창에 출력한다.

⑦ 22행에서 Rect_::tl()은 상단 왼쪽 좌표를, Rect_::br()은 하단 오른쪽 좌표를 반환한다.

⑧ 23행에서 Rect_::size() 함수는 사각형의 크기 정보를 Size_형으로 반환한다.

⑨ 24행은 cout 함수에서 Rect 객체에 대한 콘솔창 출력을 지원한다. '너비x높이 from 시작 좌표'의 형식으로 출력된다.

| 실행결과 |

```
rect3 = 20.5,10, 100.5x60.6
rect4 = [30, 40]  [60, 90]
rect5 크기 = [180.5 x 230.6]
[rect6] = [20 x 30 from (20, 30)]
계속하려면 아무 키나 누르십시오 . . .
```

3.1.5 Vec 클래스

Vec 클래스는 원소 개수가 작은 숫자 벡터를 위한 템플릿 클래스이다. 이 클래스는 '〈'와 '〉' 안에 데이터의 자료형뿐만 아니라 원소의 개수를 인자로 받는다. 특히, Vec〈Tp, 2〉, Vec〈Tp, 3〉, Vec〈Tp, 4〉는 각각 Point_ , Point3_ , Scalar_ 클래스로 형변환이 가능하다. 벡터 원소들에 대한 접근은 배열첨자([ ])를 사용한다.

matx.hpp 헤더 파일에 typedef 다음과 같이 정의해 두어서 'Vec'와 숫자 및 'b', 'i', 'f', 'd' 문자를 조합해서 간결하게 선언할 수 있다.

```
[matx.hpp 헤더 파일 내용]


template<typename _Tp, int n> class Vec  public Matx<_Tp, n, 1> { ... };


typedef  Vec<uchar, 2> Vec2b

typedef  Vec<uchar, 3> Vec3b

typedef  Vec<uchar, 4> Vec4b

typedef  Vec<short, 2> Vec2s

typedef  Vec<short, 3> Vec3s

typedef  Vec<short, 4> Vec4s


typedef  Vec<int, 2> Vec2i

typedef  Vec<int, 3> Vec3i

typedef  Vec<int, 4> Vec4i
```

```
typedef  Vec<float, 2> Vec2f
typedef  Vec<float, 3> Vec3f
typedef  Vec<float, 4> Vec4f
typedef  Vec<float, 6> Vec6f

typedef  Vec<double, 2> Vec2d
typedef  Vec<double, 3> Vec3d
typedef  Vec<double, 4> Vec4d
typedef  Vec<double, 6> Vec6d
```

내부 메서드로 Vec::mul()는 현재 객체와 인수로 입력되는 벡터의 원소 간(elememt-wise) 곱을 계산한 결과를 반환한다. 다음 예제를 통해서 그 사용법을 설명하도록 한다.

예제 3.1.5　**vec 클래스 사용 - vec.cpp**

```
01   #include <opencv2/opencv.hpp>
02   using namespace cv;
03   using namespace std;
04   int  main( )
05   {
06       // 기본 선언 및 간결 방법
07       Vec <int, 2> v1(5, 12);
08       Vec <double, 3> v2(40, 130.7, 125.6);
09       Vec2b  v3(10 , 10);
10       Vec6f  v4(40.f, 230.25f, 525.6f);
11       Vec3i  v5(200, 230, 250);
12
13       // 객체 연산 및 형변환
14       Vec3d v6 = v2 + (Vec3d)v5;          // 형변환 필요
15       Vec2b v7 = (Vec2b)v1 + v3;
16       Vec6f v8 = v4 * 20.0f;
17
18       Point  pt1 = v1 + (Vec2i)v7;
19       Point3_<int> pt2 = v2;              // 묵시적 형변환 발생
20
21       // 콘솔창 출력
22       cout <<"[v3] = " << v3 << endl;
```

```
23        cout << "[v7] = " << v7 << endl;
24        cout << "[v3 * v7] = " << v3.mul(v7) << endl;
25        cout << "v8[0] = " << v8[0] << endl;
26        cout << "v8[1] = " << v8[1] << endl;
27        cout << "v8[2] = " << v8[2] << endl;
28        cout << "[v2] = " << v2 << endl;          // 정수형 Point3 객체로 출력
29        cout << "[pt2] = " << pt2 << endl;
30        return 0;
31    }
```

| 설명 |

① 9~11행은 'Vec'와 숫자 및 'b', 'i', 'f', 'd' 문자를 조합한 간편 선언 방법이다. 여기서 생성자로 채워지지 않은 원소는 0으로 초기화 된다.

② 14, 15행은 Vec 객체의 산술(덧셈, 뺄셈) 연산을 수행이다. 두 피연산자의 자료형을 일치시키기 위해서 v5는 Vec3d로, v1은 Vec2b로 형변환 한다.

③ 16행에서 Vec 객체에 스칼라값을 곱한다. v4의 각 원소에 20.0f가 곱해진다.

④ 18, 19행은 Vec 객체를 Point_와 Point3_ 객체에 각각 저장한다.

⑤ 19행에서 pt2는 int형 Point3_ 객체여서 double형의 v2 벡터가 할당될 때 묵시적 형변환(double →int)이 발생한다. 28행의 출력으로 소수 이하 부분이 제거된 것을 확인할 수 있다.

⑥ 24행은 Vec::mul() 함수를 이용해서 두 벡터의 원소 간 곱셈 결과를 반환한다.

| 실행결과 |

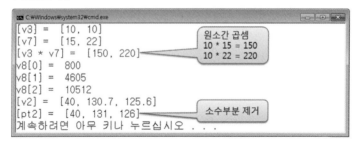

3.1.6 Scalar_ 클래스

Scalar_ 클래스는 Vec 클래스 중에서 Vec⟨Tp, 4⟩에서 파생된 템플릿 클래스로서 4개 원소를 갖는다. OpenCV에서 특별히 화소의 값을 지정하기 위한 자료형으로 정의되었으며, 파랑 초록, 빨강, 투명도의 4개의 값을 저장한다.

자주 사용되는 Scalar_〈double〉 타입을 Scalar로 선언이 가능하도록 전처리 지시자를 지정해 두었다. Vec 클래스에서 사용할 수 있는 대부분의 연산이 가능하다. 초기화할 때 4개의 값을 모두 지정하지 않으면 나머지는 0으로 설정된다.

다음 예제를 통해서 그 사용법을 알아보자.

<table>
<tr><td>예제 3.1.6</td><td>Scalar 클래스 사용 - scalar.cpp</td></tr>
</table>

```cpp
01   #include <opencv2/opencv.hpp>
02   using namespace cv;
03   using namespace std;
04   int  main()
05   {
06       // 기본선언 방법
07       Scalar_<uchar> red(0, 0, 255);                    // uchar → unsigned char
08       Scalar_<int>   blue(255, 0, 0);
09       Scalar_<double> color1(500);
10       Scalar_<float>  color2(100.f, 200.f, 125.9f);
11
12       Vec3d  green(0, 0, 300.5);
13       Scalar  green1 = color1 + (Scalar)green;          // 명시적 형변환 필요
14       Scalar  green2 = color2 + (Scalar_<float>)green;  // 묵시적 형변환 발생
15
16       cout << "blue = " << blue[0] << ", " << blue[1];
17       cout << ", " << blue[1] << ", " << blue[2] << endl;
18       cout << "red = " << red << endl;
19       cout << "green = " << green << endl << endl;
20       cout << "green1 = " << green1 << endl;
21       cout << "green2 = " << green2 << endl;
22       return 0;
23   }
```

| 설명 |

① 13행에서 Scalar_ 객체의 덧셈은 각 화소별(pixel-wise)로 더해진다. 여기서 덧셈을 수행하려면 두 피연산자의 자료형이 같아야 하기 때문에 덧셈 수행 전에 Vec3d 형인 green 벡터를 Scalar형으로 형변환한다.

② 14행에서 Scalar_ 객체 color2와 Vec3d 객체 green을 원소별로 더해서 Scalar 객체인 green2에 저장한다. 자료형의 일치를 위해서 green을 Scalar_〈float〉형으로 형변환한다. 또한 계산 결과를 green2로 할당하는 과정에서 green2가 double형이기 때문에 float형에서 double형으로 묵시적 형변환이 발생한다.

③ 16, 17행은 배열첨자([])를 통해서 Scalar_ 객체의 각 원소에 접근한다.

④ 18~21행에서 cout 함수는 Vec 와 Scalar_ 객체의 원소 출력도 지원한다.

| 실행결과 |

```
blue = 255, 0, 0, 0
red =  [0, 0, 255, 0]
green =  [0, 0, 300.5]

green1 =  [500, 0, 300.5, 0]
green2 =  [100, 200, 426.4, 0]
계속하려면 아무 키나 누르십시오 . . .
```

3.1.7 RotatedRect 클래스

RotatedRect 클래스는 회전된 사각형을 나타내기 위한 클래스이다. 다음과 같이 생성자
와 메서드를 갖는다.

클래스 생성자 및 메서드의 반환자료형과 인수 구조

```
RotatedRect();
RotatedRect(const Point2f& center, const Size2f& size, float angle)
RotatedRect(const CvBox2D& box)


Rect  boundingRect()
void  points(Point2f pts[])
```

인수	설명
RotatedRect()	생성자
• Point2f& center • Size2f& size • float angle	회전사각형의 회전의 중심점 사각형의 크기(가로와 세로) 회전 각도 (0~360도 3시 방향이 0도, 시계방향 회전)
Rect boundingRect()	회전사각형의 4개 모서리를 모두 포함하는 최소 크기의 사각형 영역을 반환한다.
void points()	인수로 입력되는 pts 배열에 회전사각형의 4개 꼭짓점을 전달한다.

회전사각형은 〈그림 3.1.6〉과 같은 형태로 구성되어 중심점(center), 크기(size), 회전 각도
(angle)를 멤버 변수로 가진다.

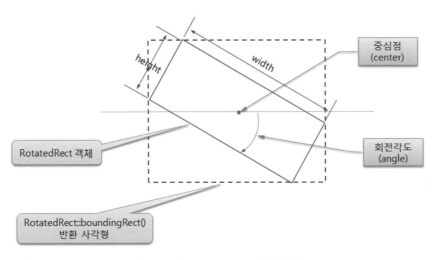

중심점
(center)

RotatedRect 객체

회전각도
(angle)

RotatedRect::boundingRect()
반환 사각형

〈그림 3.1.6〉 RotatedRect 객체의 구성

크기는 회전사각형 내부의 가로와 세로를 말하며, 회전 각도는 3시 방향이 0도이고 시계 방향으로 증가한다.

다음 예제를 통해서 그 사용법을 설명하도록 한다. 여기서 Mat 클래스는 다음 절 Mat 클래스의 생성을 참고 바라며, cv::line(), cv::circle(), cv::rectangle(), cv::imshow() 함수는 4장 사용자 인터페이스에서 자세히 설명되어 있다.

예제 3.1.7   RotatedRect 클래스 사용 – rotatedRect.cpp

```cpp
01   #include <opencv2/opencv.hpp>
02   using namespace cv;
03   using namespace std;
04   int  main()
05   {
06       Mat   image(300, 500, CV_8UC1, Scalar(255));        // 행렬 선언
07       Point2f   center(250, 150), pts[4];
08       Size2f  size(300, 100);
09       RotatedRect  rot_rect(center, size, 20);            // 회전사각형 선언
10
11       Rect bound_rect = rot_rect.boundingRect();
12       rectangle(image, bound_rect, Scalar(0), 1);         // 사각형 그리기
13       circle(image, rot_rect.center, 1, Scalar(0), 2);    // 원 그리기
14
```

```
15        rot_rect.points(pts);                                    // 회전사각형 꼭짓점 반환
16        for (int i = 0; i < 4; i++)     {
17             circle(image, pts[i], 4, Scalar(0), 1);             // 꼭짓점 표시
18             line(image, pts[i], pts[(i + 1) % 4], Scalar(0), 2);   // 꼭짓점 잇는 직선
19        }
20
21        imshow("회전사각형", image);
22        waitKey(0);
23        return 0;
24    }
```

| 설명 |

① 6행은 300행, 500열의 CV_8U형 행렬을 선언하고, 모든 원소를 255로 지정한다. 이것은 세로 300, 가로 500화소의 영상을 만들고, 모든 화소를 흰색(255)으로 지정한다.

② 7, 8행에서 회전사각형의 중심점(center)과 크기(size)로 사용될 변수를 float형으로 선언한다. pts 배열은 회전사각형의 꼭짓점들을 좌표로 받아올 변수이다.

③ 9행은 RotatedRect 객체 rot_rect를 선언하고, 초기화한다. 이것은 center 좌표(250,150)를 중심으로 size 크기(300×100)의 사각형이 20도 기울어진 형태로 지정한 것이다.

④ 11행은 RotatedRect 클래스의 내부 메서드인 RotatedRect::boundingRect()로 rot_rect의 4개 꼭짓점을 모두 포함하는 사각형을 반환받아서 bound_rect에 저장한다.

⑤ 12행은 cv::rectangle() 함수로 image 행렬에 bound_rect 사각형을 그린다.

⑥ 13행은 회전사각형의 중심점을 cv::circle() 함수로 원을 그려서 표시한다.

⑦ 15행은 RotatedRect::points() 함수로 회전사각형의 꼭짓점들을 pts 배열로 반환받는다.

⑧ 16~19행은 4개 꼭짓점을 원으로 표시하고, 그 점들을 잇는 직선을 그린다.

⑨ 21행은 image 행렬을 "회전사각형" 이름의 윈도우에 영상으로 표시한다.

⑩ 22행은 cv::waitKey() 함수로 키보드 이벤트를 기다리다가 키가 입력되면 종료한다.

| 실행결과 |

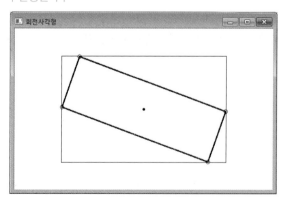

3.2 Mat 클래스

Mat 클래스를 다루기 전에 OpenCV에서 영상 데이터를 어떻게 다루어 왔는가를 소개하고자 한다. OpenCV 1.x에서는 IplImage라는 구조체를 이용하여 영상 데이터를 다루었다. 이 데이터 타입은 C언어의 단점들을 그대로 갖고 있다. 그리고 IplImage 변수의 화소에 접근하는 함수로 cvSet2D(), cvGet2D() 등을 사용할 경우에 처리 속도가 아주 느려진다. 또한 직접적으로 멤버 변수인 imageData를 사용하여 화소에 접근하려면 화소의 데이터 타입에 따른 배열 인덱싱과 형변환이 상당히 복잡하다. 특히, 메모리 관리에서 선언된 IplImage 변수들을 사용 후에 모두 직접 해제해 주어야하기 때문에 메모리 누수 문제가 발생할 수 있다.

OpenCV 2.0부터는 C++ 인터페이스를 도입했으며, Mat 클래스를 사용해 영상 데이터를 표현한다. 템플릿 클래스를 사용하여 각각의 자료형의 표현도 쉽고, 화소에 대한 접근 방법도 수월하다. 뿐만 아니라 포인터 변수에 대한 메모리 해제도 소멸자에서 처리해 주기 때문에 메모리 관리에 대한 걱정이 없다.

Mat 클래스는 n-차원의 밀집(dense)형 배열 클래스로 다음과 같은 다양한 데이터를 저장할 수 있다.

- 단일 채널 혹은 다중 채널의 값
- 실수나 복소수로 구성된 벡터
- 명암도(gray-scale) 영상이나 컬러 영상 데이터
- 점의 집합
- 히스토그램 데이터

3.2.1 Mat 행렬 생성

Mat 행렬도 클래스이기 때문에 생성자(constructor)를 통해서 객체를 생성한다. OpenCV에서는 Mat 객체를 생성하는 다양한 방법을 제공한다. 다음 코드는 생성자의 일부를 나타낸 것으로서 이외에도 다양한 방법으로 객체를 생성할 수 있다. 여기서 생성자의 인수 구조와 인수들에 대한 간단한 설명을 나타내었다.

생성자의 인수 구조
`Mat::Mat();`
`Mat::Mat(int rows, int cols, int type)`
`Mat::Mat(int rows, int cols, int type, const Scalar& s)`
`Mat::Mat(int rows, int cols, int type, void* data, size_t step = AUTO_STEP)`
`Mat::Mat(Size size, int type)`
`Mat::Mat(Size size, int type, const Scalar& s)`
`Mat::Mat(Size size, int type, void* data, size_t step = AUTO_STEP)`
`Mat::Mat(const Mat& m)`
`Mat::Mat(const Mat& m, const Rect& roi)`
`Mat::Mat(const Mat& m, const Range* ranges)`
`Mat::Mat(int ndims, const int* sizes, type)`
`Mat::Mat(int ndims, const int* sizes, type, const Scalar& s)`
`Mat::Mat(int ndims, const int* sizes, type, void* data, const size_t step = 0)`

인수	설명
• int rows, int cols	행렬의 행수와 열수
• int type	행렬 원소의 자료형
• Scalar& s	행렬의 모든 원소 값
• size_t step	행렬의 한 행의 데이터가 차지하는 바이트 수
• void* data	초기화할 행렬 원소 데이터에 대한 포인터
• Size size	행렬의 크기를 Size 객체로 지정
• Rect& roi	관심영역 사각형
• Mat& m	미리 생성된 행렬(기존 Mat 객체로 새 Mat 객체 생성 가능)
• int ndims	행렬의 차원 수(일반적으로 2차원 데이터를 다룸)

Mat 객체를 생성할 때에는 행렬의 자료형과 데이터 원소의 자료형이 맞지 않으면 여러 가지 문제들이 발생할 수 있다. 예로서, 〈그림 3.2.1〉의 상단과 같이 uchar 행렬은 0~255까지의 범위를 갖기 때문에 300으로 초기화하여도 255의 값이 저장된다.

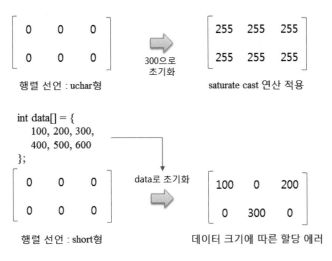

〈그림 3.2.1〉 Mat 객체의 자료형 지정오류 예

또한 배열을 이용하여 행렬의 값을 초기화할 때, 자료형이 일치하지 않으면, 에러가 발생하거나 〈그림 3.2.1〉의 하단과 같이 배열 원소와 행렬 원소의 자료형의 크기 차이로 인해서 잘못된 위치에 데이터 값이 설정된다. 즉, short형 행렬(2바이트)에 int형 배열(4바이트)로 초기화하기 때문에 int형 배열의 한 원소가 행렬의 2개 원소에 걸쳐서 할당된다.

따라서 Mat 클래스의 객체를 선언할 때, 행렬의 자료형에 특히 주의해야 한다. 다음은 행렬의 자료형에 대한 상세한 옵션에 대한 설명이다.

〈표 3.2.1〉 행렬 자료형의 종류

데이터 형	설명	depth 값
CV_8U	uchar(unsigned char)	0
CV_8S	signed char	1
CV_16U	unsigned short int	2
CV_16S	signed short int	3
CV_32S	int	4
CV_32F	float	5
CV_64F	double	6

다음의 예제는 Mat 객체를 생성하는 기본적인 방법들을 다루었다. Mat 클래스는 OpenCV로 영상 처리를 하는데 있어 핵심이 되는 중요한 클래스이기 때문에 생성자의 사용법을 유심히 살펴보기 바란다.

예제 3.2.1　　Mat 클래스 선언 - mat.cpp

```cpp
01  #include <opencv2/opencv.hpp>
02  using namespace cv;
03  using namespace std;
04  int main()
05  {
06      float data[] = {
07              1.2f, 2.3f, 3.2f,
08              4.5f, 5.f, 6.5f,
09      };
10      // Mat 객체 선언 방법
11      Mat m1(2, 3, CV_8U);
12      Mat m2(2, 3, CV_8U, Scalar(300));           // uchar형 → 255로 저장
13      Mat m3(2, 3, CV_16S, Scalar(300));          // short형 → 300으로 저장
14      Mat m4(2, 3, CV_32F, data);                 // 배열 원소로 초기화
15
16      // Size_ 객체로 Mat 객체 선언 방법
17      Size sz(2, 3);
18      Mat m5(Size(2, 3), CV_64F);
19      Mat m6(sz, CV_32F, data);                   // Size_ 객체로 초기화
20
21      cout << "[m1] =" << endl << m1 << endl;
22      cout << "[m2] =" << endl << m2 << endl;
23      cout << "[m3] =" << endl << m3 << endl;
24      cout << "[m4] =" << endl << m4 << endl << endl;
25      cout << "[m5] =" << endl << m5 << endl;
26      cout << "[m6] =" << endl << m6 << endl;
27      return 0;
28  }
```

| 설명 |

① 6~9행은 m4 행렬의 초기값으로 지정할 데이터를 float형 배열 data로 선언한다.

② 11행은 2행, 3열의 행렬 m1을 uchar(CV_8U)형으로 선언한다. 채널 수를 지정하지 않으면 1채널 행렬이 되며, 초기화하지 않아서 원소는 임의의 값이 설정된다.

③ 12행은 11행과 같이 선언하며, 모든 원소의 값을 300으로 초기화한다. 단, 행렬의 자료형이 uchar형이기에 255 이상의 값은 255로 지정된다.

④ 13행은 행렬 m3를 short(CV_16S)형으로 선언하고, 초기값 300을 지정하면 정상적으로 저장된다.

⑤ 14행은 행렬 m4의 자료형을 float(CV_32F)형으로 선언하고, data 배열의 원소로 행렬 원소를 초기화한다. **행렬의 자료형과 배열의 자료형의 일치에 유의한다.**

⑥ 17행은 행렬의 크기를 지정하기 위해 Size 객체 sz를 선언한다. **Size_ 클래스는 가로×세로로 선언하며, 행렬은 행×열로 선언한다. 서로 반대임을 유의해야 한다.**

⑦ 18행은 가로x세로가 2x3 크기의 Size 객체를 바로 생성해서 선언한다. 따라서 행렬의 크기는 3행, 2열이 된다.

⑧ 19행은 행렬 m6을 Size 객체 sz의 크기에 float형으로 선언한다.

| 실행결과 |

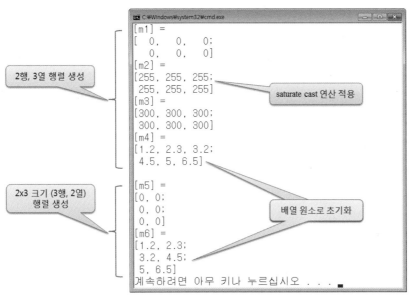

3.2.2 Mat 행렬 초기화 함수

다음은 Mat 클래스의 내부 메서드 중에서 단위행렬이나 1로 구성된 행렬 등의 특수한 행렬을 생성하는 함수들이다. Mat 객체로 행렬의 곱과 행렬의 합 등 행렬 계산 수식에 사용하고자 할 때, 원소를 쉽게 초기화할 수 있다.

멤버 메서드의 반환 자료형과 인수 구조
static MatExpr Mat::ones(int rows, int cols, int type)
static MatExpr Mat::ones(Size size, int type)
static MatExpr Mat::eye(int rows, int cols, int type)
static MatExpr Mat::eye(Size size, int type)
static MatExpr Mat::zeros(int rows, int cols, int type)
static MatExpr Mat::zeros(Size size, int type)
static MatExpr Mat::zeros(int ndims, const int* sz, int type)

함수 및 인수	설명
ones()	행렬의 모든 원소 1인 행렬을 반환한다.
• int rows, int cols	행렬의 행의 개수와 열의 개수
• int type	행렬 원소의 데이터 타입
• Size size	행렬의 크기(Size 형)
eye()	지정된 크기와 타입의 단위 행렬을 반환한다.
• int rows, int cols	행렬의 행의 개수와 열의 개수
• int type	행렬 원소의 데이터 타입
• Size size	행렬의 크기(Size 형)
zeros()	행렬의 원소를 0으로 초기화 한다.
• int rows, int cols	행렬의 행과 열의 개수
• int type	행렬 원소의 데이터 타입
• int ndims	행렬의 차원 수
• int* sz	행렬의 크기를 나타내는 정수 배열

다음 예제는 단위 행렬이나 원소가 0 혹은 1로 구성되는 특수 행렬을 초기화하는 방법이다.

예제 3.2.2   **Mat 클래스 초기화 – mat_init1.cpp**

```
01  #include <opencv2/opencv.hpp>
02  using namespace cv;
03  using namespace std;
04  int main()
05  {
06      Mat m1 = Mat::ones(3, 5, CV_8UC1);
07      Mat m2 = Mat::zeros(3, 5, CV_8UC1);
08      Mat m3 = Mat::eye(3, 3, CV_8UC1);
09
```

```
10        cout << "[m1] =" << endl << m1 << endl;
11        cout << "[m2] =" << endl << m2 << endl;
12        cout << "[m3] =" << endl << m3 << endl;
13        return 0;
14    }
```

| 설명 |

① 6행은 Mat::ones() 함수를 이용해서 모든 원소가 1의 값을 갖는 행렬을 생성한다.

② 7행은 Mat::zeros() 함수를 이용해서 모든 원소가 0인 행렬을 만든다.

③ 8행 행렬 m3는 단위행렬을 만든다.

④ 10행은 cout 함수를 통해서 행렬의 모든 원소값을 콘솔창에 출력한다.

| 실행결과 |

```
C:\Windows\system32\cmd.exe
[m1] =
[  1,    1,    1,    1,    1;
   1,    1,    1,    1,    1;
   1,    1,    1,    1,    1]
[m2] =
[  0,    0,    0,    0,    0;
   0,    0,    0,    0,    0;
   0,    0,    0,    0,    0]
[m3] =
[  1,    0,    0;
   0,    1,    0;
   0,    0,    1]
계속하려면 아무 키나 누르십시오 . . .
```

3.2.3 Mat_ 클래스를 이용한 초기화

Mat_ 클래스는 Mat 클래스에서 상속된 템플릿 클래스이다. 이 클래스는 기존 Mat 클래스의 멤버 변수와 가상 메서드만 갖는다. 때문에 Mat 클래스와 Mat_ 클래스 간에 참조와 포인터를 자유롭게 변환할 수 있다. 다만 형변환을 할 때에 자료형에 주의가 필요하다.

일반적으로 Mat 클래스만으로 모든 처리가 가능하지만, 행렬 원소 접근 연산을 많이 하거나 컴파일 타임에 행렬의 자료형을 알고 있는 경우에 Mat_ 클래스를 사용하는 것이 유용하다. 특히, Mat_ 객체를 선언할 때에 《 연산자를 이용하여 개별 원소를 한 번에 초기화할 수 있기 때문에 원소의 개수가 작은 행렬의 값을 쉽게 지정할 수 있다.

다음 예제를 통해서 그 사용법을 알아보자.

```cpp
01   #include <opencv2/opencv.hpp>
02   using namespace cv;
03   using namespace std;
04   int main()
05   {
06       double    a = 32.12345678, b = 2.7;
07       short     c = 400;
08       float     d = 10.f, e = 11.f, f = 13.f;
09
10       Mat_<int>      m1(2, 4);                // 2행 3열 int형 행렬 선언
11       Mat_<uchar>    m2(3, 4, 100);           // 행렬 선언 및 100으로 원소 초기화
12       Mat_<short>    m3(4, 5, c);             // 행렬 선언 및 변수 c로 원소 초기화
13
14       m1 << 1, 2, 3, 4, 5, 6;
15       Mat m4 = (Mat_<double>(2, 3) << 1, 2, 3, 4, 5, 6);
16       Mat m5 = (Mat_<float>(2, 3) << a, b, c, d, e, f);
17
18       cout << "[m1]=" << endl << m1 << endl;
19       cout << "[m2]=" << endl << m2 << endl << endl;
20       cout << "[m3]=" << endl << m3 << endl << endl;
21       cout << "[m4]=" << endl << m4 << endl;
22       cout << "[m5]=" << endl << m5 << endl;
23       return 0;
24   }
```

| 설명 |

① 6행은 double형 변수 a, b를 선언한다. 특히 a는 m5 행렬의 원소로 사용될 때 소수점이하의 소실 여부를 확인하기 위함이다.

② 10~12행은 Mat_ 객체 선언 방법이다. m2는 3행, 4열의 uchar형으로 모든 원소를 100으로 초기화한다. m3은 4행, 5열의 short형으로 선언하며, 원소를 변수 c로 초기화한다.

③ 14행은 스트림(<<) 연산자를 이용해서 m1 행렬의 원소에 값을 한 번에 지정한다. 첫 원소부터 순서대로 지정되며, 4번째 원소부터는 2행에 값이 저장된다. 값이 지정되지 않은 7, 8번째 원소는 임의의 값이 저장된다.

④ 15행은 2행, 3열의 행렬 m4를 double형으로 선언하며, 바로 원소 값을 지정한다.

⑤ 16행은 행렬 m5를 선언하고, 다양한 자료형의 변수들로 초기화를 한다. 변수 a, b는 double형, 변수 c는 short형이다. m5 행렬이 float형이기 때문에 double형 데이터는 할당되면서 소수 부분이 일부 소실될 수 있다.

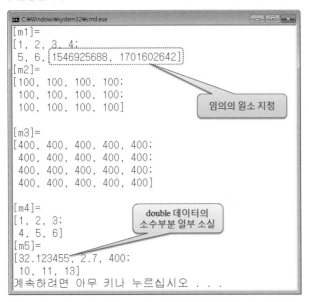

3.2.4 Matx 클래스를 이용한 초기화

Matx 클래스는 크기가 작은 행렬을 위한 템플릿 클래스이다. 객체를 선언할 때 클래스 이름과 '⟨' 와 '⟩' 안에 행렬의 자료형, 행수, 열수를 지정하면 해당하는 자료형과 크기의 행렬이 생성된다.

다음과 같이 OpenCV의 matx.hpp 헤더 파일에 자주 사용되는 몇몇 크기의 자료형에 대해서 간결 표현이 가능하도록 typedef 명령어로 정의해 두었다.

```
[matx.hpp 헤더 파일의 일부 내용]

template<typename _Tp, int m, int n> class Matx {...};

typedef Matx<float, 1, 2> Matx12f
typedef Matx<double, 1, 2> Matx12d
....
typedef Matx<float, 1, 6> Matx16f
typedef Matx<double, 1, 6> Matx16d
typedef Matx<float, 2, 1> Matx21f
```

```
typedef Matx<double, 2, 1> Matx21d
typedef Matx<float, 6, 1> Matx61f
typedef Matx<double, 6, 1> Matx61d
typedef Matx<float, 2, 2> Matx22f
typedef Matx<double, 2, 2> Matx22d
......
typedef Matx<float, 4, 4> Matx44f
typedef Matx<double, 4, 4> Matx44d
typedef Matx<float, 6, 6> Matx66f
typedef Matx<double, 6, 6> Matx66d
```

Matx 클래스로 생성된 객체의 원소에 접근하기 위해서는 객체이름에 (i, j) 형식으로 간편하게 지정하는 장점이 있다. 대부분의 행렬 연산들을 지원하며, 지원되지 않는 행렬 연산은 Mat 형식으로 형변환 후에 처리하고, 다시 원래 형식으로 바꾸면 된다.

다음 예제를 통해서 그 사용법을 설명하도록 한다.

예제 3.2.4   Matx 클래스 초기화 - matx.cpp

```
01   #include <opencv2/opencv.hpp>
02   using namespace cv;
03   using namespace std;
04   int  main()
05   {
06       // 기본 선언 방법
07       Matx<int, 3, 3>    m1(1, 2, 3, 4, 5, 6, 7, 8, 9);
08       Matx<float, 2, 3>  m2(1, 2, 3, 4, 5, 6);
09       Matx<double, 3, 5> m3(3, 4, 5, 7);
10
11       // 간편 선언 방법
12       Matx23d  m4(3, 4, 5, 6, 7, 8);
13       Matx34d  m5(1, 2, 3, 10, 11, 12, 13, 14, 15);
14       Matx66f  m6(1, 2, 3, 4, 5, 6, 7, 8, 9, 10);
15
16       // 행렬 원소 접근
17       cout << "m5(0, 0) =" << m5(0, 0) << " m5(1, 0) =" << m5(1, 0) << endl;
```

```
18      cout << "m6(0, 1) =" << m6(0, 1) << " m6(1, 3) =" << m6(1, 3) << endl;
19
20      cout << "[m1] =" << endl << m1 << endl;
21      cout << "[m5] =" << endl << m5 << endl;
22      cout << "[m6] =" << endl << m6 << endl << endl;
23      return 0;
24  }
```

| 설명 |

① 7~9행은 Matx 객체를 선언과 동시에 원소를 초기화하는 방법이다.

② 12~14행은 Matx 와 숫자 2개 및 'd', 'f' 문자를 조합한 간편 선언 방법이다. 여기서 채워지지 않은 나머지 원소의 값은 0으로 초기화 된다.

③ 17, 18행은 객체이름에 (i, j) 형식을 통해서 해당 원소에 접근한다.

| 실행결과 |

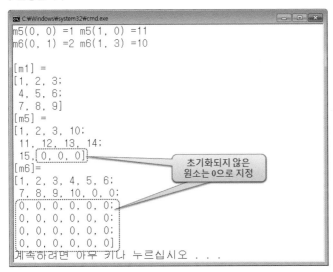

3.2.5 Mat 클래스의 다양한 속성

Mat 클래스로 객체를 생성하면, 그 정보들은 해당 객체의 멤버 변수들에 저장된다. 이 정보들은 Mat 클래스의 내부 메서드들을 통해 확인할 수 있다. 〈그림 3.2.2〉는 객체의 기본 속성과 메서드를 간략하게 나타내었다. 세부적인 설명은 〈표 3.2.2〉에서 자세히 설명한다.

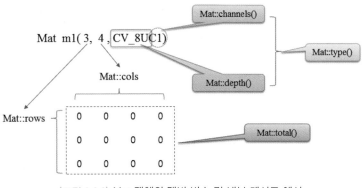

〈그림 3.2.2〉 Mat 객체의 멤버 변수 및 내부 메서드 예시

〈표 3.2.2〉 Mat 클래스의 멤버변수 및 멤버(내부) 메서드

항목		설명
멤버 변수	Mat::dims	차원 수
	Mat::rows	행의 개수
	Mat::cols	열의 개수
	Mat::data	행렬 원소 데이터에 대한 포인터
	Mat::step	행렬의 한 행이 차지하는 바이트 수
멤버 메서드	Mat::channels()	행렬의 채널 수 반환
	Mat::depth()	행렬의 깊이(행렬의 자료형)값 반환
	Mat::elemSize()	행렬의 한 원소에 대한 바이트 크기 반환
	Mat::elemSize1()	행렬의 한 원소의 한 채널에 대한 바이트 크기 반환
	Mat::empty()	행렬 원소가 비어있는지 여부 반환
	Mat::isSubmatrix()	참조 행렬인지 여부 반환
	Mat::size()	행렬의 크기를 Size형으로 반환
	Mat::step1()	step을 elemSize1()로 나누어서 정규화된 step 반환
	Mat::total()	행렬 원소의 전체 개수 반환
	Mat::type()	행렬의 데이터 타입(자료형 + 채널 수) 반환 자료형으로 상위 3비트 + 채널 수로 하위 3비트

다음 예제에서 행렬의 행과 열, 크기, 전체 원소 개수, 자료형(depth), 한 행의 바이트 길이 (step) 등을 확인해 본다.

Mat 클래스 속성 보기 – mat_attr.cpp

```cpp
01  #include <opencv2/opencv.hpp>
02  using namespace cv;
03  using namespace std;
04  int main()
05  {
06      Mat m1(4, 3, CV_32FC3);
07      cout << "차원 수 = " << m1.dims << endl;
08      cout << "행 개수 = " << m1.rows << endl;
09      cout << "열 개수 = " << m1.cols << endl;
10      cout << "행렬 크기 = " << m1.size() << endl << endl;
11
12      cout << "전체 원소 개수 = " << m1.total() << endl;
13      cout << "한 원소의 크기 = " << m1.elemSize() << endl;
14      cout << "채널당 한 원소의 크기 = " << m1.elemSize1() << endl << endl;
15
16      cout << "타입 = " << m1.type() << endl;
17      cout << "타입(채널 수|깊이) = " << ((m1.channels() - 1) << 3) + m1.depth() <<endl;
18      cout << "깊이 = " << m1.depth() << endl;
19      cout << "채널 = " << m1.channels() << endl << endl;
20
21      cout << "step = " << m1.step << endl;
22      cout << "step1() = " << m1.step1() << endl;
23      return 0;
24  }
```

| 설명 |

① 10행에서 원소의 크기를 Size 객체로 반환받아서 출력한다. Size 객체는 가로×세로의 순서로 출력한다. 행이 먼 저가 아님에 유의한다.

② 12행에서 Mat::total()은 전체 원소의 개수이다.

③ 13행에서 Mat::elemSize()는 모든 채널을 포함해 한 원소의 바이트 크기이며, Mat::elemSize1()은 한 채널에 대한 원소의 바이트 크기이다.

④ 16행에서 Mat::type()는 자료형으로 상위 3비트, 채널 수로 하위 3비트를 구성하여 계산된다. 여기서 채널 수가 한 개이면 00이, 두 개이면 10이 할당된다.

⑤ 21행은 한 행의 전체 바이트 수를 멤버 변수인 Mat::step으로 출력한다.

⑥ 22행에서 Mat::step1()는 정규화된 step 수를 반환한다. 이것은 한 행의 바이트수(step)를 한 채널의 한 원소의 바이트 수로 나눈 값이다.

```
C:\Windows\system32\cmd.exe
차원 수 =2
행 개수 =4
열 개수 =3
행렬 크기 = [3 x 4]

전체 원소 개수 = 12
한 원소의 크기 = 12
채널당 한 원소의 크기 = 4

타입 = 21
타입(채널수 | 깊이) = 21
깊이 = 5
채널 = 3

step = 36
step1() = 9
계속하려면 아무 키나 누르십시오 . . .
```

m1 행렬은 CV_32FC3로 선언한다. 여기서 C3은 채널의 수를 의미이며, 보통 명암도 (gray-scale) 영상은 1개 채널로 선언하며, 컬러 영상은 3개 채널로 선언한다. 또한 영상 이 아닌 다른 데이터를 다룰 때에는 더 많은 채널을 선언해서 사용할 수 있으며, 형식을 CV_8UC(n), ... , CV_64FC(n)과 같은 방법으로 지정한다.

3.2.6 Mat 클래스의 할당(=) 연산자

Mat 클래스에는 할당(=) 연산자(assignment operator) 메서드를 통해서 행렬, 행렬 수 식, 상수(Scalar)에 대한 할당 연산을 지원한다. 다음 〈표 3.2.3〉은 기본적인 할당 연산에 대한 설명이다.

〈표 3.2.3〉 Mat의 할당(=) 연산자 종류

오른쪽 항의 데이터 타입	예문	설명
스칼라값	m1 = 100	행렬의 모든 원소를 지정된 스칼라값으로 변경하고자 할 때 사용한 다. 마스크 행렬이 없는 MatsetTo()와 같은 역할을 한다.
행렬 수식	m1 = m2 + m3 m1 = m3 – 6	수식의 결과가 m1 행렬에 복사된다.
행렬	m1 = m2	m2 행렬이 m1 행렬에 복사되는 것이 아니라 m2 행렬을 m1 행렬이 공유한다. 따라서 m2 행렬의 원소가 변경되면, m1 행렬의 원소도 같 이 변경된다.

할당(=) 연산자의 오른쪽 항의 형태에 따라서 위와 같이 세 가지 경우로 구분된다. 예제를
통해서 그 사용법을 확인해 보자.

예제 3.2.6   Mat 객체 연산 - mat_op.cpp

```cpp
01  #include <opencv2/opencv.hpp>
02  using namespace cv;
03  using namespace std;
04  int main()
05  {
06      Mat m1(2, 3, CV_8U, 2);                        // 2행, 3열 행렬 선언 및 초기화
07      Mat m2(2, 3, CV_8U, Scalar(10));
08
09      // 행렬 연산
10      Mat m3 = m1 + m2;                              // 원소 간 덧셈
11      Mat m4 = m2 - 6;                               // 원소와 스칼라값의 덧셈
12      Mat m5 = m1;                                   // m5 행렬이 m1 행렬 공유
13
14      cout << "[m2] =" << endl << m2 << endl;
15      cout << "[m3] =" << endl << m3 << endl;
16      cout << "[m4] =" << endl << m4 << endl << endl;
17
18      // 공유 행렬 처리
19      cout << "[m1] =" << endl << m1 << endl;
20      cout << "[m5] =" << endl << m5 << endl << endl;
21      m5 = 100;
22      cout << "[m1] =" << endl << m1 << endl;
23      cout << "[m5] =" << endl << m5 << endl ;
24      return 0;
25  }
```

| 설명 |

① 6, 7행은 2행, 3열의 행렬을 uchar형으로 선언하고, 모든 원소를 각각 초기화한다.

② 10행은 m1 행렬과 m2 행렬의 합을 계산하고, 그 결과를 m3 행렬에 할당한다. 행렬의 합은 대응되는 원소 간
　 (element-wise)에 합을 계산한다.

③ 11행은 m2 행렬의 각 원소에서 6을 뺀 행렬을 생성하여, m4 행렬에 할당한다.

④ 19~23행은 공유행렬인 m1, m5 행렬의 원소 값의 변화를 확인하기 위함이다.

⑤ 21행은 m5 행렬에 100을 할당한다. 즉, 행렬의 모든 원소를 100으로 변경한다. 여기서 m5 행렬이 m1 행렬을 공유하기 때문에 m1 행렬의 원소도 같이 변경된다.

| 실행결과 |

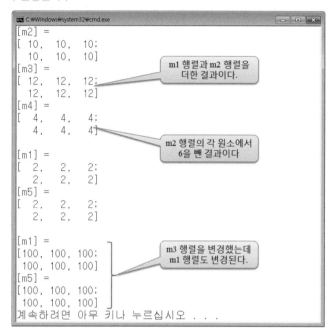

3.2.7 Mat 클래스의 크기 및 형태 변경

영상 처리 과정에서 영상 데이터는 행렬로 다루어 처리한다. 이때, 기존에 만들어져 있는 행렬의 행 혹은 열의 개수를 변경해야 하는 경우가 종종 생긴다. 여기서 행렬의 크기를 쉽게 바꾸어주는 Mat 클래스의 내부 메서드가 Mat::resize()와 Mat::reshape() 함수이다. 다음은 이 함수들에 대한 설명이다.

내부 메서드의 반환 자료형과 인수 구조

```
void Mat::resize(size_t sz);
void Mat::resize(size_t sz, const Scalar& s)
Mat Mat::reshape(int cn, int rows = 0);
void Mat::create(int rows, int cols, int type)
void Mat::create(Size size, int type)
void Mat::create(int ndims, const int* sizes, int type)
```

함수 및 인수	설명
void resize()	행의 개수를 기준으로 기존 행렬의 크기를 변경한다. 기존 행렬의 행의 개수 보다 sz가 작으면 하단 행을 제거하고, 크면 기존 행렬 하단에 행을 추가한다.
• size_t sz	변경될 행의 개수
• Scalar& s	추가되는 행의 원소에 할당하는 스칼라값
Mat reshape()	행렬의 전체 원소 개수는 바뀌지 않으면서, 행렬의 모양을 변경하여 새 행렬을 반환한다. 기존 행렬과 변경된 행렬의 전체 원소 개수(채널 수×행수×열수)가 일치하지 않으면 에러가 발생한다.
• int cn	변경될 채널 개수
• int rows	변경될 행의 개수
void create()	기존에 존재하는 행렬의 차원, 행, 열, 자료형을 변경하여 다시 생성한다. 기존 행렬과 크기와 자료형이 다르면 기존 메모리를 해제하고 새로운 데이터를 생성한다.
• int rows, int cols	행렬의 행과 열의 개수
• int type	행렬 원소의 데이터 타입(자료형 + 채널 수)
• int ndims	행렬의 차원 수
• int* sizes	행렬의 크기를 나타내는 정수 배열

다음 예제를 통해서 그 사용법을 설명하도록 한다. 먼저, Mat::resize()에 대한 예제이다.

예제 3.2.7 **Mat 객체 크기 변경1 – mat_resize.cpp**

```
01    #include <opencv2/opencv.hpp>
02    using namespace cv;
03    using namespace std;
04    int main()
05    {
06        Mat m = (Mat_<uchar>(2, 4) << 1, 2, 3, 4, 5, 6, 7, 8);
07        cout << "[m] =" << endl << m << endl << endl;
08
09        m.resize(1);
10        cout << "m.resize(1) =" << endl << m << endl;
11        m.resize(3);
12        cout << "m.resize(3) =" << endl << m << endl << endl;
13        m.resize(5, Scalar(50));
14        cout << "m.resize(5) =" << endl << m << endl;
15        return 0;
16    }
```

① 6행에서 2행, 4열의 행렬 m을 uchar형으로 선언하고, 각 원소 값을 초기화 한다.

② 9행은 m 행렬의 행수를 1로 변경한다. 따라서 행렬이 2행에서 1행으로 줄어든다.

③ 11행은 m 행렬의 행수를 3으로 변경하여 1행에서 3행으로 증가한다. 추가된 행의 원소값을 지정하지 않으면, 디버그 모드와 릴리즈 모드에서 다른 값으로 지정된다.

④ 13행은 m 행렬의 행수를 5로 변경하고, 추가된 행의 원소 값으로 50을 지정한다.

| 실행결과 |

디버그[Debug] 모드 실행 결과   **릴리즈[Release] 모드 실행 결과**

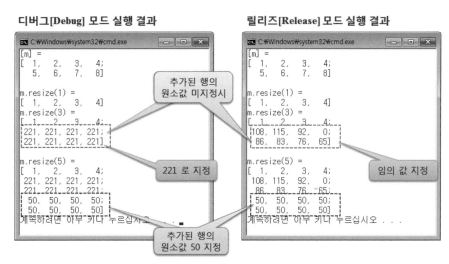

다음은 Mat::reshape() 함수에 대한 예제이다. 이 함수는 일반적으로 전체 원소의 개수를 변경하지 않은 채, 채널의 개수나 행의 개수를 바꾸고자 할 때 사용된다. 다음은 2행, 6열로 전체 12개의 원소를 갖는 1채널 행렬의 형태를 바꾸는 예제이다. 여기서 채널에 대한 자세한 설명은 5장 2절 채널 처리 함수를 확인하기 바란다.

예제 3.2.8   **Mat 객체 크기 변경2 – mat_reshape.cpp**

```
01   #include <opencv2/opencv.hpp>
02   using namespace cv;
03   using namespace std;
04
05   void print_matInfo(string m_name, Mat m)        // 채널 정보 출력
06   {
07       cout << "[" << m_name << " 행렬]" << endl;
```

```
15        cout << "   채널 수  = " << m.channels() << endl;
16        cout << "   행 x 열 = " << m.rows << " x " << m.cols << endl << endl;
17    }
18
19    int main()
20    {
21        Mat m1(2, 6, CV_8U);                              // 2행, 6열 char형 행렬 선언
22        Mat m2 = m1.reshape(2);                           // 2채널 행렬로 변경 생성
23        Mat m3 = m1.reshape(3, 2);                        // 3채널, 2행 행렬로 변경 생성
24
25        print_matInfo("m1(2, 6)", m1);
26        print_matInfo("m2 = m1_reshape(2)", m2);
27        print_matInfo("m3 = m1_reshape(3, 2)", m3);
28
29        m1.create(3, 5, CV_16S);            // Mat::create()는 기존 행렬을 새로 생성
30        print_matInfo("m1.create(3, 5)", m1);
31        return  0;
32    }
```

| 실행결과 |

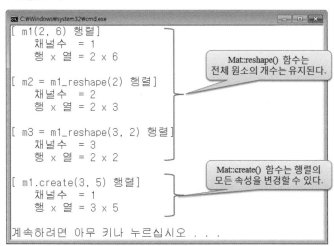

| 설명 |

① 5~10행은 행렬 정보(채널 수, 크기)를 출력하는 사용자 정의 함수를 구현한다.

② 15행은 Mat::reshape() 함수로 m1 행렬의 행과 열을 변경하여 2채널 행렬을 생성한다. 생성된 행렬이 2채널이기에 한 채널에 6개의 원소가 배치된다. 행수를 지정하지 않아서 그대로 2행이 되며, 열수는 3열로 변경된다.

③ 16행은 m1 행렬을 3채널, 2행으로 변경하여 생성한다. 3개 채널에 동일하게 4개의 원소가 배치되며, 2행으로 구성된다. 따라서 열수는 2열로 변경된다.

④ 18~20행 print_matInfo() 함수를 호출해서 행렬의 정보를 콘솔창에 출력한다.

⑤ 23행은 Mat::create() 함수로 기존 m1 행렬을 다른 크기, 다른 자료형으로 구성한다. 기존 행렬의 크기 및 자료형이 변경되어서 기존 행렬의 데이터도 유지되지 않는다.

3.2.8 Mat 복사 및 자료형 변환

영상 처리 프로그램을 작성하다 보면, 원본 영상에 대해서 이진화, 모폴로지 연산 등과 같은 전처리 작업이나 히스토그램 계산, 객체 외각 추출, 직선 검출 등 다양한 처리 작업에서 원본 영상이 변경될 수 있다. 이러한 이유 때문에 일반적으로 원본 영상은 직접 수정하지 않고, 원본의 복사본을 만들어서 작업한다.

또한 uchar형으로 로드된 원본 영상은 영상 처리 과정에서 int형이나 double형 등으로 자료형이 변환되어야 할 때가 종종 있다. OpenCV API에서는 Mat 객체를 복사하거나 자료형을 변환할 수 있도록 다음과 같은 Mat 클래스의 내부 메서드를 제공한다.

멤버 메서드의 반환 자료형과 인수 구조

```
Mat  Mat::clone()
void  Mat::copyTo(Mat &mat)
void  Mat::copyTo(Mat &mat, Mat  mask)
void  Mat::converTo(Mat &mat, int type, double alpha = 1, double beta = 0)
```

함수 및 인수	설명
Mat clone()	행렬 데이터와 같은 값을 복사해서 새로운 행렬을 반환한다
void copyTo()	행렬 데이터를 인자로 입력된 mat 행렬에 복사한다.
• Mat mat	복사될 목적 행렬
• Mat mask	연산 마스크(mask 행렬의 원소가 0이 아닌 위치만 복사가 수행)
void converTo()	행렬 원소의 데이터 타입을 변경하여 인수로 입력된 mat 행렬에 반환한다.
• Mat mat	데이터 타입이 변경될 목적 행렬
• int type	변경하고자 하는 데이터 타입(예, CV_8U , CV_16S 등)
• double alpha	원본 행렬의 원소 값의 배율 지정
• double beta	원본 행렬의 원소 값에 대한 이동값(delta)

다음 예제는 행렬을 복사하고 자료형을 변환하는 예제이다. 복사 함수는 인수의 구성과 반환 방식에 따라 Mat::clone()과 Mat::copyTo()로 두 개를 제공한다. 상황에 따라서 선별해서 사용할 수 있다.

예제 3.2.9 **Mat 객체 복사 – mat_copy.cpp**

```cpp
01  #include <opencv2/opencv.hpp>
02  using namespace cv;
03  using namespace std;
04  int main()
05  {
06      double data[] = {
07          1.1, 2.2, 3.3, 4.4,
08          5.5, 6.6, 7.7, 8.9,
09          9.9, 10 , 11, 12
10      };
11      Mat m1(3, 4, CV_64F, data);           // 행렬과 배열의 자료형 일치 유의
12      Mat m2 = m1.clone();
13      Mat m3, m4 ;
14      m1.copyTo(m3);
15      m1.convertTo(m4, CV_8U);              // 형변환을 통한 복사의 한 방법
16
17      cout << "m1 =\n" << m1 << endl;
18      cout << "m2 =\n" << m2 << endl;
19      cout << "m3 =\n" << m3 << endl;
20      cout << "m4 =\n" << m4 << endl;
21      return 0;
22  }
```

| 설명 |

① 11행은 3행, 4열의 행렬을 double(CV_64F)형으로 선언하고, data 배열로 초기화한다.

② 12행은 m1 행렬의 복사본을 생성하고, 그것을 m2 행렬에 할당한다.

③ 14행은 m1 행렬의 정보와 데이터를 복사하여 인수로 입력된 m3 행렬로 반환한다.

④ 15행은 m1 행렬의 자료형을 double(CV_64F)형에서 uchar(CV_8U)형으로 변환하여 생성하여, 인수로 입력된 m4 행렬로 반환한다.

⑤ 20행에서 m4 행렬의 자료형이 uchar형으로 변경되어 소수점 이하 값이 제거된다.

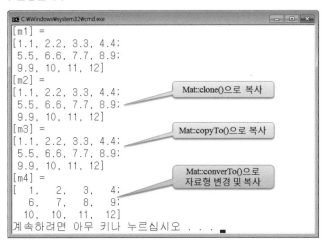

3.3 벡터(std::vector) 클래스

벡터(vector) 클래스는 C++ 언어의 표준 템플릿 라이브러리(STL Standard Template Library)의 시퀀스 컨테이너로서 동적 배열구조를 C++로 구현한 템플릿 클래스이다. C 언어의 배열처럼 빠른 임의 접근이 가능하면서도, 원소의 추가 및 삭제가 용이하다. 뿐만 아니라 배열 크기가 자동으로 조절되어 편리하게 사용할 수 있다.

vector 클래스는 OpenCV 내장 클래스는 아니지만, OpenCV에서 메서드의 반환자료형이나 인수의 자료형으로 다양하게 사용되기 때문에 이 절에서 자세히 설명하도록 한다. 다음은 vector 클래스의 대표적인 생성자와 내부 메서드들에 대한 설명이다.

생성자 및 메서드의 인수와 반환자료형

```
vector()
vector(size_type _Count)
vector(const vector& x)
vector(size_type _Count, const value_type& _Val )
vector(_Iter _First, _Iter _Last)
```

```
iterator vector::begin()
iterator vector::end()
size_type vector::capacity()
void vector::clear()
size_type vector::size()
void vector::reserve(size_type _Count)


iterator vector::erase(const_iterator _Where);
iterator vector::erase(const_iterator _First_arg, const_iterator _Last_arg)
iterator vector::insert(const_iterator _Where, _Ty&& _Val)
template<class _Iter> vector::insert(const_iterator _Where, _Iter _First, _Iter _Last)
void vector::push_back(value_type&& _Val)
void vector::pop_back()
```

함수 및 인수	설명
vector()	생성자
• size_type _Count • vector& x • value_type& _Val • _Iter _First • _Iter _Last	원소의 개수 벡터의 원소로 벡터 삽입 가능 각 원소에 할당되는 초기값, value_type는 반복자가 가리키는 대상체의 타입 벡터 반복자 구간의 시작 위치 벡터 반복자 구간의 마지막 위치
iterator insert()	_Where 위치에 원소(들)을 삽입한다.
• const_iterator _Where • value_type& _Val • _Iter _First • _Iter_Last	원소를 삽일할 위치 삽입할 원소 삽입할 반복자 구간의 시작 위치 삽입할 반복자 구간의 마지막 위치
iterator erase()	_Where 위치에 원소(들)을 삭제한다.
• const_iterator _Where • const_iterator _First_arg • const_iterator _Last_arg	삭제할 원소의 위치 삭제할 반복자 구간의 시작 위치 삭제할 반복자 구간의 마지막 위치
size_type capacity()	벡터에 할당된 공간의 크기 반환
size_type size()	벡터내 원소의 개수 반환
iterator begin()	벡터의 첫 번째 원소를 가리키는 반복자 반환
iterator end()	벡터의 마지막 원소를 가리키는 반복자 반환
void push_back()	벡터의 마지막에 원소 추가
void pop_back()	마지막 원제 제거
void reserve()	벡터의 원소를 저장할 공간 예약

3.3.1 vector 클래스의 초기화

위의 표에서 보는 바와 같이 벡터 클래스는 초기화할 수 있는 몇 개의 생성자를 제공한다.
다음 예제에서 벡터 클래스를 초기화하는 방법들을 예시한다.

예제 3.3.1   vector 클래스 초기화 – vector_init.cpp

```cpp
01   #include <opencv2/opencv.hpp>
02   using namespace cv;
03   using namespace std;
04   int main()
05   {
06       vector<Point> v1;                                       // 빈 벡터 선언
07       v1.push_back(Point(10, 20));                            // 벡터에 원소 추가
08       v1.push_back(Point(20, 30));
09       v1.push_back(Point(50, 60));
10
11       vector<float> v2(3, 9.25);                              // float형 벡터 선언 및 초기화
12       Size arr_size[] a= { Size(2, 2), Size(3, 3), Size(4, 4) };
13       int  arr_int[] = { 10, 20, 30, 40, 50 };
14
15       // 배열원소로 벡터 초기화
16       vector<Size> v3(arr_size, arr_size + sizeof(arr_size) / sizeof(Size));// Size형 벡터 선언
17       vector<int>  v4(arr_int+2, arr_int + sizeof(arr_int) / sizeof(int)); // int형 벡터 선언
18
19       cout << "[v1] " << (Mat)v1 << endl << endl;             // 형변환 후 출력
20       cout << "[v2] " << ((Mat)v2).reshape(1, 1) << endl;     // reshape() 이용 1행 출력
21       cout << "[v3] " << ((Mat)v3).reshape(1, 1) << endl;
22       cout << "[v4] " << ((Mat)v4).reshape(1, 1) << endl;
23
24       return 0;
25   }
```

① 6행은 Point 객체를 원소로 갖는 벡터를 선언한다. 초기화하지 않아 객체는 비어있다.

② 7~9행은 std::vector::push_back()을 이용해서 v1 벡터의 마지막에 원소를 추가한다.

③ 11행은 float형을 원소로 갖는 벡터를 선언하고, 3개 원소에 9.25로 초기화한다.

④ 12, 13행은 벡터의 초기화에 사용할 배열 arr_size, arr_int를 선언한다.

⑤ 16행에서 벡터에 삽입하려는 배열 원소의 시작 위치와 마지막 위치를 인수로 지정한다. 여기서 arr_size는 배열명으로 배열의 시작주소이다. 또한 시작주소에 배열의 개수를 더하면 배열의 마지막주소가 된다. 즉, 전체 배열 원소를 벡터에 삽입한다.

⑥ 17행에서 첫 인수로 배열시작 주소 + 2를 지정한다. 이것은 배열이 0부터 시작하기 때문에 배열의 3번째 원소를 가리킨다. 두 번째 인수는 15행과 같이 배열의 마지막 원소를 가리킨다. 즉, 배열 3번째 원소부터 마지막 원소까지 벡터에 삽입한다.

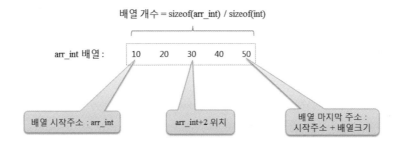

⑦ 19행에서 cout 함수에서 벡터의 원소에 대한 출력은 지원하지 않는다. 따라서 벡터를 Mat 객체로 형변환한 후에 출력한다.

⑧ 20행은 벡터를 Mat 객체로 변환하면 N행, 1열의 행렬로 변환되어 1열로 원소들을 여러 행에 걸쳐서 출력한다. 이 때, Mat::reshape() 함수로 1채널, 1행을 인수로 적용하면 한 행에 모든 데이터를 출력할 수 있다.

| 실행결과 |

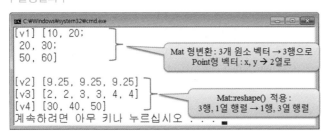

3.3.2 vector 클래스의 사용

벡터 객체는 일반 배열처럼 첨자 연산자([])를 이용해서 원소에 접근한다. 또한 전체 원소의 크기를 vector::size()를 통해 확인할 수 있기 때문에 쉽게 벡터 내 모든 원소를 다룰 수 있다.

벡터 객체의 현재 할당된 용량은 vector::capacity()를 통해서 확인할 수 있다. 벡터에 할당된 용량을 넘어서는 원소들의 추가가 발생하게 되면, 메모리 재할당의 과정을 거쳐야 된다. 이러한 비효율을 줄이려면 vector::reserve()를 이용해 미리 벡터의 용량을 확보하는 것이 바람직하다. 다음은 벡터 클래스의 사용 예이다.

예제 3.3.2	vector 클래스 사용 – vector_use.cpp

```cpp
01  #include <opencv2/opencv.hpp>
02  using namespace cv;
03  using namespace std;
04
05  void print_vectorInfo(string v_name, vector<int> v)        // 벡터 정보 출력
06  {
07      cout << "[" << v_name << " ] =";
08      if (v.empty())  cout << "벡터가 비어있습니다." << endl;
09      else            cout << ((Mat)v).reshape(1, 1) << endl;
10
11      cout << ".size() =" << v.size() << endl;              // 백터 원소 개수 출력
12  }
13
14  int main()
15  {
16      int  arr[] = { 10, 20, 30, 40, 50 };                  // 벡터 초기화할 배열
17      vector<int>  v1(arr, arr + sizeof(arr) / sizeof(int)); // 배열로 벡터 초기화
18
19      print_vectorInfo("v1", v1);                           // 벡터 정보 출력
20
21      v1.insert(v1.begin() + 2, 100);                       // 벡터에 원소 삽입
22      print_vectorInfo("v1, insert(2)", v1);
23      cout << ".capacity() =" << v1.capacity() << endl << endl;
24
25      v1.erase(v1.begin() + 3);                             // 4번째 원소 제거
```

```
26      print_vectorInfo("v1, erase(3)", v1);
27      cout << ".capacity() =" << v1.capacity() << endl << endl;
28
29      v1.clear();                                      // 벡터 원소 전체 삭제
30      print_vectorInfo("v1, clear()", v1);             // 원소 전체 삭제 후 정보 출력
31      return 0;
32   }
```

| 설명 |

① 5~12행은 벡터의 정보와 원소를 출력하는 함수 print_vectorInfo() 이다.

② 8, 9행에서 벡터가 비어 있으면 원소를 출력하지 않고 에러 메시지를 출력한다.

③ 17행은 벡터를 초기화할 int 배열의 선언이다.

④ 21행은 vector::insert()의 사용법을 보인 것이다. 시작 주소(vector::begin())에서 2 더한 위치에 100을 삽입한다. 여기서 시작주소에서 2를 더한 위치는 원소 순번으로는 3번째 원소가 되어 30의 값을 뒤로 밀고, 그 자리에 100이 삽입된다.

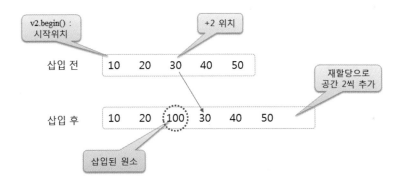

또한 전체 원소개수는 하나 증가하여 6이 된다. 원소 삽입시 벡터 공간이 부족하여 증가할 때에는 재할당이 발생하며, 메모리가 2개씩 증가한다. 따라서 v1 벡터의 할당메모리(capacity)는 7이 된다.

⑤ 25행은 vector::erase()를 이용해서 원하는 위치의 원소를 제거한다. 벡터의 시작 주소에서 3만큼 더한 위치인 4번째 원소가 제거 대상이 된다.

⑥ 27행에서 원소가 제거되었지만 벡터의 할당 메모리는 변하지 않는다.

```
C:\Windows\system32\cmd.exe
                                3번째 위치에 100 삽입
[ v1 ] = [10, 20, 30, 40, 50]
.size() = 5
[ v1, insert(2) ] = [10, 20, 100, 30, 40, 50]
.size() = 6
.capacity() = 7                       원소 삽입으로 개수 1증가,
                                      재할당 발생으로 용량 2증가
[ v1, erase(3) ] = [10, 20, 100, 40, 50]
.size() = 5
.capacity() = 7                       원소 삭제로 개수 1감소
                                      벡터 용량은 그대로
[ v1, erase(3) ] = [10, 20, 100, 50]
.size() = 4
.capacity() = 7

[ v1, clear() ] = 벡터가 비어있습니다.
.size() = 0
계속하려면 아무 키나 누르십시오 . . .
```

다음 예제는 벡터의 재할당으로 인한 속도 저하를 확인해 본다. 벡터를 생성한 후에 vector::reserve()를 사용한 것과 하지 않은 경우의 실행 속도를 체크해 본 것이다.

예제 3.3.3   vector 클래스 메모리할당 – vector_reserve.cpp

```
01  #include <opencv2/opencv.hpp>
02  #include <time.h>
03  using namespace cv;
04  using namespace std;
05  int main()
06  {
07      vector<double> v1, v2;
08      v1.reserve(10000000);
09
10      double start_time = clock();
11      for (int i = 0; i < v1.capacity(); i++) {
12          v1.push_back(i);
13      }
14      printf("reserve() 사용 %5.2f ms\n", (clock() - start_time));
15
16      start_time = clock();
17      for (int i = 0; i < v1.capacity(); i++) {
18          v2.push_back(i);
19      }
```

```
20        printf("reserve() 미사용 %5.2f ms\n", (clock() - start_time));
21        return 0;
22  }
```

| 실행결과 |

실행 결과 대량의 원소를 추가할 때에는 수행 속도에서 약 3배 정도 차이가 나는 것을 확인 할 수 있다.

3.4 Mat 클래스의 영역 참조(관심영역)

3.4.1 Range 클래스

Range 클래스는 하나의 시퀀스에서 연속되는 서브 시퀀스를 지정하는 클래스이다. 주로 Mat 클래스에서 행 또는 열의 범위를 지정할 때 사용된다. 멤버 변수로 start, end가 있으며, start에서 end까지의 연속되는 범위를 규정한다. 여기서 start는 주어진 범위 안에 포함되며, end는 범위에 포함되지 않는다.

메서드의 인수와 반환자료형 구조

```
Range()
Range(int _start, int _end)

int size()
bool empty()
static Range all()
```

함수 및 인수	설명
Range()	Range 클래스의 생성자
• int _start	서브 시퀀스의 시작 위치 – 범위에 포함
• int _end	서브 시퀀스의 종료 위치 – 범위에 미포함

int size()	서브 시퀀스의 크기를 반환한다.
bool empty()	서브 시퀀스가 비어있는지를 확인한다.
Range all()	서브 시퀀스가 가득차 있는지를 확인한다.

Range 클래스로 범위를 지정하고, Mat 클래스의 () 연산자 함수를 통해서 행렬을 참조하면, 부모 행렬의 특정 부분을 공유하는 행렬을 생성할 수 있다.

3.4.2 행렬 헤더 관련 함수

행렬의 헤더를 생성한다는 것은 행렬 데이터를 위한 메모리를 새로 생성하지 않고 행렬을 공유한다는 뜻이다. 행렬의 특정 영역을 공유하는 것은 특정부분에 대한 영상 처리를 수월하게 할 수 있는 방법으로 영상 처리 과정에서 빈번히 사용되는 과정이다.

특정 영역을 공유하여 원본 행렬에 대한 관심영역(ROI: Region Of Interest)을 설정하고 그 영역에 대해 원하는 처리를 할 수 있다. 때문에 관심영역은 영상 처리에서 상당히 유용하게 사용될 수 있다. 다음은 행렬의 헤더를 생성하는 다양한 함수들에 대한 설명이다.

메서드의 인수와 반환자료형 구조

```
Mat  Mat::row(int y)
Mat  Mat::col(int x)
Mat  Mat::rowRange(int startrow, int endrow)
Mat  Mat::rowRange(Range& r)
Mat  Mat::colRange(int startcol, int endcol)
Mat  Mat::colRange(Range& r)

void  Mat::locateROI(Size& wholeSize, Point& ofs)
Mat& Mat::adjustROI(int dtop, int dbottom, int dleft, int dright)

Mat  Mat::operator()(Range rowRange, Range colRange)
Mat  Mat::operator()(Range* rowRange)
Mat  Mat::operator()(Rect& roi)
```

함수 및 인수	설명
Mat row()	기존 행렬에서 지정된 행을 위한 행렬 헤더를 생성하여 반환한다.
Mat col()	기존 행렬에서 지정된 열을 위한 행렬 헤더를 생성하여 반환한다.

Mat rowRange()	기존 행렬에서 지정된 연속된 행을 위한 행렬 헤더를 생성하여 반환한다. 연속되는 행을 공유하고자 할 때 상용된다.
• int startrow	행 범위의 시작 위치 – 범위에 포함
• int endrow	행 범위의 종료 위치 – 범위에 미포함
Mat colRange()	기존 행렬에서 지정된 연속된 열을 위한 행렬 헤더를 생성하여 반환한다. 연속되는 열을 공유하고자 할 때 상용된다.
• int startcol	열 범위의 시작 위치 – 범위에 포함
• int endcol	열 범위의 종료 위치 – 범위에 미포함
void locateROI()	부분 행렬에서 부모 행렬의 크기와 위치를 알려준다.
• Size& wholeSize	인수로 전달되는 부모 행렬의 크기
• Point& ofs	인수로 전달되는 부모 행렬에서의 부분 행렬의 위치
Mat& adjustROI()	부분 행렬에서 관심영역의 크기와 위치를 조정한다.
• int dtop	관심영역의 위쪽을 이동하는 상대값
• int dbottom	관심영역의 아래쪽을 이동하는 상대값
• int dleft	관심영역의 왼쪽을 이동하는 상대값
• int dright	관심영역의 오른쪽을 이동하는 상대값
Mat operator()()	사각형의 부분 행렬을 추출한다.
Range rowRange	행 범위
Range colRange	열 범위

Mat::() 연산자(operator) 함수는 행과 열을 결합하여 행렬 내부의 특정 부분을 공유하고자 할 때 사용되는 함수이다. 두 개의 Range 객체 혹은 Rect 객체로 인수를 구성해서 부모 행렬의 특정 영역을 참조할 수 있다.

다음의 예제를 통해서 사용법을 확인해 보자.

예제 3.4.1   Range 클래스 사용1 – range_test1.cpp

```
01  #include <opencv2/opencv.hpp>
02  using namespace cv;
03  using namespace std;
04  int main()
05  {
06      Range  r1(0, 3), r2(3, 7);            // 범위 객체 선언
07      int data[] = {
08          10, 11, 12, 13, 14, 15, 16,
```

```
09              20, 21, 22, 23, 24, 25, 26,
10              30, 31, 32, 33, 34, 35, 36,
11              40, 41, 42, 43, 44, 45, 46,
12          };
13
14          Mat m1, m2;
15          m1 = Mat(4, 7, CV_32S, data);              // 4행, 7열 행렬선언 및 초기화
16          m2 = m1(r1, r2);                           // 범위 객체로 관심영역 참조
17
18          cout << "[m1의 2번 행] =" << m1.row(2) << endl;
19          cout << "[m1의 1번 열] =" << endl << m1.col(1) << endl;
20          cout << "[m1의 (0~2행 모두)] =" << endl << m1.rowRange(r1) << endl << endl;
21
22          cout << "[m1]    =" << endl << m1 << endl << endl;
23          cout << "[m2 (0~2행 3~6열) 참조] =" << endl << m2 << endl << endl;
24
25          m2.setTo(50);
26          cout << "[m2] =" << endl << m2 << endl;
27          cout << "[m1] =" << endl << m1 << endl << endl;
28          return 0;
29      }
```

| 설명 |

① 6행에서 범위(Range) 객체 r1, r2를 선언한다. r1에서 0은 포함이며, 3은 미포함이고, r2에서 3은 포함이며 7은 미포함이다. 즉, r1은 0~2, r2는 3~6의 범위를 갖는다.

② 16행은 관심영역 참조의 방법으로서 Mat::operator() 연산을 보인 것이다.

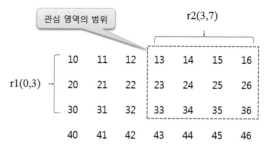

③ 18, 19행은 m1 행렬에서 2번 행과 1번 열을 각각 참조하여 출력한다.

④ 20행은 m1 행렬에서 r1 범위(0~2)의 행을 참조하여 출력한다.

⑤ 25행 m2 행렬의 모든 원소값을 50으로 지정한다. m2가 m1 행렬을 관심영역을 참조하기 때문에 m1 행렬의 해당 관심영역도 변경된다.

| 실행결과 |

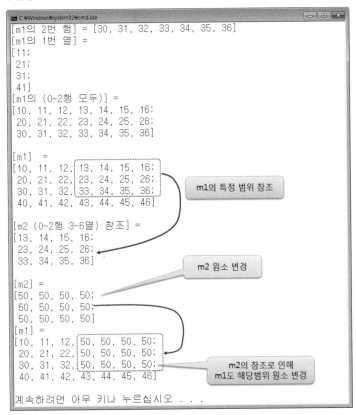

다음 예제는 원본 행렬을 참조하여 부분행렬을 만들고, 부분행렬의 참조의 범위를 확인하며, 그 범위를 조정하는 방법을 예시한다.

예제 3.4.2   Range 클래스 사용2 - range_test2.cpp

```
01   #include <opencv2/opencv.hpp>
02   using namespace cv;
03   using namespace std;
04
05   void print_locateROI(String str, Mat m)
06   {
07        Size    size;
```

```
08        Point  pt;
09        m.locateROI(size, pt);
10
11        cout << "부모크기" << size << ", ";
12        cout << "[" << str << "] = ";
13        cout << m.size() << " from" << pt << endl;
14   }
15
16   int main()
17   {
18        Range   r1(0, 3), r2(3, 7);                      // 범위 객체 선언
19        int data[] = {
20            10, 11, 12, 13, 14, 15, 16,
21            20, 21, 22, 23, 24, 25, 26,
22            30, 31, 32, 33, 34, 35, 36,
23            40, 41, 42, 43, 44, 45, 46,
24        };
25        Mat m1(5, 7, CV_32S, data);
26        Mat m2 = m1(r1, r2);                             // 범위객체로 행렬 참조
27        Mat m3 = m1(r1, r1);
28
29        print_locateROI("m2", m2);                       // 행렬 정보 출력
30        print_locateROI("m3", m3);
31
32        m2.adjustROI(-1, 1, 2, -1);                      // 관심 영역 변경
33        m3.adjustROI(0, -1, -2, 2);
34
35        cout << endl << "<관심영역 변경 후>" << endl;
36        print_locateROI("m2", m2);                       // 행렬 정보 출력
37        print_locateROI("m3", m3);
38        cout << endl;
39        cout << "[변경 m2] =" << endl << m2 << endl;
40        cout << "[변경 m3] =" << endl << m3 << endl;
41        return 0;
42   }
```

① 5~14행에서 사용자 정의 함수 print_locateROI()를 선언과 함께 구현한다. 이 함수는 인수로 입력된 부분 행렬의
헤더 정보(부모크기, 시작 위치, 부분행렬 크기)를 콘솔창에 출력한다.

② 26행에서 m2 행렬은 m1 행렬의 0~2행, 3~6열을 관심영역으로 참조한다.

③ 27행에서 m3 행렬은 m1 행렬의 0~2행, 0~2열을 관심영역으로 참조한다.

④ 29, 30행은 참조 행렬인 m2, m3 행렬에서 부모행렬의 크기, 부분 행렬의 크기와 시작 위치를 출력한다.

⑤ 32행은 Mat::adjustROI() 함수로 부분행렬 m2의 관심영역을 상, 하, 좌, 우로 변경한다. 여기서 위쪽
으로 −1, 오른쪽으로 −1을 이동하는 것은 관심영역을 위쪽으로 한 행, 오른쪽으로 한 열 줄이는 것
이다.

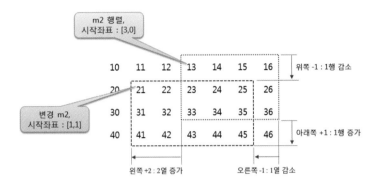

⑥ 33행은 부분행렬 m3의 관심영역을 상, 하, 좌, 우로 변경한다. 여기서 위쪽으로 −1 , 오른쪽으로 −1을 이동하는 것
은 관심영역을 위쪽으로 한 행, 오른쪽으로 한 열 줄이는 것이다.

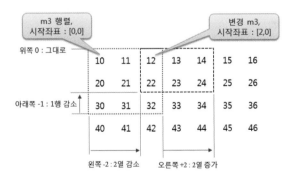

⑦ 35~40행은 관심영역 변경 후에 m2, m3의 정보 및 원소를 콘솔창에 출력한다.

```
C:\Windows\system32\cmd.exe

부모크기 [7 x 5], [m2] = [4 x 3] from [3, 0]
부모크기 [7 x 5], [m3] = [3 x 3] from [0, 0]

<관심영역 변경 후>
부모크기 [7 x 5], [m2] = [5 x 3] from [1, 1]
부모크기 [7 x 5], [m3] = [3 x 2] from [2, 0]

[변경 m2] =
[21, 22, 23, 24, 25;
 31, 32, 33, 34, 35;
 41, 42, 43, 44, 45]

[변경 m3] =
[12, 13, 14;
 22, 23, 24]
계속하려면 아무 키나 누르십시오 . . .
```

3.5 Mat 클래스의 기타 메서드

3.5.1 원소의 추가 및 삭제(Mat::push_back(), Mat::pop_back())

벡터(vector) 클래스에서 vector::push_back() 함수나 vector::pop_back() 함수는 벡터 객체에 원소를 추가하거나 삭제할 수 있는 편리한 함수이다. Mat 클래스에서도 이를 모방하여 쉽게 원소를 추가, 삭제할 수 있는 같은 이름의 내부 메서드를 제공한다.

Mat::push_back() 함수는 행렬, 배열, 일반자료형(int, float, double 등)의 원소들을 삽입할 수 있다. 다만, 입력 인수가 행렬(Mat)일 때, 새로 추가하려는 행렬의 자료형과 열의 개수는 벡터에 미리 삽입된 행렬과 같아야 한다.

Mat::pop_back() 함수는 행렬의 마지막(bottom) 위치에서 원소들을 제거한다. 즉 행렬의 마지막에서 입력된 인수(nelems)의 개수만큼의 행을 제거한다. 만약 제거할 행수가 행렬의 전체 행수보다 크면 예외가 발생한다.

멤버 메서드의 반환 자료형과 인수 구조

```
void Mat::push_back_(const void* elem)

template<typename _Tp> void Mat::push_back(const _Tp& elem)

template<typename _Tp> void Mat::push_back(const Mat_<_Tp>& elem)


template<typename T> void Mat::pop_back(size_t nelems = 1)
```

함수 및 인수	설명
void push_back()	행렬의 마지막(bottom)에 원소들을 추가한다.
• void* elem	행렬에 추가되는 배열형의 원소
• _Tp& elem	행렬에 추가되는 템플릿 자료형의 원소
• Mat_<_Tp>& elem	행렬에 추가되는 행렬 원소
void pop_back()	행렬의 마지막(bottom)에서 원소들을 제거한다.
• size_t nelems	제거할 원소의 개수

다음 예제를 통해서 함수의 사용법을 알아보자.

예제 3.5.1 **Mat 객체 원소 추가 삭제 – mat_vector.cpp**

```
01  #include <opencv2/opencv.hpp>
02  using namespace cv;
03  using namespace std;
04
05  void  print_matInfo(string name, Mat m)          // 행렬의 정보와 원소 출력 함수
06  {
07      string mat_type;
08      if ( m.depth() == CV_8U)       mat_type ="CV_8U";
09      else if (m.depth() == CV_8S)   mat_type ="CV_8S";
10      else if (m.depth() == CV_16U)  mat_type ="CV_16U";
11      else if (m.depth() == CV_16S)  mat_type ="CV_16S";
12      else if (m.depth() == CV_32S)  mat_type ="CV_32S";
13      else if (m.depth() == CV_32F)  mat_type ="CV_32F";
14      else if (m.depth() == CV_64F)  mat_type ="CV_64F";
15
16      cout << name << " 크기" << m.size() << ", ";
17      cout << " 자료형" << mat_type<< "C" << m.channels() << endl;
18      cout << m << endl << endl;
19  }
20
21  int main()
22  {
23      Mat  m1, m2, m3, m4(2, 6, CV_8UC1);              // 행렬 선언
24      Mat  add1(2, 3, CV_8UC1, Scalar(100));
25      Mat  add2 = (Mat)Mat::eye(4, 3, CV_8UC1);
26
```

```
27      m1.push_back(100),    m1.push_back(200)          // m1에 int 데이터 추가
28      m2.push_back(100.5), m2.push_back(200.6);        // m2에 double 데이터 추가
29
30      m3.push_back(add1);                              // 행렬에 행렬 추가
31      m3.push_back(add2);
32
33      //m4.push_back(add1);                            // 열 개수 불일치로 에러 발생
34      //m4.push_back(100);                             // 자료형 불일치로 에러 발생
35      m4.push_back(add1.reshape(1, 1));                // 열 개수 다른 행렬의 추가 방법
36      m4.push_back(add2.reshape(1, 2));
37
38      print_matInfo("m1", m1), print_matInfo("m2", m2);
39      print_matInfo("m3", m3), print_matInfo("m4", m4);
40
41      m1.pop_back(1);                                  // 행렬의 마지막 원소 1개 제거
42      m2.pop_back(2);                                  // 마지막 원소 2개 제거
43      m3.pop_back(3);
44      cout << "m1" << endl << m1 << endl;
45      cout << "m2" << endl << m2 << endl;
46      cout << "m3" << endl << m3 << endl;
47      return 0;
48  }
```

| 설명 |

① 5~19행은 행렬의 정보와 원소를 출력하는 함수 print_matInfo()를 구현한다.

② 23행에서 m1, m2, m3 행렬은 선언만 하고, m4 행렬은 크기와 자료형을 지정한다.

③ 27, 28행에서 Mat::push_back() 함수로 m1, m2 행렬에 상수값을 삽입한다. 행렬의 크기와 자료형을 지정하지 않아서 첫 원소의 추가는 어떤 자료형이든 가능하다.

④ 27행은 m1에 정수를 삽입하여 m1 행렬의 자료형은 int(CV_32S)형이 된다. 콤마(,) 연산자로 여러 명령을 한 행에 표현할 수 있다.

⑤ 28행은 m2에 실수를 삽입하여 m2 행렬의 자료형은 double(CV_64F)형이 된다.

⑥ 30행에서 m3 행렬에 add1 행렬을 추가한다. 첫 추가 후에 m3 행렬은 add1과 같은 타입(CV_8UC1)에 같은 열의 개수를 갖는다. 다음 추가부터는 자료형과 열의 수가 add1과 같은 행렬만 삽입할 수 있다.

⑦ 31행은 m3 행렬에 add2 행렬을 추가한다. add2 행렬이 add1 행렬과 같은 3열의 CV_8U형 이어야 한다. 삽입 후에 m3 행렬은 6행, 3열이 된다.

⑧ 33, 34행은 6열의 uchar형인 m4 행렬에 3열 행렬이나 정수를 추가하려는 예시이다. 열의 개수나 자료형이 다르기 때문에 에러가 발생하기에 주석 처리해 두었다.

⑨ 35, 36행에서 m4 행렬은 6열인 행렬만 추가 가능하다. 여기서 열의 개수가 다른 행렬을 추가하는 방법을 예시한다.

⑩ 35행에서 add1은 2행 3열이다. Mat::reshape() 함수를 사용하여 열의 개수를 6으로 변경한다. 즉, 인수로 (1, 1)을 지정하면 1채널 1행을 갖는 행렬을 생성하며, 전체 원소 개수가 동일해야하기 때문에 열의 개수는 6이 된다.

⑪ 36행도 같은 방법으로 add2에 Mat::reshape() 함수로 1채널 2행으로 지정하면, 2행, 6열로 변경된 행렬을 생성해서 m4에 추가할 수 있다.

⑫ 38~39행은 print_matInfo()를 호출해서 m1~m4 행렬의 정보 및 원소를 출력한다.

⑬ 44행부터는 행을 제거한 후 변화된 내용을 보이기 위해 출력한 것이다.

| 실행결과 |

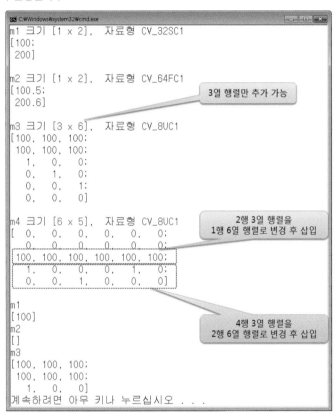

실행 결과에서 m1 행렬은 정수형이 되며, m2 행렬은 실수형이 된다. 또한 m3 행렬은 3열 행렬만 추가할 수 있으며, m4 행렬은 6열 행렬만 추가할 수 있다. 그리고 마지막에 Mat::pop_back() 함수로 원소를 제거한 결과, m1 행렬은 1행이 제거되어 1행만 출력되고, m2 행렬은 2행이 제거되어 하나의 원소도 없으며, m3 행렬은 6행에서 마지막 3행이 제거되어 3행만 남는다.

3.5.2 행렬의 메모리 해제

Mat::release() 함수는 행렬 데이터와 관련된 참조 카운터를 감소시킨다. 그리고 참조 카운터가 0에 도달하면, 행렬 데이터를 해제하고, 행렬 데이터와 참조 카운터의 포인터는 모두 NULL 값으로 설정함으로써 메모리를 해제한다.

이 함수는 행렬 데이터의 해제를 위해서 명시적으로 호출할 수 있지만, Mat 클래스의 파괴자(destructor)에 의해 자동으로 호출되기 때문에 일반적으로 필요하지 않다.

| 예제 3.5.2 | Mat 객체 해제 - mat_release.cpp |

```
01   #include <opencv2/opencv.hpp>
02   using namespace cv;
03   using namespace std;
04   void   print_matInfo(string name, Mat m) {  ...  }      // 행렬의 정보와 원소 출력 함수
05
06   int main()
07   {
08       Mat m1(2, 6, CV_8UC1, Scalar(100));                 // 행렬 선언
09       Mat m2(3, 3, CV_32S);
10       Range  r1(0, 2), r2(0, 2);
11       Mat m3 = m1(r1, r2);                               // 관심영역 참조
12
13       print_matInfo("m1", m1);                           // 행렬 정보 출력
14       print_matInfo("m3", m3);
15
16       m2.release();                                      // 행렬 해제
17       m3.release();
18       print_matInfo("m2", m2);                           // 행렬 정보 출력
19       print_matInfo("m3", m3);
20       print_matInfo("m1", m1);
21
22       m1.release();
23       print_matInfo("m1", m1);
24       return 0;
25   }
```

① 4행은 행렬의 정보와 원소를 출력하는 함수 print_matInfo()로 예제_3.5.1과 동일하다.

② 10행은 범위 객체로 r1, r2을 선언한다. r1, r2는 0~2 범위를 갖는다.

③ 11행은 m1 행렬에서 r1 ,r2의 범위로 관심영역을 참조한다.

④ 13, 14행은 원본 행렬인 m1과 참조 행렬인 m3의 정보를 출력한다.

⑤ 16, 17행은 m2 행렬과 참조행렬인 m3 행렬을 해제한다.

⑥ 18~20행은 print_matInfo() 함수를 호출하여 행렬의 크기와 깊이를 확인한다.

⑦ 18, 19행에서 m2 ,m3 행렬은 해제되어 원소가 제거된다.

⑧ 20행에서 m3 행렬이 해제되어도 부모행렬인 m1에 영향이 없다.

⑨ 22, 23행에서 m1 행렬을 해제한 후에 m1 행렬의 정보를 출력한다. m1 행렬도 해제되어 원소가 출력되지 않는다.

| 실행결과 |

```
C:\Windows\system32\cmd.exe
m1 크기 [6 x 2],  자료형 CV_8UC1
[100, 100, 100, 100, 100, 100;
 100, 100, 100, 100, 100, 100]

m3 크기 [2 x 2],  자료형 CV_8UC1
[100, 100;
 100, 100]

m2 크기 [0 x 0],  자료형 CV_32SC1
[]

m3 크기 [0 x 0],  자료형 CV_8UC1
[]

m1 크기 [6 x 2],  자료형 CV_8UC1
[100, 100, 100, 100, 100, 100;          참조 행렬 m3를 해제해도
 100, 100, 100, 100, 100, 100]          원본 행렬인 m1은 그대로

m1 크기 [0 x 0],  자료형 CV_8UC1
[]

계속하려면 아무 키나 누르십시오 . . .
```

3.5.3 행렬 연산 함수

Mat 클래스의 내부 메서드 중에 일반적인 행렬 연산을 수행하는 함수를 제공한다. Mat::inv()는 행렬의 의사 역행렬을 계산하며, Mat::mul()은 두 행렬의 각 원소 간 (element-wise) 곱셈을 수행한다. 다음은 대표적인 Mat 클래스의 행렬 연산 메서드들에 대한 설명이다.

멤버 메서드의 반환 자료형과 인수 구조	

```
Mat Mat::cross(InputArray m)
double Mat::dot(InputArray m)

MatExpr Mat::inv(int method = DECOMP_LU)
MatExpr Mat::mul(InputArray m, double scale = 1)
MatExpr Mat::t()
```

함수 및 인수	설명
Mat cross()	두 개의 3-원소 벡터들의 외적(cross-product)을 계산한다.
• InputArray m	클래스 객체와 함께 연산 대상이 되는 피연산자
double dot()	두 벡터의 내적(dot-product)을 계산한다. 1행(1열) 벡터가 아니면 1차원 벡터로 간주하고 내적을 계산한다. 1차원 벡터의 구성은 위에서 아래로, 왼쪽에서 오른쪽의 순서로 스캔한다. 행렬이 1채널 이상이면, 각 채널들의 내적을 구하여 합산한다.
• InputArray m	연산 대상이 되는 피연산자
MatExpr inv()	해당 행렬의 역행렬을 계산하여 반환한다.
• int method	역행렬의 계산 방법

옵션	값	설명
DECOMP_LU	0	가우시안 소거법으로 역행렬 계산 - 역행렬이 존재해야 가능
DECOMP_SVD	1	특이치 분해 방법으로 역행렬 계산 - 역행렬이 존재하지 않아도 의사 역행렬을 계산
DECOMP_CHOLESKY	3	숄레스키(cholesky) 분해로 역행렬 계산 - 역행렬이 존재하는 정방행렬, 대칭행렬이며 양의 정부호 행렬 - 큰 행렬에서 LU 방식에 비해 약 두 배정도 빠름

함수 및 인수	설명
MatExpr mul()	두 행렬의 각 원소 간(element-wise) 곱셈을 수행하여 반환한다.
• InputArray m • double scale	클래스 객체와 같은 타입과 크기의 입력 배열 행렬의 원소에 곱해지는 비율 요소
MatExpr t()	해당 행렬의 전치를 수행한다.

여기서 Mat::t()는 실제로 전치를 수행하는 것이 아니라 임시로 전치된 행렬의 헤더를 반환한다. 반환된 헤더는 복잡한 행렬 연산에 사용하거나 새 행렬에 할당할 수 있다. 또한 MatExpr 클래스는 행렬 연산과 관련된 Mat 클래스이다. MatExpr로 반환되는 메서드들은 행렬 연산 수식 속에서 사용할 수 있다.

다음은 연립 방정식을 행렬 수식으로 변환하고, 역행렬을 이용해서 해를 구하는 예제이다.

$$1x_1 + \quad\ \ 2x_3 = 6$$
$$-3x_1 + 2x_2 + 6x_3 = 30$$
$$-1x_1 - 2x_2 + 3x_3 = 8$$

$$\begin{bmatrix} 1 & 0 & 2 \\ -3 & 2 & 6 \\ -1 & -2 & 3 \end{bmatrix} \cdot \begin{bmatrix} x_1 \\ x_2 \\ x_3 \end{bmatrix} = \begin{bmatrix} 6 \\ 30 \\ 8 \end{bmatrix} \rightarrow \begin{bmatrix} x_1 \\ x_2 \\ x_3 \end{bmatrix} = \begin{bmatrix} 1 & 0 & 2 \\ -3 & 2 & 6 \\ -1 & -2 & 3 \end{bmatrix}^{-1} \cdot \begin{bmatrix} 6 \\ 30 \\ 8 \end{bmatrix}$$

예제 3.5.3 　　Mat 객체 행렬연산 – mat_operator.cpp

```cpp
01  #include <opencv2/opencv.hpp>
02  using namespace cv;
03  using namespace std;
04  int main()
05  {
06      float data[] = {
07          1, 0, 2,
08          -3, 4, 6,
09          -1, -2, 3
10      };
11      Mat  m1(3, 3, CV_32F, data);                  // 3행, 3열 행렬 선언
12      Mat  m2(Matx13f(6, 30, 8));                    // Matx 객체로 행렬 선언
13      Mat  m2_t = m2.t();                            // 행렬 전치
14
15      Mat  m1_inv = m1.inv(DECOMP_LU);               // 역행렬 계산
16      Mat  x = m1_inv * m2_t;                        // 행렬 곱
17
18      cout << "[m1] =" << endl << m1 << endl;
19      cout << "[m1_inv(역행렬)] =" << endl << m1_inv << endl << endl;
20      cout << "[m2(전치행렬)] =" << endl << m2_t << endl;
21
22      cout << "연립방정식의해 x1, x2, x3 =" << x.t() << endl << endl;
23      return 0;
24  }
```

| 설명 |

① 12행은 작은 크기의 행렬을 쉽게 초기화할 수 있는 Matx 클래스를 이용한 선언방법이다. 1행, 3열로 선언하고, 각

각 6, 30, 8을 할당한다.

② 13행은 행렬의 곱을 계산하기 위해서 m2 행렬이 3행, 1열이 되도록 전치한다.

③ 15행은 m1 행렬의 역행렬을 LU 분해 방법(DECOMP_LU)으로 계산한다. 만약 역행렬이 존재하지 않으면 반환 행렬은 0의 값이 지정된다.

④ 16행에서 행렬에 대한 * 연산자는 두 행렬 간의 행렬 곱을 의미한다. 계산된 결과가 x 행렬에 저장된다.

⑤ 22행에서 3행, 1열의 행렬을 한 행에 출력하기 위해 전치(Mat::t())를 수행한다.

| 실행결과 |

```
C:\Windows\system32\cmd.exe
[m1] =
[1, 0, 2;
 -3, 4, 6;
 -1, -2, 3]
[m1_inv(역행렬)] =
[0.54545456, -0.090909094, -0.18181819;
 0.06818182, 0.11363637, -0.27272728;
 0.22727273, 0.045454547, 0.090909094]

[m2(전치행렬)] =
[6;
 30;
 8]

연립방정식의해 x1, x2, x3 = [-0.90909076, 1.6363637, 3.4545455]
계속하려면 아무 키나 누르십시오 . . . ■
```

3.6 예외처리

3.6.1 saturate_cast 〈_Tp〉

영상 처리를 위해서 입력받는 영상 데이터는 기본적으로 채널당 8비트로 인코딩된 데이터이다. 8비트만을 이용하기 때문에 화소의 값에서 제한된 범위를 가진다.

영상 데이터에 특정 연산을 할 경우를 생각해보자. 예를 들어 컬러 공간 변환, 밝기/대조 조정, 샤프닝(sharpening), 보간법 등 다양한 연산을 적용할 수 있다. 이러한 연산들은 대부분 산술연산 등으로 인해서 음수나 소수점이하의 값, 혹은 8비트의 범위를 벗어나는 값들을 갖게 할 것이다.

이때 8비트만을 결과 값으로 사용한다면, 결과 영상에 오류가 발생될 수 있고 다음 단계의 영상 분석이나 처리에 영향을 줄 수 있다. 이 문제를 해결하기 위해, 포화 산술

(saturation arithmetics) 연산이 사용된다. 이것은 8비트 범위일 때, 다음과 같은 수식으로 나타낼 수 있다.

$$I(x, y) = \min(\max(round(r), 0), 255)$$

즉, 어떤 연산의 결과 값(r)을 8비트로 저장한다고 할 때, 8비트 제한 범위를 넘으면 0 또는 255 가운데 가까운 값으로 저장한다.

OpenCV에서는 행렬에 대해서 연산을 할 경우에는 기본적으로 포화 산술이 적용된다. 또한 기본 자료형에 대해서는 포화 산술 연산이 가능하도록 saturate_cast() 템플릿 메서드를 구현해 두었다. 다음은 각 자료형에 대해서 saturate_cast를 적용한 예제이다.

예제 3.6.1	Mat 객체 포화 산술 연산 – saturate_cast.cpp

```cpp
01  #include <opencv2/opencv.hpp>
02  using namespace cv;
03  using namespace std;
04  int main()
05  {
06      Matx<uchar, 2, 2> m1;                    // Matx 객체 선언
07      Matx<ushort, 2, 2> m2;
08
09      m1(0, 0) = -50;
10      m1(0, 1) = 300;
11      m1(1, 0) = saturate_cast<uchar>(-50);
12      m1(1, 1) = saturate_cast<uchar>(300);
13
14      m2(0, 0) = -50;
15      m2(0, 1) = 80000;
16      m2(1, 0) = saturate_cast<unsigned short>(-50);
17      m2(1, 1) = saturate_cast<unsigned short>(80000);
18
19      cout << "[m1] =" << endl << m1 << endl;
20      cout << "[m2] =" << endl << m2 << endl;
21      return 0;
22  }
```

① 6~7행은 자료형이 다른 m1, m2 행렬을 Matx 객체로 선언한다. 원소의 개수가 작은 행렬은 선언과 초기화 및 원소 조회에서 편리함이 있다.

② 9~12행은 uchar형인 m1 행렬의 범위(0~255)를 벗어나는 값인 –50과 300을 입력했을 때, 출력되는 값을 확인한다.

③ 9행에서 –50은 이진수로 저장될 때 2의 보수로 저장되며, 이것이 다시 uchar형에 맞게 다시 계산된다. 결과적으로 206의 값으로 표현된다.

50의 2진수 : 00110010

⬇ **–50 = 50의 2의 보수**

50의 2의 보수 : 11001110 ➡ **10진수 : 206**

10진수 표현

④ 10행에서 300의 경우도 제한 범위인 255를 넘는다. 이 경우에는 8번째를 넘는 상위 비트가 제거되어 44로 계산되어 저장된다.

⑤ 11, 12행은 saturate_cast()를 사용할 경우를 보인다. 자료형의 범위를 초과할 경우에 제한 범위의 값에 가까운 값인 0과 255로 계산된다.

⑥ 14~17행은 unsigned short형인 m2 행렬에 대해서 범위를 벗어나는 값인 –50과 80,000을 입력했을 때의 출력 결과를 확인한다. 같은 방법으로 범위를 초과하는 값을 갖는 경우와 saturate_cast()를 통해서 범위 제한 값(0, 65535)을 갖게 되는 경우를 보인 것이다.

| 실행결과 |

```
C:\Windows\system32\cmd.exe
[m1] =
[206,  44;
   0, 255]
[m2] =
[65486, 14464;
 0, 65535]
계속하려면 아무 키나 누르십시오 . . .
```

3.6.2 예외 처리 매크로

예외 처리는 프로그램에서 비정상적인 상황이 발생할 때 처리하는 과정을 말한다. C++ 언어는 다양한 에러들에 대해서 예외를 처리할 수 있도록 언어 차원에서 예외 처리 문법을 제공한다.

OpenCV에서도 치명적인 오류에 대해 예외를 발생할 수 있다. 입력 데이터의 형식과 범위가 적절하지만, 알고리즘 처리 과정에서 성공적으로 완료되지 않았을 경우에 특수한 에러 코드를 반환한다. OpenCV에서 예외의 처리는 std::Exception 클래스를 상속받은 cv::Exception 클래스로 한다.

예외는 try 구문에서 CV_Error, CV_Error_, CV_Assert 매크로를 이용하여 던져지고(throw), catch 문장에서 cv::Exception 클래스로 처리할 수 있다. CV_Error, CV_Error_는 무조건 해당 에러를 발생시키기 때문에 에러 조건을 조건문으로 함께 사용해야 한다. 필요할 경우에 에러 매크로 없이 try와 catch만을 사용해도 예외를 받을 수도 있다.

base.hpp 소스 내용	
#define CV_Assert(condition) < ... > #define CV_Error(code, msg) < ... > #define CV_Error_(code, args) < ... >	

함수 및 인자	설명
CV_Assert()	실행시간에 조건(condition)을 체크하는 매크로 조건이 false가 되면 예외 발생
• condition	체크하려는 조건
CV_Error()	해당 에러 코드 발생시, msg 문자열 출력
• code	에러 코드 상수. 음수 값을 가짐 cvError 네임스페이스 내에 열거형으로 Code가 존재 각각의 에러에 대해서 번호(0~-31, -201~-223)를 지정

옵션	값	설명
StsOk	0	오류 아님
StsBadArg	-5	함수의 인수 오류
StsNullPtr	-27	널 포인터 오류
StsVecLengthErr	-28	벡터 길이 오류
StsBadSize	-201	자료형의 크기 오류
StsDivByZero	-202	0으로 나누기 오류
StsOutOfRange	-211	인수가 범위를 벗어난 오류
StsAssert	-215	CV_Assert()에서 조건이 거짓일 때

함수 및 인자	설명
• msg	출력하고자하는 메시지를 string 형으로 표현
CV_Error_()	해당 에러 코드 발생시, args로 포맷 매칭하여 문자열 출력
• code	에러 코드 상수
• args	printf()와 비슷하게 포맷 매칭 사용

간단한 예제를 통해서 예외처리 방법에 대해서 자세히 설명하도록 한다.

예외처리 – exception.cpp

```cpp
01  #include <opencv2/opencv.hpp>
02  using namespace cv;
03  using namespace std;
04  int main()
05  {
06      string msg1 = "a is one.";
07      string msg2 = "a is two.";
08      string msg3 = "a is three.";
09      int a;
10
11      while (true) {
12          cout <<"input a :";
13          cin >> a;                               // 키보드 통한 입력
14
15          try {
16              if (a == 0) CV_Error(Error::StsDivByZero, "a is zero." );
17              if (a == 1) CV_Error(Error::StsBadSize, msg1);
18              if (a == 2) CV_Error_(Error::StsOutOfRange, ("%s : %d", msg2.c_str(), a));
19              if (a == 3) CV_Error_(Error::StsBadArg, ("%s : %d", msg3.c_str(), a));
20
21              CV_Assert(a != 4);
22          }
23          catch (cv::Exception &e)
24          {
25              cout << "Exception code (" << e.code << "):" << e.what();
26              cout << endl;
27              if (e.code == Error::StsAssert)
28                  break;
29          }
30      }
31      return 0;
32  }
```

| 설명 |

① 6~9행은 출력할 문자열을 변수 msg0, msg1, msg2, msg3에 저장한다.

② 11행에서 while()문으로 키보드로부터 입력받아서 에러 메시지의 출력을 반복한다. 27행에서 에러 코드가 Error::StsAssert 즉, CV_Assert()를 호출하면 반복을 종료한다.

③ 15~22행의 try문에서 에러를 발생하고, catch문(23~29행)에서 발생된 에러를 처리한다.

④ 16행에서 조건문과 함께 사용하며, 조건이 참(a==0)이면, Error::StsDivByZero 에러를 출력한다. "OpenCV Error :" 를 먼저 출력하고, 에러 코드에 맞는 내용이 출력한다. 그후, 두 번째 인수로 지정된 문자열을 출력하고, catch 문을 처리한다.

⑤ 17행에서 입력된 a가 1이면 Error::StsBadSize에 해당하는 에러 내용이 출력된다. 두 번째 인수인 msg1 변수의 문자열을 출력하고, catch 문을 처리한다.

⑥ 18행에서 입력된 a가 2이면, Error::StsOutOfRange에 해당하는 에러 내용이 출력된다. 두 번째 인수가 괄호로 구성되며, printf() 함수의 포맷 매칭을 그대로 사용한다. %s 를 사용해서 문자열을 출력하며, %d 로 정수를 출력한다. 여기서 string::c_str()는 string 객체에서 문자열을 반환해주는 함수이다.

⑦ 21행은 CV_Assert() 매크로의 사용 예이다. 조건이 거짓 즉, a가 4이면 Error::StsAssert에 해당하는 에러 내용을 출력하고, catch문을 처리한다.

⑧ 23행은 try문에서 예외가 발생하여 해당 에러 내용을 출력한 후에 catch문에서 추가적으로 처리하는 부분이다.

⑨ 27행은 cv::Excepton 클래스의 멤버 변수와 메서드를 사용해서 추가적인 에러 내용을 출력하는 방법이다. cv::Excepton::code는 발생한 에러코드이며, cv::Excepton::what()은 발생한 에러내용이다.

| 실행결과 |

```
C:\Windows\system32\cmd.exe
input a : 0
OpenCV Error: Division by zero occured (a is zero.  in main, file Exception.cpp, line 18
Exception code (-202): Exception.cpp:18: error: (- 02) a is zero. in function main

input a : 1
OpenCV Error: Incorrect size of input array (a is  ne.) in main, file Exception.cpp, line 21

Exception code (-201): Exception.cpp:21: error: (- 01) a is one. in function main

input a : 2
OpenCV Error: One of arguments' values is out of r nge (a is two. : 2) in main, file Excepti
on.cpp, line 24
Exception code (-211): Exception.cpp:24: error: (- 11) a is two. : 2 in function main

input a : 3
OpenCV Error: Bad argument (a is three. : 3) in ma n, file Exception.cpp, line 27
Exception code (-5): Exception.cpp:27: error: (-5) a is three. : 3 in function main

input a : 4
OpenCV Error: Assertion failed (a != 4) in main, f le Exception.cpp, line 29
Exception code (-215): Exception.cpp:29: error: (- 15) a != 4 in function main

계속하려면 아무 키나 누르십시오 . . .
```

실행결과에서 0~4까지를 입력할 때, 지정된 에러 메시지를 출력한다. 숫자 4를 입력하면 CV_Assert() 매크로를 수행하고 되고, Error::StsAssert 에러를 발생하여 종료하게 된다.

| 단원 요약 |

1. OpenCV에서는 Point_, Rect_, Point3_, Vec, RotatedRect, Mat 등의 클래스를 이용해서 다양한 자료형을 사용할 수 있다. 각 클래스는 템플릿 클래스로 기본 원소 자료형을 지원하며, 각 클래스는 숫자와 'i', 'd', 'f' 의 문자와 결합해서 자료형에 대한 간결 선언방식을 지원한다.

2. Rect_ 클래스는 다음의 방법으로 선언할 수 있다.

   > 1) x좌표, y좌표, 너비, 높이
   > 2) 시작좌표와 크기
   > 3) 시작좌표와 종료좌표

3. OpenCV API를 사용하기 위해서는 cv:: 네임스페이스를 반드시 사용해야 하며, main 함수 내에서 cv 네임스페이스를 적지 않고 사용할 수 있도록 전처리 지지어('using namespace cv')를 사용하는 방법도 있다.

4. OpenCV에서는 영상데이터를 저장하고 처리를 위해 Mat 클래스를 제공하며, 다양한 내부 메서드(Mat::channels(), Mat::depth(), Mat::empty(), Mat::size())를 이용해서 행렬의 정보를 확인할 수 있다.

5. Mat 클래스는 행, 열을 지정하여 선언할 수 있으며, 다음과 같은 flag 옵션을 통해서 다양한 자료형의 행렬을 생성할 수 있다.

   > CV_8U, CV_16U, CV_16S, CV_32U, CV_32S, CV_32F, CV_64F

6. Mat 클래스는 Mat::ones(), Mat::zeros(), Mat::eye() 를 이용해서 특수한 행렬을 바로 초기화할 수 있다.

7. Mat 클래스는 Mat::resize() 함수로 행렬의 크기를 변경하며, Mat::reshape() 함수로 채널 수를 포함하여 형태를 변경할 수 있다.

8. 벡터(std::vector) 클래스는 OpenCV 내장 클래스는 아니지만, 내장 메서드인 push_back(), pop_back(), insert(), erase(), size() 등으로 원소의 추가/삭제 및 원소 크기의 확인이 쉽기 때문에 OpenCV에서 자주 사용하는 자료형이다.

9. Mat 클래스는 원소의 자료형의 범위에서 데이터를 처리할 수 있도록 saturate_cast 연산을 지원한다.

10. 치명적인 오류에 대해 쉽게 예외를 발생할 수 있도록 OpenCV에서는 CV_Error, CV_Error_, CV_Assert 매크로를 제공한다.

연습문제

1. 데이터를 저장하고 다루는 자료 구조의 차원에서 매트릭스(matrix)와 벡터(vector)의 차이는 무엇인가?

2. 클래스(class)의 정의는 무엇이며, 구조체와 큰 차이는 무엇인가?

3. Point_ 클래스와 Size_ 클래스의 세부 자료형에 대해서 기술하고, 객체 선언을 하시오.

4. Rect_ 클래스의 멤버 변수와 내부 메서드를 기술하고, 각 세부 자료형으로 객체 선언을 하시오.

5. Mat 클래스의 내부 메서드들을 나열하고 기능들을 정리하시오.

6. 네임 스페이스를 사용하는 이유를 설명하시오.

7. Rect_ 객체를 생성하는 대표적인 세 가지 방법으로 float형과 int형 사각형을 선언하시오.

8. Rect_ 객체의 산술(덧셈, 뺄셈) 연산과 논리(&, |) 연산에 대해서 설명하시오.

9. Mat 클래스를 선언하고, 초기화하는 방법을 세 가지 이상으로 작성하시오.

10. Mat::reshape() 함수와 Mat::resize() 함수를 비교 설명하시오.

11. Matx 클래스는 어떤 상황에서 사용하며, 어떻게 초기화하는지 예시하시오.

12. 5개의 원소를 갖는 float 배열을 선언하고, 이 배열을 사용해서 벡터 클래스의 객체를 생성하여 초기화하시오.

13. 영상 처리 과정에서 처리된 데이터가 주어진 화소값의 범위를 벗어나 문제가 발생할 경우가 있다. 이 경우에 해결 방법은 무엇인가?

14. 시작 좌표가 30,40 이고, 크기가 100×200인 실수형 Rect 객체를 선언하고, 객체를 좌표 (10,10)만큼 평행이동하고, 20x30만큼 크기를 증가시키는 프로그램 소스를 작성하시오.

15. double형 Point_ 객체를 5개 생성하고, 벡터에 추가하는 소스를 작성하시오.

16. float형 Mat 객체를 4행, 5열로 선언하고, 배열 원소로 초기화하는 소스를 작성하시오.

17. 다음은 행렬을 참조하여 부분 행렬을 만드는 예제 소스이다. 이 예제의 실행 결과를 적으시오.

```
int main()
{
    Range   r1(2, 3), r2(3, 5);

    int data[] = {
        10, 11, 12, 13, 14, 15, 16,
        20, 21, 22, 23, 24, 25, 26,
        30, 31, 32, 33, 34, 35, 36,
        40, 41, 42, 43, 44, 45, 46,
    };
    Mat m1(5, 7, CV_32S, data);

    cout << m1(r1, r2) ;
}
```

18. 다음은 벡터를 사용하는 예제 소스이다. 이 예제의 실행결과를 적으시오.

```
int main()
{
    uchar  arr[] = { 10, 20, 30, 40, 50 };
    vector<uchar>  v1(arr, arr + sizeof(arr) / sizeof(uchar));

    v1.push_back(55);
    v1.insert(v1.begin() + 2, 75);
    v1.push_back(100);
    v1.insert(v1.begin() + 5, 150);

    cout << (Mat)v1 << endl;
}
```

19. 다음과 같이 출력하는 프로그램을 작성하시오.

1) 행렬은 int형이며, 10x15 크기이다.
2) 행렬의 출력 결과는 다음과 같다.
3) 메인 함수내의 코드 라인수는 10행 이내로 작성한다.

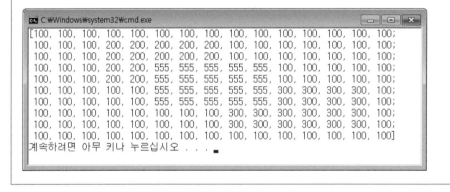

CHAPTER 04

OpenCV 인터페이스 기초 / 사용자 인터페이스 및 I/O 처리

contents

컴퓨터와 대화 - 인터페이스

외국인 친구와 대화하려면 외국어를 좀 알아야 한다. 외국어를 모른다면 바디 랭귀지(body language)라도 사용해야 서로 대화가 가능하다. 특히 해외여행에서 길을 모를 때 메모지에 길을 간단히 그려달라고 하고, 의사소통하면 이해가 쉽다. 이 간단한 그림을 매개체로 서로 길에 대한 정보를 전달한 것이다. 그러면 컴퓨터라는 친구와 대화하려면 무엇이 있어야 하는가? 이전에는 컴퓨터가 이해할 수 있는 명령어를 사용하였다. 명령어를 모르면 컴퓨터와 대화가 불가능하였다.

그러나 요즘은 해당 프로그램을 상징하는 아이콘(그림)을 클릭하면 컴퓨터가 사람의 의도를 바로 알고 해당 프로그램을 실행해 준다. 인터페이스(interface)는 사람과 컴퓨터(프로그램) 사이에 의사소통을 목적으로 만들어진 매개체이다.

04 OpenCV 인터페이스 기초 / 사용자 인터페이스 및 I/O 처리

영상 처리 및 컴퓨터 비전 애플리케이션을 만들 때, 알고리즘의 완성도는 중요하다. 하지만, 결과 영상이나 데이터를 효과적으로 보여주고, 사용자들이 편리하게 개발된 애플리케이션을 사용할 수 있도록 하는 것도 중요하다. 이와 같이 사용자의 편의성을 위한 것을 사용자 인터페이스(UI: User Interface)라고 한다.

이 장에서는 OpenCV에서 제공하는 사용자 인터페이스를 위한 기본 함수인 그리기 함수들과 이벤트 함수들을 알아본다. 또한 처리 결과들을 저장하고, 필요한 데이터를 입력받을 수 있는 미디어(media) 및 데이터의 입출력 처리에 대해서도 알아본다.

4.1 윈도우 창 제어

영상 처리는 무엇이라 생각하는가? 간단하게 한마디로 말해서, 영상 처리는 2차원 행렬에 대한 연산이라 할 수 있다. 행렬에 대한 다양한 연산 과정에서 행렬 원소의 값이 변하게 된다.

그러나 이 원소 즉 화소값들이 행렬 연산에 따라서 어떻게 바뀌고 그로 인해서 전체 영상에서 어떤 변화가 있는지 바로 이해하는 것은 쉽지 않다. 이때 변화된 행렬의 화소들을 윈도우 창에 영상으로 바로 표시할 수 있으면 적용한 행렬 연산의 의미를 이해하기가 훨씬 더 쉬울 것이다. 또한 OpenCV에서는 윈도우 창이 활성화된 상태에서만 마우스나 키보드 이벤트를 감지할 수 있다. 따라서 이벤트를 감지하고 처리하려면 윈도우 창을 생성하고 제어할 수 있어야 한다.

다음은 OpenCV에서 윈도우 창을 제어하는 함수 및 인수들에 대한 설명이다.

함수명과 반환형 및 인수 구조
void namedWindow(const string& winname, int flags = WINDOW_AUTOSIZE)
void imshow(const string& winname, InputArray mat)
void destroyWindow(const string& winname)
void destroyAllWindows()
void moveWindow(const string& winname, int x, int y)
void resizeWindow(const string& winname, int width, int height)

함수 및 인수	설명
void namedWindow()	윈도우의 이름(winname)을 설정하고, 해당 이름으로 윈도우를 생성한다.
• string& winname • int flags	윈도우의 이름, 윈도우의 타이틀 문자열 윈도우의 크기 조정 | 옵션	값	설명 | | --- | --- | --- | | WINDOW_NORMAL | 0 | 윈도우 크기의 재조정 가능 | | WINDOW_AUTOSIZE | 1 | 표지될 행렬의 크기에 맞춰 자동 설정 | | WINDOW_OPENGL | 8 | OpenGL을 지원하는 윈도우 생성 |
void imshow()	winname 이름의 윈도우에 mat 행렬을 영상으로 표시한다. 해당이름의 윈도우가 없으면, winname 이름으로 창을 생성하고, 영상을 표시한다.
• InputArray mat	윈도우에 표시되는 영상(행렬이 화소값을 밝기로 표시)
void destroyWindow()	인수로 지정된 타이틀의 윈도우를 파괴한다.
void destroyAllWindows()	HighGUI로 생성된 모든 윈도우를 파괴한다.
void moveWindow()	winname 이름의 윈도우를 지정된 위치로(x,y)로 이동시킨다. 이동되는 윈도우의 기준 위치는 좌측 상단이다.
• int x, int y	모니터의 이동하려는 위치의 x, y 좌표
void resizeWindow()	윈도우의 크기를 재설정한다.
• int width, int height	재설정된 윈도우의 가로, 세로 크기

윈도우 창은 cv::namedWindow() 함수로 윈도우 이름(winname)을 지정해서 생성하며, 이 타이틀 이름으로 해당 윈도우에 대한 크기변경, 창 닫기, 창 이동 등을 제어한다. 또한 이벤트의 발생도 해당 윈도우 이름으로 제어한다.

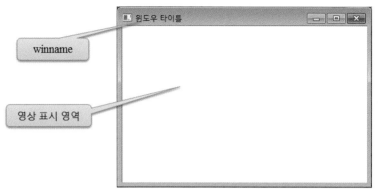

　　　　　　　　　　　　　　　　winname

　　　　　　　　　　　　　　　　영상 표시 영역

〈그림 4.1.1〉 윈도우 창의 구성 모습

다음은 두 개의 윈도우를 생성하고 흰색과 회색의 영상(행렬 데이터)을 보여주는 예제이다. 여기서 cv::waitKey() 함수는 키보드 이벤트를 대기하는 함수이다. 윈도우 창을 계속 보이도록 하는 역할을 한다.

| 예제 4.1.1 | 윈도우(영상 출력창) 이동 - window_move.cpp |

```cpp
01  #include <opencv2/opencv.hpp>
02  using namespace cv;
03  using namespace std;
04  int main()
05  {
06      Mat image1(300, 400, CV_8U, Scalar(255));      // 흰색바탕 영상 생성
07      Mat image2(300, 400, CV_8U, Scalar(100));      // 회색바탕 영상 생성
08      string  title1 = "white창 제어";                // 윈도우 이름
09      string  title2 = "gray 창 제어";
10
11      namedWindow(title1, WINDOW_AUTOSIZE);          // 윈도우 이름 지정
12      namedWindow(title2, WINDOW_NORMAL);
13      moveWindow(title1, 100, 200);                  // 윈도우 이동
14      moveWindow(title2, 300, 200);
15
16      imshow(title1, image1);                        // 행렬 원소를 영상으로 표시
17      imshow(title2, image2);
18      waitKey();                                     // 키이벤트 대기
19      destroyAllWindows();                           // 열린 모든 윈도우 제거
20      return 0;
21  }
```

① 6, 7행은 두 개의 행렬을 300행, 400열 크기의 명암도 영상으로 생성한다. image1은 흰색(255) 바탕으로 초기화하며, image2는 회색(100)으로 초기화한다.

② 8, 9행은 윈도우의 창 이름으로 사용할 변수 title1, title2를 선언한다.

③ 11행은 title1의 이름으로 윈도우를 생성한다. 여기서 두 번째 인수 WINDOW_AUTOSIZE로 지정하면, 윈도우의 크기를 cv::imshow() 함수에 입력되는 행렬의 크기에 맞추어 생성한다. 따라서 마우스를 이용해서 창의 크기를 변경할 수 없다.

④ 12행에서 윈도우를 생성하며, WINDOW_NORMAL로 지정할 경우에는 창의 크기가 임의로 생성된다. 그래서 사용자가 마우스로 창의 크기를 변경할 수 있다.

⑤ 13, 14행은 cv::moveWindow() 함수로 각 윈도우의 위치를 지정한다. title1 윈도우는 모니터의 가로 방향으로 100픽셀, 세로 방향으로 200픽셀 위치에 띄워진다. 또한 title2 윈도우는 모니터의 가로, 세로가 300, 200픽셀 위치에서 띄워진다.

⑥ 16, 17행은 title1과 title2 이름의 윈도우에 image1, image2 행렬을 각각 영상으로 표시한다. uchar형 행렬은 0~255 사이의 원소값이 검은색~흰색까지 밝기로 표현된다.

| 실행결과 |

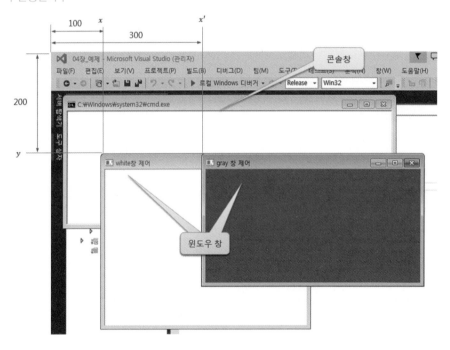

실행결과에서 두 개의 창이 모니터에서 같은 높이로 가로가 다른 위치에서 띄워진다. 두 개의 창에서 표시되는 행렬의 크기가 같지만, 'gray 창 제어'는 창 속성을 WINDOW_NORMAL로 지정해서 윈도우의 크기가 일정하지 않고 변경 가능하다.

다음은 두 개의 윈도우를 표시해서 윈도우의 크기를 변경해보자.

예제 4.1.2 **윈도우 크기 변경 – window_resize.cpp**

```
01  #include <opencv2/opencv.hpp>
02  using namespace cv;
03  using namespace std;
04  int main()
05  {
06      Mat image(300, 400, CV_8U, Scalar(255));        // 흰색 바탕 영상 생성
07      string  title1 = "창 크기변경1 - AUTOSIZE";       // 윈도우 이름
08      string  title2 = "창 크기변경2 - NORMAL";
09
10      namedWindow(title1, WINDOW_AUTOSIZE);            // 윈도우 크기 변경 불가
11      namedWindow(title2, WINDOW_NORMAL);              // 윈도우 크기 변경 가능
12      resizeWindow(title1, 500, 200);                  // 창크기 변경
13      resizeWindow(title2, 500, 200);
14
15      imshow(title1, image);
16      imshow(title2, image);
17      waitKey();                                       // 키이벤트 대기
18      return 0;
19  }
```

| 설명 |

① 6행은 300행, 400열의 행렬을 uchar행으로 생성한다.

② 10행에서 title1 창은 WINDOW_AUTOSIZE로 지정하여 윈도우를 생성한다.

③ 11행에서 title2 창은 WINDOW_NORMAL로 지정하여 윈도우를 생성한다.

④ 12, 13행은 cv::resizeWindow() 함수로 두 개 창의 크기를 가로 500, 세로 300으로 똑같이 지정한다. 두 창의 크기
변경을 비교하기 위함이다.

⑤ 15, 16행에서 행렬을 해당 윈도우에 영상으로 표시한다.

⑥ 17행은 윈도우를 띄워져 있도록 cv::waitKey() 함수로 키 입력시까지 무한대기 한다.

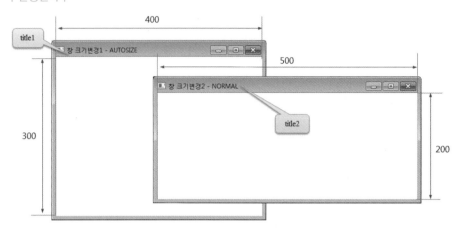

실행결과에서 두 개의 창에 같은 행렬을 영상으로 표시하며, cv::resizeWindow()로 같은 크기로 변경한다. 그러나 title1 창은 image 행렬 선언시의 크기와 같은 300행, 400열 크기이고, title2 창은 선언시 행렬의 크기가 아닌 변경된 창으로 크기로 나타난다. 이것은 윈도우속성을 WINDOW_AUTOSIZE로 지정한 경우에는 창의 크기가 변경되지 않기 때문이다.

4.2 이벤트 처리 함수

이벤트란 말을 들으면 대부분의 사람들은 무엇인가를 기대하기에 기분이 좋아질 것이다. 컴퓨터 프로그램에서 이벤트(event)라는 것은 프로그램에 의해 감지되고 처리될 수 있는 동작이나 사건을 말한다.

사용자가 키보드의 키를 누르는 것이나 마우스를 움직인다거나 마우스 버튼을 누르는 것 등이 대표적인 이벤트 발생이다. 깊이 들어가면 타이머와 같은 하드웨어 장치가 발생시키는 이벤트나 사용자가 자체적으로 정의하는 이벤트도 있다.

윈도우즈 환경에서는 다양한 이벤트가 발생하며, 이러한 이벤트의 처리를 통해 사용하기 편리한 대화형 프로그램을 만들 수 있다. 일반적으로 이벤트를 처리하기 위해 콜백(callback) 함수를 사용한다. 콜백 함수는 개발자가 시스템 함수를 호출하는 것이 아니라, 어떤 이벤트가 발생하거나 특정 시점에 도달했을 때 시스템에서 개발자가 등록한 함수를 호출하는 방식이다.

OpenCV는 HighGUI 라이브러리 모듈에서 기본적인 이벤트 처리 함수들을 지원한다. 대표적으로 키보드 이벤트, 마우스 이벤트, 트랙바(trackbar) 이벤트를 처리하도록 하는 콜백 함수들이 있다. 이 장에서는 이러한 이벤트를 처리하고 제어하는 방법에 대해 배운다.

4.2.1 키보드 이벤트 제어

일반적으로 이벤트 처리는 콜백 함수를 이용하는데, OpenCV에서 키보드 이벤트를 위해서는 일반적인 콜백 함수가 아닌 cv::waitKey() 함수를 제공한다. 이 함수는 다음과 같이 delay 값을 지정하여 호출하면 키 이벤트에 해당하는 정수형의 값을 반환한다.

함수명과 반환형 및 인수 구조	
int waitKey(int delay = 0)	
함수 및 인수	**설명**
int waitKey()	delay(ms) 시간만큼 키 입력 대기하고, 키 이벤트 발생하면 해당 키 값을 반환한다.
• int delay	지연시간, ms단위
- delay ≤ 0	키 이벤트 발생까지 무한 대기
- delay > 0	지연시간 동안 키 입력 대기, 지연시간 내에 키 이벤트 없으면 -1 반환

cv::waitKey()는 인수인 delay에 따라서 두 가지 모드로 동작한다. 첫 번째 모드는 delay ≤0 인 경우이다. 이 경우 키 이벤트가 발생할 때까지 무한정 기다린다. 다른 모드는 delay>0 인 경우이다. 주어진 시간(delay ms)만큼 키보드의 입력을 기다리고, 키가 입력되면 해당 키의 코드 값을 반환한다. 만약 주어진 시간 동안 키 이벤트가 발생하지 않으면 -1의 값을 반환한다.

다음 예제는 키 이벤트를 발생시키고 해당 키의 내용을 출력하는 프로그램이다. 예제를 통해서 cv::waitKey() 함수의 사용법을 익혀보자.

예제 4.2.1   **키이벤트 사용 – event_key.cpp**

```
01  #include <opencv2/opencv.hpp>
02  using namespace cv;
03  using namespace std;
04  int main()
05  {
06      Mat image(200, 300, CV_8U, Scalar(255));
```

```
07        namedWindow("키보드 이벤트", WINDOW_AUTOSIZE);
08        imshow("키보드 이벤트", image);
09
10        while (1)                                              // 무한 반복
11        {
12              int key = waitKey(100);                          // 100ms 동안 키이벤트 대기
13              if (key == 27)  break;
14
15              switch (key)
16              {
17                  case 'a':   cout << "a키 입력" << endl; break;
18                  case 'b':   cout << "b키 입력" << endl; break;
19                  case 0x41:  cout << "A키 입력" << endl; break;
20                  case 66:    cout << "B키 입력" << endl; break;
21
22                  case 0x250000:  cout << "왼쪽 화살표 키 입력" << endl; break;
23                  case 0x260000:  cout << "윗쪽 화살표 키 입력" << endl; break;
24                  case 0x270000:  cout << "오른쪽 키 입력" << endl; break;
25                  case 0x280000:  cout << "아래쪽 화살표 키 입력" << endl; break;
26              }
27        }
28        return 0;
29  }
```

| 설명 |

① 6행에서 image 행렬을 uchar(CV_8U)형으로 생성하고, 흰색(255)으로 초기화한다.

② 7행은 키 이벤트를 인식시킬 윈도우를 "키보드 이벤트"라는 이름으로 생성한다. 여기서 윈도우가 생성되어 있지 않으면 키 이벤트를 인식할 수 없다.

③ 8행은 cv::imshow() 함수로 "키보드 이벤트" 창에 image 행렬을 영상으로 표시한다.

④ 12행은 cv::waitKey() 함수를 통해서 100ms를 동안 키 이벤트를 기다린다. 키 이벤트가 발생하면 해당 키의 코드 값이 key 변수에 저장된다.

⑤ 13행은 반복문 내에서 종료 조건을 설정한다. 키 이벤트로 발생한 코드값이 ESC 키를 의미하는 27이면 break문을 통해서 반복문을 벗어난다. 즉, 반복적으로 키를 입력받다가 ESC 키가 눌려지면 프로그램을 종료한다. 참고로 스페이스 바 키는 32이다.

⑥ 17~25행은 키의 코드값을 확인하기 위한 예이다.

⑦ 17, 18행은 'a', 'b' 와 같은 문자로 지정해서 key의 코드값과 비교한다.

⑧ 19, 20행은 0x41이나 66과 같이 16진수 숫자나 10진수 숫자로 지정해도 된다.

⑨ 22~25행은 대표적인 특수 문자인 화살표 키에 대한 코드값을 예시한 것이다.

| 실행결과 |

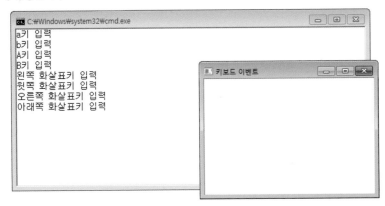

여기서 주의해야할 점이 있다. 해당 윈도우가 활성화되지 않고, 다른 윈도우가 활성화되어 있으면 이벤트가 발생하지 않는다. 예제를 실행해서 키 이벤트를 발생시키려면 "키보드 이벤트" 창을 반드시 선택하여 활성창으로 만들고, 키보드를 눌러야 한다. 그래야 해당 키의 문자가 콘솔창에 출력되는 것을 확인할 수 있다.

4.2.2 마우스 이벤트 제어

마우스 이벤트는 OpenCV에서 제공하는 콜백(Callback) 함수를 통해서 이벤트를 발생시키고 제어한다. 먼저 사용자가 마우스 이벤트를 처리하는 콜백 함수(event handler)를 만들고, 이 함수를 cv::setMouseCallback()을 통해서 시스템에 등록한다. 그러면 실행 과정에서 시스템이 마우스 이벤트를 감지했을 때에 사용자가 만든 콜백 함수를 호출한다.

함수명과 반환형 및 인수 구조
void setMouseCallback(const string& winname, MouseCallback onMouse, void* userdata = 0) typedef void (*MouseCallback)(int event, int x, int y, int flags, void* userdata)

함수 및 인수	설명
void setMouseCallback()	사용자가 정의한 마우스 콜백함수를 시스템에 등록하는 함수이다.

• string& winname	이벤트 발생을 체크할 윈도우 이름
• MouseCallback onMouse	마우스 이벤트를 처리하는 콜백 함수 이름(함수 포인터)
• void* userdata	이벤트 처리 함수로 전달할 추가적인 사용자 정의 인수
void (*MouseCallback)()	발생한 마우스 이벤트에 대해서 처리 및 제어를 구현하는 콜백 함수이다. setMouseCallback() 함수의 두 번째 인수(함수포인터)의 구현 부이기 때문에 함수명이 인수명과 같아야 함. typedef 통해서 함수포인터로 정의되어 있어 인수의 구조(인수의 데이터 타입, 인수의 순서 등)를 유지해야 함.
• int event • int x, int y • int flags	발생한 마우스 이벤트의 종류 이벤트 발생 시 마우스 포인터의 x, y 좌표 마우스 버튼과 동시에 특수 키([Shift], [Alt], [Ctrl])가 눌려졌는지 여부 확인

옵션	값	설명
EVENT_FLAG_LBUTTON	1	왼쪽 버튼 누름
EVENT_FLAG_RBUTTON	2	오른쪽 버튼 누름
EVENT_FLAG_MBUTTON	3	중간 버튼 누름
EVENT_FLAG_CTRLKEY	8	[Ctrl] 키 누름
EVENT_FLAG_SHIFTKEY	16	[Shift] 키 누름
EVENT_FLAG_ALTKEY	32	[Alt] 키 누름

• void* userdata	콜백 함수로 전달되는 추가적인 사용자 정의 인수

〈표 4.2.1〉 마우스 이벤트 옵션

옵션	값	설명
EVENT_MOUSEMOVE	0	마우스 움직임
EVENT_LBUTTONDOWN	1	왼쪽 버튼 누름
EVENT_RBUTTONDOWN	2	오른쪽 버튼 누름
EVENT_MBUTTONDOWN	3	중간 버튼 누름
EVENT_LBUTTONUP	4	왼쪽 버튼 떼기
EVENT_RBUTTONUP	5	오른쪽 버튼 떼기
EVENT_MBUTTONUP	6	중간 버튼 떼기
EVENT_LBUTTONDBLCLK	7	왼쪽 버튼 더블클릭
EVENT_RBUTTONDBLCLK	8	오른쪽 버튼 더블클릭
EVENT_MBUTTONDBLCLK	9	중간 버튼 더블클릭
EVENT_MOUSEWHEEL	10	마우스 휠
EVENT_MOUSEHWHEEL	11	마우스 가로 휠

예제를 통해서 마우스 이벤트의 사용법을 확인해 보자. 다음 예제는 마우스 버튼의 이벤트를 인지하고 해당 이벤트의 종류를 콘솔창에 출력하는 간단한 프로그램이다. 여기서 윈도우 창을 두 개 만들어서 표시한 것은 마우스 이벤트가 발생하는 창과 그렇지 않은 창을 확인하기 위함이다.

<table>
<tr><td>예제 4.2.2</td><td>마우스 이벤트 사용 – event_mouse.cpp</td></tr>
</table>

```cpp
01  #include <opencv2/opencv.hpp>
02  using namespace cv;
03  using namespace std;
04
05  void onMouse(int, int, int, int, void *);                   // 마우스 콜백 함수 선언
06
07  int main()
08  {
09      Mat image(200, 300, CV_8U);
10      image.setTo(255);                                       // image 행렬 초기화 - 흰색 바탕
11      imshow("마우스 이벤트1", image);
12      imshow("마우스 이벤트2", image);
13
14      setMouseCallback("마우스 이벤트1", onMouse, 0);
15      waitKey(0);
16      return 0;
17  }
18
19  void onMouse(int event, int x, int y, int flags, void * param)
20  {
21      switch (event)                                          // event값에 따라 버튼 종류 구분
22      {
23      case EVENT_LBUTTONDOWN:
24          cout << "마우스 왼쪽버튼 누르기" << endl;
25          break;
26      case EVENT_RBUTTONDOWN:
27          cout << "마우스 오른쪽 버튼 누르기" << endl;
28          break;
29      case EVENT_RBUTTONUP:
30          cout << "마우스 오른쪽 버튼 떼기" << endl;
31          break;
```

```
32          case EVENT_LBUTTONDBLCLK:
33              cout << "마우스 왼쪽버튼 더블클릭" << endl;
34              break;
35      }
36  }
```

| 설명 |

① 5행은 마우스 이벤트를 위한 콜백 함수를 선언하며, 19행 이후에 구현부가 있다.

② 9행은 200행, 300열의 행렬을 uchar(CV_8U)형으로 생성한다.

③ 11, 12행은 cv::imshow() 함수로 "마우스 이벤트1", "마우스 이벤트2" 창에 image 행렬을 영상으로 표시한다. 여기서 cv::imshow() 함수를 호출하면 내부적으로 cv::namedWindow()가 호출되어 자동으로 창의 이름을 지정한다.

④ 14행에서 cv::setMouseCallbak() 함수를 통해서 "마우스 이벤트1" 창에 마우스 제어를 위한 콜백 함수를 등록시킨다. 콜백 함수는 5행에서 선언한 testMouse를 사용한다.

⑤ 19~35행은 마우스 이벤트를 제어할 콜백 함수 onMouse()를 구현한다. 콜백 함수의 이름은 사용자 임의로 지정할 수 있다. 인수의 구조는 OpenCV의 highgui.hpp 헤더 파일에서 (*MouseCallback)typedef 지시어로 정의한 구조와 동일해야 한다.

⑥ 23행은 이벤트가 EVENT_LBUTTONDOWN 이면 마우스 왼쪽버튼 누른 것으로 해당 내용을 출력한다.

⑦ 24행은 이벤트가 EVENT_RBUTTONDOWN 이면 마우스 오른쪽 버튼을 누른 것이다.

⑧ 25행은 이벤트가 EVENT_RBUTTONUP 이면 마우스 오른쪽 버튼 떼기를 한 것이다.

⑨ 26행은 이벤트가 EVENT_LBUTTONDBLCLK 이면 마우스 왼쪽버튼 더블클릭한 것이다.

| 실행결과 |

실행 결과에서 두 개의 창 중에서 '마우스 이벤트1' 창이 진하게 나타나 활성화된 상태이다. '마우스 이벤트1' 창을 cv::setMouseCallbak()에 등록했기 때문에 이 창이 활성이어야 마

우스 이벤트가 발생한다. 만약 다른 응용 프로그램을 활성화한다거나 '마우스 이벤트2' 창을 활성화해도 이벤트가 적용되지 않는다. 그리고 더블클릭은 버튼 누르기가 먼저 수행된 다음에 발생하며, 버튼 떼기의 경우에도 버튼 누리기가 먼저 발생하는 것을 알 수 있다.

4.2.3 트랙바 이벤트 제어

트랙바(trackbar)는 일정한 범위 내에서 특정한 값을 선택하고자 할 때 사용하는 일종의 스크롤 바(scroll bar) 혹은 슬라이더 바(slider bar)를 말한다. OpenCV에서 트랙바는 cv::createTrackbar() 함수를 통해서 생성한다. 다음은 트랙바를 처리하는 함수들에 대한 설명이다.

함수명과 반환형 및 인수 구조	
int createTrackbar(const String& trackbarname, const String& winname, int* value, int count, TrackbarCallback onChange = 0, void* userdata = 0); typedef void (*TrackbarCallback)(int pos, void* userdata) int getTrackbarPos(const string& trackbarname, const string& winname) void setTrackbarPos(const string& trackbarname, const string& winname, int pos)	

함수 및 인수	설명
int createTrackbar()	트랙바를 생성하고, 그것을 지정된 윈도우 창에 추가하는 함수이다.
• String& trackbarname	생성된 트랙바 이름
• String& winname	트랙바의 부모 윈도우 이름(트랙바 이벤트 발생을 체크하는 윈도우)
• int * value	트랙바 슬라이더의 위치를 반영하는 정수 값
• int count	슬라이더의 최대 위치, 최소 위치는 항상 0
• TrackbarCallback onChange	트랙바 위치가 변경될 때마다 호출되는 콜백 함수의 포인터
• void* userdata	콜백 함수로 전달할 추가적인 사용자 정의 인수
(*TrackbarCallback)()	트랙바의 위치가 변경될 때마다 호출되는 콜백 함수 • cv::createTrackbar()의 두 번째 인수(함수포인터)의 구현 부분이기 때문에 그 인수와 이름이 같아야 함. • typedef 지시어로 함수포인터로 정의되어 인수의 구조(인수의 데이터 타입, 인수의 순서 등)를 유지해야 함.
• int pos • void* userdata	트랙바 슬라이더 위치 콜백 함수로 전달되는 추가적인 사용자 정의 인수
int getTrackbarPos()	지정된 트랙바의 슬라이더 위치를 반환받는다.
void setTrackbarPos()	지정된 트랙바의 슬라이더 위치를 설정한다.

트랙바를 처리하기 위해서는 먼저, 트랙바 이벤트를 처리할 콜백 함수를 작성해야 한다. 그리고 메인 함수에서 cv::createTrackbar() 함수를 통해서 트랙바 이름과 윈도우 창의 이름을 지정하여 시스템에 콜백 함수를 등록해야 한다. 다음 〈그림 4.2.1〉은 cv::createTrackbar() 함수의 인수와 트랙바의 구조에 대한 설명이다.

createTrackbar(trackbarname , winname, value , count , onChange , userdata);

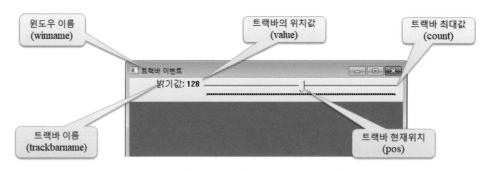

〈그림 4.2.1〉 트랙바의 구조

다음 예제는 트랙바를 이용해서 영상의 밝기를 조절하는 예제이다.

예제 4.2.3   트랙바 이벤트 사용 – event_trackbar.cpp

```cpp
01  #include <opencv2/opencv.hpp>
02  using namespace cv;
03  using namespace std;
04
05  string  title = "트랙바 이벤트";                              // 전역변수 선언
06  Mat  image;
07
08  void onChange(int  value, void*  userdata)
09  {
10      int  add_value = value - 130;
11      cout << "추가 화소값 " << add_value << endl;
12
13      Mat tmp = image + add_value;
14      imshow(title, tmp);
15  }
16
```

```
17    int main()
18    {
19        int   value = 128;
20        image = Mat(300, 400, CV_8UC1, Scalar(120));
21
22        namedWindow(title, WINDOW_AUTOSIZE);              // 윈도우 생성
23        createTrackbar("밝기값", title, &value, 255, onChange);   // 트랙바 등록
24
25        imshow(title, image);
26        waitKey(0);
27        return 0;
28    }
```

| 설명 |

① 5행은 두 함수에서 같이 사용되기에 트랙바 윈도우 이름을 전역 변수 title로 지정한다.

② 8~15행은 트랙바를 제어할 사용자 정의 콜백 함수 onChange()를 구현한다.

③ 10행은 행렬에 추가할 값을 add_value로 선언하고, 트랙바의 값(value)에서 중간 값인 130을 뺀다. 트랙바가 0~255 범위를 갖기 때문에 add_value는 −126~129의 범위가 된다.

④ 13행은 image 행렬에 add_value 값을 더한다. 행렬의 모든 원소에 트랙바의 값에 따라 −126~129까지의 값이 더해진다. 여기서 행렬 원소의 값이 증감하면 행렬을 영상으로 나타낼 때, 검은색에서 흰색사이로 변화한다.

⑤ 14행은 cv::imshow() 함수를 통해서 행렬을 title 창에 영상으로 표시한다.

⑥ 23행은 cv::createTrackbar()를 통해서 title 창에 "밝기값"의 이름의 트랙바를 추가한다. 또한 참조(&) 연산자로 통해서 트랙바 이벤트가 발생할 때마다 트랙바의 위치 값을 value로 반환받으며, 콜백 함수 onChange()를 호출한다.

| 실행결과 |

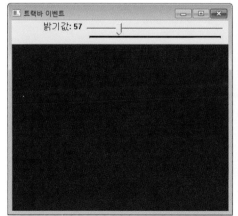
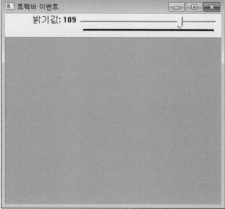

프로그램을 실행하면 콘솔창과 더불어 "트랙바 이벤트"라는 윈도우 창이 나타나는데, 실행결과에는 두 개의 창으로 표시하였다. 이것은 트랙바의 위치를 다르게(57, 189) 변경하고, 그때 행렬 영상의 밝기가 어떻게 변화되는지를 보이기 위함이다.

이번엔 조금 더 복잡한 예제를 구현해 보자. 마우스 왼쪽버튼을 클릭하면 영상의 밝기가 밝아지고, 오른쪽 버튼을 클릭하면 영상이 어두워지는 예제이다. 또한 이때에 트랙바의 값도 같이 변화하도록 한다.

| 심화예제 4.2.4 | 마우스 및 트랙바 이벤트 사용 – event_mouse_trackbar.cpp |

```cpp
01  #include <opencv2/opencv.hpp>
02  using namespace cv;
03  using namespace std;
04
05  string  title = "밝기변경" , bar_name = "밝기값";              // 전역변수 선언
06  Mat  image;
07
08  void onChange(int  value, void*  userdata) {    ...      }
09
10  void onMouse(int event, int x, int y, int flags, void * param)
11  {
12      if (event == EVENT_RBUTTONDOWN) {
13          add(image, 10, image);
14          setTrackbarPos( bar_name , title, image.at<uchar>(0)); // 트랙바 위치 변경
15          imshow(title, image);
16      }
17      else if (event == EVENT_LBUTTONDOWN) {
18          subtract(image, 10, image);
19          setTrackbarPos(bar_name, title, image.at<uchar>(0));   // 트랙바 위치 변경
20          imshow(title, image);
21      }
22  }
23
24  int main()
25  {
26      int  value = 130;
27      image = Mat(300, 500, CV_8UC1, Scalar(120));
28
```

```
29        namedWindow(title, WINDOW_AUTOSIZE);
30        createTrackbar(bar_name, title, &value, 255, onChange);       // 트랙바 등록
31        setMouseCallback(title, onMouse, 0);                          // 마우스 콜백함수 등록
32
33        imshow(title, image);
34        waitKey(0);
35        return 0;
36 }
```

| 설명 |

① 8행은 예제_4.2.3의 트랙바 콜백함수와 동일하여 생략한다.

② 10~22행은 마우스 이벤트를 처리할 콜백함수 onMouse() 이다.

③ 12~16행은 마우스 오른쪽 버튼 클릭 시에 image의 모든 화소값을 10 더한다.

④ 14, 19행은 cv::setTrackbarPos() 함수로 트랙바의 바 위치를 변경한다.

⑤ 15, 20행은 마우스 이벤트(왼쪽 버튼 클릭, 오른쪽 버튼 클릭)가 발생할 때마다 윈도우를 다시 표시한다.

⑥ 17~21행은 마우스 왼쪽 버튼 클릭 시에 image의 모든 화소값 10을 뺀다

⑦ 31행은 마우스 콜백함수를 시스템에 등록한다.

| 실행결과 |

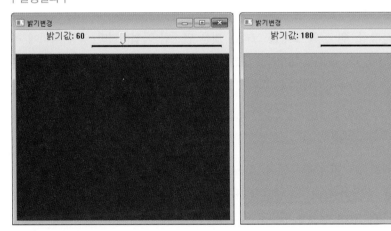

실행결과의 모양은 예제_4.2.2와 동일하지만, 마우스 오른쪽 버튼과 왼쪽 버튼을 클릭하
면 윈도우의 밝기가 변경되며, 트랙바의 위치도 변경된다.

4.3 그리기 함수

영상 처리 프로그래밍 과정에서 해당 알고리즘을 적용했을 때, 처리가 정확히 적용되었는지 확인하는 경우가 많이 있다. 예들 들어, 〈그림 4.3.1〉과 같이 얼굴 검출 알고리즘을 적용했을 때 전체 영상 위에 검출한 얼굴 영역을 사각형이나 원으로 표시할 수 있다. 또는 차선을 확인하고자 직선 검출 알고리즘을 적용해서 차선을 정확하게 검출했는지를 도로 영상 위에 선으로 나타낼 수 있다.

참조: https://kocoafab.cc/make/view/156 　　참조: http://hompi.sogang.ac.kr/eemmilab/
　　　　　　　　　　　　　　　　　　　　eemmilab_f_2_40.html

〈그림 4.3.1〉 영상 처리 응용 프로그램의 예시

이와 같이 직선, 사각형, 원 등의 도형을 그리는 것은 단순한 작업이지만 영상 처리에 꼭 필요한 작업일 수 있다. OpenCV는 Mat 클래스의 객체에 선, 사각형, 원, 타원 등과 같은 다양한 도형을 그릴 수 있는 함수를 제공한다.

4.3.1 직선 및 사각형 그리기

다음은 직선과 사각형을 그리는 함수인 cv::line()과 cv::rectangle()에 대한 설명이다. 직선과 사각형은 모두 시작 좌표(pt1)와 종료 좌표(pt2)가 있으면 그릴 수 있다. 또한 사각형의 경우에 좌표 대신에 Rect 객체를 인수로 입력하여 사각형을 그릴 수도 있다.

함수명과 반환형 및 인수 구조

```
void line(Mat& img, Point pt1, Point pt2, const Scalar& color, int thickness = 1, int
        lineType = 8, int shift = 0)
void rectangle(Mat& img, Point pt1, Point pt2, const Scalar& color, int thickness = 1, int
        lineType = 8, int shift = 0)
void rectangle(Mat& img, Rect rec, const Scalar& color, int thickness = 1, int lineType = 8,
        int shift = 0)
```

인수	설명
• Mat& img	그릴 대상 행렬(영상)
• Point pt1, pt2	시작 좌표와 종료 좌표
• Rect rect	그릴 영역을 나타내는 사각형 자료 형
• Scalar color	선의 색상
• int thickness	선의 두께 , FILLED(-1)일 경우 지정된 색으로 내부를 채움
• int lineType	선의 형태

옵션	값	설명
LINE_4	4	4-방향 연결선(4-connected line),
LINE_8	8	8-방향 연결선(8-connected line)
LINE_AA	16	계단현상 감소(안티에일리싱) 선

• int shift	입력 좌표(pt1, pt2)에 대해서 오른쪽으로 비트시프트(>>) 연산한 결과를 좌표로 지정해서 직선을 그림

예제를 통해 직선과 사각형을 그려보자.

예제 4.3.1	직선 & 사각형 그리기 - draw_line_rect.cpp

```
01  #include <opencv2/opencv.hpp>
02  using namespace cv;
03  using namespace std;
04  int main()
05  {
06      Scalar blue(255, 0, 0), red(0, 0, 255), green(0, 255, 0);        // 색상 선언
07      Scalar white = Scalar(255, 255, 255);                            // 흰색 색상
08      Scalar yellow(0, 255, 255);
09
10      Mat image(400, 600, CV_8UC3, white);
11      Point pt1(50, 130), pt2(200, 300), pt3(300, 150), pt4(400, 50); // 좌표 선언
12      Rect  rect(pt3, Size(200, 150));
```

```
13
14        line(image, pt1, pt2, red);                          // 직선 그리기
15        line(image, pt3, pt4, green, 2, LINE_AA);             // 안티에일리싱 선
16        line(image, pt3, pt4, green, 3, LINE_8, 1);        // 8방향 연결선 , 1비트 시프트
17
18        rectangle(image, rect, blue, 2 );                    // 사각형 그리기
19        rectangle(image, rect, blue, FILLED, LINE_4, 1);   // 4방향 연결선, 1비트 시프트
20        rectangle(image, pt1, pt2, red, 3 );
21
22        imshow("직선 & 사각형", image);
23        waitKey(0);
24        return 0;
25   }
```

| 설명 |

① 6∼8행은 직선과 사각형 그리는 데 사용될 색상을 Scalar형으로 선언한다. Scalar 원소의 색상 구성은 파랑색, 빨간색, 녹색 순서로 지정된다. 따라서 파란색은 (255, 0, 0)을 지정하고 녹색은 (0, 255, 0)를 지정한다.

② 10행은 400행, 600열 크기의 3채널 uchar형으로 행렬을 생성하고, 모든 원소값을 white 객체로 초기화한다. white는 파랑색, 녹색, 빨간색을 모두 255로 지정해 흰색이 된다. 여기서 C3은 3채널인 컬러 영상을 의미한다.

③ 11행은 직선 및 사각형을 그리는 데 사용되는 좌표들을 선언한다.

④ 14행은 시작 좌표인 pt1(50,130)에서 종료 좌표인 pt2(200,300)까지 빨간색 직선을 그린다. 두께를 지정하지 않으면 1픽셀로 그린다.

⑤ 15행은 시작 좌표 pt3에서 종료 좌표 pt4까지 녹색 선을 두께 2로 그린다.

⑥ 16행은 15행과 같은 좌표로 직선을 그리는데, 여섯 번째 인수(shift)로 1을 지정해서 1비트 오른쪽 시프트된 좌표에 그린다. 즉, 모든 좌표 값을 2로 나눈 위치에 그린다.

⑦ 18행은 rect 객체로 파란색에 두께 2의 사각형을 그린다. rect 객체는 pt3(300,150)에서 200×150 크기이다.

⑧ 19행은 rect 객체로 사각형을 파란색으로 그리는데, FILLED(-1) 옵션으로 내부를 채운다. 또한 shift 인수를 1로 적용해 1비트 시프트된 좌표에 그린다. 즉 위치와 크기를 2로 나누어 사각형을 그린다.

⑨ 20행은 시작 좌표와 종료 좌표(pt1, pt2)를 이용해서 사각형을 그린다.

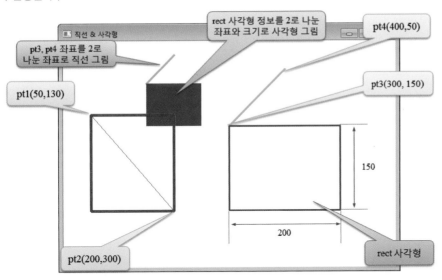

4.3.2 글자 쓰기

영상 처리의 결과를 보이기 위해서 행렬 내에서 특정 위치에 원하는 글자를 써서 영상에 표시하고 싶을 때가 있다. 이때 사용할 수 있는 함수가 cv::putText() 이다. 이 함수를 이용하면 〈그림 4.3.2〉와 같이 영상의 지정된 위치에 원하는 문자열을 표시할 수 있다.

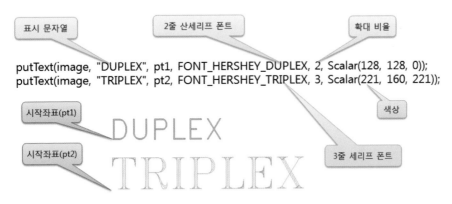

〈그림 4.3.2〉 cv::putText() 함수의 사용 예시

여기서 표시 문자열의 시작 좌표가 문자열의 오른쪽 하단임을 유의해야 한다. 다음은 cv::putTexct() 함수의 인수 구조와 인수에 대해 설명하고, 사용할 수 있는 폰트를 나타낸다.

함수명과 반환형 및 인수 구조
void putText(Mat& img, const string& text, Point org, int fontFace, double fontScale, Scalar color, int thickness = 1, int lineType = 8, bool bottomLeftOrigin = false)

인수	설명
Mat& img	문자열을 작성할 대상 행렬(영상)
string& text	작성할 문자열
Point org	문자열의 시작 좌표, 문자열에서 가장 왼쪽 하단을 의미
int fontFace	문자열에 대한 글꼴
double fontScale	글자 크기 확대 비율
Scalar color	글자의 색상
int thichness	글자의 굵기
int lineTpye	글자 선의 형태
bool bottomLeftOrigin	영상의 원점 좌표를 하단 왼쪽으로 설정 (기본값 – 상단 왼쪽)

〈표 4.3.1〉은 문자열의 글자체를 지정하는 상수(fontFace)에 대한 자세한 설명이다. 세리프(Serif)라는 말은 글자의 획 끝에 낚싯바늘처럼 날카롭게 튀어나온 부분을 의미한다. 세리프 폰트는 글자 끝부분에 날카로운 장식이 있는 글자체로 명조체에 해당한다. 산세리프(Sans-serif) 폰트는 날카로운 장식선이 없이 글자체로 고딕체에 해당한다.

〈표 4.3.1〉 문자열의 폰트(fontFace)에 대한 옵션과 의미

옵션	값	설명
FONT_HERSHEY_SIMPLEX	0	중간 크기 산세리프 폰트
FONT_HERSHEY_PLAIN	1	작은 크기 산세리프 폰트
FONT_HERSHEY_DUPLEX	2	2줄 산세리프 폰트
FONT_HERSHEY_COMPLEX	3	중간 크기 세리프 폰트
FONT_HERSHEY_TRIPLEX	4	3줄 세리프 폰트
FONT_HERSHEY_COMPLEX_SMALL	5	COMPLEX보다 작은 크기
FONT_HERSHEY_SCRIPT_SIMPLEX	6	필기체 스타일 폰트
FONT_HERSHEY_SCRIPT_COMPLEX	7	복잡한 필기체 스타일
FONT_ITALIC	16	이탤릭체를 위한 플래그

이제 영상에 문자열을 표시하는 예제를 구현해보자. 실행 결과에서 문자열의 시작 위치는 글자의 하단 왼쪽임을 확인하자.

```cpp
01  #include <opencv2/opencv.hpp>
02  using namespace cv;
03  using namespace std;
04  int main()
05  {
06      Scalar olive(128, 128, 0), violet(221, 160, 221), brown(42, 42, 165);
07      Point pt1(20, 100), pt2(20, 200), pt3(20, 250) ;          // 문자열 위치 좌표
08
09      Mat image(300, 500, CV_8UC3, Scalar(255, 255, 255));
10
11      putText(image, "SIMPLEX", Point(20, 30), FONT_HERSHEY_SIMPLEX, 1, brown);
12      putText(image, "DUPLEX", pt1, FONT_HERSHEY_DUPLEX, 2, olive);
13      putText(image, "TRIPLEX", pt2, FONT_HERSHEY_TRIPLEX, 3, violet);
14      putText(image, "ITALIC" , pt3, FONT_HERSHEY_PLAIN | FONT_ITALIC, 2, violet);
15
16      imshow("글자쓰기", image);
17      waitKey(0);
18      return 0;
19  }
```

| 설명 |

① 6행은 글자에 사용될 색상을 Scalar형으로 선언한다. Scalar 객체의 원소 값으로 다양한 색상을 만들 수 있다.

② 9행은 3채널 uchar(CV_8UC3)형 행렬 생성하고, 흰색(255, 255, 255)으로 초기화한다.

③ 11행은 가로 20. 세로 30의 좌표에서 "SIMPLEX"라는 문자열을 표시한다. 글자체는 중간 크기 산세리프이며 확대 비율이 1이라서 확대하지 않는다.

④ 12행은 pt1(20,100) 위치에 "DUPLEX" 문자열을 2줄 산세리프체로 표시하며, 2배 확대한다.

⑤ 13행은 pt2(20,200) 위치에 3줄 세리프체로 3배 확대해서 표시한다.

⑥ 14행은 pt3(20,250) 위치에 "ITALIC" 문자열을 작은 산세리프체에 이탤릭체로 표시한다.

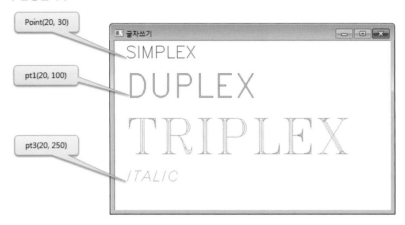

4.3.3 원 그리기

행렬에 원을 그려주는 cv::circle() 함수는 다음과 같은 인수로 구성된다. 원의 중심 좌표 (center), 반지름(radius), 선의 색상(color)은 반드시 지정해야 하며, 나머지 인수는 지정 하지 않으면 기본 값(default value)이 설정된다.

함수명과 반환형 및 인수 구조
void circle(Mat& img, Point center, int radius, const Scalar& color, int thickness = 1, int lineType = 8, int shift = 0)

인수	설명
• Mat& img	원을 그릴 대상 행렬(영상)
• Point center	원의 중심 좌표
• int radius	원의 반지름
• Scalar& color	선의 색상
• int thickness	선의 두께
• int lineType	선의 형태 , cv::line() 함수의 인자와 동일
• int shift	좌표에 대한 비트 시프트 연산

간단히 예제를 통해 확인해보자.

```cpp
01  #include <opencv2/opencv.hpp>
02  using namespace cv;
03  using namespace std;
04  int main()
05  {
06      Scalar orange(0, 165, 255), blue(255, 0, 0), magenta(255, 0, 255);
07      Mat image(300, 500, CV_8UC3, Scalar(255, 255, 255));      // 흰색 컬러 영상
08
09      Point center = (Point)image.size() / 2;                  // 영상 중심좌표
10      Point pt1(70, 50), pt2(350, 220);
11
12      circle(image, center, 100, blue);                        // 원 그리기
13      circle(image, pt1 , 80, orange, 2);
14      circle(image, pt2 , 60, magenta, -1);                    // 원 내부 채움
15
16      int font = FONT_HERSHEY_COMPLEX;
17      putText(image, "center_blue", center, font, 1.2, blue);
18      putText(image, "pt1_orange", pt1, font, 0.8, orange);
19      putText(image, "pt2_magenta", pt2 + Point(2, 2), font, 0.5, Scalar(0,0,0), 2);
20      putText(image, "pt2_magenta", pt2, font, 0.5, magenta, 1);
21
22      imshow("원그리기", image);
23      waitKey(0);
24      return 0;
25  }
```

| 설명 |

① 7행은 300행, 400열 크기의 image 행렬을 3채널 uchar형(CV_8UC3)으로 선언하고, 흰색으로 초기화한다. 즉, 컬러 영상을 생성하고, 바탕색을 흰색으로 설정한다.

② 12행은 중심점인 center 좌표에서 반지름이 100픽셀인 원을 그린다.

③ 13행은 pt1(70,50)를 중심으로 반지름이 80인 원을 그린다. 여기서 orange 객체의 색상에 2픽셀 두께로 그린다.

④ 14행은 pt2(350,220)를 중심으로 반지름이 60인 원을 그린다. 여기서 두께를 −1로 지정해서 원의 내부를 magenta 색으로 채운다.

⑤ 17~20행은 각 원의 중심좌표에 해당 원을 나타내는 글자를 표시한다.

⑥ 19, 20행은 글자에 그림자를 두어서 입체감이 나도록 표시하는 방법이다. pt2에 글자를 표시하기 전에 pt2 + Point(2,2) 위치에 검은색으로 같은 글자를 출력하여 그림자 느낌이 나게 한다.

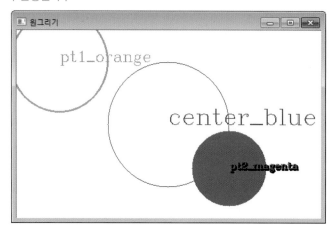

실행 결과에서 나중에 그리는 원이 이전에 그려진 원 위에 얹어지는 것을 볼 수 있다.

4.3.4 타원 그리기

타원을 그리는 함수는 지정해야 하는 인수가 조금 복잡하다. 〈그림 4.3.3〉에 표시된 내용을 보면서 차근차근 따라 하면 어렵지 않게 할 수 있을 것이다. 먼저, 타원의 중심 좌표(center)와 타원의 크기(axes)가 필요하다. 타원의 크기는 타원의 x축 반지름(x_radius)과 y축 반지름(y_radius)이다. 즉, 타원의 크기가 지름이 아니라 반지름을 의미하는 것에 유의하자.

다음으로 각도에 대한 내용은 조금 복잡하기에 주의 깊게 보기 바란다. 각도의 기준이 되는 0도는 좌표의 x축인 3시 방향이며, 시계 방향으로 회전하면서 증가하여 6시 방향에서 90도, 9시 방향이 되면 180도가 된다. 따라서 타원 각도(angle)는 중심점을 기준으로 좌표의 x축과 타원의 x축 사이에 기울어진 정도를 나타낸다.

호의 시작각도(startAngle)와 종료각도(endAngle)는 타원의 x축에서부터 호가 시작하는 위치와 끝나는 위치를 각도로 나타낸 것이다. 일반적으로 호는 4사분면에서 시작해서 2사분면을 거쳐 종료각도까지 시계방향으로 그려진다. 〈그림 4.3.3〉의 예는 타원의 xy축을 기준으로 볼 때, 호의 시작각도가 1사분면에 위치해서 각도가 270~360도 사이가 된다. 이 경우에 호는 1사분면에서 2사분면으로 반시계방향으로 그려져서 그림과 같은 호가 되지 않는다. 호를 시계 방향으로 그리기 위해서는 (각도 − 360)로 계산해서 시작각도가 음수 값을 가지도록 하면 된다.

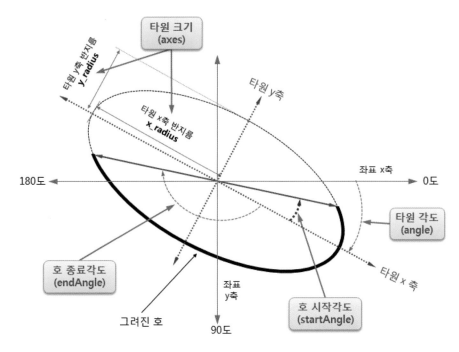

타원 크기 (axes)

타원 y축 반지름 **y_radius**

타원 x축 반지름 **x_radius**

타원 y축

좌표 x축

180도

0도

타원 각도 (angle)

호 종료각도 (endAngle)

타원 x 축

좌표 y축

호 시작각도 (startAngle)

그려진 호

90도

〈그림 4.3.3〉 타원 그리기 함수의 인수 설명

다음은 타원 및 호를 그려주는 cv::ellipse() 함수의 인수 구조와 인수에 대한 설명이다.

함수명과 반환형 및 인수 구조
void ellipse(Mat& img, Point center, Size axes, double angle, double startAngle, double endAngle, const Scalar& color, int thickness = 1, int lineType = 8, int shift = 0) void ellipse(Mat& img, const RotatedRect& box, const Scalar& color, int thickness = 1, int lineType = 8)

인수	설명
• Mat& img	그릴 대상 행렬(영상)
• Point center	원의 중심 좌표
• Size axes	타원의 크기(x축 반지름, y축 반지름)
• double angle	타원의 각도(3시 방향이 0도, 시계방향 회전)
• double startAngle	호의 시작 각도
• double endAngle	호의 종료 각도
• Scalar& color	선의 색상
• RotatedRect& box	회전사각형(중심점, 회전 각도, 크기) 객체로 타원 그림

여기서 RotatedRect 클래스는 중심 좌표, 사각형의 크기, 회전 각도를 모두 포함하기 때문에 RotatedRect 클래스의 객체를 이용해서 쉽게 타원을 그릴 수 도 있다. 다만, 시작각도와 종료각도가 없기 때문에 호는 그리지 못한다. 그리고 RotatedRect 클래스에서 사각형의 크기는 타원의 반지름이 아니라 지름을 의미한다.

예제를 통해서 타원과 호를 그려보자. 호 그리기에 대한 이해를 돕기 위해서 타원을 그리고 그 위에 호를 그리는 방식으로 예시를 한다.

| 예제 4.3.4 | 타원 및 호 그리기 – draw_ellipse.cpp |

```cpp
01  #include <opencv2/opencv.hpp>
02  using namespace cv;
03  using namespace std;
04  int main()
05  {
06      Scalar orange(0, 165, 255), blue(255, 0, 0), magenta(255, 0, 255);
07      Mat image(300, 700, CV_8UC3, Scalar(255, 255, 255));
08
09      Point pt1(120, 150) , pt2(550, 150);
10      circle(image, pt1, 1, Scalar(0), 1);            // 타원의 중심점(1픽셀 원) 표시
11      circle(image, pt2, 1, Scalar(0), 1);
12      // 타원 그리기
13      ellipse(image, pt1, Size(100, 60), 0,  0, 360, orange, 2);
14      ellipse(image, pt1, Size(100, 60), 0, 30, 270, blue, 4);
15      // 호 그리기
16      ellipse(image, pt2, Size(100, 60), 30, 0, 360, orange, 2);
17      ellipse(image, pt2, Size(100, 60), 30, -30, 160, magenta, 4);
18
19      imshow("타원 및 호 그리기", image);
20      waitKey(0);
21      return 0;
22  }
```

| 설명 |

① 10, 11행은 타원의 중심좌표에 cv::circle() 함수를 사용해서 반지름 1픽셀의 원을 표시한다. 이것은 타원의 각도를 확인하기 위해 중심점을 표시한 것이다.

② 13행은 pt1(120,150) 위치에 Size(100, 60) 크기로 타원을 그린다. 크기가 반지름을 나타내기 때문에 가로가 200, 세로 120인 타원이 된다.

③ 14행은 같은 위치에 파란색으로 호를 그린다. 타원각도가 0도라서 타원의 기본 골격은 0도에서 시작하며, 30~270도까지 호를 그린다.

④ 16행은 pt2(550, 150) 위치에 Size(100, 60) 크기로 타원을 그린다. 타원각도가 30도라서 타원이 기본 골격이 30도 기울어져 있다.

⑤ 17행은 pt2에 같은 크기로 호를 그린다. 타원 골격이 30도 기울어져 있으며, 그 위치에서 호는 -30~160도까지 그린다.

| 실행결과 |

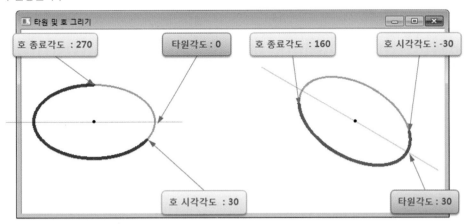

실행결과에서 타원 중심에 직선이 그려져 있는데, 이것은 타원의 기울기를 확인하기 위해서 임의로 그린 것이다.

이번에는 마우스 왼쪽 버튼은 클릭하면 사각형을, 오른쪽 버튼을 클릭하면 원을 그리는 심화예제를 구현해보자. 이 예제는 첫 클릭에서는 시작 좌표를 지정하고, 두 번째 클릭에서 그리기를 수행한다.

심화예제 4.3.5   마우스 이벤트 및 그리기 종합 - event_draw.cpp

```
01  #include <opencv2/opencv.hpp>
02  using namespace cv;
03  using namespace std;
04
05  string  title = "이벤트 그리기";                        // 전역변수 선언
06  Mat  image;
07
08  void onMouse(int event, int x, int y, int flags, void * param)
```

```
09  {
10      static Point pt(-1,-1);
11      if (event == EVENT_LBUTTONDOWN) {
12          if (pt.x < 0 )   pt = Point(x, y);                          // 시작 좌표 지정
13          else {
14              rectangle(image, pt, Point(x,y) , Scalar(50), 2); // 종료 좌표 및 그리기
15              imshow(title, image);
16              pt = Point(-1, -1);                                     // 시작 좌표 초기화
17          }
18      }
19      else if (event == EVENT_RBUTTONDOWN) {
20          if (pt.x < 0) pt = Point(x, y);
21          else {
22              Point2d pt2 = pt - Point(x ,y);
23              int radius = (int)sqrt(pt2.x * pt2.x + pt2.y * pt2.y); // 두 좌표간 거리
24              circle(image, pt, radius, Scalar(150), 2);
25
26              imshow(title, image);
27              pt = Point(-1, -1);                                     // 시작 좌표 초기화
28          }
29      }
30  }
31
32  int main()
33  {
34      image = Mat(300, 500, CV_8UC1, Scalar(255));
35      imshow(title, image);
36      setMouseCallback(title, onMouse, 0);                            // 콜백함수 등록
37
38      waitKey(0);
39      return 0;
40  }
```

| 설명 |

① 8~30행은 마우스 이벤트를 제어하는 콜백함수 onMouse()이다.

② 10행은 콜백함수 호출시에 변숫값이 유지되게 정적 변수로 선언한다.

③ 12행은 pt.x 값이 음수 값이면 첫 클릭을 의미하기에 pt값을 지정한다.

④ 14행은 첫 클릭 좌표(pt)에서 현재 클릭된 좌표까지 사각형을 그린다.

⑤ 16, 27행은 사각형과 원을 그리고, pt를 초기화해서 다시 그릴 수 있도록 한다.

⑥ 22, 23행은 첫 클릭 좌표에서 두 번째 클릭 좌표까지 거리를 반지름으로 구한다.

⑦ 24행은 첫 클릭 좌표에서 반지름만큼 원을 그린다.

| 실행결과 |

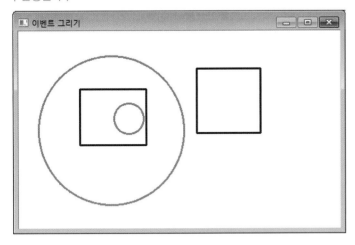

4.4 이미지 파일 처리

여태까지 OpenCV에서 제공하는 자료구조와 Mat 클래스를 이용한 행렬 처리 방법들을 배웠다. 영상 처리란 화소값으로 구성된 2차원 배열에 대한 조작이다. 따라서 행렬의 처리는 매우 중요한 요소이다.

그러나 여기서 우리가 공부해야 하는 본론은 영상 처리임을 잊지 말자. 영상 파일을 읽어들여 행렬에 저장하고, 행렬의 연산 과정들에서 행렬의 원소, 즉 화소값들이 나타내는 이미지를 필요할 때마다 직접 눈으로 확인할 수 있어야 한다. 또한 처리된 결과 행렬에 대해서 영상 파일로 저장할 수 있어야 한다.

본 절에서는 영상 파일을 처리해 주는 함수와 그 방법들에 대해서 배운다. 먼저, 다음은 영상 파일을 처리하는 함수와 그 인수에 대한 설명이다.

함수 및 인수 구조
Mat imread(const string& filename, int flags = 1)
bool imwrite(const string& filename, InputArray img, const vector<int>& params = vector<int>())

함수 및 인수	설명
Mat imread()	지정된 파일(filename)로부터 영상을 로드하여 Mat 클래스로 반환한다.
• string& filename	로드되는 영상 파일 이름(디렉터리 구조 포함)
• int flags	로드된 영상이 행렬로 반환될 때 컬러 타입을 결정하는 상수
bool imwrite()	지정된 파일(filename)에 img 행렬을 영상으로 저장한다.
• string& filename	저장되는 영상파일 이름(디렉터리 구조 포함), 확장자명에 따라 영상파일 형식 결정
• InputArray img	저장하고자하는 행렬(영상)
• vector<int>& params	압축 양식에 사용되는 인수 쌍들의 벡터(paramId, paramValue)

〈표 4.4.1〉 행렬의 컬러 타입 결정 상수

옵션	값	설명
IMREAD_UNCHANGED	-1	파일에 지정된 컬러 영상을 반환(alpha 채널을 포함)
IMREAD_GRAYSCALE	0	명암도(grayscale) 영상으로 변환하여 반환
IMREAD_COLOR	1	컬러 영상으로 변환하여 반환
IMREAD_ANYDEPTH	2	입력파일에 정의된 깊이에 따라 16비트/32비트 영상으로 변환, 설정되지 않으면 8비트 영상으로 변환
IMREAD_ANYCOLOR	4	파일에 정의된 타입으로 반환

4.4.1 이미지 파일 읽기

영상 처리를 위해서는 가장 기본적인 것은 영상 파일을 처리하기 위해 데이터로 읽어 들이는 것이다. 영상 처리를 위한 대중적인 API들이 나오기 전에는 영상 파일을 로드하여 데이터로 변환하는 것이 결코 쉬운 일은 아니었다. 심지어 화소값을 숫자 그대로 저장하는 RAW 파일을 사용하는 경우도 많이 있었다.

다행히 요즈음의 영상 처리 API들은 대부분 영상 파일을 데이터로 변환해주는 함수들을 제공한다. OpenCV에서도 아주 쉽게 영상 파일을 데이터로 변환할 수 있다. 다음 예제는 명암도 영상과 컬러 영상 파일을 읽어서 Mat 행렬에 저장하는 다양한 방법을 다룬다.

```cpp
01  #include <opencv2/opencv.hpp>
02  using namespace cv;
03  using namespace std;
04
05  void  print_matInfo(string name, Mat img)              // 행렬 정보 출력 함수
06  {
07      string mat_type;
08      if ( img.depth() == CV_8U)      mat_type = "CV_8U";
09      else if (img.depth() == CV_8S)    mat_type = "CV_8S";
10      else if (img.depth() == CV_16U)   mat_type = "CV_16U";
11      else if (img.depth() == CV_16S)   mat_type = "CV_16S";
12      else if (img.depth() == CV_32S)   mat_type = "CV_32S";
13      else if (img.depth() == CV_32F)   mat_type = "CV_32F";
14      else if (img.depth() == CV_64F)   mat_type = "CV_64F";
15
16      cout << name ;
17      cout << format(": depth(%d) channels(%d) -> 자료형: ", img.depth, img.channels());
18      cout << str << "C" << img.channels() << endl;
19  }
20
21  int main()
22  {
23      string filename = "../image/read_gray.jpg";           // 영상파일 위치
24      Mat gray2gray = imread(filename, IMREAD_GRAYSCALE);    // 영상파일 로드
25      Mat gray2color = imread(filename, IMREAD_COLOR);
26      CV_Assert(gray2gray.data && gray2color.data );         // 예외처리
27
28      Rect roi(100, 100, 1, 1);                              // 행렬내 한 화소 사각형
29      cout << "행렬 좌표 (100,100) 화소값 " << endl;
30      cout << "gray2gray " << gray2gray(roi) << endl;
31      cout << "gray2color " << gray2color(roi) << endl << endl;
32
33      print_matInfo("gray2gray", gray2gray);                 // 행렬 정보 출력
34      print_matInfo("gray2color", gray2color);
35      imshow("gray2gray", gray2gray);                        // 행렬 정보 영상으로 표시
36      imshow("gray2color", gray2color);
37      waitKey(0);
```

```
38        return 0;
39    }
```

| 설명 |

① 5~19행은 사용자 정의 함수 print_matInfo()에 대한 구현이다. 인수로 전달된 행렬에 대해서 깊이(depth)와 채널을 출력하며 행렬의 자료형을 표시한다.

② 24행은 명암도 영상파일(read_gray.jpg)을 IMREAD_GRAYSCALE 옵션으로 로드해서 gray2gray 행렬에 저장한다. 따라서 1채널 uchar(CV_8UC1)형 행렬이 생성된다.

③ 25행은 명암도 영상파일을 IMREAD_COLOR 옵션으로 로드해서 컬러 타입으로 변환되어 gray2color 행렬에 저장한다. 즉, 3채널 (CV_8UC3) 행렬이 생성된다.

④ 26행에서 영상 파일이 정상적으로 로드되지 않으면 다음과 같이 에러를 출력한다.

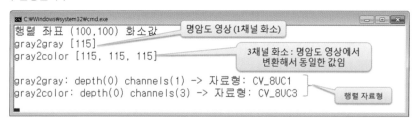

⑤ 28~31행은 1픽셀 크기의 사각형을 관심영역으로 참조해서 한 화소의 값을 확인한다.

⑥ 33, 34행은 사용자 정의 함수인 print_matInfo()를 호출한다. 각 행렬의 깊이 값과 채널 수를 콘솔창에 출력하고, 이 정보를 이용해서 행렬의 자료형을 출력한다.

| 실행결과 |

실행결과에서 gray2color 행렬은 명암도 영상파일을 3채널 영상으로 만들었기 때문에 BGR의 모든 채널 값이 동일하다. 따라서 명암도 영상과 같은 색이 된다.

이번에는 컬러 영상을 읽어 보자.

영상 파일 읽기2 - read_image2.cpp

```cpp
01  #include <opencv2/opencv.hpp>
02  using namespace cv;
03  using namespace std;
04
05  void print_matInfo(string name, Mat img) {  ...  }        // 행렬 정보 출력 함수
06
07  int main()
08  {
09      string filename = "../image/read_color.jpg";
10      Mat color2gray = imread(filename, IMREAD_GRAYSCALE);
11      Mat color2color = imread(filename, IMREAD_COLOR);
12      CV_Assert(color2gray.data && color2color.data);
13
14      Rect roi(100, 100, 1, 1);                            // 행렬내 한 화소 사각형
15      cout << "행렬 좌표 (100,100) 화소값 " << endl;
16      cout << "color2gray " << color2gray(roi) << endl;    // 한 화소값 표시
17      cout << "color2color " << color2color(roi) << endl ;
18
19      print_matInfo("color2gray", color2gray);
20      print_matInfo("color2color", color2color);
21      imshow("color2gray", color2gray);
22      imshow("color2color", color2color);
23      waitKey(0);
24      return 0;
25  }
```

| 설명 |

① 5행은 앞 예제의 사용자 정의 함수 print_matInfo()와 동일하다.

② 10, 11행은 컬러 영상파일(read_color.jpg)을 IMREAD_GRAYSCALE, IMREAD_COLOR 옵션으로 로드한다. color2gray행렬은 1채널, color2color 행렬은 3채널로 저장된다.

③ 16, 17행은 1픽셀 크기의 사각형을 관심영역으로 참조해서 한 화소의 값을 확인한다.

| 실행결과 |

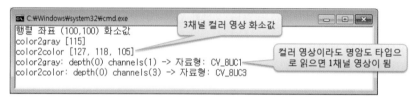

행렬 좌표 (100,100) 화소값
color2gray [115]
color2color [127, 118, 105]   ← 3채널 컬러 영상 화소값
color2gray: depth(0) channels(1) -> 자료형: CV_8UC1   ← 컬러 영상이라도 명암도 타입으로 읽으면 1채널 영상이 됨
color2color: depth(0) channels(3) -> 자료형: CV_8UC3

다음은 16비트나 32비트 깊이를 갖는 영상 파일을 읽어 들이는 방법에 대해서도 자세히 설명하도록 한다. 여기서 JPG 포맷은 16비트 이상의 영상 포맷을 지원하지 않기 때문에 TIF 포맷 파일을 이용한다.

예제 4.4.03 영상 파일 읽기 - read_image3.cpp

```
01  #include <opencv2/opencv.hpp>
02  using namespace cv;
03  using namespace std;
04
05  void  print_matInfo(string name, Mat img)  { ... }          // 행렬 정보 출력 함수
06
07  int main()
08  {
09      string filename1 = "../image/read_16.tif";              // 16비트 영상
10      string filename2 = "../image/read_32.tif";              // 32비트 영상
11      Mat color2unchanged1 = imread(filename1, IMREAD_UNCHANGED);
12      Mat color2unchanged2 = imread(filename2, IMREAD_UNCHANGED);
13      CV_Assert(color2unchanged1.data && color2unchanged2.data);
```

```
14
15        Rect roi(100, 100, 1, 1);
16        cout << "16/32비트 영상 행렬 좌표 (100,100) 화소값 " << endl;
17        cout << "color2unchanged1 " << color2unchanged1(roi) << endl;
18        cout << "color2unchanged2  " << color2unchanged2(roi) << endl;
19
20        print_matInfo("color2unchanged1", color2unchanged1);
21        print_matInfo("color2unchanged2", color2unchanged2);
22        imshow("color2unchanged1", color2unchanged1);
23        imshow("color2unchanged2", color2unchanged2);
24        waitKey(0);
25        return 0;
26    }
```

| 설명 |

① 5행은 앞 예제의 사용자 정의 함수 print_matInfo()와 동일하다.

② 9, 10행은 로드할 이미지 파일들의 이름을 string형으로 지정한다.

③ 11행은 16비트 깊이를 갖는 영상을 IMREAD_UNCHANGED 옵션으로 로드한다. 파일 정의 그대로 로드하기 때문에 3채널 unsigned int(CV_16SC3)형의 행렬이 생성된다.

④ 12행은 32비트 깊이를 갖는 영상(read_32.tif)을 IMREAD_UNCHANGED 옵션으로 로드한다. 변경 없이 파일 정의 그대로 3채널의 float(CV_32FC3)형으로 행렬을 생성한다.

⑤ 17행은 컬러 영상에 대한 화소라서 3개의 값이 출력된다. 또한 부호 없는 16비트 영상이기 때문에 화소값이 0~65,535의 범위를 가진다.

⑥ 18행은 32비트 float형 영상이기 때문에 0~1 사이의 범위로 값을 갖는다. 즉, 검은색은 0이며 흰색은 1이 된다.

| 실행결과 |

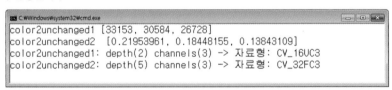

```
C:\Windows\system32\cmd.exe
color2unchanged1 [33153, 30584, 26728]
color2unchanged2  [0.21953961, 0.18448155, 0.13843109]
color2unchanged1: depth(2) channels(3) -> 자료형: CV_16UC3
color2unchanged2: depth(5) channels(3) -> 자료형: CV_32FC3
```

4.4.2 행렬을 영상 파일로 저장

행렬을 영상 파일로 저장하기 위해서는 cv::imwrite() 함수를 사용한다. 저장할 파일명과 행렬을 인수로 전달하면 쉽게 행렬을 영상 파일로 저장할 수 있다. 저장할 때 파일명의 확장자에 따라서 JPG, BMP, PNG, TIF, PPM 등의 영상 파일 포맷으로 저장할 수 있다. 또한 다음 〈표 4.4.3〉과 같이 추가 옵션인 params 벡터로 JPG 파일의 화질이나 PNG 파일의 압축률도 설정할 수 있다. 여기서 default value는 설정하지 않을 경우 자동으로 지정되는 값을 의미한다.

〈표 4.4.3〉 압축 양식에 사용되는 인수 쌍들의 벡터(paramId, paramValue)

paramId	paramValue (default value)	설명
IMWRITE_JPEG_QUALITY	0~100 (95)	JPG파일 화질, 높은 값일수록 화질 좋음
IMWRITE_PNG_COMPRESSION	0~9 (3)	PNG 파일 압축레벨, 높은 값일수록 적은 용량, 긴 압축시간
IMWRITE_PXM_BINARY	0 or 1 (1)	PPM, PGM 파일의 이진 포맷 설정

예제를 통해서 행렬 데이터의 다양한 영상 저장 방법에 대해서 알아보자.

예제 4.4.2 **행렬 영상 저장1 - write_image.cpp**

```
01  #include <opencv2/opencv.hpp>
02  using namespace cv;
03  using namespace std;
04  int main()
05  {
06      Mat img8 = imread("../image/read_color.jpg", IMREAD_COLOR);
07      CV_Assert(img8.data);                                    // 영상파일 예외 처리
08
09      vector<int> params_jpg, params_png;
10      params_jpg.push_back(IMWRITE_JPEG_QUALITY);              // JPG 화질 설정
11      params_jpg.push_back(50);
12      params_png.push_back(IMWRITE_PNG_COMPRESSION);           // PNG 압축레벨 설정
13      params_png.push_back(9);
14
15      imwrite("../image/write_test1.jpg", img8);               // 행렬 영상파일로 저장
16      imwrite("../image/write_test2.jpg", img8, params_jpg);   // 지정화질로 저장
17      imwrite("../image/write_test.png", img8, params_png);
18      imwrite("../image/write_test.bmp", img8);                // BMP 파일 저장
19      return 0;
20  }
```

| 설명 |

① 6, 7행은 영상 파일을 컬러 타입으로 img8 행렬에 저장하고, 예외처리 한다. 영상파일이 정상적으로 로드되지 않으면 다음의 에러가 발생한다.

```
C:\Windows\system32\cmd.exe
OpenCV Error: Assertion failed (img8.data) in main, file write_image.c
pp, line 7
```

② 9~13행은 영상 파일 저장을 위한 벡터 옵션을 지정한다.

③ 9행은 JPG 및 PNG 파일로 저장할 때 저장 옵션 지정을 위한 벡터의 선언이다. 이 벡터에는 옵션 상수와 그 상수에 해당하는 값을 쌍(pair)으로 추가해야 한다.

④ 10, 11행은 vector::push_back() 함수로 params_jpg 벡터에 옵션 쌍을 추가한다. IMWRITE_JPEG_QUALITY를 먼저 추가하고, 이에 해당하는 값을 추가한다. 추가된 50은 JPEG 압축에 따른 화질의 정도를 나타낸다. 0~100사이의 값으로 높을수록 화질이 좋다.

⑤ 12, 13행은 params_png 벡터에 옵션 쌍을 추가한 것이다. 추가된 9는 압축의 정도로서 0~9까지 지정할 수 있다. 높을수록 용량이 작아지고, 압축시간이 길어진다.

⑥ 15행은 img8 행렬을 "write_test1.jpg"라는 파일명으로 저장한다. 파일명의 확장자에 지정된 포맷인 JPG 파일로 저장한다. 압축 양식을 지정하지 않았기 때문에 화질은 기본값인 95로 설정되어 영상 파일이 저장된다.

⑦ 16행은 params_jpg 벡터의 압축 양식으로 저장한다. 지정된 벡터 옵션에 따라서 영상 화질이 50인 JPG 파일로 저장한다. 따라서 "write_test1.jpg" 보다 "write_test2.jpg" 파일이 압축이 많이 되어서 용량이 훨씬 작다.

⑧ 17행은 params_png 벡터의 압축 양식으로 설정하여 저장한다. 벡터 옵션에 따라서 압축 품질이 9인 PNG 영상 파일로 저장한다.

⑨ 18행은 "write_test.bmp"의 확장자에 따라서 비트맵(BMP) 영상 파일로 저장한다.

| 실행결과 |

다음은 심화예제이다. 16비트 영상이나 32비트 영상의 저장 방법을 알아보자. 예제는 8비트 영상을 읽어서 16비트와 32비트 영상 포맷으로 저장한다.

```cpp
01  #include <opencv2/opencv.hpp>
02  using namespace cv;
03  using namespace std;
04  int main()
05  {
06      Mat img8 = imread("../image/read_color.jpg", IMREAD_COLOR);
07      CV_Assert(img8.data);                        // 영상파일 예외 처리
08      Mat img16 , img32;
09      img8.convertTo(img16, CV_16U, 65535/255.0 );  // 형변환 및 원소 스케일 조정
10      img8.convertTo(img32, CV_32F, 1/255.0f);
11
12      Rect  roi(10, 10, 3, 3);                     // 화소값 확인 위한 관심영역
13      cout << "img8 행렬의 일부 " << endl << img8(roi) << endl << endl;
14      cout << "img16 행렬의 일부 " << endl << img16(roi) << endl << endl;
15      cout << "img32 행렬의 일부 " << endl << img32(roi) << endl << endl;
16
17      imwrite("../image/write_test_16.tif", img16);  // 행렬 영상파일로 저장
18      imwrite("../image/write_test_32.tif", img32);
19      imshow("img16", img16);
20      imshow("img32", img32);
21      waitKey();
22      return 0;
23  }
```

| 설명 |

① 9행은 uchar형인 img8 행렬을 ushort(CV_16U)형으로 변환한다. 세 번째 인수로 지정한 65535/255.0 은 uchar형인 화소값의 범위를 ushort형에 맞게 스케일 변경한 것이다.

② 10행은 img8 행렬을 float(CV_32F)형으로 변환한다. 세 번째 인수의 값(1/255.0f)은 uchar형인 화소값의 범위를 float형에 맞게 0~1 사이의 값으로 변경한 것이다.

③ 12~15행은 관심영역 사각형으로 img8, img16, img32 행렬의 일부분을 출력한다.

④ 17, 18행은 img16, img32 행렬을 각각 16비트, 32비트 영상 포맷으로 저장한다.

⑤ 19, 20행은 img16, img32 행렬을 윈도우에 영상으로 표시한다. 행렬의 화소값이 img16의 경우는 최대 65535를 갖게 되고, img32의 경우에는 0~1사이의 부동소수 값을 갖는다. 그럼에도 두 영상을 윈도우에 표시하면 거의 비슷하다. 이것은 cv::imshow() 함수가 행렬의 자료형에 따라서 각기 다른 스케일로 밝기를 표시하기 때문이다.

```
C:₩Windows₩system32₩cmd.exe
img8 행렬의 일부
[211, 169, 132, 208, 169, 131, 208, 168, 133;
 210, 172, 138, 210, 172, 140, 211, 173, 141;
 210, 174, 144, 210, 176, 147, 210, 175, 149]

img16 행렬의 일부
[54227, 43433, 33924, 53456, 43433, 33667, 53456, 43176, 34181;
 53970, 44204, 35466, 53970, 44204, 35980, 54227, 44461, 36237;
 53970, 44718, 37008, 53970, 45232, 37779, 53970, 44975, 38293]

img32 행렬의 일부
[0.82745105, 0.66274512, 0.51764709, 0.81568635, 0.66274512, 0.51372552, 0.81568635, 0.65882355
 0.82352948, 0.67450982, 0.5411765, 0.82352948, 0.67450982, 0.54901963, 0.82745105, 0.67843139,
 0.82352948, 0.68235296, 0.56470591, 0.82352948, 0.6901961, 0.57647061, 0.82352948, 0.68627453,
```

4.5 비디오 처리

여러분은 어디선가 다운로드 받은 영화파일의 용량을 확인해 보았는가? 확인하지 않았다면 지금 컴퓨터에 저장된 영화파일의 용량을 한번 확인해 보기 바란다. 그러면 생각보다는 용량이 작은 것을 느낄 것이다. 약 2시간 정도의 영화파일이 작게는 700MB에서 많게는 10GB를 넘는 것도 있을 것이다.

이렇게 동일한 해상도와 시간의 비디오 파일의 용량이 다양한 것은 바로 압축코덱에 의한 것이다. 비디오 파일은 초당 약 30프레임의 영상을 연속적으로 저장하기 때문에 본질적으로 용량이 커지게 된다. 이러한 문제는 영상 신호의 압축 기술을 통해 해결하고 있다. 비디오 파일은 코덱(codec)에 의해 해당 포맷에 맞게 압축하여 저장되고, 또 저장된 비디오 파일은 압축을 해제하여 재생된다. 여기서 코덱은 비디오 신호를 압축하는 코더(coder)와 압축을 해제하는 디코더(decoder)의 합성어이다.

따라서 비디오 파일에서 영상 프레임을 받아서 영상 처리를 하기 위해서는 먼저 파일 포맷에 따른 코덱을 통해서 압축을 해제해야 한다. 다양한 형식에 따라 압축된 비디오 파일들을 직접 디코딩하기는 쉬운 일이 아니다. 다행히 OpenCV에서는 비디오 파일과 더불어 PC 카메라로부터 입력된 영상을 쉽게 처리할 수 있도록 API를 지원한다.

OpenCV는 HIGHGUI 라이브러리를 통해서 동영상을 처리할 수 있는 클래스를 제공한다. VideoCapture 클래스를 통해서 카메라나 동영상 파일들로부터 프레임을 읽어올 수 있다. 또한 VideoWriter 클래스를 통해 행렬의 영상들을 동영상 파일로 저장할 수 있다.

다음은 HIGHGUI 라이브러리에 있는 비디오 처리 관련 함수들을 정리한 것이다.

VideoCapture 클래스 생성자 및 메서드의 구조

```
VideoCapture::VideoCapture();
VideoCapture::VideoCapture(const string& filename);
VideoCapture::VideoCapture(int device);

bool VideoCapture::open(const string& filename);
bool VideoCapture::open(int device);
bool VideoCapture::isOpened();
void VideoCapture::release();

double VideoCapture::get(int propId);
bool VideoCapture::grab();
bool VideoCapture::set(int propId, double value);
bool VideoCapture::retrieve(Mat& image, int channel = 0);

bool VideoCapture::read(Mat& image);
VideoCapture& VideoCapture::operator>>(Mat& image);
```

함수 및 인수	설명
bool VideoCapture()	생성자, 3가지 객체 선언 방법을 지원한다.
• string& filename • int device	개방할 동영상 파일의 이름 혹은 이미지 시퀀스 개방할 동영상 캡처 장치의 id(카메라 한 대만 연결되면 0을 지정)
bool open()	동영상 캡처를 위한 동영상 파일 혹은 캡처 장치를 개방한다.
• string& filename • int device	개방할 동영상 파일의 이름 혹은 이미지 시퀀스 개방할 동영상 캡처 장치의 id
bool isOpened()	캡처 장치의 연결 여부를 반환한다.

bool release()	동영상 파일이나 캡처 장치를 해제한다. (클래스 소멸자에 의해서 자동으로 호출되어 명시적으로 수행하지 않아도 됨)
double get()	비디오캡처의 속성식별자로 지정된 속성의 값을 반환한다. 캡처 장치가 제공하지 않는 속성은 0을 반환한다.
• int propId	속성 식별자 – 표 4.5.1에서 정리
bool set()	지정된 속성식별자로 비디오캡처의 속성을 설정한다.
• int propId • double value	속성 식별자 속성 값
bool grab()	캡처 장치나 동영상 파일로부터 다음 프레임을 잡는다.
bool retrieve()	grab()으로 잡은 프레임을 디코드해서 image 행렬로 전달한다.
• Mat& image • int channel	잡은 프레임이 저장되는 행렬 프레임의 채널 수
bool read(), >>	다음 동영상 프레임을 잡아서 디코드하고 image 행렬로 전달한다. 즉, grab()과 retrieve()를 동시에 수행한다.

VideoWriter 클래스 생성자 및 메서드의 구조

```
VideoWriter::Writer()
VideoWriter::Writer(const string& filename, int fourcc, double fps, Size frameSize, bool
                    isColor = true)
bool VideoWriter::open(const string& filename, int fourcc, double fps, Size frameSize, bool
                    isColor = true)


bool VideoWriter::isOpened()
void VideoWriter::write(const Mat& image)
VideoWriter& VideoWriter::operator<<(const Mat& image)
```

함수 및 인수	설명
VideoWriter()	생성자, 2가지 객체 선언 방법을 지원한다.
• string& filename • int fourcc • double fps • Size frameSize • bool isColor	출력 동영상 파일의 이름 프레임 압축에 사용되는 코덱의 4문자 생성된 동영상 프레임들의 프레임 레이트(초당 프레임 수) 동영상 프레임의 크기(가로×세로) true면 컬러 프레임으로 인코딩, false면 명암도 프레임으로 인코딩
bool open()	영상을 동영상 파일의 프레임으로 저장하기 위해 동영상 파일을 개방한다. 인수는 생성자의 인수와 동일하다.
bool isOpened()	동영상 파일 저장을 위해 VideoWriter 객체의 개방 여부를 확인한다.
void write() , <<	image 행렬(프레임)을 동영상 파일로 저장한다.

다음 〈표 4.5.1〉은 PC 카메라의 세부 정보들을 가져오거나 지정할 수 있도록 하는 속성 식별자(propId)에 대한 상세한 설명이다.

〈표 4.5.1〉 카메라 속성 식별자

속성 상수	설명
CAP_PROP_POS_MSEC	동영상 파일의 현재 위치(ms)
CAP_PROP_POS_FRAMES	캡처되는 프레임의 번호
CAP_PROP_POS_AVI_RATIO	동영상 파일의 상대적 위치 (0 – 시작, 1 – 끝)
CAP_PROP_FRAME_WIDTH	프레임의 너비
CAP_PROP_FRAME_HEIGHT	프레임의 높이
CAP_PROP_FPS	초당 프레임 수
CAP_PROP_FOURCC	코덱의 4문자
CAP_PROP_FRAME_COUNT	동영상 파일의 총 프레임 수
CAP_PROP_MODE	retrieve()에 의해 반환되는 Mat 영상 포멧
CAP_PROP_BRIGHTNESS	카메라에서 영상의 밝기
CAP_PROP_CONTRAST	카메라에서 영상의 대비
CAP_PROP_SATURATION	카메라에서 영상의 포화도
CAP_PROP_HUE	카메라에서 영상의 색조
CAP_PROP_GAIN	카메라에서 영상의 Gain
CAP_PROP_EXPOSURE	카메라에서 노출
CAP_PROP_AUTOFOCUS	자동 초점 조절

다음 〈표 4.5.2〉은 동영상의 저장에서 압축코덱을 나타내는 기본적인 코덱 문자와 그에 대한 설명이다.

〈표 4.5.2〉 코덱 문자

속성 상수	설명
CV_FOURCC_PROMPT	코덱 선택 대화창을 띄움
VideoWriter::fourcc('D', 'I', 'V', '4')	DivX MPEG-4
VideoWriter::fourcc('D', 'I', 'V', '5')	Div5
VideoWriter::fourcc('D', 'I', 'V', 'X')	DivX
VideoWriter::fourcc('D', 'X', '5', '0')	DivX MPEG-4
VideoWriter::fourcc('F', 'M', 'P', '4')	FFMpeg

속성 상수	설명
VideoWriter::fourcc('I', 'Y', 'U', 'V')	IYUV
VideoWriter::fourcc('M', 'J', 'P', 'G')	Motion JPEG codec
VideoWriter::fourcc('M', 'P', '4', '2')	MPEG4 v2
VideoWriter::fourcc('M', 'P', 'E', 'G')	MPEG codecs
VideoWriter::fourcc('X', 'V', 'I', 'D')	XVID codecs
VideoWriter::fourcc('X', '2', '6', '4')	H.264/AVC codecs

OpenCV 2.4.11까지는 CV_FOURCC() 매크로로 코덱 문자를 지정했지만, OpenCV 3.0.0부터는 VideoWriter::fourcc() 함수로도 코덱 문자를 지정할 수 있다. 여기서 주의해야 할 것은 사용하고자 하는 코덱이 설치되어 있어야만 동영상의 저장이나 재생이 가능하다. 더 자세한 코덱 문자들은 다음의 사이트를 확인하기 바란다.

Video Codecs by FOURCC   http//www.fourcc.org/codecs.php

4.5.1 카메라에서 프레임 읽기

VideoCapture 클래스를 이용하면 PC 카메라나 비디오 파일에서 쉽게 프레임을 가져와서 행렬에 저장할 수 있다. 다음 예제는 카메라로부터 프레임을 가져와서 영상을 윈도우 창에 표시하는 프로그램이다. 또한 VideoCapture::get() 함수를 이용해서 카메라의 정보들을 확인할 수 있다.

예제 4.5.1   카메라 프레임 읽기 - read_pccamera.cpp

```cpp
01  #include <opencv2/opencv.hpp>
02  using namespace cv;
03  using namespace std;
04  // 문자열 출력 함수 - 그림자 효과
05  void put_string(Mat &frame, string text, Point pt, int value)
06  {
07      text += to_string(value);
08      Point shade = pt + Point(2, 2);
```

```
09        int font = FONT_HERSHEY_SIMPLEX;
10        putText(frame, text, shade, font, 0.7, Scalar(0, 0, 0), 2);        // 그림자 효과
11        putText(frame, text,    pt , font, 0.7, Scalar(120, 200, 90), 2); // 작성 문자
12    }
13
14    int main()
15    {
16        VideoCapture   capture(0);                            // 비디오캡처 객체 선언 및 연결
17        if (!capture.isOpened())                              // 비디오 파일 예외처리
18        {
19            cout << "카메라가 연결되지 않았습니다." << endl ;
20            exit(1);
21        }
22        // 카메라 속성 획득 및 출력
23        cout << "너비 " << capture.get(CAP_PROP_FRAME_WIDTH) << endl;
24        cout << "높이 " << capture.get(CAP_PROP_FRAME_HEIGHT) << endl;
25        cout << "노출 " << capture.get(CAP_PROP_EXPOSURE) << endl;
26        cout << "밝기 " << capture.get(CAP_PROP_BRIGHTNESS) << endl;
27
28        for (;;) {                                            // 무한 반복
29            Mat frame;
30            capture.read(frame);                              // 카메라 영상받기
31
32            put_string(frame, "EXPOS: ", Point(10, 40), capture.get(CAP_PROP_EXPOSURE));
33            imshow("카메라 영상보기", frame);
34            if (waitKey(30) >= 0)   break;
35        }
36        return 0;
37    }
```

| 설명 |

① 5~12행에서 put_string() 함수는 text 문자와 value 숫자를 pt 좌표에 글자로 적는다. 10, 11행에서 같은 문자열을 2 픽셀 이동된 위치에 두 번 그려서 그림자 효과를 준다.

② 16행은 VideoCapture 클래스의 생성자를 이용해서 바로 0번 카메라를 연결한다. 카메라가 한 대만 연결되면 카메라 번호는 0번이다.

③ 17~21행은 VideoCapture::isOpened() 함수를 이용해서 카메라가 정상적으로 연결되었는지 확인한다. 카메라가 연결되지 않았으면 다음과 같이 메시지를 출력하고 종료한다.

④ 22~26행은 VideoCapture::get()로 카메라 속성 정보들을 가져와 콘솔창에 출력한다.

⑤ 28~35행은 카메라로부터 프레임을 받아와서 반복적으로 처리하는 코드이다.

⑥ 30행은 VideoCapture::read() 함수로 카메라로부터 프레임을 받아와서 frame에 저장한다.

⑦ 32행은 pt(10, 40)에 카메라의 초점값을 그림자 효과로 출력한다.

⑧ 34행은 cv::waitKey() 함수로 30ms를 대기하며 키이벤트를 기다린다. PC 카메라로부터 연속적으로 프레임을 받기 위한 지연시간을 설정한다. 키이벤트가 없으면 프레임을 입력받아 윈도우에 반복하여 표시하고, 키이벤트가 발생하면 프로그램을 종료한다.

| 실행결과 |

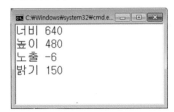

실행결과에서 PC 카메라의 기본 정보를 콘솔창에 출력하며, 렌즈의 포커스 값을 윈도우 왼쪽 상단에 표시한다.

4.5.2 카메라 속성 설정하기

OpenCV API를 이용하면 카메라의 속성을 읽어서 카메라의 다양한 정보를 알아보는 것뿐만 아니라 이 속성을 변경하여 카메라의 기능에 대한 다양한 조작을 할 수 있다.

예를 들어, 카메라의 프레임 속성을 변경해서 카메라로부터 획득되는 영상 크기를 조절할 수 있다. 또는 카메라의 줌 값을 조절해서 영상의 확대/축소도 할 수 있다. 그리고 카메라의 밝기나 대조를 변경하여 입력되는 화소의 값을 조절할 수 있으며, 채도나 화이트 밸런스 등도 조절 가능하다.

다음 예제는 카메라 속성 중에서 줌(zoom)과 포커스를 조절하는 방법을 예시한다. 여기서 카메라 줌 속성은 광학 방식이 아닌 디지털 방식으로 적용된다. 따라서 카메라 속성 중에 프레임의 가로와 세로 크기를 카메라 장치가 지원하는 최대 크기보다 작은 크기로 지정해야 카메라의 줌 기능이 가능하다.

심화예제 4.5.2 **카메라 속성 설정 - set_cameraAttr.cpp**

```cpp
01  #include <opencv2/opencv.hpp>
02  using namespace cv;
03  using namespace std;
04  // 문자열 출력 함수 - 그림자 효과
05  void put_string(Mat &frame, string text, Point pt, int value) {  ...  }
06
07  VideoCapture capture;                          // 전역 변수 선언 - 여러 함수에서 사용
08
09  void zoom_bar(int value, void*) {              // 트랙바 콜백함수
10      capture.set(CAP_PROP_ZOOM, value);          // 줌 설정
11  }
12  void focus_bar(int value, void*) {
13      capture.set(CAP_PROP_FOCUS, value);         // 초점 설정
14  }
15
16  int main()
17  {
18      capture.open(0);                           // 0번 카메라 연결
19      CV_Assert(capture.isOpened());             // 카메라 연결 예외 처리
20
21      capture.set(CAP_PROP_FRAME_WIDTH, 400);    // 카메라 프레임 너비
22      capture.set(CAP_PROP_FRAME_HEIGHT, 300);
23      capture.set(CAP_PROP_AUTOFOCUS, 0);        // 오토포커싱 중지
24      capture.set(CAP_PROP_BRIGHTNESS, 150);     // 프레임 밝기 초기화
25
26      int zoom = capture.get(CAP_PROP_ZOOM);     // 카메라 속성 가져오기
27      int focus = capture.get(CAP_PROP_FOCUS);
28
29      string title = "카메라 속성변경";            // 윈도우 이름 지정
30      namedWindow(title);                        // 윈도우 생성
31      createTrackbar("zoom", title, &zoom, 10, zoom_bar);  // 윈도우에 줌 트랙바 추가
```

```
32          createTrackbar("focus", title, &focus, 40, focus_bar);
33
34      for (;;) {
35          Mat frame;
36          capture >> frame;                                    // 카메라 영상받기
37
38          put_string(frame, "zoom: ", Point(10, 240), zoom);   // 줌 값 영상 표시
39          put_string(frame, "focus: ", Point(10, 270), focus); // 포커스
40
41          imshow(title, frame);
42          if (waitKey(30) >= 0) break;
43      }
44      return 0;
45  }
```

| 설명 |

① 5행은 영상에 문자열을 출력하는 함수로 이전 예제와 동일하여 생략한다.

② 9~14행은 트랙바 콜백 함수 zoom_bar(), focus_bar()를 구현한다. 각각 트랙바 이벤트 발생으로 변경되는 변수의 값을 이용해서 카메라의 속성을 변경한다.

③ 19행은 CV_Assert() 매크로로 카메라의 연결 여부를 확인하여 예외 처리를 한다. 카메라가 연결되어 있지 않으면 콘솔창에 다음과 같은 에러 메시지를 출력한다.

④ 21, 22행은 카메라로부터 입력받는 영상의 프레임 크기를 설정한다. 저자의 카메라는 최대 1280×720의 해상도를 지원한다. 줌 기능을 위해 이 보다 작은 크기인 400×300 크기로 설정하였다.

⑤ 23, 24행은 카메라 렌즈의 초점 조절을 위해 오토포커싱을 중지하고, 카메라 프레임의 기본 밝기 지정한다.

⑥ 26, 27행은 VideoCapture::get() 함수로 카메라의 속성을 가져온다.

⑦ 31, 32행은 title 창에 "줌", "초점" 트랙바 2개를 만들고, 시스템에 각각의 콜백 함수를 등록한다. 트랙바 변경시 값을 돌려받는 변수는 zoom, focus이다.

⑧ 34~43행은 반복문을 통해서 카메라로부터 프레임을 연속적으로 입력받는다.

⑨ 36행은 스트림(>>) 연산자 함수를 이용해서 카메라로부터 프레임을 받아온다.

⑩ 38, 39행은 put_string() 함수로 frame 행렬의 pt 좌표에 text 문자열을 출력한다.

실형결과에서 초점 값이 크면 가까운 곳에 초점을 맞추고, 초점 값이 작으면 먼 거리에 초점이 맞게 된다. 왼쪽 그림에서 초점 값이 34일 때 "생능출판" 이라는 글자가 또렷하게 나타난다. 반면, 가운데 그림에서 초점 값이 20일 때 "생능출판"이란 글자가 흐려지는 대신에 "박성은" 이라는 글자가 상대적으로 선명해진다. 또한 오른쪽 그림에서 줌의 값을 키우면 영상이 확대되는 것을 볼 수 있다.

4.5.3 카메라 프레임 동영상 파일 저장

영상 처리 및 컴퓨터 비전 프로그램은 대부분 카메라를 통해서 입력된 영상을 실시간으로 처리해서 결과를 보여준다. 그러나 영상 처리 프로그래밍 과정에서 매번 카메라에서 획득된 실시간 영상(비디오)만으로 실험하는 것이 아니다. 경우에 따라서는 동일한 입력 영상들에 대해 처리를 해야 하는 경우가 있다. 이런 경우에는 보통 동영상 파일을 이용해서 실험을 하게 된다.

실험에 사용할 동영상 파일이 필요한 경우에 추가적인 어플리케이션을 이용하지 않고, 직접 OpenCV API를 이용해서 동영상 파일을 만들 수 있다. 다음은 카메라로부터 입력되는 프레임들을 하나의 동영상 파일로 저장하는 예제이다.

```cpp
01  #include <opencv2/opencv.hpp>
02  using namespace cv;
03  using namespace std;
04  int main()
05  {
06      VideoCapture capture(0);                     // 비디오객체 선언 및 0번 카메라 연결
07      CV_Assert(capture.isOpened());
08
09      double fps = 29.97;                          // 초당 프레임 수
10      int    delay = cvRound(1000.0 / fps);        // 프레임간 지연시간
11      Size   size(640, 360);                       // 동영상 파일 해상도
12      int    fourcc = VideoWriter::fourcc('D', 'X', '5', '0');   // 압축 코덱 설정
13
14      capture.set(CAP_PROP_FRAME_WIDTH, size.width);    // 해상도 설정
15      capture.set(CAP_PROP_FRAME_HEIGHT, size.height);
16
17      cout << "width x height : " << size << endl;
18      cout << "VideoWriter::fourcc : " << fourcc << endl;
19      cout << "delay : " << delay << endl;
20      cout << "fps : " << fps << endl;
21
22      VideoWriter writer;                          // 동영상 파일 저장 객체
23      writer.open("../image/video_file.avi", fourcc, fps, size);   // 파일 개방 및 설정
24      CV_Assert(writer.isOpened());
25
26      for (;;) {
27          Mat frame;
28          capture >> frame;                        // 카메라 영상받기
29          writer << frame;                         // 프레임을 동영상으로 저장
30          //writer.write(frame);
31
32          imshow("카메라 영상보기", frame);
33          if (waitKey(delay) >= 0)
34              break;
35      }
36      return 0;
37  }
```

| 설명 |

① 6, 7행은 PC 카메라의 연결하고, 연결 여부를 확인하는 예외처리를 한다.

② 9~12행은 동영상 파일의 속성을 지정하기 위한 변수 선언이다.

③ 12행은 동영상 파일의 압축을 위한 코덱을 DX50(DivX MPEG-4)으로 설정한다.

④ 14, 15행은 PC카메라의 프레임 해상도를 size 크기(640x360)로 지정한다.

⑤ 23행 VideoWriter::open() 함수에 "move_file.avi" 이름으로 동영상 파일을 생성한다. 추가로 코덱과 초당 프레임 수, 프레임 크기를 설정한다. 카메라 영상 로드를 위해 지정한 size 크기로 저장한다.

⑥ 24행은 동영상 파일의 생성 여부를 확인하는 예외처리이다. 파일명이나 디렉터리에 문제가 있을 경우에 콘솔창에 다음의 에러 메시지를 출력하고, 프로그램을 종료한다.

⑦ 26~35행은 카메라로부터 프레임을 연속적으로 받아와서 frame 행렬에 저장하고, frame 행렬을 동영상 파일로 저장한다.

⑧ 29행은 VideoWriter 클래스의 내부 메서드인 스트림(《《》) 연산자 함수로 쉽게 연속되는 프레임들을 동영상 파일로 저장할 수 있다. 30행에서 주석 처리된 VideoWriter::write() 함수를 사용해도 같은 역할을 수행한다.

| 실행결과 |

실행결과에서 콘솔창에 저장 파일관련 정보를 출력하며, "카메라 영상보기" 윈도우에 카메라에서 받아온 프레임이 연속적으로 표시된다. 또한 이 순간 'move_file.avi' 이름으로 동영상 파일이 계속적으로 저장되고 있다.

윈도우 탐색기를 이용해서 저장된 'move_file.avi' 동영상 파일을 찾아서 동영상 플레이어를 이용해서 재생해 보았다. 동영상이 잘 재생되며, [오른쪽 마우스버튼]-[재생정보]를 클릭하면 [재생 정보] 창이 뜬다. 이 창에서 영상 프레임의 크기, 동영상 코덱, 지연 시간 (delay), 초당 프레임 수(fps) 등을 확인할 수 있다.

4.5.4 비디오 파일 읽기

VideoCapture 클래스를 이용하면 비디오 파일에서 프레임을 쉽게 가져와서 행렬에 저장할 수 있다. 프레임이 Mat 클래스의 행렬에 저장되면 OpenCV의 다양한 함수를 통해서 손쉽게 영상 처리를 수행할 수 있다.

이제 앞의 4.5.3 절에서 PC 카메라로부터 프레임들을 저장한 'movie_file.avi' 비디오 파일로 영상 처리를 해보자. 다음 예제는 'movie_file.avi' 파일에서 프레임들을 행렬로 읽어 들이고 간단한 영상 처리를 하는 예시이다.

먼저, 첫 100개 프레임은 아무런 처리도 하지 않았다. 두 번째 100개 프레임들에 대해서는 각 화소에 빨간색을 100만큼 빼서 영상에서 붉은 성분을 감소시키고, 세 번째 100개 프레임은 100의 화소값만큼 영상을 푸르게 만든다. 또한 네 번째 100개 프레임에 대해서 화소값의 대비를 1.5배로 증가시키고, 다섯 번째 100개 프레임은 화소값의 대비를 0.5배로 감소시킨다.

```cpp
01  #include <opencv2/opencv.hpp>
02  using namespace cv;
03  using namespace std;
04  // 문자열 출력 함수 - 그림자 효과
05  void put_string(Mat &frame, string text, Point pt, int value) { ... }
06
07  int main()
08  {
09      VideoCapture capture;
10      capture.open("../image/video_file.avi");            // 동영상 파일 개방
11      CV_Assert(capture.isOpened());
12
13      double frame_rate = capture.get(CV_CAP_PROP_FPS);   // 초당 프레임 수
14      int delay = 1000 / frame_rate;                      // 지연시간
15      int frmae_cnt = 0;                                  // 현재 프레임의 번호
16      Mat   frame;
17
18      while (capture.read(frame))                         // 프레임 반복 재생
19      {
20          if (waitKey(delay) >= 0) break;                 // 프레임간 지연시간 지정
21
22          if (frmae_cnt < 100);
23          else if (frmae_cnt < 200) frame -= Scalar(0, 0, 100);
24          else if (frmae_cnt < 300) frame += Scalar(100, 0, 0);
25          else if (frmae_cnt < 400) frame = frame * 1.5;
26          else if (frmae_cnt < 500) frame = frame * 0.5;
27
28          put_string(frame, "frmae_cnt ", Point(20, 50), frmae_cnt);
29          imshow("동영상 파일읽기", frame);
30      }
31      return 0;
32  }
```

| 설명 |

① 5행은 예제_4.5.1에 사용된 put_string()와 똑같은 함수로 내용은 생략한다.

② 10행은 VideoCapture::open() 함수로 image 폴더의 "movie_file.avi" 파일을 개방한다.

③ 13행은 비디오 파일에 지정된 초당 프레임 수를 frame_rate에 저장한다.

④ 18~30행은 비디오 파일에서 프레임을 연속적으로 재생한다.

⑤ 18행에서 VideoCapture::read() 함수를 이용해서 frame 행렬에 프레임을 받는다. 만약 비디오 파일에서 더 이상 받을 프레임이 없으면 false가 반환되어 반복을 종료한다.

⑥ 22행에서 프레임 번호가 0~99번까지는 아무런 변화 없이 재생만 한다.

⑦ 23행은 프레임 번호 100~199번까지 적용된다. 행렬 원소에 스칼라값(0, 0, 100)만큼 뺄셈을 한다. 이것은 영상의 모든 화소에 붉은 성분을 100만큼 감소시킨다.

⑧ 24행은 프레임 번호가 200~299번까지 적용되는 것으로 파란 성분을 100 증가시킨다.

⑨ 25행에서 프레임 번호가 300~399번까지는 각 프레임 영상의 모든 화소값을 1.5배로 증가시킨다. 즉 영상의 밝게 하면서 영상의 대비를 크게 만든다.

⑩ 26행에서 프레임 번호가 400~499번까지는 각 프레임 영상의 모든 화소값을 0.5배로 감소시킨다. 즉 영상을 어둡게 하면서 영상의 대비를 작게 만든다.

| 실행결과 |

4.6 데이터의 파일 저장 및 읽기

C언어에서 변수들의 값을 파일로 저장하려면 파일포인터를 선언하고, printf()나 fputs() 등의 함수를 이용해야 한다. 또한 저장하고자 하는 구조를 미리 고려해서 그 구조에 맞게 프로그래밍을 해야 하기에 꽤나 복잡한 과정을 거친다. 특히 배열이나 Mat 객체라면 조금 더 복잡해질 것이다.

OpenCV에서는 Mat, Rect, Point, Size 등의 다양한 자료구조를 XML(Extensible Markup Language)이나 YAML(Yet Another Markup Language) 형식의 파일로 아주 쉽게 저장하고, 저장된 파일을 읽을 수 있는 방법을 제공한다.

4.6.1 FileStorage 클래스

FileStorage 클래스는 파일에서 데이터를 읽거나 쓰기 위한 모든 정보를 캡슐화한 파일 저장 클래스이다. 이 클래스는 디폴트 생성자로 클래스를 선언만 하고, FileStorage::open() 함수를 호출하여 파일을 개방한다. 다른 방법으로 인수를 갖춘 풀 생성자(full constructor)를 이용하여 바로 파일을 개방할 수도 있다. 파일 이름(source)의 확장자(.xml, .yml, yaml)에 따라서 형식(XML, YML, YAML)이 지정되며, .gz로 지정하면 파일을 압축하여 저장한다.

다음은 FileStorage 클래스의 생성자와 내부 함수에 대한 설명이다.

클래스 및 매서드의 인수와 반환자료형 구조
FileStorage::FileStorage()
FileStorage::FileStorage(const string& source, int flags, const string& encoding = string())
bool FileStorage::open(const string& filename, int flags, const string& encoding = string())
bool FileStorage::isOpened()
void FileStorage::release()
string FileStorage::releaseAndGetString()
void FileStorage::writeRaw(const string& fmt, const uchar* vec, size_t len)

함수 및 인자	설명
FileStorage()	생성자
bool open()	파일 열기

• string& source	개방할 동영상 파일 이름
• string& filename	개방할 동영상 파일 이름
• int flags	다음과 같은 연산 모드 지정

연산모드	값	설명
FileStorage::READ	0	읽기 전용 열기
FileStorage::WRITE	1	쓰기 전용 열기
FileStorage::APPEND	2	추가 전용 열기
FileStorage::MEMORY	4	source로부터 데이터를 읽고, 외부버퍼에 저장

• string& encoding	저장 데이터의 문자 인코딩 방식을 지정, UTF-16은 지원 않음.
bool isOpened()	클래스에 지정된 파일(source)이 열려 있는지 확인하여 열려있으면 true를 반환한다.
bool release()	파일을 닫고, 모든 메모리 버퍼를 해제한다.
void writeRaw()	다중의 숫자들을 저장한다. 데이터를 raw 파일로 저장한다.
• string& fmt	배열 원소의 자료형에 대한 명세 ([count]{'u'|'c'|'w'|'s'|'i'|'f'|'d'})

문자	설명
u	8-bit unsigned number
c	8-bit signed number
w	16-bit unsigned number
s	16-bit signed number
i	32-bit signed number
f	single precision floating-point number
d	double precision floating-point number

• uchar* vec	저장될 배열의 포인터
• size_t len	저장할 원소(uchar)의 개수

4.6.2 FileNode 클래스

FileNode 클래스는 읽기 모드로 열린 파일 스토리지의 모든 원소를 저장하는데 사용된다. FileNode 객체로 XML/YAML 파일을 읽으면, 파싱하여 계층적 구조로 메모리에 저장한다. 각 노드는 숫자나 문자열을 갖는 단말(leaf)이거나 다른 노드들의 컬렉션이다.

컬렉션의 종류는 매핑(mapping)과 시퀀스(sequences)가 있다. 매핑은 각 원소가 이름을 갖고, 이 이름으로 원소에 접근한다. 반면, 시퀀스는 각 원소가 이름을 갖지 않고, 대신에 정렬되어 있기 때문에 인덱스로 접근한다. 이러한 파일 노드의 타입은 FileNode::type() 메서드를 사용하여 확인할 수 있다.

```
FileNode::FileNode()
FileNode::FileNode(const CvFileStorage* fs, const CvFileStorage* node)
FileNode::FileNode(const FileNode& node)

string FileNode::name()
size_t FileNode::size()
int FileNode::type()
bool FileNode::empty()

bool FileNode::isNamed()
bool FileNode::isNone()
bool FileNode::isInt()
bool FileNode::isReal()
bool FileNode::isString()
bool FileNode::isMap()
bool FileNode::isSeq()
```

함수 및 인자	설명
FileNode()	생성자
• CvFileStorage* fs • CvFileStorage* node	파일 저장 구조에 대한 포인터 생성되는 파일 노드를 위한 초기화에 사용되는 파일 노드
string name()	노드 이름을 반환한다.
size_t size()	노드에서 원소의 개수를 반환한다.
• int type()	노드의 종류 반환

옵션	값	설명
FileNode::NONE	0	Empty node.
FileNode::INT	1	정수형
FileNode::REAL	2	부동 소수형
FileNode::FLOAT	2	부동 소수형
FileNode::STR	3	문자열 UTF-8 인코딩
FileNode::STRING	3	문자열 UTF-8 인코딩
FileNode::REF	4	size_t 타입의 정수형
FileNode::SEQ	5	시퀀스
FileNode::MAP	6	매핑

함수 및 인자	설명
bool empty()	노드가 비어있는지 확인한다.
bool isNamed()	노드가 이름이 있는지 확인한다.
bool isNone()	노드가 "none" 객체 인지 확인한다.

bool isInt(), bool isReal()	노드타입이 정수형, 실수형인지 확인한다.
bool isString()	노드타입이 문자열형(text string)인지 확인한다.
bool isMap(), bool isSeq()	노트의 종류가 매핑인지, 시퀀스인지 확인한다.

클래스 및 메서드의 인수와 반환자료형 구조

template<typename _Tp> FileStorage& operator<<(FileStorage& fs, const _Tp& value)

template<typename _Tp> FileStorage& operator<<(FileStorage& fs, const vector<_Tp>& vec)

template<typename _Tp> void operator>>(const FileNode& n, _Tp& value)

template<typename _Tp> void operator>>(const FileNode& n, vector<_Tp>& vec)

함수 및 인자	설명
operator<<	연산자 메서드, 템플릿 타입으로 데이터를 저장한다.
• FileStorage& fs	파일 저장 구조에 대한 포인터
• _Tp& value	저장하고자 하는 데이터 (템플릿 자료형)
• vector<_Tp>& vec	저장하고자하는 벡터 데이터
operator>>	파일 스토리지로부터 데이터를 읽는다.
• FileNode& n	읽은 데이터가 저장되는 노드
• _Tp& value	파일 스토리지로부터 읽은 데이터
• vector<_Tp>& vec	파일 스토리지로부터 읽은 벡터 데이터

4.6.3 XML/YAML 파일 저장

다양한 형태의 데이터를 XML/YAML 파일로 저장하기 위해 FileStorage 클래스에서는 템플릿 형태로 연산자 메서드를 통해서 제공한다. 저장을 위해서는 《 연산자 함수를 사용하며, 읽기를 위해서 》 연산자 함수를 사용한다.

먼저, 데이터의 저장을 위해서 FileStorage 클래스의 객체를 선언하고, 동시에 연산모드를 FileStorage::WRITE로 지정하여 파일을 연결한다. 생성된 FileStorage 객체에 《 연산자를 저장할 데이터와 연결시키면 저장이 수행된다. 저장 데이터의 인덱싱을 위한 문자열을 먼저 저장하며, 다음으로 데이터를 저장한다.

char, int, float, double, string 등의 기본 자료형의 데이터도 저장도 가능하며, Point, Size, Rect 등의 클래스뿐만 아니라 벡터(vector)나 Mat 행렬도 저장이 가능하다.

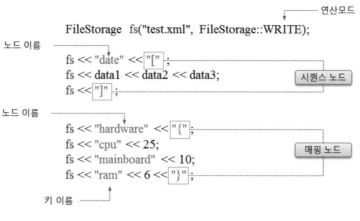

연산모드

노드 이름

시퀀스 노드

노드 이름

매핑 노드

키 이름

〈그림 4.6.1〉 FileStorage 클래스의 선언과 사용 방법

시퀀스 노드로 저장하려면 "[" 와 "]" 사이에 해당하는 데이터들을 저장하면 된다. 또한 매핑 노드를 저장하려면 "{" 와 "}" 사이에 데이터들을 저장하는데, 각 데이터마다 원소에 접근하기 위한 키 이름을 같이 저장해야 한다. 데이터들의 저장을 완료했으면, FileStorage::release()를 호출하여 개방된 파일을 닫아야 한다.

다음 예제는 데이터를 XML 파일로 저장하는 예제이다.

예제 4.6.1　　FileStorage 클래스로 데이터 저장 - write_filestorage.cpp

```cpp
01   #include <opencv2/opencv.hpp>
02   using namespace cv;
03   using namespace std;
04   int main()
05   {
06       FileStorage fs("test.xml", FileStorage::WRITE);
07       string name = "배종욱";
08       fs << "name" << name;
09       fs << "age" << 20;
10       fs << "university" << "창원대학교";
11       fs << "picture" << "[" << "mine1.jpg" << "mine2.jpg" << "mine3.jpg" << "]";
12
13       fs << "hardware" << "{";                 // 노드 이름 및 매핑노드 지정
14       fs << "cpu" << 25;                       // 키 이름 및 저장 데이터
15       fs << "mainboard" << 10;
```

```
16          fs << "ram" << 6 << "}";
17
18          int  data[] = { 1, 2, 3, 4, 5 , 6 };
19          vector <int> vec(data, data + sizeof(data) / sizeof(float));  // 배열로 벡터 초기화
20          fs << "vector" << vec;                                // 벡터 저장
21          Mat m(2, 3, CV_32S, data);
22          fs << "Mat" << m;                                     // 행렬 저장
23
24          Point2d   pt(10.5, 200);
25          Rect      rect(pt, Size(100, 200));
26          fs << "Point" << pt;                                  // Point 저장
27          fs << "Rect" << rect;                                 // Rect 저장
28
29          fs.release();
30          return 0;
31  }
```

| 설명 |

① 6행은 FileStorage 객체 fs를 저장모드(FileStorage::WRITE)로 선언하여 "test.xml" 파일을 만든다. 확장자를 ".xml"로 지정하면 XML 포맷으로 저장된다.

② 8~10행에서 FileStorage 객체에 << 연산자로 각각 문자열, 숫자를 저장한다. 데이터 저장 전에 해당 노드 접근을 위한 노드의 이름을 먼저 저장한다.

③ 11행은 시퀀스 노드로 지정하기 위해서 "["와 "]" 안에서 데이터를 저장한다.

④ 13~16행은 "{" 와 "}"를 지정하여 매핑 노드로 저장하며, 노드 이름은 "hardware" 이다. 각 데이터에 앞서 "cpu", "mainboard", "ram"과 같이 키 이름을 먼저 저장한다.

⑤ 18~20행은 배열의 원소로 벡터로 만들어서 모든 원소를 한 번에 저장하는 방법이다.

⑥ 22행은 행렬을 저장한 것이다. 행렬을 저장하면 행렬 원소와 함께 행렬의 정보(행과 열 의 수, 자료형)도 저장된다.

⑦ 24~27행은 Point와 Rect 객체의 데이터를 생성하고, 파일에 저장한다.

⑧ 29행은 저장을 완료했으면 FileStorage::release() 함수로 fs 객체의 메모리를 해제한다.

실행결과는 저장된 test.xml 파일을 메모장으로 열어본 것이다.

4.6.4 XML/YAML 파일 읽기

XML 포맷으로 저장된 파일을 읽기 위해서는 FileStorage 클래스를 객체를 생성하며 FileStorage::READ 모드를 지정한다. 객체에서 해당 노드의 원소에 접근해서 데이터를 가져오려면 객체이름에 대괄호와 큰따옴표로 노드 이름을 두르면 된다. 그리고 스트림($\gg$) 연산자와 변수를 연결하면 해당 노드의 원소를 변수로 가져온다.

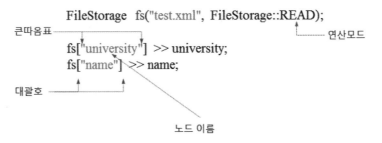

〈그림 4.6.2〉 FileStorage 클래스 읽기 방법

다음은 앞 예제_4.6.1에서 저장된 "test.xml" 파일을 읽어서 데이터들을 가져와서 콘솔창
에 출력하는 예제이다.

예제 4.6.2   FileStorage 클래스로 파일 읽기 – read_filestorage.cpp

```cpp
01  #include <opencv2/opencv.hpp>
02  using namespace cv;
03  using namespace std;
04  int main()
05  {
06      FileStorage fs("test.xml", FileStorage::READ);      // 읽기모드로 연결
07      CV_Assert(fs.isOpened());                           // 스토리지 객체 예외처리
08
09      string name, university, picture;
10      int age;
11      fs["university"] >> university;                     // 노드 접근 방법
12      fs["name"] >> name;
13      fs["age"] >> age;
14      cout << "university " << university << endl;
15      cout << "name " << name << endl;
16      cout << "age " << age << endl;
17      // 콜렉션 노드 가져오기
18      FileNode node_pic  = fs["picture"];                 // 시퀀스 노드
19      FileNode node_hd   = fs["hardware"];                // 매핑 노드
20
21      try{                                                // 예외처리
22          if (node_pic.type() != FileNode::SEQ)
23              CV_Error(Error::StsError, "시퀀스 노드가 아닙니다.");
24          if (!node_hd.isMap())
```

```
25              CV_Error(Error::StsError, "매핑 노드가 아닙니다.");
26        }
27        catch (Exception &e) {
28            exit(1);
29        }
30
31        cout << "[picture]   ";
32        cout << (string)node_pic[0] << ", ";
33        cout << (string)node_pic[1] << ", ";
34        cout << (string)node_pic[2] << endl << endl;
35
36        cout << "[hardware]" << endl;
37        cout << "  cpu  " << (int)node_hd["cpu"] << endl;
38        cout << "  mainboard  " << (int)node_hd["mainboard"] << endl;
39        cout << "  ram  " << (int)node_hd["ram"] << endl << endl;
40
41        Point pt;
42        Rect   rect;
43        Mat    mat;
44        vector<float> vec;
45        fs["vector"] >> vec;                        // 벡터 데이터 접근
46        fs["Point"] >> pt;
47        fs["Rect"] >> rect;
48        fs["Mat"] >> mat;                           // 행렬 데이터 접근
49
50        cout << "[vec] = " << ((Mat)vec).t() << endl;
51        cout << "[pt]   = " << pt << endl;
52        cout << "[rect] = " << rect << endl << endl;
53        cout << "[mat] = " << endl << mat << endl;
54
55        fs.release();
56        return 0;
57  }
```

| 설명 |

① 6행은 FileStorage 객체 fs를 읽기 모드로 생성하여 "test.xml" 파일을 연결한다.

② 7행은 CV_Assert() 매크로를 이용한 FileStorage 객체에 대한 예외처리 방법이다.

③ 11~13행은 FileStorage 객체의 각 노드에 접근하는 기본적인 방법이다. 객체이름 다음에 노드 이름을 대괄호와 큰 따옴표로 두르면 된다.

④ 18, 19행은 FileStorage 객체에서 컬렉션 노드를 가져오는 방법이다. 컬렉션 노드를 지정하는 방법도 같다. 그러면 가져온 컬렉션 노드는 FileNode 클래스의 객체로 저장된다.

⑤ 21~29행은 try~catch 문으로 가져온 컬렉션 노드에 대한 예외처리를 하는 방법이다.

⑥ 22행은 FileNode::type() 함수를 통해서 시퀀스 노드인지 확인한다.

⑦ 24행은 FileNode::isMap() 함수를 통해서 매핑 노드인지 확인한다.

⑧ 23, 25행에서 CV_Error() 매크로로 에러 코드를 지정한다. 해당 컬렉션 노드가 아니면, 에러 메시지를 콘솔창에 출력하며, 제어를 catch문으로 던진다.

⑨ 27~29행에서 catch 문에서는 에러가 발생할 때, 프로그램을 종료한다.

⑩ 32~34행은 시퀀스 노드의 각 원소를 첨자로 접근해서 가져온다.

⑪ 37~39행은 매핑 노드에 대한 접근 방법이다. 매핑 노드 내의 원소들에 대한 접근은 50행의 node_hd["cpu"]과 같이 키 이름을 통해서 수행한다.

⑫ 45~48행은 벡터, Point, Rect, 행렬의 데이터를 가져온다.

| 실행결과 |

```
C:\Windows\system32\cmd.exe
university 창원대학교
name 배종욱
age 20
[picture]  mine1.jpg, mine2.jpg, mine3.jpg

[hardware]
  cpu   25
  mainboard  10
  ram   6

[vec] = [1, 2, 3, 4, 5, 6]
[pt]   = [10, 200]
[rect] = [100 x 200 from (10, 200)]

[mat] =
[1, 2, 3;
 4, 5, 6]
계속하려면 아무 키나 누르십시오 . . . ■
```

이번에는 심화예제이다. test.xml 파일을 읽어서 picture 노드의 원소인 영상파일들을 읽어 들이고, 이 영상들을 채널별로 평균과 표준편차를 데이터로 저장해 보자.

```cpp
01  #include <opencv2/opencv.hpp>
02  using namespace cv;
03  using namespace std;
04  int main()
05  {
06      FileStorage fs_r("test.xml", FileStorage::READ);
07      CV_Assert(fs_r.isOpened());                      // 예외처리
08
09      FileNode node_pic = fs_r["picture"];             // 시퀀스 노드
10      vector<Mat> images;
11      for (int i = 0; i < node_pic.size(); i++)
12      {
13          Mat tmp = imread("../image/" + (string)node_pic[i], IMREAD_UNCHANGED);
14          CV_Assert(tmp.data);
15          images.push_back(tmp);
16          imshow(node_pic[i], images[i]);
17      }
18
19      FileStorage fs_w("result.xml", FileStorage::WRITE);  // 스토리지 객체 저장모드
20      CV_Assert(fs_w.isOpened());
21
22      vector<double> mean, dev;
23      for (int i = 0; i < images.size(); i++) {
24          string pic_name = ((string)node_pic[i]).substr(0,5);   // 파일 이름만 가져오기
25
26          meanStdDev(images[i], mean, dev);                // 평균과 표준편차를 벡터로 반환
27          fs_w << pic_name + "_mean" << "[";               // 시퀀스 노드로 저장
28
29          for (int j = 0; j < (int)mean.size(); j++) {  // 각 채널 평균은 원소로 저장
30              fs_w << mean[i];
31          }
32          fs_w << "]";
33          fs_w << pic_name + "_dev" << dev;                // 표준편차는 벡터로 저장
34      }
35
36      waitKey();
37      fs_r.release();
```

```
38        fs_w.release();
39        return 0;
40    }
```

| 설명 |

① 6행은 예제_5.4.1에서 저장한 test.xml 파일을 그대로 이용한다.

② 11행은 시퀀스 노드로 읽은 node_pic 객체의 개수만큼 반복문을 수행한다.

③ 13행은 node_pic 객체 원소의 이름으로 영상 파일을 읽는다. 이때, IMREAD_UNCHANGED 옵션을 적용해서 파일 자체의 타입 정보대로 파일을 읽는다.

④ 15행은 읽은 영상 파일을 images 벡터에 추가한다.

⑤ 24행은 파일명에서 확장자 부분을 제외한 이름부분만을 가져온다.

⑥ 26행은 각 행렬에서 화소값의 평균과 표준편차를 계산한다.

⑦ 29~31행은 각 채널의 평균을 시퀀스 노드에 원소 하나씩 저장한다.

⑧ 33행은 표준편차 벡터를 바로 저장한다.

| 실행결과 |

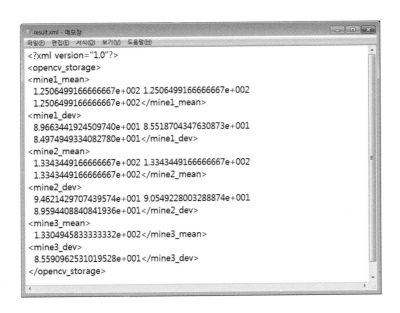

실행결과에서 test.xml에 저장된 파일명으로 3개의 영상 파일을 읽어와 출력하며, 이 영상들의 채널별 화소평균과 표준편차를 구해서 result.xml 파일로 저장한다. 특히, mine3 파일은 명암도 영상이기 때문에 한 개 채널에 대하서만 평균과 표준편차를 구한다.

| 단원 요약 |

1. 콜백 함수는 개발자가 함수를 호출하는 것이 아니라, 어떤 이벤트가 발생하거나 특정 시점에 도달했을 때 시스템에서 개발자가 등록한 함수를 호출하는 방식이다. OpenCV에서는 cv::setMouseCallback() 와 cv::createTrackbar() 함수로 마우스와 트랙바 이벤트를 처리하는 콜백 함수를 등록할 수 있다.

2. OpenCV에서 윈도우의 이름을 지정하는 함수는 cv::namedWindow()이며, cv::imshow() 함수로 지정된 윈도우에 행렬을 영상으로 표시할 수 있다.

3. cv::waitKey() 함수는 지정된 대기시간동안 키보드로부터 키를 입력받을 수 있는 함수로서 키이벤트를 처리하거나 윈도우 창을 바로 닫지 않고 대기시킬 때 사용된다.

4. OpenCV에서는 선과 사각형을 그려주는 cv::line(), cv::rectangle() 함수를 제공하며, 원과 타원을 그려주는 cv::circle(), cv::ellipse() 함수도 제공한다.

5. 타원 및 호를 그리는 cv::ellipse() 함수는 인수로 대상행렬, 중심점, 타원 크기, 타원각도, 호 시작각도, 호 종료각도, 색상, 크기 등이 있다.

6. 영상 파일을 읽어서 영상 데이터인 행렬로 구성해주는 함수로 cv::imread() 함수가 있다. 또한 flag 옵션을 통해서 명암도 영상, 컬러 영상, 16비트/32비트 영상으로 읽을 수 있다.

7. Mat 객체를 영상 파일로 저장하기 위해서는 cv::imwrite() 함수를 이용한다. 확장자로 저장할 파일을 포맷을 결정하며, 추가 옵션인 params 벡터를 통해서 압축을 통한 화질을 지정할 수 있다.

8. OpenCV는 동영상 파일이나 PC 카메라의 프레임 영상을 처리할 수 있도록 VideoCapture 클래스를 제공한다. 내부 메서드로 VideoCapture::open() 함수로 동영상 파일을 개방하며, VideoCapture::read() 함수로 동영상 시퀀스에서 하나의 프레임을 Mat 객체로 가져온다. 또한 VideoCapture::get(), VideoCapture::set() 함수로 카메라의 속성정보를 확인하고, 변경할 수 있다.

9. 연속적인 행렬 데이터를 동영상 파일로 저장할 수 있는 VideoWriter 클래스를 제공한다. 내부 메서드로 VideoWriter::open() 함수로 저장할 동영상 파일을 생성하며, VideoWriter()::write() 함수로 연속적인 행렬을 저장한다. 또한 VideoWriter::fourcc() 함수로 동영상 압축 코덱을 지정할 수 있다.

10. Mat, Rect, Point, Size 등의 다양한 자료구조의 데이터를 XML이나 YAML 포맷으로 저장하고 읽을 수 있도록 FileStorage 클래스와 FileNode 클래스를 제공하여, 손쉽게 다양한 자료구조를 저장할 수 있다.

연습문제

1. 콜백 함수란 무엇인가?

2. 윈도우 창을 지정하는 cv::namedWindow() 함수에서 두 번째 인수(flag)의 옵션으로 WINDOW_NORMAL와 WINDOW_AUTOSIZE의 차이를 설명하시오.

3. 300행, 400열의 행렬을 회색바탕색(100)으로 생성해서 500행, 600열의 윈도우에 표시하시오.

4. 400행, 400열의 윈도우를 만들고, 모니터의 가로 200, 세로 300 위치에 띄우시오.

5. 타원을 그리는 함수의 인수에 대해서 자세히 설명하시오.

6. OpenCV에서 마우스 이벤트와 트랙바 이벤트를 제어할 콜백함수를 시스템에 등록하는 함수는 각각 무엇이며, 매개변수의 구성은 어떻게 되는지 자세히 설명하시오.

7. 다음 예시 코드의 실행 결과를 표시하시오.

```
int main(){
    Mat image(300, 400, CV_8U );
    image.setTo(100);

    namedWindow("윈도우", WINDOW_NORMAL);
    moveWindow("윈도우", 100, 200);
    imshow("윈도우", image);
    waitKey();
}
```

```
int main() {
    Mat image(400, 600, CV_8UC3, Scalar(255, 255, 255));
    Point pt1(50, 100), pt2(200, 300), pt3(300, 150);
```

```
        Rect   rect(pt3, Size(200, 150));

        line(image, pt1, pt2, Scalar(0,   0, 255) );
        line(image, pt2, pt3, Scalar(0, 255, 0), 5);
        rectangle(image, rect, Scalar(255, 0, 0), 2);
        rectangle(image, rect, blue, FILLED, LINE_4, 1);

        imshow("직선 & 사각형", image);
        waitKey(0);
}
```

8. 다음 예시 코드는 컴파일 혹은 런타임 에러가 발생한다. 에러가 발생하는 부분을 수정하고 실행 결과를 적으시오.

```
int main()
{
        Mat image(300, 400, CV_8UC3, Scalar(255, 255, 255));
        Point pt1(50, 130), pt2(200, 300);

        line(image, pt1 , Point(100, 200) );
        line(image, pt2, Scalar(100,100,100) );
        rectangle(image, pt1, pt2, Scalar(255, 0, 255));
        rectangle(image, rect, Scalar(0, 0, 255));

        imshow("직선 & 사각형", image);
        waitKey(0);
        return 0;
}
```

```
string   title = "이벤트 그리기";
Mat image;

void onMouse(int event, int flags, void * param)
{
        if (event == EVENT_LBUTTONDOWN) {
                circle(image, pt, 5, Scalar(100), 1);
```

```
        }
        else if (event == EVENT_RBUTTONDOWN) {
            rectangle(image, pt, pt + Point(30, 30), Scalar(100), 2);
        }
        imshow(title, image);
}


int main()
{
        image = Mat(300, 500, CV_8UC1, Scalar(255));
        imshow(title, image);
        setMouseCallback(title, onMouse, 0);
        waitKey(0);
        return 0;
}
```

9. 600행, 400열의 윈도우를 만들고, 영상내의 100,100 좌표에 200×300 크기의 빨간색 사각형을 그리시오.

10. 가로 600, 세로 400 크기 영상에 200×200 크기의 태극 문양을 그리시오.(힌트 : 타원그리기 함수 이용)

11. 다음의 이벤트 제어 프로그램을 작성하시오.

    1) 마우스 오른쪽 버튼 클릭시 원(클릭좌표에서 반지름 20픽셀) 을 그린다.
    2) 마우스 왼쪽 버튼 클릭시 사각형(크기 30x30)을 그린다.

12. 11번 문제에서 다음을 추가하여 프로그램을 작성하시오.

    1) [Ctrl] + 마우스 이벤트 시 빨간색으로 그린다.
    2) [Shift] + 마우스 이벤트 시 파란색으로 그린다.

13. 12번 문제에서 다음을 추가하여 프로그램을 작성하시오.

> 1) 트랙바를 추가해서 선의 굵기를 1~10픽셀로 조절한다.
> 2) 트랙바를 추가해서 원의 반지름을 1~50픽셀로 조절한다.

14. 예제_4.2.3이 event_trackbar.cpp에서 화살표 키로 트랙바를 이동하는 소스를 추가하시오.

15. 컬러 영상 파일을 Mat 객체로 로드해서 윈도우 창에 명암도 영상으로 표시하고 "test.jpg"와 "test.png" 파일로 각각 저장하시오. 이때 영상 파일을 가장 좋은 화질로 압축하시오.

16. 심화예제_4.3.5를 마우스 중간버튼을 클릭하여 타원을 그리도록 수정하시오.

17. 심화예제_4.5.2에서 트랙바를 추가해서 카메라 영상의 밝기와 대비 변경할 수 있도록 수정하시오.

18. PC 카메라를 통해서 영상을 입력받아서 다음의 영상 처리를 수행하고, 영상을 윈도우 창에 표시하는 프로그램을 작성하시오.

> 1) 200, 100 좌표에서 100×200 크기의 관심영역 지정
> 2) 관심영역에서 녹색 성분을 50만큼 증가
> 3) 관심영역의 테두리를 두께 3의 빨간색으로 표시하시오.

19. PC 카메라를 통해서 영상을 입력받아서 좌우를 뒤집어서 flip_test.avi 이름의 동영상 파일로 저장하는 프로그램을 작성하시오.

> 1) 동영상 파일의 크기 640x480
> 2) 초당 프레임 수 : 15 fps
> 3) 동영상 코덱 : DIVX

20. 임의의 영상 파일을 행렬로 읽어 들여서 예외처리를 하고, 그 정보들을 XML 파일로 저장하는 프로그램을 작성하시오.

1) 영상의 크기를 'image_size'라는 이름으로 저장
2) 영상의 깊이 값(depth)을 'depth'라는 이름으로 저장
3) 영상의 모든 화소값들을 'image_data'라는 이름으로 저장

CHAPTER 05

기본 행렬 연산
(Operations on Arrays) 함수

contents

규칙적인 배열 – 질서의 아름다움

질서 속에는 아름다움이 존재한다. 자연 속의 질서, 공동체 속의 질서 등등 생활 속에도 자세히 보면 쉽게 질서를 만날 수 있다. 예로서, 과일가게를 지나다 보면, 색색의 맛있는 과일들이 주인의 손길로 판매대에 질서 정연하게 잘 정렬되어 있다. 그 과일들을 직접 먹지 않고 보기만 해도 즐겁다.

건축물이나 음악도 마찬가지이다. 건축 구조나 음의 배치가 아름다움을 만들어낸다. 유명한 건축물이나 바흐(J. S. Bach)의 음악이 아름다운 이유는 질서 속에 숨어 있는 아름다움이 있기 때문이다. 규칙적인 생활은 우리들의 건강에 좋고, 규칙적인 배열 속에는 아름다움이 있다. 행렬(行列, matrix)은 수나 기호 등을 네모꼴로 질서 정연하게 규칙적으로 배열한 것이다.

05
기본 행렬 연산(Operations on Arrays) 함수

OpenCV는 Mat, Mat_, Matx 등으로 행렬을 생성할 수 있으며, 이 행렬을 처리할 수 있는 다양한 연산 함수를 지원한다. 이 장에서는 OpenCV에서 지원하는 다양한 행렬 처리 함수들에 대해서 살펴본다.

행렬 연산 함수의 설명에서 인수로 InputArray 클래스와 OutputArray 클래스가 자주 등장한다. 이 클래스들은 인수로 전달되는 자료형이 행렬이나 벡터, 스칼라 등 모두를 포함할 때 사용된다. 보통 일반 사용자가 프로그래밍 할 때에는 잘 사용하지 않는다.

InputArray 클래스의 인수는 읽기만 가능하기 때문에 입력 인수를 전달할 때 사용된다. 종류로는 Mat, Mat_⟨Tp⟩, Matx⟨Tp, m, n⟩, std::vector⟨Tp⟩, std::vector⟨Mat⟩, Vec, Scalar 등이 있다. OutputArray 클래스의 인수는 읽기와 쓰기가 가능하기 때문에 반환 받는 인수를 전달할 때 사용된다. 종류로는 Mat, Mat_⟨Tp⟩, Matx⟨Tp, m, n⟩, std::vector⟨Tp⟩, std::vector⟨Mat⟩, Vec, Scalar, cv::noArray() 등이 있다.

다양한 자료형을 모두 포괄하기 때문에 본 교재에서 InputArray 클래스와 OutputArray 클래스를 통칭해서 배열(Array)이라 하겠다.

5.1 기본 배열(Array) 처리 함수

얼굴 검출이나 얼굴 인식과 같은 영상 처리 프로그래밍을 하다보면, 카메라에서 사용자의 얼굴을 읽어서 윈도우 창에 표시해야 한다. 이때 보통 카메라가 사용자를 향하게 되어, 윈도우에 표시되는 얼굴 영상은 사용자의 실제의 모습과는 좌우가 뒤바뀐 영상이 나타난다.

이럴 때에는 입력 영상의 행렬 원소들을 좌우로 뒤집어 주면 간단히 해결할 수 있다. 이와 같이 OpenCV에서는 배열을 옵션에 따라 여러 방향으로 뒤집거나 여러 번 반복하는 등 배열 자체를 처리하는 함수를 제공하고 있다.

함수의 인수와 반환자료형 구조
void flip(InputArray src, OutputArray dst, int flipCode)
void repeat(InputArray src, int ny, int nx, OutputArray dst)
Mat repeat(const Mat& src, int ny, int nx)
void transpose(InputArray src, OutputArray dst)

함수 및 인자	설명
void flip()	입력된 2차원 배열을 수직, 수평, 양축으로 뒤집는다.
• InputArray src	입력 배열
• OutputArray dst	출력 배열
• int flipCode	배열을 뒤집는 축
	0 : x축을 기준으로 위아래로 뒤집는다.
	1 : y축을 기준으로 좌우로 뒤집는다.
	-1 : 양축(x축, y축 모두)을 기준으로 뒤집는다.
void repeat()	입력 배열의 반복된 복사본으로 출력배열을 채운다.
• InputArray src	입력 배열
• OutputArray dst	출력 배열
• int ny	수직방향 반복 횟수
• int nx	수평방향 반복 횟수
• Mat& src	입력 및 출력 배열
void transpose()	입력 행렬의 전치 행렬을 출력 인수로 반환한다.

다음 예제는 영상 파일을 읽어 들여, cv::flip()과 cv::repeat(), cv::transpose() 함수를 활용한 예이다.

예제 5.1.1   행렬 처리 함수1 - mat_array.cpp

```
01   #include <opencv2/opencv.hpp>
02   using namespace cv;
03   using namespace std;
04   int main()
05   {
06       Mat image = imread("../image/flip_test.jpg", IMREAD_COLOR);
```

```
07      CV_Assert(image.data);                                    // 예외 처리
08
09      Mat x_axis, y_axis, xy_axis, rep_img, trans_img;
10      flip(image, x_axis, 0);                                   // x축 기준 상하 뒤집기
11      flip(image, y_axis, 1);                                   // y축 기준 좌우 뒤집기
12      flip(image, xy_axis, -1);
13
14      repeat(image, 1, 2, rep_img);                             // 반복 복사
15      transpose(image, trans_img);                              // 행렬 전치
16
17      imshow("image", image),        imshow("x_axis", x_axis);  // 행렬을 영상으로 표시
18      imshow("y_axis", y_axis),      imshow("xy_axis", xy_axis);
19      imshow("rep_img", rep_img),    imshow("trans_img", trans_img);
20      waitKey();
21      return 0;
22  }
```

| 설명 |

① 6, 7행은 영상 파일('filp_test.jpg')을 읽어서 image 행렬에 컬러 타입으로 저장하고, 예외처리를 한다.

③ 10~12행에서 cv::filp() 함수로 image 행렬에 뒤집기를 수행한다.

④ 10행은 x축을 기준으로 뒤집기를 수행해서 x_axis 행렬에 저장한다.

⑤ 11행은 y축을 기준으로 뒤집기를 수행해서 y_axis 행렬에 저장한다.

⑥ 12행은 x축과 y축 모두로 뒤집기를 수행해서 xy_axis 행렬에 저장한다.

⑦ 14행은 cv::repeat() 함수로 원본 영상의 세로방향으로 1번 가로방향으로 2번 복사하여 rep_img에 저장한다.

⑧ 15행은 cv::transpose() 함수로 image 행렬에 전치를 수행해서 trans_img 행렬에 저장한다.

5.2 채널 처리 함수

컬러 영상은 파란색(B), 녹색(G), 빨간색(R)의 각기 독립적인 2차원 정보를 합쳐 놓은 배열이라고 할 수 있다. C 언어로 직접 영상 처리 프로그램을 작성할 때에는 2차원 정보 3개를 갖는 컬러 영상을 표현하기 위해 주로 3차원 배열을 사용하였다. 그러나 OpenCV에서는 영상 정보를 담을 수 있도록 Mat 클래스를 지원하고 있으며, 컬러 영상의 표현을 위해 채널이라는 개념이 도입되었다. 즉, 파란색, 녹색, 빨간색의 독립적인 2차원 정보들이 각각 Blue 채널 Green 채널, Red 채널이라는 이름으로 표현된다.

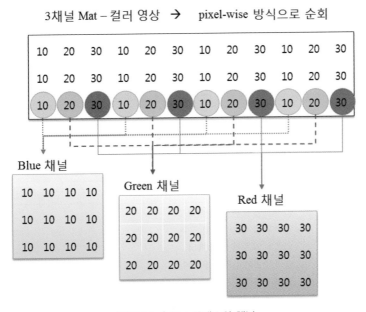

〈그림 5.2.1〉 Mat 클래스와 채널

이 채널들이 하나로 합쳐져서 컬러 영상을 구성하며, 컬러 영상을 분리하면 1채널 행렬로 세부적인 영상 처리에 이용될 수 있다. 다음은 1채널 행렬 여러 개를 합치거나, 다중 채널을 분리하는 등 행렬에서 채널을 처리하는 함수들에 대한 설명이다.

함수의 인수와 반환자료형 구조

```
void merge(const Mat* mv, size_t count, OutputArray dst)
void merge(InputArrayOfArrays mv, OutputArray dst)
void split(const Mat& src, Mat* mvbegin)
void split(InputArray m, OutputArrayOfArrays mv)
void mixChannels(const Mat* src, size_t nsrcs, Mat* dst, size_t ndsts, const int* fromTo,
         size_t npairs)
void mixChannels(const vector<Mat>& src, vector<Mat>& dst, const int* fromTo, size_t
         npairs)
```

함수 및 인자	설명
void merge()	여러 개의 단일채널 배열로 다중 채널의 배열을 합성한다.
• Mat* mv	합성될 입력 배열 혹은 벡터, 합성될 단일채널 배열들의 크기와 깊이(depth)가 동일해야함
• size_t count	합성될 배열의 개수, 0보다 커야 함
• OutputArray dst	입력 배열과 같은 크기와 같은 깊이의 출력 배열
void split()	다중 채널 배열을 여러 개의 단일채널 배열로 분리한다.
• Mat& src	입력되는 다중 채널 행렬
• Mat* mvbegin	분리되어 반환되는 단일채널 행렬을 원소로하는 배열
• InputArray m	입력되는 다중 채널 배열
• InputArrayOfArrays mv	분리되어 반환되는 단일채널 배열들의 벡터 혹은 배열
void mixChannels()	명시된 채널의 순서쌍에 의해 입력 배열들(src)로부터 출력 배열들(dst)의 복사한다.
• Mat* src	입력 배열 혹은 행렬 벡터
• size_t nsrcs	입력 배열(src)의 행렬 개수
• Mat* dst	입력 배열 혹은 행렬 벡터
• size_t ndsts	출력 배열(dst)의 행렬 개수
• int* fromTo	입력과 출력의 순서쌍 배열 – 짝수 인덱스([k*2])는 입력 배열(src)의 채널 번호 – 홀수 인덱스([k*2+1])는 출력 배열(dst)의 채널 번호
• size_t npairs	순서쌍의 개수

간단한 예제를 통해서 채널에 대한 개념을 알아보자. 다음 예제는 단일채널 행렬 3개를 먼저 만들고, 이후에 3개 채널을 갖는 하나의 다중 채널 행렬로 합치는 방법을 보이며, 다시이 다중 채널 행렬을 단일채널 행렬들로 분리하는 방법을 보인다.

```
01    #include <opencv2/opencv.hpp>
02    using namespace cv;
03    using namespace std;
04    int main()
05    {
06        Mat ch0(3, 4, CV_8U, Scalar(10));        // 단일 채널 생성
07        Mat ch1(3, 4, CV_8U, Scalar(20));
08        Mat ch2(3, 4, CV_8U, Scalar(30));
09
10        Mat bgr_arr[] = { ch0, ch1, ch2 };       // 채널 배열 선언
11        Mat bgr;                                 // 채널 합성 행렬
12        merge(bgr_arr, 3, bgr);                  // 채널 합성
13        vector<Mat> bgr_vec;
14        split(bgr, bgr_vec);                     // 채널 분리
15
16        cout << "[ch0] = " << endl << ch0 << endl;
17        cout << "[ch1] = " << endl << ch1 << endl;
18        cout << "[ch2] = " << endl << ch2 << endl << endl;
19
20        cout << "[bgr] = " << endl << bgr << endl << endl;
21        cout << "[bgr_vec[0]] = " << endl << bgr_vec[0] << endl;
22        cout << "[bgr_vec[1]] = " << endl << bgr_vec[1] << endl;
23        cout << "[bgr_vec[2]] = " << endl << bgr_vec[2] << endl ;
24        return 0;
25    }
```

| 설명 |

① 6~8은 단일채널 uchar(CV_8UC1)형의 행렬 ch0, ch1, ch2을 선언하고, 원소의 값을 각각 10, 20, 30으로 초기화한다.

② 10행은 단일채널 행렬 3개를 원소로 하는 배열 bgr_arr을 선언한다. 이것은 행렬로 배열의 원소를 초기화하는 방식이다.

③ 12행은 단일채널 행렬들을 하나의 다중 채널로 합치는 방법이다. cv::merge() 함수에 행렬 배열(bgr_arr)을 입력하고 출력 인수에 bgr 행렬을 지정한다. 여기서 행렬 배열을 인수로 입력하면 합성할 채널의 개수도 지정해야 한다.

④ 14행은 cv::split() 함수를 이용해서 합성된 행렬(bgr)을 벡터(bgr_vec)로 분리한 것이다. 따라서 이 벡터는 단일채널 행렬을 원소로 갖는다.

⑤ 16~18행은 각 단일채널들(ch1, ch2, ch3)의 원소 값을 콘솔창에 출력한다.

⑥ 20행은 합성된 다중채널 행렬(bgr)의 원소를 콘솔 창에 출력한다. 여기서 다중 채널 행렬의 원소 출력 순서는

pixel-wise 방식이다.

⑦ 21~23행은 cv::split() 함수로 분리한 단일채널 행렬들을 출력한다.

| 실행결과 |

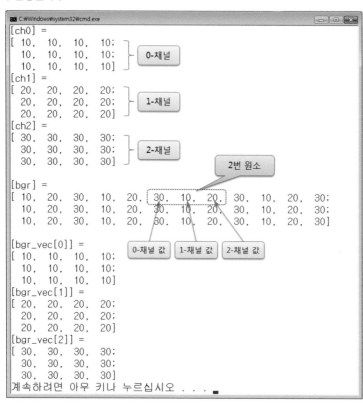

다음 예제는 실제로 컬러 영상을 읽어서 컬러 영상을 윈도우로 띄운다. 또한 컬러 영상에서 각 채널을 분리하고, 윈도우에 분리된 채널을 영상으로 표시한다.

예제 5.2.2   컬러 채널 분리 - image_channels.cpp

```cpp
01   #include <opencv2/opencv.hpp>
02   using namespace cv;
03   using namespace std;
04   int main()
05   {
06       Mat image = imread("../image/color.jpg", IMREAD_COLOR);    // 컬러 영상 로드
```

```cpp
01   #include <opencv2/opencv.hpp>
02   using namespace cv;
03   using namespace std;
04   int main()
05   {
06       Mat ch0(3, 4, CV_8U, Scalar(10));          // 단일 채널 생성
07       Mat ch1(3, 4, CV_8U, Scalar(20));
08       Mat ch2(3, 4, CV_8U, Scalar(30));
09       Mat ch_012;
10
11       vector<Mat> vec_012;                       // 행렬 원소 갖는 벡터
12       vec_012.push_back(ch0);                    // 벡터에 단일채널 행렬 추가
13       vec_012.push_back(ch1);
14       vec_012.push_back(ch2);
15       merge(vec_012, ch_012);                    // 행렬 벡터로 다중 채널 행렬 합성
16
17       Mat ch_13(ch_012.size(), CV_8UC2);
18       Mat ch_2(ch_012.size(), CV_8UC1);
19       Mat out[] = { ch_13, ch_2 };
20       int from_to[] = { 0, 0, 2, 1, 1, 2 };      // 입력 출력 채널의 순서쌍
21       mixChannels(&ch_012, 1, out, 2, from_to, 3); // 채널 합성
22
23       cout << "[ch_123] = " << endl << ch_012 << endl << endl;
24       cout << "[ch_13] = " << endl << ch_13 << endl;
25       cout << "[ch_2] = " << endl << ch_2 << endl;
26       return 0;
27   }
```

| 설명 |

① 11~15행은 행렬 배열이 대신에 행렬 벡터를 이용해서 다중 채널을 만드는 방법이다.

② 12~14행은 vector::push_back() 함수로 ch_123 벡터에 1채널 행렬을 원소로 추가한다.

③ 15행은 cv::merge() 함수로 1채널 행렬 3개를 원소로 갖는 벡터(vec_012)로부터 3채널 행렬 ch_012를 합성한다.

④ 17, 18행은 채널을 재합성하여 새로운 행렬에 저장하기 위해서 2채널 행렬인 ch_13과 1채널 행렬인 ch_2를 선언한다.

⑤ 19행은 cv::mixChannels() 함수의 인자로 사용될 출력 행렬을 선언한다. 행렬 배열로 선언해야 한다.

⑥ 20행은 입력 배열과 출력 배열의 순서쌍을 의미한다. 전체 순서쌍을 하나의 배열로 만든다. 입력 배열 0번 채널

이 출력 배열 0번 채널로 출력되며, 입력 배열 2번 채널이 출력 배열 1번으로, 입력 배열 1번 채널이 출력 배열 2번 채널로 출력된다.

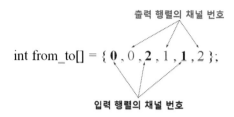

⑦ 21행은 cv::mixChannels() 함수의 사용법이다. 첫 번째 인수로 포인터 자료형이 입력되어야 하기 때문에 ch_012 행렬에 '참조(&)' 연산자를 붙여서 주소를 넘긴다.

| 실행결과 |

```
C:₩Windows₩system32₩cmd.exe
[ch_123] =
[ 10,  20,  30,  10,  20,  30,  10,  20,  30,  10,  20,  30;
  10,  20,  30,  10,  20,  30,  10,  20,  30,  10,  20,  30;
  10,  20,  30,  10,  20,  30,  10,  20,  30,  10,  20,  30]

[ch_13] =
[ 10,  30,  10,  30,  10,  30,  10,  30;
  10,  30,  10,  30,  10,  30,  10,  30;
  10,  30,  10,  30,  10,  30,  10,  30]
[ch_2] =
[ 20,  20,  20,  20;
  20,  20,  20,  20;
  20,  20,  20,  20]
계속하려면 아무 키나 누르십시오 . . . ■
```

5.3 산술 연산 함수

행렬 연산은 주로 배열 원소 간(per-element, element-wise)에 수행하는 것이 일반적이다. 이것은 〈그림 5.3.1〉과 같이 첫 번째 배열의 i-번째 원소와 두 번째 배열의 i-번째 원소 간에 연산을 수행해서 결과 배열의 i-번째 원소에 저장하는 것을 말한다.

또한 수식에서 src1(i)는 src1 배열의 i-번째 원소를 의미한다. 이것은 배열 내 모든 원소에 대해서 연산한다는 의미를 담고 있다.

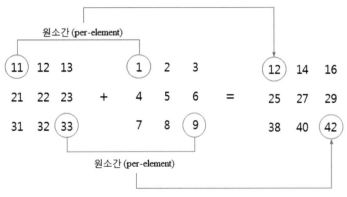

〈그림 5.3.1〉 행렬의 원소 간(per-element) 연산의 예

5.3.1 사칙 연산

OpenCV에서 배열(Array)에 대한 사칙 연산은 두 배열의 원소 간(per-element)에 연산을 수행한다. 여기서 배열(Array)이라 함은 행렬과 InputArray 클래스와 OutputArray 클래스를 통칭해서 사용하는 말이다.

연산 과정에서 mask 배열(Array)은 8비트의 단일채널로서, 입력 배열의 원소 좌표 중에서 mask 배열의 원소가 0이 아닌 좌표만 연산 대상으로 한다. 따라서 원하는 위치에 대해서 연산을 수행하고자 할 때, mask 배열의 원하는 위치만 0이 아닌 값으로 지정하면 된다. 다음은 사칙연산에 대한 OpenCV 함수들이다.

함수의 인수와 반환자료형 구조
void add(InputArray src1, InputArray src2, OutputArray dst, InputArray mask = noArray(), int dtype = -1)
void subtract(InputArray src1, InputArray src2, OutputArray dst, InputArray mask = noArray(), int dtype = -1)
void multiply(InputArray src1, InputArray src2, OutputArray dst, double scale= 1, int dtype= -1)
void divide(InputArray src1, InputArray src2, OutputArray dst, double scale = 1, int dtype = -1)
void divide(double scale, InputArray src2, OutputArray dst, int dtype = -1)
void addWeighted(InputArray src1, double alpha, InputArray src2, double beta, double gamma, OutputArray dst, int dtype = -1)
void addWeighted(InputArray src1, double alpha, InputArray src2, double beta, double gamma, OutputArray dst, int dtype = -1)

함수 및 인자	설명
void add()	두 개의 배열이나 배열과 스칼라의 각 원소 간(per-element) 합을 계산한다. 입력 인수 src1, src2 중 하나는 스칼라값일 수 있다. 수식 : $dst(i) = saturate(src1(i) + src2(i))$ if $mask(i) \neq 0$ $\quad\quad\quad dst(i) = saturate(src1 \quad\ \ + src2(i))$ if $mask(i) \neq 0$ $\quad\quad\quad dst(i) = saturate(src1(i) + src2 \quad)$ if $mask(i) \neq 0$
• InputArray src1 • InputArray src2 • OutputArray dst • InputArray mask • int dtype	첫 번째 입력 배열 혹은 스칼라 두 번째 입력 배열 혹은 스칼라 계산된 결과의 출력 배열 연산 마스크 – 마스크가 0이 아닌 좌표만 연산 수행(8비트 단일채널) 출력 배열의 깊이
void subtract()	두 개의 배열이나 배열과 스칼라의 각 원소 간 차분을 계산한다. add() 함수와 인수 동일
void multiply()	두 배열의 각 원소 간 곱을 계산한다. 수식: $dst(i) = saturate(scale \cdot src1(i)) \cdot src2(i)$
• double scale	원소 간의 곱할 때 추가로 곱해지는 배율
void divide()	두 배열의 각 원소 간 나눗셈을 수행한다. 수식: $dst(i) = saturate(scale \cdot src1(i)/src2(i))$
void scaleAdd()	스케일된 배열과 다른 배열의 합을 계산한다. 수식: $dst(i) = scale \cdot src1(i) + src2(i)$
• double alpha	첫 번째 배열의 모든 원소들에 대한 배율
void addWeighted()	두 배열의 가중된(weighted) 합을 계산한다. 수식: $dst(i) = saturate(src1(i) \cdot alpha + src2(i) \cdot beta + gamma$
• double alpha • double beta • double gamma	첫 번째 배열의 원소들에 대한 가중치 두 번째 배열의 원소들에 대한 가중치 두 배열의 합에 추가로 더해지는 스칼라

다음 예제는 두 개의 행렬을 만들고 그에 대한 사칙 연산의 수행 과정을 예시한다. 덧셈과 뺄셈 연산의 경우에 mask 행렬의 사용법에 대해서도 확인해 보기 바란다. 또한 곱셈과 나눗셈의 경우, 행렬의 자료형의 범위를 벗어날 수 있기 때문에 자료형의 변환에 유의해야 한다.

```cpp
01   #include <opencv2/opencv.hpp>
02   using namespace cv;
03   using namespace std;
04   int main()
05   {
06       Mat m1(3, 6, CV_8UC1, Scalar(10));
07       Mat m2(3, 6, CV_8UC1, Scalar(50));
08       Mat m_add1, m_add2, m_sub, m_div1, m_div2;
09       Mat mask(m1.size(), CV_8UC1);              // 마스크 행렬 - 8비트 단일채널
10
11       Rect rect(Point(3, 0), Size(3, 3));        // 관심영역 지정
12       mask(rect).setTo(1);                       // 모든 원소 1 지정
13
14       add(m1, m2, m_add1);                       // 행렬 덧셈
15       add(m1, m2, m_add2, mask);                 // 관심영역만 덧셈 수행
16
17       divide(m1, m2, m_div1);
18       m1.convertTo(m1, CV_32F);                  // 형변환 - 소수부분 보존
19       m2.convertTo(m2, CV_32F);
20       divide(m1, m2, m_div2);
21
22       cout << "[m1] = " << endl << m1 << endl;
23       cout << "[m2] = " << endl << m2 << endl;
24       cout << "[mask] = " << endl << mask << endl << endl;
25
26       cout << "[m_add1] = " << endl << m_add << endl;
27       cout << "[m_add2] = " << endl << m_add2 << endl;
28       cout << "[m_div1] = " << endl << m_div1 << endl;
29       cout << "[m_div2] = " << endl << m_div2 << endl;
30       return 0;
31   }
```

| 설명 |

① 9행은 행렬 내부의 원소 중에 연산 대상을 선택하기 위한 mask 행렬을 선언한다.

② 11, 12행은 mask 행렬 원소의 특정 원소들의 값을 1로 지정하기 위한 것이다.

③ 11행에서 Rect 객체로 (3,0)에서 3×3 크기의 관심영역을 지정하고, 12행에서 Mat::operator() 연산자 함수를 이용해서 mask 행렬이 관심영역을 참조하게 한다. 또한 참조된 영역에 Mat::setTo() 함수로 원소값을 1로 변경한다.

④ 14, 15행은 두 행렬(m1, m2)의 원소 간 덧셈한다. m_add1은 모든 원소 간 더한 것이며, m_add2는 mask가 1인 원소 간에 더한 것이다.

⑤ 17행은 두 행렬 원소 간 나눗셈 연산을 수행한다. 입력행렬이 uchar형이며, 반환행렬(m_divi)도 동일하다. 따라서 소수점이하 값이 소실된다.

⑥ 18, 19행은 나눗셈으로 인한 소수부분 소실을 방지하고자 행렬의 자료형을 float(CV_32F)형으로 변환한다.

⑦ 20행은 float형의 행렬 원소 간 나눗셈을 수행한다.

| 실행결과 |

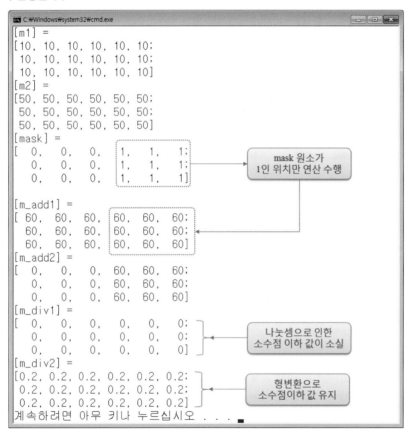

5.3.2 지수 로그 루트 관련 함수

OpenCV는 배열 원소의 지수와 로그 및 루트 관련 함수들도 지원한다. 다음은 그 함수들에 대한 설명이다. cv::exp()는 지수 함수를 계산하며, cv::log()는 절댓값에 대한 자연로그를 계산한다. 또한 제곱근과 거듭제곱을 구해주는 함수도 있다. 모든 함수는 배열의 원소(per-element)에 대한 연산이다.

```
void exp(InputArray src, OutputArray dst)
void log(InputArray src, OutputArray dst)
void sqrt(InputArray src, OutputArray dst)
void pow(InputArray src, double power, OutputArray dst)
void magnitude(InputArray x, InputArray y, OutputArray magnitude)
void phase(InputArray x, InputArray y, OutputArray angle, bool angleInDegrees = false)
void cartToPolar(InputArray x, InputArray y, OutputArray magnitude, OutputArray angle, bool
        angleInDegrees = false)
void polarToCart(InputArray magnitude, InputArray angle, OutputArray x, OutputArray y, bool
        angleInDegrees = false)
```

함수 및 인자	설명
void exp()	모든 배열 원소의 지수(exponent)를 계산한다. 수식 : $dst(i) = e^{src(i)}$
• InputArray src • OutputArray dst	입력 배열 입력 배열과 같은 크기와 타입의 출력 배열
void log()	모든 배열 원소의 절댓값에 대한 자연 로그를 계산한다. 수식 : $dst(i) = \begin{cases} \log\lvert src(i)\rvert & \text{if } src(i) \neq 0 \\ c & otherwise \end{cases}$ 수식에서 c는 에러를 표시하는 큰 음수값(-700)이다.
void sqrt()	모든 배열 원소에 대해 제곱근을 계산한다. 수식 : $dst(i) = \sqrt{src(i)}$
void pow()	모든 배열 원소에 대해서 power 승수를 계산한다. 수식 : $dst(i) = \begin{cases} src(i)^{power} & \text{if } power \text{ is integer} \\ \lvert src(i)\rvert^{power} & otherwise \end{cases}$
• double power	제곱 승수
void magnitude()	2차원 벡터들의 크기(magnitude)를 계산한다. 수식 : $magnitude(i) = \sqrt{x(i)^2 + y(i)^2}$
• InputArray x • InputArray y • OutputArray magnitude	벡터의 x좌표들의 배열 벡터의 y좌표들의 배열 입력 배열과 같은 크기의 출력 배열
void phase()	2차원 벡터의 회전 각도를 계산한다. 수식 : $angle(i) = a\tan 2(y(i), x(i)) \cdot [180/\pi]$
• InputArray x • InputArray y • OutputArray angle • bool angleInDegrees	벡터의 x좌표들의 배열 벡터의 y좌표들의 배열 벡터 각도들의 출력 배열 true: 각을 도(degree)로 측정, false: 각을 라디안(radian)으로 측정

void cartToPolar()	2차원 벡터들의 크기(magnitude)와 각도를 계산한다. 수식 : $magnitude(i) = \sqrt{x(i)^2 + y(i)^2}$ $\quad\quad\quad angle(i) = \tan^{-1}(y(i), x(i)) \cdot [180/\pi]$
void polarToCart()	각도와 크기(magnitude)로부터 2차원 벡터들의 좌표를 계산한다. $x(i) = magnitude(i) \cdot \cos(angel(i))$ $y(i) = magnitude(i) \cdot \sin(angel(i))$

다음의 예제를 통해서 그 사용법을 확인해 보자. 여기서 입력 인수의 타입을 행렬로 하고, 출력 인수의 타입을 벡터로 지정해도 에러없이 계산되는 것을 확인할 수 있다.

예제 5.3.2 행렬 지수 및 로그 연산 – exp_log.cpp

```
01  #include <opencv2/opencv.hpp>
02  using namespace cv;
03  using namespace std;
04  int main()
05  {
06      vector<float> v1, v_exp, v_log;                    // float 벡터 선언
07      Matx <float, 1, 5> m1(1, 2, 3, 5, 10);             // Matx 객체 선언 및 초기화
08      Mat m_exp, m_sqrt, m_pow;
09      v1.push_back(1);                                   // 원소 추가
10      v1.push_back(2);
11      v1.push_back(3);
12
13      exp(v1, v_exp);                                    // 벡터에 대한 지수 계산
14      exp(m1, m_exp);                                    // 행렬에 대한 지수 계산
15      log(m1, v_log);                                    // 입력은 행렬, 출력은 벡터
16      sqrt(m1, m_sqrt);                                  // 제곱근 계산
17      pow(m1, 3, m_pow);                                 // 3 거듭제곱 계산
18
19      cout << "[m1] = " << m1 << endl << endl;
20      cout << "[v_exp] = " << ((Mat)v_exp).reshape(1, 1) << endl;
21      cout << "[m_exp] = " << m_exp << endl;
22      cout << "[v_log] = " << ((Mat)v_log).reshape(1, 1) << endl << endl;
23
24      cout << "[m_sqrt] = " << m_sqrt << endl;
25      cout << "[m_pow] = " << m_pow << endl;
26      return 0;
27  }
```

| 설명 |

① 6행은 float형 벡터를 선언한다. v1은 입력 벡터이고, v_exp, v_log는 출력 벡터이다.

② 7행은 Matx 클래스로 m1 행렬을 선언과 동시에 쉽게 원소들을 초기화한다.

③ 9~11행은 v1 벡터의 마지막에 원소 1, 2, 3을 추가한다.

④ 13, 14행은 입력인수로 벡터와 행렬이 모두 가능함을 보인 예이다.

⑤ 15행은 행렬 원소의 자연로그를 계산하고 v_log 벡터에 저장한다. 입력인수를 행렬로, 출력인수를 벡터로 설정해도 연산이 가능하다.

⑥ 20, 22행에서 std::cout 함수가 벡터 원소에 대한 출력을 지원하지 않기에 벡터를 행렬로 형변환한다. 추가로 1행 행렬로 만들어서 한 행에 출력한다.

| 실행결과 |

```
C:\Windows\system32\cmd.exe
[m1] = [1, 2, 3, 5, 10]

[v_exp] = [2.7182817, 7.3890562, 20.085537]
[m_exp] = [2.7182817, 7.3890562, 20.085537, 148.41316, 22026.467]
[v_log] = [0, 0.69314718, 1.0986123, 1.6094379, 2.3025851]

[m_sqrt] = [1, 1.4142135, 1.7320508, 2.236068, 3.1622777]
[m_pow] = [1, 8, 27, 125, 1000]
계속하려면 아무 키나 누르십시오 . . .
```

다음은 cv::magnitude()와 cv::phase() 함수의 사용법을 예시한다. 행렬과 벡터를 입력 인수 및 출력인수로 사용할 수 있다. 이 예제에서는 입력 데이터로 float형 벡터를 사용한 다. 또한 출력 인수에는 벡터와 함께 행렬도 가능함을 보인다.

예제 5.3.3 행렬 크기 및 위상 연산 – magnitude.cpp

```cpp
01  #include <opencv2/opencv.hpp>
02  using namespace cv;
03  using namespace std;
04  int main()
05  {
06      float data1[] = { 1, 2, 3, 5, 10 };
07      float data2[] = { 2, 5, 7, 2, 9 };
08      vector<float> x_vec(data1, data1 + sizeof(data1) / sizeof(float));  // 벡터 초기화
09      vector<float> y_vec(data2, data2 + sizeof(data2) / sizeof(float));
10
11      vector<float> v_mag, v_ang;                          // 벡터 선언
12      magnitude(x_vec, y_vec, v_mag);                      // 벡터 입력 → 벡터 반환
```

```
13          phase(x_vec, y_vec, v_ang);

14

15          Mat m_mag, m_ang, x_mat, y_mat;                        // 행렬 선언
16          cartToPolar(x_vec, y_vec, m_mag, m_ang);               // 벡터 입력 → 행렬 반환
17          polarToCart(m_mag, m_ang, x_mat, y_mat);               // 행렬 입력 → 벡터 반환

18

19          cout << "[x_vec] = " << ((Mat)x_vec).reshape(1, 1) << endl;
20          cout << "[y_vec] = " << ((Mat)y_vec).reshape(1, 1) << endl << endl;
21          cout << "[v_mag] = " << ((Mat)v_mag).reshape(1, 1) << endl;
22          cout << "[v_ang] = " << ((Mat)v_ang).reshape(1, 1) << endl << endl;

23

24          cout << "[m_mag] = " << m_mag << endl;
25          cout << "[m_ang] = " << m_ang << endl << endl;
26          cout << "[x_mat] = " << x_mat << endl;
27          cout << "[y_mat] = " << y_mat << endl;
28          return 0;
29    }
```

| 설명 |

① 6~9행은 float 배열을 선언하고, 그 원소들로 x_vec, y_vec 벡터를 각각 초기화한다.

② 12행은 cv::magnitude() 함수로 두 벡터의 원소로 크기(magnitude)를 계산하고 v_mag 벡터에 저장한다.

③ 13행은 cv::phase() 함수로 두 벡터의 원소로 각도를 계산하고 v_ang 벡터에 저장한다.

④ 16행은 cv::cartToPolar() 함수를 이용하여 두 벡터의 원소로 크기와 각도를 모두 계산하여 반환한다. 이번에는 결과를 반환받는 타입이 행렬(m_mag, m_ang)이다.

⑤ 17행은 cv::polarToCart() 함수를 이용해서 16행에서 계산된 크기와 각도 행렬(m_mag, m_ang)로 각 원소의 x, y 좌표를 계산하여 반환한다.

⑥ 19~27행은 벡터와 행렬의 원소를 콘솔창에 출력한다. 벡터는 행렬로 형변환하고, Mat::reshape() 함수로 1행 데이터로 만들어서 출력한다.

| 실행결과 |

```
C:\Windows\system32\cmd.exe
[x_vec] = [1, 2, 3, 5, 10]
[y_vec] = [2, 5, 7, 2, 9]

[v_mag] = [2.236068, 5.3851647, 7.6157732, 5.3851647, 13.453624]
[v_ang] = [1.1071129, 1.1902124, 1.1658309, 0.38058391, 0.73296118]

[m_mag] = [2.236068, 5.3851647, 7.6157732, 5.3851647, 13.453624]
[m_ang] = [1.1071129, 1.1902124, 1.1658309, 0.38058391, 0.73296118]

[x_mat] = [1.0000718, 2.0003879, 3.0005159, 4.999845, 9.9986849]
[y_mat] = [1.9999641, 4.9998446, 6.9997792, 2.0003877, 9.0014601]
계속하려면 아무 키나 누르십시오 . . .
```

소스 내용과 실행결과에서 OpenCV 함수들에서 인수 중에서 InputArray나 Output
Array 타입들은 그 사용에서 융통성이 넓다는 것을 확인할 수 있다.

5.3.3 논리(비트) 연산 함수

다음은 행렬 원소의 논리 연산과 관련된 함수에 대한 설명이다. 이 함수들은 원소의 비트
단위로(bit-wise) 논리 연산을 수행한다.

함수의 인수와 반환자료형 구조
void bitwise_and(InputArray src1, InputArray src2, OutputArray dst, InputArray mask = noArray())
void bitwise_or(InputArray src1, InputArray src2, OutputArray dst, InputArray mask = noArray())
void bitwise_xor(InputArray src1, InputArray src2, OutputArray dst, InputArray mask = noArray())
void bitwise_not(InputArray src, OutputArray dst, InputArray mask = noArray())

함수 및 인자	설명
void bitwise_and()	두 배열의 원소 간 혹은 배열 원소와 스칼라 간에 비트 간(bit-wise) 논리곱(AND) 연산을 수행한다. 입력 인수 src1, src2 중 하나는 스칼라값일 수 있다. 수식 : $dst(i) = src1(i) \wedge src2(i)$ if $mask(i) \neq 0$ $\qquad dst(i) = src1(i) \wedge src2 \quad$ if $mask(i) \neq 0$ $\qquad dst(i) = src1 \quad \wedge src2(i)$ if $mask(i) \neq 0$
• InputArray src1 • InputArray src2 • OutputArray dst • InputArray mask	첫 번째 입력 배열 혹은 스칼라값 두 번째 입력 배열 혹은 스칼라값 입력 배열과 같은 크기의 출력 배열 마스크 연산(8비트 단일채널) - 마스크의 원소가 0이 아닌 좌표만 계산 수행
void bitwise_or()	두 개의 배열 원소 간 혹은 배열 원소와 스칼라 간에 비트 간 논리합(OR) 연산을 수행한다. 수식 : $dst(i) = src1(i) \vee src2(i)$ if $mask(i) \neq 0$ $\qquad dst(i) = src1(i) \vee src2 \quad$ if $mask(i) \neq 0$ $\qquad dst(i) = src1 \quad \vee src2(i)$ if $mask(i) \neq 0$
void bitwise_xor()	두 개의 배열 원소 간 혹은 배열 원소와 스칼라 간에 비트 간 배타적 논리합(OR) 연산을 수행한다.
void bitwise_not()	입력 배열의 모든 원소에 대해서 각 비트의 역을 계산한다. $dst(i) = {\sim}src(i)$

먼저, 간단한 예제를 통해서 행렬 원소에 대한 비트 연산의 예를 보인다.

예제 5.3.4 행렬 비트 연산 – bitwise_op.cpp

```cpp
01  #include <opencv2/opencv.hpp>
02  using namespace cv;
03  using namespace std;
04  int main()
05  {
06      Mat image1(300, 300, CV_8U, Scalar(0));          // 300행, 300열 검은색 영상 생성
07      Mat image2(300, 300, CV_8U, Scalar(0));
08      Mat image3, image4, image5, image6;
09
10      Point center = image1.size() / 2;                // 영상 중심좌표 계산
11      circle(image1, center, 100, Scalar(255), -1);    // 중심에 원 그리기
12      rectangle(image2, Point(0,0), Point(150,300), Scalar(255), -1);
13      // 비트 연산
14      bitwise_or(image1, image2, image3);              // 원소 간 논리합
15      bitwise_and(image1, image2, image4);             // 원소 간 논리곱
16      bitwise_xor(image1, image2, image5);             // 원소 간 배타적 논리합
17      bitwise_not(image1, image6);                     // 행렬 반전
18
19      imshow("image1", image1),       imshow("image2", image2);
20      imshow("bitwise_or", image3),   imshow("bitwise_and", image4);
21      imshow("bitwise_xor", image5),  imshow("bitwise_not", image6);
22      waitKey();
23      return 0;
24  }
```

| 설명 |

① 11행은 image1 행렬에 중심에서 반지름이 100인 흰색의 원을 그린다.

② 12행은 image2 행렬의 가로로 왼쪽절반을 차지하도록 흰색 사각형을 그린다.

③ 17행은 image1 행렬 원소에 보수를 취하여 image6 행렬에 저장한다. 행렬에 보수를 취하면 반전된 영상이 된다.

④ 19행부터는 행렬을 윈도우에 영상으로 표시한다. 콤마(,) 연산자로 한행에 2개 명령을 표시할 수 있다.

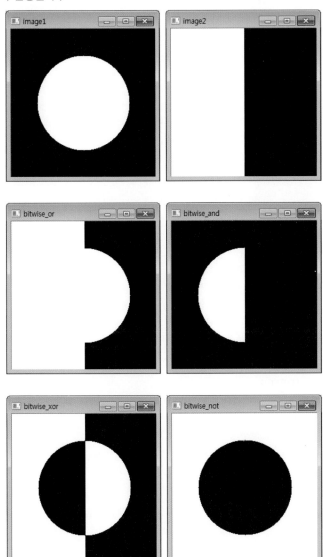

다음은 행렬의 비트 연산을 이용하여 두 컬러 영상을 오버랩하는 심화예제이다. 컬러 영상을 오버랩하기 위해서 logo 영상을 먼저 각 채널로 분리하여 이진화를 수행한다. 여기서 이진화는 cv::threshold() 함수를 사용한다.

```cpp
01  #include <opencv2/opencv.hpp>
02  using namespace cv;
03  using namespace std;
04  int main()
05  {
06      Mat image = imread("../image/bit_test.jpg", IMREAD_COLOR);
07      Mat logo = imread("../image/logo.jpg", IMREAD_COLOR);
08      Mat logo_th, masks[5], background, foreground, dst;
09      CV_Assert(image.data && logo.data);                    // 예외처리
10
11      threshold(logo, logo_th, 70, 255, THRESH_BINARY);      // 로고 영상 이진화
12      split(logo_th, masks);
13
14      bitwise_or(masks[0], masks[1], masks[3]);              // 전경통과 마스크
15      bitwise_or(masks[2], masks[3], masks[3]);
16      bitwise_not(masks[3], masks[4]);                       // 배경통과 마스크
17
18      Point center1 = image.size()/ 2;                       // 영상 중심좌표
19      Point center2 = logo.size() / 2;;                      // 로고 중심좌표
20      Point start = center1 - center2;
21      Rect roi(start, logo.size());                          // 로고가 위치할 관심영역
22
23      // 행렬 논리곱과 마스킹을 이용한 관심영역의 복사
24      bitwise_and(logo, logo, foreground, masks[3]);         // 로고의 전경 복사
25      bitwise_and(image(roi), image(roi), background, masks[4]);  //원본의 배경 복사
26
27      add(background, foreground, dst);                      // 로고 전경과 원본 배경의 합성
28      dst.copyTo(image(roi));                                // 합성 영상을 image 관심영역에 복사
29
30      imshow("background", background);
31      imshow("foreground", foreground);
32      imshow("dst", dst);
33      imshow("image", image);
34      waitKey();
35      return 0;
36  }
```

| 설명 |

① 6~9행은 'bit_test.jpg'와 'logo.jpg' 파일을 읽고, 예외처리를 한다. 두 파일 중에 하나라도 정상적으로 로드되지 않으면 다음과 같이 에러를 출력한다.

② 11행은 cv::threshold() 함수로 이진화를 수행한다. THRESH_BINARY 옵션은 기준값(70)보다 작은 화소는 0으로 큰 화소는 255로 만든다. logo가 컬러 영상이기 때문에 결과 행렬인 logo_th도 3채널 컬러 영상이다.

③ 12행은 cv::split() 함수로 logo_th 행렬을 1채널 행렬 3개를 갖는 배열로 분리한다.

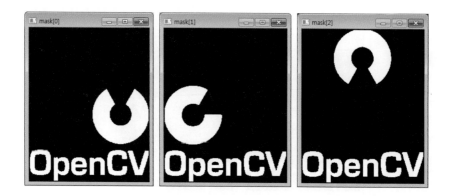

④ 14, 15행은 분리된 3개 masks 행렬을 cv::bitwise_or() 함수로 하나로 합쳐서 masks[3]에 저장한다. 즉, 컬러 영상의 각 채널에서 70보다 큰 값을 갖는 부분만 흰색으로 만들어 전경통과 마스크를 생성한다.

⑤ 16행은 cv::bitwise_not() 함수로 masks[3]를 반전해서 배경통과 마스크 masks[4]를 만든다.

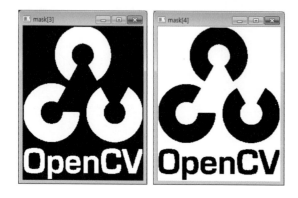

⑥ 20행은 관심영역이 image의 중앙에 위치하도록 사각형의 시작 좌표 start를 계산한다.

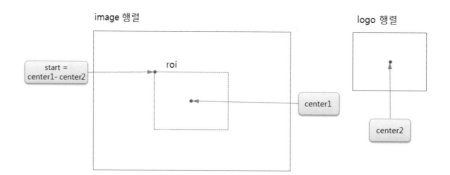

⑦ 24행은 cv::bitwise_and() 함수로 logo 행렬에 비트 논리곱 연산을 수행한다. 행렬의 논리곱에서 두 개의 입력 행렬을 같은 행렬로 지정하면 출력 행렬은 입력 행렬을 복사한다. 단, 마스크 행렬의 원소가 0이 아닌 위치만 복사한다. masks[3] 행렬의 전경이 255이기 때문에 로고의 전경부분만을 foreground 행렬에 복사한다.

⑧ 25행은 같은 방법으로 image 행렬의 관심영역을 두 개의 입력하여 논리곱을 수행한다. 이때 masks[4] 행렬(배경 통과 마스크)을 마스킹을 한다. 결과적으로 image의 관심영역에서 배경 부분을 background 행렬에 복사한다.

⑨ 28행은 완성된 dst 행렬을 image 행렬의 관심영역(roi)에 복사한다.

⑩ 31행은 완성된 전경 행렬(foreground)과 배경 행렬(background)를 윈도우에 표시한다.

⑪ 32행은 합성 행렬(dst)과 최종 결과 image 행렬을 윈도우 창에 표시한다.

5.4 절댓값, 최댓값, 최솟값 관련 함수

5.4.1 원소의 절댓값

영상 처리 과정에서 보통 행렬의 차분 연산을 많이 하게 되는데, 이때 행렬의 원소들의 값이 음수를 허용하지 않는 경우가 있다. 이런 경우에 cv::abs() 함수를 적용하면 쉽게 다음 영상 처리 과정으로 넘어 갈 수 있다. 다음은 행렬의 원소에 절댓값을 계산해 주는 함수들이다.

함수의 인수와 반환자료형 구조
MatExpr abs(const Mat& m)
MatExpr abs(const MatExpr& e)
void absdiff(InputArray src1, InputArray src2, OutputArray dst)
void convertScaleAbs(InputArray src, OutputArray dst, double alpha = 1, double beta = 0)

함수 및 인자	설명
MatExpr abs()	행렬의 각 원소에 대한 절댓값을 계산하여 수식을 위한 행렬인 MatExpr 객체로 반환한다.
void absdiff()	두 배열간 각 원소 간(per-element) 차분의 절댓값을 계산한다. src1, src2 중 하나는 스칼라값이 될 수 있다. 수식 : $dst(i) = saturate \mid src1(i) - src2(i) \mid$ $dst(i) = saturate \mid src1(i) - src2 \mid$ $dst(i) = saturate \mid src1 \quad - src2(i) \mid$

• InputArray src1	두 번째 입력 배열
• InputArray src2	첫 번째 입력 배열
• OutputArray dst	계산된 결과 출력 배열
void convertScaleAbs()	입력 배열의 각 원소에 alpha만큼 배율을 곱하고 beta만큼 더한 후에 절댓값을 계산한 결과를 8비트 자료형으로 변환한다. 수식 : $dst(i)=saturate\ cast<uchar>(\mid src(i)*\alpha+\beta\mid)$
• double alpha	입력 배열의 각 원소에 곱해지는 스케일 펙터
• double beta	스케일된 값에 더해지는 델타 옵션

다음 예제는 두 개의 영상 파일을 읽어서 두 영상의 차분영상을 구하는 것이다. 차분의 계산 결과, 특정 원소에서 음수 값이 나오면 saturate cast 연산 때문에 0이 되어 검은색으로 나타나서 원하는 처리 결과를 얻을 수 없을 때가 있다. 이때 이용하는 함수가 cv::abs() 함수이다.

행렬 절댓값 및 차분 연산 – mat_abs.cpp

```cpp
01  #include <opencv2/opencv.hpp>
02  using namespace cv;
03  using namespace std;
04  int main()
05  {
06      Mat image1 = imread("../image/abs_test1.jpg", 0);    // 명암도 영상 로드
07      Mat image2 = imread("../image/abs_test3.jpg", 0);
08      CV_Assert(image1.data && image2.data);               // 예외처리
09
10      Mat dif_img, abs_dif1, abs_dif2;
11      image1.convertTo(image1, CV_16S);                    // 행렬 형변환(uchar → short)
12      image2.convertTo(image2, CV_16S);
13      subtract(image1, image2, dif_img);                   // 뺄셈수행
14
15      Rect roi(10, 10, 7, 3);
16      cout << "[dif_img] = " << endl << dif_img(roi) << endl;
17      abs_dif1 = abs(dif_img);
18
19      image1.convertTo(image1, CV_8U);                     // 행렬 형변환(short → uchar)
20      image2.convertTo(image2, CV_8U);
21      dif_img.convertTo(dif_img, CV_8U);
22      abs_dif1.convertTo(abs_dif1, CV_8U);
```

```
23
24      absdiff(image1, image2, abs_dif2);                        // 차분 절댓값 계산
25
26      cout << "[dif_img] = " << endl << dif_img(roi) << endl << endl;
27      cout << "[abs_dif1] = " << endl << abs_dif1(roi) << endl;
28      cout << "[abs_dif2] = " << endl << abs_dif2(roi) << endl;
29
30      imshow("image1", image1),         imshow("image2", image2);
31      imshow("dif_img", dif_img);
32      imshow("abs_dif1", abs_dif1),     imshow("abs_dif2", abs_dif2);
33      return 0;
34  }
```

| 설명 |

① 10, 11행은 행렬의 자료형을 signed short(CV_16S)형으로 변환한다. 차분 계산 과정에서 saturate cast로 인해 음수가 0이 되는 것을 방지하기 위함이다.

② 13행은 cv::subtract() 함수로 image1과 image2 행렬의 차분을 계산하고 dif_img 행렬에 저장한다. dif_img도 입력 행렬과 같은 자료형이라 행렬 원소의 음수값이 보존된다.

③ 15행은 행렬의 모든 원소를 출력하기 곤란해서 특정 부분의 화소값을 콘솔창에 출력해 본다. 이를 위해서 (10,10) 좌표에서 3×7 크기로 관심영역(roi)을 선언한다.

④ 16행은 dif_img 행렬에서 관심영역을 참조해서 콘솔창에 출력한다.

⑤ 17행은 차분영상의 음수 값을 양수로 만들기 위해서 cv::abs() 함수로 원소들의 절댓값을 계산하고 abs_dif1 행렬에 저장한다.

⑥ 19~22행의 형변환은 cv::imshow() 함수가 행렬 원소를 영상으로 표시하는 범위를 맞추기 위함이다. 참고로 CV_8U형의 값의 범위는 0~255이며, CV_16S는 −215~+215−1 이다.

⑦ 24행은 cv::abs_diff() 함수로 두 행렬의 차분에 대한 절댓값을 구한다. 11~22행까지 작성 코드를 하나의 함수로 수행할 수 있다.

⑧ 26행부터는 계산된 각 행렬의 관심영역의 원소를 콘솔창에 출력한다. dif_img 행렬은 CV_8U로 변환되었기 때문에 음수가 0으로 바뀌었으며, abs_dif1, abs_dif2 행렬은 음수가 절댓값으로 변환되어 출력되는 것을 확인할 수 있다.

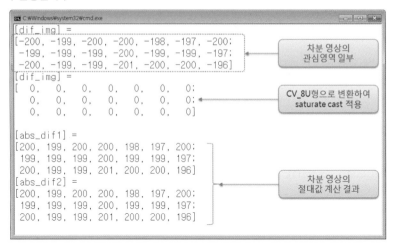

```
C:\Windows\system32\cmd.exe
[dif_img] =
[-200, -199, -200, -200, -198, -197, -200;
 -199, -199, -199, -200, -199, -199, -197;
 -200, -199, -199, -201, -200, -200, -196]
[dif_img] =
[  0,   0,   0,   0,   0,   0,   0;
   0,   0,   0,   0,   0,   0,   0;
   0,   0,   0,   0,   0,   0,   0]

[abs_dif1] =
[200, 199, 200, 200, 198, 197, 200;
 199, 199, 199, 200, 199, 199, 197;
 200, 199, 199, 201, 200, 200, 196]
[abs_dif2] =
[200, 199, 200, 200, 198, 197, 200;
 199, 199, 199, 200, 199, 199, 197;
 200, 199, 199, 201, 200, 200, 196]
```

차분 영상의
관심영역 일부

CV_8U형으로 변환하여
saturate cast 적용

차분 영상의
절대값 계산 결과

5.4.2 원소의 최솟값과 최댓값

두 행렬의 각 원소를 비교하여 큰 값이나 작은 값들을 모아서 찾아야 할 때가 종종 있다. 또한 하나의 행렬 내에서 가장 큰 값이나 가장 작은 값의 위치를 알면 히스토그램 그래프 그리기나 다른 행렬의 연산 등에서 상당히 유용하다. 이때 사용할 수 있는 것이 cv::max(), cv::min(), cv::minMaxLoc() 등의 함수이다.

다음은 최댓값과 최솟값과 관련된 함수들에 대한 설명이다.

함수의 인수와 반환자료형 구조
void min(InputArray src1, InputArray src2, OutputArray dst)
void min(const Mat& src1, const Mat& src2, Mat& dst)
MatExpr min(const Mat& a, double s)
MatExpr min(double s, const Mat& a)
void max(InputArray src1, InputArray src2, OutputArray dst)
void max(const Mat& src1, const Mat& src2, Mat& dst)
MatExpr max(const Mat& a, double s)
MatExpr max(double s, const Mat& a)
void minMaxIdx(InputArray src, double* minVal, double* maxVal int* minIdx = 0, int* maxIdx = 0, InputArray mask = noArray());
void minMaxLoc(InputArray src, double* minVal, double* maxVal = 0, Point* minLoc = 0, Point* maxLoc = 0, InputArray mask = noArray())

함수 및 인자	설명
void min()	두 입력 행렬을 원소 간 비교하여 작은 값을 출력 행렬로 반환한다. 수식 : $dst(i) = \min(src1(i), src2(i))$

• InputArray src1, InputArray src2	두 개의 입력 배열
• OutputArray dst	계산 결과 출력 배열(행렬 및 벡터)
• Mat& dst	계산 결과 출력 행렬
MatExpr min()	행렬의 원소와 스칼라를 비교하여 작은 값을 출력 행렬로 반환한다. 수식 : $dst(i) = \min(src1(i), s)$
• Mat& a • double s	첫 번째 행렬 스칼라값
void max()	두 행렬의 원소 간 비교하여 큰 값을 저장한 행렬을 인수로 반환한다. 수식 : $dst(i) = \min(src1(i), src2(i))$
MatExpr max()	행렬의 각 원소와 스칼라값을 비교하여 큰 값을 저장한 행렬을 반환한다. 수식 : $dst(i) = \min(src1(i), value)$
void minMaxIdx()	전체 배열에서 최솟값과 최댓값인 원소의 위치와 그 값을 반환한다.
• InputArray src	단일채널 입력 배열
• double* minVal, double* maxVal	최솟값과 최댓값 원소의 값 반환
• int* minIdx, int* maxIdx	최솟값과 최댓값 원소의 위치를 배열로 반환 (배열첨자 [0]: 세로 좌표, 배열첨자 [1]: 가로 좌표)
• InputArray mask	연산 마스크 – 8비트 단일채널 배열 (0이 아닌 좌표만 연산 수행)
void minMaxLoc()	전체 배열에서 최댓값과 최솟값을 갖는 원소의 위치와 그 값을 반환한다. 위치를 Point 형으로 반환한다.
• Point* minLoc • Point* maxLoc	최솟값인 원소의 위치를 Point 객체로 반환 최댓값인 원소의 위치를 Point 객체로 반환

다음은 최솟값/ 최댓값 함수들을 활용법을 확인해 볼 수 있는 예제이다.

예제 5.4.2 **행렬 최솟값 및 최댓값 연산1 – min_max.cpp**

```
01   #include <opencv2/opencv.hpp>
02   using namespace cv;
03   using namespace std;
04   int main()
05   {
06       uchar data[] = {
07           10, 200, 5, 7, 9,
08           15, 35, 60, 80, 170,
09           100, 2, 55, 37, 70
10       };
11       Mat m1(3, 5, CV_8U, data);
12       Mat m2(3, 5, CV_8U, Scalar(50));
```

```
13      Mat  m_min, m_max;                              // 최솟값 행렬, 최댓값 행렬
14      double minVal, maxVal;
15      int    minIdx[2] = {}, maxIdx[2] = {};          // 최솟값 좌표, 최댓값 좌표
16      Point  minLoc, maxLoc;
17
18      min(m1, 30, m_min);                             // 두 행렬 원소 간 최솟값 저장
19      max(m1, m2, m_max);                             // 두 행렬 최댓값 계산
20      minMaxIdx(m1, &minVal, &maxVal, minIdx, maxIdx);
21      minMaxLoc(m1, 0, 0, &minLoc, &maxLoc);
22
23      cout << "[m1] = " << endl << m1 << endl << endl;
24      cout << "[m_min] = " << endl << m_min << endl;
25      cout << "[m_max] = " << endl << m_max << endl << endl;
26
27      cout << "m1 행렬 원소 최솟값 : " << minVal << endl;
28      cout << "     최솟값 좌표 : " << minIdx[1] << ", " << minIdx[0] << endl;
29
30      cout << "m1 행렬 원소 최댓값 : " << maxVal << endl;
31      cout << "     최댓값 좌표 : " << maxIdx[1] << ", " << maxIdx[0] << endl << endl;
32
33      cout << "m1 행렬 최솟값 좌표: " << minLoc << endl;
34      cout << "m1 행렬 최댓값 좌표 " << maxLoc << endl;
35      return 0;
36  }
```

| 설명 |

① 11, 12행은 행렬을 선언하고, 각각 data 배열 원소와 스칼라값(50)으로 초기화한다.

② 14행은 cv::minMaxIdx()의 수행 결과를 반환받는 변수이다.

③ 15행은 최솟값, 최댓값 좌표를 의미하는 것으로 2개 원소의 배열로 선언한다.

④ 16행은 cv::minMaxLoc() 함수의 결과를 반환받는 변수로 Point 객체로 선언한다.

⑤ 18행은 m1 행렬 원소와 스칼라값(30)간에 작은 값을 m_min 행렬에 저장한다.

⑥ 19행은 m1 행렬 원소와 m2 행렬 원소 간에 큰 값을 m_max 행렬에 저장한다.

⑦ 20행은 cv::minMaxIdx() 함수로 최댓값, 최솟값 그리고 이들의 좌표를 받아온다. 여기서 함수에 전달되는 인수는 좌표 값을 받아오기 위해서는 주소를 전달해야 한다. 따라서 minVal과 maxVal 인수는 참조(&) 연산자를 추가한다. 한편, minIdx, maxIdx는 배열이기 때문에 배열 이름이 주소이다.

⑧ 21행은 cv::minMaxLoc() 함수의 사용법이다. minLoc와 maxLoc도 주소를 전달하기 위해 참조(&) 연산자를 추가한다. 여기서 인수를 반환받을 필요가 없을 경우에는 그 인수의 자리에 0을 지정한다.

⑨ 28, 30행은 최솟값과 최댓값 좌표를 출력한다. 배열첨자 [1]이 가로좌표이며, [0]이 세로 좌표이다.

⑩ 32, 33행은 Point형으로 돌려받은 최솟값과 최댓값의 좌표 위치를 출력한다.

| 실행결과 |

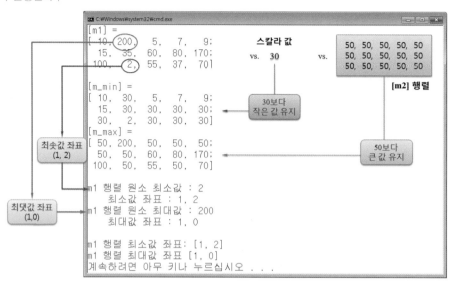

다음 예제는 영상에서 화소의 최솟값과 최댓값의 이용해서 화질을 개선하는 예제이다.

심화예제 5.4.3 행렬 최솟값 최댓값 연산2 – min_max.cpp

```cpp
01    #include <opencv2/opencv.hpp>
02    using namespace cv;
03    using namespace std;
04    int main()
05    {
06        Mat image = imread("../image/minMax.jpg", IMREAD_GRAYSCALE);
07        double minVal, maxVal;
08        minMaxIdx(image, &minVal, &maxVal);              // 최댓값, 최솟값 가져오기
09
10        double ratio = (maxVal - minVal)/ 255.0 ;
11        Mat  dst = (image - minVal) / ratio;
12
13        cout << "최솟값  = " << minVal << endl;
```

```
14          cout << "최댓값  = " << maxVal << endl;
15          imshow("image", image);
16          imshow("dst" , dst );
17          waitKey();
18          return 0;
19  }
```

| 설명 |

① 8행은 image 행렬에서 모든 화소 중에서 최솟값과 최댓값을 구한다.

② 10행은 구해진 최댓값과 최솟값의 차분을 255로 나누어서 비율을 계산한다.

③ 11행은 image 행렬에 화소 최솟값을 빼고, 구해진 비율을 나누어 주면 영상에서 화소 최솟값이 0이 되고, 최댓값이 255가 된다. 또한 그 사이의 값들은 비율에 맞게 스케일 된다.

| 실행결과 |

실행결과에서 예시 파일과 같이 화소의 최솟값과 최댓값의 차이가 적은 경우에 영상의 화질을 개선할 수 있다.

5.5 통계 관련 함수

OpenCV는 행렬 원소들의 합, 평균, 표준편차와 같은 통계적인 요소를 계산하는 함수도 제공한다. 또한 행렬 원소들의 오름차순 혹은 내림차순으로 정렬하는 함수도 있다. 다음은 통계와 관련된 함수들에 대한 설명이다.

클래스 및 함수의 인수와 반환자료형 구조
Scalar sum(InputArray src)
Scalar mean(InputArray src, InputArray mask = noArray())
void meanStdDev(InputArray src, OutputArray mean, OutputArray stddev, InputArray mask = noArray())
int countNonZero(InputArray src)
void reduce(InputArray src, OutputArray dst, int dim, int rtype, int dtype = -1)
void sort(InputArray src, OutputArray dst, int flags)
void sortIdx(InputArray src, OutputArray dst, int flags)

함수 및 인자	설명
Scalar sum()	배열의 각 채널 별로 원소들의 합 N을 계산하여 스칼라값으로 반환한다. 수식: $S = \sum_i src(i)$
• InputArray src	1개에서 4개 채널을 갖는 입력 배열(행렬 or 벡터)
Scalar mean()	배열의 각 채널 별로 원소들의 평균을 계산하여 스칼라값으로 반환한다. 수식: $N = \sum_{i:mask(i)\neq 0} 1$ $M_c = \left(\sum_{i:mask(i)\neq 0} src(i) \right) / N$
• InputArray src • InputArray mask	1개에서 4개 채널을 갖는 입력 배열 연산 마스크 – 마스크가 0이 아닌 좌표만 연산 수행
void meanStdDev()	배열 원소들의 평균과 표준편차를 계산한다.
• InputArray src • OutputArray mean • OutputArray stddev • InputArray mask	1개에서 4개 채널을 갖는 입력 배열 계산된 평균이 반환되는 출력 인수, CV_64F형으로 반환 계산된 표준편차가 반환되는 출력 인수, CV_64F형으로 반환 연산 마스크 – 마스크가 0이 아닌 좌표만 연산 수행
int countNonZero()	0이 아닌 배열 원소를 개수 N을 반환한다. 수식: $N = \sum_{i:src(i)\neq 0} 1$
void reduce()	행렬을 열방향 혹은 행방향으로 옵션상수(rtype)의 연산을 수행하여 벡터로 감축한다.

• InputArray src	2차원 입력 배열 (CV_32F, CV_64F타입만 수행 가능)
• OutputArray dst	출력 벡터, 감소방향과 타입은 dim, dtype 인수에 따라 정해짐
• int dim	행렬이 감축될 때 차원 감소 인덱스
	– 0 : 열방향으로 연산하여 1행으로 감축
	– 1 : 행방향으로 연산하여 1열로 감소
• int rtype	감축 연산 종류
• int dtype	감소된 벡터의 자료형
void sort()	행렬의 각 행 혹은 각 열의 방향으로 정렬한다.
• InputArray src	단일채널 입력 배열
• OutputArray dst	정렬된 출력 배열
• int flags	연산 플래그 – 다음의 상수를 조합해서 정렬 방식 구성

옵션 상수	값	설명
SORT_EVERY_ROW	0	각 행을 독립적으로 정렬
SORT_EVERY_COLUMN	1	각 열을 독립적으로 정렬
SORT_ASCENDING	0	오름차순으로 정렬
SORT_DESCENDING	16	내림차순으로 정렬

	OpenCV 2.4.11 버전까지는 옵션 상수 앞에 CV_를 붙여야 한다.
void sortIdx	행렬의 각 행 혹은 각 열로 정렬한다. 출력 배열(dst)에 정렬된 원소의 인덱스들을 저장한다. 인수는 sort()와 동일하다.

여기서 cv::reduce() 함수는 〈그림 5.5.1〉과 같이 세 번째 인수(dim)의 값에 따라서 행렬의 원소들을 열방향으로 감축하여 1행 행렬을 만들거나, 행방향으로 감축하여 1열 행렬을 만든다.

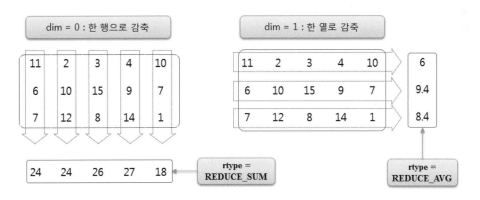

〈그림 5.5.1〉 cv::reduce() 함수의 수행 방식

이때, 네 번째 인수(rtype)로 감축 연산의 방법을 결정한다. 연산의 종류는 〈표 5.5.1〉과 같다. OpenCV 2.4.11 버전까지는 옵션 상수 앞에 CV_를 붙여야 한다.

〈표 5.5.1〉 cv::reduce() 함수의 연산 옵션

옵션 상수	값	설명
REDUCE_SUM	0	행렬의 모든 행(열)들을 합한다.
REDUCE_AVG	1	헹렬의 모든 헹(열)들을 평균한다.
REDUCE_MAX	3	행렬의 모든 행(열)들의 최댓값을 구한다.
REDUCE_MIN	4	행렬의 모든 행(열)들의 최솟값을 구한다.

다음 예제는 영상 파일을 읽어서 각 채널의 합, 평균 그리고 표준편차를 구하는 예제이다. 예제에서 확인 할 수 있듯이 평균과 표준편차는 mask 행렬을 이용해서 특정 영역에 대해서도 구할 수 있다.

예제 5.5.1　행렬 합 평균 연산 - sum_avg.cpp

```
01  #include <opencv2/opencv.hpp>
02  using namespace cv;
03  using namespace std;
04  int main()
05  {
06      Mat image = imread("../image/sum_test.jpg", 1);        // 컬러 영상 로드
07      CV_Assert(image.data);                                 // 예외 처리
08      Mat  mask(image.size(), CV_8U, Scalar(0)), mean, stddev;
09      mask(Rect(20, 40, 70, 70)).setTo(255);
10
11      Scalar sum_value = sum(image);
12      Scalar mean_value1 = mean(image);
13      Scalar mean_value2 = mean(image, mask);                // 마스크 원소 1인 영역만 계산
14
15      cout << "[sum_value] = " << sum_value << endl;
16      cout << "[mean_value1] = " << mean_value1 << endl;
17      cout << "[mean_value2] = " << mean_value2 << endl << endl;
18
19      meanStdDev(image, mean, stddev);                       // 평균과 표준편차 결과 저장
20      cout << "[mean] = " << mean << endl;
```

```
21          cout << "[stddev] = " << stddev << endl << endl;
22
23          meanStdDev(image, mean, stddev, mask);           // 마스크 1인 영역만 계산
24          cout << "[mean] = " << mean << endl;
25          cout << "[stddev] = " << stddev << endl;
26
27          imshow("image", image),          imshow("mask", mask);        // 행렬 영상 보기
28          waitKey();
29          return 0;
30  }
```

| 설명 |

① 6, 7행은 'sum_test.jpg' 파일을 읽어서 image 행렬에 저장하고, 예외처리를 한다.

② 8행은 마스크 행렬 mask를 선언하고, 원소값을 0으로 초기화한다.

③ 9행은 mask 행렬에 관심영역을 Rect 객체로 지정하고, Mat::setTo() 함수를 이용해서 화소값을 255로 설정한다. 마스킹을 위해서는 0이 아닌 어떤 값으로 지정해도 된다.

④ 11행은 cv::sum() 함수로 image 행렬의 채널별로 모든 원소의 합을 계산하고, Scalar 객체 sum_value에 저장한다. 입력 행렬의 채널 수와 같은 개수의 원소를 반환한다. 즉, image 행렬이 3채널의 영상이기 때문에 3개 원소가 반환되고, 마지막 원소는 0이 된다.

⑤ 12행은 image 행렬의 모든 원소에 대해서 평균을 계산한다.

⑥ 13행은 image 행렬에서 mask 행렬이 1인 원소에 대해서만 평균을 계산한다.

⑦ 19~21행은 cv::meanStdDev() 함수로 imgae 행렬 원소의 평균과 표준편차를 계산하여 mean, stddev에 각각 저장하고, 결과 행렬을 출력한다. 여기서 반환 행렬은 입력 행렬의 채널 수×1이다. image 행렬이 3채널이기 때문에 3행, 1열의 행렬이 출력된다.

⑧ 23행은 mask 행렬의 관심영역에 대해서 평균과 표준 편차를 계산한다.

⑨ 27행은 image 행렬과 마스크 행렬을 원도우 창에 영상으로 표시한다. mask의 관심영역이 흰색으로 표시된 것을 확인 할 수 있다.

| 실행결과 |

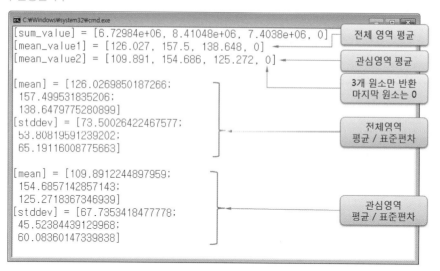

```
[sum_value] = [6.72984e+06, 8.41048e+06, 7.4038e+06, 0]        ← 전체 영역 평균
[mean_value1] = [126.027, 157.5, 138.648, 0]    ←                관심영역 평균
[mean_value2] = [109.891, 154.686, 125.272, 0]  ←
                                                                 3개 원소만 반환
[mean] = [126.0269850187266;                                     마지막 원소는 0
 157.499531835206;
 138.6479775280899]                                              전체영역
[stddev] = [73.50026422467577;                                   평균 / 표준편차
 53.80819591239202;
 65.19116008775663]

[mean] = [109.8912244897959;
 154.6857142857143;
 125.2718367346939]                                              관심영역
[stddev] = [67.7353418477778;                                    평균 / 표준편차
 45.52384439129968;
 60.08360147339838]
```

다음은 행렬 원소들을 행방향 혹은 열방향으로 원소들의 정렬을 수행하는 cv::sort() 함수의 사용법을 예시한다.

예제 5.5.2 행렬 원소 정렬 – sort.cpp

```cpp
01  #include <opencv2/opencv.hpp>
02  using namespace cv;
03  using namespace std;
04  int main()
05  {
```

```
06      Mat_<uchar> m1(3, 5);
07      m1 << 11, 2, 3, 4, 10,                              // Matx 객체로 간편 초기화
08              6, 10, 15, 9, 7,
09              7, 12, 8, 14, 1;
10
11      Mat  m_sort1, m_sort2, m_sort3, m_sort_idx1, m_sort_idx2;
12      cv::sort(m1, m_sort1, SORT_EVERY_ROW);              // 행렬 원소 정렬
13      cv::sort(m1, m_sort2, SORT_EVERY_ROW + SORT_DESCENDING);
14      cv::sort(m1, m_sort3, SORT_EVERY_COLUMN );
15
16      cout << "[m1] = " << endl << m1 << endl << endl;
17      cout << "[m_sort1] = " << endl << m_sort1 << endl << endl;
18      cout << "[m_sort2] = " << endl << m_sort2 << endl << endl;
19      cout << "[m_sort3] = " << endl << m_sort3 << endl ;
20      return 0;
21  }
```

| 설명 |

① 7~9행은 Mat::<< 연산자 함수를 이용한 m1 행렬의 초기화하는 방법이다.

② 12~14행은 cv::sort() 함수를 이용하여 m1 행렬을 정렬한다. cv::sort() 함수는 std::sort() 함수와 인수 구조가 동일하기 때문에 반드시 cv 네임스페이스를 통해서 호출 함수를 명확히 해야 한다.

③ 12행은 세 번째 인수(flags)로 SORT_EVERY_ROW 옵션을 지정해서 m1 행렬의 원소를 행단위로(한행씩) 정렬해서 m_sort1 행렬에 저장한다. flags에 정렬 순서를 추가하지 않으면 기본값인 오름차순으로 정렬한다.

④ 13행은 세 번째 인수로 SORT_EVERY_ROW와 함께 SORT_DESCENDING를 지정해서 내림차순으로 정렬한다.

⑤ 14행은 세 번째 인수로 SORT_EVERY_COLUMN을 지정해서 열단위(한열씩) 오름차순으로 정렬한다.

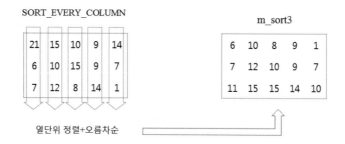

| 실행결과 |

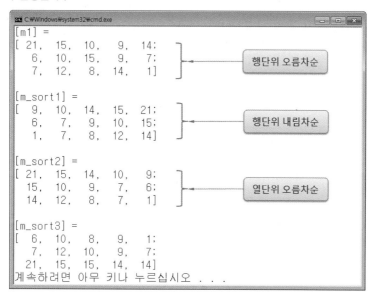

다음은 cv::sortIdx() 함수에 대한 설명이다. 이 함수는 〈그림 5.5.2〉와 같이 행렬의 원소를 직접 정렬하지 않고 정렬된 원소의 원본 좌표를 반환한다. 주로 행렬이나 벡터에서 원소의 값이 아닌 다른 기준으로 정렬해야 할 때 사용한다. 간단한 예제를 통해서 확인해 보자.

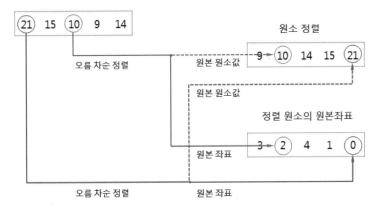

<그림 5.5.2> cv::sortIdx() 함수의 수행 방식

예제 5.5.3　　정렬 원소 원본 좌표 반환 – sortIdx.cpp

```
01  #include <opencv2/opencv.hpp>
02  using namespace cv;
03  using namespace std;
04
05  int main()
06  {
07      Mat_<uchar> m1(3, 5);
08      m1 << 11, 2, 3, 4, 10,
09            6, 10, 15, 9, 7,
10            7, 12, 8, 14, 1;
11
12      Mat  m_sort_idx1, m_sort_idx2, m_sort_idx3;
13      sortIdx(m1, m_sort_idx1, SORT_EVERY_ROW);        // 정렬 원소의 원본좌표
14      sortIdx(m1, m_sort_idx2, SORT_EVERY_COLUMN);
15
16      cout << "[m1] = " << endl << m1 << endl << endl;
17      cout << "[m_sort_idx1] = " << endl << m_sort_idx1 << endl << endl;
18      cout << "[m_sort_idx2] = " << endl << m_sort_idx2 << endl << endl;
19      return 0;
20  }
```

| 설명 |

① 8~10행은 Mat_ 행렬 원소의 간편한 초기화 방법이다.

② 13, 14행은 cv::sortIdx() 함수를 이용하여 m1 정렬된 행렬 원소에 대한 원 좌표 인덱스를 반환한다. flag 옵션은
cv::sort() 함수와 동일하다.

```
C:₩Windows₩system32₩cmd.exe

[m1] =
[ 21,  15,  10,   9,  14;
   6,  10,  15,   9,   7;
   7,  12,   8,  14,   1]

[m_sort_idx1] =
[3, 2, 4, 1, 0;
 0, 4, 3, 1, 2;
 4, 0, 2, 1, 3]

[m_sort_idx2] =
[1, 1, 2, 0, 2;
 2, 2, 0, 1, 1;
 0, 0, 1, 2, 0]

계속하려면 아무 키나 누르십시오 . . .
```

이번에는 cv::sortIdx() 함수를 이용해서 실제 정렬을 수행하는 심화예제를 다루어 보자. 예제는 Rect 객체를 원소로 갖는 벡터를 임의로 생성해서 사각형의 크기순으로 정렬한다.

심화예제 5.5.4 cv::sortIdx() 활용한 사각형 크기 정렬 – sortIdx_rect.cpp

```cpp
01  #include <opencv2/opencv.hpp>
02  using namespace cv;
03  using namespace std;
04  int main()
05  {
06      Matx<ushort, 5, 4>  pts;
07      Mat_<int> sizes, sort_idx;              // 사각형 크기 벡터와 정렬 인덱스 벡터
08      vector<Rect> rects;
09      randn(pts, Scalar(200), Scalar(100));    // 랜덤값 생성 – 임의 사각형 생성 위해
10
11      cout << "----------------------------------------" << endl;
12      cout << "        랜덤 사각형 정보 "        << endl;
13      cout << "----------------------------------------" << endl;
14      for (int i = 0; i < pts.rows; i++)
15      {
16          Point pt1(pts(i, 0), pts(i, 1));              // 사각형 시작 좌표
17          Point pt2(pts(i, 2), pts(i, 3));              // 사각형 종료 좌표
18          rects.push_back(Rect(pt1, pt2));              // 벡터 저장
19          sizes.push_back(rects[i].area());             // 사각형 크기 저장
20          cout << format("rects[%d] = ", i) << rects[i] << endl;
```

```
21          }
22
23          // 정렬 후, 정렬 원소의 원본 인덱스 반환
24          sortIdx(sizes, sort_idx, SORT_EVERY_COLUMN);
25
26          cout << endl<<  " 크기순 정렬 사각형 정보 \t크기" << endl;
27          cout << "---------------------------------------" << endl;
28          for (int i = 0; i < rects.size(); i++) {
29              int idx = sort_idx(i);                    // 정렬 원본 인덱스
30              cout << rects[idx] << "\t" << sizes(idx) << endl;
31          }
32          cout << "---------------------------------------" << endl;
33          return 0;
34      }
```

| 설명 |

① 6행은 두 쌍의 좌표 5개를 랜덤하게 생성하기 위해 Max_클래스로 5행, 4열의 행렬을 만든다.

② 9행에서 cv::randn() 함수는 평균과 표준편차로 정규분포의 값을 생성해 행렬로 반환한다. 두 번째 인수가 평균이며, 세 번째 인수가 표준편차이다.

③ 16, 17행은 랜덤하게 생성한 행렬 원소로 두 쌍의 좌표(pt1, pt2)를 선언한다.

④ 19행은 크기순으로 정렬하기 위해서 사각형의 넓이를 sizes 벡터에 저장한다.

⑤ 24행은 cv::sortIdx() 함수로 정렬 원소의 원본좌표를 sort_idx 저장한다.

⑥ 29행에서 정렬 원본좌표로 rects 벡터를 조회하면 크기순으로 정렬되어 출력한다.

| 실행결과 |

```
C:\Windows\system32\cmd.exe
---------------------------------------
        랜덤 사각형 정보
---------------------------------------
rects[0] = [70 x 59 from (130, 157)]
rects[1] = [189 x 59 from (135, 172)]
rects[2] = [25 x 110 from (252, 85)]
rects[3] = [321 x 142 from (10, 4)]
rects[4] = [102 x 328 from (125, 62)]

 크기순 정렬 사각형 정보        크기
---------------------------------------
[25 x 110 from (252, 85)]       2750
[70 x 59 from (130, 157)]       4130
[189 x 59 from (135, 172)]      11151
[102 x 328 from (125, 62)]      33456
[321 x 142 from (10, 4)]        45582
---------------------------------------
계속하려면 아무 키나 누르십시오 . . .
```

다음은 cv::reduce() 함수에 대한 예제이다. 세 번째 인수(dim)로 감축 방향을 결정하며, 네 번째 인수(rtype)로 감축 방법을 결정한다.

| 예제 5.5.5 | 행렬 감축 연산 - reduce.cpp |

```cpp
01  #include <opencv2/opencv.hpp>
02  using namespace cv;
03  using namespace std;
04
05  int main()
06  {
07      Mat_<float> m1(3, 5);
08      m1 << 11, 2, 3, 4, 10,                              // Matx 행렬로 간편 초기화
09             6, 10, 15, 9, 7,
10             7, 12, 8, 14, 1;
11      Mat  m_reduce1, m_reduce2, m_reduce3, m_reduce4;
12
13      reduce(m1, m_reduce1, 0, REDUCE_SUM);               // 0 - 열방향 감축
14      reduce(m1, m_reduce2, 1, REDUCE_AVG);               // 1 - 행방향 감축
15      reduce(m1, m_reduce3, 0, REDUCE_MAX);
16      reduce(m1, m_reduce4, 1, REDUCE_MIN);
17
18      cout << "[m1] = " << endl << m1 << endl << endl;
19      cout << "[m_reduce_sum] = " << m_reduce1 << endl ;
20      cout << "[m_reduce_avg] = " << m_reduce2.t() << endl << endl;
21      cout << "[m_reduce_max] = " << m_reduce3 << endl ;
22      cout << "[m_reduce_min] = " << m_reduce4.t() << endl ;
23      return 0;
24  }
```

| 설명 |

① 7행은 Mat_ 클래스로 3행, 5열의 행렬을 선언한다. cv::reduce() 함수의 입력 행렬은 CV_32F나 CV_64F형으로 지정되어야한다.

② 13~16행은 cv::reduce() 함수를 사용하여 m1 행렬을 감축시키는 예시이다.

③ 13행은 dim이 0으로 열방향으로 합을 구해서 감축하고 행벡터(1행 행렬)를 만든다.

④ 14행은 dim이 1로 행방향으로 평균을 구해서 감축하고 열벡터(1열 행렬)를 만든다.

⑤ 15행은 dim이 0으로 열방향으로 최댓값을 구해서 감축하고 행벡터를 만든다.

⑥ 16행은 dim이 1로 행방향으로 최솟값을 구해서 감축하고 열벡터를 만든다.

⑦ 20, 22행은 결과 행렬이 3행, 1열이기 때문에 전치를 시켜서 한 행에 출력한다.

| 실행결과 |

```
C:\Windows\system32\cmd.exe
[m1] =
[11, 2, 3, 4, 10;
 6, 10, 15, 9, 7;
 7, 12, 8, 14, 1]

[m_reduce_sum] = [24, 24, 26, 27, 18]
[m_reduce_avg] = [6, 9.4000006, 8.4000006]

[m_reduce_max] = [11, 12, 15, 14, 10]
[m_reduce_min] = [2, 6, 1]
계속하려면 아무 키나 누르십시오 . . .
```

5.6 행렬 연산 함수

OpenCV에서는 일반적으로 수학에서 의미하는 행렬 연산을 수행하는 함수도 지원한다. 다음은 대표적인 행렬 연산 함수이다.

함수의 인수와 반환자료형 구조
void gemm(InputArray src1, InputArray src2, double alpha, InputArray src3, double beta,   OutputArray dst, int flags = 0)
void perspectiveTransform(InputArray src, OutputArray dst, InputArray m)
void transform(InputArray src, OutputArray dst, InputArray m)

함수 및 인수	설명
void gemm()	일반화된 행렬 곱셈을 수행한다. 수식: $dst = alpha \cdot src1^T \cdot src2 + beta \cdot src3^T$
• InputArray src1, src2	행렬 곱을 위한 두 입력 행렬(CV_32/CV_64F 타입 2채널까지 가능)
• double alpha	행렬 곱($src1^T \cdot src2$)에 대한 가중치
• InputArray src3	행렬 곱($src1^T \cdot src2$)에 더해지는 델타 행렬
• double beta	src3 행렬에 곱해지는 가중치
• OutputArray dst	출력 행렬
• int flags	연산 플래그 – 옵션을 조합하여 입력 행렬들을 전치

옵션	값	설명
GEMM_1_T	1	src1을 전치
GEMM_2_T	2	src2를 전치
GEMM_3_T	4	src3을 전치

void transform()	입력 배열의 모든 원소에 행렬 변환을 수행한다. 수식: $dst(i) = m \cdot src(i)$ if $m.cols = src.channels(\ )$ $dst(i) = m \cdot [src(i); 1]$ if $m.cols = src.channels(\ ) + 1$
• InputArray src	변환 행렬 m의 열수(m.cols or m.col-1)만큼 채널을 갖는 입력 배열
• OutputArray dst	src와 같은 크기와 깊이의 출력 배열, 채널 수는 m.rows 개
• InputArray m	2×2 혹은 3×3 부동소수점 변환 행렬
void perspectiveTransform()	입력 벡터들에 대해서 투영(perspective) 변환 m을 수행한다. 수식: 3차원 좌표인 경우 $(x, y, z) \rightarrow (x'/w, y'/w, z'/w)$ 여기서 $(x', y', z', w') = m \cdot [x, y, z\ 1]$ $w = \begin{cases} w' & \text{if } w' \neq 0 \\ \infty & otherwise \end{cases}$
• InputArray src	좌표로 변환될 2채널 혹은 3채널의 부동소수점 배열
• OutputArray dst	src와 같은 크기와 타입의 출력 배열
• InputArray m	3×3 혹은 4×4 부동소수점의 투영 변환 행렬

다음 예제는 cv::gemm() 함수를 이용해서 행렬의 곱셈을 수행한 것이다. cv::gemm() 함수가 아닌 Mat 클래스의 내부 메서드인 * 연산자 함수를 이용해서 행렬의 곱셈을 바로 수행해도 같은 결과를 만들 수 있다.

예제 5.6.1   행렬곱 연산 – gemm.cpp

```
01  #include <opencv2/opencv.hpp>
02  using namespace cv;
03  using namespace std;
04  int main()
05  {
06      // Matx 행렬의 선언 및 초기화
07      Matx23f src1(1, 2, 3, 4, 5, 1);              // 2행, 3열 Matx 행렬 선언
08      Matx23f src2(5, 4, 2, 3, 2, 1);
09      Matx32f src3(5, 4, 2, 3, 2, 1);              // 3행, 2열 Matx 행렬 선언
10      Mat dst1, dst2, dst3;
11      double alpha = 1.0, beta = 1.0;
12
13      // 행렬 곱 수행
14      gemm(src1, src2, alpha, Mat(), beta, dst1, GEMM_1_T);
15      gemm(src1, src2, alpha, noArray(), beta, dst2, GEMM_2_T);
16      gemm(src1, src3, alpha, noArray(), beta, dst3);
```

```
17
18        cout << "[src1] = " << endl << src1 << endl;
19        cout << "[src2] = " << endl << src2 << endl;
20        cout << "[src3] = " << endl << src3 << endl << endl;
21
22        cout << "[dst1] = " << endl << dst1 << endl;
23        cout << "[dst2] = " << endl << dst2 << endl << endl;
24        cout << "[dst3] = " << endl << dst3 << endl;
25        return 0;
26   }
```

| 설명 |

① 7~9행에서 src1, src2, src3 행렬을 선언하며, 초기화한다.

② 11행은 cv::gemm() 함수에 스케일을 곱하는 인수로 사용될 변수이다. 결과를 쉽게 확인하기 위해 alpha, beta 모두 1.0을 지정해서 스케일에 변화가 없다.

③ 14행은 마지막 인수(flags)로 GEMM_1_T를 지정하면 첫번째 인수(src1)를 전치하여 행렬 곱을 수행한다.

$$src1^T \cdot src2 = \begin{bmatrix} 1 & 2 & 3 \\ 4 & 5 & 1 \end{bmatrix}^T \cdot \begin{bmatrix} 5 & 4 & 2 \\ 3 & 2 & 1 \end{bmatrix} = \begin{bmatrix} 1 & 4 \\ 2 & 5 \\ 3 & 1 \end{bmatrix} \cdot \begin{bmatrix} 5 & 4 & 2 \\ 3 & 2 & 1 \end{bmatrix} = \begin{bmatrix} 17 & 12 & 6 \\ 25 & 18 & 9 \\ 18 & 14 & 7 \end{bmatrix}$$

④ 15행은 flags로 GEMM_2_T를 지정하면 두 번째 인수(src2)를 전치한 후에 행렬 곱을 수행한다.

$$src1 \cdot src2^T = \begin{bmatrix} 1 & 2 & 3 \\ 4 & 5 & 1 \end{bmatrix} \cdot \begin{bmatrix} 5 & 4 & 2 \\ 3 & 2 & 1 \end{bmatrix}^T = \begin{bmatrix} 1 & 2 & 3 \\ 4 & 5 & 1 \end{bmatrix} \cdot \begin{bmatrix} 5 & 3 \\ 4 & 2 \\ 2 & 1 \end{bmatrix} = \begin{bmatrix} 19 & 10 \\ 42 & 23 \end{bmatrix}$$

⑤ 16행은 flags를 적용하지 않은 경우이다. 이 경우 입력 행렬을 전치하지 않고 행렬 곱을 수행한다.

$$src1 \cdot src3 = \begin{bmatrix} 1 & 2 & 3 \\ 4 & 5 & 1 \end{bmatrix} \cdot \begin{bmatrix} 5 & 4 \\ 2 & 3 \\ 2 & 1 \end{bmatrix} = \begin{bmatrix} 15 & 13 \\ 32 & 32 \end{bmatrix}$$

```
C:\Windows\system32\cmd.exe
[src1] =
[1, 2, 3;
 4, 5, 1]
[src2] =
[5, 4, 2;
 3, 2, 1]
[src3] =
[5, 4;
 2, 3;
 2, 1]

[dst1] =
[17, 12, 6;
 25, 18, 9;
 18, 14, 7]
[dst2] =
[19, 10;
 42, 23]
[dst3] =
[15, 13;
 32, 32]
계속하려면 아무 키나 누르십시오 . . .
```

행렬의 곱셈은 컴퓨터 그래픽에서 물체를 회전시키거나 크기를 줄일 때와 같이 변환 (transform)을 필요로 할 때 실제로 사용된다. 다음은 4개의 좌표를 이용해서 사각형을 그리며, cv::transform() 함수를 이용해서 각 좌표들을 회전하는 예제 프로그램이다. 이 때 회전의 중심점은 윈도우 최상단 왼쪽임에 주의하자.

심화예제 5.6.2   cv::transform()을 이용한 회전 변환 – point_transform.cpp

```cpp
01   #include <opencv2/opencv.hpp>
02   using namespace cv;
03   using namespace std;
04   int main()
05   {
06       vector<Point> rect_pt1, rect_pt2;              // 입력좌표와 변환 결과좌표 벡터
07       rect_pt1.push_back(Point(200, 50));            // 입력좌표 지정
08       rect_pt1.push_back(Point(400, 50));
09       rect_pt1.push_back(Point(400, 250));
10       rect_pt1.push_back(Point(200, 250));
11
12       float theta = 20 * CV_PI / 180;               // 라디안 각도 계산
13       Matx22f m( cos(theta), -sin(theta), sin(theta), cos(theta) );
14       transform(rect_pt1, rect_pt2, m);
```

```
15
16      Mat image(400, 500, CV_8UC3, Scalar(255, 255, 255));        // 영상 생성
17      for (int i = 0; i < 4; i++)                                 // 4개 좌표 그리기
18      {
19          line(image, rect_pt1[i], rect_pt1[(i + 1) % 4], Scalar(0, 0, 0), 1);
20          line(image, rect_pt2[i], rect_pt2[(i + 1) % 4], Scalar(255, 0, 0), 2);
21          cout << "rect_pt1[" + to_string(i) + "]=" << rect_pt1[i] << "\t";
22          cout << "rect_pt2[" + to_string(i) + "]=" << rect_pt2[i] << endl;
23      }
24      imshow("image", image);
25      waitKey();
26      return 0;
27  }
```

| 설명 |

① 7~10행은 rect_pt1 벡터에 사각형의 4개 꼭짓점 좌표를 추가한다.

② 13행은 회전 변환 행렬 m을 Matx 객체로 선언하고, 회전각(theat)에 대한 sin(), cos() 값을 계산하여 초기화한다.

$$회전\ 변환\ 행렬 = \begin{bmatrix} \cos\theta & -\sin\theta \\ \sin\theta & \cos\theta \end{bmatrix}$$

③ 14행은 cv::transform() 함수로 rect_pt1 벡터의 좌표들에 회전 변환 행렬 m으로 행렬 곱을 적용하여 rect_pt2 벡터로 반환한다. 즉, 화전된 좌표를 계산한다.

④ 17~23행은 rect_pt1, rect_pt2 벡터의 4개 좌표를 잇는 직선을 그려서 사각형을 만든다.

⑤ 19, 20행은 각각 입력 좌표와 회전된 결과 좌표를 연결하는 직선을 그린다.

⑥ 21, 22행은 각각 입력 좌표와 회전된 결과 좌표 값을 콘솔창에 출력한다.

| 실행결과 |

```
C:\Windows\system32\cmd.exe
rect_pt1[0]=[200, 50]    rect_pt2[0]=[171, 115]
rect_pt1[1]=[400, 50]    rect_pt2[1]=[359, 184]
rect_pt1[2]=[400, 250]   rect_pt2[2]=[290, 372]
rect_pt1[3]=[200, 250]   rect_pt2[3]=[102, 303]
```

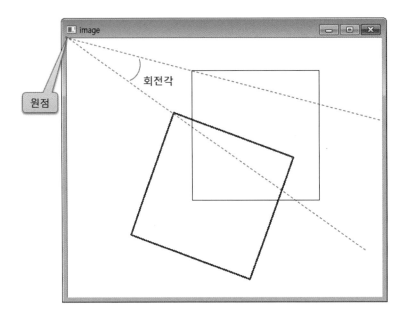

회전 각도를 바꾸어가며 실행결과를 확인해 보기 바란다. 왼쪽 상단의 원점을 중심으로 시계방향으로 회전된 사각형이 그려진다.

다음은 역행렬과 연립방정식의 해를 바로 구하는 함수에 대한 설명이다.

함수의 인수와 반환자료형 구조
double invert(InputArray src, OutputArray dst, int flags = DECOMP_LU) bool solve(InputArray src1, InputArray src2, OutputArray dst, int flags = DECOMP_LU)

함수 및 인수	설명
double invert()	행렬의 역행렬을 계산한다. - 입력 행렬이 정방 행렬이 아니면 의사 역행렬을 계산
• InputArray src • OutputArray dst • int flags	M×N 크기의 부동소수점 입력 행렬 src와 크기와 타입이 같은 출력 행렬 역행렬의 계산 방법에 대한 플래그
bool solve()	연립 방정식이나 최소자승 문제를 해결한다. 수식: $dst = \mathrm{argmin}\|src1 \cdot X - src1\|$
• InputArray src1 • InputArray src2 • OutputArray dst • int flags	연립방정식의 왼쪽 행렬 연립방정식의 오른쪽 행렬 출력 행렬 해결(역행렬 계산 플래그) 방법

다음의 〈표 5.6.1〉은 역행렬의 계산 방법에 대한 옵션(flags) 값과 설명이다.

〈표 5.6.1〉 flags 옵션의 역행렬의 계산 방법

옵션	값	설명
DECOMP_LU	0	가우시안 소거법으로 역행렬 계산 - 입력 행렬은 역행렬이 존재하는 정방행렬
DECOMP_SVD	1	특이치 분해 방법으로 역행렬 계산 - 입력 행렬이 정방행렬이 아닌 경우 의사 역행렬을 계산
DECOMP_CHOLESKY	3	숄레스키(cholesky) 분해로 역행렬 계산 - 입력 행렬이 역행렬이 존재하는 정방행렬, 대칭행렬이며 양의 정부호 행렬

다음은 3장의 예제_3.5.3에서 예시되었던 연립방정식 문제를 각각 cv::invert() 함수와 cv::solve() 함수로 푸는 방법을 보인다.

$$
\begin{aligned}
연립방정식&: \\
1x_1 + \quad\quad 2x_3 &= 6 \\
-3x_1 + 2x_2 + 6x_3 &= 30 \\
-1x_1 - 2x_2 + 3x_3 &= 8
\end{aligned}
$$

예제 5.6.3   equation.cpp

```
01  #include <opencv2/opencv.hpp>
02  using namespace cv;
03  using namespace std;
04  int main()
05  {
06      Matx33f m1(1, 0, 2, -3, 4, 6, -1, -2, 3);
07      Matx31f m2(6, 30 , 8);
08      Mat  m1_inv1, dst1, dst2;
09
10      invert(m1, m1_inv1, DECOMP_LU);              // 역행렬 계산
11      dst1 = m1_inv1 * (Mat)m2;
12      solve(m1, m2, dst2, DECOMP_LU);              // 연립방정식 풀이
13
14      cout << "[m1_inv1] = " << endl << m1_inv1 << endl << endl;
15      cout << "[dst1] = " << dst1.t() << endl;
```

```
16      cout << "[dst2] = " << dst2.t() << endl;
17      return 0;
18  }
```

| 설명 |

① 6, 7행에서 Matx 클래스로 간편하게 선언하고, 원소를 초기화하는 방법이다.

② 10행은 cv::invert() 함수를 이용해서 LU 방법(가우스 소거법)으로 m1 행렬의 역행렬을 m1_inv 행렬에 계산해서 저장한다.

③ 11행은 m1의 역행렬인 m1_inv 행렬과 m2 행렬의 행렬 곱을 계산한다.

④ 12행은 cv::solve() 함수를 이용해서 두 개 행렬의 연립방정식을 바로 계산하여 결과를 dst2 행렬에 저장한다. 함수 내부적으로 연립방정식의 계산과정에서 역행렬의 계산은 LU 방법을 사용한다.

⑤ 15, 16행에서 결과 행렬을 한행으로 출력하기 위해서 전치를 수행한다.

| 실행결과 |

```
C:\Windows\system32\cmd.exe
[m1_inv1] =
[0.54545456, -0.090909094, -0.18181819;
 0.06818182, 0.11363637, -0.27272728;
 0.22727273, 0.045454547, 0.090909094]

[dst1] = [-0.90909076, 1.6363637, 3.4545455]
[dst2] = [-0.90909094, 1.6363636, 3.4545455]
계속하려면 아무 키나 누르십시오 . . .
```

| 단원 요약 |

1. OpenCV에서는 Mat 객체에 대한 다양한 연산을 할 수 있는 함수를 제공한다. 기본적인 행렬을 처리해주는 함수로, 행렬을 뒤집는 cv::flip(), 인수로 지정한 횟수만큼 반복하여 복사하는 cv::repeat(), 행렬을 전치하는 cv::transpose() 함수가 있다.

2. Mat 객체는 하나 이상의 채널로 구성되기 때문에 채널을 합성하고, 분리할 수 있다. 채널의 합성은 cv::merge() 함수를 사용하며, 채널의 분리하는 split() 함수를 사용한다. 또한 3개 채널이 구성된 행렬은 컬러 영상으로 표현되며, 단일채널 행렬은 명암도 영상으로 나타난다.

3. 두 배열(행렬 혹은 벡터)의 원소 간에 사칙연산을 수행하도록 cv::add(), cv::subtract(), cv::multiply(), cv::divide() 함수를 제공한다. 이 함수들은 두 행렬의 원소 간(per-element)에 연산을 수행한다. 이때, mask 행렬을 이용해서 특정영역만 연산을 수행할 수 있다.

4. 행렬에 대한 비트 연산을 위해서 cv::bitwise_and(), cv::bitwise_and(), bitwise_xor(), cv::bitwise_and() 함수를 제공하며, 두 행렬의 원소 간에 연산을 수행한다.

5. cv::min(), cv::max() 함수로 두 행렬의 원소 간에 작은 값들과 큰 값들로 구성된 행렬을 만들 수 있다. 또한 하나의 행렬에서 최댓값과 최솟값의 원소값과 원소의 위치를 가져올 수 있는 cv::minMaxIdx(), cv::minMaxLoc() 함수도 제공한다.

6. OpenCV에서는 행렬의 원소를 정렬하는 함수를 제공하는데, cv::sort() 함수는 원소의 정렬을 수행하며, cv::sortIdx() 함수는 정렬된 원소의 원 위치를 반환한다. 이때, SORT_EVERY_ROW 옵션은 행방향으로 정렬하며, SORT_EVERY_COLUMN 옵션은 열 방향으로 정렬을 수행한다.

7. OpenCV에서는 하나의 행렬에서 전체 원소의 합과 평균, 표준편차와 같은 통계적인 요소를 계산해주는 cv::sum(), cv::mean(), cv::meanStdDev() 등의 함수를 제공한다.

8. cv::gemm() 함수는 행렬의 곱을 수행하며, cv::transform()는 입력 좌표에 대해서 변환 행렬을 행렬 곱으로 합하여 결과 좌표를 계산해 준다.

9. OpenCV에서는 역행렬을 구해주는 cv::invert() 함수와 연립방정식의 해를 구해주는 cv::solve() 함수를 제공한다. 역행렬을 계산할 때, 플래그 옵션으로 DECOMP_LU는 가우스 소거법으로 계산하며, DECOMP_SVD는 특이치 분해 방법으로 계산한다.

연습문제

1. Mat 클래스의 채널 처리 함수에 대해서 아는 대로 기술하시오.

2. Mat 클래스의 사직 연산을 수행하는 함수와 연산의 수행방법에 대해서 기술하시오.

3. Mat 클래스의 객체를 초기화하는 방법들에 대해서 기술하고, 각 방법으로 선언하시오.

4. Mat 클래스의 사직 연산이나 논리 비트 연산에서 마스킹을 사용할 수 있다. mask 행렬의 의미와 사용법에 대해서 설명하시오.

5. cv::reduce() 함수에 대해서 설명하고, 특히 감축 시에 연산 옵션에 대해서 상세히 설명하시오.

6. 다음 예시 코드는 컴파일 에러가 발생한다. 에러가 발생하는 부분을 수정하고 실행 결과를 적으시오.

```cpp
int main(){
    Matx23f m1(1, 2, 3, 1, 2, 3);
    Matx23f m2(3, 3, 4, 2, 2, 3);
    Mat m3 = m1 + m2;
    Mat m4 = m1 * m2;

    cout << "[m1] = " << endl << m1 << endl;
    cout << "[m2] = " << endl << m2 << endl;
    cout << "[m3] = " << endl << m3 << endl;
    cout << "[m4] = " << endl << m4 << endl;
}
```

```
int main() {
    int data[] = {
        1, 2, 3, 4, 5, 6, 7, 8, 9, 10,
    };
    Mat m1(2, 3, CV_8UC2, data);

    split(m1, sp_mat);
    cout << sp_mat[1] << endl;
}
```

```
int main()
{
    Mat_<uchar> m1(2, 3), m2(2, 3);

    m1 << 1, 1, 2, 2, 3, 3;
    m2 << 2, 1, 3, 1, 4, 1;

    subtract(m1, m2, m3);
    reduce(m1, m4, 0, REDUCE_MAX);

    cout << "[m3] = " << endl << m3 << endl;
    cout << "[m4] = " << endl << m4 << endl;
    cout << "sum(m1) = " << sum(m1) << endl;
    cout << "mean(m2) = " << mean(m2) << endl;
}
```

7. 다음의 컬러 영상 파일(logo.jpg)을 입력 받아서 RGB의 3개 채널을 분리하고, 각 채널을 컬러 영상을 윈도우에 표시해 보자. 즉, Red 채널은 빨간색으로, Green 채널은 파란색으로, Blue 채널은 파란색으로 표현되도록 다음의 프로그램을 완성하시오.

> **힌트**〉〉 단일채널 행렬을 cv::imshow() 함수로 출력하면 명암도 영상이 출력된다. 컬러 영상을 출력하면 3개 채널이 합성된 행렬이라야 한다. 컬러 영상을 분리하고, 분리된 단일채널 행렬들을 어떻게 하면 해당 정보를 표현하는 컬러 영상으로 합성할지 고민하자.

```
01    #include <opencv2/opencv.hpp>
02    using namespace cv;
03    using namespace std;
04    int main()
05    {
06        Mat image = imread("../image/logo.jpg", 1);
07        Mat bgr[3], blue_img , red_img, green_img, zero(image.size(), CV_8U, Scalar(0));
08        split(image, bgr);
09
10
11
12
13
14
15
16
17        imshow("image", image);
18        imshow("blue_img", blue_img);
19        imshow("green_img", green_img);
20        imshow("red_img", red_img);
21        waitKey();
22    }
```

8. 다음 조선 수군의 영상에서 특정 영역의 타원만을 복사하여 새 창에 표시하는 프로그
   램을 완성하시오.

> **힌트**〉〉 마스크 행렬을 이용한다.
> – 다른 함수를 사용해서 같은 결과(dst1, dst2, dst3)가 나도록 구성한다.
>   (예 : bitwise_and(), bitwise_or() 등)
> – 타원 영역의 중심과 크기는 임의로 지정한다. (예: (120, 120))

```
01    #include <opencv2/opencv.hpp>
02    using namespace cv;
03    using namespace std;
04    int main()
05    {
06        Mat image = imread("../image/ex_color3.jpg", IMREAD_COLOR);
07        CV_Assert(image.data);
08
09        Mat dst1, dst2, dst3(image.size(), CV_8UC3, Scalar(0, 0, 0));
10        Mat mask(image.size(), CV_8U, Scalar(0));
11        Mat black(image.size(), CV_8UC3, Scalar(0));
12
13        Point center(120, 120);
14        ellipse(mask, center, Size(50, 70), 0, 0, 360, Scalar(255), -1);
15
16
17
18
19
20        imshow("image", image);
21        imshow("dst1", dst1);
22        imshow("dst2", dst2);
23        imshow("dst3", dst3);
24        waitKey();
25        return 0;
26    }
```

9. 3행, 6열의 행렬을 생성하고, 행렬의 원소를 초기화한 후에 cv::reduce() 함수를 이용
해서 가로 방향과 세로 방향으로 감축하여 평균을 구한 결과를 출력하시오.

10. PC 카메라로 영상을 읽어서 특정 부분(관심영역)의 합과 평균을 구하는 프로그램을
작성하시오.

> 1) 관심영역은 200, 100 좌표에서 200×100 크기로 한다.
> 2) mean() 함수를 사용하여 평균을 구하시오.
> 3) mean() 함수를 사용하지 않고 영상 순회 방법으로 평균을 구하시오.

11. PC 카메라로 영상을 받아들여서 다음과 같이 윈도우의 특정 영역에서 재생하시오.

> 1) 메인 윈도우는 400×300 크기로 한다.
> 2) 관심영역은 30,30 좌표에서 320×240 크기로 한다.
> 3) 관심영역에 빨간색 테두리를 두른다.

12. 영상 파일을 읽어서 메인 윈도우에 다음과 같이 출력하시오.

> 1) 메인 윈도우의 특정 부분 2곳을 관심영역으로 지정한다.
> 2) 관심영역1는 영상의 밝기를 50만큼 밝게 한다.
> 3) 관심영역2은 영상의 화소대비를 증가시킨다.

13. cv::sortIdx() 함수를 활용해서 다음의 조건에 부합하도록 벡터의 원소를 정렬하시오.

> 1) 벡터의 원소는 Rect 객체이다.
> 2) 벡터의 원소는 임의로 지정한다.
> 3) 정렬의 기준은 Rect 객체의 크기이다.
> 4) 오름차순으로 정렬하여 콘솔창에 출력한다.

14. 다음의 연립방정식을 가우시안 소거법의 역함수를 계산해서 해를 구하는 프로그램을 작성하시오.

$$연립방정식:$$
$$3x_1 + 6x_2 + 3x_3 = 2$$
$$-5x_1 + 6x_2 + x_3 = 10$$
$$2x_1 - 3x_2 + 5x_3 = 28$$

15. 5.6절에서 예제_5.6.2의 사각형 회전하기 예제를 확장하여 그 사각형의 중심점을 기준으로 45도 회전시키는 프로그램을 완성하시오.

> **힌트〉〉** 원점을 변환할 것이 아니라 사각형의 중심점을 원점으로 만들면 된다. 사각형의 중심점을 원점으로 만드는 것은 좌표의 평행이동이다.
>
> 1. 예제_5.6.2는 변환 행렬이 2x2 이지만, 본 문제는 변환 행렬이 3x3 행렬
> 2. 원점으로 평행이동 → 회전 변환 → 역 평행이동
> 3. 세 번의 변환은 각 변환 행렬의 곱으로 나타낼 수 있음
>   전체 변환 행렬 = 이동 변환 행렬 * 회전 변환 행렬 * 이동 변환 행렬

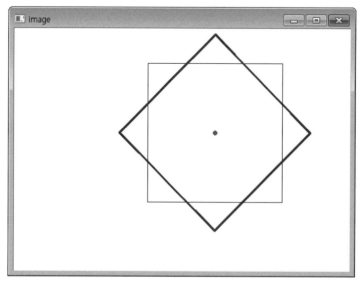

```
01  int main()
02  {
03      vector<Point3f> rect_pt1, rect_pt2;
04      rect_pt1.push_back(Point3f(200, 50, 1)),  rect_pt1.push_back(Point3f(400, 50, 1));
05      rect_pt1.push_back(Point3f(400, 250, 1)),  rect_pt1.push_back(Point3f(200, 250, 1));
06
07      // 회전 변환 행렬 : 3x3 행렬
08      float theta = 45 * CV_PI / 180;
09      Matx33f m;
10      m << cos(theta), -sin(theta), 0,
11              sin(theta), cos(theta), 0 ,
12              0, 0, 1;
13
14      // 평행이동 행렬
15      Mat t1 = Mat::eye(3, 3, CV_32F);              // 평행이동
16      Mat t2 = Mat::eye(3, 3, CV_32F);              // 역평행이동
17      // 중심점 좌표 계산
18      Point3f delta = (rect_pt1[2] - rect_pt1[0]) / 2.0f;
19      Point3f center = rect_pt1[0] + delta;
20
21
22
23
24
25
26
27
28
29      Mat image(400, 500, CV_8UC3, Scalar(255, 255, 255));
30      for (int i = 0; i < 4; i++)
31      {
32          Point pt1(rect_pt1[i].x, rect_pt1[i].y);
33          Point pt2(rect_pt1[(i + 1) % 4].x, rect_pt1[(i + 1) % 4].y);
34          Point pt3(rect_pt2[i].x, rect_pt2[i].y);
35          Point pt4(rect_pt2[(i + 1) % 4].x, rect_pt2[(i + 1) % 4].y);
36
37          line(image, pt1, pt2, Scalar(0, 0, 0), 2);
38          line(image, pt3, pt4, Scalar(255, 0, 0), 2);
```

```
39          cout << "rect_pt1[" + to_string(i) + "]=" << rect_pt1[i] << "\t";
40          cout << "rect_pt2[" + to_string(i) + "]=" << rect_pt2[i] << endl;
41      }
42      imshow("image", image);
43      waitKey();
44      return 0;
45  }
```

PART 02

영상 처리와 OpenCV 함수 활용

CHAPTER 06

화소 처리

contents

컬러 심리학 – 색깔과 인간 행동

세상에서 가장 인기가 있는 컬러는 무엇일까? 파랑(blue)이다. 컬러가 인간의 인지와 행동에 어떤 영향을 미치는지를 연구하는 컬러 심리학(color psychology)이 있다. 대부분의 사람은 누구나 좋아하는 컬러가 있다. 비록 때로는 그것을 자신이 모르지만 끌리는 색상이 있다. 당신이 좋아하는 컬러는 무엇인가?

컬러를 인간 행동과 연관한 예로서, 회사의 마케팅 부서에서 중요한 도구로 컬러를 사용한다. 이것은 소비자 구매에 컬러가 큰 영향을 주기 때문이다. 빨강색은 '화남', '에너지', '열정'과 같은 것을, 녹색과 파랑색은 '평화', '휴식', '조용함'을 나타낸다. 오랜지나 노랑색은 '쾌활', '원기왕성'을, 검정색은 '악'과 '죽음'을 연관하며, 흰색은 '결백'과 '행복'을 나타낸다.

가을철에 각 나무나 풀마다 다양한 컬러를 가진다. 멀리서 산이나 들을 보면, 한 나무나 풀은 컬러를 가진 한 점에 지나지 않는다. 하지만 멀리서 산과 들 전체를 보면 다양한 컬러의 점(화소)들이 모여 아름다운 한 폭의 그림(이미지)을 우리에게 선물한다. 점들의 모여 아름다운 풍경을 만든 것이다. 화소 처리는 영상 처리의 출발점이다.

출처: 안젤로 프랑크(Angelo France)의 작품

06
화소 처리

휴대폰이나 디지털카메라의 사양 정보를 자세히 본 적이 있는가? 여러 가지 내용 중에 카메라 센서의 사양에서 "1,000만 화소, 2,000만 화소"라는 표현들을 본 적이 있을 것이다. 여기서 말하는 화소(pixel)가 바로 이 장에서 공부하려는 화소값 기반 처리의 그 화소이다.

화소란 화면(영상)을 구성하는 가장 기본이 되는 단위를 말한다. 일반적으로 영상 처리 입문서에서 가장 먼저 다루는 내용이 화소값 기반 처리이다. 이것은 영상의 구조에 대해 알기 위해 가장 먼저 이해해야 하는 것이 화소에 대한 개념이기 때문이다.

디지털 영상은 이 화소들의 집합을 의미하며, 이 화소들에 대해 다양한 연산을 하는 것이 영상 처리이다.

6.1 영상 화소의 접근

영상 처리를 아주 간단하게 이야기 하자면, 2차원 데이터에 대한 행렬 연산이라고 할 수 있다. 또한 영상 처리 프로그래밍을 한다는 것은 영상이라는 2차원 데이터의 원소의 값을 개발자가 원하는 방향으로 변경하는 것이라고 할 수 있다. 따라서 영상을 다루려면 기본적으로 영상의 화소에 접근하고, 그 값을 수정하거나 새로 만들 수 있어야 한다.

과거 OpenCV와 같은 대중적인 영상 처리 API가 없을 때 2차원 배열을 이용해서 영상 데이터의 저장과 처리를 수행하는 것은 쉽지 않았다. 그러나 OpenCV는 영상 데이터를 저장하고 처리할 수 있도록 Mat 클래스와 Mat 클래스의 내부 메서드들을 다양하게 제공한다. 따라서 영상 데이터 혹은 영상 파일을 간단하게 Mat 클래스의 행렬로 변환하고 저장할 수 있다.

이 절에서는 영상의 화소인 행렬의 원소에 대한 처리 방법을 세부적으로 설명한다. 또한 행렬 내부 데이터의 조회 방법과 각 원소에 대한 처리 방법에 대해 기술한다.

6.1.1 Mat::at() 함수

Mat::at() 함수는 행렬의 지정된 원소(화소)에 접근하는 템플릿 함수이다. 여기서 인수 i, j, k 각각 0-차원, 1-차원, 2-차원 배열 인덱스이며, Point 객체와 배열로도 원소 접근이 가능하다. 또한 다채널 행렬에 대한 원소의 접근은 Vec 객체를 통해서도 가능하다. 주의해야 할 점은 **Point 객체로 접근할 경우, x 좌표가 먼저이기 때문에 Point(x, y)의 형식이 되어야 한다.**

```
template <typename _Tp> _Tp& Mat::at(int i)
template <typename _Tp> _Tp& Mat::at(int i, int j)
template <typename _Tp> _Tp& Mat::at(int i, int j, int k)
template <typename _Tp> _Tp& Mat::at(Point pt)
template <typename _Tp> _Tp& Mat::at(const int* idx)
template <typename _Tp, int n> _Tp& Mat::at(const Vec<int, n>& idx)
```

여기서 템플릿 함수는 함수 오브로딩과 비슷한 형태로 모든 자료형을 사용할 수 있다. 입력되는 인수 혹은 반환되는 자료형으로 템플릿을 구성한다. Mat::at() 함수는 반환하는 자료형이 템플릿으로 구성되어 있다. 따라서 반환하는 자료형이 함수 구현에서 지정되지 않고 모든 자료형이 가능하므로, Mat::at() 함수를 호출할 때 행렬 원소의 자료형을 다음 코드와 같이 반드시 지정해야 한다.

```
mat1.at<uchar>(10, 20);
mat2.at<int>(i, j);
mat3.at<double>(y, x);
mat4.at<Vec3d>(y, x)[0];
```

또한 Mat::at() 함수의 반환 자료형은 행렬 원소의 자료형과 동일해야 한다. 반환자료형은 행렬 원소의 조회 간격으로 사용되기 때문이다.

여기서 OpenCV는 API의 성능 향상을 위해 컴파일 과정에서 행렬 원소에 대한 인덱스 범위의 점검을 디버그 모드로 제한한다. 따라서 행렬 자료형과 Mat::at() 함수의 반환 자료형을 일치시키지 않으면, 디버그 모드에서 컴파일 시에 〈그림 6.1.1〉과 같이 에러가 발생하여 누구나 쉽게 오류를 찾아 수정할 수 있다.

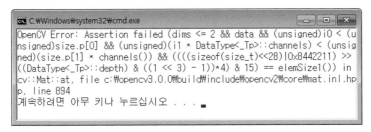

〈그림 6.1.1〉 Mat::at() 함수의 자료형 불일치 에러창

반면, 릴리즈 모드에서 컴파일 시에 에러는 발생하지 않는다. 다만 행렬 자료형의 크기와 Mat::at() 함수로 원소를 조회하는 크기 차이로 인해서 잘못된 위치의 원소를 조회하게 된다. 이런 경우에 원하는 좌표의 원소를 조회하지 못하기 때문에 영상 처리에서 잘못된 결과를 얻게 된다.

자료형의 불일치에 따른 잘못된 행렬 원소에 접근을 하는 예를 〈그림 6.1.2〉에서 보자.

m1, m2 행렬을 같이 int(CV_32S)형으로 선언한다. 그리고 Mat::at() 함수의 반환자료형을 다르게 지정하여 같은 값(k)을 저장한다.

```cpp
    Mat  m1(3, 5, CV_32S), m2(3, 5, CV_32S);

    for (int i = 0, k = 0; i < m1.rows; i++) {
        for (int j = 0; j < m1.cols; j++, k++)
        {
            m1.at<int>(i, j) = k;
            m2.at<short>(i, j) = k;
        }
    }
    cout << "[m1] =" << endl << m1 << endl << endl;
    cout << "[m2] =" << endl << m2 << endl;
```

〈그림 6.1.2〉 Mat::at() 함수의 자료형 불일치 예제

컴파일 및 실행을 하면, 디버그 모드에서는 〈그림 6.1.1〉과 같은 에러가 발생한다. 반면, 릴리즈 모드에서는 〈그림 6.1.2〉와 같이 m2 행렬에 잘못된 값이 저장된다. 이런 이유에서 에러가 발생하지 않더라도 행렬 자료형과 원소 접근 자료형의 일치에 주의를 기울여야 한다.

행렬의 다양한 자료형에 대한 접근 방법을 다음의 예제를 통해서 알아보자.

예제 6.1.1 Mat::at()을 통한 행렬 원소 접근 – mat_at.cpp

```cpp
01  #include <opencv2/opencv.hpp>
02  using namespace cv;
03  using namespace std;
04  int main()
05  {
06      Mat  m1(3, 5, CV_32SC1);                 // 다양한 자료형의 행렬 선언
07      Mat  m2(3, 5, CV_32FC1);
08      Mat  m3(3, 5, CV_8UC2);
09      Mat  m4(3, 5, CV_32SC3);
10
11      for (int i = 0, k = 0; i < m1.rows; i++){    // 행렬 원소 순회 위한 반복문
12          for (int j = 0; j < m1.cols; j++, k++)
13          {
14              m1.at<int>(i, j) = k;
15              Point pt(j, i);
16              m2.at<float>(pt) = (float)j;         // Point로 행렬 원소 접근
17
18              int idx[2] = { i, j };
```

```
19                  m3.at<Vec2b>(idx) = Vec2b(0 , 1);        // 배열로 행렬 원소 접근
20
21                  m4.at<Vec3i>(i, j)[0] = 0;               // 배열첨자로 채널 원소 접근
22                  m4.at<Vec3i>(i, j)[1] = 1;
23                  m4.at<Vec3i>(i, j)[2] = 2;
24          }
25      }
26      cout << "[m1] = " << endl << m1 << endl;
27      cout << "[m2] = " << endl << m2 << endl;
28      cout << "[m3] = " << endl << m3 << endl;
29      cout << "[m4] = " << endl << m4 << endl;
30      return 0;
31  }
```

| 설명 |

① 6~9행에서 다양한 자료형의 행렬을 선언한다. m1, m2 행렬은 각각 int형, float형 1채널이며, m3은 uchar형 2채널, m4는 int형 3채널이다.

② 11~23행까지 2중 for문내에서 행×열의 크기만큼 반복한다.

③ 14행은 m1 행렬의 i행, j열에 접근하여 값을 저장한다. m1 행렬에 at() 함수를 적용하고, 반환자료형으로 int를 지정한다.

④ 15, 16행은 Point 객체로 m2 행렬의 원소에 접근하는 방법이다. **Point 객체는 가로 인수가 먼저이기 때문에 원소 위치에서 j열, i행임을 주의해야 한다.**

⑤ 18~19행은 2채널 행렬인 m3 행렬의 원소에 대한 접근을 배열로 하는 방법이다.

⑥ 18행에서 2개 원소를 갖는 배열 idx에 i, j 값으로 원소를 초기화한다. 즉, i행, j열을 지정한 배열선언이다.

⑦ 19행은 m3 행렬이 2채널 uchar형이기 때문에 행렬 원소의 접근 크기를 맞추기 위해서 Vec2b형을 지정한다. 또한 저장하는 원소도 Vec2b 객체로 한다.

⑧ 21~23행은 3채널 행렬인 m4 행렬의 원소에 대한 접근이다. 3채널 정수형이기 때문에 Vec3i를 지정하고 각 채널의 원소에 대한 접근은 [] 첨자를 사용한다.

⑨ 28행은 2채널 행렬의 출력이다. 다채널 행렬의 경우에 원소의 순서가 한 원소내에서 각 채널의 값을 출력하고, 다음 원소로 넘어간다.

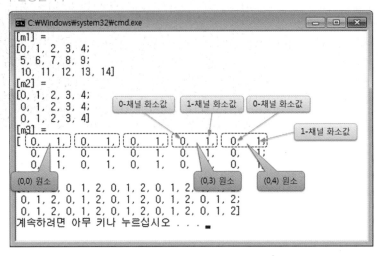

6.1.2 Mat::ptr() 함수

Mat::ptr() 함수는 행렬에서 지정된 행에 대한 포인터를 반환한다. 이 함수는 uchar* 혹은 해당 행렬 자료형으로 포인터를 반환한다. 따라서 uchar형 행렬에서는 반환자료형을 생략할 수 있으며, 다른 자료형의 행렬은 반드시 자료형을 명시해야 한다.

다음은 행에 대한 포인터를 사용하여 행렬에 접근하여 행렬 원소의 값을 지정하는 두 가지 방법을 다룬 예제이다.

| 예제 6.1.2 | Mat::ptr()을 통한 행렬 원소 접근 – mat_ptr.cpp |

```cpp
01  #include <opencv2/opencv.hpp>
02  using namespace cv;
03  using namespace std;
04  int main()
05  {
06      Mat  m1(3, 5, CV_8UC1);              // uchar형 행렬 선언
07      Mat  m2(m1.size(), CV_32FC1);        // float형 행렬 선언
08
09      for (int i = 0 , k =0 ; i < m1.rows; i++)
10      {
```

```
11          uchar * ptr_m1 = m1.ptr(i);              // m1 행렬의 i행 첫 주소 반환
12          float * ptr_m2 = m2.ptr<float>(i);
13          for (int j = 0; j < m1.cols; j++)
14          {
15              ptr_m1[j] = j;
16              *(ptr_m2 + j) = (float)j;            // 포인터 접근 방식
17          }
18      }
19      cout << "m1 = " << endl << m1 << endl << endl;
20      cout << "m2 = " << endl << m2 << endl << endl;
21      return 0;
22  }
```

| 설명 |

① 6, 7행에서 3행, 5열의 행렬 m1 ,m2를 생성한다. m1은 uchar형, m2는 float형이다.

② 11, 12행은 m1, m2 행렬에서 i번째 행의 포인터를 반환받아서 각각 ptr_m1, ptr_m2에 저장한다. m1 행렬은 uchar형이기 때문에 반환자료형을 생략해도 되며, m2 행렬은 float형이기 때문에 〈float〉를 반드시 지정해야 한다.

③ 15행은 ptr_m1이 행에 대한 포인터이기 때문에 배열 첨자([])로 원소들에 접근한다.

④ 16행은 원소 접근 방식을 포인터 형식으로 구성한 예이다.

| 실행결과 |

```
C:\Windows\system32\cmd.exe

m1 =
[   0,    1,    2,    3,    4;
    0,    1,    2,    3,    4;
    0,    1,    2,    3,    4]

m2 =
[0, 1, 2, 3, 4;
 0, 1, 2, 3, 4;
 0, 1, 2, 3, 4]
계속하려면 아무 키나 누르십시오 . . . ■
```

6.1.3 반복자를 통한 조회

객체지향 프로그래밍에서는 반복자를 사용해서 데이터 요소를 접근할 수 있다. 반복자는 컬렉션의 각 요소를 조회하기 위한 전문 클래스로서, 컬렉션의 타입이나 내부 구조와 관계 없이 동일하게 사용할 수 있기 때문에 접근 방식을 일반화할 수 있는 장점이 있다.

콜렉션 클래스와 관련된 반복자 클래스는 C++언어의 표준 템플릿 라이브러리(STL)에서 제공하고 있다. OpenCV도 C++ STL의 표준 반복자와 호환되는 Mat 반복자 클래스를 제공한다.

Mat 반복자 클래스로는 cv::MatIterator_와 cv::MatConstIterator_가 있으며, 템플릿 형태로 대부분의 자료형의 선언이 가능하다. cv::MatIterator_는 읽기 및 쓰기가 가능한 반복자를 반환하고, cv::MatConstIterator_는 읽기만 가능한 반복자를 반환한다.

Mat 클래스의 반복자 관련 메서드 중에서 Mat::begin() 함수는 첫 번째 행렬 원소에 행렬 반복자를 설정하고, 그것을 반환한다. Mat::end() 함수는 마지막 행렬 원소에 행렬 반복자를 설정하고, 그것을 반환한다.

```
template<typename _Tp> MatIterator_<_Tp> Mat::begin()
template<typename _Tp> MatIterator_<_Tp> Mat::end()
template<typename _Tp> MatConstIterator_<_Tp> Mat::begin()
template<typename _Tp> MatConstIterator_<_Tp> Mat::end()
```

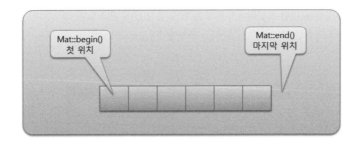

간단한 예제를 통해서 반복자의 사용방법을 익혀보자.

| 예제 6.1.3 | 반복자를 통한 행렬 원소 접근 – mat_ptr.cpp |

```
01   #include <opencv2/opencv.hpp>
02   using namespace cv;
03   using namespace std;
04   int main()
05   {
06       uchar data[] = {
07           1, 2, 3,
08           1, 2, 3,
```

```
09              1,  2,  3,
10          };
11          Mat   m1(3, 3, CV_8UC1, data);                    // 배열로 행렬 초기화
12          Mat   m2(m1.size(), m1.type());                   // m1 행렬과 같은 크기와 타입
13          Mat   m3(m1.size(), CV_32FC3);                    // 3채널 float형 행렬 선언
14
15          MatConstIterator_<uchar> it_m1 = m1.begin<uchar>();      // 반복자 선언
16          MatIterator_<uchar>      it_m2 = m2.begin<uchar>();
17          Mat_<Vec3f>::iterator    it_m3 = m3.begin<Vec3f>();
18
19          for (; it_m1 != m1.end<uchar>(); ++it_m1, ++it_m2, ++it_m3)  // 행렬 전체 조회
20          {
21              *it_m2 = *it_m1;
22
23              (*it_m3)[0] = *it_m1 * 0.5f;
24              (*it_m3)[1] = *it_m1 * 0.3f;
25              (*it_m3)[2] = *it_m1 * 0.2f;
26          }
27
28          cout << "m1 = " << endl << m1 << endl;
29          cout << "m2 = " << endl << m2 << endl;
30          cout << "m3 = " << endl << m3 << endl;
31          return 0;
32      }
```

| 설명 |

① 11~13행에서 3x3크기 행렬 m1, m2, m3을 생성한다. m2 행렬은 m1 행렬의 크기와 타입을 가져와서 생성한다.

② 15, 16행은 uchar형 행렬 m1, m2에 대한 반복자를 첫 위치에 설정하여 각각 반환한다. 여기서 it_m1은 cv::MatConstIterator_ 클래스로 선언하여 읽기 전용 반복자이고, it_m2는 읽기 및 쓰기가 가능한 반복자이다.

③ 17행은 3채널 float형 행렬 m3에 대한 반복자의 첫 위치를 설정한다.

④ 19행에서 for문내에서 반복자를 종료시키기 위한 조건으로 Mat::end()를 사용한다. 즉, 반복자의 마지막 위치와 같지 않으면 for문을 반복한다. 또한 반복자의 다음 요소로 이동할 때는 ++it_m1과 같이 증가(++) 연산자를 사용한다.

⑤ 21행은 반복자는 포인터이기 때문에 역참조(*) 연산자로 행렬 원소에 접근한다.

⑥ 23~25행은 다채널 행렬에 대해서 반복자의 사용 방법이다. 역참조(*) 연산자를 적용해서 해당 원소에 접근하고, 배열 첨자([])로 각 채널에 접근한다.

```
C:\Windows\system32\cmd.exe
m1 =
[  1,   2,   3;
   1,   2,   3;
   1,   2,   3]
m2 =
[  1,   2,   3;
   1,   2,   3;
   1,   2,   3]
m3 =
[0.5, 0.30000001, 0.2, 1, 0.60000002, 0.40000001, 1.5, 0.90000004, 0.60000002;
 0.5, 0.30000001, 0.2, 1, 0.60000002, 0.40000001, 1.5, 0.90000004, 0.60000002;
 0.5, 0.30000001, 0.2, 1, 0.60000002, 0.40000001, 1.5, 0.90000004, 0.60000002]
계속하려면 아무 키나 누르십시오 . . .
```

6.2 화소 밝기 변환

6.2.1 그레이 스케일 영상

영상을 밝기를 밝거나 어둡게 하는 것은 4.2.3 절의 트랙바 이벤트와 5.3.1 절의 행렬의 사칙 연산 함수를 통해서 이미 다루었다. 앞 절에서는 트랙바 이벤트와 행렬 연산에 초점을 맞추었기 때문에 화소값의 변화에 따른 밝기 변화라는 개념이 생소하게 다가올 수 있을 것이다.

이제 영상의 밝기에 대해서 이야기해 보자. 단일채널의 영상, 즉 일반적으로 이해하는 컬러가 아닌 영상을 우리는 흑백 영상이라고 쉽게 부른다. 엄밀한 의미에서 흑백 영상이라는 것은 검은색과 흰색으로 구성된 영상을 의미이기 때문에 단일채널 영상에 이 이름을 붙이는 것이 맞지 않을 수 있다.

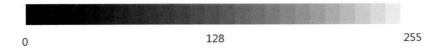

0   128   255

〈그림 6.2.1〉 Mat::at() 함수의 자료형 불일치 에러창

하나의 화소값은 0~255의 값을 가지는데 0은 검은색을, 255는 흰색을 의미한다. 〈그림 6.2.1〉과 같이 그 사이의 값들은 진한 회색에서 연한 회색까지를 나타낸다. 이렇게 화소의 값이 회색의 비율 정도로 표현되고, 0~255의 값을 가지는 화소들이 모여서 구성된 것이다. 이런 이유로 디지털 영상 처리에서는 단일 채널 영상을 그레이 스케일(gray-scale) 영상이라 부른다. 우리 말로는 명암도 영상이라 한다.

예제를 통해서 화소값의 변화에 따른 영상의 변화를 읽어보자. 다음 예제는 50×512 크기의 영상을 생성하고, 영상의 왼쪽에서부터 오른쪽으로 화소의 값이 0~255까지 변화하도록 하는 예제이다.

예제 6.2.1   **명암도 영상 생성 – grayscale_image.cpp**

```cpp
01  #include <opencv2/opencv.hpp>
02  using namespace cv;
03  using namespace std;
04  int main()
05  {
06      Mat image1(50, 512, CV_8UC1, Scalar(0));        // 50행, 512열 영상 생성
07      Mat image2(50, 512, CV_8UC1, Scalar(0));
08
09      for (int i = 0; i < image1.rows; i++) {         // 행렬 전체 조회
10          for (int j = 0; j < image1.cols; j++)
11          {
12              image1.at<uchar>(i, j) = j/2;           // 화소값 점진적 증가
13              image2.at<uchar>(i, j) = (j/20)*10;     // 계단현상 증가
14          }
15      }
16      imshow("image1", image1);                       // 행렬을 영상으로 표시
17      imshow("image2", image2);
18      waitKey();
19  }
```

| 설명 |

① 6, 7행은 행렬 image1, image2를 1채널 uchar(CV_8U)형으로 선언한다.

② 9~15행은 for문으로 행렬의 행×열만큼 반복하여 모든 원소를 조회한다.

③ 12행은 Mat::at() 함수를 이용해서 (i, j) 위치의 화소값에 값을 저장한다. j/2는 가로 인덱스의 1/2을 그 위치 화소값으로 설정한 것이다. 따라서 좌표의 화소값은 왼쪽에서 오른쪽으로 0에서 255의 값까지 점진적으로 증가한다.

④ 13행에서 (j/20)는 int 형이기 때문에 나누어진 값의 소수 부분은 제거된다. 따라서 20화소씩 같은 값을 갖게 되어 계단 현상을 나타내며 증가한다.

⑤ 16, 17행은 image1, image2 행렬을 영상으로 표시한다. uchar형 행렬이기 때문에 0~255 범위의 화소값을 검은색에서부터 흰색까지 표현한다.

| 실행결과 |

6.2.2 영상의 화소 표현

이제 직접 영상 파일을 읽어 들여서 그 영상의 특정 부분의 화소들을 확인해 보자. 영상 파일을 행렬에 저장하고, 관심영역을 지정해서 출력하면 간단하게 영상 데이터인 화소들의 값을 출력할 수 있다. 또한 앞 절에서 소개한 영상 조회 방법을 통해서도 화소값을 확인할 수 있다.

예제 6.2.2   영상 화소값 확인 – pixel_value.cpp

```
01   #include <opencv2/opencv.hpp>
02   using namespace cv;
03   using namespace std;
04   int main()
05   {
06       Mat image = imread("../image/pixel_test.jpg", IMREAD_GRAYSCALE);
07       if (image.empty())                                        // 예외처리
08       {
09           cout << "영상을 읽지 못 했습니다." << endl;
10           exit(1);
11       }
12
13       Rect roi(135, 95, 20, 15);                                // 관심영역 사각형
14       Mat roi_img = image(roi);                                 // 관심영역 참조
```

```
15      cout << "[roi_img] =" << endl;
16
17      for (int i = 0; i < roi_img.rows; i++){
18          for (int j = 0; j < roi_img.cols; j++)
19          {
20              cout.width(5);                          // 출력 원소 너비 지정
21              cout << (int)roi_img.at<uchar>(i, j);   // 행렬 원소 하나 출력
22          }
23          cout << endl;
24      }
25      //cout << roi_img << endl << endl;             // 행렬 원소 모두 출력
26
27      rectangle(image, roi, Scalar(255), 1);
28      imshow("image", image);
29      waitKey();
30      return 0;
31  }
```

| 설명 |

① 6~11행은 'pixel_test.jpg' 영상 파일을 로드해서 명암도 타입으로 image 행렬에 저장하고, 예외처리를 한다. 해당 프로젝트 디렉터리에서 상단으로 올라간 후, 다시 '/image' 폴더로 내려가 'pixel_test.jpg' 파일이 없으면 다음과 같은 에러를 출력하고, 종료된다.

② 13행은 행렬의 특정 영역의 화소값을 출력하기 위한 관심영역을 Rect 객체로 선언한다. 관심영역은 (135, 95) 좌표에서 (20×15) 크기이다.

③ 14행은 image 행렬에서 Mat::() 연산자 함수로 관심영역을 참조하여 roi_img가 공유한다.

④ 17~24행은 행렬의 관심영역 원소를 직접 조회하며 화소값을 출력하는 예시이다.

⑤ 17, 18행은 image 행렬의 관심영역을 참조하는 roi_img 행렬의 크기만큼 반복한다.

⑥ 21행은 roi_image 행렬의 i행 , j열의 화소값을 조회해서 출력한다. uchar형으로 출력하기 때문에 문자나 특수문자들이 출력되기 때문에 형변환한다.

⑦ 25행은 cout 함수를 통해서 쉽게 관심영역 행렬 원소를 출력하는 방법으로 주석처리해 두었다.

⑧ 27행은 image 행렬에서 관심영역의 위치를 눈으로 확인하기 위해서 사각형을 그린다.

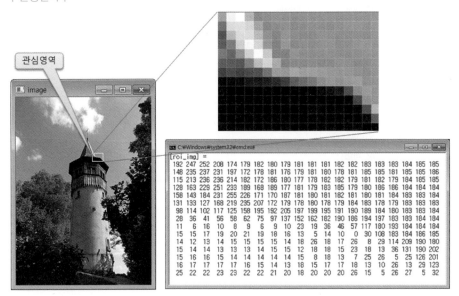

실행결과를 보면, "image" 윈도우에 영상이 표시되고, 영상의 중간부분에 흰색의 작은 사각형이 그려져 있다. 이 사각형이 관심영역이며, 이 영역의 화소값을 콘솔창에 출력한다.

오른쪽 상단의 그림은 이해를 돕기 위해서 관심영역의 영상을 확대해서 표시한 것이다. 확대된 그림의 색과 콘솔창에 출력된 화소값을 비교해 보자. 상단 왼쪽의 흰색 부분에서 화소값은 115~255 범위의 값을 나타낸다. 또한 하단의 검은색 부분의 화소값은 대략 5~30 정도의 값들이 나타난다. 즉 밝은 흰색의 화소값은 255에 가까우며, 어두운 검은색의 화소값은 0에 가까운 값을 가진다.

6.2.3 영상 밝기의 가감 연산

화소값이 영상의 밝기를 나타내기 때문에 이 화소값을 변경하면 영상의 밝기를 바꿀 수 있다. 예컨대, 영상의 화소에 특정한 상수 값을 더하면 영상이 밝아지고, 상수 값을 빼면 영상이 어두워진다. 또한 화소가 가질 수 있는 최댓값 (예로서 255)에서 그 화소의 값을 빼면 반전 영상이 만들어진다.

다음은 영상의 밝기를 밝게, 어둡게, 그리고 반전으로 변경하는 예제이다.

```cpp
01   #include <opencv2/opencv.hpp>
02   using namespace cv;
03   using namespace std;
04   int main()
05   {
06       Mat image = imread("../image/bright.jpg", IMREAD_GRAYSCALE);
07       CV_Assert(!image.empty());                                    // 예외처리
08
09       Mat dst1 = image + 100;                                       // 영상 밝게
10       Mat dst2 = image – 100;                                       // 영상 어둡게
11       Mat dst3 = 255 - image;                                       // 영상 반전
12
13       Mat dst4(image.size(), image.type());
14       Mat dst5(image.size(), image.type());
15       for (int i = 0; i < image.rows; i++) {
16           for (int j = 0; j < image.cols; j++)
17           {
18               dst4.at<uchar>(i, j) = image.at<uchar>(i, j) + 100;       // 영상 밝게
19   //          dst4.at<uchar>(i, j) = saturate_cast<uchar>(image.at<uchar>(i, j) + 100);
20               dst5.at<uchar>(i, j) = 255 - image.at<uchar>(i, j);       // 영상 반전
21           }
22       }
23
24       imshow("원 영상", image) ,        imshow("dst1 - 밝게", dst1);
25       imshow("dst2 - 어둡게", dst2),    imshow("dst3 - 반전", dst3);
26       imshow("dst4 - 밝게", dst4),     imshow("dst5 - 반전", dst5);
27       waitKey();
28       return 0;
29   }
```

| 설명 |

① 6, 7행은 'bright.jpg' 영상 파일을 읽어서 명암도 타입으로 image 행렬에 저장하고, CV_Assert() 매크로로 예외처리를 한다. 현재 프로젝트 디렉터리에서 상단 './image' 폴더에 'bright.jpg' 파일이 없으면 다음의 에러 메시지를 출력하고 종료된다.

```
C:\Windows\system32\cmd.exe
OpenCV Error: Assertion failed (!image.empty()) in main, fil
e bright_dark.cpp, line 7
```

② 9행은 행렬에 대한 스칼라 덧셈 연산이다. image 행렬의 모든 원소에 100을 더해 dst1 행렬에 저장한다. saturate_cast의 적용으로 255가 넘는 화소값은 255로 지정된다.

③ 10행은 행렬에 대한 스칼라 뺄셈 연산이다. image 행렬의 모든 원소에 100을 빼고 dst2 행렬에 저장한다. saturate_cast의 적용으로 0보다 작은 화소값은 0으로 지정된다.

④ 11행은 행렬에 대한 뺄셈 연산이다. uchar형 행렬의 화소가 가질 수 있는 최댓값인 255에서 행렬의 각 좌표의 원소의 값을 뺀 것이다. 이것은 반전 영상을 만든다.

⑤ 15~22행은 image의 모든 원소를 조회하며, 각 원소에 직접 덧셈과 뺄셈을 수행한다.

⑥ 18행은 image 행렬의 각 원소값에 100을 더해서 dst4 행렬의 원소값을 지정한다. 이때 더해진 결과가 255를 넘으면 uchar 범위를 벗어나서 잘못된 값이 지정된다.

⑦ 19행은 더해진 결과가 255를 넘는 경우를 대비해서 saturate_cast 함수를 적용하는 예를 보인 것이다. 주석을 풀고 실행하면 9행과 같은 결과가 된다.

⑧ 20행은 화소 최댓값(255)에서 각 원소의 값을 빼서 반전 영상을 만든다.

| 실행결과 |

실행결과에서 'dst1' 창은 원본 영상보다 밝게 나타나며, 'dst2' 창은 뺄셈으로 원본 영상보다 어두워진다. 특히 'dst4' 창은 saturate_cast가 적용되지 않아서 범위를 벗어나는 화소값이 잘못된 값을 가져서 밝은 영상이 되지 않는다.

6.2.4 행렬 덧셈 및 곱셈을 이용한 영상 합성

영상에 상수를 더하거나 빼는 연산을 확장하면 두 개의 영상을 더하거나 빼는 연산을 생각해 볼 수 있다. 두 영상을 합하면 영상 합성이 되며, 두 영상을 빼면 차영상(difference image)이 된다.

다음은 두 영상을 합성한 영상과 차영상을 구하는 예제이다. 먼저, 두 개의 행렬을 합하게 되면, saturation_cast 연산으로 인해서 255를 넘어서는 화소들은 흰색으로 나타나서 영상의 합성이 제대로 수행되지 않는다. 이 문제에 대한 해결 방법은 다음과 같이 여러 가지가 있을 수 있다.

```
1) dst(y,x) =  image1(y,x) * 0.5 + image2(y,x)*0.5 ;
2) dst(y,x) =  image1(y,x) * alpha + image2(y,x)* (1-alpha)
3) dst(y,x) =  image1(y,x) * alpha + image2(y,x)* beta
```

심화예제 6.2.4 행렬 합과 곱 연산을 통한 영상 합성 – image_synthesis.cpp

```cpp
01   #include <opencv2/opencv.hpp>
02   using namespace cv;
03   using namespace std;
04   int main()
05   {
06       Mat image1 = imread("../image/add1.jpg", IMREAD_GRAYSCALE);
07       Mat image2 = imread("../image/add2.jpg", IMREAD_GRAYSCALE);
08       CV_Assert(!(image1.empty() || image2.empty()));          // 예외 처리
09
10       double alpha = 0.6, beta = 0.7;                          // 곱셈 비율
11       Mat add_img1 = image1 + image2;                          // 영상 합성
12       Mat add_img2 = image1 * 0.5 + image2 * 0.5;
13       Mat add_img3 = image1 * alpha + image2 * (1 - alpha);
14       Mat add_img4;
15       addWeighted(image1, alpha, image2, beta, 0, add_img4);
16
17       imshow("image1", image1),        imshow("image2", image2);
18       imshow("add_img1", add_img1),    imshow("add_img2", add_img2);
19       imshow("add_img3", add_img3),    imshow("add_img4", add_img4);
```

```
20
21        waitKey(0);
22        return 0;
23   }
```

| 설명 |

① 6~8행은 'add1.jpg', add2.jgp 영상 파일을 읽어와서 image1, image2 행렬에 저장하고, 영상을 제대로 읽었는지 예외처리를 수행한다.

② 11행은 image1 행렬과 image2 행렬을 더하여 add_img1 행렬에 저장한다. saturate_cast 적용으로 255보다 큰 값은 255로 지정된다. 결과 영상에 흰색 부분이 많아진다.

③ 12~15행은 두 영상을 합성하는 여러 방법들에 대한 예이다.

④ 12행은 두 행렬을 합하기 전에 0.5를 곱해서 행렬의 비율을 50%만 반영한다.

⑤ 13행은 두 행렬에 곱해지는 비율을 한쪽은 alpha만큼 다른 쪽은 1 - alpha만큼으로 비율을 지정한다.

⑥ 15행은 cv::addWeighted() 함수로 각 행렬에 곱해지는 비율을 각각 다르게 지정한다. alpha와 beta의 합이 1보다 크기 때문에 영상이 전체적으로 밝게 나타난다.

| 실행결과 |

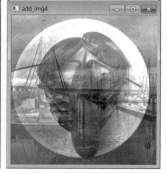

6.2.5 명암 대비

명암 대비(contrast)는 상이한 두 가지 색(밝기)이 경계에서 서로 영향을 미쳐 그 차이가 강조되어 나타나는 현상을 말한다. 다음 그림은 명암 대비의 예를 보인 것이다. 각 그림에서 왼쪽 부분은 화소값이 100으로 동일하다. 그러나 오른쪽 부분의 다른 밝기로 인해 특히 경계부분에서 약간 다른 색으로 인식된다.

〈그림 6.2.2〉 밝기 대비 예시

낮은 명암 대비의 영상은 밝은 부분과 어두운 부분의 차이가 크지 않아 전체적으로 어둡거나 밝은 영상이다. 그러나 높은 명암 대비의 영상은 밝은 부분과 어두운 부분의 차이가 큰 영상을 말한다. 따라서 어두운 부분과 밝은 부분이 대비를 이루어 전체적으로 영상이 또렷해 보인다.

〈그림 6.2.3〉 낮은 명암대비(좌)와 높은 명암대비(우) 예

영상 내에서 명암 대비를 크게 하거나 작게 하려면 어떻게 해야 할까? 명암 대비를 높이려면, 어두운 부분은 더 어둡게, 밝은 부분은 더 밝게 해야 한다. 반대로 명암 대비를 낮추려면, 어두운 부분과 밝은 부분의 차이를 작게 만들어야한다.

이렇게 영상 내에서 큰 값들과 작은 값의 차이를 늘리거나 줄이는 쉬운 방법은 곱셈 연산을 수행하면 된다. 명암 대비를 늘리기 위해서는 1.0 이상의 값을 곱해주면 되고, 줄이기 위해서는 1.0 이하의 값을 곱해주면 된다. 다음은 간단히 영상의 화소에 상수를 곱해줌으로써 명암대비를 바꾸는 예제이다.

| 예제 6.2.5 | 영상 대비 변경 – contrast.cpp |

```
01  #include <opencv2/opencv.hpp>
02  using namespace cv;
03  using namespace std;
04  int main()
05  {
06      Mat image = imread("../image/contrast_test.jpg", 0);        // 명암도 타입 읽기
07      CV_Assert(image.data);                                     // 예외처리
08
09      Scalar avg = mean(image) / 2.0;                            // 원본 영상 화소 평균의 절반
10      Mat dst1 = image * 0.5;                                    // 명암대비 감소
11      Mat dst2 = image * 2.0;                                    // 명암대비 증가
12      Mat dst3 = image * 0.5 + avg[0];                           // 영상 평균 이용 대비 감소
13      Mat dst4 = image * 2.0 - avg[0];                           // 영상 평균 이용 대비 증가
14
15      imshow("image", image);
16      imshow("dst1-대비감소", dst1),           imshow("dst2-대비증가", dst2);
17      imshow("dst3-평균이용 대비감소", dst3), imshow("dst4-평균이용 대비증가", dst4);
18      waitKey();
19      return 0;
20  }
```

| 설명 |

① 6, 7행은 'contrast_test.jpg' 파일을 명암도 타입으로 로드하고, 예외처리를 수행한다. cv::imread() 함수의 옵션에 직접 상수값 0을 입력해서 명암도 타입으로 지정할 수 있다.

② 9행은 cv::mean() 함수를 이용하여 image 영상의 화소값의 평균을 계산한다. 반환결과는 Scalar형으로 4개 원소를 가지며, image가 1채널 행렬이라 0번 원소만 값을 갖는다.

③ 10, 11행은 image1 행렬에 각각 0.5와 2.0를 곱해서 dst1, dst2 행렬에 저장한다. 이것은 명암 대비를 절반으로 낮춘

것과 두 배로 높인 것이다. 여기서 곱셈만으로 명암 대비를 조절하면 곱셈의 속성상 전체 값이 낮아지거나 높이
지기 때문에 영상이 원 영상과 다른 범위로 어두워지거나 밝아지게 된다.

④ 12, 13행은 명암 대비를 조절하면서 영상 화소값의 평균을 추가적으로 이용한다. 이 평균의 절반을 더하거나 빼서
결과 영상의 밝기를 조절하여 영상의 품질을 높인다. 이 값은 사용자의 요구에 따라 변경해서 더 좋은 품질의 결
과 영상을 만들 수도 있다.

| 실행결과 |

실행결과에서 dst1 행렬은 1.0 미만을 곱해서 원 영상보다 많이 어두워지며, dst2 행렬은 1.0 이상을 곱해서 원 영상보다 훨씬 밝아진다. 반면, dst3 행렬은 dst1에 비해서 밝기를 덜 어둡게 하면서 명암 대비를 줄인다. 또한 dst4 행렬은 dst2에 비해서 밝기를 덜 밝게 만들면서 명암대비를 증가시킨다. 명암대비를 줄이면 그림이 상대적으로 부드럽게 느껴지며, 명암 대비를 증가시키면 뚜렷한 느낌을 준다.

6.3 히스토그램

6.3.1 히스토그램 개념

히스토그램을 일반적인 수학적인 관점에서 보면, "관측 값의 개수를 겹치지 않는 다양한 계급으로 표시하는 것"이라고 할 수 있다.

갑자기 수학 이야기가 나오니 당황되기도 하겠지만, 프로그래밍 언어를 잘하기 위해서 수학이 필요하듯이 영상 처리 또한 그 개념을 명확히 이해하고 영상에 필요한 처리를 적용하려면 수학에 대한 이해가 필요하다. 다행스러운 것은 이 교재가 sin, cos 등의 삼각함수나 시그마(Σ) 정도의 범위를 벗어나지는 않을 것이기에 수학을 싫어하는 독자들도 안심하기 바란다.

(a) 입력영상

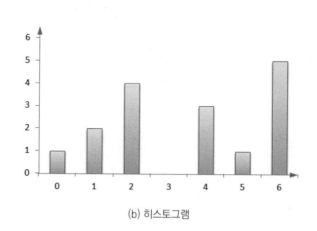

(b) 히스토그램

〈그림 6.3.1〉 히스토그램의 개념

히스토그램을 더욱 간단히 말하자면, 〈그림 6.3.1〉과 같이 어떤 데이터가 얼마나 많은지를 나타내는 도수 분포표를 그래프로 나타낸 것이다. 보통 히스토그램에서는 가로축이 계급, 세로축이 도수(관측 값의 개수 즉, 빈도수)를 뜻한다. 계급은 보통 변수의 구간이고, 서로 겹치지 않는다.

히스토그램은 그림(그래프)이기 때문에 데이터의 분포 상태를 한눈에 쉽게 알 수 있다. 영상 처리에서도 히스토그램은 화소의 분포를 나타내는 지표이기 때문에 이 분포를 이해하면 영상의 특성을 판단할 수 있는 유용한 도구가 될 수 있다.

6.3.2 히스토그램 계산

1채널 uchar형 영상의 히스토그램을 계산해 보자. uchar형이기에 영상에서 나타날 수 있는 화소값의 범위는 0~255이며, 한 계급(bin)이 1이 되게 설정한다. 계급의 간격은 경우에 따라 조절할 수 있다.

쉬운 설명을 위해서 예제 6.2.2에서 영상의 관심영역의 화소값을 출력한 그림을 이용한다. 영상에서 화소값 10은 4번 나타나며, 11은 1번, 12는 2번 나타난다. 이런 방식으로 0~255까지의 모든 화소값에 대해 출현 빈도수를 누적하여 배열에 저장한다.

이제 누적하여 계산된 히스토그램 값을 그래프로 그려보자. 화소값의 범위와 계급으로 그래프의 x축을 0~255의 값으로 구성하고, 그래프의 y축에는 해당 화소값의 출현 빈도수를 표시하여 막대그래프 형식으로 그린다.

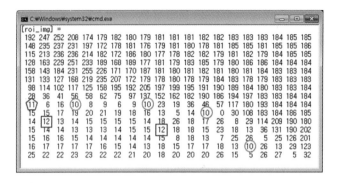

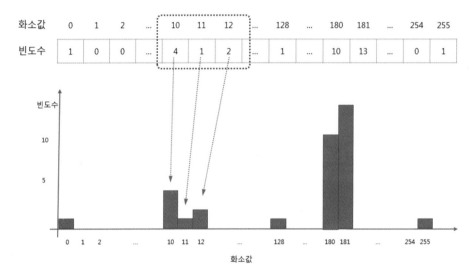

〈그림 6.3.2〉 히스토그램 그래프 구성

이 과정을 프로그램으로 작성해 보자. 먼저 다음은 영상 파일을 명암도 영상으로 읽어서 히스토그램을 계산하는 예제이다.

예제 6.3.1	영상 히스토그램 계산 – calc_histogram.cpp

```
01  #include <opencv2/opencv.hpp>
02  using namespace cv;
03  using namespace std;
04
05  void calc_histo(Mat image, Mat &hist, int bins, int range_max = 256)
06  {
07      hist = Mat(bins, 1, CV_32F, Scalar(0));            // 히스토그램 누적 행렬
```

```
08        float gap = range_max / (float)bins;              // 계급 간격
09
10        for (int i = 0; i < image.rows; i++){
11            for (int j = 0; j < image.cols; j++)
12            {
13                int idx = int(image.at<uchar>(i, j) / gap);   // 화소가 속한 계급 계산
14                hist.at<float>(idx)++;                        // 해당 계급에 값 누적
15            }
16        }
17 }
18
19 int main()
20 {
21        Mat image = imread("../image/pixel_test.jpg", IMREAD_GRAYSCALE);
22        CV_Assert(!image.empty());
23
24        Mat hist;
25        calc_histo(image, hist, 256);                       // 히스토그램 계산
26        cout << hist.t() << endl;
27
28        imshow("image", image);
29        waitKey();
30        return 0;
31 }
```

| 설명 |

① 5~17행은 히스토그램을 계산하는 사용자 정의 함수 calc_histo()를 구현한다.

② 7행은 히스토그램 결과가 저장되는 hist 행렬을 선언한다. bins의 개수로 행렬의 행수를 지정한다. 또한 누적값의 범위를 고려해서 float형으로 선언하며, 0으로 초기화한다.

③ 8행에서 화소값의 범위를 0~range_max이고, 계급 개수가 bins이다. 따라서 계급 간격은 range_max / (float) bins로 구할 수 있으며, gap에 저장한다.

④ 13행은 화소값을 gap으로 나누어 각 화소가 속하는 계급을 계산하여 idx에 저장한다.

⑤ 14행은 idx를 인덱스로 hist 행렬의 원소에 접근하고, 그 값을 1씩 증가시킨다. 이것은 해당 계급의 화소값이 출현할 때마다 그 계급의 출현 빈도수를 증가시키는 것이다.

[157, 51, 66, 107, 111, 150, 168, 167, 251, 271, 296, 391, 399, 433, 447, 496, 483, 5
54, 545, 554, 535, 561, 537, 522, 514, 521, 488, 496, 462, 494, 429, 434, 439, 433, 4
30, 376, 401, 378, 334, 363, 349, 389, 314, 306, 322, 296, 330, 278, 295, 303, 276, 2
92, 319, 294, 248, 237, 255, 264, 264, 251, 221, 207, 242, 246, 218, 245, 200, 211, 2
08, 194, 199, 224, 239, 188, 214, 178, 241, 218, 185, 205, 231, 211, 231, 226, 215, 2
36, 227, 232, 244, 259, 282, 264, 280, 302, 379, 439, 458, 437, 383, 332, 345, 264, 2
73, 243, 238, 243, 225, 217, 222, 215, 198, 203, 196, 173, 211, 184, 164, 165, 155, 1
37, 160, 142, 149, 155, 123, 132, 123, 117, 133, 125, 117, 115, 127, 103, 96, 109, 86
, 97, 90, 83, 115, 104, 92, 97, 90, 106, 77, 104, 76, 87, 96, 113, 141, 184, 194, 207
, 232, 299, 325, 273, 355, 371, 419, 459, 412, 423, 414, 391, 441, 902, 804, 1175, 10
37, 686, 470, 300, 281, 272, 240, 217, 173, 191, 196, 195, 220, 206, 203, 247, 211, 2
08, 302, 372, 371, 657, 679, 716, 540, 435, 394, 448, 529, 520, 439, 394, 373, 279, 2
65, 239, 186, 194, 154, 150, 161, 132, 119, 123, 114, 119, 125, 110, 120, 99, 92, 105
, 102, 103, 122, 100, 109, 106, 115, 112, 114, 119, 117, 129, 127, 115, 137, 140, 145
, 147, 121, 129, 144, 102, 119, 108, 94, 96, 106, 110, 146, 151, 165, 334]

실행결과에서 입력영상에서 0~255까지의 화소값의 출현 빈도수를 콘솔창에 출력한다.

6.3.3 OpenCV 함수 활용

예제_6.3.1에서 실제로 히스토그램을 구현해 보았지만, OpenCV에서 제공하는 히스토그램 계산 함수인 cv::calcHist() 함수를 이용하면 좀 더 쉽게 히스토그램을 구현할 수 있다. 다만, cv::calcHist() 함수가 다채널의 행렬에서 다차원의 히스토그램을 구하기 때문에 인수와 그 구조가 조금 복잡하다.

그러면 cv::calcHist() 함수의 인수와 그 구조에 대해 알아보자.

함수 및 인수 구조
void calcHist(const Mat * images, int nimages, const int* channels, InputArray mask, OutputArray hist, int dims, const int* histSize, const float** ranges, bool uniform = true, bool accumulate = false)

인수	설명
• Mat * images	원본 영상배열 – CV_8U 혹은 CV_32F 형으로 크기가 같아야 함
• int nimages	원본 영상의 개수
• int* channels	히스토그램 계산에 사용되는 차원 목록
• InputArray mask	특정 영역만 계산하기 위한 마스크 행렬 – 입력 영상과 같은 크기의 8비트 배열
• OutputArray hist	계산된 히스토그램이 출력되는 배열
• int dims	히스토그램의 차원 수
• int* histSize	각 차원의 히스토그램 배열 크기 – 계급(bin)의 개수
• float** ranges	각 차원의 히스토그램의 범위
• bool uniform	히스토그램이 균일(uniform)한지를 나타내는 플래그
• bool accumulate	누적 플래그 – 여러 배열에서 단일 히스토그램을 구할 때 사용

간단하게 인수의 사용법을 익히기 위해서 앞 절 예제에서 구현한 calc_histo() 함수를
cv::calcHist() 함수로 대체해서 구현한다. 예제_6.3.1과 기본 소스 코드는 모두 동일하기
때문에 여기서는 calc_Histo() 함수의 내용만 구현하고 설명하도록 한다.

| 예제 6.3.2 | cv::calcHist() 이용 히스토그램 계산 – calc_histogram2.cpp |

```
01   void  calc_Histo(const Mat& image, Mat& hist, int bins,  int range_max = 256 )
02   {
03       int     histSize[] = { bins };                    // 히스토그램 계급 개수
04       float   range[] = { 0, (float)range_max };        // 0번 채널 화소값 범위
05       int     channels[] = { 0 };                       // 채널 목록 - 단일채널
06       const float* ranges[] = { range };                // 모든 채널 화소범위
07
08       calcHist(&image, 1, channels, Mat(), hist, dlms, histSize, ranges);
09   }
```

| 설명 |

① 3행에서 histSize 배열은 히스토그램의 계급개수를 지정한다. cv::calcHist() 함수가 다중 채널 행렬에 대해 각 채널
  의 계급개수를 배열로 지정한다. 이 예제는 단일채널 행렬의 빈도를 계산하기 때문에 배열 원소를 한 개만 지정
  한다.

② 4행은 각 채널의 화소값 범위를 배열로 지정한다. 배열의 0번 원소는 최솟값이고 1번 원소는 최댓값으로 최댓값
  은 범위에 포함되지 않는다. 따라서 0~range_max−1의 범위에 대해서 빈도를 계산한다.

③ 5행은 단일채널로 한 원소만 0으로 지정하면 입력 행렬의 채널 수에 관계없이 채널의 히스토그램을 구한다.

④ 6행은 각 채널의 범위를 모아 모든 채널의 범위를 지정한다. 4행은 한 채널에 대한 범위 지정이며, 이 채널 범위
  들을 모아서 여러 채널에 대한 범위를 각각 설정한다. 따라서 배열 ranges 2차원 배열이다.

⑤ 8행은 cv::calcHist() 함수의 사용법이다. 입력 영상 인수 (image)는 포인터 자료형으로 전달해야하기 때문에 참조
  (&) 연산자를 통해서 주소를 인수로 전달한다. 마스크 행렬을 사용하지 않을 경우에는 Mat()과 같이 해당 인수의
  자료형만 지정하면 된다. 네번째 인수도 1을 지정해서 단일채널 히스토그램을 계산한다.

이번에는 계산된 히스토그램으로 그래프를 그려보자.

```cpp
01  #include <opencv2/opencv.hpp>
02  using namespace cv;
03  using namespace std;
04
05  void  calc_Histo(const Mat& image, Mat& hist, int bins,  int range_max = 256 ) { ... }
06
07  void draw_histo(Mat hist, Mat &hist_img, Size size = Size(256, 200))
08  {
09      hist_img = Mat(size, CV_8U, Scalar(255));              // 그래프 행렬
10      float  bin = (float)hist_img.cols / hist.rows;        // 한 계급 너비
11      normalize(hist, hist, 0, hist_img.rows, NORM_MINMAX);
12
13      for (int i = 0; i<hist.rows; i++)
14      {
15          float  start_x = i * bin;                         // 막대 사각형 시작 x 좌표
16          float  end_x = (i + 1) * bin;                     // 막대 사각형 종료 x 좌표
17          Point2f pt1(start_x, 0);
18          Point2f pt2(end_x, hist.at <float>(i));
19
20          if (pt2.y > 0)
21              rectangle(hist_img, pt1, pt2, Scalar(0), -1);  // 막대 사각형 그리기
22      }
23      flip(hist_img, hist_img, 0);                          // x축 기준 영상 뒤집기
24  }
25
26  int main()
27  {
28      Mat image = imread("../image/pixel_test.jpg", IMREAD_GRAYSCALE);
29      CV_Assert(!image.empty());                            // 예외처리
30
31      Mat hist, hist_img;
32      calc_Histo(image, hist,256);                          // 히스토그램 계산
33      draw_histo(hist, hist_img);                           // 그래프 그리기
34
35      imshow("image", image);
36      imshow("hist_img", hist_img);
37      waitKey();
38      return 0;
39  }
```

| 설명 |

① 5행은 cv::calcHist() 함수를 이용한 히스토그램 계산 함수로 예제_6.3.2와 동일하다.

② 7∼24행은 계산된 히스토그램 빈도 행렬로 그래프를 그리는 draw_histo()를 구현한다.

③ 9행은 그래프를 그릴 hist_img 행렬을 선언한다. size 크기의 명암도 영상이며, 화소값을 255로 초기화해서 흰색 배경이 되게 한다.

④ 11행은 cv::normalize() 함수로 최솟값이 0이고 최댓값이 그래프 영상의 높이(hist_img.rows)값을 갖도록 히스토그램의 빈도값을 조정한다.

⑤ 13∼22행은 각 빈도값을 막대로 그리기 위한 사각형의 시작 좌표(pt1)와 종료 좌표(pt2)의 계산하는 방법이다.

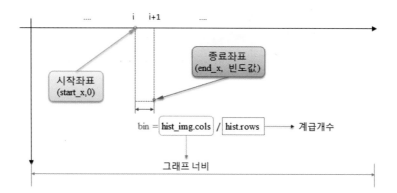

⑥ 15, 16행은 시작 좌표와 종료 좌표의 x값을 각각 계산한다. start_x는 막대의 한 칸의 크기(bin)에 현재 인덱스(i)를 곱하며, end_x는 한 칸 뒤의 인덱스(i+1)를 곱한다.

⑦ 17, 18행은 시작 좌표와 종료 좌표를 각각 (start_x, 0)와 (end_x, 빈도값)로 설정한다.

⑧ 21행은 히스토그램 빈도값이 존재하면 시작 좌표와 종료 좌표로 사각형을 그린다. 이때 두께를 −1로 설정해서 내부를 채우는 사각형을 그린다.

⑨ 23행은 cv::flip() 함수에 세 번째 인수를 0으로 지정해서 행렬을 x축 기준으로 뒤집는다. 행렬은 상단 왼쪽이 원점이고, 하단으로 내려갈수록 y 좌표가 증가한다. 일반적인 그래프의 형태, 즉 하단 왼쪽이 원점이고 상단으로 갈수록 y 좌표가 증가하는 구조로 만들려면 그래프(행렬)을 x축 기준으로 뒤집으면 된다.

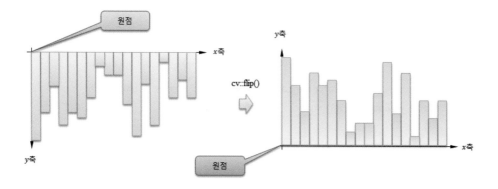

| 실행결과 |

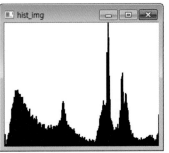

이번에는 컬러 영상의 색상 성분에 대한 히스토그램을 구해서 그래프로 그리는 예제이다. 추가로 색상을 나타내기 위해 make_palatte() 함수를 구현한다. 여기서 HSV 컬러 공간 과 cv::cvtColor() 함수에 대한 자세한 설명은 6.4.4절을 확인하기 바란다.

| 심화예제 6.3.4 | 색상 히스토그램 그리기 – hue_histogram.cpp |

```cpp
01   #include <opencv2/opencv.hpp>
02   using namespace cv;
03   using namespace std;
04
05   void  calc_Histo(const Mat& image, Mat& hist, int bins,  int range_max = 256 ) { ... }
06
07   // hue 채널에 대한 색상 팔레트 행렬 생성
08   Mat  make_palatte(int rows)
09   {
10       Mat hsv(rows, 1, CV_8UC3);
11       for (int i = 0; i < rows; i++)                           // 행수만큼 반복
12       {
13           uchar hue = saturate_cast<uchar>((float)i / rows * 180);       // 색상 계산
14           hsv.at<Vec3b>(i) = Vec3b(hue, 255, 255);              // HSV 컬러 지정
15       }
16       cvtColor(hsv, hsv, CV_HSV2BGR);                          // HSV 컬러 → BGR 컬러
17       return hsv;
```

```
18  }
19
20    // 색상으로 히스토그램 그리기
21    void draw_histo_hue(Mat hist, Mat &hist_img, Size size = Size(256, 200))
22    {
23        Mat hsv_palatte = make_palatte(hist.rows);              // 색상팔레트 생성
24
25        hist_img = Mat(size, CV_8UC3, Scalar(255, 255, 255));
26        float  bin = (float)hist_img.cols / hist.rows;          // 계급 개수
27        normalize(hist, hist, 0, hist_img.rows, NORM_MINMAX);   // 정규화
28
29        for (int i = 0; i<hist.rows; i++)
30        {
31            float start_x = (i * bin);
32            float  end_x = (i + 1) * bin;
33            Point2f pt1(start_x, 0);
34            Point2f pt2(end_x, hist.at <float>(i));
35
36            Scalar color = hsv_palatte.at<Vec3b>(i);            // 색상팔레트 색지정
37            if (pt2.y>0) rectangle(hist_img, pt1, pt2, color, -1); // 팔레트 색으로 그리기
38        }
39        flip(hist_img, hist_img, 0);                            // 상하 뒤집기
40    }
41
42    int main()
43    {
44        Mat image = imread("../image/hue_hist.jpg", 1 );        // 컬러 영상 읽기
45        CV_Assert(!image.empty());
46
47        Mat HSV_img, HSV_arr[3];
48        cvtColor(image, HSV_img, CV_BGR2HSV);                   // BGR 컬러 → HSV 컬러
49        split(HSV_img, HSV_arr);                                // 채널 분리
50
51        Mat hue_hist, hue_hist_img;
52        calc_Histo(HSV_arr[0], hue_hist, 18, 180);              // Hue 채널 히스토그램 계산
53        draw_histo_hue(hue_hist, hue_hist_img, Size(360, 200)); // 히스토그램 그래프
54
55        imshow("image", image);
```

```
56        imshow("Hue_hist_img", hue_hist_img);
57        waitKey();
58        return 0;
59    }
```

| 설명 |

① 5행은 예제_6.3.2의 사용자 정의 함수 calc_Histo()와 동일하다.

② 10행은 색상팔레트 행렬 hsv를 선언한다. 색상, 채도, 휘도를 갖도록 3채널로 선언한다.

③ 13행은 계급의 인덱스(i)를 hue 값으로 계산한다. hue는 0~180까지의 값을 갖는다.

④ 14행은 hsv 행렬의 각 원소에 HSV 컬러로 색상을 지정한다. 13행에서 계산된 hue와 채도 및 휘도를 255의 값으로 설정하여 Vec3b형으로 지정한다. 이것은 각 계급의 인덱스에 해당하는 Hue 색을 저장해서 인덱스만으로 색상을 사용하기 위함이다.

⑤ 16행에서 hsv 행렬 원소는 HSV 컬러 공간의 색상이다. 이 색상을 모니터에 표시하기 위해서는 BGR 컬러로 변환한다.

⑥ 23행에서 make_palatte() 함수로 막대그래프의 각 계급 색상을 팔레트로 반환받는다.

⑦ 25~39행까지는 예제_6.3.3의 draw_histo() 함수와 거의 동일하다. 다만 36, 37행에서 막대 사각형을 그릴 때, 검은색으로 그리지 않고 색상팔레트 행렬을 이용한다.

⑧ 48행은 Hue에 대한 히스토그램 계산을 위해 image를 HSV 컬러로 변환한다.

⑨ 49행은 HSV_img 행렬의 채널을 분리해서 HSV_arr 배열에 저장한다. HSV_arr[0]은 Hue(색상) 채널, HSV_arr[1]은 Saturation(채도) 채널, HSV_arr[2]는 Value(명도) 채널이다.

⑩ 52행은 calc_Histo() 함수로 히스토그램을 구한다. 이때 계급 개수는 18개이며, 0~179까지의 범위에 대해서 빈도를 계산한다.

⑪ 53행은 draw_histo_hue() 함수를 호출해서 hist_hue_img 행렬에 히스토그램에 대한 빈도 그래프를 그린다. 이때 그래프의 크기는 360x200이다.

| 실행결과 |

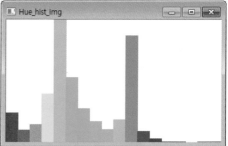

실행 결과에서 히스토그램 그래프의 막대마다 각 계급의 색상으로 그려지기 때문에 영상에서 해당 색상의 분포를 쉽게 알 수 있다. 왼쪽의 영상과 오른쪽의 그래프를 비교해서 보면, 파란색(하늘)과 녹색(나무, 잔디)이 많이 분포하는 특성을 가진 영상임을 색상 히스토그램으로 확인할 수 있다.

6.3.4 히스토그램 스트레칭

명암도 영상에서 영상이 보기에 선명하고 깨끗해 보이려면 어두운 부분에서 밝은 부분까지 고루 분포되어 있어야 한다. 그렇지 않고 주로 특정 밝기 부분만 있는 영상은 〈그림 6.3.3〉에서 보는 바와 같이 전체적으로 선명하지 않으며 또렷하지도 않다.

이런 영상을 히스토그램에서 보면 〈그림 6.3.3〉의 오른쪽과 같이 한쪽으로 치우쳐서 히스토그램 분포가 좁은 그래프로 나타난다. 이렇게 히스토그램의 분포가 좁아서 영상의 대비가 좋지 않은 영상의 화질을 개선할 수 있는 알고리즘이 히스토그램 스트레칭(histogram stretching)이다.

밝은 부분을 많이 분포하는 영상

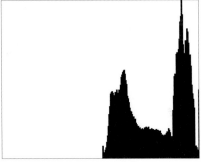
히스토그램

어두운 부분을 많이 분포하는 영상

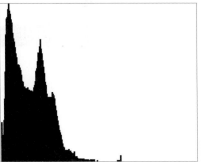
히스토그램

〈그림 6.3.3〉 영상에 따른 히스토그램 예

스트레칭이라는 용어에서 알 수 있듯이 명암 분포가 좁은 히스토그램을 좌우로 잡아당겨 (스트레칭해서) 고른 명암 분포를 가진 히스토그램이 되게 하는 것이다. 히스토그램의 값을 변경해서 어떻게 영상의 화질이 개선될까 의문을 가질 수도 있다. 히스토그램의 분포가 바뀐다는 것은 영상 내의 화소값의 분포가 바뀐다는 것을 의미한다. 따라서 영상의 화질도 변경되고 개선될 수 있는 것이다.

그러면 히스토그램을 스트레칭 해보자. 우선 스트레칭하려면 스트레칭 대상이 되는 두 곳을 알아야 한다. 〈그림 6.3.4〉에서 보는 바와 같이 히스토그램의 x축 위에서 빈도값이 존재하는 가장 낮은 화소값(*low value*)과 가장 높은 화소값(*high value*)이 그 곳이다. 이제 두 위치를 찾았으면 가장 낮은 화소값을 0으로 당기고 가장 높은 화소값을 255로 당긴다. 그리고 중간의 화소값들은 각각의 비율에 따라서 화소값의 위치를 정하면 된다.

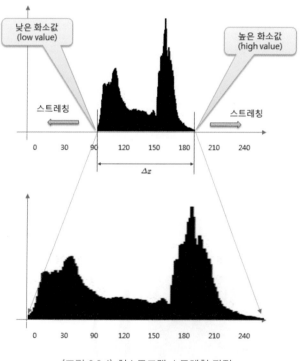

〈그림 6.3.4〉 히스토그램 스트레칭 과정

실제 화소값에 대한 수식으로 표현하면 다음과 같다. 영상의 모든 화소에 대해서 다음 수식을 적용하면 히스토그램 스트레칭이 완료된다.

$$새 화소값 = (화소값 - low) * \frac{255}{\Delta x}, \; \Delta x = high - low$$

각 화소값에 low를 빼고, $255/\Delta x$의 비율을 곱해주면 중간의 화소값들이 각각의 비율에 위치한다. 여기서 Δx는 최고 화소값과 최저 화소값의 차분($high-low$)이다.

이제 히스토그램 스트레칭 예제를 구현해 보자. 원래 히스토그램 스트레칭은 수식에 따라서 히스토그램을 만들고, 새로 만든 히스토그램의 화소값에 따라서 원본 영상의 화소값을 변경한다. 그러나 예제에서는 OpenCV의 행렬 연산의 편리함을 이용해서 히스토그램을 만들지 않고, 직접 결과 영상(dst)의 화소값을 변경하는 방법을 사용한다.

예제 6.3.5   히스토그램 스트래칭 – histogram_stretching.cpp

```
01  #include <opencv2/opencv.hpp>
02  using namespace cv;
03  using namespace std;
04
05  void  calc_Histo(const Mat& image, Mat& hist, int bins,  int range_max = 256 ) { ... }
06
07  void draw_histo(Mat hist, Mat &hist_img, Size size = Size(256, 200)) { ... }
08
09  int search_valueIdx(Mat hist, int bias = 0)
10  {
11      for (int i = 0; i < hist.rows; i++) {
12          int idx = abs(bias - i);                 // 검색 위치 (처음 or 마지막)
13          if (hist.at<float>(idx) > 0)    return idx;   // 위치 반환
14      }
15      return -1;                                    // 대상 없음 반환
16  }
17
18  int main()
19  {
20      Mat image = imread("../image/histo_test.jpg", 0);   // 명암도 영상 로드
21      CV_Assert(!image.empty());                          // 영상 예외처리
```

```
22
23          Mat hist, hist_dst, hist_img, hist_dst_img;
24          int   histsize = 64, ranges = 256;                      // 계급 개수 및 화소범위
25          calc_histo(image, hist, histsize, ranges);
26
27          float bin_width = (float)ranges / histsize;             // 계급 너비
28          int low_value = (int)(search_valueIdx(hist, 0) * bin_width);   // 최저 화소값
29          int high_value = (int)(search_valueIdx(hist, hist.rows-1)* bin_width);  // 최고 화소값
30          cout << "high_value = " << high_value << endl;              // 검색 화소값 출력
31          cout << "low_value = " << low_value << endl;
32
33          int d_value = high_value - low_value;                   // Δvalue
34          Mat  dst = (image - low_value) * (255.0 / d_value);
35
36          calc_histo(dst, hist_dst, histsize, ranges);            // 결과영상 히스토그램 재계산
37          draw_histo(hist, hist_img);                             // 원본영상 히스토그램 그리기
38          draw_histo(hist_dst, hist_dst_img);                     // 결과영상 히스토그램 그리기
39
40          imshow("image", image), imshow("hist_img", hist_img);
41          imshow("dst", dst),      imshow("hist_dst_img", hist_dst_img);
42          waitKey();
43          return 0;
44  }
```

| 설명 |

① 5, 7행은 예제 6.3.3과 동일한 함수로 소스 내용은 생략한다.

② 9~17행은 히스토그램 행렬에서 빈도값이 있는 최저 위치와 최고 위치를 찾아서 반환하는 search_valueIdx() 함수를 구현한다.

③ 12행은 bias에 따라서 히스토그램 계급의 시작위치(0 or hist.rows)를 결정한다. 즉, 0을 입력하면 처음에서부터 검색해서 최저 위치를 찾고, hist.rows를 입력하면 마지막 위치에서 검색해서 최고 위치를 찾는다.

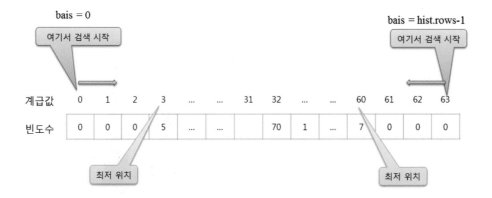

④ 13행은 계급 위치(idx)에서 빈도값이 있으면 그 위치값을 반환한다.

⑤ 15행은 히스토그램의 모든 빈도값이 0일 경우에는 −1을 반환한다.

⑥ 25행은 calc_histo() 호출하여 히스토그램의 계산하고, hist 행렬에 저장한다.

⑦ 27행은 계급개수와 화소범위로 계급 너비를 계산해서 bin_width에 저장한다. 계급개수가 화소범위와 다를 경우를 위한 것이다. 계급너비는 1픽셀이 아닐 수 있다.

⑧ 28, 28행은 search_valueIdx()를 호출해서 빈도가 존재하는 최저 위치와 최고 위치를 찾고, 계급 너비(bin_width)를 곱해서 화소값으로 계산한다.

⑨ 34행은 히스토그램 스트레칭을 행렬에 직접 계산하여 구현한다. 행렬에 최저 화소값을 빼면 모든 화소에 적용되며, 다시 255/의 비율을 곱해주면 모든 화소값이 해당 비율이 곱해진다.

⑩ 49행은 스트레칭 결과 행렬 dst에서 다시 히스토그램을 계산한다.

| 실행결과 |

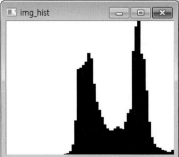

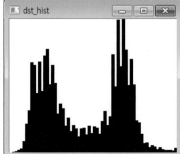

실행결과에서 밝은 화소값들이 대부분을 차지해서 흐려 보이는 원본 영상이 히스토그램 스트레칭을 수행한 후에는 상당히 선명해졌다. 또한 이 결과 영상의 히스토그램을 보면 0~255의 화소값이 고루 분포되어 있다. 여기서 히스토그램의 계급의 개수를 256개로 하지 않고 64개로 지정했기 때문에 한 계급의 너비가 4픽셀이여서 막대그래프의 모습을 나타낸다.

6.3.5 히스토그램 평활화

평활화(equalization)라는 용어는 생소해도 EQ 혹은 이퀄라이저(equalizer)라는 용어는
어디선가 들어본 적이 있을 것이다. 바로 MP3 플레이어에서 클래식, 헤비메탈, 재즈, 팝,
록 등으로 음색을 조정하는 탭에 있는 것이다. 이것은 원래 주파수 특성을 균등하게 보정
하는 기기이다. 주파수를 조정할 수 있기 때문에 주파수 특성을 어느 특정의 목적에 맞추
어 임의로 변화시켜 원하는 음색을 만들어 낼 수 있다.

〈그림 6.3.5〉 MP3 플레이어의 이퀄라이저의 예

영상 처리에서 히스토그램을 다룬다면 반드시 평활화라는 알고리즘이 따라온다. 인간의
눈은 영상의 밝기의 크기보다 대비가 증가할 때 인지도가 향상된다. 평활화 알고리즘은 히
스토그램 평활화의 사전적 의미인 "분포의 균등"이라는 방법을 이용해 명암 대비를 증가시
킨다. 이를 통해서 영상의 인지도를 높이며, 영상의 화질을 개선할 수 있다.

앞 절에서 히스토그램 스트레칭은 히스토그램의 분포가 좁은 영상을 스트레칭하여 히스
토그램 분포를 넓게 만든다. 반면, 히스토그램의 분포가 좁지는 않지만 특정 부분에서 한
쪽으로 치우친 명암 분포를 가진 영상들이 있을 수 있다. 이런 영상들은 명암 분포가 좁지
않기 때문에 히스토그램 스트레칭으로는 문제가 해결되지 않는다.

이와 같이 한쪽으로 치우친 명암 분포를 가진 영상을 히스토그램의 재분배 과정을 거쳐서
균등한 히스토그램 분포를 갖게 하는 알고리즘이 "히스토그램 평활화 알고리즘"이다.

다음은 히스토그램 평활화를 수행하는 전체 과정이다.

---

① 영상의 히스토그램을 계산한다.
② 히스토그램 빈도값에서 누적 빈도수(누적합)를 계산한다.
③ 누적 빈도수를 정규화(정규화 누적합)한다.
④ 결과 화소값 = 정규화 누적합 * 최대 화소값

설명을 위해서 간단한 입력 영상의 데이터로 실제 평활화를 수행해 보자. 먼저, 입력 영상에서 히스토그램 계산을 위해서 화소값들의 빈도를 계산한다. 〈그림 6.3.6〉에서 예로서, 화소값 2를 가진 화소의 빈도수는 6이 된다.

다음은 빈도수를 누적하여 누적 빈도수를 계산한다. 〈그림 6.3.6〉에서 화소값 2인 경우, 화소값 0과 1의 빈도인 1과 5를 각각 자신의 빈도인 6과 누적시켜 결과적으로 12가 된다. 이렇게 계속 진행하여 마지막 화소값인 7에 이르기까지 빈도수를 계속 누적한다. 그 결과 전체 화소개수와 같은 16이 된다.

각 화소의 누적 빈도수를 전체 화소개수(16)로 나누어 정규화하여 정규화 누적합을 계산한다. 정규화는 원소 중에서 최댓값으로 각 원소를 나누어 원소들의 값이 0~1 사이의 값을 가지게 표현하는 것이다.

평활화 결과 화소값 = [입력화소의 정규화 누적합 * 최대 화소값]

평활화 결과는 입력 화소의 정규화된 누적합 값에 화소 최댓값을 곱해준다. 여기서 계산은 반올림하여 정숫값이 되도록 구성한다. 예로서 입력화소 2인 경우, 정규화 누적합은 0.75이므로 0.75*7 = 5.25이다. 따라서 평활화 결과는 화소값이 5가 된다.

0	2	2	1
1	2	3	2
1	2	3	2
1	3	1	7

입력 영상 화소값

0	5	5	3
3	5	7	5
3	5	7	5
3	7	3	7

평활화 완료 영상 화소값

화소값	0	1	2	3	4	5	6	7
빈도수	1	5	6	3	0	0	0	1
누적 빈도수	1	6	12	15	15	15	15	16
정규화누적합	1/16	6/16	12/16	15//16	15//16	15/16	15/16	16/16
	0.0625	0.375	0.75	0.9375	0.9375	0.9375	0.9375	1
평활화 결과	0	3	5	7	7	7	7	7

〈그림 6.3.6〉 평활화 계산 과정 예시

입력 영상의 모든 화소에 대해 앞의 원리를 적용하면 히스토그램 평활화가 완료된다. 두 영상을 히스토그램으로 그려보면 〈그림 6.3.7〉과 같다. 한쪽을 치우친 명암 분포를 가진 영상이 전체 명암 영역에 균등하게 분포되는 것을 확인할 수 있다.

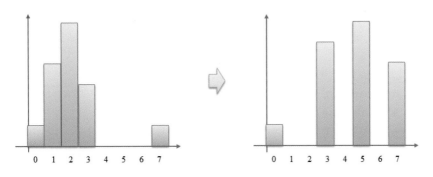

〈그림 6.3.7〉 입력 영상 화소값의 변경

이제 히스토그램 평활화를 OpenCV에서 제공하는 cv::equalizeHist() 함수를 이용해서 구해보고, 직접 작성해서 구현해 보자. 여기서 히스토그램의 계산과 그래프를 그려주는 calc_histo()와 draw_histo()는 앞 예제에서 사용한 함수를 그대로 사용해서 내용은 생략한다.

예제 6.3.6	히스토그램 평활화 – histogram_equalize.cpp

```
01  #include <opencv2/opencv.hpp>
02  using namespace cv;
03  using namespace std;
04
05  void calc_Histo(const Mat& image, Mat& hist, int bins,   int range_max = 256 ) { ... }
06
07  void draw_histo(Mat hist, Mat &hist_img, Size size = Size(256, 200)) {   ...   }
08
09  void create_hist(Mat img, Mat &hist, Mat &hist_img)
10  {
11      int   histsize = 256, range = 256;
12      calc_Histo(img, hist, histsize, range);        // 히스토그램 계산
13      draw_histo(hist, hist_img);                    // 히스토그램 그래프 그리기
14  }
15
16  int main()
```

```
17    {
18        Mat image = imread("../image/equalize_test.jpg", 0);          // 명암도 영상 읽기
19        CV_Assert(!image.empty());                                     // 영상파일 예외처리
20        Mat hist, dst1, dst2, hist_img, hist_img1, hist_img2;
21        create_hist(image, hist, hist_img);                       // 히스토그램 및 그래프 그리기
22
23        // 히스토그램 누적합 계산
24        Mat accum_hist = Mat(hist.size(), hist.type(), Scalar(0));
25        accum_hist.at<float>(0) = hist.at<float>(0);
26        for (int i = 1; i < hist.rows; i++){
27            accum_hist.at<float>(i) = accum_hist.at<float>(i - 1) + hist.at<float>(i);
28        }
29
30        accum_hist /= sum(hist)[0];                                // 누적합의 정규화
31        accum_hist *= 255;
32        dst1= Mat(image.size(), CV_8U);
33        for (int i = 0; i < image.rows; i++) {
34            for (int j = 0; j < image.cols; j++) {
35                int idx = image.at<uchar>(i, j);
36                dst1.at<uchar>(i, j) = (uchar)accum_hist.at<float>(idx);
37            }
38        }
39
40        //normalize(accum_hist, accum_hist, 0, 255, NORM_MINMAX);  // 누적합의 정규화
41        //accum_hist.convertTo(accum_hist, CV_8U);
42        //LUT(image, accum_hist, dst1);                              // 룩업 테이블 적용
43
44        equalizeHist(image, dst2);                                // OpenCV 히스토그램 평활화
45        create_hist(dst1, hist, hist_img1);                       // 히스토그램 및 그래프 그리기
46        create_hist(dst2, hist, hist_img2);
47
48        imshow("image", image),        imshow("img_hist", hist_img);       // 원본 히스토그램
49        imshow("dst1-User", dst1),     imshow("User_hist", hist_img1);     // 사용자 평활화
50        imshow("dst2-OpenCV", dst2), imshow("OpenCV_hist", hist_img2);     // OpenCV 평활화
51        waitKey();
52        return 0;
53    }
```

① 9~14행에서 create_hist() 함수는 입력행렬의 히스토그램을 hist 행렬에 저장하고, 히스토그램 그래프를 그려서 행렬로 반환한다.

② 21행은 create_hist() 함수를 호출해서 입력 영상(image)의 히스토그램을 계산하고, hist 행렬에 저장한다. 또한 히스토그램 그래프를 hist_img 행렬로 반환받는다.

③ 24~28행은 히스토그램(hist)의 누적합을 계산한다.

④ 30행은 계산된 누적합을 전체 빈도수합으로 나누어 0~1사이 값으로 정규화한다.

⑤ 31행은 정규화된 값을 0~255사이의 화소값이 되게 변경하여 평활화 결과를 바로 적용할 수 있게 한다.

⑥ 33~38행은 원본 영상의 화소값으로 정규화 누적합 행렬의 원소를 가져와서 결과 영상의 화소값에 저장한다. 정규화 누적합 행렬을 Lookup 테이블로 사용한 것이다.

⑦ 40~42행은 누적합의 정규화와 원본 영상 화소의 목적 영상 화소 대치를 OpenCV의 함수로 구현한 것이다. 30~38행을 주석처리하고, 이 행들의 주석을 풀면 결과가 동일하다.

⑧ 45, 46행은 평활화 결과 영상(dst1, dst2)으로 다시 히스토그램을 계산하고, 히스토그램 그래프(hist_img1, hist_img2)를 생성한다.

| 실행결과 |

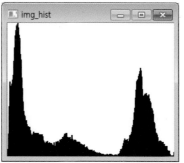

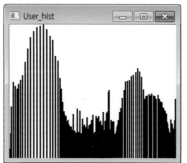

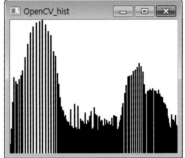

실행결과에서 원본 영상은 밝은 부분과 어두운 부분이 같이 있는 영상으로 특히, 어두운 부분은 영상의 세부적인 모습을 확인하기가 힘들다. 히스토그램 평활화 수행결과 영상(dst1, dst2)에서 어두운 부분이 상대적으로 밝아져서 세부적인 모습을 확인할 수 있다. 저자가 직접 구현한 결과와 OpenCV에서 제공한 함수의 결과가 히스토그램 그래프에서 미세하게 차이는 있지만 거의 동일한 것을 확인할 수 있다.

6.4 컬러 공간 변환

6.4.1 컬러 및 컬러 공간

개나 고양이가 보는 세상은 어떤 모습일까? 어렸을 때 집에서 키우는 개나 고양이들도 당연히 내가 눈으로 보는 세상과 같은 모습을 볼 거라 생각했었다. 그러나 커가면서 이들은 우리가 보는 것과는 다른 색으로 세상을 바라본다는 것을 알게 되었다. 바로 동물들은 다양한 색을 인지하지도 구분하지 못하는 것이다.

다양한 학설이 있지만, 다음과 같은 인간 시각에 대한 일부 가설이 있다. 포유류와 달리 영장류들은 어린 잎을 골라 먹기 위해 원래 흑백이었던 동물의 시각이 1차로 파랑색과 노랑색을 구분하는 2색형 색각을 갖게 됐다. 그리고 그 뒤에 노랑색을 감지하는 시세포가 각각 빨간색과 녹색에 민감한 시세포로 분화해 3색형 색각을 갖게 되었다.

〈그림 6.4.1〉 고대 벽화 그림

멀리 만 6천년 전의 알타미라 동굴 벽화나 가깝게는 고구려 벽화에서도 우리가 예상하지 못한 화려한 색채를 볼 수 있다. 이렇듯 인간의 눈은 색채에 민감하다. 우리가 색에 대한 이야기와 영상에서 색상을 처리는 다양한 알고리즘이 가능한 것은 인간이 색상과 밀접한 관계가 있기 때문이다.

그러면 색이란 무엇인가?

색은 색각[1]으로 느낀 빛에서 주파수(파장)의 차이에 따라 다르게 느껴지는 색상들을 말한다. 개념 설명이 오히려 더 어려운 것 같다. 한번 풀어보자.

〈그림 6.4.2〉와 같이 보통 물체에 닿는 빛은 일부는 흡수되고 일부는 반사된다. 이때 흡수되지 않고 반사된 빛을 사람의 눈이 인지하는 것이 그 물체의 색이다.

---

[1] 색각이란 눈의 감각인 시각 가운데 하나의 감각이다.

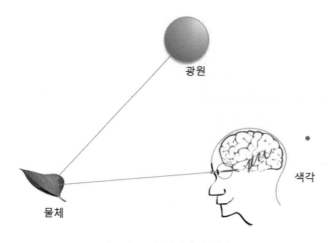

〈그림 6.4.2〉 인간이 색 인지

빛은 넓은 의미로 감마선, X선, 자외선, 가시광선 적외선, 전파 등 모든 종류의 전자기파를 뜻한다. 그러나 인간이 볼 수 있는 빛은 전체 전자기파 중에서 약 380nm~780nm 사이의 파장을 가진 것이며, 이것을 가시광선이라 한다. 가시광선은 〈그림 6.4.3〉과 같이 각 파장에 특유의 색을 가지며, 인간은 이 파장을 인지하여 색으로 구분한다.

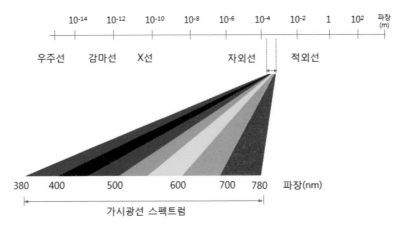

〈그림 6.4.3〉 가시광선의 분포

본격적으로 영상 처리에서 사용하는 컬러에 대한 이야기를 해보자.

먼저 설명해야 하는 것이 공간, 즉 컬러 공간(color space)이다. 이 컬러 공간이란 색 표시계(color system)의 모든 색들을 색 공간에서 3차원 좌표로 표현한 것이다. 여기서 색 표시계란 RGB, CMY, HSV, LAB, YUV 등의 색 체계를 말한다. 컬러 공간을 다른 말로 컬러 표현 시스템(color representation system), 컬러 모델(color model)로도 표현한다.

또한 컬러 공간은 공간상의 좌표로 표현되기 때문에 어떤 컬러와 다른 컬러들과의 관계를 표현하는 논리적인 방법을 제공한다. 따라서 모니터와 같은 디스플레이 장치에 사용되는 컬러 공간, TV 방송에서 방송신호를 송출할 때 사용하는 컬러 공간, 프린터에서 인쇄할 때 사용되는 컬러 공간, 그리고 JPEG 압축을 할 때 사용되는 컬러 공간들이 모두 다르며 서로 변환될 수 있다.

영상 처리에서 컬러 공간은 다양하게 활용된다. 예를 들어, 어떤 영상에서 각각의 색상이 다른 객체를 분리하기 위해서 적절한 컬러 공간을 이용해 전체 영상을 컬러 영역별로 분리할 수 있다. 그리고 전선의 연결 오류 검사를 위해 기준 색상과 비슷한 색상의 전선인지를 체크하기 위해 사용될 수 있다. 또한 내용 기반 영상 검색에서 색상 정보를 이용하여 원하는 물체를 검색하기 위해 특정 컬러 공간을 이용할 수 있다.

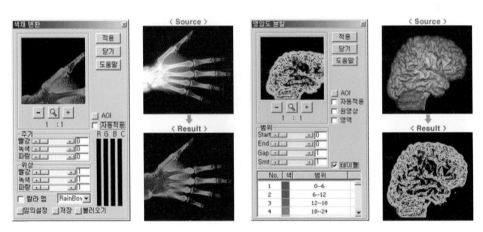

참조: http://www.gaia-zone.com/korean/product_gaiablue_Fun.htm

〈그림 6.4.4〉 응용 프로그램에서 컬러 공간의 사용

이렇게 다양한 응용에서 컬러 영상을 다루려면 반드시 습득해야 할 지식이 컬러 공간에 대한 이해이다.

6.4.2 RGB 컬러 공간

모니터나 텔레비전의 화려한 색은 어떻게 표현되는 것일까? 대략적으로 빛을 이용한다는 것은 짐작할 것이다. 초등학교 때 배웠던 기본 미술 지식을 상기해보자. 밝은 조명에 여러 색상의 셀로판지를 씌워서 다양한 색을 만들었던 기억이 있을 것이다. 이때 다른 여러 색을 만들 때 반드시 필요한 셀로판지 색이 있다. 바로 빨간색, 녹색, 파란색이다.

빛을 이용해서 색을 만들려면 기본적으로 빨강 빛, 초록 빛, 파랑 빛이 필요하며, 우리는 이것을 빛의 삼원색이라 부른다. 원색이란 더 이상 분해할 수 없는 최소한의 색을 말하며, 이 색들을 조합해서 다른 색을 표현할 수 있다. 이 원색의 조합은 〈그림 6.4.5〉와 같이 섞을 수 록 밝아지기 때문에 가산혼합이라 한다.

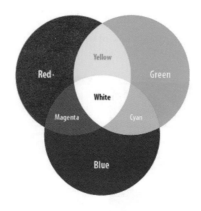

〈그림 6.4.5〉 가산 혼합

모니터, 텔레비전, 빔 프로젝터와 같은 디스플레이 장비들이 색을 만드는 기본 원리도 서로 다르지 않다. 이 장비들은 형광등이나 LED의 조명에 각각 Red, Green, Blue 색의 필터를 씌우고 각 원색을 필요한 밝기만큼을 비추어 색을 만들어 내듯이, 각 장비들은 각각의 화소에 다양한 색을 만들어 낸다.

이렇게 삼원색을 조합해서 다양한 색상을 표현할 수 있기 때문에 이 세 가지 색을 축으로 설정하여 컬러 공간을 만들 수 있다. RGB 컬러 공간은 빨강색(Red), 녹색(Green), 파랑색(Blue)을 3개의 축으로 구성하여 〈그림 6.4.6〉과 같이 입방체를 만들어 3차원 좌표계를 형성한 것이다.

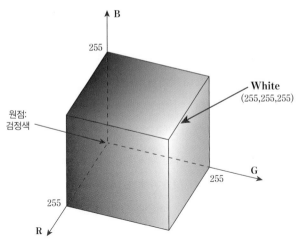

〈그림 6.4.6〉 RGB 컬러 공간

〈그림 6.4.6〉에서 세 축이 교차하는 원점이 검은색이며, 입방체의 대각선 반대쪽 끝에 흰색이 있다. 각 축은 그 색상의 밝기를 0~255사이의 값으로 표현하며, 세 개 축의 밝기 값이 교차하는 입방체 내부의 특정 좌표가 색상이 된다.

일반적으로 Red, Green, Blue 순서로 각 원색의 밝기를 표시한다. 예를 들어, 255, 0, 0은 빨간색이며, 0, 255, 0은 녹색이고, 0, 0, 255는 파란색이다. 다음은 자주 사용하는 색상에 대한 RGB 컬러 공간의 화소값이다. OpenCV에서는 컬러의 채널 순서가 Blue, Green, Red로 되어 있어서 일반적인 표현과 반대이다.

〈표 6.4.1〉 대표적인 색상에 대한 RGB 표현

RGB 화소값	색상	RGB 화소값	색상
0, 0, 0	white	240, 230, 140	khaki
255, 255, 255	black	238, 130, 238	violet
128, 128, 128	gray	255, 165, 0	orange
192, 192, 192	silver	255, 215, 0	gold
255, 0, 0	red	0, 0, 128	navy
0, 255, 0	green	160, 32, 240	purple
0, 0, 255	blue	0, 128, 128	olive
255, 255, 0	yellow	75, 0, 130	indigo
255, 0, 255	magenta	255, 192, 203	pink
0, 255, 255	cyan	135, 206, 235	skyblue

RGB 컬러 공간은 빛을 물리적으로 표현하고 만드는데 사용되는 기본 컬러 공간이다. 모니터에서 색을 표시하기 위해 이 컬러 공간을 사용한다. 따라서 컬러 영상을 획득하여 표시하는 공간이 RGB 컬러 공간이다. 또한 영상 처리를 위해서 영상 파일을 읽어 들여서 영상 데이터를 구성하면 대부분의 영상 처리 API에서 RGB 컬러 공간의 데이터를 구성한다. 영상 처리에서 모니터는 필수적인 요소이며, 이 영상 데이터를 모니터에 표시하기 위해서는 RGB 컬러 공간이 기본이 된다. 이런 이유에서 RGB 컬러 공간을 기본 컬러 공간이라 한다.

RGB 컬러 공간으로 표현된 색은 인간 시각 체계(Human Visual System)에서 색으로 바로 규정하기가 어렵다. 또한 각 채널의 상호관계가 너무 크다는 점 때문에 몇몇 영상 처리 알고리즘들을 다른 컬러공간을 사용한다. 히스토그램 평활화와 같은 많은 영상 처리 기술들은 영상의 명암도 요소만으로 처리가 가능하다. 이러한 이유로 각 응용 시스템에 적합한 다양한 컬러 공간이 필요하다.

6.4.3 CMY(K) 컬러 공간

포토샵, 일러스트레이터, 페인트샵과 같은 그래픽 편집 툴을 사용한다면 작업한 내용들 보기위해 모니터에 표시해야 한다. 따라서 RGB 컬러 모델을 사용하는 것이 당연하다. 그러나 포토샵으로 작업한 내용을 인쇄소에서 출력할 때에는 어떤 컬러 공간을 사용할까?

프린터와 같은 인쇄기기는 종이에 원하는 색상을 출력해 준다. 이제 빛이 아니라 물감의 색을 사용하는 것이다.

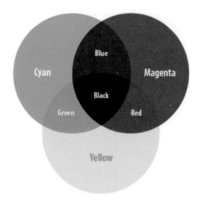

〈그림 6.4.7〉 감산 혼합

색은 섞으면 섞을수록 어두워지기 때문에 감산 혼합이라 한다. 따라서 인쇄소에서 빛의 원리가 적용된 RGB 컬러 공간을 그대로 사용하면 색상이 맞지 않아 잘못된 색상으로 인쇄되는 문제가 생긴다.

이때 필요한 것이 색의 삼원색이다. 빛이 물체에서 반사되었을 때의 흡수되고 남은 색에 관한 것이다. 〈그림 6.4.7〉과 같이 색의 삼원색은 빛의 삼원색과 보색 관계에 있는 청록색(Cyan), 자홍색(Magenta), 노랑색(Yellow)를 말한다. 이 원색들은 흰색으로부터 감산되어 원하는 색이 만들어진다.

CMY 컬러 공간은 〈그림 6.4.8〉과 같이 색의 삼원색을 3개의 축으로 구성하여 입방체를 만들어 3차원 좌표계를 형성한다. RGB 컬러 공간과는 반대로 세 축이 교차하는 원점이 흰색이며, 입방체의 대각선 반대쪽 끝이 검은색이다. 각 축은 그 색상의 밝기를 0~255사이의 값으로 표현하며, 세 개 축의 밝기 값이 교차하는 입방체 내부의 특정 좌표가 해당 색상이 된다.

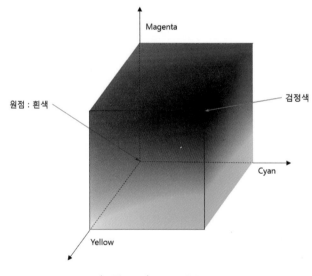

〈그림 6.4.8〉 CMY 컬러 공간

CMY 컬러 공간과 RGB 컬러 공간은 보색 관계에 있기 때문에 두 공간 사이의 변환은 쉽게 할 수 있다. 다음 식과 같이 흰색에 대한 보수를 취하면 변환이 된다. 8비트 화소에서 흰색은 255이기 때문에 255에서 각 화소값을 빼면 된다.

```
C = 255 - R              R = 255 - C
M = 255 - G              G = 255 - M
Y = 255 - R              B = 255 - Y
```

초등학교 때, 여러 종류의 물감을 섞으면 검은색이 된다고 한번쯤은 물감들을 섞어 보았을 것이다. 섞은 결과는 어떠했는가? 아무리 많은 색들을 섞어도 순수한 검은색이 되지 않고, 짙은 회색 정도가 만들어 졌을 것이다. 이렇듯 색의 삼원색을 모두 섞더라도 잉크에 포함되어 있는 불순물 등의 영향으로 완벽하게 검은색이 되지 않는다.

이러한 이유로 순수한 검은색을 출력하기 위해서 CMY 컬러 모델에 검은색(blacK)을 추가하여 CMYK 컬러 공간으로 사용하는 것이 일반적이다. 순수한 검정색은 뛰어난 대비를 제공하며, 검정 잉크가 컬러 잉크보다 비용이 적은 장점도 있다. 보통 가정에서 사용하는 잉크젯 프린터의 카트리지를 보면 대부분 청록, 자홍, 노랑과 더불어 검정색이 포함된 4개의 잉크 카트리지를 사용한다.

다음은 CMY에서 CMYK 컬러 공간으로 변환하는 수식이다. 여기서 blacK는 단순히 검정색이 아니라 다음과 같이 CMY 요소 중에서 최솟값(min)을 뜻한다.

```
blacK = min(Cyan, Magenta, Yellow)
Cyan    = Cyan   - blacK
Magenta = Magenta- blacK
Yellow  = Yellow  - blacK
```

이제 영상 파일을 읽어 들여서 RGB 컬러 공간에서 CMY 컬러 공간으로 변환하는 예제를 작성해 보자.

예제 6.4.1	컬러 공간 변환(BGR→CMY) - convert_CMY.cpp

```
01  #include <opencv2/opencv.hpp>
02  using namespace cv;
03  using namespace std;
04  int main()
05  {
06      Mat BGR_img = imread("../image/color_model.jpg", IMREAD_COLOR);
```

```
07          CV_Assert(BGR_img.data);
08
09          Scalar   white(255, 255, 255);
10          Mat   CMY_img = white - BGR_img;
11          Mat   CMY_arr[3];
12          split(CMY_img, CMY_arr);                            // 채널 분리
13
14          imshow("BGR_img", BGR_img);
15          imshow("CMY_img", CMY_img);
16          imshow("Yellow", CMY_arr[0]);                       // 노랑색 채널
17          imshow("Magenta", CMY_arr[1]);                      // 다홍색 채널
18          imshow("Cyan", CMY_arr[2]);                         // 청록색 채널
19          waitKey();
20          return 0;
21      }
```

| 설명 |

① 6행은 'color_model.jpg' 파일을 읽고 컬러 타입으로 BGR_img 행렬에 저장한다.

② 7행은 CV_Assert() 매크로에 인수로 Mat::data 변수로 예외처리를 한다. Mat::empty() 함수 대신에 Mat::data 변수를 인수로 사용하면 Not(!) 연산자를 추가하지 않아야한다.

③ 9행은 각 채널에 화소 최댓값을 빼기 위해서 흰색 화소를 Scalar형으로 선언한다.

④ 10행은 흰색 화소값에서 BGR_img 행렬의 모든 원소값을 각각 빼서 CMY_img 행렬에 저장한다. 여기서 BGR_img 행렬이 3채널 컬러 영상이기 때문에 각 채널별로 뺄셈이 수행되며, 따라서 CMY_img 행렬도 3개 채널로 구성된다.

⑤ 12행은 cv::split() 함수를 이용하여 3채널 행렬인 CMY_img를 분리하여 1채널 행렬 3개를 원소로 갖는 CMY_arr 배열로 만든다.

⑥ 16~18행은 OpenCV에서 컬러 영상을 읽어 들이면, R, G, B의 순서가 아니라 B, G, R의 순서로 채널이 설정된다. 따라서 분리된 CMY_arr[0] 행렬도 거꾸로 YMC 순서가 되므로 첫 번째 채널은 Yellow 채널이 된다.

실행결과에서 CMY 컬러 공간의 영상은 RGB 컬러 공간의 영상과 보수 관계에 있기 때문에 CMY 컬러 공간으로 변환된 CMY_img 행렬을 모니터에서 표시하면 원 영상인 BGR_img를 반전한 것처럼 표시된다. 또한 CMY_img 행렬을 분리한 행렬들은 1채널 영상이기 때문에 윈도우 창에서는 위 그림과 같이 명암도 영상으로 표시된다.

만약 이 행렬들이 프린터에서 출력된다고 가정하면 검은색 부분은 잉크가 출력되지 않으며, 밝은 색 부분이 그 화소값 비율만큼 각 채널(청록, 자홍, 노랑)의 색으로 출력된다.

다음은 컬러 영상을 읽어서 먼저 CMY 컬러 공간으로 바꾸고, 다시 CMYK 컬러 공간으로 변경하여 출력한 예이다.

예제 6.4.2	컬러 공간 변환(BGR→CMYK) – convert_CMYK.cpp

```
01  #include <opencv2/opencv.hpp>
02  using namespace cv;
03  using namespace std;
04  int main()
05  {
```

```
06        Mat BGR_img = imread("../image/color_model.jpg", IMREAD_COLOR);
07        CV_Assert(BGR_img.data);                              // 영상 파일 예외처리
08
09        Scalar white(255, 255, 255);                          // 흰색
10        Mat CMY_img = white - BGR_img;
11        Mat CMY_arr[3];
12        split(CMY_img, CMY_arr);
13
14        Mat black;                                            // 검은색 채널
15        min(CMY_arr[0], CMY_arr[1], black);                   // 원소 간 최솟값 저장
16        min(black, CMY_arr[2], black);
17
18        CMY_arr[0] = CMY_arr[0] - black;
19        CMY_arr[1] = CMY_arr[1] - black;
20        CMY_arr[2] = CMY_arr[2] - black;
21
22        imshow("black", black);
23        imshow("Yellow", CMY_arr[0]);
24        imshow("Magenta", CMY_arr[1]);
25        imshow("Cyan", CMY_arr[2]);
26        waitKey();
27        return 0;
28    }
```

| 설명 |

① 7행은 Mat::data가 존재하는지를 검사하고, 없으면 에러를 출력하고, 종료된다.

② 15행은 CMY_img[0], CMY_img[1]을 비교하여 작은 화소값들들 black에 저장한다.

③ 16행은 black과 CMY_img[2]의 비교하여 작은 화소값들들 다시 black 행렬에 저장한다. 결과적으로 balck 행렬에 는 3개 채널 화소의 최솟값이 저장된다.

④ 18행은 모든 CMY_arr[0] 행렬(yellow)의 화소값에서 black 행렬의 화소값를 뺀다.

⑤ 19행은 모든 CMY_arr[1] 행렬(magenta)의 화소값에서 black 행렬의 화소값를 뺀다.

⑥ 25행은 모든 CMY_arr[2] 행렬(cyan)의 화소값에서 black 행렬의 화소값를 뺀다.

실행 결과를 보면, 앞 예제의 결과보다 영상이 어두운 것을 볼 수 있다. 각 채널의 각 화소에서 가장 어두운 색을 검은 색으로 분리하여 Black 채널로 출력하고, 나머지 부분만을 각 색상의 잉크로 출력한다. 따라서 CMYK 컬러 공간을 사용하면 컬러 잉크의 사용이 상대적으로 절감된다.

6.4.4 HSI 컬러 공간

인간이 컬러 영상 정보를 인지하는 방법은 색상(Hue), 채도(Saturation), 명도(Intensity, Value)라는 세 가지 지각 변수로 분류된다. 이 세 가지 속성을 〈그림 6.4.9〉와 같이 3차원 좌표에서 각각의 축으로 공간을 형성할 수 있다. 이렇게 원뿔 모양의 공간 좌표계로 모형화한 것이 HSI 컬러 공간이다. 세 가지 속성의 영문 첫 글자를 가져와서 이름을 붙인 것이다.

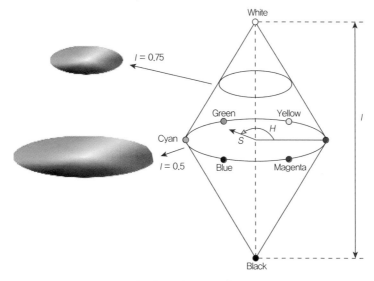

〈그림 6.4.9〉 HSI 컬러 공간

인간이 색상을 인식하는 3가지 요인인 색상, 채도, 명도를 컬러 공간으로 옮긴 것이기에 HSI 컬러 공간을 인간 시각 시스템 특성과 유사하다.

색상은 빛이 물체에서 반사되어 나온 색을 말하는 것으로 파장을 시각적으로 표현한 것이다. HSI 컬러 공간에서 색상은 원판의 0~360도까지 회전하며 표현된다. 0도가 빨간색, 60도는 노란색, 120도는 녹색, 180도는 청록(Cyan), 240도는 파란색, 300도가 다홍(Magenta)이다.

채도는 색의 순수한 정도를 나타낸다. 순색(pure color)에 흰색의 혼합 비율에 따라서 0~100까지의 값을 가진다. 예를 들어 빨간색은 순색으로 채도가 높아서 100의 값을 갖게 되며, 핑크 색은 흰색이 포함된 정도에 따라서 그 값이 0에 가까워진다. 컬러 공간에서는 채도는 원판의 반지름으로 표현된다. 원판의 중심이 0으로 가장 순도가 낮으며, 가장 자리가 100으로 표현되고 채도가 가장 높은 순색이다.

명도는 빛의 세기라고 하며 색의 밝고 어두운 정도를 나타낸다. 컬러 공간에서는 원뿔의 높이에 해당한다. 가장 아래쪽 0이 검은색이며, 가장 위쪽이 100으로 흰색을 표현한다.

중간의 값들은 연한 회색에서부터 진한 회색까지의 스케일을 나타낸다.

기본 컬러 공간인 RGB 컬러 공간에서 HSI 컬러 공간으로 변경하려면 다음과 같은 수식을 적용하면 된다. 여기서 R은 Red 채널, G는 Green 채널, B는 Blue 채널의 화소값이다. H는 Hue 채널 화소값이며, S는 Saturation 채널, I는 Intencity 채널 화소값이다.

$$H = \begin{cases} \cos^{-1}\left[\dfrac{((R-G)+(R-B))*0.5}{\sqrt{(R-G^2)+(R-B)\cdot(G-B)}}\right], & if \ \ B \leq G \\ 360 - H & , \ \ otherwise \end{cases}$$

$$S = 1 - \frac{3 \cdot \min(R, G, B)}{(R+G+B)}$$

$$I = \frac{1}{3}(R+G+B)$$

OpenCV에서는 HSV와 HLS 컬러 공간에 대한 변환이 제공되며, HSI 컬러 공간 변환과 수식이 조금씩 다르다. 아래 수식은 OpenCV에서 제공하는 HSV 컬러공간에 대한 변환 수식이다.

$$H = \begin{cases} \dfrac{(G-B)*60}{S} & , \ \ if \ \ V = G \\ \dfrac{(G-B)*60}{S} + 120, & if \ \ V = G \\ \dfrac{(G-B)*60}{S} = 240, & if \ \ V = B \end{cases}$$

$$S = \begin{cases} V - \dfrac{\min(R, G, B)}{V}, & if \ \ V \neq 0 \\ 0 & , \ \ otherwise \end{cases}$$

$$V = \max(R, G, B)$$

다음은 RGB 컬러 공간에서 HSI 컬러 공간으로 변환하는 예제이다. 수식을 사용하여 직접 HSI로 변경한 경우와 OpenCV에서 제공되는 함수 cv::cvtColor()를 사용한 경우를 비교해 보았다.

```
01  #include <opencv2/opencv.hpp>
02  using namespace cv;
03  using namespace std;
04
05  void bgr2hsi(Mat img, Mat &hsv)                          // BGR 컬러 → HSI 컬러
06  {
07      hsi = Mat(img.size(), CV_32FC3);                     // HSI 행렬 - 3채널, float형
08      for (int i = 0; i < img.rows; i++) {
09          for (int j = 0; j < img.cols; j++)
10          {
11              float B = img.at<Vec3b>(i, j)[0];                    // 파란색 화소값
12              float G = img.at<Vec3b>(i, j)[1];                    // 녹색 화소값
13              float R = img.at<Vec3b>(i, j)[2];                    // 빨간색 화소값
14
15              float s = 1 - 3 * min(R, min(G, B)) / (R + B + G);   // 채도 계산
16              float v = (R + G + B) / 3.0f;                        // 명도 계산
17
18              float tmp1 = ((R - G) + (R - B)) * 0.5f;
19              float tmp2 = sqrt((R - G) * (R - B) + (G - B) * (G - B));
20              float angle = acos(tmp1 / tmp2) * (180.f / CV_PI);
21              float h = (B <= G) ? angle : 360 - angle;            // 색상 계산
22
23              hsi.at<Vec3f>(i, j) = Vec3f(h / 2, s * 255, v);  // 반환행렬 원소에 지정
24          }
25      }
26      hsi.convertTo(hsv, CV_8U);
27  }
28
29  int main()
30  {
31      Mat BGR_img = imread("../image/color_space.jpg", IMREAD_COLOR);
32      CV_Assert(BGR_img.data);
33      Mat HSI_img, HSV_img, hsi[3], hsv[3];
34
35      bgr2hsi(BGR_img, HSI_img);                           // BGR에서 HSV 변환
36      cvtColor(BGR_img, HSV_img, CV_BGR2HSV);              // OpenCV 함수
37      split(HSI_img, hsi);                                 // 채널 분리
```

```
38          split(HSV_img, hsv);

39

40          imshow("BGR_img", BGR_img);

41          imshow("Hue", hsi[0]);                              // 사용자 정의함수 이용

42          imshow("Saturation", hsi[1]);

43          imshow("Intensity", hsi[2]);

44          imshow("OpenCV_Hue", hsv[0]);                       // OpenCV 제공함수 이용

45          imshow("OpenCV_Saturation", hsv[1]);

46          imshow("OpenCV_Value", hsv[2]);

47          waitKey();

48          return 0;

49      }
```

| 설명 |

① 5~27행은 BGR 컬러 영상을 HSI 컬러 영상으로 변환하는 사용자정의 함수이다.

② 8~25행은 입력 행렬의 모든 원소를 조회하며 컬러 변환 수식으로 화소값을 계산한다.

③ 11~13행은 입력 행렬의 i행, j열 화소를 가져와서 각각 B, G, R 변수에 저장한다. 3채널 uchar형으로 Vec3b형으로 가져온다.

④ 15, 16행은 Saturation과 Intensity 채널의 화소값을 수식에 따라 계산하여 저장한다.

⑤ 18~21행은 Hue 채널의 화소값에 대한 수식이다.

⑥ 18, 19행은 Hue 변환 수식의 분자 부분(tmp1)과 분모 부분(tmp2)의 수식이다.

⑦ 20행에서 acos() 함수는 역코사인을 구해주는 함수로 라디안 값을 반환하기 때문에 180 / CV_PI를 곱해서 각도로 변환한다.

⑧ 23행은 계산된 h, s, v 값을 반환행렬에 저장한다. 이때, Hue 채널은 0~360도를 갖는데, uchar형이 0~255의 범위이기에 절반으로 스케일해서 0~180 범위로 변경한다. 또한 s 변수는 0~1의 값을 갖기에 255를 곱해서 0~255범위를 갖게 한다.

⑨ 26행은 float형인 반환행렬을 영상 표시를 위해 uchar형으로 변환한다.

⑩ 35행은 직접 구현한 함수로 HSI 컬러 공간 변환을 수행한다.

⑪ 36행은 cv::cvtColor() 함수에 원본 영상인 BGR_img 행렬을 입력하고, 결과 행렬에 HSV_img1 행렬을 지정한다. 이때 옵션으로 CV_BGR2HSV를 설정하면, BGR컬러 공간의 BGR_img 영상이 HSV 컬러 공간으로 변환된다.

⑫ 37, 38행은 변환 결과 행렬(HSV_img1, HSV_img2)은 3채널 영상이다. 따라서 cv::split() 함수를 이용해서 각 채널을 분리한다.

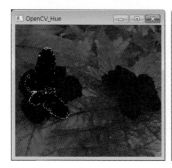 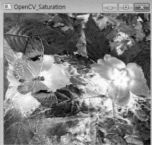 

실행 결과에서 두 번째 라인의 창들은 공식에 따라서 직접 계산한 것이며, 세 번째 라인의
창들은 cv::cvtColor() 함수를 사용한 것이다. 조금의 차이는 있지만 거의 비슷한 것을 볼
수 있다. 다만, 공식을 적용한 것은 영상의 크기만큼 2중 for문을 반복하며, acos() 함수
등을 수행하기 때문에 크기가 큰 영상에 수행하면 상대적으로 많은 시간이 소요된다.

실제로 가로×세로가 4,000×3,000인 컬러 영상으로 위 예제를 수행한 결과에서 공식을
적용한 경우에는 0.532초가 소요되었으며, OpenCV 함수를 적용한 경우에는 0.047초 소
요되었다. 영상에 따라서 7~10배 정도의 속도 차이가 발생하였다.

6.4.5 기타 컬러 공간

YCrCb 컬러 공간은 영상 시스템에서 사용되는 색공간의 일종이다. Y는 휘도 성분이며 Cb와 Cr은 색차 성분이다. 인간의 시각은 밝기에는 민감하지만, 색상에는 덜 민감하다. 이러한 점을 이용해서 YCrCb 컬러 공간에서는 색차 신호인 Cr, Cb 성분을 Y 성분보다 상대적으로 낮은 해상도로 구성한다. 이렇게 함으로써 인간의 시각에서 화질의 큰 저하 없이 영상 데이터의 용량을 감소할 수 있다.

이렇게 휘도에 비해 색차 신호를 저해상도로 구성하는 방법은 간단하지만 효과적인 영상의 압축 방법이다. 이런 이유 때문에 JPEG이나 MPEG에서 압축을 위한 기본 컬러 공간으로 YCbCr 컬러 공간이 이용된다.

다음은 OpenCV의 cv::cvtColor() 함수에서 RGB와 YCbCr를 서로 변환하는 수식이다.

$$Y = +0.299 \cdot R + 0.587 \cdot G + 0.114 \cdot B$$
$$Cb = (R - Y) \cdot 0.564 + 128$$
$$Cr = (B - Y) \cdot 0.713 + 128$$

$$R = Y + 1.403 \cdot (Cr - 128)$$
$$G = Y - 0.714 \cdot (Cb - 128) - 0.344(Cb - 128)$$
$$B = Y + 1.773 \cdot (Cb - 128)$$

YUV 컬러 공간은 TV 방송 규격에서 사용하는 컬러 표현 방식이다. 특히, PAL 방식의 아날로그 비디오를 위해 개발 되었지만 디지털 비디오에서도 유럽의 비디오 표준으로 사용하고 있다. 다음 변환 수식은 ITU-R BT.709 표준안에 따르는 것으로 HDTV에 적용되는 변환 수식이다.

$$Y = +0.2160 \cdot R + 0.7152 \cdot G + 0.0722 \cdot B$$
$$U = -0.0999 \cdot R - 0.3360 \cdot G + 0.4360 \cdot B$$
$$V = +0.6150 \cdot R - 0.5586 \cdot G - 0.05639 \cdot B$$

$$R = Y + 1.28033 \cdot V$$
$$G = Y - 0.21482 \cdot U - 0.38059 \cdot V$$
$$B = Y + 2.12798 \cdot U$$

위와 같은 RGB 신호를 다른 컬러 공간으로 변환하는 수식은 디스플레이 장비나 기타 상황에 따라서 세부 비율이 조금씩 다르게 적용될 수 있다.

기타 다른 컬러 공간으로는 휴대폰 카메라 등에서 주로 사용하는 YUV420, 비전 카메라에서 주로 사용하는 BayerRGB, 장치 독립 컬러 공간으로 알려진 La*b* 등 다양하게 존재한다.

OpenCV에서는 cv::cvtColor() 함수에 옵션상수(code)를 통해서 다양한 컬러 공간으로 변환할 수 있다. 이것은 types_c.h 헤더 파일에서 열거형(enum)으로 정의되어 있다. 그 중에서 자주 사용되는 옵션 상수에 대해서 소개한다.

〈표 6.4.2〉 컬러 공간 변환을 위한 옵션 상수

옵션 상수	값	옵션 상수	값	옵션 상수	값
CV_BGR2BGRA	0	CV_XYZ2RGB	35	CV_BGR2HLS	52
CV_BGRA2BGR	1	CV_BGR2YCrCb	36	CV_RGB2HLS	53
CV_BGR2RGBA	2	CV_RGB2YCrCb	37	CV_HSV2BGR	54
CV_RGBA2BGR	3	CV_YCrCb2BGR	38	CV_HSV2RGB	55
CV_BGR2RGB ,	4	CV_YCrCb2RGB	39	CV_Lab2BGR	56
CV_BGRA2RGBA	5	CV_BGR2HSV	40	CV_Lab2RGB	57
CV_BGR2GRAY	6	CV_RGB2HSV	41	CV_Luv2BGR	58
CV_RGB2GRAY	7	CV_BGR2Lab	44	CV_Luv2RGB	59
CV_GRAY2BGR	8	CV_RGB2Lab	45	CV_HLS2BGR	60
CV_GRAY2BGRA	9	CV_BayerBG2BGR	46	CV_HLS2RGB	61
CV_BGRA2GRAY	10	CV_BayerGB2BGR	47	CV_BGR2YUV	82
CV_RGBA2GRAY	11	CV_BayerRG2BGR	48	CV_RGB2YUV	83
CV_BGR2XYZ	32	CV_BayerGR2BGR	49	CV_YUV2BGR	84
CV_RGB2XYZ	33	CV_BGR2Luv	50	CV_YUV2RGB	85
CV_XYZ2BGR	34	CV_RGB2Luv	51		

예제를 통해서 OpenCV에서 제공하는 다양한 컬러 공간의 변환의 방법을 알아보자.

예제 6.4.4 　다양한 컬러 공간 변환 – convert_others.cpp

```
01  #include <opencv2/opencv.hpp>
02  using namespace cv;
03  using namespace std;
04  int main()
05  {
```

```
06        Mat BGR_img = imread("../image/color_space.jpg", 1);
07        CV_Assert(BGR_img.data);
08
09        Mat YCC_img, YUV_img, Lab_img, Gray_img;
10        cvtColor(BGR_img, Gray_img, CV_BGR2GRAY);                    // 명암도 영상 변환
11        cvtColor(BGR_img, YCC_img, CV_BGR2YCrCb);                    // YCbCr 컬러 공간변환
12        cvtColor(BGR_img, YUV_img, CV_BGR2YUV);                      // YUV 컬러 공간변환
13        cvtColor(BGR_img, Lab_img, CV_BGR2Lab);                      // La*b* 컬러 공간변환
14
15        Mat YCC_arr[3], YUV_arr[3], Lab_arr[3];
16        split(YCC_img, YCC_arr);                                     // 채널 분리
17        split(YUV_img, YUV_arr);
18        split(Lab_img, Lab_arr);
19
20        imshow("BGR_img", BGR_img),              imshow("Gray_img", Gray_img);
21        imshow("YCC_arr[0]-Y", YCC_arr[0]),      imshow("YCC_arr[1]-Cr", YCC_arr[1]);
22        imshow("YCC_arr[2]-Cb", YCC_arr[2]),     imshow("YUV_arr[0]-Y", YUV_arr[0]);
23        imshow("YUV_arr[1]-U", YUV_arr[1]),      imshow("YUV_arr[2]-V", YUV_arr[2]);
24        imshow("Lab_arr[0]-L", Lab_arr[0]),      imshow("Lab_arr[1]-a", Lab_arr[1])
25        imshow("Lab_arr[2]-b", Lab_arr[2]),
26        waitKey(0);
27        return 0;
28    }
```

| 설명 |

① 10~13행은 cv::cvtColor() 함수를 이용해서 BGR 컬러 공간인 BGR_img 행렬을 다른 컬러공간으로 변환한다. 변경 하고자 하는 옵션상수만 지정하면 변환된 행렬이 반환된다.

② 10행은 CV_BGR2GRAY 옵션을 적용해서 명암도 영상으로 변환한다.

③ 11행은 CV_BGR2YCrCb 옵션을 적용해서 YCbCr 컬러 공간으로 변환한다. 옵션 상수 이름이 'YCrCb'로 통상적으로 부르는 컬러 공간 명칭과 다름에 유의한다.

④ 12행은 CV_BGR2YUV 옵션을 적용해서 YUV 컬러 공간으로 변환한다.

⑤ 13행은 CV_BGR2Lab 옵션을 적용해서 장치독립 컬러 공간인 La*b* 컬러로 변환한다.

⑥ 16~18행은 cv::split() 함수로 변환된 컬러 공간의 행렬에서 채널들을 분리한다. Gray_img 행렬은 자체가 단일채널 행렬이라서 채널 분리를 할 필요가 없다.

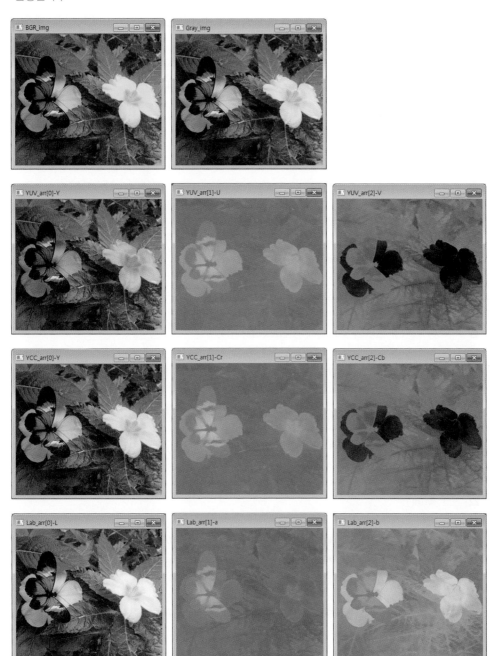

다음은 심화예제를 다루어 보자. 입력 영상을 HSV 컬러 공간으로 변환한 후에 Hue 채널을 이용해서 특정 색상 범위를 지정하고, 이 범위의 색상만 선택적으로 이진화하는 예제이다. 색상의 범위는 트랙바를 이용해서 지정한다.

심화예제 6.4.5 Hue 채널을 이용한 객체 검출 – hue_threshold.cpp

```cpp
01  #include <opencv2/opencv.hpp>
02  using namespace cv;
03  using namespace std;
04  Range th(50,100);                                  // 트랙바로 선택할 범위 변수
05  Mat hue;                                           // 색상 채널 전역 변수지정
06
07  void onThreshold()(int value, void* userdata)
08  {
09      Mat result = Mat(hue.size(), CV_8U, Scalar(0));
10
11      // 선택 범위에 이진화 수행
12      for (int i = 0; i < result.rows; i++) {
13          for (int j = 0; j < result.cols; j++)
14          { // 선택 범위에 대한 조건 설정
15              bool ck = hue.at<uchar>(i, j) >= th.start && hue.at<uchar>(i, j) < th.end ;
16              result.at<uchar>(i, j) = (ck) ? 255 : 0;        // 이진값 지정
17          }
18      }
19      imshow("result", result);
20  }
21
22  int main()
23  {
24      Mat BGR_img = imread("../image/color_space.jpg", 1);// 컬러 영상 로드
25      CV_Assert(BGR_img.data);
26
27      Mat HSV, hsv[3];
28      cvtColor(BGR_img, HSV, CV_BGR2HSV);                // 컬러 공간 변환
29      split(HSV, hsv);                                   // 채널 분리
30      hsv[0].copyTo(hue);                                // hue 행렬에 색상 채널 복사
31
32      namedWindow("result", WINDOW_AUTOSIZE);
```

```
33      createTrackbar("Hue_th1", "result", &th.start, 255, onThreshold);    // 트랙바 등록
34      createTrackbar("Hue_th2", "result", &th.end, 255, onThreshold);
35
36      onThreshold();                                                       // 이진화 수행
37      imshow("BGR_img", BGR_img);
38      waitKey(0);
39      return 0
40  }
```

| 설명 |

① 4행은 트랙바로 지정할 범위 변수를 Range 객체로 지정한다.

② 7~20행은 th의 범위에 대하 hue 행렬에 이진화를 수행하는 함수이다.

③ 15행은 행렬의 각 화소가 범위 시작값 보다 크고, 범위 종료값보다 작으면 참이 된다.

④ 16행은 rusult 행렬 원소에 ck가 참이면 흰색(255)을, 거짓이면 검은색(0)을 지정한다.

| 실행결과 |

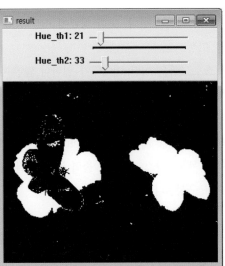

실행 결과에서 두개의 트랙바를 조정하면 원하는 색상만을 선택적으로 이진화 할 수 있다.
이 방법은 특정한 색상 범위로 객체를 검출하고자 할 때 주로 사용되는 영상 처리 방법
이다.

| 단원 요약 |

1. Mat 클래스는 내부 메서드인 Mat::at() 함수를 통해서 원소를 조회한다. 행, 열을 인수로 입력해서 조회할 수도 있고, Point 나 배열을 사용해서 조회할 수 있다. 템플릿 메서드로서 uchar, int, float 등의 모든 자료형이 가능하며, 컴파일 시간에 자료형을 결정되어야 한다. 따라서 원소를 조회할 때 반드시 '〈'와 '〉' 사이에 해당 자료형을 적어야 한다.

2. 지털 영상은 화소들로 구성되며, 하나의 화소값은 0~255의 값을 가지는데 0은 검은색을, 255는 흰색을 의미한다. 그 사이의 값들은 진한 회색에서 연한 회색까지를 나타낸다. 화소값이 회색의 비율 정도로 표현되고, 이 값을 가지는 화소들이 모여서 구성된 것이 영상을 그레이 스케일 영상이라 한다.

3. 행렬의 모든 원소에 스칼라값을 더하면 영상의 밝기를 밝게 하며, 스칼라값을 빼면 영상 밝기를 어둡게 한다. 또한 행렬에 스칼라값을 곱하면 영상의 대비를 조절할 수 있다.

4. 히스토그램은 어떤 데이터가 얼마나 많은지를 나타내는 도수 분포표를 그래프로 나타낸 것이다. 가로축이 계급, 세로축이 도수(빈도수)를 뜻한다.

5. 히스토그램을 계산하는 cv::calcHist() 함수는 인수로 입력영상 행렬들, 입력영상 개수, 채널 목록, 마스크 행렬, 출력 결과 행렬, 결과행렬 차원 수, 계급 크기, 각채널 범위 등으로 구성된다.

6. 히스토그램의 분포가 한쪽으로 치우쳐서 분포가 좁아서 영상의 대비가 좋지 않은 영상의 화질을 개선할 수 있는 알고리즘이 히스토그램 스트레칭(histogram stretching)이다.

7. 히스토그램 평활화(histogram equalization)는 특정 부분에서 한쪽으로 치우친 명암 분포를 가진 영상을 히스토그램의 재분배 과정을 거쳐서 균등한 히스토그램 분포를 갖게 하는 알고리즘이다.

8. 컬러 공간이란 색 표시계의 모든 색들을 색 공간에서 3차원 좌표로 표현한 것이다. 따라서 컬러 공간은 공간상의 좌표로 표현되기 때문에 어떤 컬러와 다른 컬러들과의 관계를 표현하는 논리적인 방법을 제공한다.

9. 컬러 공간에서는 모니터에서 주로 사용하는 RGB, 프린터에서 사용하는 CMY, 인간시각 시스템과 유사한 HSI 컬러공간이 있다. 또한 JPEG 등의 압축에 주로 사용하는 YCbCr, 방송시스템에 많이 사용하는 YUV 컬러공간이 있다. 이외에도 XYZ, La*b* 등의 다양한 컬러 공간이 이며, OpenCV에서는 cv::cvtColor() 함수를 이용해서 쉽게 컬러 공간을 변환할 수 있다.

■ 연습문제

1. Mat::at() 함수의 이용한 행렬의 원소 접근 방법에 대해서 상세히 기술하시오.

2. 그레이 스케일(gray-scale) 이미지가 의미하는 것이 무엇인지 설명하시오.

3. 화소의 밝기와 화소값에 대해서 설명하시오.

4. 두 개의 영상을 합성하는 방법을 두 가지 이상 기술하시오.

5. 영상에서 밝기 변경과 명암 대비 변경의 차이를 설명하시오.

6. 영상 처리에서 히스토그램이란 무엇인가?

7. 히스토그램 스트레칭의 과정을 기술하시오.

8. 히스토그램 평활화 과정을 기술하시오.

9. 다음 예시 코드에서 에러를 수정하고, 실행 결과를 표시하시오.

```
int main() {
    Mat BGR_img = imread("../image/color_space.jpg", 1);
    CV_Assert(BGR_img.data);

    Mat YCC_img, YCC_arr;
    cvtColor(BGR_img, YCC_img, CV_BGR2YCbCr);
    split(YCC_img, YCC_arr);

    imshow("YCC_arr", YCC_arr);
    imshow("BGR_img", BGR_img);
    waitKey(0);
    return 0;
}
```

```
void  calc_Histo(const Mat& image, Mat& hist, int bins, int range_max = 256)
{
    int     histSize[] = { bins };              // 히스토그램 계급개수
    float   range[] = { 0, (float)range_max };  // 히스토그램 범위
    int     channels[] = { 0 };                 // 채널 목록
```

```
    int       dims = image.channels();;
    const float* ranges[] = { range };

    calcHist(&image, 1, channels, Mat(), hist, dims, histSize, ranges);
}

int main()
{
    Mat hist;
    Matx<uchar, 5, 6>  m1;
    m1 << 1, 2, 3, 4, 5,   2, 3, 4, 5, 6,   3, 4, 5, 6, 7,
          4, 5, 6, 7, 8,   5, 6, 7, 8, 9;

    calc_Histo( m1, hist, 5 , 10);
    cout << hist.t() << endl;
    return 0;
}
```

10. OpenCV함수 중에서 cv::addWeighted() 함수를 사용해서
두 영상을 합성하는 프로그램을 작성하시오

11. 10번 문제에 두 개의 트렉바를 추가해서 각 영상의 반영 비
율을 조절할 수 있도록 수정하시오.

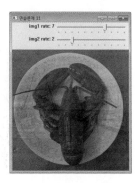

12. 10×20 크기의 doube형 행렬을 3채널로 생성하고, Mat::ptr() 함수로 원소에 접근해
서 5행부터 10행까지의 화소값을 100씩 더하시오.

13. 예제_6.2.1은 uchar형으로 행렬을 선언해서 회색이 점진적으로 짙어지는 영상을 만든다.
image1, image2 행렬을 float(CV_32F)형으로 선언해서 같은 결과가 나도록 수정하시오.

14. 예제_6.3.5에서 calc_histo() 함수는 1~3채널 영상에서 히스토그램을 계산하여 1~3차
원 행렬로 반환한다. cv::calcHist() 함수를 사용하지 않고, 이 함수를 직접 구현하시오.

15. 영상 처리에서 투영(projection)은 다음의 수식으로 표현된다. OpenCV 함수 중에
cv::reduce() 함수를 이용해서 수식과 같이 수직 및 수평방향 투영을 수행하는 프로
그램을 작성하고, 영상 파일을 읽어서 투영 히스토그램을 출력하시오.

$$histo\_v(x) = \sum_{y=0}^{h-1} f(x,y)$$

$, \ f(x,y) = x, y좌표의 화소값$

$$histo\_v(y) = \sum_{x=0}^{w-1} f(x,y)$$

> **[힌트]** 예제_6.3.3의 히스토그램 그래프 그리기를 참고한다.

16. 영상 파일을 읽어 윈도우에 표시하고, 마우스 이벤트를 통해서 드래그할 때 선택된 영역이 반전되어 표시되도록 프로그램을 작성하시오(17번 문제 그림 예시).

17. 16번 문제의 선택된 영역을 새 창에 출력하고, 이 영역에 대해서 Hue 채널 히스토그램 그래프를 그리는 프로그램을 작성하시오.

18. 컬러 영상을 입력 받아서 YCbCr 컬러 공간으로 변환하고 다시 환원하는 프로그램을 작성하시오. 단, cv::cvtColor() 함수를 사용하지 않고, YCbCr 변환 수식에 따라서 직접 구현하시오.

19. 영상 파일을 읽어 들여서 HSV 컬러 공간으로 변환하고, Hue와 Saturation 채널을 합성해서 2차원 히스토그램을 구하시오. 즉, 2차원 히스토그램의 Hue와 Saturation을 2개 축으로 구성하고, 빈도값을 밝기로 표현해서 2차원 그래프로 그리시오.

CHAPTER 07

영역 처리

컨넥티드(CONNECTED) – 소셜 네트워크의 시대

사람들은 사회적인 존재이다. 사람들이 모여 사는 사회에서 사람들 사이의 관계만큼 중요한 것은 없다. 2011년 두 명의 미국 학자가 사회적 관계(social network)에 대해 실험하고 연구한 결과를 담은 《CONNECTED》라는 책을 내놓았다. 책 속에는 저자들이 발견한 '3단계 영향 규칙'이 있다. 연결된 사회적 관계에서 영향이 3단계까지 미친다는 이야기이다. 즉, 내 생각과 감정이 일차적으로 내 친구에게, 그리고 간접적으로 친구의 친구, 또 친구의 친구의 친구까지 3단계까지 영향을 미친다는 것이다.

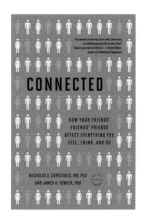

만일 내가 주변에 행복을 전파하는 사람이 된다면, 내 친구는 행복할 가능성이 약 15% 높아지고, 친구의 친구는 약 10%, 그 다음의 친구는 약 6% 높아진다는 실험 결과가 있다. 바이러스처럼 행복은 주변 사람들에게 전파된다. 오늘도 내가 행복을 전파하는 바이러스가 되면 어떨까?

영역 처리는 한 화소의 처리결과를 얻기 위해 주변에 연결(CONNECTED)된 화소들의 값들을 처리하는 처리방식이다.

07
영역 처리

영상 처리와 관련된 응용 프로그램을 구현하려면 먼저, 영상 처리의 기초가 되는 이론들에 대해서 잘 이해해야 한다. 그런데 기초 이론들에 대해서 어느 정도 실력을 쌓고서도 특정한 요구 사항에 맞는 응용을 직접 구현하려면 막막함이 앞서게 될 것이다.

이럴 경우에는 영상 처리와 관련된 분야의 논문들을 읽어 보는 것이 많은 도움이 된다. 영상 처리와 관련된 논문을 읽다보면, 공간 영역(spatial domain)이나 주파수 영역(frequency domain)이라는 표현이 자주 등장한다. 처음 접하게 되는 이 용어가 낯설게 느껴질 것이다.

공간 영역에서의 처리는 대부분 마스크 혹은 윈도우라 불리는 커널(kernel)을 이용해서 회선(convolution)을 수행함으로써 이루어진다. 회선이라는 것이 커널만 구성되면 쉽게 필터링을 수행하기 때문에 보통 실행 결과만 보고, 기본 수행 과정을 무시하는 경향이 있다.

이렇게 회선의 과정에 대한 명확한 이해가 없으면 실제 현장에서 응용을 개발하면서 입력 영상의 상황에 적합한 필터링을 하고자 할 때, 가장 적합한 마스크를 쉽게 구성하지 못할 수 있다.

회선의 과정에 대한 명확한 이해와 마스크 계수들의 상관관계를 잘 파악한다면 실제 응용에서 필요로 하는 상황에 맞는 필터링을 쉽게 떠올릴 수 있을 것이다. 또한 그러한 필터링을 구현하는 마스크 계수의 구성도 어렵지 않게 해결할 수 있다.

이 장에서는 공간 영역의 개념과 공간 영역을 기반으로 처리할 수 있는 필터링에 대해서 기술한다. 또한 마스크 기반의 에지 검출 방법과 형태학을 기반으로 하는 모폴로지(morphology)에 대해서 자세히 설명한다.

7.1 회선(convolution)

7.1.1 공간 영역의 개념과 회선

앞으로 영상 처리를 공부하면서 알고리즘이 필요한 상황, 수행 과정, 실행 결과 등을 보면서 필요한 알고리즘들을 하나씩 익혀나갈 것이다. 일반적으로 특정한 용어가 갖는 의미는 별다른 신경을 쓰지 않는다. 그러나 용어가 갖는 의미를 정확히 이해한다면 해당 알고리즘의 전반적인 의미를 쉽게 익힐 수 있다.

여기 의미가 조금은 복합적인 용어가 하나 있다. 바로 '영역'이라는 단어이다. 이 영역에 대한 의미를 정확히 이해한다면 이번 장에서 배울 내용이 훨씬 쉽게 다가올 것이다.

영상 처리에서 '영역'에 대한 하나의 의미는 두 개의 다른 범위(domain)의 구분이다. 바로 이번 장에서 배울 공간 영역(spatial domain)이며, 다른 하나가 9장에서 배우게 될 주파수 영역(frequency domain)이다. 여기서 말하는 공간 영역은 영상들이 다루어지는 화소 공간을 의미한다. 예로서, x, y 차원의 2차원 공간을 말한다.

다른 하나의 의미는 영역 기반 처리(area based processing)라는 표현에서 사용하는 영역이다. 이것은 앞 장에서 배운 화소 기반 처리와 상반되는 의미로서, 화소점 하나 하나의 개념이라기 보다는 화소가 모인 특정 범위(영역)의 화소 배열을 의미한다.

즉, 화소 기반 처리가 화소값 각각에 대해 여러 가지 연산을 수행하는 것이라면, 공간 영역 기반 처리는 마스크(mask)라 불리는 규정된 영역을 기반으로 연산이 수행된다. 이러한 이유에서 공간 영역 기반 처리를 마스크 기반 처리라고도 한다.

자, 그러면 마스크 기반 처리에서 대해서 자세히 알아보자.

마스크 기반 처리는 마스크 내의 원소값과 공간 영역에 있는 입력 영상의 화소값들을 대응되게 곱하여 출력화소값을 계산하는 것을 말한다. 이러한 처리를 하는 과정을 모든 출력화소값에 대해 이동하면서 수행하는 것을 회선(convoluttion)이라고 한다. 이때, 입력 영상에 곱해지는 이 마스크는 커널(kernel), 윈도우(window), 필터(filter) 등의 다른 용어로도 불려진다.

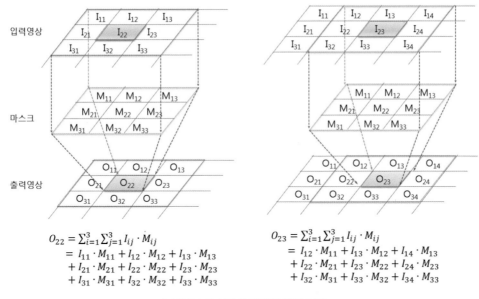

$$O_{22} = \sum_{i=1}^{3}\sum_{j=1}^{3} I_{ij} \cdot M_{ij}$$
$$= I_{11} \cdot M_{11} + I_{12} \cdot M_{12} + I_{13} \cdot M_{13}$$
$$+ I_{21} \cdot M_{21} + I_{22} \cdot M_{22} + I_{23} \cdot M_{23}$$
$$+ I_{31} \cdot M_{31} + I_{32} \cdot M_{32} + I_{33} \cdot M_{33}$$

$$O_{23} = \sum_{i=1}^{3}\sum_{j=1}^{3} I_{ij} \cdot M_{ij}$$
$$= I_{12} \cdot M_{11} + I_{13} \cdot M_{12} + I_{14} \cdot M_{13}$$
$$+ I_{22} \cdot M_{21} + I_{23} \cdot M_{22} + I_{24} \cdot M_{23}$$
$$+ I_{32} \cdot M_{31} + I_{33} \cdot M_{32} + I_{34} \cdot M_{33}$$

〈그림 7.1.1〉 회선의 과정에 대한 이해

〈그림 7.1.1〉에 3×3 크기의 마스크로 회선을 수행하는 과정을 도식적으로 표현하였다. 출력화소 O_{22}는 대응되는 위치에 있는 입력화소 I_{22}와 마스크 크기만큼의 주위 화소들을 이용해서 계산된다. 즉, 마스크의 각 원소가 같은 위치의 입력화소와 곱해지며, 이 곱한 값들을 모두 더해서 출력화소가 계산된다.

계속적으로 출력화소 O_{23}은 입력 영상에서 마스크를 한 화소 오른쪽으로 이동시킨 후에 대응되는 입력화소들과 곱하여 계산된다. 같은 방법으로 입력 영상의 모든 화소에 대해서 마스크를 이동시켜서 곱하고, 그 값들을 모두 더해서 해당 위치의 출력화소가 계산된다.

결과적으로 회선으로 생성되는 영상은 마스크의 원소 값에 따라서 결정된다. 즉, 입력 영상의 각 화소의 위치에서 마스크 크기의 주변 화소들을 마스크 원소의 비율만큼 반영하는 것이다.

앞으로 이 마스크의 원소를 어떻게 결정하느냐에 따라서 결과 영상이 드라마틱하게 달라지는 것을 보게 될 것이다. 이 장에서는 그 방법들에 대한 이론적인 토대를 쌓는다.

7.1.2 블러링

디지털카메라로 사진을 찍다보면, 초점이 맞지 않을 때가 종종 있다. 이럴 경우에 찍힌 사진은 흐려져서 사용하지 못하게 된다. 경우에 따라서 이러한 현상을 이용해서 영상의 디테일한 부분을 제거하는 아웃 포커싱(out focusing)이라는 기법으로 사진을 찍기도 한다.

포토샵을 이용해서 증명사진을 수정할 때, 일명 "뽀샵을 했다"고 한다. 혹은 스마트 폰에서 사진 편집 앱을 통해서 '뽀샤시' 기능을 사용한다. 이것은 보통 영상을 밝게 수정하면서 약간 흐리게 만들어서 얼굴의 잡티나 기타 좋지 않은 부분들을 가리려는 편집 기술이다.

이렇게 사진 편집 과정에서 적용되는 영상 처리 기술이 바로 블러링(blurring)이다. 블러링은 영상에서 화소값이 급격하게 변하는 부분들을 감소시켜 점진적으로 변하게 함으로써 영상이 전체적으로 부드러운 느낌이 나게 하는 기술이다. 교재에 따라서는 스무딩(smoothing)이라고 하는 경우도 있다.

어떻게 하면 화소값이 급격이 변화하는 것을 점진적으로 변하게 할 수 있을까? 정답은 회선을 이용한 필터링에 있다. 마스크를 〈그림 7.1.2〉와 같이 모든 원소의 값을 같게 구성하여 회선을 수행하면 블러링이 적용된다. **이때 마스크의 전체 원소의 합은 1이 되어야 입력 영상의 밝기가 유지된다.**

$\frac{1}{9}$	$\frac{1}{9}$	$\frac{1}{9}$
$\frac{1}{9}$	$\frac{1}{9}$	$\frac{1}{9}$
$\frac{1}{9}$	$\frac{1}{9}$	$\frac{1}{9}$

$\frac{1}{25}$	$\frac{1}{25}$	$\frac{1}{25}$	$\frac{1}{25}$	$\frac{1}{25}$
$\frac{1}{25}$	$\frac{1}{25}$	$\frac{1}{25}$	$\frac{1}{25}$	$\frac{1}{25}$
$\frac{1}{25}$	$\frac{1}{25}$	$\frac{1}{25}$	$\frac{1}{25}$	$\frac{1}{25}$
$\frac{1}{25}$	$\frac{1}{25}$	$\frac{1}{25}$	$\frac{1}{25}$	$\frac{1}{25}$
$\frac{1}{25}$	$\frac{1}{25}$	$\frac{1}{25}$	$\frac{1}{25}$	$\frac{1}{25}$

〈그림 7.1.2〉 블러링 마스크의 예

이것은 어떤 원리일까? 3×3 마스크로 계산을 수행한 예를 들어본다.

회선을 통한 블러링을 설명하기 위해서 다음의 〈그림 7.1.3〉에서 이웃하는 출력화소 O_{22} 와 O_{23} 의 계산 과정을 보인다. O_{22} 와 O_{23} 의 계산에서 입력 영상 중에 6개 화소가 동일하며, 나머지 3개 화소만 다르다. 즉, 이웃하는 두 출력화소는 마스크 크기 내에서 입력화소의 2/3가 공통부분이고, 블러링 마스크의 원소값이 모두 같기 때문에 입력화소가 같은 비율로 출력화소에 반영된다. 따라서 입력화소의 공통부분이 같은 비율로 반영되기 때문에 출력 영상에서 이웃하는 화소들이 비슷한 값을 갖게 된다.

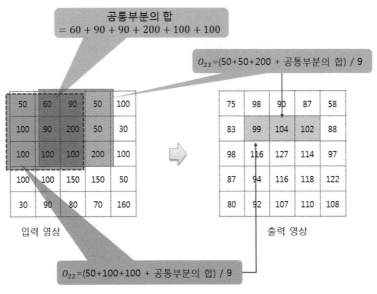

〈그림 7.1.3〉 출력화소 계산 과정

〈그림 7.1.3〉의 입력화소들에서 출력화소들을 계산해 보면, O_{22} 는 99가 되며, O_{23} 은 104 O_{24} 은 102가 된다. 이렇게 볼 때, 출력 영상에서 이웃 화소들의 값이 차이가 줄어든 것을 볼 수 있다.

이와 같은 방법으로 모든 출력화소를 계산하게 되면, 출력 영상에서 이웃하는 화소들이 비슷한 값을 가지게 되어 점진적으로 변화하는 영상이 구성된다. 따라서 출력 영상이 흐려지는 결과가 발생한다.

다음은 회선을 수행하는 사용자 정의 함수 filter()를 구현해서 블러링을 수행하는 예제이다.

예제 7.1.1 회선이용 블러링 – bluring.cpp

```cpp
01  #include <opencv2/opencv.hpp>
02  using namespace cv;
03  using namespace std;
04
05  void filter(Mat img, Mat& dst, Mat mask)        // 회선 수행 함수
06  {
07      dst = Mat(img.size(), CV_32F, Scalar(0));   // 회선 결과 저장 행렬
08      Point h_m = mask.size() / 2;                // 마스크 중심 좌표
09
```

```
10        for (int i = m.y; i < img.rows - h_m.y; i++) {        // 입력 행렬 반복 순회
11            for (int j = m.x; j < img.cols - h_m.x; j++)
12            {
13                float sum = 0;
14                for (int u = 0 ; u < mask.rows; u++) {    // 마스크 원소 순회
15                    for (int v = 0; v < mask.cols; v++)
16                    {
17                        int y = i + u - h_m.y;
18                        int x = j + v - h_m.x;
19                        sum += mask.at<float>(u, v) * img.at<uchar>(y,x);    // 회선 수식
20                    }
21                }
22                dst.at<float>(i, j) = sum;                    // 회선 누적값 출력화소 저장
23            }
24        }
25    }
26
27    int main()
28    {
29        Mat image = imread("../image/filter_blur.jpg", IMREAD_GRAYSCALE);
30        CV_Assert(image.data);                                // 영상 파일 예외처리
31
32        float data[] = {                                      // 블러링 마스크 원소 지정
33            1 / 9.f, 1 / 9.f, 1 / 9.f,
34            1 / 9.f, 1 / 9.f, 1 / 9.f,
35            1 / 9.f, 1 / 9.f, 1 / 9.f
36        };
37        Mat mask(3, 3, CV_32F, data);
38        Mat blur;
39        filter(image, blur, mask);                            // 회선 수행
40        blur.convertTo(blur, CV_8U);                          // 윈도우 영상 표시 위해
41
42        imshow("image", image),   imshow("blur", blur);       // 두 개 명령 한줄 표현 가능
43        waitKey();
44        return 0;
45    }
```

① 5행에서 filter() 함수의 인수로 입력영상, 출력영상, 회선 마스크를 지정한다.

② 7행은 입력 행렬과 같은 크기로 회선결과 행렬을 선언한다. 자료형을 float(CV_32F)형으로 지정한 것은 계산과정에서 값의 손실이 없도록 하기 위함이다.

③ 8행은 마스크 크기의 절반으로 Point 객체를 선언한다. 마스크 크기는 홀수로 지정되며, Point 객체가 int 원소를 갖기에 2로 나누면 소수점이 소실된다.

④ 10, 11행에서 입력영상의 상하좌우 끝부분에서 마스크 절반 크기만큼은 계산 대상에서 제외된다. 이것은 회선과정에서 입력영상 범위를 벗어나는 좌표를 제외하기 위함이다.

⑤ 14, 15행은 마스크 원소를 순회하며 마스크 원소와 마스크 범위 입력화소를 조회한다.

⑥ 17, 18행은 마스크 범위의 입력화소를 계산한다.

⑦ 19행은 마스크 원소와 마스크 범위 입력화소를 곱하여 sum에 누적한다.

⑧ 37행은 3x3 크기의 float형로 mask 행렬을 선언하고, data 배열로 초기화한다.

⑩ 39행은 filter() 함수를 호출하면서 블러링 마스크(mask 행렬)를 적용하여 블러링을 수행한다.

⑨ 40행은 회선 결과행렬이 float형이기에 윈도우에 영상을 표시하기 위해 uchar형으로 변환한다.

| 실행결과 |

실행 결과를 보면 영상이 흐려진 것을 확인할 수 있다. 여기서 블러링의 효과를 크게 하려면 마스크의 크기를 확대하면 된다. 5×5 마스크나 7×7 마스크를 적용하면 훨씬 많이 흐려진 영상을 얻을 수 있다.

7.1.3 샤프닝

이제 샤프닝(sharpening)에 대해서 알아보자. 블러링이 이웃 화소의 차이를 감소시켜서 부드럽게 만드는 것이라면, 샤프닝은 출력화소에서 이웃 화소끼리 차이를 크게 해서 날카로운 느낌이 나게 만드는 것이다. 이렇게 함으로써 영상의 세세한 부분을 강조할 수 있으며, 경계 부분에서 명암대비가 증가되는 효과를 낼 수 있다.

마스크를 어떻게 구성하면 출력화소에서 이웃 화소의 차이가 커지게 할 수 있을까? 간단하게 생각해 볼 수 있다. 블러링에서 마스크의 원소값을 모두 같게 했다면, 샤프닝에서는 마스크 원소들의 값 차이가 커지도록 구성하면 된다.

앞 절의 〈그림 7.1.1〉을 다시 한 번 보자. 입력 영상의 화소와 출력 영상의 화소가 마스크의 중심 위치에서 대응된다. 이 마스크의 중심 위치의 계수를 중심계수라 한다. 마스크 중심계수의 비중이 커면 출력 영상은 입력 영상의 형태를 유지하게 된다. 추가적으로 주변계수들은 중심계수와 값의 차이를 크게 만들면 샤프닝이 수행된다.

여기서 마스크 원소의 전체 합이 1이 되어야 입력 영상의 밝기가 손실 없이 출력 영상의 밝기로 유지된다. 마스크 원소의 합이 1보다 작으면 출력 영상의 밝기가 입력 영상보다 어두워지며, 1보다 크면 입력 영상보다 더 밝아진다. 만약 전체 합이 0이 되면 대부분의 출력화소가 0이 되어 출력 영상이 검은 색을 나타낸다. 이 방법은 다음 절에서 배우게 될 에지 검출에서 주로 사용하는 마스크이다.

따라서 중심계수는 1보다 훨씬 크게 구성하며, 주변 화소는 비중을 감소시킬 수 있도록 음수 값을 갖게 한다. 그리고 전체 원소의 합은 1이 되도록 구성하면 샤프닝 필터가 완성된다. 다음 〈그림 7.1.4〉는 이와 같은 조건에 부합하는 샤프닝 마스크의 예이다.

0	−1	0
−1	5	−1
0	−1	0

−1	−1	−1
−1	9	−1
−1	−1	−1

1	−2	1
−2	5	−2
1	−2	1

〈그림 7.1.4〉 샤프닝 마스크의 예

샤프닝 수행 예제를 통해서 좀 더 명확하게 이해해 보자. 앞 예제의 사용자 정의 함수 filter()를 그대로 사용하며, 마스크를 수행할 행렬만 샤프닝 마스크로 바꾸어서 간단하게 샤프닝을 구현할 수 있다.

```cpp
01  #include <opencv2/opencv.hpp>
02  using namespace cv;
03  using namespace std;
04
05  void filter( Mat img , Mat& dst, Mat mask)  {  ...  } // 회선 수행 함수
06
07  int main()
08  {
09      Mat image = imread("../image/filter_sharpen.jpg", IMREAD_GRAYSCALE);
10      CV_Assert(image.data);                          // 영상파일 예외 처리
11
12      float data1[] = {                               // 샤프닝 마스크 원소 지정
13          0, -1, 0,
14          -1, 5, -1,
15          0, -1, 0,
16      };
17      float data2[] = {                               // 샤프닝 마스크 원소 지정
18          -1, -1, -1,
19          -1, 9, -1,
20          -1, -1, -1,
21      };
22
23      Mat mask1(3, 3, CV_32F, data1);                 // 마스크 행렬 선언
24      Mat mask2(3, 3, CV_32F, data2);
25      Mat sharpen1, sharpen2;
26      filter(image, sharpen1, mask1);                 // 회선 수행
27      filter(image, sharpen2, mask2);
28      sharpen1.convertTo(sharpen1, CV_8U);            // 자료형 변환
29      sharpen2.convertTo(sharpen2, CV_8U);
30
31      imshow("image", image);                         // 결과 행렬 윈도우에 표시
32      imshow("sharpen1", sharpen1), imshow("sharpen2", sharpen2);
33      waitKey();
34      return 0;
35  }
```

① 5행은 회선을 수행하는 함수로 예제_7.1.1과 동일하기 때문에 코드 내용은 생략한다.

② 9, 10행은 영상 파일을 명암도 타입으로 읽어 들이고, 예외처리를 한다.

③ 12~21행은 샤프닝 마스크의 원소가 되는 배열 data1, data2로 선언한다.

④ 23, 24행은 샤프닝 마스크 행렬(mask1, mask2)을 선언한다. 3×3 크기의 float(CV_32F)형으로 하며, 배열 data1, data2로 마스크의 원소를 각각 초기화한다.

⑤ 26, 27행은 filter() 함수를 호출해서 회선을 수행한다.

⑥ 28, 29행에서 filter() 함수의 반환 행렬(sharpen1, sharpen2)의 자료형이 float형이기 때문에 행렬을 영상으로 표시하기 위해 uchar형으로 변환한다.

| 실행결과 |

실행 결과를 보면 부드러운 영상이 날카롭게 변화된 것을 볼 수 있다. sharpen1 영상은 화소간 차이가 커지면서 영상이 선명해지는 것을 느낄 수 있으며, sharpen2는 너무 강한 샤프닝 필터를 적용하여 결과 영상이 날카롭고 거친 느낌이 난다.

7.2 에지 검출

에지(edge)라는 단어를 사전에서 찾아보면, "가운데에서 가장 먼 끝, 가장자리, 모서리"라는 뜻을 지니고 있다. 여기서 확장되어 날카로움, 강렬함, 우위라는 뜻도 가진다. 이런 의미에서 한동안 패션, 잡지계 등에서는 세련되게, 멋지게 등의 표현으로 '엣지' 있다는 말을 많이 사용했었다.

영상 처리에 우리는 조금 다른 의미로 접근한다. 가장자리, 모서리라는 뜻에서 어떤 물체의 "윤곽선 혹은 경계선" 이라는 의미를 가질 수 있다. 이 윤곽선은 객체에서 크기, 위치, 모양을 인지할 수 있으며, 그 방향성을 탐지할 수 있다. 따라서 에지 검출은 영상 처리에서 아주 중요하며 기본적인 처리 분야로 널리 다루어진다.

자, 이제 영상 처리에서 에지라는 것을 어떻게 정의하는지 보자.

영상 처리에서 에지는 "화소값이 급격하게 변화하는 부분"으로 정의할 수 있다. 즉, 화소값이 높은 값에서 낮은 값으로 변하거나, 혹은 낮은 값에서 높은 값으로 변하는 부분을 에지라 한다.

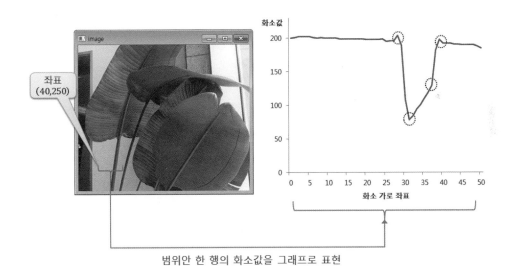

범위안 한 행의 화소값을 그래프로 표현

〈그림 7.2.1〉 화소값의 그래프 표현

〈그림 7.2.1〉은 영상의 특정 지점(40, 250)에서 가로로 50개의 화소를 가져와서 그 화소값을 그래프로 나타내었다. 그래프에서 원으로 표시한 부분들을 보면 화소값에서 급격하게

변하여 그래프가 꺾이는 것을 볼 수 있다. 28번째 픽셀에서 화소값이 높은 값에서 급격하게 낮아지며, 32번째 픽셀 주위에서는 높은 값에서 낮아 졌다가 다시 급격하게 높아진다. 이렇게 화소값 그래프에서 급격하게 꺾이는 부분을 영상에서 보면 모서리나 윤곽선 혹은 경계 부분인 것을 알 수 있다.

에지 검출(edge detection)이란 에지에 해당하는 화소들을 찾는 과정이다. 그 방법으로는 가장 간단하게 이웃하는 화소의 차분을 이용하여 그 차분이 특정 임계값 이상인 곳을 에지로 지정하는 것이다. 또한 에지는 마스크를 이용하여 계산할 수도 있는데 1차 미분 마스크나 2차 미분 마스크를 사용하여 회선을 수행하는 것이다.

7.2.1 차분 연산을 통한 에지 검출

단순하고 빠른 에지 검출 방법으로 유사 연산자와 차 연산자를 이용한 방법이 있다. 유사 연산자는 중심화소에서 각 방향의 주변 화소와 차분을 계산하고 그 중에서 가장 큰 값을 출력화소로 결정하는 방법이다. 〈그림 7.2.2〉에서 보듯이 8방향의 차분을 계산해야 한다. 반면, 차 연산자는 중심화소를 배제하고 주변 화소의 상하 차분, 좌우 차분 그리고 대각선의 차분을 계산하고, 그 중에서 가장 큰 값을 출력화소로 결정하는 방법이다.

다음은 3×3 마스크로 그 계산 원리를 설명한다.

m_0	m_1	m_2
m_3	C	m_5
m_6	m_7	m_8

유사 연산자 출력화소 =
$$\max(|c-m_0|, |c-m_1|, |c-m_2|, |c-m_3|$$
$$|c-m_5|, |c-m_6|, |c-m_7|, |c-m_8|)$$

차 연산자 출력화소 =
$$\max(|m_0-m_8|, |m_1-m_7|, |m_2-m_6|, |m_3-m_5|$$

〈그림 7.2.2〉 차분 연산의 방법

회선의 방법과 유사하게 입력 영상의 해당 화소에 마스크를 위치시키지만 화소값과 마스크 원소를 곱하는 것이 아니라 마스크 범위의 입력화소들 간에 차분을 〈그림 7.2.2〉와 같이 계산한다. 차 연산자의 경우에는 중심화소를 배제시켰기 때문에 4번의 차분만 계산하여 속도면에서 유리하다.

먼저, 유사 연산자를 이용한 에지 검출 예제를 구현해보자.

```
01  #include <opencv2/opencv.hpp>
02  using namespace cv;
03  using namespace std;
04
05  void homogenOp(Mat img, Mat& dst, int mask_size)          // 유사연산자 에지 검출
06  {
07      dst = Mat(img.size(), CV_8U, Scalar(0));              // 결과 행렬
08      Point h_m(mask_size / 2, mask_size / 2);             // 마스크 절반 크기
09
10      for (int i = h_m.y; i < img.rows - h_m.y; i++) {      // 입력 영상 순회
11          for (int j = h_m.x; j < img.cols - h_m.x; j++)
12          {
13              float max = 0;
14              for (int u = 0; u < mask_size; u++)    {      // 마스크 범위 순회
15                  for (int v = 0; v < mask_size; v++)
16                  {
17                      int y = i + u - h_m.y;
18                      int x = j + v - h_m.x;
19                      float difference = abs(img.at<uchar>(i, j) - img.at<uchar>(y, x));
20                      if (difference > max) max = difference;
21                  }
22              }
23              dst.at<uchar>(i, j) = max;                    // 출력화소 저장
24          }
25      }
26  }
27
28  int main()
29  {
30      Mat image = imread("../image/edge_test.jpg", 0);
31      CV_Assert(image.data);
32
33      Mat edge;
34      homogenOp(image, edge, 3);                            // 유사연산자 에지검출
35
36      imshow("image", image), imshow("edge-homogenOp", edge);
37      waitKey();
38      return 0;
39  }
```

| 설명 |

① 5~26행은 유사연산자로 에지 검출을 수행하는 사용자 정의 함수 homogenOp()를 구현한다. 예제_7.1.1의 회선 수행 함수와 같은 구조로서 입력 영상의 모든 화소를 순회하면서 다시 마스크 범위의 입력화소들을 순회한다.

② 10, 11행에서 입력 영상의 상하좌우 마스크 절반 크기(h_m) 화소는 제외된다.

③ 19행은 중심화소와 마스크 범위 화소와 차분을 절댓값으로 계산한다.

④ 20행은 계산된 차분(difference) 중에서 가장 큰 값을 max에 저장한다.

⑤ 23행은 마스크 조회를 마치고, 차분 중에서 가장 큰 값을 출력화소에 저장한다.

⑥ 34행은 homogenOp() 함수를 호출해서 3x3 크기의 마스크로 유사연산자를 이용한 에지 검출을 수행하고 edge 행렬에 저장한다.

| 실행결과 |

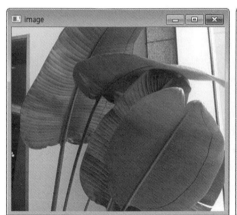

다음은 차 연산자를 이용한 에지 검출 예제이다. 여기서 반복을 통해서 원소의 대각선 방향 차분(start-end)을 구하기 위해서 mask 벡터를 도입해서 〈그림 7.2.3〉과 같이 계산한다.

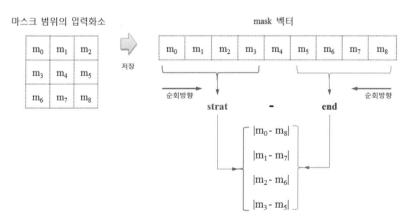

〈그림 7.2.3〉 화소값의 그래프 표현

```cpp
01  #include <opencv2/opencv.hpp>
02  using namespace cv;
03  using namespace std;
04
05  void differOp(Mat img, Mat& dst, int mask_size)              // 차연산자 에지 검출
06  {
07      dst = Mat(img.size(), CV_8U, Scalar(0));
08      Point h_m(mask_size / 2, mask_size / 2);                 // 마스크 절반 크기
09      int mask_length = mask_size * mask_size;                 // 마스크 전체 개수
10
11      for (int i = h_m.y; i < img.rows - h_m.y; i++){          // 입력 영상 순회
12          for (int j = h_m.x; j < img.cols - h_m.x; j++)
13          {
14              vector<uchar> mask(mask_length, 0);
15              for (int u = 0, k = 0; u < mask_size; u++) {     // 마스크 범위 순회
16                  for (int v = 0; v < mask_size; v++, k++) {
17                      int y = i + u - h_m.y;
18                      int x = j + v - h_m.x;
19                      mask[k] = img.at<uchar>(y,x);            // 입력 화소 마스크에 저장
20                  }
21              }
22
23              uchar max = 0;
24              for (int k = 0; k < mask_length / 2; k++)        // 전체 원소 절반만 순회
25              {
26                  int start = mask[k];                         // 시작방향 원소
27                  int end = mask[mask_length - k - 1];         // 종료방향 원소
28
29                  uchar difference = abs(start - end);         // 차분 계산
30                  if (difference > max)  max = difference;      // 차분 최댓값 저장
31              }
32              dst.at<uchar>(i, j) = max;                       // 출력화소에 차분 최댓값 저장
33          }
34      }
35  }
```

```
35
36   int main()
37   {
38       Mat image = imread("../image/edge_test.jpg", 0);        // 명암도 영상 로드
39       CV_Assert(image.data);                                  // 예외처리
40
41       Mat edge;
42       differOp(image, edge, 3);                               // 차 연산자 에지검출 호출
43
44       imshow("image", image), imshow("edge", edge);
45       waitKey();
46       return 0;
47   }
```

| 설명 |

① 5~35행은 차 연산자를 이용해서 에지 검출을 수행하는 사용자정의 함수 differOp()를 구현한다.

② 9행은 두 번째 인수(mask_size)가 마스크의 크기이며, 이를 이용해서 전체 마스크의 개수를 계산한다.

③ 14행은 마스크 범위 입력화소를 저장하기 위한 벡터(mask)를 선언한다.

④ 15~21행은 마스크 범위의 입력화소들을 mask 벡터에 저장한다.

⑥ 24~31행은 〈그림 7.2.32〉에서 예시한 내용을 코딩한 것이다.

⑦ 24행은 mask 벡터의 전체 29행에서 한번에 두개의 원소(start, end)를 가져와서 차분을 구하기 때문에 mask 벡터의 원소개수 절반만 순회한다.

⑧ 26행은 mask 벡터의 첫 원소부터 순회하여 하나씩 가져와서 start에 저장한다.

⑨ 27행은 mask 벡터의 마지막 원소부터 순회하여 하나씩 가져와서 end에 저장한다.

⑩ 29, 30행은 start와 end의 차분을 계산하여 그 중 가장 큰 값을 max에 저장한다.

7.2.2 1차 미분 마스크

영상은 2차원 공간상에 나열된 화소값의 집합이라 할 수 있다. 앞 절의 〈그림 7.2.1〉의 그래프를 다시 한 번 보자. 왼쪽 영상의 특정 좌표에서 가로 방향(혹은 세로방향)으로 화소값들을 구성했을 때, 오른쪽 그래프에서 밝기의 변화를 파악할 수 있다.

여기서 미분이라는 수학 용어가 등장한다. 미분은 함수의 순간 변화율을 구하는 계산 과정을 의미한다. 에지가 화소의 밝기가 급격히 변하는 부분이기 때문에 함수의 변화율을 취하는 미분 연산을 이용해서 에지를 검출할 수 있다.

영상에서 밝기의 변화율을 검출하는 방법은 밝기에 대한 기울기(gradient)를 계산하는 것이다. 현재 화소에서 밝기의 기울기를 계산하고, 이 기울기의 크기를 구하면 에지가 된다. 그러나 디지털 영상은 연속이 아닌 이산된 데이터가 나열되어 있기 때문에 엄밀한 의미에서 미분 연산을 할 수 없다. 이산된 데이터인 화소에 대한 기울기는 다음의 수식과 같은 방법으로 근사하여 계산한다.

$$G[f(x, y)] = \begin{bmatrix} G_x \\ G_y \end{bmatrix} = \begin{bmatrix} \dfrac{\partial f(x, y)}{\delta x} \\ \dfrac{\partial f(x, y)}{\delta y} \end{bmatrix}$$

$$G_x = \frac{f(x+dx, y) - f(x, y)}{dx} \fallingdotseq f(x+1, y) - f(x, y), \ dx = 1$$

$$G_y = \frac{f(x, y+dx) - f(x, y)}{dy} \fallingdotseq f(x, y+1) - f(x, y), \ dx = 1$$

$$G[f(x, y)] \fallingdotseq \sqrt{G_x^2 + G_y^2} \approx |G_x| + |G_y|$$

$$\theta = \tan^{-1}\left(\frac{G_y}{G_x}\right)$$

먼저, 2차원 공간상의 한 화소에서 수평 방향과 수직 방향으로 각각 미분을 한다. 이것을 보통 편미분이라 한다. 그리고 각 방향의 편미분을 한 화소 단위($dx=1,\ dy=1$)의 차분으로 근사한다. 다음으로 각 방향의 차분을 이용해서 기울기의 크기를 계산한다. 이 크기가 에지의 강도가 된다.

여기서 계산 복잡도를 줄이기 위해서 제곱과 제곱근($\sqrt{}$) 대신에 절댓값을 사용하기도 한다. 또한 역탄젠트(arctan) 함수에 가로 방향과 세로 방향 차분을 적용하면 에지의 방향을 계산할 수도 있다.

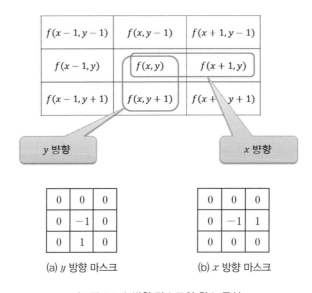

(a) y 방향 마스크   (b) x 방향 마스크

〈그림 7.2.4〉 방향 마스크의 원소 구성

이러한 1차 미분 공식을 영상에 구현하는 쉬운 방법이 1차 미분 마스크로 회선을 적용하는 것이다. 3×3 마스크에서 입력화소의 위치를 한번 생각해 보자. 마스크의 중심 위치의 입력화소가 $f(x, y)$일 때, 주변 화소의 위치를 보면 다음 〈그림 7.2.4〉와 같다.

마스크 원소를 (a)와 같이 $f(x, y)$, $f(x, y+1)$ 위치에 −1과 1을 구성하여 회선을 수행하면, 회선의 내부 계산 수식이 $f(x, y+1) - f(x, y)$이 되어서 y 방향 미분인 G_y와 같은 결과가 된다. 또한 오른쪽의 (b)와 같이 $f(x, y)$, $f(x+1, y)$ 위치에 −1과 1을 구성하여 회선을 수행하면, 회선 수식이 $f(x+1, y)-f(x, y)$이 되어서 x 방향 미분인 G_x가 적용된다.

이렇게 회선의 수식을 이용해서 화소간 차분을 계산할 수 있도록 마스크의 원소를 구성하면 1차 미분 마스크가 된다. 이 마스크를 적용해서 입력 영상에 회선을 수행하면 에지 검출이 가능하다. 이때 마스크 계수의 합은 0이 되어야한다.

이 외에도 다양한 1차 미분 마스크가 있으며 대표적으로 소벨(Sobel), 프리윗(Prewitt), 로버츠(Roberts) 등이 있다.

1) 로버츠(Roberts) 마스크

로버트 마스크는 다음 〈그림 7.2.5〉와 같이 대각선 방향으로 1과 −1을 배치하여 구성된다. 나머지 원소의 값이 모두 0이어서 다른 1차 미분 마스크에 비해서 수행 속도가 빠르다. 그리고 한번만 차분을 계산하기 때문에 차분의 크기가 작고, 이로 인해서 경계가 확실한 에지만을 추출하며, 잡음에 매우 민감하다.

$$G_x = \begin{array}{|c|c|c|} \hline -1 & 0 & 0 \\ \hline 0 & 1 & 0 \\ \hline 0 & 0 & 0 \\ \hline \end{array} \qquad G_y = \begin{array}{|c|c|c|} \hline 0 & 0 & -1 \\ \hline 0 & 1 & 0 \\ \hline 0 & 0 & 0 \\ \hline \end{array}$$

대각방향 마스크 1   대각방향 마스크 2

$$O(i, j) = \sqrt{G_x^2 + G_y^2}$$

〈그림 7.2.5〉 3x3 크기의 로버츠 마스크

다음은 로버츠 마스크로 에지를 검출하는 예제이다. 사용자 정의 함수 differential()에서 두 개의 대각 방향의 에지를 구하고, cv::magnitued() 함수로 에지의 크기(magnitude)를 계산하여 반환한다.

```cpp
01  #include <opencv2/opencv.hpp>
02  using namespace cv;
03  using namespace std;
04
05  void filter( Mat img , Mat& dst, Mat mask)  {   ...   } // 회선 수행 함수
06
07  void differential(Mat image, Mat& dst, float data1[], float data2[])
08  {
09      Mat dst1, dst2;
10      Mat mask1(3, 3, CV_32F, data1);                 // 입력 인수로 마스크 행렬 초기화
11      Mat mask2(3, 3, CV_32F, data2);
12
13      filter(image, dst1, mask1);                     // 사용자 정의 회선 함수
14      filter(image, dst2, mask2);
15      magnitude(dst1, dst2, dst);                     // 회선 결과 두 행렬의 크기 계산
16
17      dst1 = abs(dst1);                               // 회선 결과 음수 원소를 양수화
18      dst2 = abs(dst2);
19      dst.convertTo(dst, CV_8U);                      // 윈도우 표시 위한 형변환
20      dst1.convertTo(dst1, CV_8U);                    // 윈도우 표시 위한 형변환
21      dst2.convertTo(dst2, CV_8U);
22      imshow("dst1", dst1);
23      imshow("dst2", dst2);
24  }
25
26  int main()
27  {
28      Mat image = imread("../image/edge_test1.jpg", IMREAD_GRAYSCALE);
29      CV_Assert(image.data);
30
31      float data1[] = {
32          -1, 0, 0,
33          0, 1, 0,
34          0, 0, 0
35      };
36      float data2[] = {
37          0, 0, -1,
```

```
38          0, 1, 0,
39          0, 0, 0
40      };
41
42      Mat dst;
43      differential(image, dst, data1, data2);   // 두 방향의 회선 수행 및 크기 계산
44
45      imshow("image", image );
46      imshow("로버츠 에지", dst);
47      waitKey();
48      return 0;
49  }
```

| 설명 |

① 5행은 회선을 수행하는 사용자 정의 함수로 예제_7.2.1에서 사용한 것도 동일하다.

② 7~24행은 인수로 마스크의 원소를 입력받아서 두 개 마스크를 구성하여 회선을 수행한다. 그리고 회선 결과 행렬 두 개의 크기(magnitude)를 계산하여 반환하는 함수이다.

③ 7행에서 입력 인수(data1, data2)는 float형 1차원 배열로 마스크의 원소를 초기화한다.

④ 10, 11행에서 입력받은 배열로 mask1, mask2의 원소를 각각 초기화한다.

⑤ 13, 14행은 직접 구현한 filter() 함수로 회선을 수행한다.

⑥ 15행은 벡터 크기를 계산하는 cv::magnitude() 함수로 각 방향의 회선 결과 행렬의 크기를 계산한다.

⑦ 17, 18행은 회선 결과로 음수 원소가 있기 때문에 모두 양수로 바꾼다.

⑧ 19, 20행은 회선 결과가 float형으로 반환되도록 지정했기 때문에 uchar(CV_8U)형으로 변환 한다. 이것은 행렬을 윈도우에 영상으로 표시하기 위함이다.

⑨ 31~40행은 로버츠 마스크의 원소를 배열로 선언한다. data1, data2에 각각 대각선 방향의 마스크 원소를 지정한다.

⑩ 43행은 마스크 differential() 함수로 원소를 입력해서 회선을 수행하고, 결과 행렬의 크기를 구한다.

실행 결과를 보자. dst1, dst2 행렬은 대각선 방향의 에지를 각각 검출한다. 오른쪽 상단 창에서 두 개의 대각선 방향 에지의 크기(magnitude)가 최종 로버츠 마스크의 에지가 된다. 대각선 방향의 에지가 잘 검출하지만, 비교적 에지의 강도가 약하다.

2) 프리윗(Prewitt) 마스크

프리윗 마스크는 로버츠 마스크의 단점을 보완하기 위해 고안되었다. 먼저, 수직 마스크를 보자. 원소의 배치가 수직 방향으로 구성되어서 수직 마스크라고 하며, 결과 영상에서 에지의 방향도 수직으로 나타난다. 중심화소의 앞과 뒤 화소로 x 방향 차분을 3번 계산하다. 다음 수평 마스크는 중심화소에서 위와 아래의 화소로 y 방향의 차분을 3번 계산한다.

최종적으로 수직 마스크의 회선 결과와 수평 마스크의 회선 결과에 대해서 크기

(magnitude)로 결과 영상(에지 강도)을 생성한다. 세 번의 차분을 합하기 때문에 로버츠 연산자에 비해 에지의 강도가 강하며, 수직과 수평 에지를 동등하게 찾는데 효과적이다.

$$G_x = \begin{array}{|c|c|c|} \hline -1 & 0 & 1 \\ \hline -1 & 0 & 1 \\ \hline -1 & 0 & 1 \\ \hline \end{array} \qquad\qquad G_y = \begin{array}{|c|c|c|} \hline -1 & -1 & -1 \\ \hline 0 & 0 & 0 \\ \hline 1 & 1 & 1 \\ \hline \end{array}$$

수직 마스크   수평 마스크

$$O(i, j) = \sqrt{G_x^2 + G_y^2}$$

〈그림 7.2.6〉 3x3 크기의 로버츠 마스크

다음은 프리윗 마스크에 대한 예제이다. 이 예제에서는 openCV 내장함수 filter2D()를 이용해서 회선을 수행한다.

예제 7.2.4	프리윗 에지 검출 – edge_prewitt.cpp

```cpp
01  #include <opencv2/opencv.hpp>
02  using namespace cv;
03  using namespace std;
04
05  void differential(Mat image, Mat& dst, float data1[], float data2[])
06  {
07      Mat dst1, mask1(3, 3, CV_32F, data1);
08      Mat dst2, mask2(3, 3, CV_32F, data2);
09
10      filter2D(image, dst1, CV_32F, mask1);        // OpenCV 제공 회선 함수
11      filter2D(image, dst2, CV_32F, mask2);
12      magnitude(dst1, dst2, dst);
13      dst.convertTo(dst, CV_8U);
14
15      convertScaleAbs(dst1, dst1);                 // 절댓값 및 형변환 동시 수행 함수
16      convertScaleAbs(dst2, dst2);
17      imshow("dst1 - 수직 마스크", dst1);          // 윈도우 행렬 표시
18      imshow("dst2 - 수평 마스크", dst2);
19  }
20
21  int main()
22  {
```

```
23        Mat image = imread("../image/edge_test1.jpg", IMREAD_GRAYSCALE);
24        CV_Assert(image.data);
25
26        // 프리윗 마스크 원소
27        float data1[] = {                              // 수직 마스크
28            -1, 0, 1,
29            -1, 0, 1,
30            -1, 0, 1
31        };
32        float data2[] = {                              // 수평 마스크
33            -1, -1, -1,
34             0,  0,  0,
35             1,  1,  1
36        };
37
38        Mat dst;
39        differential(image, dst, data1, data2);        // 두 방향 회선 및 크기(에지강도) 계산
40        imshow("image", image);
41        imshow("프리윗 에지", dst);
42        waitKey();
43        return 0;
44    }
```

| 설명 |

① 5~19행은 앞 예제에서 구현한 함수로 거의 동일하며, 단지 회선 수행에서 OpenCV 내장 함수인 cv::filter2D()로 구현한다.

② 15, 16행은 행렬 원소에 절댓값을 취하고, uchar형으로 형변환을 한다.

③ 39행은 diffenential() 함수로 수직과 수평 방향 마스크 원소를 입력해서 회선을 수행하며, 회선 결과 두 행렬의 크기를 에지의 강도로 dst 행렬에 반환한다.

결과 영상인 dst 행렬에서 선명한 에지를 검출하는 것을 확인 할 수 있다. 전반적으로 대각선 방향 보다는 수직과 수평 방향의 에지를 잘 검출하는 것을 확인할 수 있다.

3) 소벨(Sobel) 마스크

소벨 마스크는 에지 추출을 위한 가장 대표적인 1차 미분 연산자이다. 마스크의 구성은 프리윗 마스크와 유사하지만, 중심화소의 차분에 대한 비중을 2배로 키운 것이 특징이다.

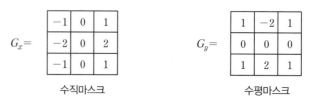

$$G_x = \begin{array}{|c|c|c|} \hline -1 & 0 & 1 \\ \hline -2 & 0 & 2 \\ \hline -1 & 0 & 1 \\ \hline \end{array} \qquad G_y = \begin{array}{|c|c|c|} \hline 1 & -2 & 1 \\ \hline 0 & 0 & 0 \\ \hline 1 & 2 & 1 \\ \hline \end{array}$$

수직마스크   수평마스크

$$O(i, j) = \sqrt{G_x^2 + G_y^2}$$

〈그림 7.2.7〉 3x3 크기의 소벨 마스크

소벨 마스크도 수직 마스크의 회선 결과와 수평 마스크의 회선 결과의 크기로 구성된다. 수직, 수평 방향의 에지도 잘 추출하며, 특히, 중심화소의 차분 비중을 높였기 때문에 대각선 방향의 에지도 잘 검출한다.

예제 7.2.5   소벨 에지 검출 – edge_sobel.cpp

```cpp
01  #include <opencv2/opencv.hpp>
02  using namespace cv;
03  using namespace std;
04
05  void differential(Mat image, Mat& dst , float data1[], float data2[]) {  ...  }
06
07  int main()
08  {
09      Mat image = imread("../image/edge_test1.jpg", IMREAD_GRAYSCALE);
10      CV_Assert(image.data);
11
12      // 소벨 마스크 원소
13      float data1[] = {                                    // 수직 마스크
14          -1, 0, 1,
15          -2, 0, 2,
16          -1, 0, 1
17      };
18      float data2[] = {                                    // 수평 마스크
19          -1,  -2,  -1,
20          0,   0,   0,
21          1,   2,   1
22      };
23
```

```
24        Mat dst, dst3, dst4;
25        differential(image, dst, data1, data2);    // 두 방향 소벨 회선 및 크기 계산
26
27        // OpenCV 제공 소벨 에지 계산
28        Sobel(image, dst3, CV_32F, 1, 0, 3);                // x방향 미분 - 수직 마스크
29        Sobel(image, dst4, CV_32F, 0, 1, 3);                // y방향 미분 - 수평 마스크
30        convertScaleAbs(dst3, dst3);                        // 절댓값 및 uchar 형변환
31        convertScaleAbs(dst4, dst4);
32
33        imshow("image", image),              imshow("소벨에지", dst);
34        imshow("dst3-수직_OpenCV", dst3), imshow("dst4-수평_OpenCV", dst4);
35        waitKey();
36        return 0;
37    }
```

| 설명 |

① 5행에서 사용자 정의 함수 differential() 함수는 예제_7.2.4와 같기에 생략한다.

② 13~22행은 소벨 마스크의 원소를 배열로 선언한다. data1은 수직 마스크, data2는 수평 마스크의 원소이다.

③ 24행은 differential() 함수를 호출해서 수직과 수평 방향 마스크로 회선을 수행하여 윈도우 창에 표시하고, 두 개의 회선 결과 행렬의 크기를 dst 행렬로 반환한다.

④ 28, 29행은 OpenCV 제공 함수로 소벨 에지를 검출한다. 세 번째 인수(ddepth)를 통해서 회선 결과 영상의 자료형을 지정한다.

⑤ 28행에서 cv::Sobel() 함수의 네 번째 인수(dx)를 1로 지정하면, x 방향 미분을 수행한다. 따라서 수직 마스크가 적용되며, 수직 방향 에지를 검출한다.

⑥ 29행에서 cv::Sobel() 함수의 다섯 번째 인수(dy)를 1로 지정하면 y 방향 미분을 수행한다. 따라서 수평 방향 에지를 검출한다.

실행결과에서 수직과 수평 마스크를 적용해서 회선을 수행한 dst1, dst2 영상과 OpenCV 에서 제공하는 cv::Sobel() 함수를 이용해서 수직, 수평 에지를 구한 dst3, dst4 영상이 같은 것을 확인할 수 있다.

영상 처리 응용에서 필요한 에지들은 대부분 특정 방향의 에지들이다. 따라서 수평이나 수직으로 한쪽 방향의 에지만을 검출하고자 할 경우에는 두 개의 마스크를 같이 적용하지 않고, 하나의 마스크만 적용할 수 있다.

7.2.4 2차 미분 마스크

1차 미분 연산자는 밝기가 급격하게 변화하는 영역뿐 아니라 점진적으로 변화하는 부분까지 민감하게 에지를 검출하여 너무 많은 에지가 나타날 수 있다. 이를 보완하기 위한 방법으로 1차 미분에서 한 번 더 미분을 하는 방법인 2차 미분 (second order derivative) 연산이 있다.

2차 미분 연산자는 변화하는 영역의 중심에 위치한 에지만을 검출하며, 밝기가 점진적으로 변화되는 영역에 대해서는 반응을 보이지 않는다. 대표적인 방법으로는 라플라시안 (Laplacian), LoG(Laplacian of Gaussian), DoG(Difference of Gauss-ian)등이 있다.

1) 라플라시안 에지 검출

가장 대표적인 2차 미분 연산자로 라플라시안이 있다. 라플라시안은 피에르시몽 라플라스 (Pierre-Simon Laplace)라는 프랑스의 수학자 이름을 따서 지은 것이다. 라플라시안은 함수 f에 대한 그래디언트의 발산으로 정의되며 수식으로 표현하면 다음과 같다.

$$\Delta f = \nabla^2 f = \nabla \nabla f$$

그리고 영상은 2차원 좌표계이기 때문에 2차원 직교좌표계에서 라플라시안의 수식은 다음과 같다.

$$\nabla^2 f = \frac{\partial^2 f}{\partial x^2} + \frac{\partial^2 f}{\partial y^2}$$

각 항을 디지털 영상의 화소로 근사하여 1차 미분한 결과에 한 번 더 미분을 수행하면 다음과 같이 정리할 수 있다.

$$\frac{\partial^2 f}{\partial x^2} = \frac{\partial f(x+1, y)}{\partial x} - \frac{\partial f(x, y)}{\partial x}$$
$$= [f(x+1, y) - f(x, y)] - [f(x, y) - f(x-1, y)]$$
$$= f(x+1, y) - 2 \cdot f(x, y) + f(x-1, y)$$

$$\frac{\partial^2 f}{\partial y^2} = \frac{\partial f(x, y+1)}{\partial y} - \frac{\partial f(x, y)}{\partial y}$$
$$= [f(x, y+1) - f(x, y)] - [f(x, y) - f(x, y-1)]$$
$$= f(x, y+1) - 2 \cdot f(x, y) + f(x, y-1)$$

두 항을 더하면 라플라시안 마스크의 공식이 완성된다.

$$\nabla^2 f(x, y) = f(x-1, y) + f(x+1, y) + f(x, y-1) + f(x, y+1) - 4 \cdot f(x, y)$$

3×3 크기의 마스크를 예로 라플라시안 마스크 공식에 적용하면, 중심화소를 4배로 하고 상하좌우 화소를 중심화소와 반대 부호를 갖게 구성한다. 또한 마스크 원소의 전체 합은 0이 되어야 한다.

이런 방법으로 〈그림 7.2.8〉 (a)와 같이 두 개의 마스크를 구성할 수 있으며, 4방향을 가지는 마스크가 된다. 경우에 따라서는 〈그림 7.2.8〉 (b)와 같이 8방향으로 늘려 보면 모든 방향의 에지를 검출하고자 할 때도 있다. 중심계수의 값을 더 크게 하고 8방향의 모든 값을 반대 부호가 되게 하면 된다.

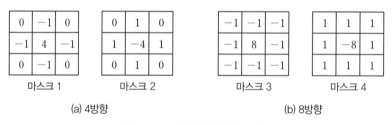

마스크 1 마스크 2 마스크 3 마스크 4

(a) 4방향   (b) 8방향

〈그림 7.2.8〉 라플라시안 마스크의 예

라플라시안은 중심화소와 4방향 혹은 8방향의 주변화소와 차분을 합하여 에지를 검출하기 때문에 주변 화소에 잡음 성분이 있으면 잡음 성분에 매우 민감하여 실제보다 더 많은 에지를 검출하는 경향이 있다.

예제를 통해서 확인해 보자.

```cpp
01  #include <opencv2/opencv.hpp>
02  using namespace cv;
03  using namespace std;
04
05  int main()
06  {
07      Mat image = imread("../image/laplacian_test.jpg", 0);
08      CV_Assert(image.data);
09
10      short data1[] = {
11          0, 1, 0,
12          1, -4, 1,
13          0, 1, 0
14      };
15      short data2[] = {
16          -1, -1, -1,
17          -1,  8, -1,
18          -1, -1, -1
19      };
20
21      Mat dst1, dst2, dst3;
22      Mat  mask4(3, 3, CV_16S, data1);        // short형 행렬 선언
23      Mat  mask8(3, 3, CV_16S, data2);
24
25      filter2D(image, dst1, CV_16S, mask4);   // cv::filter2D() 통한 라플라시안 수행
26      filter2D(image, dst2, CV_16S, mask8);
27      Laplacian(image, dst3, CV_16S, 1);      // OpenCV 라플라시안 수행 함수
28
29      convertScaleAbs(dst1, dst1);            // 절댓값 및 uchar형 변환
30      convertScaleAbs(dst2, dst2);
31      convertScaleAbs(dst3, dst3);
32
33      imshow("image", image),           imshow("filter2D_4방향", dst1);
34      imshow("filter2D_8방향", dst2),   imshow("Laplacian_OpenCV", dst3);
35      waitKey();
36      return 0;
37  }
```

| 설명 |

① 10~19행은 4방향과 8방향 라플라시안 마스크의 원소를 data1, data2 배열로 선언한다.

② 22, 23행은 라플라시안 마스크를 각각 선언하고, data1, data2 배열을 이용해서 초기화 한다. 행렬의 자료형은 음수가 있기 때문에 short(CV_16S)로 선언한다.

③ 25, 26행은 cv::filter2D() 함수를 호출해서 라플라시안 마스크로 각각 회선을 수행한다.

④ 27행은 OpenCV에서 제공하는 라플라시안 수행 함수 cv::Laplacian()을 호출해서 수행한다. 함수의 세 번째 인수 (ddepth)가 결과 행렬의 자료형을 지정하며, 네 번째 인수(ksize)로 라플라시안 마스크의 크기를 지정한다. 1을 지정하면 3x3 크기의 기본 마스크로 설정된다. 음수나 짝수를 지정하면 오류가 난다.

⑤ 29~31행은 행렬원소에 음수가 존재하기 때문에 cv::convertScaleAbs() 함수로 원소에 절댓값을 취하고, 8비트 (CV_8U) 행렬로 변환한다.

| 실행결과 |

2) LoG와 DoG

라플라시안은 잡음에 민감한 단점이 있다. 그래서 잡음을 먼저 제거하고 라플라시안을 수행한다면 잡음에 강한 에지 검출이 가능할 것이다.

잡음을 제거의 수단이 다양하게 있기에 미디언 필터링 혹은 최대/최솟값 필터링 등을 수행할 수 있다. 그러나 이런 방법들은 비선형 공간 필터링이기 때문에 먼저, 잡음 제거 필터링을 수행하고, 다시 라플라시안을 수행해야 한다. 바로 속도에서 문제가 있는 것이다. 비선형 필터링에 대한 자세한 설명은 7.3절 기타 필터링을 확인하기 바란다.

잡음을 제거하는 다른 방법으로 선형 공간 필터를 선택하여 회선을 하고, 그 후에 라플라시안 마스크로 회선하는 방법을 생각할 수 있다. 이 경우 두 가지 모두 선형 필터링이기 때문에 다음 수식과 같이 단일의 마스크로 계산할 수 있다. 여기서 G_σ는 가우시안 스무딩 마스크이며, $*$는 회선을 의미한다.

$$\Delta[G_\sigma(x, y) * f(x, y)] = [\Delta G_\sigma(x, y)] * f(x, y) = LoG * f(x, y)$$

이렇게 구성한 마스크를 LoG(Laplacian of Gaussian)라고 한다. LoG 마스크를 수식에 따라서 풀면 다음 수식과 같다.

$$LoG(x, y) = -\frac{1}{\pi\sigma^4}\left[1 - \frac{x^2 + y^2}{2\sigma^2}\right] \cdot e^{\frac{-(x^2 + y^2)}{2\sigma^2}}$$

이 수식으로 마스크의 계수를 구성하고, 회선을 수행하면 잡음에 강한 에지를 검출할 수 있다. 다만, 수식에 따라 마스크 계수를 생성할 때 값의 범위가 너무 작은 관계로 전체 계수의 합이 0에 가까워지도록 스케일 조정이 필요하다.

LoG는 복잡한 공식에 의해 마스크를 생성해야 하며, 그에 따라서 수행시간도 많이 걸리게 된다. 이런 단점을 보완하여 LoG와 유사한 기능을 하면서 단순한 방법으로 구현하는 알고리즘이 있다. 바로 DoG(Difference of Gaussian)이다.

DoG는 이름에서도 알 수 있듯이 가우시안 스무딩 필터링의 차이를 이용해서 에지를 검출하는 방법이다. 공식을 한번 보자.

$$DoG(x, y) = \left(\frac{1}{2\pi\sigma_1^2} \cdot e^{\frac{-(x^2 + y^2)}{2\sigma_1^2}}\right) - \left(\frac{1}{2\pi\sigma_2^2} \cdot e^{\frac{-(x^2 + y^2)}{2\sigma_2^2}}\right) \quad (단, \ \sigma_1 < \sigma_2)$$

두 개의 표준 편차를 이용해서 가우시안 마스크를 만들고 그 차이가 DoG 마스크가 된다.

이 마스크로 회선을 수행하면 에지 검출이 가능하다. 여기서 각 표준 편차의 값을 조절함으로써 검출할 에지의 넓이를 조절할 수 있다.

또한 좀 더 쉽게 DoG를 구현하는 방법은 두 개의 표준 편차로 가우시안 마스크를 생성하여 회선을 수행하고, 그 결과 행렬들의 차분을 계산하는 것이다.

다음은 LoG와 DoG를 수행하는 예제이다. LoG는 공식에 따라 LoG 마스크를 생성하는 사용자정의 함수 getLoGmask()를 호출하여 수행한다. 또한 DoG는 OpenCV에서 제공하는 cv::GaussianBlur()를 두 번 호출하고, 결과 영상의 차분을 구한다.

예제 7.2.7	LoG/DoG 에지 검출 – edge_DOG.cpp

```cpp
01   #include <opencv2/opencv.hpp>
02   using namespace cv;
03   using namespace std;
04
05   Mat getLoGmask(Size size, double sigma)          // LoG 마스크 생성 함수
06   {
07       double ratio = 1 / (CV_PI * pow(sigma, 4.0) );
08       int center = size.height / 2;
09       Mat dst(size, CV_64F);
10
11       for (int i = 0; i < size.height; i++){
12           for (int j = 0; j < size.width; j++)
13           {
14               int x2 = (j - center) * (j - center);
15               int y2 = (i - center) * (i - center);
16               double value = (x2 + y2) / (2 * sigma * sigma);
17               dst.at<double>(i, j) = - ratio * (1 - value) * exp(-value);
18           }
19       }
20       double scale = (center * 10 / ratio);
21       return dst * scale;                          // 마스크 계수 스케일 조정
22   }
23
24   int main()
25   {
26       Mat image = imread("../image/laplacian_test.jpg", 0);
```

```
27          CV_Assert(image.data);

28

29          double sigma = 1.4;
30          Mat LoG_mask = getLoGmask(Size(9, 9), sigma);          // LoG 마스크 생성

31

32          Mat dst1, dst2, dst3, dst4, gaus_img;
33          filter2D(image, dst1, -1, LoG_mask);                   // LoG 수행
34          GaussianBlur(image, gaus_img, Size(9, 9), sigma, sigma); // 가우시안 마스크 생성
35          Laplacian(gaus_img, dst2, -1, 5);                      // 라플라시안 수행

36

37          GaussianBlur(image, dst3, Size(1, 1), 0.0);            // 가우시안 블러링
38          GaussianBlur(image, dst4, Size(9, 9), 1.6);
39          Mat dst_DoG = dst3 - dst4;                             // DoG 수행
40          normalize(dst_DoG, dst_DoG, 0, 255, CV_MINMAX);        // 0~255 사이 정규화

41

42          imshow("image", image);
43          imshow("dst1 - LoG_filter2D", dst1);
44          imshow("dst2 - LOG_OpenCV", dst2);
45          imshow("dst_DoG - DOG_OpenCV", dst_DoG);
46          waitKey();
47          return 0;
48    }
```

| 설명 |

① 5~22행은 LoG 마스크를 생성하는 사용자 정의 함수 getLoGmask()를 구현한다. 인수로 마스크의 크기와 표준 편차를 지정하면 마스크가 생성된다.

② 20행은 공식에 따라 생성된 마스크 계수의 값이 너무 작아서 값을 조정한다. 일반적으로 알려진 LoG 마스크와 완벽히 일치하지는 않는다.

③ 29, 30행은 표준 편차를 1.4로 지정하여 LoG 마스크를 생성한다.

④ 33행은 cv::filter2D() 함수로 LoG 마스크로 회선을 수행해서 LoG를 수행한다. 이때 세 번째 인수()로 −1을 지정해서 출력 영상이 원본 영상과 같은 자료형으로 한다.

⑤ 34, 35행은 cv::GaussianBlur()와 cv::Laplacian() 함수를 이용해서 LoG를 수행한다.

⑥ 37, 38행은 DoG 수행을 위해 두 개의 마스크 크기와 표준편차로 원본 영상에 가우시안 블러링을 각각 수행한다.

⑦ 39행은 가우시안 블러된 두 영상의 차분을 구하여 dst_DoG 행렬에 저장한다.

⑧ 40행은 cv::normalize() 함수로 dst_DoG 행렬의 원소 범위를 0~255사이로 조정한다.

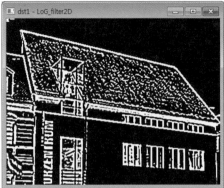

7.2.5 캐니 에지 검출

영상 내에서 잡음은 다른 부분과 경계를 이루는 경우가 많다. 그러다 보니 대부분의 에지 검출 방법이 이 잡음들을 에지로 검출하게 된다. 이런 문제를 보안하는 방법 중의 하나가 캐니 에지(Canny Edge) 검출 기법이다. 캐니 에지 검출 방법은 1986년에 John F. Canny에 의해 개발된 것으로서 여러 단계의 알고리즘으로 구성된 에지 검출 방법이다.

캐니 에지 알고리즘은 일반적으로 다음 네 단계의 알고리즘으로 구성되어 있다.

> 1. 블러링을 통한 노이즈 제거 (가우시안 블러링)
> 2. 화소 기울기(gradiant)의 강도와 방향 검출 (소벨 마스크)
> 3. 비최대치 억제(non-maximum suppression)
> 4. 이력 임계값(hysteresis threshold)으로 에지 결정

세부적으로 첫 단계에서 블러링은 5×5 크기의 가우시안 필터를 적용해서 수행한다. 여기서 블러링은 불필요한 잡음을 제거하기 위해서 수행하는 것이기 때문에 마스크의 크기를 다르게 하던지 혹은 다른 필터링을 적용해도 무관하다.

다음으로 화소 기울기(gradient) 검출에는 가로 방향과 세로 방향의 소벨 마스크로 회선을 적용하고, 회선이 완료된 행렬(G_x, G_y)를 이용해서 화소 기울기의 크기(magnitude)와 방향(direction)을 계산한다. 그리고 기울기의 방향은 4개 방향(0, 45, 90, 135)으로 근사하여 단순화한다. 여기서 〈그림 7.2.9〉에서 보는 바와 같이 기울기의 방향과 에지의 방향은 수직을 이루는 것에 유의하자.

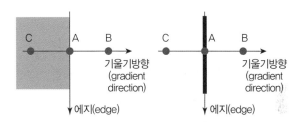

〈그림 7.2.9〉 비최대치 억제를 위한 이웃화소 선택

비최대치 억제(non-maximum suppression)라는 것은 현재 화소가 이웃하는 화소들보다 크면 에지로 보존하고, 그렇지 않으면 에지가 아닌 것으로 간주해서 제거하는 것이다.

먼저, 에지의 방향에 있는 이웃 화소는 비교할 필요가 없기 때문에 〈그림 7.2.10〉과 같이 기울기의 방향에 있는 두 개의 화소를 비교 대상으로 선택한다. 그리고 현재 화소와 선택된 두 화소의 에지 강도를 비교하여 최대치가 아니면 억제되고, 최대치인 것만 에지로 결정한다.

$(x-1, y)$		$(x+1, y)$

기울기의 방향 : 0

$(x-1, y-1)$		
		$(x+1, y+1)$

기울기의 방향 : 45

	$(x, y-1)$	
	$(x, y+1)$	

기울기의 방향 : 90

		$(x+1, y-1)$
$(x-1, y+1)$		

기울기의 방향 : 135

〈그림 7.2.10〉 비최대치 억제를 위한 이웃화소 선택

비최대치를 억제하여도 에지가 아닌 것이 에지로 결정된 경우가 많이 존재한다. 잘못된 에지를 제거하는 쉬운 방법 중에 하나가 임계값을 설정하고, 에지의 강도가 이 임계값보다 작으면 에지에서 제외하는 것이다. 그러나 이 방법은 임계값이 높으면 실제 에지도 제거될 수 있으며, 임계값이 낮으면 잘못된 에지를 제거하지 못하는 문제가 생길 수 있다.

캐니 알고리즘은 잘못된 에지를 제거하고, 정확한 에지만을 검출하여 에지가 끊어지는 것을 방지하는 방법으로 이력 임계값 방법(hysteresis thresholding)을 사용한다. 이것은 두 개의 임계값(T_{high}, T_{low})을 사용해서 에지의 이력을 추적하여 에지를 결정하는 방법이다. 이 방법은 각 화소에서 높은 임계값(T_{high})보다 크면 에지 추적을 시작한다. 그리고 추적을 시작하면 추적하지 않은 이웃 화소들을 대상으로 낮은 임계값(T_{low})보다 큰 화소를 에지로 결정하는 방식이다.

〈그림 7.2.11〉의 예시를 보자. A 부분은 높은 임계값보다 높아서 에지로 결정된다. C 부분은 높은 임계값보다 낮지만 에지 추적에 의해서 에지로 결정된다. 반면, B 부분은 C 부분보다 에지의 강도는 높지만, 높은 임계값 보다 큰 이웃하는 부분이 없기 때문에 에지로 결정되지 않는다. 즉 낮은 임계값 이상인 에지들이 높은 임계값에서부터 연결되어 있다면 에지로 간주하는 것이다.

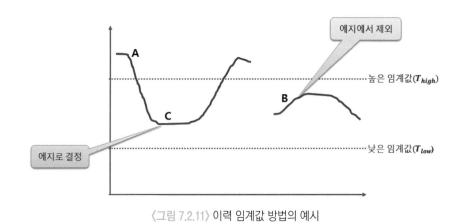

〈그림 7.2.11〉 이력 임계값 방법의 예시

다음은 OpenCV에서 제공하는 cv::Canny() 함수의 사용법과 더불어 캐니 에지를 직접 구현하는 예제이다.

```cpp
01  #include <opencv2/opencv.hpp>
02  using namespace cv;
03  using namespace std;
04
05  void calc_direct(Mat Gy, Mat Gx, Mat& direct)              // 기울기 방향 계산
06  {
07      direct.create(Gy.size(), CV_8U);
08
09      for (int i = 0; i < direct.rows; i++) {
10          for (int j = 0; j < direct.cols; j++) {
11              float gx = Gx.at<float>(i, j);
12              float gy = Gy.at<float>(i, j);
13              int theat = int(fastAtan2(gy, gx) / 45);        // 45도 간격 근사
14              direct.at<uchar>(i, j) = theat % 4;             // 근사각도를 0~3의 값으로 저장
15          }
16      }
17  }
18
19  void supp_nonMax(Mat sobel, Mat  direct, Mat& dst)          // 비최대치 억제
20  {
21      dst = Mat(sobel.size(), CV_32F, Scalar(0));
22
23      for (int i = 1; i < sobel.rows - 1; i++) {
24          for (int j = 1; j < sobel.cols - 1; j++)
25          {
26              int   dir = direct.at<uchar>(i, j);             // 기울기 값
27              float v1, v2;
28              if (dir == 0) {                                 // 기울기 방향 0도
29                  v1 = sobel.at<float>(i, j - 1);
30                  v2 = sobel.at<float>(i, j + 1);
31              }
32              else if (dir == 1) {                            // 기울기 방향 45도
33                  v1 = sobel.at<float>(i + 1, j + 1);
34                  v2 = sobel.at<float>(i - 1, j - 1);
35              }
36              else if (dir == 2) {                            // 기울기 방향 90도
37                  v1 = sobel.at<float>(i - 1, j);
```

```
38                       v2 = sobel.at<float>(i + 1, j);
39                   }
40               else if (dir == 3) {                           // 기울기 방향 135도
41                       v1 = sobel.at<float>(i + 1, j - 1);
42                       v2 = sobel.at<float>(i - 1, j + 1);
43                   }
44
45                   float center = sobel.at<float>(i, j);
46                   dst.at<float>(i, j) = (center > v1 && center > v2) ? center : 0;
47           }
48       }
49   }
50
51   void trace(Mat max_so, Mat& pos_ck, Mat& hy_img, Point pt, int low)    // 에지 추적
52   {
53       Rect rect(Point(0, 0), pos_ck.size());                    // 영상 범위 사각형
54       if (!rect.contains(pt))    return;                        // 추적화소의 영상 범위 확인
55
56       if (pos_ck.at<uchar>(pt) == 0 && max_so.at<float>(pt) > low)
57       {
58           pos_ck.at<uchar>(pt) = 1;                             // 해당좌표 추적 완료 표시
59           hy_img.at<uchar>(pt) = 255;                           // 에지 지정
60
61           trace(max_so, pos_ck, hy_img, pt + Point(-1, -1), low); // 추적 함수 재귀호출
62           trace(max_so, pos_ck, hy_img, pt + Point( 0, -1), low);
63           trace(max_so, pos_ck, hy_img, pt + Point(+1, -1), low);
64           trace(max_so, pos_ck, hy_img, pt + Point(-1, 0), low);
65
66           trace(max_so, pos_ck, hy_img, pt + Point(+1, 0), low);
67           trace(max_so, pos_ck, hy_img, pt + Point(-1, +1), low);
68           trace(max_so, pos_ck, hy_img, pt + Point( 0, +1), low);
69           trace(max_so, pos_ck, hy_img, pt + Point(+1, +1), low);
70       }
71   }
72
73   void hysteresis_th(Mat max_so, Mat& hy_img, int low, int high)   // 이력 임계값 수행
74   {
75       Mat pos_ck(max_so.size(), CV_8U, Scalar(0));                     // 조회 완료 표시 행렬
```

```
76          hy_img = Mat(max_so.size(), CV_8U, Scalar(0));
77
78          for (int i = 0; i < max_so.rows; i++){              // 에지 영상 순회
79              for (int j = 0; j < max_so.cols; j++)
80              {
81                  if (max_so.at<float>(i, j) > high)          // 높은 임계값 검사
82                      trace(max_so, pos_ck, hy_img, Point(j, i), low);    // 추적 시작
83              }
84          }
85  }
86
87  int main()
88  {
89          Mat image = imread("../image/cannay_tset.jpg", 0);
90          CV_Assert(image.data);
91          Mat gau_img, Gx, Gy, direct, sobel, max_sobel, hy_img, canny;
92
93          GaussianBlur(image, gau_img, Size(5, 5), 0.3);
94          Sobel(gau_img, Gx, CV_32F, 1, 0, 3);               // x방향 마스크
95          Sobel(gau_img, Gy, CV_32F, 0, 1, 3);               // y방향 마스크
96          sobel = abs(Gx) + abs(Gy);                         // 두 행렬 절댓값
97  //      magnitude(Gx, Gy, sobel);                          // 두 행렬 벡터 크기
98
99          calc_direct(Gy, Gx, direct);                       // 에지 기울기 계산
100         supp_nonMax(sobel, direct, max_sobel);             // 비최대치 억제
101         hysteresis_th(max_sobel, hy_img, 100, 150);        // 이력 임계값
102         Canny(image, canny, 100, 150);                     // OpenCV 캐니에지
103
104         imshow("image", image);
105         imshow("canny", hy_img);                           // 사용자 정의 캐니
106         imshow("OpenCV_canny", canny);                     // OpenCV 제공 캐니
107         waitKey();
108         return 0;
109  }
```

| 설명 |

① 5~17행은 소벨 마스크를 적용한 행렬(Gx, Gy)을 이용해서 에지의 방향을 계산한다.

② 13행의 cv::fastAtan2() 함수는 역탄젠트를 계산하여 각도(0~360)로 반환한다.

③ 14행은 나머지(%) 연산자로 8개의 각도를 0~3까지의 값을 갖도록 한다. 즉, 45도와 135도는 1이 되고, 90도와 270도는 2가 된다.

④ 26~43행에서 에지의 방향(0, 45, 90, 135)에 따라서 이웃하는 두 화소를 선택한다.

⑤ 45, 46행은 선택된 두 화소와 중심화소를 비교해서, 중심화소가 크지 않으면 해당 위치의 에지를 억제한다. 즉, 해당 화소의 에지 강도를 0으로 만든다.

⑥ 54행은 추적 화소가 입력 영상의 범위를 벗어났는지 검사하고, 벗어나면 함수를 종료한다.

⑦ 56행은 현재 좌표가 미추적 화소이고, 에지 강도가 낮은 임계값보다 큰지 검사한다.

⑧ 59행은 hy_img 행렬의 해당 좌표에 255로 저장해서 에지로 지정한다.

⑨ 61~69행은 현재 화소에서 8개 방향으로 trace() 함수를 재귀 호출하여 추적한다.

⑩ 81, 82행에서 에지 영상(max_so) 화소의 에지 강도가 높은 임계값보다 크면 trace() 함수로 추적을 시작한다. trace() 함수에서 낮은 임계값을 기준으로 8방향으로 추적한다.

⑪ 93~101행까지가 캐니 알고리즘을 수행하는 부분이다.

⑫ 96행은 소벨 에지 강도는 원소들의 절댓값으로 단순화한다. 주석 처리한 97행과 같이 에지의 크기로 계산해도 무방하다.

⑬ 102행은 OpenCV에서 제공하는 cv::Canny() 함수를 호출해서 캐지 에지를 검출한다. 낮은 임계값은 100이고 높은 임계값은 150으로 지정한다.

| 실행결과 |

7.3 기타 필터링

필터링에서는 선형 공간 필터링과 비선형 공간 필터링이 있다. 이제까지 회선을 이용한 영상 처리들은 선형 공간 필터링이다. 이번 절에서는 비선형 공간 필터링의 방법을 소개한다.

〈그림 7.3.1〉은 최댓값/최솟값 필터링에 대한 도식이다. 이 방법은 입력 영상의 해당 화소 (중심화소)에서 마스크로 씌워진 영역의 입력화소들을 가져와서 그 중에 최댓값 혹은 최 솟값을 출력화소로 결정하는 방법이다. 즉, 최댓값 필터링은 마스크 계수 중에서 최댓값을 통과시켜 출력화소가 되고, 최솟값 필터링은 최솟값을 통과시켜 출력화소가 된다.

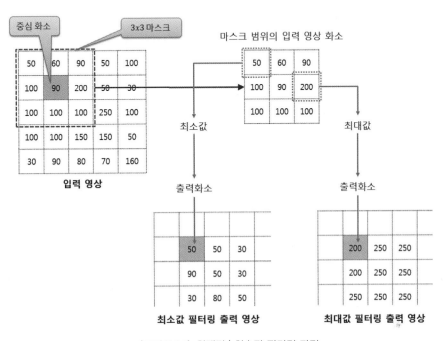

〈그림 7.3.1〉 최댓값/ 최솟값 필터링 과정

따라서 최댓값 필터링은 가장 큰 값인 밝은 색들로 출력화소가 구성되기 때문에 돌출되는 어두운 값이 제거되며, 전체적으로 밝은 영상이 된다. 최솟값 필터링은 가장 작은 값들인 어두운 색들로 출력화소가 구성되기 때문에 돌출되는 밝은 값들이 제거되며, 전체적으로 어두운 영상이 된다.

최댓값 필터링은 밝은 임펄스 잡음이 강조되며, 최솟값 필터링은 어두운 임펄스 잡음이 강 조될 수 있다. 경우에 따라서 높은 대조를 가진 영상에서 특징을 확대시키기 위한 기법으 로 이용될 수 있다.

다음은 flag 값에 따라서 최댓값 필터링과 최솟값 필터링을 수행하는 minMaxFilter() 함수를 구현하는 예제이다. 특히, 모든 입력화소를 순회하는 2중 for문 내에서 마스크 영역의 입력화소를 가져오기 위해서 다시 2중 for문을 사용하지 않고, 마스크 영역을 관심영역으로 지정하는 방법을 예시한다.

예제 7.3.1　　**최소&최댓값 필터링 – filter_minMax.cpp**

```cpp
01  #include <opencv2/opencv.hpp>
02  using namespace cv;
03  using namespace std;
04
05  void minMaxFilter(Mat img, Mat& dst, int size, int flag = 1)
06  {
07      dst = Mat(img.size(), CV_8U, Scalar(0));
08      Size msize(size, size);
09      Point h_m = msize /2  ;                       // 마스크 절반 크기
10
11      for (int i = h_m.y; i < img.rows - h_m.y; i++){    // 입력 영상 조회
12          for (int j = h_m.x; j < img.cols - h_m.x; j++)
13          {
14              Point start = Point(j, i) - h_m;
15              Rect roi(start, msize);               // 마스크 영역 사각형
16              Mat  mask = img(roi);                 // 마스크 영역 참조
17
18              double minVal, maxVal;
19              minMaxLoc(mask, &minVal, &maxVal);    // 마스크 영역 최소, 최댓값
20              dst.at<uchar>(i, j) = (flag) ? maxVal : minVal;
21          }
22      }
23  }
24
25  int main()
26  {
27      Mat image = imread("../image/min_max.jpg", 0);
28      CV_Assert(image.data);
29
30      Mat min_img, max_img;
31      minMaxFilter(image, min_img, 5, 0);           // 5x5 마스크 최솟값 필터링
32      minMaxFilter(image, max_img, 5, 1);           // 5x5 마스크 최댓값 필터링
33
34      imshow("image", image);
```

```
35        imshow("minFilter_img", min_img);
36        imshow("maxFilter_img", max_img);
37        waitKey();
38        return 0;
39    }
```

| 설명 |

① 5~23행은 flag에 따라서 최댓값 혹은 최솟값 필터링을 수행하는 함수이다.

② 8, 9행은 마스크 크기와 마스크의 중심좌표를 지정한다.

③ 11, 12행에서 입력 영상의 상하좌우로 마스크 절반 크기(h_m)는 조회하지 않는다. 예를 들어, 마스크 크기가 5x5
   이면 입력영상의 상하좌우 2픽셀은 조회하지 않는다.

④ 14행은 조회화소(j, i)에서 마스크 절반을 빼서 마스크의 시작 위치 start를 선언한다.

⑤ 16행은 Mat::() 연산자 함수로 img에서 roi로 관심영역을 참조하는 행렬 mask를 선언한다. 따라서 입력영상에서 조
   회 화소에서 상하좌우로 마스크 범위만큼 참조한다.

⑥ 19행은 cv::minMaxLoc() 함수로 mask 행렬의 원소 중에서 최솟값과 최댓값을 반환받는다. 함수로 전달되는 인수
   로 결과를 반환받기 위해서 인수 앞에 &를 반드시 적어야한다.

⑦ 20행은 네 번째 인수(flag)의 값에 따라서 최댓값과 최솟값 중에서 선택해서 출력화소로 지정한다. 즉, flag가 1이
   면 최댓값 필터링을, 0이면 최솟값 필터링을 수행한다.

⑧ 31, 32행은 minMaxFilter() 함수를 호출하며, 32행은 네 번째 인수(flag)로 0을 지정해서 최솟값 필터링을 수행하며,
   33행은 최댓값 필터링을 수행한다.

| 실행결과 |

최솟값 필터링은 전반적으로 영상이 어둡게 나타나며, 최댓값 필터링은 입력 영상보다 밝아지는 것을 볼 수 있다. 또한 영상의 상하좌우 경계부분은 마스크 크기의 절반만큼 필터링이 되지 않아서 검은색으로 표현된다.

7.3.2 평균값 필터링

평균값 필터링은 〈그림 7.3.2〉와 같이 마스크로 씌워진 영역의 입력화소들을 가져와서 그화소들의 평균을 구하여 출력화소로 지정하는 방법이다. 마스크 영역의 화소값들을 평균하기 때문에 블러링의 효과가 나타난다. 회선에서 블러링 마스크를 적용한 것과 결과가 같다.

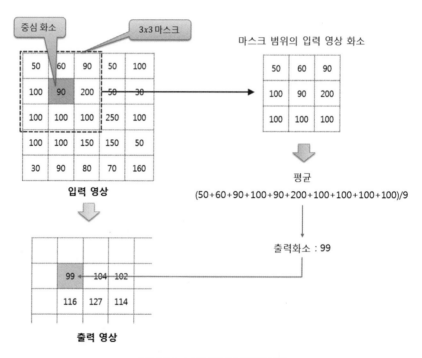

〈그림 7.3.2〉 미디언 필터링의 과정

다음 예제에서 평균값 필터링을 구현한다. 이 예제에서는 출력화소의 끝 경계부분을 처리하는 방법으로 마스크의 크기를 조절하는 방법을 예시한다. 또한 OpenCV 함수 중에서 평균값 필터링을 수행할 수 있는 함수인 cv::boxFilter()와 cv::blur() 함수의 사용법도 예시한다.

```
01  #include <opencv2/opencv.hpp>
02  using namespace cv;
03  using namespace std;
04
05  void averageFilter(Mat img, Mat& dst, int size)              // 평균값 필터링
06  {
07      dst = Mat(img.size(), CV_8U, Scalar(0));
08
09      for (int i = 0; i < img.rows; i++){                      // 입력영상 조회
10          for (int j = 0; j < img.cols; j++)
11          {
12              Point pt1 = Point(j - size / 2, i - size / 2);   // 마스크 시작 위치
13              Point pt2 = pt1 + (Point)Size(size, size);       // 마스크 종료 위치
14              // 좌표 예외처리
15              if (pt1.x < 0) pt1.x = 0;
16              if (pt1.y < 0) pt1.y = 0;
17              if (pt2.x > img.cols)  pt2.x = img.cols;
18              if (pt2.y > img.rows) pt2.y = img.rows;
19
20              Rect  mask_rect(pt1, pt2);
21              Mat   mask = img(mask_rect);                     // 마스크 영역 참조
22              dst.at<uchar>(i, j) = (uchar)mean(mask)[0];      // 출력화소 저장
23          }
24      }
25  }
26
27  int main()
28  {
29      Mat image = imread("../image/avg_filter.jpg", 0);        // 명암도 영상 로드
30      CV_Assert(image.data);                                   // 영상 파일 예외처리
31
32      Mat avg_img, blur_img, box_img;
33      averageFilter(image, avg_img, 5);                        // 사용자 정의 평균필터 함수
34      blur(image, blur_img, Size(5, 5));                       // OpenCV 제공 블러링 함수
35      boxFilter(image, box_img, -1, Size(5, 5));               // OpenCV 제공 박스 필터 함수
36
37      imshow("image", image), imshow("avg_Filter_img", avg_img);
```

```
38        imshow("blur_img", box_img), imshow("box_img", box_img);
39        waitKey();
40        return 0;
41    }
```

| 설명 |

① 12, 13행은 마스크 사각형의 시작 위치와 종료위치를 pt1, pt2의 좌표로 선언한다.

② 15~18행은 시작 좌표와 종료 좌표가 입력 영상의 범위를 벗어나지 않게 한다. 따라서 시작 좌표와 종료 좌표가 변경되기 때문에 마스크의 크기도 조정된다.

③ 15, 16행에서 시작 좌표(pt1)의 x, y가 0보다 작으면 0으로 지정한다.

④ 17, 18행에서 종료 좌표(pt2)의 x, y가 영상 크기보다 크면 영상 크기와 같게 한다.

⑤ 20행은 시작 좌표와 종료 좌표로 마스크 영역을 지정해서 Rect 객체를 선언한다.

⑥ 21행은 img 행렬에서 mask_rect을 관심영역으로 지정하고 mask 행렬이 참조한다.

⑦ 22행은 cv::mean() 함수로 mask 행렬 원소의 평균을 구한다. 결과가 Scalar형으로 반환되기 때문에 4개 원소를 가지며, 그 중에서 0번 원소가 첫 번째 채널의 평균이다.

⑧ 33~35행은 평균값 필터링을 수행하는 여러 함수들을 예시한다.

⑨ 35행은 OpenCV에서 제공하는 cv::boxFilter() 함수를 호출한다. 세 번째 인수(ddepth)가 출력 영상의 자료형을 지정한다. −1은 입력 영상과 동일한 자료형을 의미한다.

| 실행결과 |

실행결과에서 모든 결과 영상이 비슷하게 흐려진다. 이전 예제까지는 영상의 상하좌우 끝 부분에 마스크 크기의 절반만큼 검은색으로 출력되었는데, 이번에는 정상적으로 처리된 결과를 보인다. 이것은 평균을 구하는 마스크 범위(시작 좌표, 종료 좌표)를 입력영상의 좌표에 따라서 다르게 조정했기 때문이다.

이렇게 입력 영상의 상하좌우 끝부분에 있는 화소들은 마스크를 씌웠을 때 입력화소가 존재하지 않는 화소들이 있다. 3×3 마스크일 경우에는 상하좌우로 한 화소씩이 해당하며, 5×5 마스크일 경우에는 상하좌우 두 화소씩이 해당된다. 이 경우 배열 참조가 잘못되어 오류가 발생하기 때문에 추가적인 방법을 적용해서 출력화소를 결정해야 한다.

OpenCV에서도 cv::filter2D(), cv::blur(), cv::boxFilter(), cv::sepFilter2D()와 같은 필터링을 수행하는 함수들에서 상하좌우 경계부분의 화소값을 결정하는 방법으로 borderType 이라는 옵션 상수를 다음과 같이 정의해 두었다.

〈표 7.3.1〉 경계타입 결정 옵션상수

옵션 상수	값	설명
BORDER_CONSTANT	0	특정 상수값으로 대체 70 70 70 20 25 35 45 50 60 70 70 70
BORDER_REPLICATE	1	계산 가능한 경계의 출력화소 하나만으로 대체 20 20 20 20 25 35 45 50 60 60 60 60

BORDER_REFLECT	2	계산 가능한 경계의 출력화소로부터 대칭되게 한 화소씩 지정 35 | 25 | 20 | 20 | 25 | 35 | 45 | 50 | 60 | 60 | 50 | 45
BORDER_WRAP	3	영상의 왼쪽 끝과 오른쪽 끝이 연결되어 있다고 가정하여 한 화소씩 가져와서 지정 45 | 50 | 60 | 20 | 25 | 35 | 45 | 50 | 60 | 20 | 25 | 35

7.3.3 미디언 필터링

미디언(median)이라는 용어는 중간 값이라는 뜻이다. 미디언 필터링도 같은 의미로 중간
값을 이용하기에 중간값 필터링이라고도 한다.

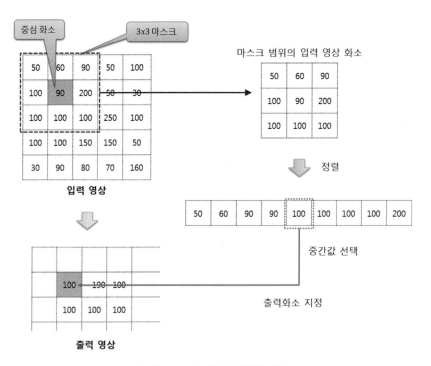

〈그림 7.3.3〉 미디언 필터링의 과정

중간값 필터링의 과정을 〈그림 7.3.3〉에 자세히 나타내었다. 먼저, 입력 영상에서 해당 입력화소를 중심으로 마스크를 씌워 마스크 크기 내에 있는 입력화소들을 가져온다. 회선과는 다르게 마스크 계수는 필요하지 않고, 마스크의 크기만 필요하다. 그리고 마스크 범위 내에 있는 화소값들을 크기순으로 정렬한다. 정렬된 화소값 중에서 중간 값을 취하여 출력화소로 지정한다. 이와 같은 과정을 마스크를 이동하며 모든 입력화소에 대해 수행해서 출력영상을 생성한다.

일정 영역에서 다른 화소들과 밝기가 심하게 차이가 나는 화소들은 임펄스(impluse noise) 잡음이나 소금-후추(salt & pepper) 잡음일 가능성이 높다. 미디언 필터링 과정에서 마스크 영역 내의 심하게 차이가 나는 화소들은 정렬로 인해서 최하위 값이나 최상위 값이 된다. 따라서 중간 값만이 출력화소로 지정되고, 나머지 값들은 출력화소로 지정되지 않고 제거된다.

이러한 이유로 미디언 필터링은 임펄스 잡음이나 소금-후추 잡음을 잘 제거해 준다. 또한 평균 필터를 이용한 필터링에 비하면 블러링 현상이 적다. 다만, 마스크의 크기가 커지면 잡음의 제거 성능은 향상되지만, 정렬 알고리즘을 수행해야 하는 부담 때문에 수행 시간이 기하급수적으로 증가한다.

미디언 필터링은 보통 명암도 영상에서 효과적으로 수행된다. RGB 컬러 공간에서는 3개(빨강색, 녹색, 파랑색) 채널 간의 상호 의존도가 매우 크다. 예를 들어서, 한 채널에서는 특정 화소가 주위와 심한 차이를 보여서 제거되어도, 다른 채널에서는 같은 화소가 주위와 차이가 작아서 제거되지 않는 경우들이 생긴다. 이를 경우에 RGB 조합이 맞지 않아서 오히려 잡음이 더 많아질 수도 있다.

다음 예제는 사용자 정의 함수 medianFilter()로 직접 구현한 방법을 보이며, 또한 OpenCV에서 제공하는 미디언 필터링 함수인 cv::medianBlur()의 사용법을 예시한다. 특히, 마스크 영역의 입력화소들을 정렬하는 방법으로 관심영역 참조와 cv::reshape(), cv::sort() 함수를 이용하여 구현한다.

```cpp
01  #include <opencv2/opencv.hpp>
02  using namespace cv;
03  using namespace std;
04
05  void medianFilter(Mat img, Mat& dst, int size)
06  {
07      dst = Mat(img.size(), CV_8U, Scalar(0));
08      Size msize(size, size);
09      Point h_m = msize / 2;                              // 마스크 절반 크기
10
11      for (int i = h_m.y; i < img.rows - h_m.y; i++){     // 입력화소 조회
12          for (int j = h_m.x; j < img.cols - h_m.x; j++)
13          {
14              Point start = Point(j, i) - h_m;
15              Rect roi(start, msize);                     // 마스크 사각형
16              Mat  mask, sort_m;
17              img(roi).copyTo(mask);                      // 마스크영역 참조 및 복사
18
19              Mat  one_row = mask.reshape(1, 1);          // 1행 행렬
20              cv::sort(one_row, sort_m, SORT_EVERY_ROW);  // 행단위 정렬 수행
21
22              int medi_idx = (int) (one_row.total() / 2) ;  // 중간 위치
23              dst.at<uchar>(i, j) = sort_m.at<uchar>(medi_idx);  // 중간값 출력화소 저장
24          }
25      }
26  }
27
28  int main()
29  {
30      Mat image = imread("../image/median_test.jpg", IMREAD_COLOR);
31      CV_Assert(image.data);                              // 영상파일 예외처리
32
33      Mat gray, med_img1, med_img2;
34      cvtColor(image, gray, CV_BGR2GRAY);                 // 컬러영상 명암도 변환
35      medianFilter(gray, med_img1, 5);                    // 사용자 정의 함수
36      medianBlur(gray, med_img2, 5);                      // OpenCV 제공 함수
37
```

```
38        imshow("gray", gray);
39        imshow("median-User", med_img1);
40        imshow("median-OpenCV", med_img2);
41        waitKey();
42        return 0;
43    }
```

| 설명 |

① 17행은 img 행렬에서 roi를 관심영역으로 참조하며, 참조한 것을 Mat::copyTo() 함수로 mask 행렬에 바로 복사한다. 이것은 참조 행렬로는 Mat::reshape() 함수를 수행할 수 없기 때문에 복사를 통해 새 행렬을 만들어야한다.

② 19행은 입력 영상에서 마스크 범위를 복사한 mask 행렬에 대해서 Mat::reshape() 함수로 1채널, 1행으로 만든다. 이것은 cv::sort() 함수로 행방향 정렬하기 위함이다. 여기서 cv::sort() 함수는 std::sort() 함수와 인수구조가 동일하기 때문에 컴파일러에서 구분하지 못해 에러가 발생한다. 따라서 cv 네임스페이스를 반드시 적어야 한다.

③ 20행은 one_row 행렬 원소를 행방향(SORT_EVERY_ROW)의 오름차순으로 정렬한다.

④ 22행은 정렬된 행렬 전체 크기를 2로 나누어 중간 위치를 가져온다.

⑤ 35행은 OpenCV 제공 함수인 cv::medianBlur()를 호출해서 미디언 필터링을 수행한다. 입력 영상과 출력 영상 그리고 마스크의 크기만 지정하면 된다.

⑥ 36행은 미디언 필터링을 수행하는 사용자정의 함수 medianFilter()를 호출한다. cv::medianBlur()와 인수의 구조를 동일하게 구성했다.

| 실행결과 |

결과 영상에서 테이블의 세세한 무늬나 나뭇잎의 세부 사항들의 블러링되어 흐려진 것을 확인할 수 있다.

7.3.4 가우시안 스무딩 필터링

스무딩(smoothing)은 영상의 세세한 부분을 회선을 통해서 부드럽게 하는 기법으로 블러링과 같은 의미이다. 스무딩 처리에 사용되는 대표적인 방법으로 가우시안 필터링이 있다. 가우시안 필터링은 가우시안 분포를 마스크의 계수로 사용하여 회선을 수행하는 것을 말한다.

가우시안 분포라는 말은 통계학이나 실험을 필요로 하는 대부분의 학문 분야에서 쉽게 접하는 용어이다. 이 용어가 낯선 사람들은 같은 표현으로 정규 분포(normal distribution)라는 말은 들어 보았을 것이다.

정규 분포는 특정 값의 출현 비율을 그래프로 그렸을 때, 평균에서 가장 큰 수치를 가지며, 평균을 기준으로 좌우 대칭 형태가 나타나고, 좌우 양끝으로 갈수록 급격하게 수치가 낮아지는 종 모양의 형태를 보인다.

정규 분포를 평균(μ)과 표준 편차(σ)를 이용해서 함수식으로 표현하면 다음의 수식과 같고, 이 수식에 따라 그래프를 그리면 〈그림 7.3.4〉와 같다. 그래프에서 표준 편차가 커지면 그래프의 폭이 넓어지고 표준 편차가 작아지면 폭이 좁아진다.

$$N(\mu, \sigma)(x) = \frac{1}{\sigma\sqrt{2\pi}} \exp\left(-\frac{(x-\mu)^2}{2\sigma^2}\right)$$

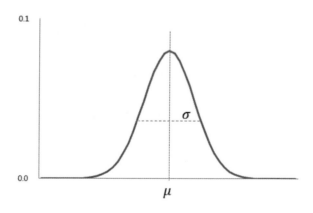

〈그림 7.3.4〉 정규 분포 그래프

가우시안 분포를 회선 마스크로 적용하려면 2차원으로 구성해야 한다. x, y 좌표를 축으로 2차원 가우시안 분포 함수를 구성하면 다음의 수식과 같고, 이것을 그래프로 표현하면

〈그림 7.3.5〉와 같다.

$$N(\mu, \sigma_x, \sigma_y)(x, y) = \frac{1}{\sigma_x \sigma_y 2\pi} exp\left[-\left(-\frac{(x-\mu)^2}{2\sigma_x^2} + \frac{(y-\mu)^2}{2\sigma_y^2}\right)\right]$$

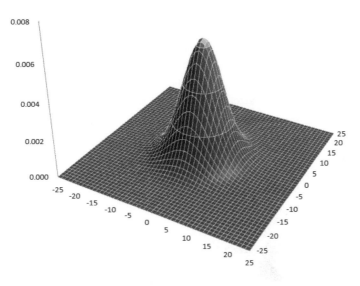

〈그림 7.3.5〉 2차원 정규 분포 그래프의 예

이 가우시안 분포 값으로 마스크를 구성하여 회선을 수행하면 가우시안 스무딩을 수행할 수 있다. 단, 마스크 계수의 전체 합이 1이 되어야 입력 영상의 밝기를 유지할 수 있다. 여기서 표준편차(σ)를 변경하면 그래프에서 기둥의 폭을 조절할 수 있다. 즉 마스크 계수의 구성을 표준편차로 조정하는 것이다.

표준편차(σ)가 클수록 평균의 높이는 낮아지고, 폭이 넓어진다. 따라서 생성되는 마스크는 블러링 마스크와 유사하게 만들어진다. 결과 영상에 중심화소와 비슷한 비중으로 주변 화소가 반영되기 때문에 흐림의 정도가 심해진다.

반면, 표준편차(σ)가 작아지면 구성된 마스크에서 중심계수의 값이 커지고, 주변 계수의 값은 작아진다. 이럴 경우에는 결과 영상에 중심화소의 비중이 커지기 때문에 흐림의 정도가 약화된다.

예제를 통해서 확인해 보자. 먼저, OpenCV에서 cv::GaussianBlur() 함수로 가우시안 스무딩을 수행한다. 다른 방법으로 cv::sepFilter2D() 함수에 1차원 가우시안 계수를 적용해도 된다. 이때, 1차원 가우시안 계수는 cv::getGaussianKernel() 함수로 생성한다. 또한 2차원 가우시안 마스크를 생성하는 사용자 정의 함수 getGaussianMask()를 구현하고, 이 마스크를 filter2D() 함수에 적용하는 방법도 가능하다.

예제 7.3.4 가우시안 필터링 – filter_gausian.cpp

```cpp
01   #include <opencv2/opencv.hpp>
02   using namespace cv;
03   using namespace std;
04
05   Mat getGaussianMask(Size size, double sigmaX, double sigmaY)    // 가우시안 마스크 생성
06   {
07       double ratio = 1 / (sigmaX * sigmaY * CV_PI);
08       double sigmaX2 = 2 * sigmaX * sigmaX;
09       double sigmaY2 = 2 * sigmaY * sigmaY;
10       Point center = size / 2;                                    // 마스크 중심좌표
11       Mat   mask(size, CV_64F);
12
13       for (int i = 0; i < size.height; i++) {                     // 마스크 원소 조회
14           for (int j = 0; j < size.width; j++)
15           {
16               int x2 = (j - center.x) * (j - center.x);
17               int y2 = (i - center.y) * (i - center.y);
18               mask.at<double>(i, j) = ratio * exp(-((x2 / sigmaX2) + (y2 / sigmaY2)));
19           }
20       }
21       return (mask / sum(mask)[0]);                               // 계수 스케일 조정
22   }
23
24   int main()
25   {
26       Mat image = imread("../image/smoothing.jpg", 0);
27       CV_Assert(image.data);
28
29       Size  size(5, 21);                                          // 가우시안 마스크
30       double sigmaX = 0.3*((size.width - 1)*0.5 - 1) + 0.8;       // 가로방향 표준편차
31       double sigmaY = 0.3*((size.height - 1)*0.5 - 1) + 0.8;      // 세로방향 표준편차
32
33       Mat gauss_img1, gauss_img2, gauss_img3;
```

```
34          Mat gaussian_2d = getGaussianMask(size, sigmaX, sigmaY);
35          Mat gaussian_1dX = getGaussianKernel(size.width, -1, CV_64F);
36          Mat gaussian_1dY = getGaussianKernel(size.height, -1, CV_64F);
37
38          GaussianBlur(image, gauss_img2, size, sigmaX, sigmaY);
39          sepFilter2D(image, gauss_img3, -1, gaussian_1dX, gaussian_1dY);
40          filter2D(image, gauss_img1, -1, gaussian_2d);
41
42          imshow("image", image);
43          imshow("사용자 생성 마스크 적용" , gauss_img1);
44          imshow("가우시안 블러링 적용" , gauss_img2);
45          imshow("가우시안 계수로 마스크 생성" , gauss_img3);
46          waitKey();
47          return 0;
48     }
```

| 설명 |

① 5~22행은 2차원 가우시안 마스크를 생성하는 함수 getGaussianMask() 함수를 직접 구현한다.

② 7~9행은 가우시안 함수의 세부 공식을 미리 계산하여 변수에 저장한다.

③ 16, 17행은 좌표(i, j)에 중심좌표를 빼서 계수를 계산하고, 제곱을 수행한다.

④ 18행은 가우시안 함수의 공식으로 계산하고, 그 결과를 마스크 원소에 저장한다.

⑤ 21행은 가우시안 마스크의 계산이 완료되었지만, 계수 합이 1이 아닐 수 있다. 따라서 전체 계수의 합으로 각 원소에 나누어 마스크 계수 합이 1이 되게 한다.

⑥ 30, 31행은 가우시안 마스크 생성을 위한 표준편차를 지정한다. cv::getGaussianKernel() 함수에서 두 번째 인수 (sigma)가 음수일 때, 표준편차의 계산에 적용되는 수식이다.

⑦ 34행은 직접 구현한 getGaussianMask() 함수를 호출하여 2차원 가우시안 마스크를 생성한다.

⑧ 35, 36행은 cv::getGaussianKernel() 함수를 이용해서 1차원 가우시안 계수를 생성한다. 표준편차를 음수로 지정하면, 30행의 수식으로 표준편차를 계산하여 계수를 생성한다.

⑨ 38행은 OpenCV에서 제공하는 cv::GaussianBlur() 함수로 가우시안 스무딩을 수행한다.

⑩ 39행은 가로방향과 세로방향의 1차원 가우시안 계수를 cv::sepFilter2D() 함수에 적용하여 가우시안 스무딩을 수행한다.

⑪ 40행은 cv::filter2D() 함수에 2차원 가우시안 마스크로 회선함으로써, 가우시안 스무딩을 수행한다.

실행결과에서 세 개의 흐려진 영상을 볼 수 있다. 특히, 마스크의 크기를 세로방향으로 크게 만들어서 세로 방향 표준편차가 커진다. 따라서 세로 방향으로 심하게 흐려지는 영상을 생성한다.

보통 에지 추출과정에서는 객체내부나 배경 부분의 잡음을 제거하기 위해서 가우시안 블러링을 수행한 후에 수행한다. 다음은 컬러 영상으로 에지 추출을 하는 심화예제이다.

심화예제 7.3.5   블러링과 캐니 에지를 이용한 컬러 에지 검출 – canny.cpp

```
01   #include <opencv2/opencv.hpp>
02   using namespace cv;
03   using namespace std;
04
05   int th = 50;                                    // 캐니 에지 낮은 임계값
```

```
06    Mat image, gray, edge;                                    // 전역 변수
07
08    void onTrackbar(int, void*)                               // 트랙바 콜백 함수
09    {
10        GaussianBlur(gray, edge, Size(3, 3), 0.7);            // 가우시안 블러링
11        Canny(edge, edge, th, th * 2, 3);                     // 캐니에지 수행
12
13        Mat color_edge;
14        image.copyTo(color_edge, edge);                       // 에지 영역만 복사
15        imshow("컬러 에지", color_edge);
16    }
17
18    int main()
19    {
20        image = imread("../image/smoothing.jpg", 1);          // 컬러 영상 로드
21        CV_Assert(image.data);                                // 예외 처리
22        cvtColor(image, gray, COLOR_BGR2GRAY);                // 명암도 변환
23
24        namedWindow("컬러 에지", 1);
25        createTrackbar("Canny th", "컬러 에지", &th, 100, onTrackbar);   // 트랙바 등록
26        onTrackbar(th, 0);                                    // 트랙바 함수 호출
27
28        waitKey(0);
29        return 0;
30    }
```

| 설명 |

① 11행은 캐니 에지를 낮은 임계값(th)과 높은 임계값(th×2)을 정하여 수행한다.

② 14행은 검출된 에지 행렬을 마스크로 지정해서 원본 컬러 영상을 결과 영상(color_edge)에 복사한다. 그러면 원본 영상의 에지 부분만 결과 영상에 복사된다.

③ 25, 26행은 트랙바 콜백함수 시스템에 등록하고 호출한다.

| 실행결과 |

7.4 모폴로지(morphology)

모폴로지는 형태학이란 뜻으로서 다양한 학분 분야에서 사용되는 용어이다. 예로서, 생물학에서는 생물형태의 기술과 그 법칙성의 탐구를 목적으로 일반적으로 해부학과 발생학을 합쳐서 형태학이라고 부른다. 의학에서는 인체 형태학이란 의미로 사용되며, 체육학에서 스포츠 운동 형태학이란 개념으로 사용한다.

영상 처리에서 모폴로지는 영상의 객체들의 형태(shape)를 분석하고 처리하는 기법이다. 이 형태학적 처리를 활용하여 영상의 경계, 골격, 블록 등의 형태를 표현하는데 필요한 요소를 추출한다. 간단히 말하면, 영상 내에 존재하는 객체의 형태를 조금씩 변형시킴으로써 영상 내에서 불필요한 잡음을 제거하거나 객체를 뚜렷하게 하여 필요한 요소를 추출한다.

영상 내에서 아주 작은 크기의 객체들은 잡음일 가능성이 높다. 이런 작은 크기의 객체는 그 크기를 조금만 더 깎아내면 제거할 수 있지 않을까? 객체들의 분리 과정에서 경우에 따라서 두 개의 객체가 살짝 맞물려 있는 경우가 있다. 이럴 때 객체들을 조금만 깎아내면 두 객체를 서로 분리할 수 있지 않을까? 객체를 인식하기 위한 전처리 과정에서 객체가 작아서 명확하게 나타나지 않을 때 그 객체를 조금 팽창시킬 수 있으면 그 객체의 형태가 뚜렷해져서 좀 더 쉽게 인식할 수 있지 않을까?

이러한 상황들에서 필요한 것이 모폴로지이다. 모폴로지는 객체의 형태를 변형시켜야하기 때문에 주로 이진 영상에서 수행된다. 대표적인 연산 방법으로 침식 연산과 팽창 연산이 있으며, 이 두 개를 결합한 닫힘 연산과 열림 연산이 있다.

7.4.1 침식 연산

침식 연산(erosion operation)은 말 그대로 객체를 침식시키는 연산이다. 따라서 객체의 크기는 축소되고, 배경은 확장된다. 객체의 크기가 축소되기 때문에 영상 내에 존재하는 잡음 같은 작은 크기의 객체들은 사라질 수도 있다.

이러한 현상을 이용하여 소금-후추(salt & papper) 잡음과 같은 임펄스(impulse) 잡음들을 제거한다. 영상 내에서 객체의 돌출부를 감소시키기 때문에 서로 닿는 물체를 분리할 때에도 유용하게 사용할 수 있다.

〈그림 7.4.1〉으로 이진 영상에서 침식 연산의 과정에 대해서 알아보자. 입력 영상의 중심화소 주변에서 마스크 크기의 화소들을 가져와서 침식 마스크와 원소 간(element-wise)에 일치하는지를 비교한다. 여기서 침식 마스크의 원소가 1인 값에 대해서만 비교를 수행한다.

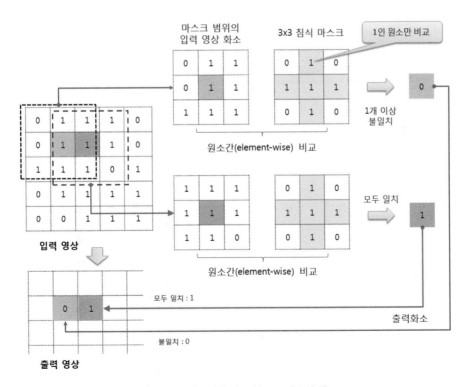

〈그림 7.4.1〉 2차원 정규 분포 그래프의 예

〈그림 7.4.1〉의 상단과 같이 입력 영상의 화소와 마스크 원소가 한 개의 화소라도 일치하지 않으면 출력화소는 검은색인 0이 된다. 반면, 그 아래쪽의 그림과 같이 입력 영상의 화소와 마스크 원소와 비교해서 모두가 일치하면 출력화소는 흰색인 1이 지정된다. 여기서 마스크 원소가 1인 위치만을 비교대상으로 한다. 또한 마스크의 크기와 원소의 구성은 입력 영상의 형태에 따라서 사용자가 조정하여 더 나은 결과 영상을 생성할 수 있다.

〈그림 7.4.2〉는 입력 영상에 값을 표시하고 침식 연산을 수행하여 결과 영상에 값을 표시한 예이다. 입력된 이진 영상에서 객체로 인식되는 흰색의 블록들은 그 경계부분이 깎여져서 출력 영상이 만들어진다.

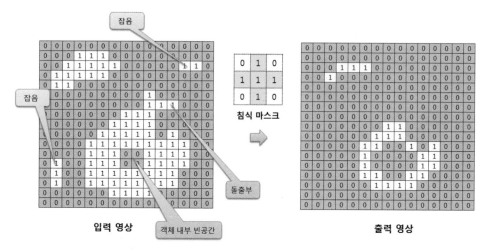

〈그림 7.4.2〉 침식 연산의 예

특히 객체의 돌출 부위는 여러 화소가 깎여나가며, 화소가 몇 개 안되는 잡음 같은 블록은 모든 화소가 완전히 제거되는 것을 확인할 수 있다.

다음 예제는 침식 연산을 수행하는 사용자 정의 함수를 구현하고, OpenCV에서 제공하는 함수인 cv::morphologyEx()의 사용법도 예시한다. 침식 마스크의 원소 구성은 〈그림 7.4.1〉의 예시와 같은 구성을 하였다.

```cpp
01  #include <opencv2/opencv.hpp>
02  using namespace cv;
03  using namespace std;
04  //마스크 원소와 마스크 범위 입력화소 간의 일치 여부 체크
05  bool check_match(Mat img, Point start, Mat mask, int mode = 0)
06  {
07      for (int u = 0; u < mask.rows; u++) {
08          for (int v = 0; v < mask.cols; v++) {
09              Point pt(v, u);                          // 순회 좌표
10              int m = mask.at<uchar>(pt);              // 마스크 계수
11              int p = img.at<uchar>(start + pt);       // 해당 위치 입력화소
12
13              bool ch = (p == 255);                    // 계수와 화소값 일치 비교
14              if (m == 1 && ch == mode)                // mode 0이면 침식, 1이면 팽창
15                  return  false;
16          }
17      }
18      return true;
19  }
20
21  void erosion(Mat img, Mat& dst, Mat mask)            // 침식 연산 함수
22  {
23      dst = Mat(img.size(), CV_8U, Scalar(0));
24      if (mask.empty())    mask = Mat(3, 3, CV_8UC1, Scalar(1));
25
26      Point h_m = mask.size() / 2;                     // 마스크 절반 크기
27      for (int i = h_m.y; i < img.rows - h_m.y; i++){
28          for (int j = h_m.x; j < img.cols - h_m.x; j++)
29          {
30              Point start = Point(j, i) - h_m;
31              bool  check = check_match(img, start, mask, 0); // 원소 일치여부 비교
32              dst.at<uchar>(i, j) = (check) ? 255 : 0;        // 출력화소 저장
33          }
34      }
35  }
36
37  int main()
```

```
38    {
39        Mat image = imread("../image/morph_test1.jpg", 0);
40        CV_Assert(image.data);
41        Mat th_img, dst1, dst2;
42        threshold(image, th_img, 128, 255, THRESH_BINARY);        // 영상 이진화
43
44        uchar data[] = {    0, 1, 0,
45                            1, 1, 1,
46                            0, 1, 0  };
47        Mat mask(3, 3, CV_8UC1, data);                            // 마스크 선언 및 초기화
48
49        erosion(th_img, dst1, (Mat)mask);                         // 사용자정의 침식 함수
50        morphologyEx(th_img, dst2, MORPH_ERODE, mask);            // OpenCV 침식 함수
51
52        imshow("image", image),           imshow("이진 영상", th_img);
53        imshow("User_dilation", dst1),    imshow("OpenCV_dilation", dst2);
54        waitKey();
55        return 0;
56    }
```

| 설명 |

① 5행에서 두 번째 인수(start)는 입력영상에서 마스크의 시작 위치이고, 세 번째 인수(mode)는 0이면 침식 연산을, 1 이면 팽창 연산을 수행한다.

② 10, 11행에서 마스크 원소와 해당 위치 입력화소를 각각 m, p로 가져온다. p는 시작 위치(start)에서 순회좌표(v, u) 만큼 이동하여 마스크 범위를 모두 조회한다.

③ 13행은 입력화소와 마스크 원소의 일치를 비교한다. 입력영상의 이진화로 인해 0과 255의 값만 가지기에 255로 비교한다.

④ 14행에서 mode가 0이면 불일치 원소가 하나라도 있으면 false를 반환하고, mode가 1이면 일치 원소가 하나라도 있으면 false를 반환한다.

⑤ 18행은 반복문을 완료하면 true를 반환하며, 팽창연산에서는 모두 일치하는 것이다.

⑥ 24행은 마스크 원소가 초기화되지 않으면 3x3 크기로 생성하고, 1로 초기화한다.

⑦ 31행은 마스크 원소와 마스크 범위 입력화소 간에 일치를 비교한다. 마스크 원소가 1인 위치만 비교하며 모두 일 치해야 true를 반환받는다.

⑧ 32행은 모두 일치하면 출력화소로 255를 지정하고, 그렇지 않으면 0을 지정한다. 여기서 출력화소에 1이 아닌 255인 것은 cv::imshow()를 통해서 uchar형 행렬을 영상으로 표시할 때 255가 흰색으로 표시되기 때문이다.

⑨ 42행은 cv::threshold() 함수로 명암도 영상에서 이진 영상을 생성한다. 세 번째 인수(thresh)의 값을 기준으로 검은 색과 흰색으로 나누어진다. 즉, 128보다 작은 값은 0(검은색)으로 지정하며, 큰 값은 255(흰색)으로 지정한다.

⑩ 49행은 사용자 정의 함수 erosion()를 호출하여 mask 행렬로 침식 연산을 수행한다.

⑪ 50행은 OpenCV에서 제공하는 모폴로지 수행 함수인 cv::morphologyEx()에 옵션으로 MORPH_ERODE를 적용해서 침식 연산을 수행한다.

| 실행결과 |

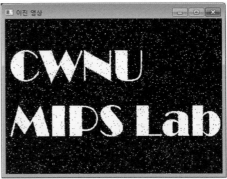

오른쪽 윗 그림은 왼쪽의 입력 영상을 이진 영상으로 만들어 모폴로지 처리를 준비한 영상이다. 그리고 아래의 왼쪽 그림은 침식연산을 구현하고 수행한 결과이며, 오른쪽 그림은 OpenCV에서 제공하는 함수를 사용하여 수행한 결과이다. 아래쪽의 실행결과들에서 연산의 결과로 배경 부분에 있는 잡음들(흰색)이 제거된 것을 볼 수 있다. 그런데 객체가 침식되므로 객체(글자) 내부의 작은 공간(검은색)은 더 넓어져 잡음이 더 커지게 된다.

7.4.2 팽창 연산

팽창 연산(dilation operation)은 객체를 팽창시키는 연산이다. 객체의 최외곽 화소를 확장시키는 기능을 하기 때문에 객체의 크기는 확대되고 배경은 축소된다. 또한 객체의 팽창으로 인해서 객체 내부에 있는 빈 공간도 메워지게 된다.

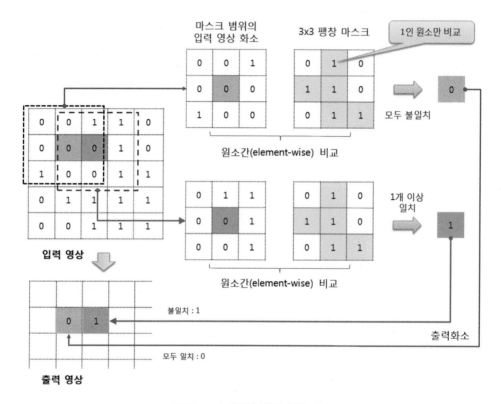

〈그림 7.4.3〉 팽창 연산의 수행 과정

〈그림 7.4.3〉은 이진 영상에서 팽창 연산을 수행하는 과정을 나타낸 것이다. 마스크 범위의 입력화소와 팽창 마스크의 원소 간(element-wise)에 일치하는지를 비교한다. 팽창 마스크가 1인 원소와 해당 입력화소가 모두 불일치하면 출력화소로 0을 지정한다. 그리고 1개 화소라도 일치하게 되면 1이 출력화소로 결정된다.

〈그림 7.4.4〉는 평창 연산의 결과를 예시한 것이다. 팽창 연산 수행 결과로 객체의 외각이 확장되며 객체 내부의 빈 공간이 경계부분의 확장으로 인해서 메워진다. 반면에 잡음으로 예상되는 작은 크기의 객체도 확장되는 것을 볼 수 있다.

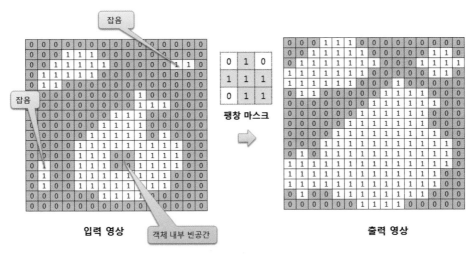

입력 영상 ··· 잡음 ··· 잡음 ··· 객체 내부 빈공간 ··· 팽창 마스크 ··· 출력 영상

〈그림 7.4.4〉 팽창 연산의 예

다음 예제는 팽창 연산을 수행하는 사용자 정의 함수 dilation()을 구현하고, OpenCV에서 제공하는 함수의 사용법도 예시한다.

예제 7.4.2   **모폴로지 팽창 연산 – dilation.cpp**

```
01   #include <opencv2/opencv.hpp>
02   using namespace cv;
03   using namespace std;
04   //마스크 원소와 마스크 범위 입력화소 간의 일치 여부 체크
05   bool check_match(Mat img, Point start, Mat mask, int mode = 1) {   ...   }
06
07   void dilation(Mat img, Mat& dst, Mat mask)                  // 팽창 연산 함수
08   {
09       dst = Mat(img.size(), CV_8U, Scalar(0));
10       if (mask.empty())    mask = Mat(3, 3, CV_8UC1, Scalar(0));
11
12       Point h_m = mask.size() / 2;
13       for (int i = h_m.y; i < img.rows - h_m.y; i++){
14           for (int j = h_m.x; j < img.cols - h_m.x; j++)
15           {
16               Point start = Point(j, i) - h_m;
17               bool  check = check_match(img, start, mask, 1); // 원소 불일치여부 비교
18               dst.at<uchar>(i, j) = (check) ? 0 : 255;        // 침식 연산과 반대
```

```
19              }
20          }
21      }
22
23      int main()
24      {
25          Mat image = imread("../image/morph_test1.jpg", 0);
26          CV_Assert(image.data);
27          Mat th_img, dst1, dst2;
28          threshold(image, th_img, 128, 255, THRESH_BINARY);
29
30          Matx <uchar, 3, 3> mask;                    // Matx 객체를 이용한
31          mask <<   0, 1, 0,                          // 간편한 초기화
32                    1, 1, 1,
33                    0, 1, 1;
34
35          dilation(th_img, dst1, (Mat)mask);          // Matx 객체 형변환 필요
36          morphologyEx(th_img, dst2, MORPH_DILATE, mask);   // OpenCV 함수
37
38          imshow("image", image),          imshow("User_dilation", dst1);
39  //      imshow("OpenCV_dilation", dst2);            // OpenCV 함수 결과 출력
40          waitKey();
41          return 0;
42      }
```

| 설명 |

① 5행은 예제_7.4.1의 함수와 코드 내용이 동일해서 생략한다.

② 17행에서 침식 연산과 차이가 있다. 마스크 원소와 입력화소를 비교할 때, 침식 연산은 일치여부를 검사하고, 불일
  치 여부를 검사한다. 그 구분을 check_match() 함수의 세 번째 인수(mode)로 지정한다.

③ 18행에서 출력화소 지정도 침식 연산과는 반대이다. 즉, 비교 대상이 모두 불일치하면 출력화소로 0을 지정하며,
  하나라도 일치하면 255를 지정한다.

④ 30~33행은 팽창 마스크의 원소를 Matx 객체로 간편하게 생성하는 방법이다.

⑤ 35행은 사용자 정의 함수 dilation()를 호출하여, mask 행렬로 팽창 연산을 수행한다.

⑥ 36행은 OpenCV 제공 함수 cv::morphologyEx()에 옵션으로 MORPH_DILATE를 적용해서 팽창 연산을 수행한다.
  39행에서 결과 행렬의 출력은 주석 처리해 두었다.

실행결과에서 팽창 연산의 수행 결과로 객체들이 전반적으로 확장되어 뚜렷하게 나타나고, 객체 내부의 빈 공간이 메워진다. 다만, 배경 부분의 잡음들도 확장된 것을 볼 수 있다.

7.4.3 열림 연산과 닫힘 연산

열림 연산과 닫힘 연산은 모폴로지의 기본 연산인 침식 연산과 팽창 연산의 순서를 조합하여 수행한다.

열림 연산(opening operator)은 침식 연산을 먼저 수행하고, 바로 팽창 연산을 수행한다. 침식 연산으로 인해서 객체는 축소되고, 배경 부분의 미세한 잡음들은 제거된다. 다음으로 축소되었던 객체들이 팽창 연산으로 인해서 다시 원래 크기로 돌아간다.

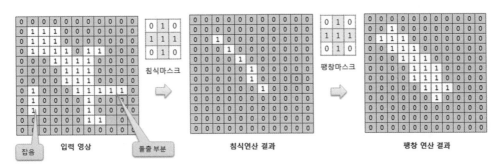

〈그림 7.4.5〉 열림 연산의 과정

⟨그림 7.4.5⟩는 열림 연산의 과정을 예시한 것이다. 배경 부분의 잡음을 제거하면서 침식 연산으로 인한 객체 크기의 축소를 방지할 수 있다. 다만 돌출된 부분은 제거된 후 다시 원래 크기로 돌아가지 않는다.

닫힘 연산(closing operator)은 팽창 연산을 먼저 수행하고, 다음으로 침식 연산을 수행한다. 팽창 연산으로 객체가 확장되어서 객체 내부의 빈 공간이 메워진다. 다음으로 침식 연산으로 확장되었던 객체의 크기가 원래대로 축소된다.

⟨그림 7.4.6⟩ 닫힘 연산의 과정

최종 결과 영상을 보면 객체 내부의 비어있던 공간이 채워지며, 인접한 객체를 이어지게 하는 효과도 있다. 모폴로지 연산은 한 번의 수행으로 결과 영상이 미흡할 경우에는 여러 번 반복적으로 수행할 수 있다.

다음 예제는 침식 연산과 팽창 연산을 구현했던 사용자 정의 함수들을 이용해서 열림 연산과 닫힘 연산을 수행하는 함수를 구현한다. 또한 OpenCV에서 제공하는 함수의 사용법도 예시한다.

예제 7.4.3 **모폴로지 닫힘 & 열림 연산 – close_open.cpp**

```
01  #include <opencv2/opencv.hpp>
02  using namespace cv;
03  using namespace std;
04  //마스크 원소와 마스크 범위 입력화소 간의 일치 여부 체크
05  bool check_match(Mat img , Point start, Mat mask, int mode ){ ... }
06
07  void erosion(Mat img, Mat& dst, Mat mask) {   ...   }          // 침식 연산
```

```
08
09   void dilation(Mat img, Mat& dst, Mat mask) {  ...  }          // 팽창 연산
10
11   void opening(Mat img, Mat& dst, Mat mask)                     // 열림 연산
12   {
13       Mat tmp;
14       erosion(img, tmp, mask);
15       dilation(tmp, dst, mask);
16   }
17
18   void closing(Mat img , Mat& dst, Mat mask)                    // 닫힘 연산
19   {
20       Mat tmp;
21       dilation(img, tmp, mask);
22       erosion(tmp, dst, mask);
23   }
24
25   int main()
26   {
27       Mat image = imread("../image/morph_test1.jpg", 0);
28       CV_Assert(image.data);
29       Mat th_img, dst1, dst2, dst3, dst4;
30       threshold(image, th_img, 128, 255, THRESH_BINARY);
31
32       Matx <uchar, 3, 3> mask;                        // Matx 객체를 이용한
33       mask << 0, 1, 0,                                // 간편한 초기화
34               1, 1, 1,
35               0, 1, 0;
36
37       opening(th_img, dst1, (Mat)mask);               // 사용자 정의함수 열림 함수 호출
38       closing(th_img, dst2, (Mat)mask);
39       morphologyEx(th_img, dst3, MORPH_OPEN, mask ,1); // OpenCV 열림 함수
40       morphologyEx(th_img, dst4, MORPH_CLOSE, mask, 1); // OpenCV 닫힘 함수
41
42       imshow("User_opening", dst1),   imshow("User_closing", dst2);
43       imshow("OpenCV_opening", dst3), imshow("OpenCV_closing", dst4);
44       waitKey();
45       return 0;
46   }
```

① 5~9행은 침식과 팽창 연산을 수행하는 함수들은 동일하기에 생략한다.

② 11~16행은 열림 연산을 수행하는 opening() 함수를 구현한다. 연산의 순서는 침식 → 팽창의 순서이다.

③ 15행에서 침식 연산을 수행한 결과 영상(tmp)에 팽창 연산을 수행한다.

④ 18~23행은 열림 연산을 수행하는 사용자 정의 함수 closing() 함수를 구현한다. 연산의 순서는 팽창 → 침식의 순서이다.

⑤ 37, 38행은 사용자 정의 함수 opening()와 closing()을 호출한다.

⑦ 39, 40행은 OpenCV에서 제공 함수 cv::morphologyEx()에 옵션으로 MORPH_OPEN, MORPH_CLOSE를 각각 적용해서 열림 연산과 닫힘 연산을 수행한다. 마지막 인수 1은 연산 횟수를 의미한다.

| 실행결과 |

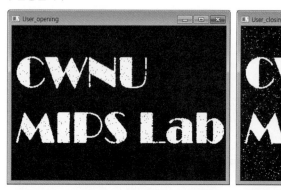
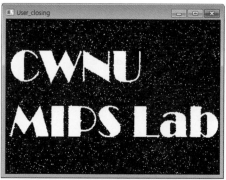
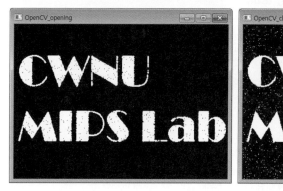
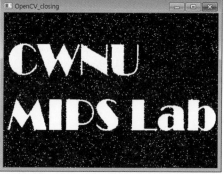

실행결과에서 직접 구현한 열림 연산으로 수행한 "User_opening" OpenCV에서 제공한 함수로 수행한 "OpenCV_opening" 창을 보면, 침식으로 인해서 배경의 잡음(흰색)이 제거되지만 객체내의 잡음은 커진다. 여기에 팽창의 수행으로 배경의 제거된 잡음에서 영향이 없고, 객체 내부의 잡음만을 원래크기로 줄이게 된다. 따라서 객체 내부에 대한 변화없

이 배경의 잡음을 제거한다.

직접 구현한 닫힘 연산을 수행한 "User_closing" 창과 제공 함수로 수행한 "OpenCV_closing" 창을 보면 팽창 연산으로 인해서 객체 내부의 잡음(검은색)이 제거되고, 배경의 잡음(흰색)이 증가한다. 여기에 침식의 수행으로 객체 내부의 제거된 잡음에는 영향이 없고, 배경의 잡음만을 원래 크기로 줄이게 된다. 따라서 배경에 대한 변화없이 객체 내부의 잡음을 제거한다.

다음은 자동차 번호판을 검출하기 위한 전처리 과정에서 모폴로지 연산을 사용하는 심화 예제를 다루어 본다. 수직 방향으로 소벨 에지를 검출한 영상에서 가로 방향으로 긴 마스크를 이용해서 열림 연산을 함으로써 가로로 긴 영역을 하나로 묶을 수 있다.

심화예제 7.4.4 번호판 후보 객체 검출 – defect_plate.cpp

```cpp
01   #include <opencv2/opencv.hpp>
02   using namespace cv;
03   using namespace std;
04   int main()
05   {
06       while(1)
07       {
08           int no;
09           cout << "차량 영상 번호( 0:종료 ) : ";
10           cin >> no;                                          // 차량번호 입력
11           if (no == 0) break;
12
13           string fname = format("../test_car/%02d.jpg", no);  // 영상 파일 이름 구성
14           Mat image = imread(fname, 1);
15           if (image.empty()) {                                // 영상 파일 예외처리
16               cout << to_string(no) + "번 영상 파일이 없습니다. " << endl;
17               continue;
18           }
19
20           Mat gray, sobel, th_img, morph;
21           Mat kernel(5, 25, CV_8UC1, Scalar(1));              // 열림 연산 마스크
22           cvtColor(image, gray, CV_BGR2GRAY);                 // 명암도 영상 변환
23
```

```
24              blur(gray, gray, Size(5, 5));                                    // 블러링
25              Sobel(gray, gray, CV_8U, 1, 0, 3);                               // 소벨 에지 검출
26
27              threshold(gray, th_img, 120, 255, THRESH_BINARY);                // 이진화 수행
28              morphologyEx(th_img, morph, MORPH_CLOSE, kernel);                // 열림 연산 수행
29
30              imshow("image", image);
31              imshow("이진 영상", th_img),            imshow("열림 연산", morph);
32              waitKey(0);
33          }
34      return 0;
35  }
```

| 설명 |

① 13행은 차량영상 파일이 있는 '../test_car' 폴더에서 번호로 파일명을 구성한다.

② 15~18행은 영상 파일이 없는 경우에 예외처리를 하고 다음 입력을 기다린다.

③ 21행은 차량 번호판의 모양과 유사하게 가로로 길게 5행, 25열의 행렬로 열림 마스크를 구성한다.

④ 24행은 경계가 아닌 부분을 제거하기 위해서 블러링을 수행한다.

⑤ 25행은 소벨 함수로 수직 방향의 에지를 검출한다.

⑥ 27행은 cv::morphologyEx() 함수에 'MORPH_CLOSE' 옵션으로 열림 연산을 수행하며, 25×5 크기의 마스크를 사용한다. 가로로 긴 영역을 하나로 묶는 역할을 한다.

| 실행결과 |

실행결과에서 콘솔창에 영상 번호를 입력하면 /test_car 폴더에 있는 입력번호의 차량 영상이 로드되고, 소벨 에지 및 이진화를 수행 후에 모폴로지 열림 연산의 결과를 표시한다. 만약 영상파일이 존재하지 않으면 "00번 영상 파일이 없습니다."라는 메시지를 출력하고 다음 입력을 받기위해 대기한다. 또한 0을 입력하면 프로그램을 종료한다.

| 단원 요약 |

1. 회선(convoluttion)은 마스크 내의 원소값과 공간 영역에 있는 입력 영상의 화소값들을 대응되게 곱하여 출력 화소값을 계산하는 것을 말한다. 이때, 입력 영상에 곱해지는 이 마스크를 커널(kernel), 윈도우(window), 필터(filter) 등 용어로 부른다.

2. 블러링(bluring)은 회선 마스크의 원소를 모두 같은 값으로 지정해 수행하며, 전체 합이 1이 되어야한다. 출력 영상에서 이웃하는 화소들이 비슷한 값을 갖기 때문에 부드러운 영상이 되며, 흐려지는 결과가 발생한다.

3. 사프닝(sharpening)은 회선 마스크에서 중심계수와 주변계수의 차이를 크게 함으로서 출력화소가 도드라지게 함으로서 선명하고 날까로운 영상을 만드는 방법이다. 중심계수는 아주 큰 값을 갖게 하며, 주변계수는 음수값을 갖게 해서 전체 합이 1이 되게 한다.

4. 영상 처리에서 에지는 "화소값이 급격하게 변화하는 부분"으로 정의한다. 이것은 객체에서 크기, 위치, 모양을 인지할 수 있으며, 그 방향성을 탐지할 수 있다.

5. 에지는 이웃하는 두 화소의 차분으로 구할 수 있으며, 이것은 미분 공식과 유사하다. 따라서 미분 마스크로 회선을 수행하면 에지를 검출할 수 있다. 이것은 1차 미분 마스크라 하며, 대표적으로 소벨(Sobel), 프리윗(Prewitt), 로버츠(Roberts) 등이 있다.

6. 1차 미분 연산자는 점진적으로 변화하는 부분까지 민감하게 에지를 검출하여 너무 많은 에지가 나타날 수 있다. 이를 보완하기 위한 방법으로 1차 미분에서 한 번 더 미분을 하는 방법인 2차 미분 연산이 있다. 대표적으로 라플라시안(Laplacian), LoG(Laplacian of Gaussian), DoG(Difference of Gauss-ian)등의 방법이 이다.

7. 캐니 에지 검출 방법은 John F. Canny에 의해 개발된 것으로서 다음과 같으 여러 단계의 알고리즘으로 구성된 에지 검출 방법이다.

---

1. 블러링을 통한 노이즈 제거 (가우시안 블러링)
2. 화소 기울기(gradiant)의 강도와 방향 검출 (소벨 마스크)
3. 비최대치 억제(non-maximum suppression)
4. 이력 임계값(hysteresis threshold)으로 에지 결정

---

8. 비선형 공간 필터링의 방법으로 최솟값, 최댓값 필터링, 평균값 필터링, 미디언 필터링 등이 있다.

9. 최대 최솟값 필터링은 마스크 범위에서 최솟값 혹은 최댓값을 출력화소로 결정한다. 최솟값 필터링은 영상이 전반적으로 어두워지며, 최댓값 필터링은 영상이 밝아진다.

10. 평균값 필터링은 마스크 범위의 입력화소들을 평균하여 출력화소를 결정하기 때문에 블러링과 같은 효과가 난다.

11. 미디언 필터링은 마스크 범위의 입력화소들을 정렬하여 중간값을 출력화소로 결정하는 방식이다. 임펄스 잡음이나 소금 후추 잡음은 마스크 범위 내에서 가장 큰 값 혹은 가장 작은 값이 되기때문에 출력화소에서 배제된다. 따라서 이와 같은 잡음 제거에 효과적이다.

12. 가우시안 블러링은 정규분포 곡선을 갖는 마스크를 가우시안 수식에 따라서 생성하고 이 마스크로 회선을 수행하는 방법이다. 평균과 표준 편차로 정규분포 마스크를 생성할 수 있다. 표준편차가 크면 클수록 많이 흐려진 영상을 생성한다.

13. 모폴로지는 행태학적 방법을 영상 처리에 적용한 것으로서 침식과 팽창 연산이 있다. 침식연산은 객체의 크기가 축소되기 때문에 영상 내에 존재하는 작은 크기의 잡음을 제거하는 효과적이다. 팽창 연산은 객체의 크기가 확대되어 객체 내부의 빈 공간을 메우는 역할을 한다.

14. 열림 연산은 침식 연산 수행 후에 팽창 연산을 수행한다. 침식 연산으로 객체는 축소되고, 배경의 잡음들은 제거되며, 팽창 연산으로 축소되었던 객체들이 원래 크기로 돌아간다.

15. 닫힘 연산은 팽창 연산 수행 후에 침식 연산을 수행한다. 팽창 연산으로 객체가 확장되어 객체 내부의 빈 공간이 메워진다. 다음으로 침식 연산으로 확장되었던 객체의 크기가 원래대로 축소된다.

연습문제

1. 입력영상의 화소와 마스크 행렬로 회선 알고리즘을 상세히 설명하시오.

2. 블러링과 샤프닝을 비교 설명하시오.

3. 에지 검출 방법의 종류를 아는 데로 적으시오.

4. 대표적인 1차 미분 마스크의 종류를 적고, 그 장단점을 기술하시오.

5. 2차 미분 마스크의 종류와 특징에 대해서 설명하시오.

6. 캐니 에지 알고리즘의 과정을 설명하시오.

7. 최댓값/최솟값 필터링에 대해서 설명하시오

8. 평균값 필터링과 미디언 필터링을 비교설명하시오.

9. 모폴로지의 연산 종류에 대해서 적고, 각각에 대해서 설명하시오.

10. 각기 다른 OpenCV 함수로 블러링을 수행하도록 작성하시오(3가지 함수 이상).

11. OpenCV 함수를 사용해서 컬러 영상에서 샤프닝을 수행하는 프로그램을 작성하시오.

12. 예제 7.1.2의 사용자 정의 함수인 filter()를 사용해서 컬러 영상에 블러링과 샤프닝을 수행하도록 프로그램을 작성하시오.

13. 1차 미분 연산을 수행하도록 마스크를 생성하여 직접 회선을 수행하시오(3가지 연산 마스크 적용).

14. 2차 미분 연산을 수행하는 함수로 에지 검출을 수행하시오(2가지 함수 이상).

15. 5×5 크기의 마스크로 최대값 필터링을 수행하는 함수를 작성하고, 수행 결과를 윈도 우창에 표시하시오. 단, 경계부분의 화소값은 BORDER_REFLECT 방법으로 나타나 게 하시오.

16. 미디언 필터링을 수행하는 함수를 직접 작성하고, 수행결과를 윈도우창에 표시하시오.

17. 다음의 그림과 같이 캐니에지 알고리즘에서 이중 임계값을 트랙바로 만들어서 두 개의 임계값을 조절하여 에지를 검출하도록 프로그램을 작성하시오.

 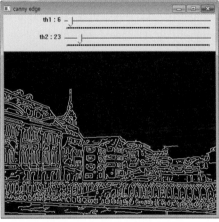

18. 동전 영상에서 동전 객체를 검출하기 위한 전처리를 다음과 같이 수행하시오.

---

1) 명암도 영상 변환
2) 가우시안 블러링
3) 이진화
4) 모폴로지 열림 연산

 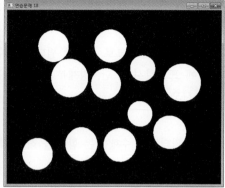

19. 예제_7.4.1과 예제_7.4.2에서 구현한 침식 연산과 팽창 연산 함수 erosion() 와 dilation() 는 소스 내용이 거의 동일하다. 두 함수를 참고하여 하나로 통일해서 morphology() 함수로 구현하시오.

20. 심화예제_7.4.4는 키보드로 부터 영상파일의 번호를 입력받아서 열림 연산을 수행한다. 이 예제를 윗쪽과 아래쪽 화살표 키를 이용해서 다음 영상을 로드하는 하여 수행하며, ESC 키를 누르면 종료하도록 수정하시오.

CHAPTER 08

기하학 처리

확대 – 아이 머리만한 솜사탕

솜사탕하면 누구나 어린 시절에 먹어본 솜사탕을 그리게 된다. 솜사탕은 아름다운 추억과 연결되어 있다. 솜사탕 동요가 우리들을 이 옛 추억으로 이끈다.

> 나뭇가지에 실처럼 날아든 솜사탕~♬
> 하얀 눈처럼 희고도 깨끗한 솜사탕
> 엄마 손잡고 나들이 갈 때 먹어본 솜사탕~♬
> 후후 불면은 구멍이 뚫리는 커다란 솜사탕

솜사탕의 원리는 생각보다 간단하다. 솜사탕 기계 중앙에 설탕을 넣을 수 있는 그릇이 있고, 가스를 사용해 그릇을 가열해 설탕을 녹인다. 이 그릇은 전동기와 연결이 되어 아주 빠른 속도로 회전한다. 그리고 그릇 외벽은 미세한 구멍들이 뚫려 있어, 회전으로 인한 원심력 때문에 녹은 설탕물이 이 구멍들을 통해 밖으로 가는 실처럼 뿜어져 나온다. 뿜어져 나온 설탕물은 급히 냉각되고, 이것을 돌돌 말면 어린아이 머리만한 솜사탕을 만들 수 있다. 한 스푼의 설탕이 아이 머리만한 솜사탕으로 확대된 것은 솜사탕에는 많은 구멍(hole-홀)이 있기 때문이다. 확대할 때에는 홀이 생긴다.

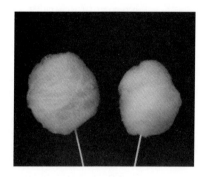

08
기하학 처리

기하학(geometry)은 점, 선, 면, 도형 등의 기하학적인 대상을 다루는 학문이다. 즉, 대상의 길이, 넓이, 각도 등을 측정하거나 공간상의 특성을 연구하는 수학의 한 분야이다. 기하학의 영어 단어 "geometry"는 토지를 뜻하는 "geo-"와 측량을 뜻하는 "metry"라는 단어가 합해져서 만들어진 용어이다.

영상 처리에서 기하학 처리는 영상 내에 있는 기하학적인 대상의 공간적 배치를 변경하는 과정을 말한다. 이것을 화소의 입장에서 보면, 영상을 구성하는 화소들의 공간적 위치를 재배치하는 과정이라 할 수 있다.

이러한 변환에는 크게 회전, 크기 변경, 평행이동 등이 있다. 보통 영상 처리 관련 논문에서는 이 세 가지 변환을 일컬어 RST 변환이라는 말한다. R은 Rotation, S는 Scaling, T는 Translation의 첫 글자이다.

이 장에서는 RST 변환을 비롯해서 다양한 기하학적 처리를 위한 기본적인 방법들에 대해서 배운다.

8.1 사상

기하학적 처리의 기본은 화소들의 배치를 변경하는 것이다. 화소의 배치를 변경하려면 사상(mapping)이라는 의미를 이해해야 한다. 사상은 화소들의 배치를 변경할 때, 입력영상의 좌표가 새롭게 배치될 해당 목적영상의 좌표를 찾아서 화소값을 옮기는 과정을 말한다.

여기에는 순방향 사상(forward mapping)과 역방향 사상(reverse mapping)의 두 가지 방식이 있다. 순방향 사상은 원본 영상의 좌표를 중심으로 목적영상의 좌표를 계산하여 화소의 위치를 변환하는 방식이다. 이 방식은 원본 영상과 목적영상의 크기가 같을 때에는 유용하지만, 그렇지 않으면 홀(hole)이나 오버랩(overlap)의 문제가 발생할 수 있다.

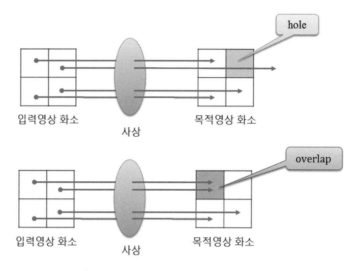

〈그림 8.1.1〉 순방향 사상의 방식과 문제점

〈그림 8.1.1〉에서 홀과 오버랩에 대해서 자세히 나타내었다. 홀은 입력영상의 좌표들로 목적영상의 좌표를 만드는 과정에서 사상되지 않은 화소를 가리킨다. 보통 영상을 확대하거나 회전할 때에 발생한다. 반면, 오버랩은 영상을 축소할 때 주로 발생한다. 이것은 원본 영상의 여러 화소가 목적영상의 한 화소로 사상되는 것을 말한다.

이런 문제를 해결할 수 있는 방법이 역방향 사상이다. 역방향 사상은 목적영상의 좌표를 중심으로 역변환을 계산하여 해당하는 입력 영상의 좌표를 찾아서 화소값을 가져오는 방식이다.

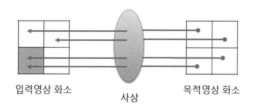

〈그림 8.1.2〉 역방향 사상의 방식

〈그림 8.1.2〉의 예시에서 입력영상에서 하단 왼쪽 한 개의 화소가 목적영상의 두 개 화소로 각각 사상된다. 이런 경우에도 역방향 사상의 방식은 홀이나 오버랩은 발생하지 않는다. 다만, 입력영상의 한 화소를 목적영상의 여러 화소에서 사용하게 되면 결과 영상의 품질이 떨어질 수 있다.

이런 문제를 해결하는 방법이 8.3절에서 배우게 되는 보간법이다.

8.2 크기 변경 (확대/축소)

영상의 크기를 변경하여 확대하거나 축소하는 것은 포토샵을 비롯한 많은 애플리케이션에서 경험해 봤을 것이다. 요즘에는 스마트폰에서 갤러리 앱을 실행하면, 두 손가락으로 이용해서 줌인(zoom-in)이나 줌아웃(zoom-out) 기능으로 쉽게 영상의 크기를 변경해 볼 수 있다.

이렇게 크기 변경(scaling)은 입력영상의 가로와 세로로 크기를 변경해서 목적영상을 만드는 방법이다. 입력영상보다 변경하고자 하는 영상의 크기가 커지면 확대가 되고, 작아지면 축소가 된다.

영상의 크기 변경 방법은 먼저 비율을 이용해서 수행할 수 있다. 가로와 세로로 변경하고자하는 비율을 지정하여 입력영상의 좌표에 곱하면 목적영상의 좌표를 계산할 수 있다.

$$x' = x \cdot ratio\,X$$
$$y' = y \cdot ratio\,Y$$

다른 방법으로 목적영상의 크기를 지정해서 변경할 수도 있다. 이것은 입력영상과 목적영상의 크기로 비율을 계산하고, 계산된 비율을 이용해서 목적영상의 좌표를 계산한다.

$$ratio\,X = \frac{dst_{width}}{org_{width}}, \quad ratio\,Y = \frac{dst_{height}}{org_{height}}$$

다음 예제는 목적영상의 크기를 지정하는 방법으로 영상의 크기를 변경하는 예제이다. 이 예제는 순방향 사상을 이용한 방법이기 때문에 목적영상에서 홀이나 오버랩이 발생하여 화질이 좋지 못하다.

```cpp
01   #include <opencv2/opencv.hpp>
02   using namespace cv;
03   using namespace std;
04
05   void scaling(Mat   img, Mat& dst, Size size)          // 크기 변경 함수
06   {
07       dst = Mat(size, img.type(), Scalar(0));           // 목적영상 생성
08       double ratioY = (double)size.height / img.rows;   // 세로 변경 비율
09       double ratioX = (double)size.width / img.cols;    // 가로 변경 비율
10
11       for (int i = 0; i < img.rows; i++){               // 입력영상 순회 – 순방향 사상
12           for (int j = 0; j < img.cols; j++)
13           {
14               int x = (int)(j * ratioX);                // 목적 영상 x 좌표
15               int y = (int)(i * ratioY);                // 목적 영상 y 좌표
16               dst.at<uchar>(y, x) = img.at<uchar>(i, j);
17           }
18       }
19   }
20
21   int main()
22   {
23       Mat image = imread("../image/scaling_test.jpg", 0);
24       CV_Assert(image.data);
25
26       Mat dst1, dst2;
27       scaling(image, dst1, Size(150, 200));             // 크기변경 수행 - 축소
28       scaling(image, dst2, Size(300, 400));             // 크기변경 수행 - 확대
29
30       imshow("image", image),
31       imshow("dst1-축소", dst1);
32       imshow("dst2-확대", dst2),
33       resizeWindow("dst1-축소", 200, 200);              // 윈도우 크기 확장
34       waitKey();
35       return 0;
36   }
```

① 5~19행은 입력영상의 크기를 변경하는 함수 scaling()을 구현한다.

② 7행은 입력영상의 자료형과 입력된 인수 크기로 목적영상 dst 행렬을 생성한다.

③ 8, 9행은 목적영상과 입력영상의 크기로 변경 비율(ratioX, ratioY)을 계산한다.

④ 14, 15행은 입력 좌표(j, i)에 변경 비율을 각각 곱해서 목적 좌표(x, y)를 계산한다.

⑤ 16행은 계산된 목적화소(x, y)에 조회 중인 입력영상의 화소값을 대입한다.

⑥ 27, 28행에서 dst1 행렬은 변환 크기가 입력영상보다 작기 때문에 축소되고, dst2 행렬은 변환 크기가 입력영상보다 크기 때문에 확대된다.

⑦ 33행은 "dst1-축소" 창의 크기가 작아서 제목타이틀이 보이지 않아 윈도우의 크기를 200픽셀로 키운다. 빈 공간은 회색으로 채워진다.

| 실행결과 |

실행 결과에서 영상을 확대(dst2)했을 때, 순방향 사상으로 인해서 채워지지 않은 홀이 다수 발생해서 영상의 화질이 상당히 좋지 못하다

8.3 보간

예제_8.2.1의 실행결과에서 보듯이 순방향 사상으로 확대를 할 경우에 목적화소의 빈 부분인 홀이 많이 발생하게 된다. 다음 〈그림 8.3.1〉은 입력영상을 두 배 확대할 때에 목적영

상의 화소 배치를 보인 것이다.

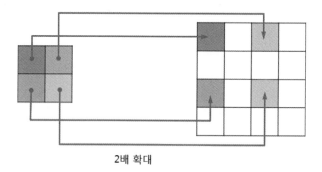

2배 확대

〈그림 8.3.1〉 영상 확대 시 홀의 문제

그림에서 순방향 사상으로 목적영상의 화소를 찾을 경우에는 입력영상의 4개 화소는 쉽게 배치되지만, 목적영상에서 확대되는 나머지 화소들은 홀이 발생한다.

이런 문제를 해결하는 방법으로 역방향 사상을 통해서 홀의 화소들을 입력영상에서 찾아서 목적영상의 화소에 대입함으로써 목적영상의 화질을 유지할 수 있다. 또한 영상을 축소할 때에는 오버랩의 문제가 발생하여 축소가 제대로 되지 않을 수 있다.

이렇게 목적영상에서 홀의 화소들을 채우고, 오버랩이 되지 않게 화소들을 배치하여 목적영상을 만드는 기법을 보간법(interpolation)이라 한다. 이러한 보간법의 종류에는 최근접 이웃 보간법(nearest neighbor interpolation), 양선형 보간법(bilinear interpolation), 3차 회선 보간법(cubic convolution interpolation) 등 다양한 방법이 있다.

8.3.1 최근접 이웃 보간법

최근접 이웃 보간법을 적용하는 방법을 〈그림 8.3.2〉에 간단히 나타내었다. 이 방법은 목적영상을 만드는 과정에서 홀이 되어 할당 받지 못하는 화소들의 값을 찾을 때, 목적영상의 화소에 가장 가깝게 이웃한 입력영상의 화소값을 가져오는 방법이다.

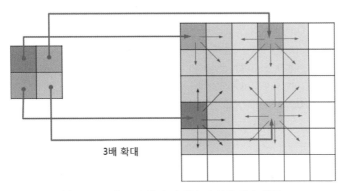

〈그림 8.3.2〉 3배 확대 시 최근접 이웃 화소 찾기

이 방법은 목적화소의 좌표를 반올림하는 간단한 알고리즘으로 비어있는 홀들을 채울 수 있어 쉽고 빠르게 목적영상의 품질을 높일 수 있다. 다만, 확대의 비율이 커지면 영상 내에서 경계선이나 모서리 부분에서 계단현상이 나타날 수 있다.

다음은 역방향 사상의 방법을 적용하여 최근접 이웃 보간법을 수행하는 사용자 정의 함수를 구현한 예제이다. 여기서 역방향 사상을 위해서는 목적영상의 좌표(x', y')로 입력영상의 좌표(x, y)를 계산해야하기 때문에 다음과 같이 역변환의 수식으로 변경한다.

$$\begin{matrix} x' = x \cdot ratio\,X \\ y' = y \cdot ratio\,Y \end{matrix} \;\Rightarrow\; x = \frac{x'}{ratio\,X}, \; y = \frac{y'}{ratio\,Y}$$

예제 8.3.1   크기변경&최근접 이웃 보간- scaling_nearset.cpp

```
01  #include <opencv2/opencv.hpp>
02  using namespace cv;
03  using namespace std;
04
05  void scaling(Mat  img, Mat& dst, Size size) {  ....  }      // 크기 변경 함수
06
07  void scaling_nearest(Mat  img, Mat& dst, Size size)        // 최근접 이웃 보간
08  {
09      dst = Mat(size, CV_8U, Scalar(0));
10      double ratioY = (double)size.height / img.rows;
11      double ratioX = (double)size.width / img.cols;
12
13      for (int i = 0; i < dst.rows; i++) {                   // 목적영상 순회 – 역방향 사상
```

```
14              for (int j = 0; j < dst.cols; j++)
15              {
16                  int x = (int)cvRound(j / ratioY);          // 입력영상 x 좌표
17                  int y = (int)cvRound(i / ratioY);          // 입력영상 y 좌표
18                  dst.at<uchar>(i, j) = img.at<uchar>(y, x);
19              }
20          }
21      }
22
23  int main()
24  {
25      Mat image = imread("../image/interpolation_test.jpg", 0);
26      CV_Assert(image.data);
27
28      Mat dst1, dst2;
29      scaling(image, dst1, Size(300, 300));              // 크기변경 - 기본
30      scaling_nearest(image, dst2, Size(300, 300));      // 크기변경 - 최근접 이웃
31
32      imshow("image", image);
33      imshow("dst1-순방향사상", dst1);
34      imshow("dst2-최근접 이웃보간", dst2);
35      waitKey();
36      return 0;
37  }
```

| 설명 |

① 5행은 순방향 사상으로 크기를 변경하는 함수로 예제_8.1.1의 함수와 동일하다.

② 7∼21행은 입력영상의 크기를 변경해서 목적영상을 생성하는 함수 scaling_nearest()를 구현한다. 홀을 해결하는 방법으로 최근접 이웃 보간법을 적용한다.

③ 13, 14행에서 목적영상의 전체 화소를 조회한다. 역방향 사상을 의미한다.

④ 16, 17행은 목적영상 좌표(j, i)를 이용해서 입력영상 좌표(x, y)를 찾는 계산 수식이다. 최근접 이웃 보간법은 반올림만 수행하면 해당 입력화소를 찾을 수 있다.

⑤ 18행은 조회 중인 목적영상의 화소에 계산된 입력영상의 화소값을 대입한다.

⑥ 30행은 역방향 사상과 최근접 이웃 보간법을 적용한 scaling_nearest() 함수를 호출해서 크기 변경을 수행한다.

8.3.2 양선형 보간법

영상을 확대할 때에 확대비율이 커지면, 최근접 이웃 보간법은 모자이크 현상 혹은 경계 부분에서 계단현상이 나타나게 된다. 이러한 문제를 보완할 수 있는 방법이 양선형 보간법 (bilinear interpolation)이다.

여기서 선형의 의미는 중첩의 원리(superposition principle)가 적용된다는 것이다. 쉽게 표현하자면 직선의 특징을 가지고 있다는 것이라 할 수 있는데, 직선의 방정식을 예로 들 수 있다. 다음 〈그림 8.3.3〉과 같이 두 개 화소의 값을 알고 있을 때에 그 값으로 직선을 그리면, 직선의 선상에 위치한 중간 화소들의 값은 직선의 수식을 이용해서 쉽게 계산할 수 있다.

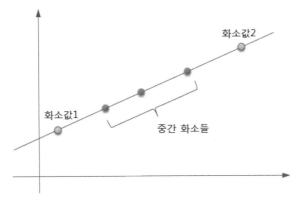

〈그림 8.3.3〉 선형 보간의 방법

양선형 보간법은 이와 같은 선형 보간을 두 번에 걸쳐서 수행하기에 붙여진 이름이다. 그 세부적인 방법은 〈그림 8.3.4〉를 이용해서 설명한다.

먼저, 목적영상의 화소(P)를 역변환으로 계산하여 가장 가까운 위치에 있는 입력영상의 4개 화소(A, B, C, D)를 가져온다. (b) 그림과 같이 가져온 4개 화소를 두 개씩(AB, CD) 묶어서 화소값(P_1, P_2, P_3, P_4)으로 두 화소를 잇는 직선을 구성한다.

다음으로 직선의 선상에서 목적영상 화소의 좌표로 중간 위치를 찾고, 그 위치의 화소값(M_1, M_2)을 계산한다. 이때 중간 위치의 화소값은 기준 화소값(P_1, P_2, P_3, P_4)과 거리 비율(α, $1-\alpha$)을 바탕으로 직선의 수식을 이용해서 계산한다.

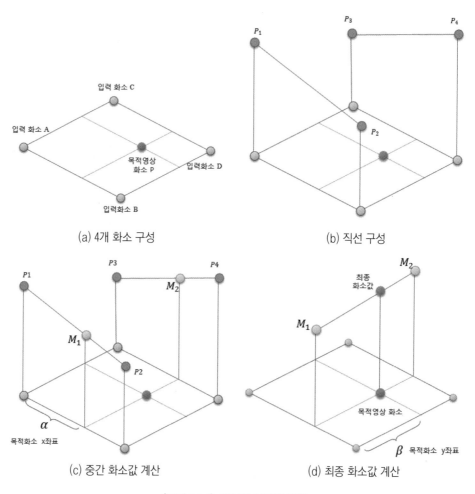

(a) 4개 화소 구성

(b) 직선 구성

(c) 중간 화소값 계산

(d) 최종 화소값 계산

〈그림 8.3.4〉 양선형 보간의 과정

마지막으로, 구해진 중간 화소값(M_1, M_2)을 잇는 직선을 다시 구성하고, 두 개의 중간 화소값과 거리 비율(β, $1-\beta$)을 바탕으로 직선의 수식을 이용해서 최종 화소값(P)를 계산한다. 이 최종 화소값이 목적영상의 해당 좌표의 화소값이 된다.

정확히는 세 번의 선형 보간을 수행하지만, 4개 화소값(P_1, P_2, P_3, P_4)에 대해서 수행하는 선형 보간은 1차 보간으로 간주한다. 그리고 중간 화소값(M_1, M_2)에 대해서 수행하는 선형 보간을 2차 보간으로 간주하기 때문에 양선형 보간이라 한다. 이것을 수식으로 표현 하면 다음과 같다.

$$M_1 = \alpha \cdot B + (1-\alpha) \cdot A = A + \alpha \cdot (B-A)$$
$$M_2 = \alpha \cdot D + (1-\alpha) \cdot C = C + \alpha \cdot (D-C)$$

$$P = \beta \cdot M_2 + (1-\beta) \cdot M_1 = M_1 + \beta \cdot (M_2 - M_1)$$

다음 예제는 영상의 크기를 변경하면서, 양선형 보간을 수행하는 함수를 직접 구현한 것과 OpenCV에서 제공하는 cv::resize() 함수를 이용한 방법을 예시한다. 여기서 cv::resize(), cv::remap(), cv::warpAffine(), cv::warpPerspective() 등과 같이 보간이 필요한 함수들을 위해 OpenCV에서는 다양한 보간 방법을 지원한다. 다음은 보간 방법과 그 옵션값이다.

⟨표 8.3.1⟩ 보간 방법에 대한 flag 옵션

옵션 상수	값	설명
INTER_NEAREST	0	최근접 이웃 보간
INTER_LINEAR	1	양선형 보간 (기본값)
INTER_CUBIC	2	바이큐빅 보간 - 4x4 이웃 화소 이용
INTER_AREA	3	픽셀 영역의 관계로 리샘플링
INTER_LANCZOS4	4	Lanczos 보간 - 8x8 이웃 화소 이용

```cpp
01  #include <opencv2/opencv.hpp>
02  using namespace cv;
03  using namespace std;
04
05  void scaling_nearest(Mat  img , Mat& dst , Size size)  {  ...  } // 최근접 보간
06
07  uchar bilinear_value(Mat img, double x, double y)      // 단일 화소 양선형 보간
08  {
09      if (x >= img.cols - 1)  x--;
10      if (y >= img.rows - 1)  y--;
11
12      // 4개 화소 가져옴
13      Point pt( (int)x, (int)y);
14      int A = img.at<uchar>(pt);                          // 왼쪽상단 화소
15      int B = img.at<uchar>(pt + Point(0, 1));            // 왼쪽하단 화소
16      int C = img.at<uchar>(pt + Point(1, 0));            // 오른쪽상단 화소
17      int D = img.at<uchar>(pt + Point(1, 1));            // 오른쪽하단 화소
18
19      double alpha  = y - pt.y;                           // 거리 비율
20      double beta   = x - pt.x;
21      int M1 = A + (int)cvRound(alpha * (B - A));         // 1차 보간
22      int M2 = C + (int)cvRound(alpha * (D - C));
23      int P = M1 + (int)cvRound(beta * (M2 - M1));        // 2차 보간
24      return  saturate_cast<uchar>(P);
25  }
26
27  void scaling_bilinear(Mat  img, Mat& dst, Size size) // 크기변경 – 양선형 보간
28  {
29      dst = Mat(size, img.type(), Scalar(0));
30      double ratio_Y = (double)size.height / img.rows;
31      double ratio_X = (double)size.width / img.cols;
32
33      for (int i = 0; i < dst.rows; i++) {                // 목적영상 순회 – 역방향 사상
34          for (int j = 0; j < dst.cols; j++) {
35              double y = i / ratio_Y;
36              double x = j / ratio_X;
37              dst.at<uchar>(i, j) = bilinear_value(img, x, y); // 화소 양선형 보간
```

```
38                }
39            }
40     }
41
42     int main()
43     {
44         Mat image = imread("../image/interpolation_test.jpg", 0);     // 명암도 영상 로드
45         CV_Assert(image.data);
46
47         Mat dst1, dst2, dst3, dst4;
48         scaling_bilinear(image, dst1, Size(300, 300));     // 크기변경 - 양선형 보간
49         scaling_nearest(image, dst2, Size(300, 300));      // 크기변경 - 최근접 보간
50         resize(image, dst3, Size(300, 300), 0, 0, INTER_LINEAR); // OpenCV 함수 적용
51         resize(image, dst4, Size(300, 300), 0, 0, INTER_NEAREST);
52
53         imshow("image", image);
54         imshow("dst1-양선형", dst1),      imshow("dst2-최근접이웃", dst2);
55         imshow("OpenCV-양선형", dst3),    imshow("OpenCV-최근접이웃", dst4);
56         waitKey();
57         return 0;
58     }
```

| 설명 |

① 5행은 최근접 이웃보간을 수행하는 함수로 앞의 예제와 동일한 코드이다.

② 7~25행은 4개 좌표로 한 화소에 양선형 보간을 수행하는 함수이다.

③ 9, 10행은 입력영상 범위를 벗어날 경우에 1을 감소하여 벗어나지 않게 한다.

④ 13행은 double형 인수 x, y로 정수형인 Point 객체를 선언해서 소수점이하를 제거한다.

⑤ 19, 20행은 목적화소의 가로와 세로에 대한 거리 비율(α, β)를 계산한다. pt가 정수형 Point 객체이기 때문에 이와 같은 방법으로 소수점 이하부분을 계산할 수 있다.

⑥ 21, 22행은 두 개씩의 입력화소로 1차 보간을 수행해서 중간 화소값을 계산한다.

⑦ 23행은 계산된 M_1, M_2와 세로 거리 비율(β)을 이용해서 2차 보간을 수행한다.

⑧ 24행은 최종적으로 보간된 화소값을 반환한다. 이때 satruate_cast() 함수를 적용해 uchar형의 범위(0~255)를 유지한다.

⑨ 48, 49행은 양선형 보간과 최근접 보간으로 각각 크기변경을 수행한다.

⑩ 50, 51행은 OpenCV에서 제공하는 cv::resize()로 크기를 변경한다. 네 번째 인수(dsize)로 INTER_LINEAR와 INTER_NEAREST 옵션을 지정해서 양선형 보간과 최근접 보간을 각각 수행한다.

실행결과에서 양선형 보간법과 최근접 이웃 보간법으로 수행한 결과의 화질을 직접 비교해 보길 바란다.

8.4 평행이동

일반적으로 그래프에 좌표를 표시할 때와는 다르게 영상에서 원점 좌표는 기본적으로 좌상단이다. 평행이동(translation)은 영상의 원점을 기준으로 모든 화소를 동일하게 가로 방향과 세로 방향으로 옮기는 것을 말한다.

〈그림 8.4.1〉은 최상단 오른쪽의 원점에서 가로 방향으로 dx만큼, 세로 방향으로 dy만큼 전체 영상의 모든 화소를 이동시키는 예를 보인 것이다. 여기서 옮겨진 후에 입력영상의 범위를 벗어나는 부분(오른쪽 부분과 하단 부분)은 목적영상에서 제거된다. 또한 평행이동할 화소가 없는 부분인 상단과 왼쪽 부분은 0(검은색) 혹은 255(흰색)로 지정한다.

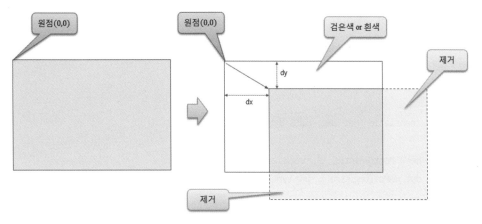

원점(0,0)

원점(0,0)

검은색 or 흰색

제거

dy

dx

제거

〈그림 8.4.1〉 평행이동의 모습

평행이동을 수식으로 표현하면 다음과 같다. 순방향 사상을 적용하면 입력영상의 화소 (x, y)에서 이동할 화소 수만큼 가로 방향과 세로 방향으로 더해 주어서 목적영상의 화소 위치 (x', y')를 정한다.

순방향 사상
$$x' = x + dx$$
$$y' = y + dy$$

역방향사상
$$x = x' - dx$$
$$y = y' - dy$$

반면, 역방향 사상을 적용하면 평행이동을 하고자하는 화소 수를 목적영상의 좌표에서 빼면 양의 방향(오른쪽 하단)으로 이동한다. 예를 들어 입력영상에서 10픽셀만큼 오른쪽으로 이동한 영상을 구한다면, 목적영상 입장에서는 10픽셀만큼 왼쪽에 있는 입력영상의 화소의 값을 가져와야 한다.

다음 예제는 평행이동을 수행하는 사용자 정의 함수를 역방향 사상의 방법으로 구현한 예제이다.

```
01  #include <opencv2/opencv.hpp>
02  using namespace cv;
03  using namespace std;
04
05  void translation(Mat img, Mat& dst, Point pt)          // 평행이동 함수
06  {
07      Rect rect(Point(0, 0), img.size());                // 입력영상 범위 사각형
08      dst = Mat(img.size(), img.type(), Scalar(0));
09
10      for (int i = 0; i < dst.rows; i++){                // 목적영상 순회 – 역방향 사상
11          for (int j = 0; j < dst.cols; j++)
12          {
13              Point dst_pt(j, i) ;                       // 목적영상 좌표
14              Point img_pt = dst_pt – pt;                // 입력영상 좌표
15              if (rect.contains(img_pt))                 // 입력영상 범위 확인
16                  dst.at<uchar>(dst_pt) = img.at<uchar>(img_pt);
17          }
18      }
19  }
20
21  int main()
22  {
23      Mat image = imread("../image/translation_test.jpg", 0);
24      CV_Assert(image.data);
25
26      Mat dst1, dst2;
27      translation(image, dst1, Point(30, 80));           // 평행이동 수행
28      translation(image, dst2, Point(-80, -50));
29
30      imshow("image", image);
31      imshow("dst1 - ( 30, 80) 이동", dst1);
32      imshow("dst2 - (-80, -50) 이동", dst2);
33      waitKey();
34      return 0;
35  }
```

① 5~19행은 평행이동을 수행하는 함수 translation()을 구현한다. 세 번째 인수(pt)가 이동할 좌표를 의미한다.

② 7행은 입력영상의 범위를 Rect 객체로 선언한다. 이것은 계산된 좌표(img_pt)가 입력영상 범위에 있는지 확인하기 위함이다.

③ 14행은 목적영상 좌표에서 평행이동을 위한 좌표(pt)만큼을 빼서 입력영상의 좌표를 계산한다. 즉, 역방향 사상의 방법을 적용한 것이다.

④ 16행은 범위에 있을 때에만 입력영상 화소값을 목적영상의 화소에 대입한다. 입력영상의 범위를 벗어나는 화소들은 초기값 0이 유지되어 검은색이 된다.

⑤ 31, 32행은 각각 (30, 80), (−80, −50)만큼 이동한 영상을 반환한다. 음수값인 경우에는 영상이 왼쪽, 상단으로 이동된다.

| 실행결과 |

실행결과에서 dst1은 가로로 30, 세로로 80의 화소만큼 평행이동한다. 또한 dst2는 가로로 −80, 세로로 −50만큼 평행이동을 한다. 양수로 평행이동하면 오른쪽 하단으로 영상이 옮겨지고, 음수로 평행이동할 경우에는 영상이 왼쪽, 상단으로 이동하게 된다. 또한 빈 공간은 0으로 채워서 검은색이 되며, 목적영상의 크기를 벗어나는 화소들은 목적영상에서 제거된다.

8.5 회전

회전은 입력영상의 모든 화소를 영상의 원점을 기준으로 원하는 각도만큼 모든 화소에 대해서 회전 변환을 시키는 것을 말한다. 이것은 2차원 평면에서 회전 변환을 나타내는 행렬을 통해서 수식으로 표현할 수 있다.

다음은 회전 변환을 수행하는 행렬을 수식으로 나타낸 것이다. 회전 변환의 역행렬이

sin() 함수의 부호만 다르기 때문에 순방향 사상과 역방향 사상도 단지 sin() 함수의 부호만 차이가 난다.

순방향 사상
$$x' = x \cdot \cos\theta - y \cdot \sin\theta$$
$$y' = x \cdot \sin\theta + y \cdot \cos\theta$$

역방향사상
$$x = x' \cdot \cos\theta + y' \cdot \sin\theta$$
$$y = -x' \cdot \sin\theta + y' \cdot \cos\theta$$

목적영상의 모든 화소(x', y')에 대해서 역방향 사상의 수식을 적용하여 입력화소를 계산하면, 〈그림 8.5.1〉과 같이 원점으로부터 시계 방향으로 정해진 각도만큼 회전된 영상이 생성된다. 직교 좌표계에서 회전 변환은 반시계 방향으로 적용된다. 그러나 영상 좌표계에서는 y 좌표가 하단으로 내려갈수록 증가하기 때문에 시계방향의 회전으로 표현됨에 유의한다.

평행이동과 마찬가지로 목적영상의 범위를 벗어나는 입력화소는 제거되며, 입력영상에서 찾지 못하는 화소는 검은색이나 흰색으로 지정한다.

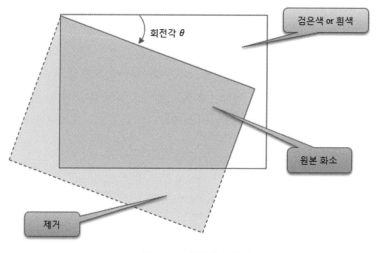

〈그림 8.5.1〉 원점에서 회전

일반적으로 영상을 회전시킬 때에는 회전의 기준을 영상의 기준 원점인 좌상단으로 하지 않고, 물체의 중심(center X, center Y)으로 하는 경우가 많다. 이럴 경우에는 다음과 같이 평행이동의 수식을 포함하여 회전 변환을 수행한다. 이것은 회전의 기준점으로 영상을 이동시킨 후, 회전을 수행하고, 다시 원점 좌표로 이동하는 것이다.

$$x = (x' - center\ X)\cos\theta + (y' - center\ Y)\sin\theta + center\ X$$
$$y = -(x' - center\ X)\sin\theta + (y' - center\ Y)\cos\theta + center\ Y$$

다음은 위의 수식에 따라서 입력영상에 회전 변환을 수행하는 함수를 구현한 예제이다. 기본이 되는 원점을 기준으로 회전하는 방법과 원하는 좌표를 기준으로 회전하는 방법을 모두 예시한다.

예제 8.5.1　영상 회전 – rotation.cpp

```cpp
01  #include <opencv2/opencv.hpp>
02  using namespace cv;
03  using namespace std;
04
05  uchar bilinear_value(Mat img , int x, int y)  {  ...  }          // 화소값 양선형 보간
06
07  void rotation(Mat img, Mat& dst, double dgree)                  // 원점기준 회전 변환
08  {
09      double radian = dgree / 180 * CV_PI;                        // 회전 각도 - 라디안
10      double sin_value = sin(radian);                            // 사인 코사인 값 미리 계산
11      double cos_value = cos(radian);
12
13      Rect rect(Point(0, 0), img.size());                        // 입력 영상 범위 사각형
14      dst = Mat(img.size(), img.type(), Scalar(0));              // 목적 영상
15
16      for (int i = 0; i < dst.rows; i++){                        // 목적영상 순회 – 역방향 사상
17          for (int j = 0; j < dst.cols; j++)
18          {
19              double x = j * cos_value + i * sin_value;          // 회전 변환 수식
20              double y = -j * sin_value + i * cos_value;
21
22              if (rect.contains(Point2d(x, y)))                  // 입력 영상 범위 확인
23                  dst.at<uchar>(i, j) = bilinear_value(img, x, y); // 화소값 양선형 보간
24          }
25      }
```

```
26    }
27
28    void rotation(Mat img, Mat& dst, double dgree, Point pt)    // pt 좌표 기준 회전 변환
29    {
30        double radian = dgree / 180 * CV_PI;
31        double sin_value = sin(radian);
32        double cos_value = cos(radian);
33
34        Rect rect(Point(0, 0), img.size());
35        dst = Mat(img.size(), img.type(), Scalar(0));
36
37        for (int i = 0; i < dst.rows; i++){
38            for (int j = 0; j < dst.cols; j++)
39            {
40                int jj = j - pt.x;                                // pt 좌표만큼 평행이동
41                int ii = i - pt.y;
42                double x = jj * cos_value + ii * sin_value + pt.x;
43                double y = -jj * sin_value + ii * cos_value + pt.y;
44
45                if (rect.contains(Point2d(x, y)))
46                    dst.at<uchar>(i, j) = bilinear_value(img, x, y);
47            }
48        }
49    }
50
51    int main()
52    {
53        Mat image = imread("../image/rotate_test.jpg", 0);
54        CV_Assert(image.data);
55
56        Mat dst1, dst2, dst3, dst4;
57        Point center = image.size() /2 ;                  // 영상 중심 좌표 계산
58        rotation(image, dst1, 20 );                       // 원점 기준 회전 변환.
59        rotation(image, dst2, 20, center);                // 영상 중심 기준 회전 변환
60
61        imshow("image", image);
62        imshow("dst1-20도 회전(원점)", dst1);
63        imshow("dst2-20도 회전(중심점)", dst2);
```

```
64      waitKey();
65      return 0;
66  }
```

| 설명 |

① 5행은 양선형 보간으로 화소값을 계산하는 함수로 예제_8.3.1 예제의 함수와 동일하다.

② 7~26행은 회전 변환을 수행하는 함수 rotation()을 구현한다. 영상의 원점을 중심으로 세 번째 인수(dgree)의 각도 만큼 시계 방향으로 회전을 수행한다.

③ 10, 11행은 회전 변환을 위한 사인과 코사인 함수 값을 계산하여 변수에 저장한다. 반복문 내에서 sin(), cos() 함수 를 호출하면, 전체 화소 개수만큼 계산해야하기 때문에 수행속도에서 문제가 된다.

④ 19, 20행은 회전 변환 수식으로 목적화소(j, i)에서 입력화소(x, y)를 계산한다.

⑤ 23행은 계산된 좌표로 양선형 보간값을 계산하고, 보간 결과를 목적화소에 저장한다.

⑥ 28~49행은 인수로 입력된 좌표(pt)를 중심으로 회전 변환을 수행하는 함수이다.

⑦ 40, 41행은 전달 받은 좌표에 먼저 평행이동을 수행한다.

⑧ 42, 43행은 평행이동된 좌표에서 회전 변환하고, 다시 원좌표로 돌아가기 위해서 역 평행이동을 수행한다.

| 실행결과 |

실행결과에서 'dst1-20도 회전' 창은 원점을 기준으로 시계방향으로 20도 회전된 영상이다. 그리고 'dst2-20도 회전' 창은 영상의 중심을 기준으로 20도만큼 회전된 영상이다.

다음은 회전 변환 함수를 이용한 심화예제를 다루어보자. 이 예제는 [ctrl]+[마우스 오른쪽 버튼]으로 회전의 중심좌표를 선택한다. 그리고 〈그림 8.5.2〉와 같이 마우스 드래그를 이용해서 회전 각도를 계산하고, 회전을 수행하는 예제이다.

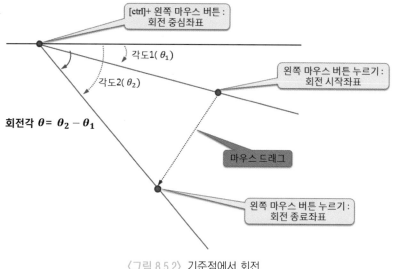

〈그림 8.5.2〉 기준점에서 회전

심화예제 8.5.2 마우스 드래그로 영상 회전하기 – rotation2.cpp

```cpp
01  #include <opencv2/opencv.hpp>
02  using namespace cv;
03  using namespace std;
04
05  uchar bilinear_value(Mat img , int x, int y)  {  ...  }          // 화소값 양선형 보간
06
07  void rotation(Mat img, Mat& dst, double dgree, Point pt)          {  ...  }
08
09  float calc_angle( Point pt[3])                          // 회전각 구하기
10  {
11      Point2f d1 = pt[1] - pt[0];                          // 중심점과 한 좌표의 차분
12      Point2f d2 = pt[2] - pt[0];                          // 중심점과 다른 좌표의 차분
13      float   angle1 = fastAtan2(d1.y, d1.x);              // 각도 계산
14      float   angle2 = fastAtan2(d2.y, d2.x);
15      return (angle2 – angle1);                            // 두 각도의 차분
16  }
17
18  void  onMouse(int event, int x, int y, int flags, void*)  // 마우스 이벤트 제어 함수
19  {
20      Point curr_pt(x, y);                                 // 현재 클릭 자표
21      static Point pt[3] = {};                             // 회전 중심좌표 및 회전각 좌표
```

```
22
23          // 회전 중심 선택 (ctrl키 + 마우스 왼쪽 버튼)
24          if (flags == (EVENT_FLAG_LBUTTON | EVENT_FLAG_CTRLKEY))
25          {
26              pt[0] = curr_pt;                            // 회전 중심좌표 지정
27              Mat tmp = image.clone();
28              circle(tmp, pt[0], 2, Scalar(255), 2);      // 중심좌표 표시
29              imshow("image", tmp);
30              cout << "회전 중심 : " << pt[0] << endl;      // 중심좌표 출력
31          }
32
33          // 회전 각도 지정을 위한 좌표 선택
34          else if (event == EVENT_LBUTTONDOWN && pt[0].x > 0) {
35              pt[1] = curr_pt;                            // 각도 시작 좌표
36              circle(tmp, pt[1], 2, Scalar(255), 2);      // 선택좌표 표시
37              imshow("image", tmp);
38          }
39          else if (event == EVENT_LBUTTONUP && pt[1].x > 0) {
40              pt[2] = curr_pt;                            // 각도 종료 좌표
41              circle(tmp, pt[2], 2, Scalar(255), 2);
42              imshow("image", tmp);
43          }
44
45          if (pt[2].x > 0) {                              // 각도 종료 좌표 확인후 회전 수행
46              float angle = calc_angle(pt);               // 회전각 계산
47              cout << "회전각 : " << angle << endl;
48              Mat dst;
49              rotation(image, dst, angle, pt[0]);         // 회전 수행
50              imshow("image", dst);
51              pt[0] = pt[1] = pt[2] = Point(0, 0);        // 좌표 초기화
52          }
53      }
54
55      int main()
56      {
57          image = imread("../image/rotate_test.jpg", 0);
58          CV_Assert(image.data);
59
```

```
60        imshow("image", image);
61        setMouseCallback("image", onMouse, 0);
62        waitKey();
63        return 0;
64    }
```

| 설명 |

① 5, 7행은 화소 양선형 보간과 회전 변환 함수는 이전 예제 그대로 사용한다.

② 11, 12행은 두 좌표의 차분으로 가로방향 차분(dx)과 세로방향 차분(dy)을 계산한다.

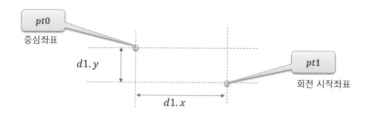

④ 13, 14행은 차분(dx, dy)으로 각도를 계산한다. cv::fastAtan2()는 가로, 세로 방향 차분을 입력하면 각도값을 반환한다.

⑤ 15행은 두 각도의 차분이 드래그한 영역의 각도가 되며, 이를 반환한다.

⑥ 24행은 ctrl키와 마우스 왼쪽 버튼이 동시에 눌러졌는지를 검사한다.

⑦ 34행은 회전 중심좌표가 지정되고, 마우스 왼쪽 버튼이 눌러졌는지 검사한다.

⑧ 39행은 회전 시작 좌표가 지정되고, 마우스 왼쪽 버튼이 떼졌는지 검사한다.

⑨ 45행은 회전 종료 좌표가 지정되었으면, 회전을 수행한다.

⑩ 51행은 회전 변환을 완료하가 다음 입력을 받기위해 좌표들을 초기화한다.

| 실행결과 |

실행결과에서 먼저 [ctrl] + [왼쪽 마우스버튼]으로 회전 중심좌표를 지정한다. 다음으로 마우스 왼쪽 버튼으로 클릭과 드래그를 하고, 마우스 버튼을 떼면 왼쪽 그림과 같이 드래그한 각도만큼 회전이 수행된다. 여기서 회전수행 결과 영상에 3개 좌표가 모두 표시한 것은 실행결과를 명확히 보여주기 위함이다. 실제 수행결과에서는 나타나지 않는다.

8.6 행렬 연산을 통한 기하학 변환 – 어파인 변환

앞에서 기술한 기하학 변환들의 수식은 행렬식으로 표현이 가능하다. 즉, 기하학 변환 수식이 행렬의 곱으로 표현되는 것이다.

예를 들어, 회전은 다음의 행렬식으로 표현된다.

$$\begin{bmatrix} x' \\ y' \end{bmatrix} = \begin{bmatrix} \cos\theta & -\sin\theta \\ \sin\theta & \cos\theta \end{bmatrix} \begin{bmatrix} x \\ y \end{bmatrix}$$

크기변경은 다음의 행렬식으로 표현된다.

$$\begin{bmatrix} x' \\ y' \end{bmatrix} = \begin{bmatrix} \alpha & 0 \\ 0 & \beta \end{bmatrix} \begin{bmatrix} x \\ y \end{bmatrix}$$

평행이동은 다음의 행렬식으로 표현할 수 있다.

$$\begin{bmatrix} x' \\ y' \end{bmatrix} = \begin{bmatrix} x \\ y \end{bmatrix} + \begin{bmatrix} t_x \\ t_y \end{bmatrix}$$

회전과 크기변경은 2×2 행렬로 표현이 가능하지만, 평행이동까지 포함하려면 2×3 행렬이 필요하다. 다음 수식과 같이 2×3 행렬로 변환 행렬을 구성하는 것을 어파인 변환(affine transform)이라 한다.

$$\begin{bmatrix} x' \\ y' \end{bmatrix} = \begin{bmatrix} \alpha_{11} & \alpha_{12} & \alpha_{13} \\ \alpha_{21} & \alpha_{22} & \alpha_{23} \end{bmatrix} \cdot \begin{bmatrix} x \\ y \\ 1 \end{bmatrix}$$

어파인 변환은 변환 전과 변환 후의 두 어파인 공간[1] 사이의 공선점[2]을 보존하는 변환이다. 따라서 변환 전에 직선은 변환 후에도 그대로 직선이며, 그 거리의 비도 유지된다. 또한 변환 전에 평행선도 변환 후에 평행선이 된다.

어파인 변환을 수행하는 방법은 크게 두 가지가 있다.

하나는 회전 각도, 크기변경 비율, 평행이동의 정도를 지정해서 각각 변환 행렬을 구성한다. 그리고 각 변환 행렬을 행렬 곱으로 구성하면 하나의 변환 행렬을 만들 수 있다. 각 행렬들을 곱하는 순서는 변환 하고자 하는 방식에 따라서 달라질 수 있다. 이때 2×3 크기의 어파인 행렬로 구성하면 행렬의 곱을 계산할 수 없기 때문에 다음 수식과 같이 3×3 크기의 행렬로 구성하여 행렬 곱을 수행한다.

$$어파인\ 변환행렬 = \begin{bmatrix} \cos\theta & -sin'\theta & 0 \\ \sin\theta & \cos\theta & 0 \\ 0 & 0 & 1 \end{bmatrix} \cdot \begin{bmatrix} \alpha & 0 & 0 \\ 0 & \beta & 0 \\ 0 & 0 & 1 \end{bmatrix} \cdot \begin{bmatrix} 1 & 0 & t_x \\ 0 & 1 & t_y \\ 0 & 0 & 1 \end{bmatrix}$$

행렬의 곱을 완성하면, 3×3 행렬에서 0 0 1인 마지막 행을 삭제하면 최종적으로 2×3 형태의 어파인 행렬이 된다.

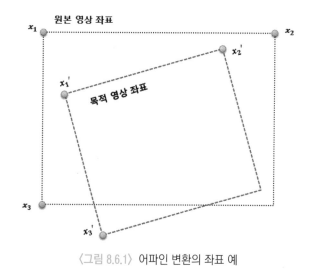

〈그림 8.6.1〉 어파인 변환의 좌표 예

다른 한 가지 방법으로 〈그림 8.6.1〉과 같이 변환 전인 입력영상의 좌표 3개(x'_1, x'_2, x'_3)와 변환이 완료된 목적영상에서 상응하는 좌표 3개(x'_1, x'_2, x'_3)를 알면 두 좌표($x{\rightarrow}x'$)

---

1) 어파인 공간은 유클리드 공간의 어파인 기하학적 성질들을 일반화해서 만들어지는 구조이다.
2) 공선점(collinear point)이란 한 직선 상에 있는 점들을 뜻한다.

사이를 변환해 주는 어파인 변환 행렬을 구할 수 있다.

이렇게 행렬의 곱으로 기하학 변환을 적용하면 단순하면서도 쉽게 입력영상에 대한 변환이 가능하다.

OpenCV에서도 어파인 변환을 수행할 수 있는 cv::warpAffine() 함수를 제공한다. 이 함수는 지정된 어파인 변환 행렬을 적용하면 입력영상에 어파인 변환을 수행한 목적영상을 반환한다. 또한 어파인 변환 행렬을 만드는 함수로는 cv::getAffineTransform()과 cv::getRotationMatrix2D()가 있다.

cv::getAffineTransform()은 변환 전의 좌표 3개와 변환 후의 좌표 3개를 지정하면 해당 변환을 수행해 줄 수 있는 어파인 행렬을 반환한다. cv::getRotationMatrix2D()는 회전 변환과 크기 변경을 수행하는 어파인 행렬을 반환한다. 여기서 회전의 방향은 양수일 때 반시계 방향으로 회전하는 행렬을 반환한다. 이것은 영상 좌표에서 직교 좌표계에서 회전과 같은 방향으로 표현하기 위함이다.

함수 및 인수 구조
void warpAffine(InputArray src, OutputArray dst, InputArray M, Size dsize, int flags = INTER_LINEAR, int borderMode = BORDER_CONSTANT, const Scalar& borderValue = Scalar())
Mat getAffineTransform(InputArray src, InputArray dst)
Mat getAffineTransform(const Point2f src[], const Point2f dst[])
Mat getRotationMatrix2D(Point2f center, double angle, double scale)

함수 및 인수	설명
void warpAffine()	입력영상에 어파인 변환을 수행해서 반환한다.
• InputArray src	입력영상
• OutputArray dst	반환영상
• InputArray M	어파인 변환 행렬
• Size dsize	반환 영상의 크기
• int flags	보간 방법
• int borderMode	경계지정 방법
Mat getAffineTransform()	3개의 좌표쌍을 입력하면 어파인 변환 형렬을 반환한다.
• InputArray src	입력영상 좌표 3개 (행렬로 구성)
• OutputArray dst	목적영상 좌표 3개 (행렬로 구성)
• Point2f src[]	입력영상 좌표 3개 (배열로 구성)
• Point2f dst[]	목적영상 좌표 3개 (배열로 구성)
Mat getRotationMatrix2D()	회전 변환과 크기 변경을 수행할 수 있는 어파인 행렬을 반환한다.

• Point2f center	회전의 중심점
• double angle	회전 각도, 양수 각도가 반시계 방향 회전 수행
• double scale	변경할 크기

다음 예제는 어파인 행렬을 지정하면 해당 변환을 수행하는 사용자 정의 함수 affine_transform()를 구현한다. 앞 페이지의 어파인 변환을 위한 행렬 수식은 입력화소(x, y)를 기준으로 목적화소(x', y')를 계산하는 순방향 사상을 표현한 것이다. 본 예제는 목적화소를 기준으로 입력화소를 찾는 역방향 사상을 적용한다. 따라서 어파인 행렬은 다음과 같이 역행렬로 주어져야 한다.

$$\begin{bmatrix} x' \\ y' \end{bmatrix} = \begin{bmatrix} \alpha_{11} & \alpha_{12} & \alpha_{13} \\ \alpha_{21} & \alpha_{22} & \alpha_{23} \end{bmatrix} \cdot \begin{bmatrix} x \\ y \\ 1 \end{bmatrix} \quad \Rightarrow \quad \begin{bmatrix} x \\ y \end{bmatrix} = \begin{bmatrix} \alpha_{11} & \alpha_{12} & \alpha_{13} \\ \alpha_{21} & \alpha_{22} & \alpha_{23} \end{bmatrix}^{-1} \cdot \begin{bmatrix} x' \\ y' \\ 1 \end{bmatrix}$$

또한 예제에서는 OpenCV로 어파인 변환을 수행하는 cv::warpAffine() 함수와 cv::getRotationMatrix2D() 및 cv::getAffineTransform() 함수의 사용법도 예시한다.

예제 8.6.1 어파인 변환 – affine_transform.cpp

```
01  #include <opencv2/opencv.hpp>
02  using namespace cv;
03  using namespace std;
04
05  uchar bilinear_value(Mat img , int x, int y)  {  ...  }        // 화소값 양선형 보간
06
07  void affine_transform(Mat img, Mat& dst, Mat map, Size size)   // 어파인 변환 함수
08  {
09      dst = Mat(img.size(), img.type(), Scalar(0));              // 목적영상
10      Rect rect(Point(0, 0), img.size());                       // 입력영상 범위 사각형
11
12      Mat   inv_map;
13      invertAffineTransform(map, inv_map);                      // 어파인 변환의 역행렬
14
15      for (int i = 0; i < dst.rows; i++) {                      // 목적영상 조회 – 역방향 사상
16          for (int j = 0; j < dst.cols; j++)
17          {
```

```
18                  Point3d ji(j, i, 1);
19                  Mat    xy = inv_map * (Mat)ji;              // 어파인 변환 행렬 곱
20                  Point2d pt = (Point2d)xy;                   // 행렬→좌표 형변환
21
22              if (rect.contains(pt))                          // 입력 영상 범위 확인
23                  dst.at<uchar>(i, j) = bilinear_value(img, pt.x, pt.y);
24          }
25      }
26  }
27
28  int main()
29  {
30      Mat image = imread("../image/affine_test.jpg", 0);
31      CV_Assert(image.data);
32
33      Point2f pt1[3] = { Point2f(10, 200), Point2f(200, 150), Point2f(300, 300) };
34      Point2f pt2[3] = { Point2f(10, 10) , Point2f(250, 10) , Point2f(300, 300) };
35      Point center(200,100);                               // 회전 변환 기준 좌표
36      double   angle = 30.0 ;                              // 회전 각도
37      double   scale = 1;                                  // 크기변경 안함
38
39      Mat aff_map = getAffineTransform(pt1, pt2);        // 3개 좌표쌍으로 어파인 행렬
40      Mat rot_map = getRotationMatrix2D(center,  angle, scale); // 회전 변환 어파인 행렬
41
42      Mat dst1, dst2, dst3, dst4;
43      affine_transform(image, dst1, aff_map , image.size());   // 어파인 변환 수행
44      affine_transform(image, dst2, rot_map , image.size());   // 회전 변환 수행
45
46      warpAffine(image, dst3, aff_map, image.size(), INTER_LINEAR);
47      warpAffine(image, dst4, rot_map, image.size(), INTER_LINEAR);
48
49      cvtColor(image, image, CV_GRAY2BGR);
50      cvtColor(dst1, dst1, CV_GRAY2BGR);
51      for (int i = 0; i < 3; i++) {                        // 빨간점 표시
52          circle(image, pt1[i], 3, Scalar(0,0,255), 2);
53          circle(dst1, pt2[i], 3, Scalar(0, 0, 255), 2);
54      }
55
```

```
56      imshow("image", image);
57      waitKey();
58      return 0;
59  }
```

| 설명 |

① 7~26행은 어파인 변환 행렬(map)으로 어파인 변환을 수행하는 함수를 구현한다.

② 12, 13행은 역방향 사상을 위해서 입력된 어파인 변환 행렬의 역행렬을 구한다. cv::invertAffineTransform() 함수를 이용하면 어파인 행렬의 역행렬을 구할 수 있다.

③ 18행은 목적영상에서 조회 화소(j, i)를 Point3d 형으로 선언한다. 행렬 곱을 위해서 3차원 좌표로 선언하며, 세 번째 원소를 1로 지정한다.

④ 19행은 어파인 역행렬과 화소 좌표의 행렬 곱으로 입력화소 좌표를 계산한다.

⑤ 20행은 행렬로 저장된 입력화소(x,y)를 쉽게 접근하기 위해서 Point2d 형으로 형변환한다. Point2d 형으로 지정한 것은 좌표의 실수부분을 유지하기 위함이다.

⑥ 22행은 pt 좌표로 양선형 보간값을 계산한 화소값을 목적영상의 조회 중인 화소(j, i)에 저장한다. 여기서 Point는 j, i 순서이며, 행렬 원소는 i, j 순서이다.

⑦ 33, 34행은 입력영상과 목적영상의 상응하는 3개 좌표를 각각 지정한다. 어파인 행렬을 계산하기 위해서 배열로 지정해야 한다.

⑧ 39행은 변환 전 3개 좌표와 변환 후 3개 좌표를 지정해서 어파인 변환 행렬의 구한다.

⑨ 40행은 회전 각도와 중심점을 지정해서 회전 변환 행렬(rot_map)을 구한다.

⑩ 43행은 직접 구현한 affine_transform()로 3개 좌표쌍을 통한 어파인 변환을 수행한다.

⑪ 44행은 affine_transform()에 회전 변환 행렬(rot_map)을 적용해서 회전 변환을 수행한다.

⑬ 46, 47행은 OpenCV에서 제공하는 cv::warpAffine() 함수로 어파인 변환을 수행한다. 네 번째 인수는 목적영상의 크기를 지정하며, 다섯 번째 인수는 보간방법으로 양선형보간을 지정한다.

⑭ 49, 50행은 3개 좌표를 빨간색으로 표시하기 위해서 컬러 영상으로 변환한다.

⑮ 51~54행은 image 행렬과 dst1 행렬에 33행에서 선언한 3개 좌표 쌍을 원으로 그려서 빨간색 점으로 표시한다.

실행결과에서 입력영상에 3개의 좌표에 빨간색 점이 있으며, 어파인 변환이 수행된 dst1 행렬에도 3개의 좌표에 빨간색 점이 있다. 두 영상의 3개 좌표가 변환 전과 변환후의 좌표 로 서로 대응된다.

회전 변환을 수행한 결과를 나타내는 'dst2' 창과 'dst4' 창에서 30도의 회전 각도가 시계 반대 방향으로 적용된 것을 볼 수 있다. 이것은 cv::getRotationMatrix2D() 함수가 양수 값에 대해서 시계 반대방향으로 회전하는 행렬을 반환하기 때문이다.

다음은 심화예제를 다루어 본다. 회전, 크기 변환, 평행 이동을 복합적으로 수행하도록 어 파인 변환 행렬을 만드는 함수를 구현해보자.

```
01  #include <opencv2/opencv.hpp>
02  using namespace cv;
03  using namespace std;
04
05  uchar bilinear_value(Mat img , int x, int y)  {  ...  }        // 화소값 양선형 보간
06
07  void affine_transform(Mat img, Mat& dst, Mat map, Size size)  {  ...  }
08
09  // 복합 변환(회전, 평행이동, 크기변경) 행렬 반환
10  Mat  getAffineMap(Point2d center, double dgree, double fx = 1, double fy = 1,
11      Point2 d translate = Point(0, 0))
12  {
13      Mat rot_map = Mat::eye(3, 3, CV_64F);              // 어파인 변환 행렬 선언
14      Mat center_trans = Mat::eye(3, 3, CV_64F);
15      Mat org_trans = Mat::eye(3, 3, CV_64F);
16      Mat scale_map = Mat::eye(3, 3, CV_64F);            // 크기변경 행렬
17      Mat trans_map = Mat::eye(3, 3, CV_64F);            // 평행이동 행렬
18
19      double radian = dgree / 180 * CV_PI;               // 회전각 라디안 계산
20      rot_map.at<double>(0, 0) = cos(radian);            // 회전 변환 원소 저장
21      rot_map.at<double>(0, 1) = sin(radian);
22      rot_map.at<double>(1, 0) = -sin(radian);           // 회전 변환 역행렬
23      rot_map.at<double>(1, 1) = cos(radian);
24
25      center_trans.at<double>(0, 2) = center.x ;         // 회전 중심으로 이동
26      center_trans.at<double>(1, 2) = center.y;
27      org_trans.at<double>(0, 2) = -center.x;            // 원점으로 이동
28      org_trans.at<double>(1, 2) = -center.y;
29
30      scale_map.at<double>(0, 0) = fx;                   // 크기변경 행렬원소 지정
31      scale_map.at<double>(1, 1) = fy;
32      trans_map.at<double>(0, 2) = translate.x;          // 평행이동 행렬원소 지정
33      trans_map.at<double>(1, 2) = translate.y;
34
35      Mat ret_map = center_trans * rot_map * trans_map * scale_map * org_trans;
36  //  Mat ret_map = center_trans * rot_map * scale_map * trans_map * org_trans ;
37
```

```
38        ret_map.resize(2);
39        return ret_map;
40    }
41
42    int main()
43    {
44        Mat image = imread("../image/affine_test5.jpg", 0);
45        CV_Assert(image.data);
46
47        Point center = image.size() /2, tr(100,0) ;          // 회전 중심좌표
48        double   angle = 30.0;
49        Mat dst1, dst2, dst3, dst4;
50        // 각 변환 행렬 계산
51        Mat aff_map1 = getAffineMap(center, angle);          // center 기준 회전
52        Mat aff_map2 = getAffineMap(Point2d(0,0), 0, 2.0, 1.5);   // 크기변경 - 확대
53        Mat aff_map3 = getAffineMap(center, angle, 0.7, 0.7 );    // 회전 및 축소
54        Mat aff_map4 = getAffineMap(center, angle, 0.7, 0.7, tr);  // 복합 변환
55
56        // 변환 행렬로 어파인 변환 수행
57        warpAffine(image, dst1, aff_map1, image.size());     // OpenCV 함수
58        warpAffine(image, dst2, aff_map2, image.size());
59        affine_transform(image, dst3, aff_map3, image.size());   // 사용자 정의 함수
60        affine_transform(image, dst4, aff_map4, image.size());
61
62        imshow("image", image);
63        imshow("dst1-회전만", dst1),         imshow("dst2-크기변경만", dst2);
64        imshow("dst3-회전+크기변경", dst3), imshow("dst4-회전+크기변경+이동", dst4);
65        waitKey();
66        return 0;
67    }
```

| 설명 |

[설명]

① 5, 7행은 앞 예제에서 구현한 bilinear_value()와 affine_transform()와 동일하다.

② 10~40행은 회전, 크기 변환, 평행이동의 어파인 변환 행렬을 반환하는 함수를 구현한다.

③ 13~15행은 특정 좌표 기준으로 회전하는 회전 변환 행렬을 위한 행렬들의 선언이다. 여기서 행렬 곱셈이 2×3 행렬 간에 수행할 수 없기 때문에 3x3 크기의 단위행렬로 선언한다. 또한 회전 변환은 다음의 수식과 같이 회전의 중심으로 평행이동하고 회전을 수행한 후 다시 원점으로 평행이동하여 구현한다.

$$\begin{bmatrix} 1 & 0 & C_x \\ 0 & 1 & C_y \\ 0 & 0 & 1 \end{bmatrix} \cdot \begin{bmatrix} \cos\theta & sin'\theta & 0 \\ -\sin\theta & \cos\theta & 0 \\ 0 & 0 & 1 \end{bmatrix} \cdot \begin{bmatrix} 1 & 0 & -C_x \\ 0 & 1 & -C_y \\ 0 & 0 & 1 \end{bmatrix}$$

④ 21, 22행에서 sin() 함수의 부호가 회전 변환 공식과 반대로 적용되었다. 이것은 회전 변환 행렬이 역행렬로 적용된 것이다.

⑤ 35행은 각 행렬의 곱으로 최종 어파인 변환 행렬을 계산한다. 각 변환 행렬을 곱하는 순서에 따라서 변환의 순서가 결정된다. 현재는 회전 중심으로 이동하고 회전을 수행한다. 그리고 평행이동을 한 후에 크기변경을 하고, 원점 좌표로 역이동한다.

$$\begin{bmatrix} 1 & 0 & C_x \\ 0 & 1 & C_y \\ 0 & 0 & 1 \end{bmatrix} \cdot \begin{bmatrix} \cos\theta & sin'\theta & 0 \\ -\sin\theta & \cos\theta & 0 \\ 0 & 0 & 1 \end{bmatrix} \cdot \begin{bmatrix} \alpha & 0 & 0 \\ 0 & \beta & 0 \\ 0 & 0 & 1 \end{bmatrix} \begin{bmatrix} 1 & 0 & T_x \\ 0 & 1 & T_y \\ 0 & 0 & 1 \end{bmatrix} \begin{bmatrix} 1 & 0 & -C_x \\ 0 & 1 & -C_y \\ 0 & 0 & 1 \end{bmatrix}$$

⑥ 36행은 회전 후, 크기변경을 먼저하고 평행이동을 한다. 이 경우에는 평행이동의 화소가 크기 변경이 완료된 목적영상 기준으로 적용된다. 주석 처리해 두었으니 35행과 바꾸어서 실행해 보기 바란다.

$$\begin{bmatrix} 1 & 0 & C_x \\ 0 & 1 & C_y \\ 0 & 0 & 1 \end{bmatrix} \cdot \begin{bmatrix} \cos\theta & sin'\theta & 0 \\ -\sin\theta & \cos\theta & 0 \\ 0 & 0 & 1 \end{bmatrix} \cdot \begin{bmatrix} 1 & 0 & T_x \\ 0 & 1 & T_y \\ 0 & 0 & 1 \end{bmatrix} \cdot \begin{bmatrix} \alpha & 0 & 0 \\ 0 & \beta & 0 \\ 0 & 0 & 1 \end{bmatrix} \cdot \begin{bmatrix} 1 & 0 & -C_x \\ 0 & 1 & -C_y \\ 0 & 0 & 1 \end{bmatrix}$$

⑦ 38행은 3x3 크기 행렬로 행렬 곱셈을 완료한 후에 Mat::resize() 함수로 마지막 행을 제거한다. 따라서 2x3 크기의 어파인 변환 행렬이 구성한다.

⑧ 47행은 회전의 중심(center)과 평행이동을 위한 좌표(tr)를 지정한다.

⑨ 53행에서 aff_map4는 회전, 크기변경, 평행이동을 수행하는 행렬이다.

⑩ 57, 58행은 cv::warpAffine() 함수로 각 어파인 변환 행렬로 목적영상을 생성한다.

⑪ 57, 58행은 직접 구현한 affine_transform() 함수를 사용하여도 어파인 변환을 수행한다.

| 실행결과 |

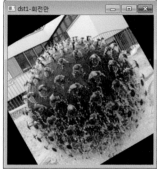

실행결과에서 dst1은 중심점에서 30도의 회전만 수행하고, dst2는 크기변경만 수행한다. 그리고 dst3은 회전, 크기변경을 적용했으며, dst4는 dst3에 x 방향으로 100화소 평행이동을 한다.

여기서 dst4가 dst3에서 x 방향으로 평행이동을 수행하도록 했는데, 결과에서는 대각선 방향으로 평행이동이 된다. 이것은 dst4에 회전 변환 후에 평행이동이 적용되기 때문에 30도 기울어진 방향으로 평행이동되기 때문이다. 즉, 각 변환 행렬을 적용하여 하나의 어파인 행렬로 만들고, 이것을 영상에 적용할 경우에 변환 행렬을 곱하는 순서가 중요함을 보여주는 한 예가 된다.

8.7 원근 투시(투영) 변환

다음의 〈그림 8.7.1〉은 라파엘로 산치오가 바티칸 사도궁전의 방들 중에서 서명실(Stanza della Segnatura)에 그린 벽화인 '아테네 학당'이다. 언뜻 보아도 막혀 있다는 생각이 들지 않을 것이다. 기둥 안으로 많은 사람들이 모여 있고, 열려 있는 벽 너머로 하늘이 펼쳐져 있는 느낌마저 든다.

참조: http://pds13.egloos.com/pds/200812/16/00/e0046200_49477d8bafb54.jpg

〈그림 8.7.1〉 라파엘로의 아테네 학당

벽면에 그려진 그림에서 이렇게 입체감을 느끼는 이유는 바로 원근법 때문이다. 원근법은 눈에 보이는 3차원의 세계를 2차원의 그림(평면)으로 옮길 때에 관찰자가 보는 것 그대로 사물과의 거리를 반영하여 그리는 방법을 말한다. 정확히는 투시 혹은 투영 원근법(projection transformation)이 이에 해당한다.

원근 투시 변환(perspective projection transformation)은 이 원근법을 영상 좌표계에서 표현하는 것이다. 원근 투시 변환은 〈그림 8.7.2〉와 같이 3차원의 실세계의 좌표를 투영 스크린상의 2차원 좌표로 표현할 수 있도록 변환해 주는 것을 말한다.

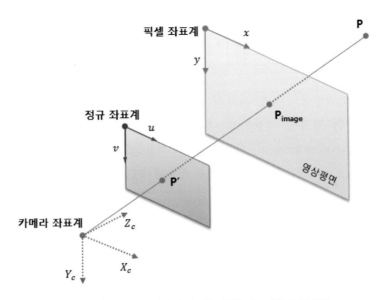

〈그림 8.7.2〉 3차원의 실세계 좌표를 2차원 좌표계에 표현 방법

영상 처리에서 원근변환은 주로 2차원 영상을 다른 2차원 영상으로 변환할 때에 사용한다. 예를 들어, 카메라에서 입력 받은 영상에서 카메라 렌즈에 의한 왜곡을 보정할 수 있다. 그리고 원근감이 잘 표현된 2차원 영상을 변환하여 3차원 공간상의 거리를 측정하고자 할 때 사용될 수도 있다.

원근 투영 변환을 사용할 때에는 동차 좌표계(homogeneous coordinates)를 사용하는 것이 편리하다. 동차 좌표계는 모든 항의 차수가 동일하기 때문에 붙여진 이름으로서 n차원의 투영 공간을 $n+1$개의 좌표로 나타내는 좌표계이다.

좀 더 쉽게 말하면, 직교 좌표인 (x, y)를 $(x, y, 1)$로 표현하는 것이다. 이것을 일반화해서 표현하면, 0이 아닌 상수 w에 대해 (x, y)를 (wx, wy, w)로 표현한다. 이렇게 되면 상수 w가 무한히 많기 때문에 (x, y)에 대한 동차 좌표 표현은 무한히 많이 존재하게 된다.

거꾸로 동차 좌표계에서 한 점(wx, wy, w)을 직교 좌표로 나타내면 각 원소를 w로 나누어서 $(x/w, y/w)$가 된다. 예를 들어서 동차 좌표계에서 한 점(5, 7, 5)은 직교 좌표에서 (5/5, 7/5) 즉, (1 , 1.4)가 된다. 3차원 좌표에서도 같은 방법으로 적용되지만, 영상 처리의 범위를 벗어나기 때문에 컴퓨터 그래픽스 관련 서적을 참고 바란다.

원근변환을 수행할 수 있는 행렬은 다음의 수식과 같다. 이 수식으로 입력영상의 좌표를 목적영상의 좌표로 변환하면 원근변환이 수행된다.

$$w \cdot \begin{bmatrix} x' \\ y' \\ 1 \end{bmatrix} = \begin{bmatrix} \alpha_{11} & \alpha_{12} & \alpha_{13} \\ \alpha_{21} & \alpha_{22} & \alpha_{23} \\ \alpha_{31} & \alpha_{32} & \alpha_{33} \end{bmatrix} \cdot \begin{bmatrix} x \\ y \\ 1 \end{bmatrix}$$

다음 예제는 입력영상의 4개 좌표와 변경하고자 하는 목적영상 4개 좌표를 지정하여 원근변환 행렬을 계산하고, 원근변환을 수행하는 프로그램이다. 여기서 cv::getPerspectiveTransform() 함수는 4개의 좌표쌍으로부터 원근변환 행렬을 계산하며 cv::warpPerspective() 함수는 원근변환 행렬에 따라서 원근변환을 수행한다.

또한 cv::transform() 함수는 입력영상의 4개 좌표와 원근 행렬을 인수로 입력하면 원근변환된 좌표를 반환해 준다. 다만, 반환된 결과가 동차좌표이기 때문에 직교 좌표로 만들기 위해서는 각 좌표의 마지막 원소인 w로 각 좌표의 원소를 나누어 주어야 한다.

예제 8.7.1	원근 왜곡 보정 - perspective_transform.cpp

```cpp
01  #include <opencv2/opencv.hpp>
02  using namespace cv;
03  using namespace std;
04  int main()
05  {
06      Mat image = imread("../image/perspective_test.jpg", IMREAD_COLOR);
07      CV_Assert(image.data);
08
09      Point2f pts1[4] = {                                    // 원본 영상 좌표 4개
10          Point2f(90, 170), Point2f(300, 120),
11          Point2f(90, 285), Point2f(300, 320)
12      };
13      Point2f pts2[4] = {                                    // 목적 영상 좌표 4개
14          Point2f(60, 120), Point2f(340, 110),
15          Point2f(60, 280), Point2f(340, 280)
16      };
17
18      Mat dst(image.size(), CV_8UC1);
19      Mat perspect_map = getPerspectiveTransform(pts1, pts2);    // 원근 변환 행렬 계산
20      warpPerspective(image, dst, perspect_map, image.size(), INTER_CUBIC);
21      cout << "[perspect_map] = " << endl << perspect_map << endl << endl;
22
23      vector<Point3f> pts3, pts4;                            // 3차원 좌표로 동차좌표 표현
```

```
24         for (int i = 0; i < 4; i++) {
25              pts3.push_back( Point3f(pts1[i].x, pts1[i].y, 1));      // 원본좌표 → 동차좌표 저장
26         }
27         transform(pts3, pts4, perspect_map);                             // 변환좌표(pts4) 계산
28
29         for (int i = 0; i < 4; i++)
30         {
31              pts4[i] /= pts4[i].z;                         // 동차좌표에서 w 나누기
32              cout << "pts2[" << i << "]=" << pts2[i] << "\t";
33              cout << "pts4[" << i << "]=" << pts4[i] << endl;
34
35              circle(image, pts1[i], 2, Scalar(0,0, 255), 2);  // 원본영상에 pts1 좌표 표시
36              circle(dst, pts2[i], 2, Scalar(0,0, 255), 2);    // 목적영상에 pts2 좌표 표시
37         }
38
39         imshow("image ", image);
40         imshow("dst - 왜곡 보정", dst);
41         waitKey();
42         return 0;
43  }
```

| 설명 |

① 19행은 pts1과 pst2의 대응되는 4개 좌표쌍으로 원근변환 행렬(perspect_map)을 구한다.

② 20행은 cv::warpPerspective() 함수에 원근변환 행렬을 지정해서 원근변환을 수행한다. 이때 보간 방법은 'INTER_CUBIC' 옵션으로 바이큐빅 보간을 한다.

③ 21행은 계산된 원근변환 행렬의 원소를 콘솔창에 출력한다.

④ 23행은 입력좌표(pts3)와 변환좌표(pts4)는 Point3형 벡터로 선언한다. 이것은 cv::transform() 함수의 입력 인수로 행렬과 벡터만 가능하기 때문이다.

⑤ 27행은 cv::transform() 함수를 호출해서 입력영상 좌표들(pts3)와 변환 행렬(perspect_map)로 변환 후의 좌표 (pts4)들을 계산한다.

⑥ 29~37행은 지정된 목적영상 좌표(pts2)들과 원근변환 행렬을 통해서 계산된 변환 좌표(pts4)들을 콘솔창에 출력한다. 상응하는 좌표 값이 같은 것을 알 수 있다.

⑦ 31행은 cv::transform() 함수의 반환 결과인 pts4가 동차 좌표이기 때문에 상수 ω로 나누어서 직교좌표로 만든다. pts4 좌표들의 마지막 원소(pts4[i].z)가 ω이다.

⑧ 35, 36행은 입력영상과 목적영상에 4개의 좌표쌍을 반지름이 2인 원으로 표시한다.

```
C:\Windows\system32\cmd.exe
[perspect_map] =
[3.251926298157459, 3.219646771412954e-015, -210.1075537688451;
 0.8489112227805684, 1.913567839195985, -236.6633165829148;
 0.004170854271356785, 1.366094737331736e-017, 1]

pts2[0]=[60, 120]        pts4[0]=[60, 120, 1]
pts2[1]=[340, 110]       pts4[1]=[340, 110, 1]
pts2[2]=[60, 280]        pts4[2]=[60, 280, 1]
pts2[3]=[340, 280]       pts4[3]=[340, 280, 1]
```

실행결과에서 perspect_map 행렬은 원본 영상의 좌표를 결과 영상의 좌표로 변환해주는 원근변환 행렬이다. 이 행렬로 cv::warpPerspective() 함수를 적용하면 원근변환된 영상(dst)을 반환한다. 또한 cv::transform() 함수를 적용하면 원근변환된 좌표(pts4)를 반환한다. 여기서 pts2는 결과 영상에 변경위치를 지정한 좌표 값이며, pts4는 입력영상의 4개 동차 좌표(pts3)를 원근변환 행렬로 변환한 좌표이다. 따라서 pts2와 pts4는 같은 좌표가 된다.

다음은 원근변환 행렬로 심화예제를 다루어 보자. 원근변환을 하고자하는 4개의 입력좌표를 마우스 이벤트를 통해서 선택하여 조정할 수 있도록 하는 예제이다. 여기서 선택된 4개의 좌표를 사각형 영역으로 지정하고, cv::warpPerspective() 함수로 원근변환을 수행한다.

```cpp
01   #include <opencv2/opencv.hpp>
02   using namespace cv;
03   using namespace std;
04   // 전역 변수 설정
05   Point2f  pts[4], small(10, 10);                      // 4개 좌표 및 좌표 사각형 크기
06   Mat image;                                           // 입력 영상
07
08   void draw_rect(Mat image)                            // 4개 좌표 있는 사각형 그리기
09   {
10       Rect img_rect(Point(0, 0), image.size());        // 입력영상 크기 사각형
11       for (int i = 0; i < 4; i++)
12       {
13           Rect rect(pts[i] - small, pts[i] + small);   // 좌표 사각형
14           rect &= img_rect;                            // 교차 영역 계산
15           image(rect) += Scalar(70, 70, 70);           // 사각형 영역 밝게 하기
16           line(image, pts[i], pts[(i + 1) % 4], Scalar(255, 0, 255), 1);
17           rectangle(image, rect, Scalar(255, 255, 0), 1);      // 좌표 사각형 그리기
18       }
19       imshow("select rect", image);
20   }
21
22   void warp(Mat image)                                 // 원근 변환 수행 함수
23   {
24       Point2f dst_pts[4] = {                           // 목적 영상 4개 좌표
25           Point2f(0, 0), Point2f(350, 0),
26           Point2f(350, 350), Point2f(0, 350)
27       };
28       Mat dst;
29       Mat perspect_mat = getPerspectiveTransform(pts, dst_pts); // 원근변환 행렬 계산
30       warpPerspective(image, dst, perspect_mat, Size(350, 350), INTER_CUBIC);
31       imshow("왜곡보정", dst);
32   }
33
34   void  onMouse(int event, int x, int y, int flags, void*)      // 마우스 이벤트 제어
35   {
36       Point curr_pt(x, y);                             // 현재 클릭 좌표
37       static int check = -1;                           // 마우스 선택 좌표번호
38
39       if (event == EVENT_LBUTTONDOWN) {                // 마우스 좌 버튼
40           for (int i = 0; i < 4; i++)
```

```
41                {
42                    Rect rect(pts[i] - small, pts[i] + small);        // 좌표 사각형들 선언
43                    if (rect.contains(curr_pt))  check = i;  // 선택 좌표 사각형 찾기
44                }
45            }
46        if (event == EVENT_LBUTTONUP)
47            check = -1;                                          // 선택 좌표번호 초기화
48
49        if (check >= 0) {                                        // 좌표 사각형 선택시
50            pts[check] = curr_pt;                                // 클릭 좌표를 선택 좌표에 저장
51            draw_rect(image.clone());                            // 4개 좌표 연결 사각형 그리기
52            warp(image.clone());                                 // 원근 변환 수행
53        }
54    }
55
56    int main()
57    {
58        image = imread("../image/perspective_test.jpg", 1);
59        CV_Assert(image.data);
60
61        pts[0] = Point2f(100, 100), pts[1] = Point2f(300, 100);   // 4개 좌표 초기화
62        pts[2] = Point2f(300, 300), pts[3] = Point2f(100, 300);
63        draw_rect(image.clone());                                // 좌표 사각형 그리기
64        setMouseCallback("select rect", onMouse, 0);             // 콜백 함수 등록
65        waitKey(0);
66        return 0;
67    }
```

| 설명 |

① 5행은 입력영상에서 마우스로 선택하는 4개의 좌표를 pts 배열로 선언한다.

② 13행은 4개 좌표를 나타내는 사각형을 선언한다.

③ 14행은 좌표 사각형이 입력영상의 범위를 벗어나기 않도록 입력영상 크기 사각형과 논리곱(&) 연산으로 교차영역을 구한다.

④ 15행은 좌표사각형(rect)을 참조해 입력화소값보다 70을 더해 다른 부분 보다 밝게 한다.

⑤ 16행은 cv::line() 함수로 4개 좌표를 잇는 선을 그린다. 선분의 시작 좌표는 pts[i] 이고 종료 좌표가 pt[(i+1)%4]로 지정한다.

⑥ 29행은 마우스 선택 좌표(pts)와 목적영상 좌표(dst_pts)로 원근변환 행렬을 계산한다.

⑦ 30행은 원근변환 행렬로 원근변환을 수행한다. 목적영상의 크기는 350×350이다.

⑧ 37행은 4개의 좌표 사각형 중에서 어떤 좌표가 선택되었는지 확인하기 위한 변수 check이다. 함수 내에서 값을 유지할 수 있도록 static으로 선언한다.

⑨ 39~45행에서 왼쪽마우스 버튼 클릭 시에 그 위치가 좌표 사각형들 중의 하나의 내부 인지를 점검한다. 맞으면 check 변수에 클릭된 좌표 번호(i)를 저장한다.

⑩ 46, 47행에서 마우스버튼 떼기가 되면 check 변수를 −1로 초기화한다. 마우스 버튼 떼기 시에는 원근변환을 수행하지 않도록 하기 위함이다.

⑪ 49행은 check가 0보다 크면 좌표 사각형 중에 하나가 클릭된 것이다.

⑫ 50행은 현재 클릭된 좌표를 선택 좌표를 나타내는 pts[check]에 저장한다.

⑬ 51행은 4개 좌표 중 하나가 선택될 때마다 새로 사각형을 그린다. 이때 입력영상의 복사본을 인수로 전달해서 매번 새 영상에 사각형을 그려서 드래그 효과를 나게 한다.

| 실행결과 |

실행결과의 왼쪽의 'select rect' 창에서 4개의 작은 사각형 영역을 클릭해서 마우스로 드래그하면, 작은 사각형이 이동하면서 큰 사각형을 새로 그린다. 그리고 큰 사각형 영역을 오른쪽의 '왜곡보정' 창에서 정사각형(350×350)으로 변환해서 표시한다.

| 단원 요약 |

1. 사상(mapping)은 화소들의 배치를 변경할 때, 입력영상의 좌표가 새롭게 배치될 해당 목적영상의 좌표를 찾아서 화소값을 옮기는 과정을 말한다. 순방향 사상(forward mapping)과 역방향 사상(reverse mapping)의 두 가지 방식이 있다.

2. 사상의 과정에서 홀(hole)과 오버랩(overlap)이 발생할 수 있다. 홀은 입력영상의 좌표들로 목적영상의 좌표를 만드는 과정에서 사상되지 않은 화소이다. 오버랩은 원본 영상의 여러 화소가 목적영상의 한 화소로 사상되는 것을 말한다.

3. 목적영상에서 홀의 화소들을 채우고, 오버랩이 되지 않게 화소들을 배치하여 목적영상을 만드는 기법을 보간법(interpolation)이라 하며, 그 종류에는 최근접 이웃 보간법, 양선형 보간법, 3차 회선 보간법 등 다양한 방법이 있다.

4. 최근접 이웃 보간법은 목적영상을 만드는 과정에서 홀이 되어 할당 받지 못하는 화소들의 값을 찾을 때, 목적영상의 화소에 가장 가깝게 이웃한 입력영상의 화소값을 가져오는 방법이다. 양선형 보간법은 선형 보간을 두 번에 걸쳐서 수행하기에 붙여진 이름이다.

5. OpneCV에서는 cv::resize(), cv::remap(), cv::warpAffine(), cv::warpPerspective() 등과 같이 영상을 변환하는 함수에서 보간을 위한 flag 옵션을 제공한다. 대표적으로 'INTER_NEAREST'는 최근접 이웃 보간이며, 'INTER_LINEAR'는 양선형 보간이며, 'INTER_CUBIC'는 바이큐빅 보간이다.

6. 2×3 크기의 어파인 변환 행렬을 이용해서 회전, 크기변경, 평행이동 등을 복합적으로 수행할 수 있다. OpenCV에서는 cv::getAffineTransform()와 getRotationMatrix2D() 함수로 어파인 변환 행렬을 만들며, cv::warpAffine() 함수로 어파인 변환을 수행한다.

7. 원근법은 눈에 보이는 3차원의 세계를 2차원의 평면으로 옮길 때에 관찰자가 보는 것 그대로 사물과의 거리를 반영하여 그리는 방법을 말한다. 그리고 이 원근법을 영상 좌표계에서 표현하는 것이 원근 투시 변환이다. 원근 변환에서는 주로 동차 좌표계를 사용하는 것이 편리하다.

8. OpenCV에서는 cv::getPerspectiveTransform() 함수로 원근 변환 행렬을 계산하며, cv::warpPerspective() 함수는 원근변환 행렬에 따라서 원근변환을 수행한다. 또한 cv::transform() 함수는 입력영상의 4개 좌표와 원근 행렬을 인수로 입력하면 원근변환된 좌표를 반환해 준다.

연습문제

1. 순방향 사상과 역방향 사상에 대해서 설명하고, 장단점을 비교하시오.

2. 홀(hole)이나 오버랩(overlap)에 대해 설명하시오.

3. 보간법이 필요한 이유를 설명하고, OpenCV에서 보간 방법을 가리키는 옵션 상수를 설명하시오.

4. 최근접 이웃 보간법에 대해서 기술하시오.

5. 양선형 보간법의 과정을 상세히 설명하시오.

6. 중심점을 기준으로 회전 변환을 수행하려면 어떠한 과정을 거쳐야하는지 변환 행렬의 곱으로 나타내고 설명하시오.

7. 어파인 변환 행렬을 수행하는 OpenCV 함수들을 예시하고 인수들에 대해서 설명하시오.

8. 원근변환에 대해서 설명하시오.

9. 원근변환을 수행하는 OpneCV 함수들을 예시하고 인수들에 대해서 설명하시오.

10. 원본 영상에 (10,50)만큼 평행이동을 수행하는 프로그램을 작성하시오. 직접 translate() 함수를 작성한 결과와 OpenCV 함수를 사용한 결과를 모두 표시하시오.

11. 예제_8.5.1의 rotation() 함수를 이용해서 영상 파일을 입력 받아서 300,100 좌표를 기준으로 30도 회전하도록 프로그램을 작성하시오.

> 1) 예제_8.5.1의 rotation() 함수를 이용하여 작성하시오.
> 2) 어파인 변환 행렬을 이용해서 작성하시오.
> 3) 두 함수가 다른 방향으로 회전을 수행하는데 같은 방향이 되도록 하시오.

12. 예제_8.5.1은 명암도 영상에 대해서 회전을 수행할 수 있다. 이 예제를 컬러 영상도 수행이 가능하도록 수정하시오.

13. 600×400 크기의 윈도우에서 마우스 드래그를 통해서 두 개의 좌표를 얻어 직선을 긋고, 이 직선의 길이와 기울기(3시 방향에서 아래 방향의 기울기)를 계산하는 프로그램을 작성하시오.

14. 13번 문제에서 획득된 두 좌표의 차분()을 이용해서 원본 영상을 평행이동하는 프로그램을 작성하시오. (컬러 영상에서 팽행이동이 되도록 예제_8.4.1의 translation() 함수를 수정하시오)

15. 13번 문제에서 그은 직선의 기울기로 영상의 기울기를 보정하는 프로그램을 작성하시오.

16. 다음의 영상은 원근감이 잘 나타나는 영상이다. 이 영상에서 원근 왜곡을 보정하여 다음과 같은 영상을 생성하시오.

17. 예제_8.7.2를 PC 카메라에서 영상을 입력받아서 수행될 수 있도록 수정하시오.

18. OpenCV에서 제공하는 함수 중에 영상을 좌우 혹은 상하로 뒤집는 cv::flip() 함가 있다. cv::warpAffine() 함수를 이용하여 동일하게 뒤집기를 수행하도록 하는 어파인 변환 행렬(flip_map1, flip_map2, flip_map3)을 구성하여 전체 프로그램을 완성하시오.

[힌트]

1) 2×3 행렬 3개를 Mat×23d 형으로 구성한다.

2) 가로 방향과 세로방향의 뒤집기 변환 행렬

$$\begin{bmatrix} x' \\ y' \end{bmatrix} = \begin{bmatrix} -1 & 0 & 0 \\ 0 & 1 & 0 \end{bmatrix} \begin{bmatrix} x \\ y \end{bmatrix} \quad \begin{bmatrix} x' \\ y' \end{bmatrix} = \begin{bmatrix} 1 & 0 & 0 \\ 0 & -1 & 0 \end{bmatrix} \begin{bmatrix} x \\ y \end{bmatrix}$$

3) 뒤집기 변환 후의 영상이 위치하는 좌표를 생각한다. 즉, 평행이동에 대한 고려를 한다.

연습문제 18 exec18.cpp

```cpp
01  #include <opencv2/opencv.hpp>
02  using namespace cv;
03  using namespace std;
04
05  int main()
06  {
07      Mat image = imread("../image/affine_test5.jpg", 0);
08      CV_Assert(image.data);
09
10
11
12
13
14
15      Mat dst1, dst2, dst3;
16      warpAffine(image, dst1, flip_map1, image.size());
17      warpAffine(image, dst2, flip_map2, image.size());
18      warpAffine(image, dst3, flip_map3, image.size());
19
20      imshow("dst1 - 상하뒤집기", dst1) , imshow("dst2 - 좌우뒤집기", dst2);
21      imshow("dst3 - 상하좌우뒤집기", dst3);
22      waitKey();
23      return 0;
24  }
```

19. 4장 연습문제 10번에서 태극 문양을 그렸는데, 태극기를 완성하기 위한 단계로 다음과 같이 건곤감리 중에서 건과 곤을 그릴 수 있도록 draw_bars() 함수를 만들어 프로그램을 작성하시오(길이 정보는 20문 문제를 참고하시오).

20. 19번 문제에서 회전을 수행하고 draw_bars() 함수로 감과 리를 그려서 다음과 같이 태극기를 완성하시오. 단, 태극의 지름을 콘솔창에서 입력받으시오.

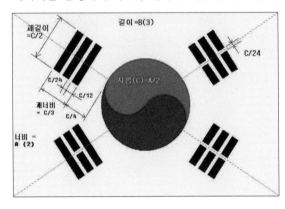

CHAPTER 09

변환영역 처리

변환영역 – 우주관광의 무중력 체험

우주관광 시대가 다가왔다. 미국의 엑스코어 에어로스페이스사, 영국의 버진 갤럭틱사 등에서 비행선을 개발하여 우주관광 시대가 열리고 있다. 짧은 시간의 비행이지만 탑승권의 비용은 약 1~2억을 넘는 수준이다. 아직은 일반인에게 너무나 높은 가격이지만, 앞으로 가격이 떨어질 것이다. 그러니 만일 당신이 젊다면 앞으로 여행을 할 가능성도 있다.

우주관광 프로그램 속에는 무중력 체험시간이 있다. 무중력 공간은 지상의 중력 공간과 다르다. 예를 들어, 마찰력이 없기 때문에 걷지 못하며 공중에 떠다닌다. 따라서 이동할 때는 반대 방향으로 힘을 주어 그에 대한 반작용으로 이동한다. 이렇게 지상과는 다른 특성으로 인해서 무중력 공간에서는 지상에서 할 수 없는 일들을 할 수 있다. 변환(transform)은 공간 영역에서 할 수 없는 것을 하기 위해 변환 영역인 우주로 옮겨가는 것과 유사하다. 그리고 변환영역 처리는 우주 공간상에서는 지상과 다르게 일을 처리할 수 있기에 그곳에서 일을 처리하는 것과 같다.

09 변환영역 처리

영상을 데이터로 표현하는 데에는 크게 두 가지 영역으로 나누어 설명한다. 앞 장까지 우리가 배웠던 것이 바로 화소값이 직접 표현된 공간영역(spatial domain)이며, 다른 하나가 우주 공간과 같은 변환영역(transform domain)이다.

변환영역은 직교변환에 의해 얻어진 영상 데이터의 다른 표현이다. 여기서는 화소값이 직접 표현되는 것이 아니고 변환계수(coeffcient)로 표현된다. 대표적인 변환은 DCT(Discrete Cosine Transform)와 DFT(Discrete Fourier Transform)가 있다. 그 중 오래되었고 잘 알려진 것이 DFT인 이산 푸리에 변환이다.

푸리에 변환은 시간(혹은 공간) 영역에서 주파수 영역으로의 변환으로 "모든 파형은 단순한 정현파의 합으로 합성되어 질 수 있다"라는 개념에 기초한 해석적인 방법이다.

9.1 공간 주파수의 이해

라디오 방송 채널이나 휴대폰의 통신 대역에서 헤르츠(Hz)라는 표현을 들어 보았을 것이다. 바로 주파수를 표현하는 단위이다. 일반적으로 주파수라는 말은 〈그림 9.1.1〉과 같이 1초 동안에 진동하는 횟수라 정의한다.

그러나 이것은 전파라는 신호에 국한된 표현이라 할 수 있다. 아날로그 신호를 디지털화하는 과정에서 시간단위로 샘플링하는 횟수를 지정할 때에 Hz는 단위와 함께 샘플링 주파수라는 표현을 사용한다. 또한 우리가 공부하는 영상 처리에서도 공간 주파수(spatial frequency)라는 개념을 사용한다.

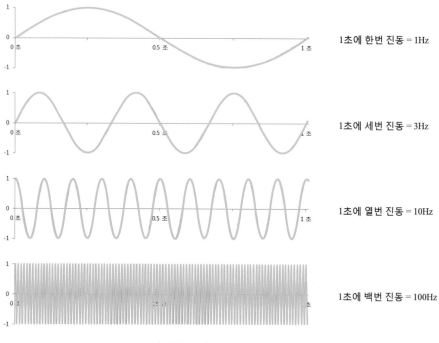

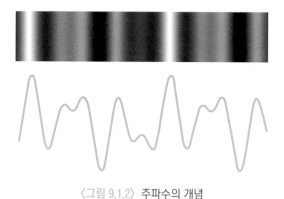

그림의 내용:
- 1초에 한번 진동 = 1Hz
- 1초에 세번 진동 = 3Hz
- 1초에 열번 진동 = 10Hz
- 1초에 백번 진동 = 100Hz

〈그림 9.1.1〉 주파수의 개념

따라서 좀 더 확장된 의미에서 주파수는 이벤트가 주기적으로 재발생하는 빈도라고 할 수 있다. 영상에서 화소 밝기의 변화의 정도를 파형의 형태로 그려보면 〈그림 9.1.2〉와 같이 표현할 수 있다. 신호의 주파수와 같은 의미가 되는 것이다.

〈그림 9.1.2〉 주파수의 개념

이렇게 확장된 의미를 영상 신호에 적용하면 영상에서의 주파수는 공간상에서 화소 밝기의 변화율이라 할 수 있다. 이런 의미에서 공간 주파수라는 표현을 사용한다.

공간 주파수는 밝기가 얼마나 빨리 변화하는가에 따라서 고주파 영역과 저주파 영역으로 분류한다. 다음 〈그림 9.1.3〉으로 고주파 포함 영역과 저주파 포함 영역을 설명한다. 상단 부분을 보면, 화소 밝기가 거의 변화가 없거나 점진적으로 변화하는 것을 볼 수 있다. 이런 부분은 대부분 저주파 성분을 가진 저주파 공간 영역이라고 한다. 반면, 하단 부분을 보면, 화소 밝기가 급변하는 것을 볼 수 있다. 이런 부분은 변화가 거의 없는 저주파 성분 위에 변화가 심한 고주파 성분이 포함되어 있는 고주파 공간 영역이라 할 수 있다. 여기서 고주파 영역, 저주파 영역의 용어는 편의상 변환영역의 용어를 빌어서 공간영역에 사용한 것이다.

〈그림 9.1.3〉 저주파 영역과 고주파 영역의 예

저주파 공간 영역은 보통 영상에서 배경 부분이나 객체의 내부에 많이 있으며, 고주파 공간 영역은 경계부분이나 객체의 모서리 부분에 많이 있다.

변환을 통하여 영상을 주파수 영역별로 분리할 수 있으면, 각 주파수 영역별 처리가 가능할 것이다. 예를 들어서 경계부분에 많은 고주파 성분을 제거하여 영상을 생성한다면, 경계가 흐려진 영상을 만들 수 있다. 또는 저주파 성분을 제거하고 고주파 성분만을 취하여 영상을 만든다면, 경계나 모서리만 포함하는 영상 즉, 에지 영상이 만들어 질 것이다.

그러나 〈그림 9.1.3〉과 같이 영상 내에서 평탄한 부분과 변화가 심한 부분의 영역이 분리되어 있는 경우에는 공간 주파수 영역의 구분이 어느 정도 가능하지만, 일반적인 영상은 공간 영역상에서 저주파 성분과 고주파 성분이 혼합하여 있기 때문에 저주파 영역과 고주파 영역을 분리해서 선별적으로 처리하기란 쉬운 일이 아니다. 따라서 변환영역의 처리가 필요하다.

변환영역, 즉 주파수 영역에서의 영상 처리는 다음 〈그림 9.1.4〉와 같은 과정을 거친다. 먼저 영상이 입력되면 주파수 영역으로 변환하며, 주파수 변환으로 얻어진 계수의 특정 주파수 영역에 원하는 영상 처리를 적용한다. 마지막으로 처리가 적용된 후에는 다시 주파수 역변환을 통해서 공간영역의 영상으로 변환해서 출력 영상을 생성한다.

〈그림 9.1.4〉 주파수 영역에서의 영상 처리 과정

9.2 이산 푸리에 변환

푸리에 변환은 신호나 영상을 주파수 영역으로 변환하는 가장 일반적인 방법으로서 다음의 전제를 기본을 한다.

주기를 가진 신호는 정현파/여현파의 합으로 표현할 수 있다.

여기서 정현파/여현파는 모든 파형 중에 가장 순수한 파형을 말하는 것으로 사인(sin) 또는 코사인(cos))함수로 된 신호를 말한다. 즉, 사인 또는 코사인 함수의 선형 조합으로 특정 주기의 신호를 구성할 수 있다.

이 전제를 바꾸어 말하면, 다음의 〈그림 9.2.1〉과 같이 주기를 갖는 신호($g(t)$)는 여러 개의 사인 및 코사인 함수($g_f(t)$)들로 분리되는 것이다. 여기서 분리된 신호 $g_1(t)$, $g_2(t)$, $g_3(t)$는 기저 함수(basis function)가 되며, 기저 함수에 곱해지는 값 0.3, 0.7, −0.5가 주파수의 계수가 된다.

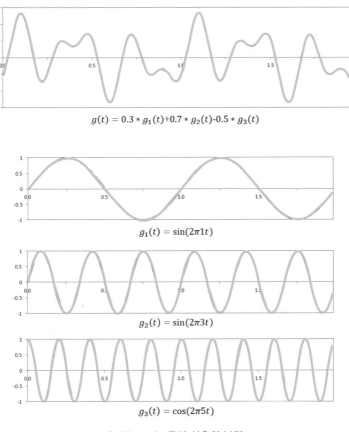

$$g(t) = 0.3 * g_1(t) + 0.7 * g_2(t) - 0.5 * g_3(t)$$

$$g_1(t) = \sin(2\pi 1 t)$$

$$g_2(t) = \sin(2\pi 3 t)$$

$$g_3(t) = \cos(2\pi 5 t)$$

〈그림 9.2.1〉 주기 신호의 분리

이 계수가 각 주파수 성분의 크기에 해당하며, 신호를 주파수로 변환하는 것은 각 주파수의 기저 함수들에 대한 계수를 찾는 것이다. 또한 주파수 영역에서의 역변환은 각 기저함수와 그 계수들로 부터 원본 신호를 재구성하는 것이다.

주파수 변환을 수식으로 표현하면 다음과 같다. 여기서 $g_f(t)$는 f 주파수에 대한 기저함수이며, $G(t)$는 각 기저함수의 계수이다.

$$g(t) = \int_{-\infty}^{\infty} G(f) \cdot g_f(t) df$$

연속신호에 대한 변환이기 때문에 −무한대에서 +무한대까지를 적분하여 모든 주파수에 대한 기저함수와 그 계수들의 선형 조합이 된다. 따라서 연속신호를 주파수 영역으로의 변환은 존재하는 모든 기저함수에 대해서 그 계수인 $G(t)$를 구하는 것이다.

기저 함수를 어떻게 정하는가에 따라서 주파수 영역 변환의 방법이 달라진다. 일반적으로 다음과 같이 사인이나 코사인 함수를 기저함수로 사용한다. 이것은 가장 대표적인 방법인 푸리에 변환에서 사용하는 기저함수이다. 또한 푸리에 변환에서는 허수를 이용한 함수를 기저함수로 사용한다.

$$g_f(t) = \cos(2\pi f t) + j \cdot \sin(2\pi f t) = e^{j2\pi f t}$$

이 기저함수로 원본 신호를 나타내면 다음과 같다. 이것은 원본 신호를 만드는 것이기에 푸리에 역변환에 대한 수식이 된다.

$$g(t) = \int_{-\infty}^{\infty} G(f) \cdot e^{j2\pi f t} df$$

원본 신호로부터 주파수의 계수 $G(f)$를 얻는 식은 다음과 같이 유도된다. 이것은 1차원의 연속 신호에 대한 푸리에 변환이다.

$$G(f) = \int_{-\infty}^{\infty} g(t) \cdot e^{-j2\pi f t} dt$$

이를 디지털 신호에 적용하려면 이산 푸리에 변환(DFT: Discrete Fourier Transform)을 사용해야 한다. 다음은 이산 푸리에 변환과 그 역변환의 수식이다.

$$G(k) = \sum_{n=0}^{N-1} g[n] \cdot e^{-j2\pi k \frac{n}{N}}, \qquad k = 0, \cdots, N-1$$
$$g[n] = \frac{1}{N} \sum_{k=0}^{N-1} G(k) \cdot e^{j2\pi k \frac{n}{N}}, \quad n = 0, \cdots, N-1$$

여기서 $g[n]$은 디지털 신호이며, $G(k)$는 주파수 k에 대한 푸리에 변환 계수이다. 또한 이산 신호이기 때문에 k와 n은 신호의 원소개수(N)만큼 정수로 주어진다. 연속 신호에서 적분기호($\int$: integral)가 이산 신호에서는 합기호($\sum$: sigma)로 바뀐다.

2차원 공간상의 영상에 이산 푸리에 변환을 적용하려면 다음 수식과 같이 1차원 이산 푸리에 변환을 가로방향과 세로방향으로 연속해서 두 번 적용해야 한다. 수식에서 괄호부분이 가로방향에 대한 1차원 푸리에 변환이다.

$$G(k, l) = \sum_{m=0}^{M-1} \left(\sum_{n=0}^{N-1} g[n, m] \cdot e^{-j2\pi k \frac{n}{N}} \right) \cdot e^{-j2\pi l \frac{m}{M}}, \quad \begin{array}{l} k = 0, \cdots, \ N-1 \\ l = 0, \cdots, \ M-1 \end{array}$$

$$= \sum_{m=0}^{M-1} \sum_{n=0}^{N-1} g[n, m] \cdot e^{-j2\pi \left(\frac{kn}{N} + \frac{lm}{M} \right)}$$

다음 수식은 2차원 이산 푸리에 역변환에 대한 수식이다.

$$g[n, m] = \frac{1}{NM} \cdot \sum_{m=0}^{M-1} \left(\sum_{n=0}^{N-1} G(k, l) \cdot e^{j2\pi k \frac{n}{N}} \right) \cdot e^{j2\pi l \frac{m}{M}}, \quad \begin{array}{l} k = 0, \cdots, N-1 \\ l = 0, \cdots, M-1 \end{array}$$

$$= \frac{1}{NM} \cdot \sum_{m=0}^{M-1} \sum_{n=0}^{N-1} G(k, l) \cdot e^{j2\pi \left(\frac{kn}{N} + \frac{lm}{M} \right)}$$

푸리에 변환의 기저함수에 허수를 이용했기 때문에 실수부와 함께 허수부에 대한 고려도 해야 한다. 다음은 기저함수를 사인과 코사인 함수로 변경하여 1차원 푸리에 변환을 수식 으로 나타내면 다음과 같다.

$$G(k) = \sum_{n=0}^{N-1} g[n] \cdot \left(\cos\left(-2\pi k \frac{n}{N} \right) + j \cdot \sin\left(-2\pi k \frac{n}{N} \right) \right)$$

그리고 실수부와 허수부를 구분하여 표현하면 다음과 같다. 푸리에 변환과 그 역변환이 사인과 코사인 함수에서 각도의 부호만 반대이다.

$$G(k)_{Re} = \sum_{n=0}^{N-1} g[n]_{Re} \cdot \cos\left(-2\pi k \frac{n}{N} \right) - g[n]_{Im} \cdot \sin\left(-2\pi k \frac{n}{N} \right)$$

$$G(k)_{Im} = \sum_{n=0}^{N-1} g[n]_{Im} \cdot \cos\left(-2\pi k \frac{n}{N} \right) + g[n]_{Re} \cdot \sin\left(-2\pi k \frac{n}{N} \right)$$

$$g[n]_{Re} = \frac{1}{N} \sum_{n=0}^{N-1} G(k)_{Re} \cdot \cos\left(2\pi k \frac{n}{N} \right) - G(k)_{Im} \cdot \sin\left(2\pi k \frac{n}{N} \right)$$

$$g[n]_{Im} = \frac{1}{N} \sum_{k=0}^{N-1} G(k)_{Im} \cdot \cos\left(2\pi k \frac{n}{N} \right) + G(k)_{Re} \cdot \sin\left(2\pi k \frac{n}{N} \right)$$

푸리에 변환을 수행하면 복소수의 행렬이 결과로 생성된다. 이것을 영상으로 확인하기 위 해서는 복소수의 실수부와 허수부를 벡터로 간주하여 다음의 수식과 같이 벡터의 크기 (magnitude)를 구하면 된다. 이것을 주파수 스펙트럼이라 한다. 또한 실수부와 허수부의 각도를 이용해서 주파수 위상을 계산할 수도 있다.

$$|G(k, l)| = \sqrt{Re(k, l)^2 + Im(k, l)^2}$$
$$\theta(k, l) = \tan^{-1}\left[\frac{Im(k, l)}{Re(k, l)}\right]$$

여기서 주파수 스펙트럼 영상은 저주파 영역의 계수값이 고주파 영역에 비해 상대적으로
너무 크다. 이로 인해서 계수값을 일반적인 방법으로 정규화해서 영상으로 표현하면 최저
주파 영역만 흰색으로 나타나고 나머지 영역은 거의 검은색으로 나타나서 고주파 영역의
계수를 영상으로 확인하기가 곤란하다. 이런 문제를 해결하기 위해서 계수값에 로그 함수
를 먼저 적용하고, 정규화한다.

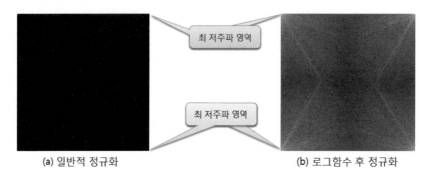

(a) 일반적 정규화   **(b)** 로그함수 후 정규화

〈그림 9.2.2〉 주파수 스펙트럼 영상 비교

```cpp
void log_mag(Mat complex_mat, Mat& dst)
{
    Mat  planes[2];
    split(complex_mat, planes);                         // 2채널 복소 행렬 분리
    magnitude(planes[0], planes[1], dst);               // 크기 계산
    log(dst + 1, dst);
    normalize(dst, dst, 0, 255, CV_MINMAX);             // 정규화 수행
    dst.convertTo(dst, CV_8U);
}
```

위의 log_mag() 함수는 DFT를 수행한 행렬에서 주파수 스펙트럼을 계산하고, 로그 함수
를 적용한다. 여기서 첫 번째 인수인 DFT 결과 행렬(complex_mat)은 실수부와 허수부를

갖는 2채널 행렬이다. 따라서 cv::split() 함수로 2채널 행렬을 1채널 행렬 2개로 분리해서 크기를 구한다.

또한 DFT 수행 후의 주파수 스펙트럼 영상은 저주파 영역이 영상의 모서리 부분에 위치하고, 고주파 부분이 중심부에 있다. 즉, 〈그림 9.2.3〉의 왼쪽 그림과 같이 푸리에 변환 영상에서 사각형의 각 모서리를 중심으로 원형의 밴드를 형성하여 주파수 영역이 분포한다. 이 때문에 해당 주파수 영역에서 어떤 처리를 하려면 상당한 불편함이 있다. 여기서 원형의 밴드는 이해를 돕기 위해서 표현한 것으로 실제 DFT 스펙트럼 영상에서 나타나는 것은 아니다.

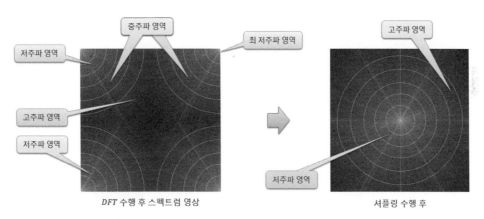

DFT 수행 후 스펙트럼 영상   셔플링 수행 후

〈그림 9.2.3〉 셔플링의 필요성

이 문제는 1사분면과 3사분면의 영상을 맞바꾸고, 2사분면과 4사분면의 영상을 맞바꿈으로서 해결할 수 있다. 결과적으로 〈그림 9.2.4〉의 오른쪽과 같이 영상의 중심이 최저주파 영역, 그리고 바깥쪽이 고주파 영역이 되며, 그림과 같이 원형의 밴드로 주파수 영역을 쉽게 구분할 수 있다. 이러한 과정을 셔플링(shuffling) 혹은 시프트(shift) 연산이라고 한다.

다음의 shuffling() 함수는 입력 행렬에 셔플링을 수행해서 반환하는 함수이다. q1~q4의 Rect 객체를 통해서 각사분면의 영역을 지정한다. 그리고 원본 행렬(mag_img)과 반환 행렬(dst) 모두에서 각 사분면을 관심영역으로 지정하여 참조한다. Mat::copyTo() 함수를 통해서 참조된 원본 행렬을 참조된 반환 행렬로 복사하여 사분면의 맞교환을 수행한다.

```
void shuffling(Mat mag_img, Mat& dst)
{
    int  cx = mag_img.cols / 2;
    int  cy = mag_img.rows / 2;
    Rect q1(cx, 0, cx, cy);                              // 1사분면 사각형
    Rect q2(0, 0, cx, cy);                               // 2사분면 사각형
    Rect q3(0, cy, cx, cy);                              // 3사분면 사각형
    Rect q4(cx, cy, cx, cy);                             // 4사분면 사각형

    dst = Mat(mag_img.size(), mag_img.type());
    mag_img(q1).copyTo(dst(q3));                         // 각사분면 복사
    mag_img(q3).copyTo(dst(q1));
    mag_img(q2).copyTo(dst(q4));
    mag_img(q4).copyTo(dst(q2));
}
```

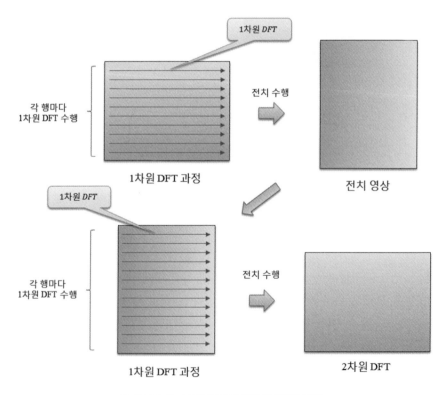

〈그림 9.2.4〉 1차원 DFT를 이용한 2차원 DFT

이제 2차원 영상에 이산 푸리에 변환을 구현해 보자. 이 예제는 1차원 이산 푸리에 변환을 수행하는 함수 DFT_1D()를 구현하고, 이를 이용하여 2차원 영상에 가로방향과 세로방향으로 두 번의 푸리에 변환을 수행한다. 여기서 세로방향의 푸리에 변환은 〈그림 9.2.4〉와 같이 1차원 DFT 수행 결과를 전치하여 가로방향으로 1차원 DFT를 수행하고, 다시 전치하는 방식을 취한다.

예제 9.2.1   이산 푸리에 변환 – DFT.cpp

```cpp
01   #include <opencv2/opencv.hpp>
02   using namespace cv;
03   using namespace std;
04
05   void log_mag(Mat complex_mat, Mat& dst) { ... }        // 채널 분리 및 크기 계산
06
07   void shuffling(Mat mag_img, Mat& dst) { ... }          // 셔플링
08
09   Mat DFT_1D(Mat one_row, int dir)                       // 1차원 신호의 이산 푸리에 변환
10   {
11       int N = one_row.cols;
12       Mat dst(one_row.size(), CV_32FC2);
13
14       for (int k = 0; k < N; k++)    {                   // 1차원 입력신호 조회
15           Vec2f complex(0, 0);                           // DFT 계산 결과 누적- 복소 변수
16           for (int n = 0; n < N; n++)
17           {
18               float theta = dir * -2 * CV_PI* k * n / N; // 기저함수의 각도 계산
19               Vec2f value = one_row.at<Vec2f>(n);
20               complex[0] += value[0] * cos(theta) - value[1] * sin(theta);
21               complex[1] += value[1] * cos(theta) + value[0] * sin(theta);
22           }
23           dst.at<Vec2f>(k) = complex;                    // 한 원소의 DFT 계산 결과 저장
24       }
25       if (dir == -1) dst /= N;                           // -1 이면 역변환
26       return dst;
27   }
28
29   void DFT_2D(Mat complex_img, Mat& dst, int dir)        // 2차원 신호의 푸리에 변환
30   {
```

```
31        complex_img.convertTo(complex_img, CV_32F);
32        Mat tmp(complex_img.size(), CV_32FC2, Vec2f(0, 0));
33        tmp.copyTo(dst);
34
35        for (int i = 0; i < complex_img.rows; i++){          // 가로방향 푸리에변환
36            Mat one_row = complex_img.row(i);
37            Mat dft_row = DFT_1D(one_row, dir);              // 한행(1차원) 푸리에변환
38            dft_row.copyTo(tmp.row(i));                      // 푸리에변환 결과 저장
39        }
40
41        transpose(tmp, tmp);                                 // 전치 수행
42        for (int i = 0; i < tmp.rows; i++){                  // 세로방향 푸리에변환
43            Mat one_row = tmp.row(i);
44            Mat dft_row = DFT_1D(tmp.row(i), dir);           // 한행 푸리에변환
45            dft_row.copyTo(dst.row(i));                      // 푸리에변환 결과 저장
46        }
47        transpose(dst, dst);                                 // 전치의 환원
48  }
49
50  int main()
51  {
52      Mat image = imread("../image/dft_test.jpg", 0);
53      CV_Assert(image.data);
54
55      Mat complex_img, dft_coef, dft_img, idft_coef, shuffling_img, idft_img[2];
56      Mat  tmp[] = { image, Mat::zeros(image.size(), CV_8U) };
57      merge(tmp, 2, complex_img);                          // 복소수 행렬 구성
58
59      DFT_2D(complex_img, dft_coef, 1);                    // 2차원 DFT 수행
60      log_mag(dft_coef, dft_img);
61      shuffling(dft_img, shuffling_img);                  // 셔플링 수행
62
63      DFT_2D(dft_coef, idft_coef, -1);                    // 2차원 IDFT 수행
64      split(idft_coef, idft_img);                         // 2채널 행렬 분리
65      idft_img[0].convertTo(idft_img[0], CV_8U);          // 실수 행렬을 영상으로 표시위해
66
67      imshow("image", image);
68      imshow("dft_img", dft_img);
```

```
69        imshow("shuffling_img", shuffling_img);
70        imshow("idft_img", idft_img[0]);
71        waitKey();
72        return 0;
73    }
```

| 설명 |

① 5, 7행은 log 함수 적용과 셔플링을 수행하는 함수이다. 소스 내용은 생략한다.

② 9행에서 첫 인수(one_row)는 실수부와 허수부를 갖는 2채널의 1차원 신호이며, 두 번째 인수(dir)는 부호로 푸리에 변환과 역변환을 선택하는 플래그이다.

③ 15행은 복소수의 실수와 허수를 갖도록 Vec2f형으로 선언한다.

④ 20, 21행은 푸리에 변환 수식에 따라서 실수부와 허수부를 각각 계산하여 누적한다.

⑤ 25행은 dir가 −1이면 역변환 수식에 따라서 반환 행렬을 전체 원소수(N)로 나눈다.

⑥ 36행은 Mat::row() 함수로 원본 영상에서 한 행씩 가져와서, 1차원 신호를 구성한다.

⑦ 41행은 세로방향 푸리에 변환을 위해 1차 DFT 결과행렬을 전치한다.

⑧ 44~50행은 전치한 행렬을 한행씩 가져와 1차원 푸리에 변환해서 dst에 저장한다.

⑨ 47행은 결과 행렬(dst)을 원 신호로 환원하기 위해서 다시 전치한다.

⑩ 56, 57행은 image 행렬과 빈 행렬을 구성해서 2채널 행렬 complex_img를 합성한다.

⑪ 59행은 2채널 행렬로 2차원 DFT를 수행하고, dft_coef 행렬에 저장한다. 두 번째 인수(dir)를 1로 지정해야 푸리에 변환을 수행한다.

⑫ 60행은 log_mag() 함수로 DFT 결과 행렬로 주파수 스펙트럼 영상을 생성한다.

⑬ 63행은 두 번째 인수를 −1로 지정하면 푸리에 역변환하여 원본 영상을 복원한다.

⑭ 64행에서 푸리에 역변환도 실수부와 허수부를 갖는 2채널 행렬을 반환한다. 2채널 행렬을 분리하면, 첫 번째 행렬(idft_img[0])이 실수부인 복원 영상 행렬이다.

⑮ 65행은 float 행렬을 윈도우에 영상으로 표시하기 위해서 uchar(CV_8U)형으로 변환한다.

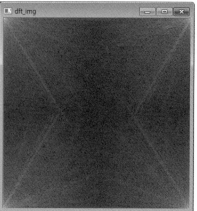
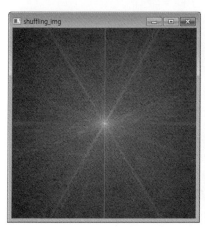

실행결과에서 원본 영상에 2차원 이산 푸리에 변환을 수행한 결과와 셔플링을 수행한 결과를 보인다. 또한 푸리에 역변환을 통해서 복원된 영상도 확인할 수 있다.

$N \times M$ 크기의 영상에서 2차원 푸리에 변환은 $N^2 \times M^2$ 만큼의 시간 복잡도를 요구한다. 따라서 영상의 크기가 커지면 수행속도는 기하급수적으로 증가한다. 실제로 저자의 컴퓨터에서 256×256 크기의 영상에 대해서 DFT를 수행한 결과, 약 1.28초의 시간이 걸리지만, 512×512 크기의 영상은 약 8.74초의 시간이 소요되었다.

이러한 이유에서 푸리에 변환을 빠르게 수행하는 알고리즘의 필요성이 대두되었다. 다음은 고속 푸리에 변환(FFT: Fast Fourier Transform)의 방법을 소개한다.

9.3 고속 푸리에 변환

이산 푸리에 변환은 원본 신호의 한 원소에 곱해지는 기저 함수의 원소들을 원소 길이만큼 반복적으로 곱해야하기 때문에 신호가 커질수록 계산 속도는 기하급수적으로 증가한다. 고속 푸리에 변환은 이 과정을 삼각함수의 주기성을 이용해 작은 단위로 분리해서 반복적으로 수행하고 합치도록 하여 효율성을 높이는 방법이다.

다음은 삼각함수의 주기성을 이용하는 방법을 간단히 설명한다.

먼저, 푸리에 변환 수식에서 짝수 번째 부분(2n)과 홀수 번째 부분(2n+1)을 분리하여 수식을 다음과 같이 정리한다.

$$G(k) = \sum_{n=0}^{L-1} g[2n] \cdot e^{-j2\pi k \frac{2n}{2L}} + \sum_{n=0}^{L-1} g[2n+1] \cdot e^{-j2\pi k \frac{2n+1}{2L}}$$

$$G(k) = \left\{ \sum_{n=0}^{L-1} g[2n] \cdot e^{-j2\pi k \frac{n}{L}} \right\} + \left\{ \sum_{n=0}^{L-1} g[2n+1] \cdot e^{-j2\pi k \frac{n}{L}} \right\} \cdot e^{-j2\pi k \frac{1}{2L}}$$

여기서 짝수 신호와 홀수 신호를 다음과 같이 지정해 보자.

$$G_{even}(k) = \sum_{n=0}^{L-1} g[2n] \cdot e^{-j2\pi k \frac{n}{L}}$$

$$G_{odd}(k) = \sum_{n=0}^{L-1} g[2n+1] \cdot e^{-j2\pi k \frac{n}{L}}$$

그러면 푸리에 변환 수식은 다음과 같이 나타낼 수 있다.

$$G(k) = G_{even}(k) + G_{odd}(k) \cdot e^{-j2\pi k \frac{1}{2L}}$$

위 수식의 공통 지수부분에서 한 주기(L)를 더한 수식을 정리해 보자. 이것은 삼각 함수의 주기성으로 인해서 다음과 같이 뒷부분 지수를 제거할 수 있다.

$$e^{-j2\pi (k+L) \frac{n}{L}} = e^{-j2\pi k \frac{n}{L}} \cdot e^{-j2\pi \frac{Ln}{L}} = e^{-j2\pi k \frac{n}{L}} \cdot e^{-j2\pi n} = e^{-j2\pi k \frac{n}{L}}$$

이 주기성을 이용하여 $G(k+L)$을 계산하면 다음과 같다.

$$G(k+L)=G_{even}(k+L)+G_{odd}(k+L)\cdot e^{-j2\pi(k+L)\frac{1}{2L}}$$
$$=G_{even}(k)+G_{odd}(k)\cdot e^{-j2\pi(k+L)\frac{1}{2L}}$$

여기서 $e^{-j2\pi(k+L)\frac{1}{2L}}$ 의 지수를 분리하여 정리하면 다음과 같다.

$$e^{-j2\pi(k+L)\frac{1}{2L}}=e^{-j2\pi k\frac{1}{2L}}\cdot e^{-j2\pi\frac{L}{2L}}=e^{-j2\pi k\frac{1}{2L}}\cdot e^{-j\pi}=-e^{-j2\pi k\frac{1}{2L}}$$

따라서 최종적으로 $G(k+L)$ 은 다음과 같다.

$$G(k+L)=G_{even}(k)-G_{odd}(k)\cdot e^{-j2\pi k\frac{1}{2L}}$$

이것은 $G(k+L)$ 의 값이 $G(k)$ 의 값들을 이용해서 구할 수 있다는 것이다.

다음 〈그림 9.3.1〉는 삼각함수의 주기성이 어떻게 적용되어 반복계산을 줄이는지를 보인다. 8개의 원소를 갖는 원본 신호 $g[n]$ 을 짝수 신호와 홀수 신호로 구분하여 푸리에 변환을 한다. 짝수 DFT 결과와 홀수 DFT 결과로 최종 변환 신호 $G[n]$ 을 구성하는 방법을 보인다.

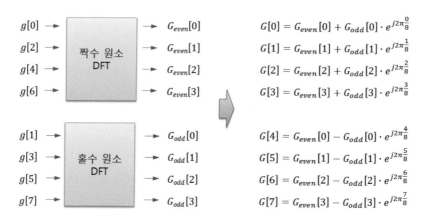

〈그림 9.3.1〉 푸리에 변환을 두 부분으로 분리

짝수 원소와 홀수 원소를 한번 분리하는 것으로는 수행속도를 줄이지 못한다. 각 그룹 내 원소들을 연속적으로 분리할 수 있을 것이다. 즉, 〈그림 9.3.2〉와 같이 짝수 원소 그룹 내에서 짝수 원소와 홀수 원소를 다시 분리하고, 홀수 원소 그룹 내에서 짝수 원소와 홀수 원소를 분리한다. 이렇게 연속적으로 분리하면 최종적으로 입력 신호를 2개 원소씩 묶을 수 있다.

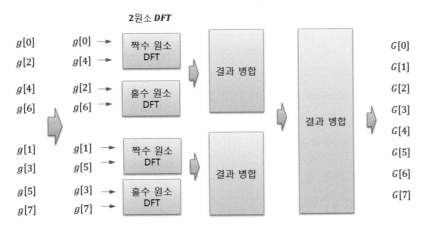

〈그림 9.3.2〉 고속 푸리에 변환의 연속

여기서 입력 신호에 대해서 짝수부와 홀수부로 계속적으로 분리하여 최종적으로 두 원소만 갖게끔 신호를 재배열해야 한다. 이것을 스크램블(scramble)이라고 한다. 스크램블은 보통 비트의 순서를 바꾸는 방법을 설명하지만 속도면에서 비효율적이며, 다음의 scramble() 함수로 구현한다.

```
Mat scramble(Mat signal)
{
    Mat dst = signal.clone();
    for (int i = 0, j = 0; i<dst.cols - 1; i++)
    {
        if (i > j) {
            swap(dst.at<Vec2f>(i), dst.at<Vec2f>(j));
        }

        int m = dst.cols >> 1;
        while ((j >= m) && (m >= 2))
        {
            j -= m;
```

```
            m >>= 1;
        }
        j += m;
    }
    return dst;
}
```

다음은 버터플라이(butterfly) 과정이다. 이것은 스크램블 결과 원소에서 이웃한 두 원소에 대해서 이산 푸리에 변환을 수행하는 것이다. 여기서 W_k는 푸리에 변환의 기저함수인 삼각함수의 수식이다. 버터플라이는 〈그림 9.3.3〉과 같이 흐름도의 모양이 나비와 비슷해서 붙여진 이름이다.

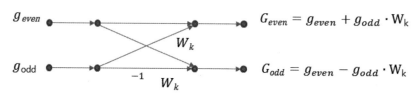

〈그림 9.3.3〉 2원소 버터플라이 흐름도

버터플라이 과정은 원본 신호 길이를 두 개 원소 신호로 분리하며, 분리 횟수만큼 연속적으로 반복한다. 여기서 원본 신호를 연속적으로 짝수부와 홀수부로 분리하기 때문에 원본 신호의 원소개수는 2의 자승이 되어야 한다.

영상의 크기가 반드시 2의 자승이 되는 것이 아니기 때문에 이 문제를 해결하는 방법으로 원본 영상의 가로와 세로 크기를 2의 자승이 되게 넓히고, 빈 공간을 검은색(0)으로 채우는 방법을 사용한다. 이것을 영삽입(zero-padding)이라 한다.

영삽입이 가능한 것은 원본 영상의 평행이동이 푸리에 변환 결과에 영향을 미치지 않기 때문이다. 즉 〈그림 9.3.4〉의 오른쪽 영상에서 원본 영상이 어느 위치로 평행이동되든지 상관없이 푸리에 변환 결과에서 주파수 스펙트럼은 동일하다.

〈그림 9.3.4〉 영상에 영삽입(zero-padding)을 수행한 예

다음의 zeropadding() 함수는 입력 영상에 영삽입을 수행해서 반환하는 함수이다. 그 과정은 2에 대한 로그함수인 log2() 함수로 영상의 가로와 세로가 2의 몇 승인지를 계산한다. 계산된 승수는 소수점을 포함하며, ceil() 함수로 소수점 부분을 올림처리 한다. 그리고 다시 계산된 승수에 《 연산으로 2의 자승을 만든다. 이렇게 하면, 원본 영상보다 소수점 올림만큼 큰 2의 자승 크기(m, n)를 계산할 수 있다.

```
Mat   zeropadding(Mat img)
{
    int  m = 1 << (int)ceil(log2(img.rows));   // 2의 자승 계산
    int  n = 1 << (int)ceil(log2(img.cols));
    Mat dst(m, n, img.type(), Scalar(0));

    Rect rect(Point(0, 0), img.size());          // 원본 영상크기 관심영역
    img.copyTo(dst(rect));                        // 원본영상을 관심영역에 복사
    dst.convertTo(dst, CV_32F);
    return dst;
}
```

다음으로 원본 영상 크기로 Rect 객체(rect)를 만들고, 반환 행렬에서 이 영역을 관심영역으로 참조하여 이 위치에 입력 영상을 복사한다.

이제 고속 푸리에 변환을 구현해 보자. 여기서 log_mag(), shuffling(), scramble(), zeropadding() 함수는 앞의 설명을 참고하기 바란다.

| 예제 9.3.1 | 고속 푸리에 변환 – FFT.cpp |

```cpp
01  #include <opencv2/opencv.hpp>
02  using namespace cv;
03  using namespace std;
04
05  void log_mag(Mat complex_mat, Mat& dst) {   ... }
06
07  void shuffling(Mat mag_img, Mat& dst)  { ... }
08
09  Mat scramble(Mat signal) {   ...   }                          // 스크램블 수행
10
11  void zeropadding(Mat img, Mat& dst) {   ...   }               // 영삽입 함수
12
13  void butterfly(Mat& dst, int dir)                            // 버터플라이 수행 함수
14  {
15      int length = dst.cols;
16      int pair = 1;
17      for (int k = 0; k < ceil(log2(length)); k++)
18      {
19          int half_pair = pair;                                // 홀짝수부 분리 횟수
20          pair <<= 1;
21          float theta = dir * (-2.0 * CV_PI / pair);           // 기저함수의 각도 계산
22          float wpr = -2.0 * sin(0.5*theta) * sin(0.5*theta);
23          float wpi = sin(theta);
24          float wre = 1.0;
25          float wim = 0.0;
26
27          for (int m = 0; m < half_pair; m++) {
28              for (int even = m; even < length; even += pair)
29              {
30                  int odd = even + half_pair;                  // 홀수부 원소 위치
31                  Vec2f G_even = dst.at<Vec2f>(even);          // 짝수부 원소값
```

```
32              Vec2f G_odd = dst.at<Vec2f>(odd);              // 홀수부 원소값
33
34              Vec2f G_odd_W(0, 0);
35              G_odd_W[0] = G_odd[0] * wre - G_odd[1] * wim;
36              G_odd_W[1] = G_odd[1] * wre + G_odd[0] * wim;
37
38              dst.at<Vec2f>(even) = G_even + G_odd_W;        // 버터플라이 수식
39              dst.at<Vec2f>(odd) = G_even - G_odd_W;         // 버터플라이 수식
40            }
41            float tmp = wre;
42            wre += tmp * wpr - wim * wpi;                    // 삼각함수 값 누적
43            wim += wim * wpr + tmp * wpi;
44          }
45        }
46        if (dir == -1)  dst /= dst.cols;                     // -1이면 역변환
47    }
48
49    void FFT_2D(Mat complex_img, Mat& dst, int dir)      // 2차원 고속 푸리에 변환
50    {
51        dst = Mat(complex_img.size(), complex_img.type());
52        for (int i = 0; i < complex_img.rows; i++) {        // 가로방향 1차원 FFT
53            Mat scr_sn = scramble(complex_img.row(i));
54            butterfly(scr_sn, dir);                          // 버터플라이 수행
55            scr_sn.copyTo(dst.row(i));                       // 1행 FFT 결과 저장
56        }
57
58        transpose(dst, dst);                                 // 전치 수행
59        for (int i = 0; i < dst.rows; i++){                  // 세로방향 1차원 FFT
60            Mat scr_sn = scramble(dst.row(i));
61            butterfly(scr_sn, dir);
62            scr_sn.copyTo(dst.row(i));
63        }
64        transpose(dst, dst);                                 // 전치의 환원
65    }
66
67    int main()
68    {
69        Mat pad_img, complex_img, idft_img, img_tmp[2];
```

```
70        Mat dft_coef1, dft_img1, shuffling_img1;
71        Mat dft_coef2, dft_img2, shuffling_img2;
72
73        Mat image = imread("../image/fft_test.jpg", 0);
74        CV_Assert(image.data);
75
76        Mat pad_img = zeropadding(image);                    // 영삽입
77        Mat  tmp[] = { pad_img, Mat::zeros(pad_img.size(), pad_img.type()) };
78        merge(tmp, 2, complex_img);                          // 복소 행렬 구성
79
80        FFT_2D(complex_img, dft_coef1, 1);                   // 2차원 FFT
81        log_mag(dft_coef1, dft_img1);                        // 스펙트럼의 로그 스케일
82        shuffling(dft_img1, shuffling_img1);
83
84        dft(complex_img, dft_coef2, 0);                      // OpenCV 제공 FFT 함수
85        log_mag(dft_coef2, dft_img2);
86        shuffling(dft_img2, shuffling_img2);
87
88        dft(dft_coef2, idft_img, DFT_INVERSE + DFT_SCALE);   // 2차원 IFFT
89        split(idft_img, img_tmp);                            // 복소 행렬 분리
90        img_tmp[0].convertTo(img_tmp[0], CV_8U);             // 실수행렬 영상표시 위해
91
92        imshow("image", image);
93        imshow("shuffling_img", shuffling_img1);
94        imshow("shuffling_img-OpenCV", shuffling_img2);
95        imshow("idft_img", img_tmp[0]);
96        waitKey();
97        return 0;
98    }
```

| 설명 |

① 13~47행은 1차원 신호에 대해서 연속적인 버터플라이를 수행하는 함수이다.

② 19행은 원본 신호에서 짝수부와 홀수부를 연속적으로 분리해서 최종 두 개 원소만 갖게 하는 분리 횟수를 구한다.

③ 22, 23행은 실수부와 허수부의 삼각함수 값을 계산한다.

④ 24, 25행은 2원소 버터플라이에 곱해지는 삼각함수(실수부, 허수부)를 지정한다.

⑤ 31, 32행은 짝수부와 홀수부 원소를 각각 변수에 저장한다. 복소수이기에 Vec2f형이다.

⑥ 34∼36행은 기저함수의 삼각함수 수식인 W_k를 홀수부 원소에 곱한다.

⑦ 38, 39행은 버터플라이 과정에서 결과 원소의 값을 계산한다.

⑧ 42, 43행은 다음 쌍의 버터플라이를 위해 삼각함수 값을 계속 누적한다.

⑨ 46행은 dir이 −1이면 푸리에 역변환 수식에 따라서 반환행렬을 전체 원소수로 나눈다.

⑩ 52∼56행에서 가로방향으로 1차원 FFT를 수행한다. 원본 신호를 스크램블하고, 버터플라이를 수행하면 1차원 FFT가 수행된다.

⑪ 58행은 세로방향 FFT 수행을 위해서 가로방향 FFT 수행 결과 행렬을 전치한다.

⑫ 77, 78행은 영상 삽입 행렬과 빈행렬로 2채널 복소 행렬을 구성한다.

⑬ 82행은 셔플링을 통해서 주파수 스펙트럼의 밴드를 보정한다.

⑭ 84행은 OpenCV 제공 함수 cv::dft()에 세 번째 인수로 0을 지정해 FFT를 수행한다.

⑮ 88행에서 세 번째 인수(flag)로 DFT_INVERSE 옵션을 지정하면 푸리에 역변환을 수행하며, 추가로 DFT_SCALE 옵션을 지정하면 역변환 영상의 값의 범위를 0∼255로 변환한다.

| 실행결과 |

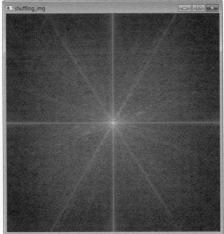

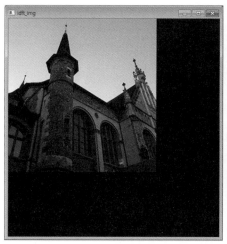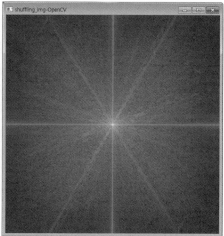

실행결과에서 사용자 정의 함수와 OpenCV 제공 함수 모두 푸리에 변환 결과를 잘 보여준다. 특히, 오른쪽의 FFT 변환된 영상(주파수 스펙트럼 영상)이 원본 영상보다 크다. 이것은 원본 영상이 360×360 크기로 2의 자승 크기가 아니라 영삽입(zero-padding)이 수행되었기 때문이다. 또한 이 스펙트럼 영상을 푸리에 역변환하기 때문에 왼쪽 하단의 최종 결과 영상도 영삽입이 된 모습이다.

수행시간을 보면, 앞 예제의 DFT_2D() 함수의 경우에는 약 8.74초의 시간이 소요된 반면, 저자가 새로 구현한 FFT_2D()는 약 0.108초 소요되었다. 참고로 OpenCV에서 제공하는 cv::dft() 함수는 0.02초 소요되었다.

9.4 FFT를 이용한 주파수 영역 필터링

9.4.1 주파수 영역 필터링의 과정

영상을 주파수 영역으로 변환하면 화소의 밝기가 서서히 변화하는 저주파 영역과 급격하게 변화하는 고주파 영역을 공간 영역에 비하여 쉽게 분리할 수 있다. 이렇게 분리된 주파수 영역에 대해서 각 주파수 영역을 강화하거나 약화하거나 혹은 제거하는 등의 처리를 통해서 다양한 영상 처리를 할 수 있다.

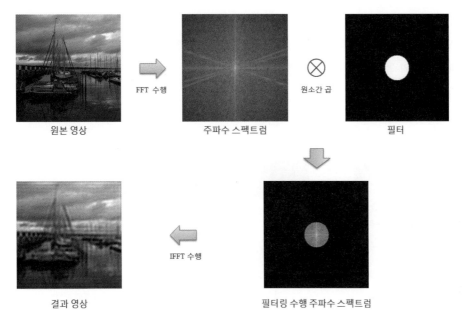

<그림 9.4.1> 주파수 영역 필터링 과정

앞 절까지 배운 내용을 바탕으로 영상에 2차원 푸리에 변환을 수행할 수 있을 것이다. 이를 통해서 〈그림 9.4.1〉과 같이 영상을 주파수 영역으로 쉽게 변환할 수 있다. 주파수 영역에서 필터링 과정은 푸리에 변환 계수에 필터 행렬을 원소 간(element-wise)에 곱하여 수행된다. 여기서 푸리에 변환 계수는 복소수이기 때문에 필터의 곱셈도 실수부와 허수부의 두 채널에 수행해야 한다. 마지막으로 필터링된 푸리에 변환 계수를 푸리에 역변환(IFFT)함으로써 다시 공간영역의 영상으로 만들 수 있다.

이러한 일련의 과정을 주파수 성분 조작이라고 한다. 또한 필터를 어떻게 구성하느냐에 따라서 저주파 통과 필터링, 고주파 통과 필터링, 대역 통과 필터링 등을 쉽게 구현할 수 있다.

9.4.2 저주파 및 고주파 통과 필터링

저주파 통과 필터링은 DFT 변환 영역에서 저주파 영역의 계수들은 통과시키고 그 이외의 영역 즉, 고주파 영역의 계수는 차단하는 것을 말한다.

〈그림 9.4.2〉의 왼쪽 그림처럼 푸리에 변환을 하고, 셔플링을 수행해서 주파수 스펙트럼 영상을 보면 중심 부분이 저주파 영역이며, 외곽으로 갈수록 고주파 영역이다. 여기서 원형의 점선은 주파수 밴드를 시각적으로 표현한 것이다.

필터링은 주파수 계수에 필터 행렬의 원소가 곱해져서 수행된다. 따라서 저주파 통과 필터의 모양은 〈그림 9.4.2〉의 중간 그림처럼 중심에서 지정된 반지름만큼 원형으로 1의 값을 갖게 하고, 외곽 부분을 0으로 지정하면 된다. 그림에서 흰색은 1의 값이며, 검은색은 0의 값이다.

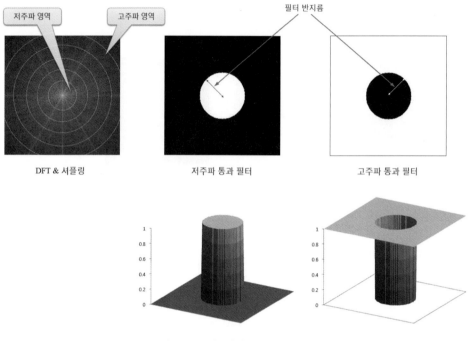

〈그림 9.4.2〉 대역 통과 필터의 예

고주파 통과 필터링은 저주파 통과 필터와는 반대로 고주파 영역의 계수들을 통과시키고 저주파 영역의 계수들은 차단하는 것이다. 〈그림 9.4.2〉의 오른쪽과 같이 중심에서 지정된 반지름 크기의 원형으로 0의 값을 갖게 하고, 가장자리 부분을 1로 지정하면 된다.

주파수 계수와 필터의 원소가 곱해지기 때문에 0의 값을 갖는 부분은 주파수 계수가 제거되어 차단되고, 1의 값을 갖는 부분은 그대로 유지되어 통과된다.

다음 예제는 입력 영상에 푸리에 변환과 셔플링을 수행하여 주파수 영역으로 변환한다. 그리고 저주파 통과 필터와 고주파 통과 필터를 생성한다. 그리고 각 필터와 주파수 계수와의 곱셈을 통해서 저주파 통과 필터링과 고주파 통과 필터링을 수행하는 예제이다.

여기서 zeropadding(), shuffling(), log_mag(), FFT_1D(), FFT_2D() 등의 사용자 정

의 함수는 이전 예제와 동일하기 때문에 예제 내용에서는 생략하지만, 실제 예제를 실행할 때에는 해당 함수를 모두 포함해야 한다.

예제 9.4.1	주파수 영역 필터링1 – FFT_filtering.cpp

```cpp
01  #include <opencv2/opencv.hpp>
02  using namespace cv;
03  using namespace std;
04
05  Mat get_lowpassFilter(Size size, int radius)        // 저주파 통과 필터 생성 함수
06  {
07      Point center = size / 2;                        // 중심점 계산
08      Mat filter(size, CV_32FC2, Vec2f(0, 0));        // 2채널 행렬 선언
09      circle(filter, center, radius, Vec2f(1, 1), -1);
10      return filter;
11  }
12
13  Mat get_highpassFilter(Size size, int radius)       // 고주파 통과 필터 생성 함수
14  {
15      Point center = size / 2;
16      Mat filter(size, CV_32FC2, Vec2f(1, 1));
17      circle(filter, center, radius, Vec2f(0, 0), -1);
18      return filter;
19  }
20
21  void FFT(Mat image, Mat& dft_coef, Mat& dft_img)    // FFT 전체 과정 수행 함수
22  {
23      Mat complex_img;
24      Mat pad_img, = zeropadding(image);              // 영삽입
25      Mat  tmp[] = { pad_img, Mat::zeros(pad_img.size(), pad_img.type()) };
26      merge(tmp, 2, complex_img);                     // 복소 행렬 구성
27      FFT_2D(complex_img, dft_coef, 1);               // 사용자 FFT 함수
28  //  dft(complex_img, dft_coef, 0);                  // OpenCV 제공 FFT 함수
29      shuffling(dft_coef, dft_coef);                  // 셔플링
30      log_mag(dft_coef, dft_img);                     // 주파수 스펙트럼 영상
31  }
32
33  Mat IFFT(Mat dft_coef, Size size)                   // IFFT 전체 과정 수행 함수
34  {
```

```
35        Mat idft_coef, idft_img[2];
36        shuffling(dft_coef, dft_coef);                              // 역 셔플링 수행
37        FFT_2D(dft_coef, idft_coef, -1);
38 //     dft(dft_coef, idft_coef, DFT_INVERSE + DFT_SCALE);
39        split(idft_coef, idft_img);                                 // 복소 행렬 분리
40
41        Rect img_rect(Point(0, 0), size);                           // 입력영상 크기 사각형
42        idft_img[0](img_rect).convertTo(idft_img[0], CV_8U);        // 영삽입 부분 제거
43        return idft_img[0];
44 }
45
46 int main()
47 {
48        Mat image = imread("../image/filter_test.jpg", 0);
49        CV_Assert(image.data);
50        Rect img_rect(Point(0, 0), image.size());
51        Mat dft_coef, dft_img, low_dft, high_dft, filtered_mat1, filtered_mat2;
52
53        FFT(image, dft_coef, dft_img);                              // FFT 수행 및 셔플링
54        Mat low_filter = get_lowpassFilter(dft_coef.size(), 50);   // 저주파 필터 생성
55        Mat high_filter = get_highpassFilter(dft_coef.size(), 20); // 고주파 필터 생성
56
57        multiply(dft_coef, low_filter, filtered_mat1);             // 필터링 - 원소 간 곱셈
58        multiply(dft_coef, low_filter, filtered_mat2);
59        log_mag(filtered_mat1, low_dft);                           // 주파수 스펙트럼 생성
60        log_mag(filtered_mat2, high_dft);
61
62        imshow("image", image);
63        imshow("dft_img", dft_img);
64        imshow("lowpassed_dft", low_spect);                        // 필터된 스펙트럼 영상
65        imshow("highpassed_dft", high_spect);
66        imshow("lowpassed_img", IFFT(filtered_mat1, image.size())); // 역푸리에 환원 영상
67        imshow("highpassed_img", IFFT(filtered_mat2, image.size()));
68        waitKey();
69        return 0;
70 }
```

① 8행은 size 크기로 filter 행렬을 2채널의 float(CV_32F)형으로 선언한다. 초기값으로 Vec2f(0, 0) 지정하여 두 채널의 모든 원소에 0의 값을 저장한다.

② 9행은 행렬의 중심에서 원을 그려서 필터를 완성한다. 2채널 행렬에 그리기 때문에 네 번째 인수(color) 값을 Vec2f형으로 지정한다. 또한 다섯 번째 인수(thickness)로 −1의 값을 지정해서 원 내부를 color 색으로 채운다.

③ 16행은 size 크기로 2채널 float형으로 선언하고, 초기값으로 Vec2f(1, 1) 지정한다.

④ 21~31행은 FFT의 전체 과정을 하나의 함수로 구현한다.

⑤ 27행은 FFT_2D()의 마지막 인수(dir)를 1로 지정하여 푸리에 변환을 수행한다.

⑥ 33~44행은 푸리에 역변환(IFFT)의 전체 과정을 하나의 함수로 구현한다.

⑦ 36행은 FFT에서 셔플링했기에 IFFT에서도 셔플링해서 원본 배치로 환원한다.

⑧ 38행은 OpenCV에서 제공하는 cv::dft()로 수행하는 방법이다. 주석 처리해 두었다.

⑨ 42행은 푸리에 역변환 결과가 복소 행렬로서 실수부(img_tmp[0])가 영상 데이터이다. 이 행렬도 float형이기에 uchar형으로 변환한다. 이때 원본영상 크기를 관심영역으로 참조해 형변환함으로써 영삽입 부분을 제외시킨다.

⑩ 57, 58행은 푸리에 변환 계수(dft_coef)와 필터를 각각 곱하여 필터링을 수행한다.

⑪ 59, 60행은 필터된 변환 계수로 로그값으로 정규화된 주파수 스펙트럼 영상을 만든다.

⑫ 66, 67행은 필터된 계수로 IFFT 전체 과정을 수행하고, 역변환 영상을 반환받아 윈도우에 표시한다. 이때 입력영상 크기만을 결과로 반환받아서 영삽입 부분이 제거된다.

| 실행결과 |

 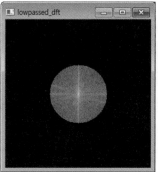 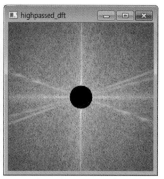

실행 결과에서 하단 중앙의 'lowpassed_dft' 창은 저주파 통과 필터링된 주파수 스펙트럼이다. 외곽의 고주파 부분이 제거되고, 중심부의 저주파 영역의 계수가 그대로 통과된 것을 확인할 수 있다. 또한 역변환 결과 영상인 상단 중앙의 'lowpassed_img' 창은 저주파만 통과되고 고주파 부분이 차단되어 경계부분이 둔화된 부드러운 영상이 된 것을 확인할 수 있다.

하단 오른쪽의 'highpassed_dft' 창은 고주파 통과 필터링 결과를 주파수 스펙트럼으로 나타낸 것이다. 중심부분인 DC 계수와 그 주변의 영역을 제거했기 때문에 상단 오른쪽의 환원 영상에서 배경 부분이 대부분이 제거되고 고주파 성분으로 경계부분만 남아 있는 것을 볼 수 있다.

여기서 get_lowpassFilter()와 get_highpassFilter() 함수에서 반지름의 크기를 조절하여 통과 시킬 저주파 영역의 범위를 조절할 수 있다.

9.4.3 버터워스, 가우시안 필터링

예제_9.4.1의 대역 통과 필터는 특정한 대역에서 급격하게 값을 제거하기 때문에 결과 영상의 화질이 좋지 못하다. 특히, 저주파 통과 필터링의 경우에 영상에서 객체의 경계부분이 완만해지기는 하지만, 경계부분 주위로 잔물결 같은 무늬(ringing pattern)가 나타나서 화질이 더욱 떨어진다.

이 문제를 해결하는 것은 필터 원소의 값을 차단 주파수에서 급격하게 0으로 만들지 않고 완만한 경사를 이루도록 구성하면 된다. 이러한 방식을 위해 대표적으로 버터워즈 필터(Butterworth filter)나 가우시안 필터(Gaussian filter)가 있다.

가우시안 필터는 필터 원소의 구성을 가우시안 함수의 수식 분포를 갖게 함으로써 차단 주파수 부분을 점진적으로 구성한 것이다. 가우시안 함수의 수식에서 표준편차(σ)를 주파수를 차단할 반지름의 위치(R)로 간주하자. 그러면 〈그림 9.4.3〉의 오른쪽 그림과 같이 포물선의 곡선을 갖는 주파수 공간 필터가 구성된다. 또한 가우시안 함수의 수식은 $1/2\pi\sigma^2$를 곱해야 하지만 원소 값의 스케일을 최댓값이 1이 되도록 하기위해 생략한다.

$$f(x,y) = exp\left(-\frac{dx^2 + dy^2}{2R^2}\right), \qquad \begin{array}{l} dx = x - center.x \\ dy = y - center.y \\ R : 주파수\ 차단\ 반지름 \end{array}$$

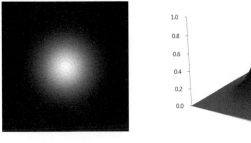

필터 계수를 밝기로 표현   필터 계수를 3차원 표현

〈그림 9.4.3〉 가우시안 저주파 통과 필터

버터워즈 필터는 다음의 수식으로 필터 원소의 구성이 가능하다. 여기서 차단 주파수 반지름 위치(R)와 지수의 승수인 n 값을 어떻게 지정하느냐에 따라서 차단 필터의 반지름과 포물선의 곡률이 달라진다.

$$f(x,y) = -\frac{1}{1 + \left(\dfrac{\sqrt{dx^2 + dy^2}}{R}\right)^{2n}}, \qquad \begin{array}{l} dx = x - center.x \\ dy = y - center.y \\ R : 주파수\ 차단\ 반지름 \end{array}$$

필터 계수를 밝기로 표현   필터 계수를 3차원 표현

〈그림 9.4.4〉 버터워즈 저주파 통과 필터

다음 예제는 가우시안 필터와 버터워스 필터를 이용해서 저주파 통과 필터링을 구현하는
예제이다. 여기서 FFT()와 IFFT() 함수를 비롯한 앞 예제에서 구현된 사용자 정의 함수
들은 생략하였다.

예제 9.4.2   주파수 영역 필터링2 – FFT_filtering2.cpp

```cpp
01  #include <opencv2/opencv.hpp>
02  using namespace cv;
03  using namespace std;
04
05  void FFT(Mat image, Mat& dft_coef, Mat& dft_img) {  ...  }      // FFT 전체 과정
06
07  Mat IFFT(Mat dft_coef, Rect img_rect) {  ...  }                 // IFFT 전체 과정
08
09  Mat getGausianFilter(Size size, int _sigma)                    // 가우시안 저주파 통과 필터
10  {
11      Point center = size / 2;
12      Mat filter(size, CV_32FC2, Vec2f(0, 0));                   // 복소 행렬 선언
13      double sigma = 2 * _sigma * _sigma;
14
15      for (int i = 0; i < size.height; i++){
16          for (int j = 0; j < size.width; j++)
17          {
18              int x2 = (j - center.y) * (j - center.y);          // 중심점에서 계산
19              int y2 = (i - center.x) * (i - center.x);
20              float w = exp(-(x2 + y2) / sigma);                 // 가우시안 분포 수식
```

```
21              filter.at<Vec2f>(i, j) = Vec2f(w, w);
22          }
23      }
24      return filter;
25  }
26
27  Mat getButterworthFilter(Size size, int D, int n)      // 버터워즈 저주파 통과 필터
28  {
29      Point center = size / 2;
30      Mat filter(size, CV_32FC2, Vec2f(0, 0));                     // 복소 행렬 선언
31
32      for (int i = 0; i < size.height; i++){
33          for (int j = 0; j < size.width; j++)
34          {
35              int x2 = (j - center.y) * (j - center.y);      // 중심점에서 계산
36              int y2 = (i - center.x) * (i - center.x);
37              float distance = sqrt(x2 + y2) ;
38              float w  = 1 / ( 1 + pow(distance/D , 2 * n) );  // 버터워즈 분포 수식
39              filter.at<Vec2f>(i, j) = Vec2f(w, w);
40          }
41      }
42      return filter;
43  }
44
45  int main()
46  {
47      Mat image = imread("../image/filter_test.jpg", 0);
48      CV_Assert(image.data);
49      Mat dft_coef, dft_img, filtered_mat1, filtered_mat2;
50      Mat gauss_spect, butter_spect;
51
52      FFT(image, dft_coef, dft_img);                          // FFT 수행 및 셔플링
53      Mat gauss_filter = getGausianFilter(dft_coef.size(), 30);   // 필터 생성
54      Mat butter_filter = getButterworthFilter(dft_coef.size(), 30, 4);
55
56      multiply(dft_coef, gauss_filter, filtered_mat1);      // 필터링 수행- 원소 간 곱셈
57      multiply(dft_coef, butter_filter, filtered_mat2);
58      log_mag(filtered_mat1, gauss_spect);                     // 주파수 스펙트럼 영상
```

```
59        log_mag(filtered_mat2, butter_spect);
60
61        imshow("image", image) ,
62        imshow("dft_img", dft_img);
63        imshow("gauss_lowpassed_spect", gauss_spect);              // 필터된 스펙트럼 영상
64        imshow("butter_lowpassed_spect", butter_spect);
65        imshow("gauss_lowpassed_img" , IFFT(filtered_mat1, image.size()));   // IFFT 환원 영상
66        imshow("butter_lowhpassed_img", IFFT(filtered_mat2, image.size()));
67        waitKey();
68        return 0;
69   }
```

| 설명 |

① 5, 7행에서 FFT(), IFFT() 함수는 이전 예제와 동일하기에 내용은 생략한다.

② 53, 54행은 반지름이 30인 가우시안 필터와 버터워스 필터를 생성한다. 이것은 중심에서 거리가 30픽셀 위치에서 필터 계수의 포물선이 만들어지도록 한다.

| 실행결과 |

실행결과에서 저주파 통과 필터링에서 보이던 물결무늬가 나타나지 않으며, 고주파 영역을 점진적으로 차단하기 때문에 결과 영상이 부드럽게 흐려지는 것을 볼 수 있다. 가우시안 필터와 버터워스 필터는 필터 계수의 포물선의 곡률에서 조금의 차이가 있을 뿐, 결과 영상에서 비슷하게 블러링(blurring)된 영상을 만든다.

다음은 FFT를 이용한 모아레 잡음을 제거하는 심화예제를 다루어 본다. 모아레(moire)란 두 개 이상의 주기적인 패턴이 겹쳐질 때 만들어지는 간섭 무늬를 지칭하는 말이다. 모아레 패턴을 쉽게 생성하는 방법으로 휴대폰 카메라로 모니터 화면을 찍으면 된다. 예제에서 관련 함수들을 모아서 헤더 파일(fft.hpp)을 구성한다.

심화예제 9.4.3 **모아레 제거 – fft.hpp**

```
01   Mat zeropadding(Mat img) { ... }
02   void log_mag(Mat complex_mat, Mat& dst) { ... }
03   void shuffling(Mat mag_img, Mat& dst) { ... }
04   void FFT(Mat image, Mat& dft_coef, Mat& spectrum_img) { ... }
05   Mat IFFT(Mat dft_coef, Size size) { ... }
```

심화예제 9.4.3 **모아레 제거 – remove_moire.cpp**

```
01   #include <opencv2/opencv.hpp>
02   using namespace cv;
03   using namespace std;
04
05   #include  "fft.hpp"                          // FFT 관련 사용자 정의 함수 포함
06
07   Mat        image, dft_coef, spectrum_img;
08   int        radius, thres = 120;
09
10   void remove_moire(int value, void* userdata)
11   {
12       Mat remove_mask, remv_dft_coef , spectrum_tmp;
13
14       // 주파수 제거 위한 마스크 생성
15       threshold(spectrum_img, remove_mask, thres, 255, THRESH_TOZERO_INV);
16       circle(remove_mask, remove_mask.size() / 2, radius, Scalar(255), -1);
17
18       dft_coef.copyTo(remv_dft_coef, remove_mask);
```

```
19          log_mag(remv_dft_coef, spectrum_tmp);              // 모아레 제거된 스펙트럼 영상
20
21          Rect img_rect(Point(0, 0), image.size());
22          imshow("모아레 제거", spectrum_tmp);
23          imshow("결과영상", IFFT(remv_dft_coef, img_rect));
24    }
25
26    int main()
27    {
28          image = imread("../image/mo3.jpg", 0);
29          CV_Assert(image.data);
30          FFT(image, dft_coef, spectrum_img);                // 푸리에 변환 수행
31          radius = dft_coef.rows / 4;                         // 중심 반지름
32
33          imshow("image", image);
34          imshow("모아레 제거",spectrum_img);
35          createTrackbar("반지름", "모아레 제거", &radius, 255, remove_moire);
36          createTrackbar("임계값", "모아레 제거", &thres , 255, remove_moire);
37          waitKey();
38          return 0;
39    }
```

| 설명 |

① 5행에서 푸리에 변환과 관련된 모든 함수를 모아서 fft.hpp 헤더 파일에 저장하여 include 시킨다.

② 10~24행은 두 개의 트랙바(주파수 피크 임계값, 중심 반지름)를 제어하는 콜백함수이다.

③ 15행은 cv::threshold() 함수로 주파수 스펙트럼 영상을 이진화해서 마스크를 생성한다. 'THRESH_TOZERO_INV' 옵션을 적용해서 임계값 이상인 피크들을 0으로 만든다.

④ 16행은 중심부분의 저주파 영역은 제거하지 않도록 마스크 행렬에 radius 크기로 흰색 원을 그린다. 옆의 그림과 같은 마스크가 생성된다.

⑤ 18행은 푸리에 계수(dft_coef)를 remv_dft_coef 행렬에 복사한다. 이때, remove_mask 행렬로 마스킹을 해서 저주파 영역은 그대로 복사하고, 고주파 영역에서는 피크만 제거한다.

⑥ 19행은 고주파 영역의 피크가 제거된 푸리에 계수로 주파수 스펙트럼 영상을 만든다.

⑦ 23행은 피크가 제거된 행렬(remv_dft_coef)로 푸리에 역변환을 수행해서 공간영역 영상으로 환원한다.

⑧ 35, 36행은 반지름과 임계값으로 두 개의 트랙바를 시스템에 등록한다.

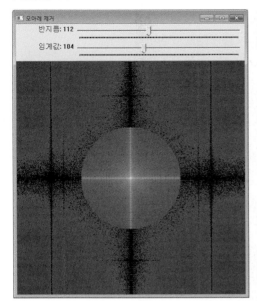

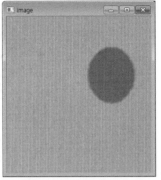

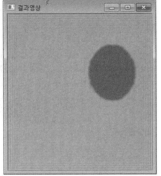

9.5 이산 코사인 변환

인터넷으로 검색을 하는 대부분의 사람들은 웹사이트를 통해서 무수히 많은 사진과 동영상을 접하게 될 것이다. 이렇게 사진과 동영상 등의 멀티미디어가 활용될 수 있는 환경은 영상 압축이라는 기술이 있었기에 가능한 일이다.

1974년 미국의 텍사스 대학(University of Texas)에서 라오 교수 팀이 이산 코사인 변환(DCT: Discrete Cosine Transform)이라는 새로운 직교변환에 관한 논문을 발표하면서, 이 멀티미디어 혁명이 시작되었다. 라오 팀은 영상 신호의 에너지 집중 특성이 뛰어나서 영상 압축에 효과적인 주파수 변환 방법을 찾는 것이 목표였고, 그 결과가 바로 DCT인 것이다.

이산 푸리에 변환(DFT)은 실수부에 코사인 함수가 곱해지며, 허수부에 사인 함수가 곱해져서 이루어진다. 반면 이산 코사인 변환(DCT: Discrete Cosine Transform)는 이산 푸리에 변환(DFT)에서 실수부만 취하고, 허수부분을 제외함으로써 코사인 함수만으로 구성된 직교 변환방법이다. 이를 이산 여현변환(離散 餘弦變換)이라고도 한다.

다음은 1차원 이산 코사인 변환의 수식이다.

$$F(k) = C(k) \cdot \sum_{n=0}^{N-1} g[n] \cdot \cos\left(\frac{(2n+1)k\pi}{2N}\right)$$

$$g[n] = \sum_{k=0}^{N-1} C(k) \cdot F(k) \cdot \cos\left(\frac{(2n+1)k\pi}{2N}\right)$$

$$단, k=0, \cdots, N-1, \quad C(k) = \begin{cases} \sqrt{\dfrac{1}{N}}, & \text{if } k=0 \\ \sqrt{\dfrac{2}{N}}, & \text{if } k \neq 0 \end{cases}$$

$F(k)$는 주파수 영역 신호이며, $g(k)$은 공간 영역의 신호이다.

$$F(k,l) = C(k) \cdot C(l) \cdot \sum_{n=0}^{N-1} \sum_{m=0}^{M-1} g[n,m] \cdot \cos\left(\frac{(2n+1)k\pi}{2N}\right) \cdot \cos\left(\frac{(2m+1)l\pi}{2M}\right)$$

$$g[n,m] = \sum_{k=0}^{N-1} \sum_{l=0}^{M-1} C(k) \cdot C(l) \cdot F(k,l) \cdot \cos\left(\frac{(2n+1)k\pi}{2N}\right) \cdot \cos\left(\frac{(2n+1)l\pi}{2M}\right)$$

$$단, k=0, \cdots, N-1, \quad C(k) = \begin{cases} \sqrt{\dfrac{1}{N}}, & \text{if } k=0 \\ \sqrt{\dfrac{2}{N}}, & \text{if } k \neq 0 \end{cases}$$

$$l=0, \cdots, M-1, \quad C(l) = \begin{cases} \sqrt{\dfrac{1}{N}}, & \text{if } l=0 \\ \sqrt{\dfrac{2}{N}}, & \text{if } l \neq 0 \end{cases}$$

DCT는 일반적으로 전체 영상을 한 번에 변환시키는 것이 아니라 영상을 작은 블록으로 나누어서 블록 단위로 수행한다. 이 블록의 크기를 키울수록 압축의 효율이 높아지지만, 변환의 구현이 어려워지고 속도도 느려진다. 일반적으로 8×8 크기가 성능과 구현 용이성 간에 상호보환(trade-off)되어 표준으로 사용된다.

다음은 2차원 영상에 2차원 DCT를 수행하는 예제이다. 8×8 블록으로 나누어서 각 블록마다 DCT를 수행하고, 변환된 DCT 계수에 역 DCT를 수행하여 원본 영상을 복원한다.

```cpp
01   #include <opencv2/opencv.hpp>
02   using namespace cv;
03   using namespace std;
04
05   Mat DCT_block(Mat g)                              // 블록 영역에 DCT 수행
06   {
07       Mat dst(g.size(), g.type());
08       int N = g.rows, M = g.cols;
09
10       for (int k = 0; k < N; k++) {                 // 결과 행렬(dst) 화소 조회
11           for (int l = 0; l < M; l++){
12               float sum = 0;
13               for (int n = 0; n < N; n++) {          // 입력블록 크기로 코사인 함수값 생성
14                   for (int m = 0; m < M; m++)
15                   {
16                       float theta1 = (float)(2 * n + 1) * k * CV_PI / (2 * N);
17                       float theta2 = (float)(2 * m + 1) * l * CV_PI / (2 * M);
18                       sum += g.at<float>(n,m) * cos(theta1) * cos(theta2);  // 누적
19                   }
20               }
21               float ck = (k) ? sqrt(2.0f / N) : sqrt(1.0f / N);
22               float cl = (l) ? sqrt(2.0f / M) : sqrt(1.0f / M);
23               dst.at<float>(k,l) = ck * cl * sum;    // 결과 행렬에 저장
24           }
25       }
26       return dst;
27   }
28
29   Mat IDCT_block(Mat f)                              // 블록 영역에 역DCT 수행
30   {
31       Mat dst(f.size(), f.type());
32       int N = f.rows, M = f.cols;
33
34       for (int n = 0; n < N; n++) {
35           for (int m = 0; m < M; m++) {
36               float sum = 0;
37               for (int k = 0; k < N; k++)    {
```

```
38                    for (int l = 0; l < M; l++)
39                    {
40                        float theta1 = (float)(2 * n + 1) * k * CV_PI / (2 * N);
41                        float theta2 = (float)(2 * m + 1) * l * CV_PI / (2 * M);
42
43                        float ck = (k) ? sqrt(2.0f / N) : sqrt(1.0f / N);
44                        float cl = (l) ? sqrt(2.0f / M) : sqrt(1.0f / M);
45                        sum += ck * cl * f.at<float>(k, l) * cos(theta1) * cos(theta2);
46                    }
47                }
48                dst.at<float>(n, m) = sum;              // 결과 행렬에 저장
49            }
50        }
51      return dst;
52  }
53
54  void DCT_2D(Mat img, Mat& dst, int N, int M , int dir )
55  {
56      dst = Mat(img.size(), CV_32F);
57      img.convertTo(img, CV_32F);
58      for (int bi = 0; bi < img.rows; bi += N) {
59          for (int bj = 0; bj < img.cols; bj += M)
60          {
61              Rect rect(Point(bj, bi), Size(M, N));   // 블록 크기 관심영역 사각형
62              Mat block = img(rect);                  // 관심영역 참조
63              Mat new_block = (dir==0) ? DCT_block(block) : IDCT_block(block);
64              new_block.copyTo(dst(rect));
65          }
66      }
67  }
68
69  int main()
70  {
71      Mat image = imread("../image/dct_test1.jpg", 0);
72      CV_Assert(image.data);
73
74      Mat  m_dct, m_idct;
75      DCT_2D(image, m_dct , 8, 8, 0);                 // 8x8 블록 DCT 변환
```

```
76        DCT_2D(m_dct, m_idct, 8, 8, 1);                    // 8x8 블록 IDCT 변환
77
78        Rect rect(0, 0, 8, 8);                             // 첫 블록 관심영역 사각형
79        cout << "첫 8x8 블록 원영상 화소" << endl;
80        cout << image(rect) << endl << endl;               // 첫 블록 출력
81        cout << "첫 8x8 블록 DCT 결과" << endl;
82        cout << m_idct(rect) << endl ;
83
84        m_idct.convertTo(m_idct, CV_8U);
85        imshow("image", image);
86        imshow("idct", m_idct);
87        waitKey();
88        return 0;
89   }
```

| 설명 |

① 5~27행은 블록 영상(N행, M열)에 DCT를 수행하는 함수 DCT_block()을 구현한다.

② 16, 17행은 DCT 수식에 따른 블록의 모든 화소에 대한 코사인 함수의 각도 계산이다.

③ 18행은 DCT 변환 수식에 따라서 곱하고 sum 변수에 누적한다.

④ 21, 22행은 k, l 값에 따라서 $c(k)$와 $c(l)$를 계산하여 지정한다.

⑤ 43, 44행은 k, l 값에 따라서 $c(k)$와 $c(l)$를 계산하여 지정한다.

⑥ 54행은 영상을 블록으로 나누어 블록단위로 DCT를 수행한다.

⑦ 61행은 각 블록을 분리하는 방법으로 관심영역 참조를 사용한다. 관심영역 사각형은 Point(bj, bi) 좌표에서 MxN 크기로 만든다.

⑧ 62행은 입력 영상에서 관심영역 참조로 각 블록을 가져와 block 행렬에 저장한다.

⑨ 63행은 dir 값이 0이면 DCT 정변환, 그렇지 않으면 DCT 역변환을 수행한다.

⑩ 64행은 변환 결과 블록(new_block)을 결과 행렬의 관심영역 참조 블록에 저장한다.

⑪ 75행은 DCT_2D() 함수로 image 행렬에 8x8크기의 DCT를 수행하고, m_dct 행렬에 반환한다. 마지막 인수(dir)가 0로 DCT 정변환이다.

⑫ 76행은 DCT_2D() 함수에 마지막 인수(dir)로 1을 지정해서 DCT 역변환을 한다.

⑬ 78~82행은 입력영상과 DCT 변환된 행렬 m_dct의 첫 번째 블록의 계수값을 출력한다.

```
C:\Windows\system32\cmd.exe
[ 57,   55,   48,   50,   47,   46,   43,   44;
  59,   56,   56,   52,   51,   49,   43,   42;
  47,   50,   53,   54,   52,   46,   46,   43;
  53,   51,   52,   55,   48,   33,   26,   35;
  56,   54,   52,   52,   46,   30,   16,   30;
  44,   48,   46,   44,   40,   33,   33,   38;
  38,   36,   35,   30,   25,   27,   37,   41;
  41,   39,   35,   30,   27,   30,   34,   39]

첫 8x8 블록 DCT 결과
[ 57,   55,   48,   50,   47,   46,   43,   44;
  59,   56,   56,   52,   51,   49,   43,   42;
  47,   50,   53,   54,   52,   46,   46,   43;
  53,   51,   52,   55,   48,   33,   26,   35;
  56,   54,   52,   52,   46,   30,   16,   30;
  44,   48,   46,   44,   40,   33,   33,   38;
  38,   36,   35,   30,   25,   27,   37,   41;
  41,   39,   35,   30,   27,   30,   34,   39]
```

실행결과는 전체 영상을 8×8블록으로 분리하고, 모든 블록에 대해서 DCT를 수행한다. 다만, 결과를 확인해 보기 위해 첫 블록의 DCT 계수만 출력해 본다. DCT 계수에서 첫 원소(DC 계수)가 가장 큰 값을 가지며, 고주파 영역(오른쪽 아래)으로 갈수록 0에 가까운 값을 가지는 것을 볼 수 있다.

8×8 크기의 한 블록을 DCT 변환하면 〈그림 9.5.1〉 같이 64개의 주파수 계수가 구성된다. (0, 0) 위치를 DC 계수라 하며, 나머지 계수들을 AC 계수라 한다. DC 계수는 공간 영역의 화소값의 평균에 해당하는 값으로서 에너지가 집중되어 있고, 영상의 주요 성분을 포함하고 있다.

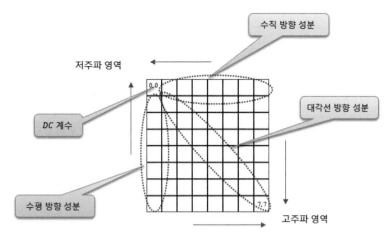

〈그림 9.5.1〉 forword DCT 변환 계수의 주파수 영역

그리고 각 주파수 계수는 영상의 밝기 변화 특성을 나타낸다. 왼쪽 상단으로 갈수록 저주파 영역이며, 오른쪽 하단으로 갈수록 고주파 영역이다. 저주파 영역으로 갈수록 밝기 변화가 적으며, 고주파 영역으로 갈수록 밝기 변화의 정도가 증가한다.

그러면 8×8 블록 계수의 값을 변경하면 어떻게 될까? 즉, 저주파 영역의 계수만을 남기고 나머지 계수들을 제거하고 역 DCT를 수행하면 어떻게 될까? 반대로 고주파 성분만을 남기면 어떻게 될까? 혹은 수평 방향, 수직방향, 대각선 방향의 한 성분만을 가져오면 어떤 영상이 만들어 질까? 바로 주파수 영역 필터링이 수행되는 것이다.

다음 예제에서 DCT를 이용해서 주파수 필터링을 수행해 보고자 한다. 8×8 크기의 계수에 대한 필터들은 〈그림 9.5.2〉와 같이 구성한다. 각 필터를 DCT 변환 계수에 곱해서 필터링을 수행하고, 역 DCT를 수행하면 주파수 영역 필터링이 완료된다.

1	0	0	0	0	0	0	0
0	0	0	0	0	0	0	0
0	0	0	0	0	0	0	0
0	0	0	0	0	0	0	0
0	0	0	0	0	0	0	0
0	0	0	0	0	0	0	0
0	0	0	0	0	0	0	0
0	0	0	0	0	0	0	0

getDCT_filter_dc()

1	1	1	1	1	1	1	1
0	0	0	0	0	0	0	0
0	0	0	0	0	0	0	0
0	0	0	0	0	0	0	0
0	0	0	0	0	0	0	0
0	0	0	0	0	0	0	0
0	0	0	0	0	0	0	0
0	0	0	0	0	0	0	0

getDCT_filter_hori()

1	0	0	0	0	0	0	0
1	0	0	0	0	0	0	0
1	0	0	0	0	0	0	0
1	0	0	0	0	0	0	0
1	0	0	0	0	0	0	0
1	0	0	0	0	0	0	0
1	0	0	0	0	0	0	0
1	0	0	0	0	0	0	0

getDCT_filter_verti()

1	1	1	1	0	0	0	0
1	1	1	1	0	0	0	0
1	1	1	1	0	0	0	0
1	1	1	1	0	0	0	0
0	0	0	0	0	0	0	0
0	0	0	0	0	0	0	0
0	0	0	0	0	0	0	0
0	0	0	0	0	0	0	0

getDCT_filter_low()

	1	1	1	1	1	1	1
1	1	1	1	1	1	1	1
1	1	1	1	1	1	1	1
1	1	1	1	1	1	1	1
1	1	1	1	1	1	1	1
1	1	1	1	1	1	1	1
1	1	1	1	1	1	1	1
1	1	1	1	1	1	1	1

getDCT_filter_high()

〈그림 9.5.2〉 필터의 구성

예제 9.5.2 DCT를 이용한 주파수 영역 필터링 - DCT_filtering.cpp

```
#include <opencv2/opencv.hpp>
using namespace cv;
using namespace std;

Mat DCT_block(Mat g) {  ...  }                          // 블록영상에 DCT 수행

Mat IDCT_block(Mat g) {  ...  }                         // 블록영상에 IDCT 수행

Mat getDCT_filter_dc(int N, int M)                      // DC 통과 필터 생성
{
     Mat filter(N, M, CV_32F, Scalar(0));
     filter.at<float>(0, 0) = 1;                        // DC 계수 원소

     return filter;
}

Mat getDCT_filter_hori(int N, int M)                    // 수평방향 통과 필터 생성
```

```
18   {
19         Mat filter(N, M, CV_32F, Scalar(0));
20         for (int i = 0; i < N; i++)
21               filter.at<float>( 0, i) = 1;
22
23         return filter;
24   }
25
26   Mat getDCT_filter_verti(int N, int M)              // 수직방향 통과 필터 생성
27   {
28         Mat filter(N, M, CV_32F, Scalar(0));
29         for (int i = 0; i < M; i++)
30               filter.at<float>(i, 0) = 1;
31
32         return filter;
33   }
34
35   Mat getDCT_filter_low(int N, int M)                // 저주파 통과 필터 생성
36   {
37         Mat filter(N, M, CV_32F, Scalar(0));
38         for (int i = 0; i < N/2 ; i++)
39               for (int j = 0; j < M/2 ; j++)
40                     filter.at<float>(j, i) = 1;
41
42         return filter;
43   }
44
45   Mat getDCT_filter_high(int N, int M)               // 고주파 통과 필터 생성 함수
46   {
47         Mat filter(N, M, CV_32F, Scalar(1));
48         filter.at<float>(0, 0) = 0;      filter.at<float>(0, 1) = 0;
49         filter.at<float>(0, 2) = 0;      filter.at<float>(1, 0) = 0;
50         filter.at<float>(1, 1) = 0;      filter.at<float>(2, 1) = 0;
51
52         return filter;
53   }
54
55   void DCT_filtering(Mat img, Mat filter, Mat& dst,  int N, int M)
```

```
56   {
57       dst = Mat(img.size(), CV_32F);
58       img.convertTo(img, CV_32F);
59
60       for (int bi = 0; bi < img.rows; bi += N) {          // 입력 영상 조회
61           for (int bj = 0; bj < img.cols; bj += M)
62           {
63               Rect rect(Point(bj, bi), Size(M, N));        // DCT 블록 사각형
64               Mat new_block = DCT_block(img(rect));        // 블록 참조 및 DCT 수행
65               multiply(new_block, filter, new_block);      // 곱을 통한 필터링 수행
66
67               IDCT_block(new_block).copyTo(dst(rect));     // 역DCT 및 반환행렬 저장
68           }
69       }
70       dst.convertTo(dst, CV_8U)
71   }
72
73   int main()
74   {
75       Mat image = imread("../image/dct_test2.jpg", 0);
76       CV_Assert(image.data);
77
78       Mat  dct_filter[5], dst[5];                          // 필터 및 결과 행렬 배열
79       dct_filter[0] = getDCT_filter_dc(8,8);
80       dct_filter[1] = getDCT_filter_hori(8, 8);
81       dct_filter[2] = getDCT_filter_verti(8, 8);
82       dct_filter[3] = getDCT_filter_low(8, 8);
83       dct_filter[4] = getDCT_filter_high(8, 8);
84
85       for (int i=0; i < 5; i++) {
86           DCT_filtering(image, dct_filter[i], dst[i], 8, 8);   // 블록 DCT 수행
87           if (i == 4)    dst[i] *= 5;                          // 영상 대비 증가
88           imshow("dst["+ to_string(i) +"]", dst[i]);
89       }
90       imshow("image", image);
91       waitKey();
92       return 0;
93   }
```

① 9~15행은 DC 계수만을 통과시키는 필터를 생성하는 getDCT_filter_dc()을 구현한다.

② 17~24행은 수평방향 성분만 통과시키는 필터를 생성하는 getDCT_filter_hori()을 구현한다. 필터 계수와 DCT 계수의 곱으로 필터링이 수행되기 때문에 1이면 통과, 0이면 차단이 된다. 그 사이 값들은 비율만큼 반영된다.

③ 35~43행은 필터 전체 영역에서 상단의 1/4 영역만 1로 지정해서 저주파 통과 필터를 생성한다.

④ 65행에서 cv::multiply() 함수로 DCT 계수와 필터 계수의 곱으로 필터링이 수행된다.

⑤ 67행은 블록에 역DCT를 수행한 반환행렬을 바로 결과 행렬의 해당 블록에 저장한다.

⑥ 79~83행은 필터 생성 함수로 각 필터를 생성한다.

⑦ 86행은 DCT_filtering() 함수에 각각의 필터로 필터링을 수행한다.

⑧ 87행에서 고주파 통과 필터링을 수행하면 경계부분만 값을 갖고 대부분의 화소가 0이 된다. 이 때문에 화소값에 5를 곱하여 영상대비를 증가시켜 경계부분을 명확히 보이도록 한다.

| 실행결과 |

실행 결과에서 'dst[0]'은 DC 계수값만 통과시키고, 모든 계수를 차단하여 0으로 만든 필터링이다. 그럼에도 원본 영상의 모습을 확인할 수 있을 정도로 DC 계수는 블록 전체를 대표하는 값으로 에너지가 집중되어 있다.

'dst[1]' 창은 수평계수 성분이 유지되기 때문에 수직으로는 원본 화소의 변화율과 같지만 영상 공간에서 수평으로는 흐려진다. 난로의 수평선 방향에 계단현상이 나타나 있다. 반대로, 'dst[2]' 창은 수직계수 성분이 유지되기 때문에 영상 공간에서 수직 방향으로 흐려진다. 난로의 수직 방향으로 계단 현상이 나타나 있다.

'dst[3]' 창은 저주파 통과 필터로 64개의 DCT 계수 중에 저주파 영역의 16개 계수만 통과시킨 것이다. 그럼에도 원본 영상과 크게 차이를 알 수 없을 정도로 화질이 좋다. 이것이 JPEG 압축에 사용될 수 있는 가장 큰 특징이다.

'dst[4]' 창은 저주파 영역 6개의 값을 차단하고, 나머지 고주파 영역을 통과시키는 필터링이다. 저주파 영역을 제외한 대부분의 계수를 통과시켰음에도 영상의 경계부분만이 나타난다.

다음은 DCT 변환 수식에서 코사인 함수 부분을 자세히 보자.

블록의 크기를 $N \times M$ 이라 할 때, 코사인 함수 부분이 블록의 한 화소에서 $N \times M$ 만큼 계산하고, 블록의 모든 화소에서 코사인 함수를 계산하게 되면, $O(N^2 \times M^2)$ 의 계산 복잡도가 된다. 그리고 원본 영상을 $N \times M$ 크기의 블록으로 나누어 모든 블록에 DCT를 수행한다. 따라서 DCT 변환의 전체 계산복잡도는 다음의 수식과 같다.

$$DCT \text{ 변환의 계산복잡도} = O(N^2 \times M^2 \times Total_{block})$$
$$Total_{block} = H_{block} \times W_{block}$$
$$H_{block} = \text{영상높이}/N$$
$$W_{block} = \text{영상너비}/M$$

예를 들어 512×512 영상에 8×8 블록으로 DCT를 수행하면, 한 블록의 DCT 복잡도가 $8^2 * 8^2 = 4,096$번이며, 전체 블록의 개수가 (512/8)*(512/8) = 4,096개이다. 따라서 16,777,216번의 코사인 함수를 계산해야 한다. 코사인 함수의 계산이 상대적으로 느리기 때문에 상당한 시간이 소요된다.

다행히 DCT 정변환과 역변환에서 코사인 함수 수식 부분이 동일하다. 또한 한 블록에 수행되는 모든 코사인 함수 값은 블록마다 반복적으로 사용된다. 따라서 다음의 calc_ cosine() 함수와 같이 블록에 사용되는 코사인 함수 값들을 미리 계산해서 행렬에 저장하는 방법을 사용할 수 있다.

```
Mat calc_cosine(int N, int M)
{
    Mat cos_mat(N*N, M*M , CV_32F);

    for (int k = 0; k < N; k++) {
        for (int l = 0; l < M; l++)
        {
            Point  idx(l*M, k*N);
            for (int n = 0; n < N; n++) {
                for (int m = 0; m < M; m++)
                {
                    float theta1 = (float)(2 * n + 1) * k * CV_PI / (2 * N);
                    float theta2 = (float)(2 * m + 1) * l * CV_PI / (2 * M);
                    cos_mat.at<float>(idx + Point(m, n)) = cos(theta1) * cos(theta2);
                }
            }
        }
    }
    return cos_mat;
}
```

$N^2 \times M^2$ 만큼을 반복하면서 DCT 변환 수식에 따라서 코사인 함수의 각도를 계산하고, 두 개 코사인 함수의 곱들로 저장해서 행렬을 구성한다. 전체 행렬에서 각 블록의 시작 좌표는 idx로 지정되며, 각 블록에서 Point(m, n)만큼이 이동한 좌표에 코사인 함수의 곱이 저장된다.

또한 DCT 변환 수식에서 정변환과 역변환은 입력 행렬과 결과 행렬의 좌표 인덱스만 다를 뿐 모두가 같은 것을 알 수 있다. 여기서 DCT_block() 함수와 IDCT_block() 함수는 다음의 DCT_block() 과 같이 하나의 함수로 구현이 가능하다.

```
Mat DCT_block(Mat g, Mat cos_mat, int dir)
{
    Mat dst(g.size(), g.type(), Scalar(0));
    int N = g.rows, M = g.cols;
    Vec2f     CK(sqrt(1.0f / N), sqrt(2.0f / N));
    Vec2f     CL(sqrt(1.0f / M), sqrt(2.0f / M));

    for (int k = 0; k < N; k++) {
        for (int l = 0; l < M; l++)
        {
            float ck = (k) ? CK[1] : CK[0];
            float cl = (l) ? CL[1] : CL[0];
            Point idx(l*M, k*N);
            for (int n = 0; n < N; n++) {
                for (int m = 0; m < M; m++)
                {
                    float cos_value = cos_mat.at<float>(idx + Point(m, n));
                    float coef = (dir==0) ? g.at<float>(n, m) : g.at<float>(k, l);

                    if (dir==0) dst.at<float>(k, l) += ck * cl * coef * cos_value;    // 정변환
                    else        dst.at<float>(n, m) += ck * cl * coef * cos_value;    // 역변환
                }
            }
        }
    }
    return dst;
}
```

세 번째 인수인 dir에 따라서 정변환과 역변환을 구분하며, 입력 행렬의 계수 인덱스도 달라진다. 정변환일 때에는 n행, m열의 계수를 가져오고, 역변환일 때에는 k행, l열의 계수를 가져온다. 또한 결과 행렬에 저장할 때에도 정변환일 때에는 k행, l열 원소에 누적하여 저장하고, 역변환일 때 n행, m열 원소에 누적하여 저장한다.

다음은 DCT 변환의 수행 속도를 빠르게 하기 위해 calc_cosine() 함수를 적용하고, DCT_block()과 IDCT_block() 함수를 통합하여 하나의 함수로 만들어서 DCT 변환과 역변환을 수행하는 예제이다.

추가로 속도 비교를 위해 사용한 DCT_block(), IDCT_block(), DCT_2D() 함수는 앞 예제의 구현 내용을 그대로 가져와서 사용하였다. 이 함수들도 실행을 위해서는 포함해야 한다.

심화예제 9.5.3   고속 코사인 변환 – DCT_fast.cpp

```cpp
01  #include <opencv2/opencv.hpp>
02  #include <time.h>                                        // time() 함수 사용위해
03  using namespace cv;
04  using namespace std;
05
06  Mat calc_cosine(int N, int M) {    ...    }               // 코사인 값 행렬 계산
07
08  Mat DCT_block(Mat g, Mat cos_mat, int dir) {  ... }       // 블록 DCT 변환 및 역변환
09
10  void DCT_2D_fast(Mat img, Mat& dst, int N, int M, int dir)   // DCT 고속 수행
11  {
12      dst = Mat(img.size(), CV_32F);
13      img.convertTo(img, CV_32F);
14      Mat cos_mat = calc_cosine(N, M);
15
16      for (int bi = 0; bi < img.rows; bi += N) {            // 입력 영상 조회
17          for (int bj = 0; bj < img.cols; bj += M)
18          {
19              Rect rect(Point(bj, bi), Size(M, N));         // 블록 사각형
20              Mat block = img(rect);                        // 블록 참조
21              Mat new_block = DCT_block(block, cos_mat, dir);  // 블록DCT 수행
22              new_block.copyTo(dst(rect));
23          }
24      }
25  }
26
27  int main()
28  {
29      Mat image = imread("../image/dct_test1.jpg", 0);
30      CV_Assert(image.data);
31      Mat  m_dct, m_idct;
32
33      clock_t start = clock();                              // 수행시간 체크
34      DCT_2D(image, m_dct, 8, 8, 1);                        // DCT 정변환
```

```
35        DCT_2D(m_dct, m_idct, 8, 8, 0);                                    // DCT 역변환
36        printf("normal DFT + IDFT 시간 %5.1f ms\n", (double)(clock() - start));
37
38        m_idct.convertTo(m_idct, CV_8U);                                   // 형변환
39        imshow("m_idct1", m_idct);
40
41        start = clock();
42        DCT_2D_fast(image, m_dct, 8, 8, 1);
43        DCT_2D_fast(m_dct, m_idct, 8, 8, 0);
44        printf(" fast  DFT + IDFT 시간 %5.1f ms\n", (double)(clock() - start));
45
46        m_idct.convertTo(m_idct, CV_8U);
47        imshow("m_idct2", m_idct);
48        waitKey();
49        return 0;
50  }
```

| 설명 |

① 6행은 64x64 크기의 코사인 함수 값을 계산하여 행렬로 반환한다.

② 8행은 세번째 인수(dir)에 따라서 정변환과 역변환을 하나의 함수로 구현하는 DCT_block() 함수이다. 미리 계산된 코사인 값 행렬을 인수로 입력한다.

③ 10~25행은 DCT 변환과 역변환을 고속으로 수행하는 DCT_2D_fast() 함수를 구현한다.

④ 14행에서 calc_cosine() 함수로 코사인 값 행렬 cos_mat을 미리 계산한다.

⑤ 21행에서 DCT_block() 함수를 호출할 때, dir 인수에 따라서 DCT 정변환과 역변환이 지정되며, 미리 계산된 코사인 값 행렬을 가져간다.

⑥ 33, 41행에서 수행시간을 체크하기 위해 시간 값을 저장한다.

⑦ 36, 44행은 기본 DCT 변환과 역변환에 대한 수행시간 및 빠른 DCT변환과 역변환의 수행시간을 출력한다.

| 실행결과 |

```
C:\Windows\system32\cmd.exe
normal DCT + IDCT 시간 289.0 ms
 fast  DCT + IDCT 시간  46.0 ms
계속하려면 아무 키나 누르십시오 . . .
```

실행결과에서 기본 DCT_2D()는 약 289.0 ms가 소요된 반면, DCT_2D_fast()는 약 46.0ms가 소요되어 약 6배 정도 속도 차이가 나는 것을 확인 할 수 있다.

| 단원 요약 |

1. 신호처리에서 주파수라는 말은 1초 동안에 진동하는 횟수라 정의한다. 영상 처리에서는 화소 밝기의 변화의 정도를 말한다. 이를 공간 주파수라 하며, 공간 주파수는 밝기가 얼마나 빨리 변화하는가에 따라서 고주파와 저주파 영역으로 분류한다.

2. 주기를 갖는 신호는 여러 개의 사인 및 코사인 함수들로 분리할 수 있다. 분리된 신호들을 기저 함수라 하며, 기저 함수에 곱해지는 값을 주파수 계수라 한다.

3. 신호를 주파수로 변환하는 것은 각 주파수의 기저 함수들에 대한 계수를 찾는 것이다. 또한 주파수 영역에서의 역변환은 각 기저함수와 그 계수들로 부터 원본 신호를 재구성하는 것이다.

4. 푸리에 변환을 수행하면 복소수의 결과가 생성되며, 이것을 영상으로 확인하기 위해서는 복수소의 실수부와 허수부를 벡터로 간주하여 벡터의 크기(magnitude)를 구한다. 이것을 주파수 스펙트럼이라 한다.

5. DFT 주파수 스펙트럼 영상은 저주파 영역이 영상의 모서리 부분에 위치하고, 고주파 부분이 중심부에 있어서 해당 주파수 영역에서 처리가 어렵다. 이 문제는 셔플링 (shuffling)을 통해서 1사분면과 3사분면의 영상을 맞바꾸고, 2사분면과 4사분면의 영상을 맞바꿈으로서 해결할 수 있다.

6. 고속 푸리에 변환은 기저 함수의 계산 과정에서 삼각함수의 주기성을 이용해 작은 단위로 반복적으로 분리하여 수행하고 이를 합치도록 하여 효율성을 높이는 방법이다. 분리된 신호들을 섞는 스크램블과 두 개 원소 신호로 분리하며 누적하는 버터플라이 과정을 거쳐서 수행된다.

7. 고속 푸리에 변환은 신호를 두개의 원소로 연속적으로 분리해야하기 때문에 신호의 길이가 2의 자승이 되어야 한다. 이로 인해서 영상의 크기가 2의 자승으로 확장된 영역에 0의 값을 지정하는 영삽입의 과정을 거쳐야한다.

8. 주파수 영역에서 필터링 과정은 변환 계수에 필터 행렬을 원소 간(element-wise)에 곱하여 수행된다. 그리고 필터링된 푸리에 변환 계수를 역변환함으로써 다시 공간영역의 영상으로 만들 수 있다.

9. 푸리에 변환된 주파수 영역에서 필터링의 방법으로 고주파 통과 필터와 저주파 통과 필터링이 있다. 또한 필터의 계수를 점진적으로 변화시켜서 결과 영상의 화질을 개선하는 버터워스 필터링과 가우시안 필터링도 있다.

10. 이산 코사인 변환은 이산 푸리에 변환(DFT)에서 실수부만 취하고, 허수부분을 제외함으로서 코사인 함수만으로 구성된 직교 변환방법이다. 영상 신호의 에너지 집중 특성이 뛰어나서 영상 압축에 효과적이다.

연습문제

1. 주파수 변환 영역의 처리 과정에서 대해서 간략히 기술하시오.

2. 영상에서 저주파 공간 영역과 고주파 공간 영역에 대해서 아는 대로 설명하시오.

3. 2차원 DFT를 수행하는 과정에 대해서 설명하시오.

4. DFT 수행 과정에서 셔플링(shuffling)은 무엇이며, 왜 사용하는지를 설명하시오

5. DFT 수행 과정에서 복소수인 계수들을 주파수 스펙트럼 영상으로 표시하는 과정을 소스 코드로 작성하고 설명하시오.

6. 고속 푸리에 변환의 빠른 속도가 가능한 이유를 설명하시오.

7. FFT 알고리즘에서 영삽입(zero-padding)이 무엇이며, 왜 사용하는지를 설명하시오.

8. FFT에서 버터플라이 알고리즘에 대해서 설명하시오.

9. 주파수 영역에서 필터링 방법에 대해서 설명하고, 이것이 가능한 이유를 설명하시오.

10. 이산 코사인 변환의 계수에서 각 계수 부분의 주파수 특성을 적으시오.

11. 2의 자승 크기가 아닌 영상에 FFT 수행하여 주파수 스펙트럼 영상을 출력하시오.

12. 11번 문제의 스펙트럼 영상에서 IFFT로 환원하여 결과 영상을 출력하시오. 여기서 영삽입이 있는 영상과 제거된 영상을 모두 출력하시오.

13. 주파수 영역 필터링에서 중간 주파수 대역만을 통과시키도록 필터를 생성해서 필터링을 수행하는 프로그램을 작성하시오.

14. 13번 문제를 두 개의 트랙바를 이용해서 중간 주파수 대역을 변경할 수 있도록 프로그램을 작성하시오.

15. 다음은 버터워즈 고주파 통과 필터의 원소를 구성하는 수식이다. 이 수식을 참고해서 필터를 생성하는 함수를 구현하고, 버터워즈 고주파 통과 필터링을 구현하시오.

$$f(x, y) = \frac{1}{1 + \left(\dfrac{R}{\sqrt{dx^2 + dy^2}}\right)^{2n}}, \qquad \begin{aligned} dx &= x - center.x \\ dy &= y - center.y \\ R &: \text{주파수 차단 반지름} \end{aligned}$$

16. 이산 코사인 변환을 수행하는 함수를 작성하여 8x8블록으로 DCT를 수행하고 IDCT를 통해 원본 영상으로 환원하는 프로그램을 작성하시오.

17. OpenCV의 cv::dct() 함수를 이용해서 8x8블록으로 DCT와 IDCT를 수행하는 프로그램을 작성하시오.

18. 이산 코사인 변환 함수를 DCT_2D_fast() 함수를 이용하고, DCT_filtering() 함수를 수정해서 저주파 통과 필터링을 수행하는 코드를 작성하시오.

CHAPTER 10

영상 분할 및 특징 처리

와핑과 모핑 – 영상 특수효과

영화에서도 영상 처리의 많은 기술들이 사용된다. 예로서, 〈터미네이터〉에서 사람 모습이 변하여 금속 덩어리로 바뀌는 모습, 〈구미호(九尾狐)〉에서 여자가 여우로 변신하는 모습, 〈불멸의 이순신〉에서 배들의 수를 많아 보이게 하는 방법과 실제로 빠르게 날아가서 볼 수 없는 대포알을 볼 수 있게 처리하는 방법 등 많은 부분이 컴퓨터그래픽스라는 이름으로 처리되지만 영상 처리의 일종이다.

영상의 화소의 이동을 기하학적 이동과는 달리 화소별로 이동을 다르게 하여 영상을 다른 모양으로 왜곡시키는 와핑(warping), 동영상이나 애니메이션에서 한 모양을 연속된 변환들을 통해 다른 모양으로 서서히 바꾸는 특수효과인 모핑(morphing) 등 다양한 기술들이 있다. 영상 처리 기술을 사용하여 신비한 모나리자의 미소를 화난 모나리자, 웃는 모나리자로 바꿀 수 있다. 또한 미녀를 무서운 사자로 변신하게도 할 수 있다. 영상 처리의 응용은 다양하다.

10
영상 분할 및 특징 처리

이 장에서는 영상 처리 및 컴퓨터 비전 응용에서 자주 사용되는 알고리즘들에 대해서 기술한다.

특징점 추출 방법 중에 직선을 검출하는 허프 변환, 객체 추적이나 영상 매칭에 사용되는 코너 검출기법, k-최근접 분류기 및 숫자 인식에 그 용용, 그리고 영화나 광고들에 사용될 수 있는 영상 워핑과 모핑 등을 살펴본다.

10.1 허프 변환

디지털 영상에서 특징들 중에 하나인 기하학적인 요소들을 검출하는 것은 기본적인 작업 중에 하나이다. 특히, 직선 검출은 영상 내에서 공간 구조를 분석하는데 유용한 도구가 되어 영상 처리와 컴퓨터 비전(computer vision) 분야에서 많은 연구가 되고 있다.

예를 들어, 〈그림 10.1.1〉의 (a)와 같이 차선 및 장애물 자동인식 시스템에서 자동차가 차선을 벗어나지 않게 하기 위해 차선 검출이 필요하다. 또한 요즘 스마트폰에서 스캐너의 기능을 대신해 주는 앱들이 많이 있다. 이 앱들은 〈그림 10.1.1〉의 (b)와 같이 객체에서 네 개 꼭지점으로 왜곡을 보정하기 위해 네 개 모서리를 이용하는데, 이 네 개 모서리를 인식하는 방법으로 보통 직선 검출을 이용한다.

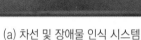

| (a) 차선 및 장애물 인식 시스템 | (b) Tiny Scanner 앱 |

〈그림 10.1.1〉 직선 검출의 활용

직선 검출 방법 중에서 가장 널리 사용되고 있는 것이 허프 변환(Hough transform)이다. 허프 변환은 영상 내의 선, 원뿐만 아니라 임의의 형태를 지닌 물체를 감지해 내는 대표적인 기술로서 데이터 손실 및 왜곡이 포함된 영상에서도 직선을 잘 추출한다.

10.1.1 허프 변환의 좌표계

허프 변환은 다음의 수식과 같이 직교 좌표계로 표현되는 영상의 에지 점들을 오른쪽 식의 극 좌표계로 옮겨, 검출하고자 하는 물체의 파라미터(ρ, θ)를 추출하는 방법이다.

$$y=ax+b \quad \leftrightarrow \quad \rho=x\cdot\cos\theta+y\cdot\sin\theta$$

직교 좌표계에서는 수직선일 경우에 기울기가 무한대가 될 수 있으며, 검출되는 직선의 간격이 동일하지 않아서 검출 속도와 정밀도에서 문제가 될 수 있다. 반면, 극 좌표계를 사용하면, 직선이 원점에서 떨어진 수직 거리(ρ)와 이 수직선이 x축과 이루는 각도(θ)를 이용해서 직선을 표현할 수 있다. 또한 직선의 수직거리와 각도를 일정한 간격으로 검출함으로서 정밀한 직선 검출이 가능하다.

직교 좌표계에서 하나의 직선상에 놓인 좌표들을 허프 변환 좌표계로 표시하면 〈그림 10.1.2〉와 같다. 직선 A상에 검출된 3개의 지점 a_1, a_2, a_3 가 있다고 가정하자. 먼저, 직선

A는 $\rho_1 = x \cdot \cos \theta_1 + y \cdot \sin \theta_1$ 로 표현할 수 있다. 이 수식에 따라서 직선 A는 허프 변환 좌표계에서 한 점 (ρ_1, θ_1)의 좌표로 나타난다. 또한 영상 좌표에서 3개의 지점(a_1, a_2, a_3)은 허프 변환 좌표(ρ_1, θ_1)를 같이 공유한다.

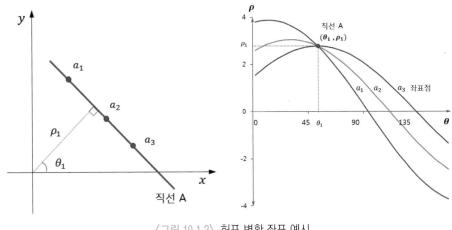

〈그림 10.1.2〉 허프 변환 좌표 예시

또한 직교 좌표계에서 한 점은 허프 변환 좌표계에서는 곡선으로 표현된다. 즉, a_1 좌표에서 그려질 수 있는 수많은 직선이 존재하며, 많은 ρ_i, θ_j로 표현되어, 결과적으로 〈그림 10.1.2〉의 (b)에서 a_1 곡선을 이룬다.

10.1.2 허프 변환의 전체 과정

이제 허프 변환을 구현해 보자. 허프 변환은 다음과 같은 세부적인 과정을 거쳐서 수행된다.

---

1. 허프 변환 좌표계에서 행렬 구성
2. 영상 내 모든 화소의 직선 여부 검사
3. 직선 인지 좌표에 대한 허프 변환 누적 행렬 구성
4. 허프 누적 행렬의 지역 최대값 선정
5. 임계값 이상인 누적값(직선) 선별
6. 직선(ρ_i, θ_j)을 누적값 기준으로 내림차순 정렬

먼저, 영상의 크기에 맞게 허프 변환 좌표계를 위한 행렬을 구성한다. 이 행렬은 검출된 직선을 좌표(ρ, θ)로 표시해서 값을 누적하기 위한 것이다. ρ는 $-\rho_{max}$에서 $+\rho_{max}$까지의 범위를 가지고, θ는 $0 \sim \pi$까지의 범위를 가지며, 다음의 수식으로 계산된다. 여기서 $height, width$는 원본 영상의 크기이며, acc_h, acc_w은 허프 누적 행렬의 크기이다.

$$-\rho_{max} \leq \rho \leq \rho_{max}, \quad \rho_{max} = height + width, \quad acc\_h = \frac{\rho_{max} * 2}{\Delta \rho}$$
$$0 \leq \theta \leq \theta_{max}, \quad \theta_{max} = \pi, \quad\quad\quad acc\_w = \frac{\pi}{\Delta \theta}$$

따라서 허프 행렬의 크기는 거리 간격($\Delta \rho$)과 각도 간격($\Delta \theta$)에 따라 조절되며, 거리 간격과 각도 간격이 작을수록 행렬의 크기가 커져서 해상도가 높아진다. 예를 들어서 각도 간격을 2도로 하면, 가로(θ) 방향으로 90개의 원소가 필요하며, 1도 간격으로 하면, 180개의 원소가 필요하다.

10.1.3 허프 누적 행렬 구성

다음으로 영상 내의 모든 좌표에서 직선인지 여부를 점검한다. 허프 변환에 입력되는 영상은 먼저 이진화나 모폴로지와 같은 다양한 전처리를 수행하여 잡음을 제거하고 직선 성분을 검출한다. 일반적으로 캐니 에지 검출과 같이 이진 영상을 허프 변환의 입력 영상으로 사용한다. 따라서 입력 영상에서 0 보다 큰 화소를 직선으로 간주한다.

다음의 hough_coord() 함수는 영상 공간에서 직선으로 인지된 좌표(x, y)를 허프 변환 좌표계로 변환하여 곡선을 구성하는 알고리즘이다.

```cpp
void   hough_coord(Mat image,  Mat& acc_mat, double rho, double theta)
{
    int   acc_h = (image.rows + image.cols) * 2 / rho;      // 누적행렬 높이
    int   acc_w = CV_PI / theta;                            // 누적행렬 너비
    acc_mat = Mat (acc_h, acc_w, CV_32S, Scalar(0));        // 허프 누적행렬

    for (int y = 0; y < image.rows; y++) {                  // 입력화소 조회
        for (int x = 0; x < image.cols; x++)            {
            Point pt(x, y);                                // 조회 좌표
            if (image.at<uchar>(pt) > 0)                   // 직선 여부 검사
```

```
        {
                for (int t = 0; t < acc_w; t++)      // 0~180도 반복
                {
                        double radian = t * theta;
                        float r = pt.x * cos(radian) + pt.y * sin(radian);
                        r = cvRound(r / rho + acc_mat.rows / 2);
                        acc_mat.at<int>(r, t)++;                    // (ρ, θ) 좌표에 누적
                }
        }
    }
}
```

입력 영상의 좌표를 조회하는 2중 반복문 내에서 화소값이 0보다 크면 직선으로 인지한다. 직선으로 인지되면, 다시 0~acc_w까지의 반복문을 구성하고, 각도 간격($\Delta\theta$)만큼 증가한다. 즉 0~180도까지 증가한다. 이 과정에서 입력된 좌표(pt)의 x, y와 각도(θ_t)를 허프 변환 수식에 대입해서 ρ_t를 계산한다. 거리와 각도를 좌표로 사용해 허프 누적행렬의 해당 원소값을 1 증가한다.

결과적으로 입력 영상의 직선 좌표에서 0~180를 회전하며 허프 변환 수식의 거리와 각도로 좌표를 구성하고, 허프 누적행렬의 원소에 누적을 수행한다.

〈그림 10.1.3〉은 3개의 좌표가 있는 에지 영상으로 허프 누적행렬을 구성한 예이다. 영상에서 3개 좌표에 대해서 허프 누적행렬은 3개의 곡선이 구성된다. 3개 곡선이 겹치는 좌표(ρ_{t1}, θ_{t1})에서 누적값이 3으로 가장 많다. 또한 이 ρ_{t1}, θ_{t1} 좌표는 영상의 3점을 잇는 직선이 된다.

따라서 허프 누적행렬에서 원소의 값이 특정값 이상인 좌표들을 검색하면, 특정값 이상인 길이를 갖는 직선들을 ρ_t, θ_t 좌표로 찾을 수 있다. 또한 이 좌표로 허프 변환 수식을 다음과 같이 변경하여 직선을 구성할 수 있다.

$$\rho = x \cdot \sin\theta + y \cdot \cos\theta \quad \rightarrow \quad y = -\frac{\cos\theta}{\sin\theta}x + \frac{\rho}{\sin\theta}$$

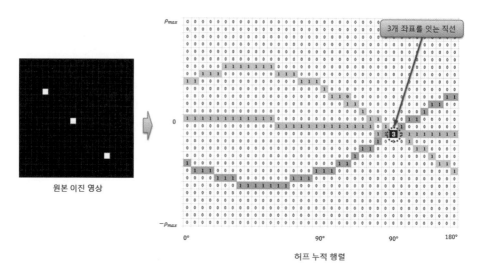

원본 이진 영상

허프 누적 행렬

〈그림 10.1.3〉 영상의 한 점에 대한 허프 누적 행렬 구성

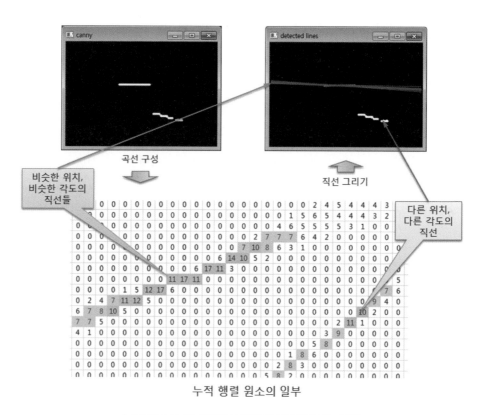

〈그림 10.1.4〉 한 지점에서 여러 직선이 검출되는 문제

10.1.4 허프 누적 행렬의 지역 최대값 선정

계산된 누적행렬에서 좌표들을 반환받으면 〈그림 10.1.4〉와 같이 한 곳에 비슷한 직선이 여러 개 선택되어 반환될 수 있다. 이럴 경우에 정확한 하나의 직선을 찾지 못하게 된다. 또한 비슷한 위치, 비슷한 각도에서 여러 개의 직선이 검출되어서 다른 지점에 있는 직선들을 검출하지 못할 수도 있다.

이 문제를 해결하는 방법으로 마스크를 이용하는 방법이 있다. 허프 누적행렬을 작은 블록으로 나누고 각 블록에서 가장 큰 값만을 유지시키고 나머지 값은 제거하는 것이다. 여기서 나누어진 블록을 마스크(mask)라고 부르며, 마스크 내에서 가장 큰 값을 지역 최대값(local maxima)이라 한다.

다음은 〈그림 10.1.5〉의 허프 누적행렬에 3×7 크기의 마스크를 적용하여 지역 최대값을 구한 예이다. 두 개의 점선 사각형으로 마스크를 표시해서 예시로 나타내었다. 누적행렬 좌상단의 예시1은 17이 가장 큰 값으로 유지되고, 마스크 주위의 나머지 값은 0으로 제거된다. 또한 우하단의 예시2는 11이 가장 큰 값으로 주위의 9, 10이 제거된다. 이렇게 함으로써 비슷한 위치의 직선을 하나만 검출해서 직선 검출의 정확도를 높일 수 있다.

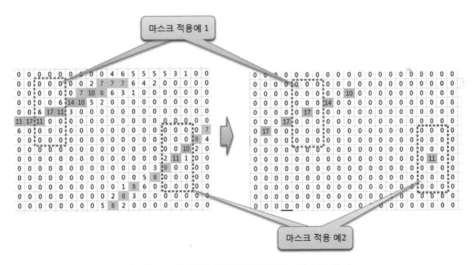

〈그림 10.1.5〉 지역 최대값을 적용하는 마스크 예시

다음은 허프 누적행렬에서 마스크 내의 지역 최대값만을 유지시키는 함수 acc_mask()를 구현한 것이다.

```
01   void acc_mask(Mat acc_mat, Mat& acc_dst, Size size, int thresh)
02   {
03       acc_dst = Mat(acc_mat.size(), CV_32S, Scalar(0));
04       Point  h_m = size / 2;                              // 마스크 크기 절반
05
06       for (int r = h_m.y ; r < acc_mat.rows - h_m.y; r++){   // 누적행렬 조회
07           for (int t = h_m.x; t < acc_mat.cols - h_m.x; t++)
08           {
09               Point center = Point(t, r) - h_m;
10               int c_value = acc_mat.at<int>(center);         // 중심화소
11               if (c_value >= thresh)
12               {
13                   double maxVal = 0;
14                   for (int u = 0; u < size.height ; u++){    // 마스크 범위 조회
15                       for (int v = 0; v < size.width; v++)
16                       {
17                           Point start = center + Point(v, u) ;
18                           if (start != center && acc_mat.at<int>(start) > maxVal )
19                               maxVal = acc_mat.at<int>(start);
20                       }
21                   }
22
23                   Rect rect(center, size);
24                   if (c_value >= maxVal)                     // 중심화소가 최대값이면
25                   {
26                       acc_dst.at<int>(center) = c_value; // 반환행렬에 중심화소값 저장
27                       acc_mat(rect).setTo(0);
28                   }
29               }
30           }
31       }
32   }
```

| 설명 |

① 14~21행은 마스크 범위의 누적행렬 원소를 조회하면서 최대값을 maxVal에 저장한다.

② 18, 19행은 최대값 구하는 소스 공식이다. 단, 중심화소는 비교 대상화소이기 때문에 최대값 선정에서 제외한다.

③ 24행은 중심화소가 최대값이면 결과 행렬(acc_dst)에 중심화소 값만 저장한다.

④ 27행은 허프 누적행렬에서 마스크 범위 모든 원소를 0으로 만든다. 이것은 최대값인 누적행렬 원소가 다음 마스크 범위의 최대값 계산에 영향이 없도록 하기 위함이다.

10.1.5 임계값 이상인 누적값(직선) 선별

이제 직선들을 가져와 보자. 다음의 thres_lines() 함수는 중복이 제거된 누적행렬의 원소 중에서 임계값보다 큰 값을 선별하여 직선들을 lines 행렬에 저장한다. 여기서 하나의 직선은 3개 원소로 저장한다. 누적행렬의 좌표(r, t)를 수직거리(rho)와 각도(radian)로 계산하여 두 개의 원소를 구성하고, 세 번째 원소로 누적값(value)을 저장한다. 또한 Matx13f 형으로 선언하여 간편하게 초기화한다.

```cpp
void thres_lines(Mat acc_dst, Mat& lines, double _rho, double theta, int thresh)
{
    for (int r = 0; r < acc_dst.rows; r++) {
        for (int t = 0; t < acc_dst.cols; t++)
        {
            float value = (float)acc_dst.at<int>(r, t);            // 누적값
            if (value >= thresh)                                   // 직선 길이 임계값
            {
                float rho = (float)((r - acc_dst.rows / 2) * _rho);  // 수직거리
                float radian = (float)(t * theta);                 // 각도

                Matx13f line(rho, radian, value);                  // 단일 직선
                lines.push_back((Mat)line);                        // lines 행렬에 직선 저장
            }
        }
    }
}
```

10.1.6 직선을 누적값 기준으로 내림차순 정렬

다음은 선별된 직선들 중에서 긴 직선이 먼저 선택되도록 하기 위해서 누적값이 큰 직선부터 저장해야 한다. 이것은 직선들(line)을 누적값 기준으로 내림차순 정렬함으로써 쉽게 구현할 수 있다. 정렬 알고리즘은 직접 구현하지 않고, OpenCV에서 제공하는 cv::sortIdx() 함수를 이용하여 다음의 sort_lines() 함수로 구현한다. cv::sortIdx() 함수는 행렬 원소

를 정렬하고, 정렬 원소의 원본 인덱스를 반환한다.

```cpp
void sort_lines(Mat lines, vector<Vec2f>& s_lines )
{
    Mat acc = lines.col(2), idx;                              // 누적값
    sortIdx(acc, idx, SORT_EVERY_COLUMN + SORT_DESCENDING);

    for (int i = 0; i < idx.rows; i++)
    {
        int id = idx.at<int>(i);                             // 정렬 원소에 대한 원본 인덱스
        float rho = lines.at<float>(id, 0);                  // 0번 열 - 수직거리
        float radian  = lines.at<float>(id, 1);              // 1번 열 - 각도
        s_lines.push_back( Vec2f(rho,radian));
    }
}
```

앞서 thres_lines() 함수에서 반환받은 직선들(lines)은 수직거리, 각도, 누적값이 저장된 행렬이다. 이 행렬에서 2번열(0번 열부터 시작)이 누적값들이기 때문에 Mat::col() 함수로 2번 열만 가져와 acc 행렬에 저장한다. 그리고 cv::sortIdx() 함수로 acc 행렬을 행단위 내림차순(SORT_EVERY_COLUMN + SORT_DESCENDING) 정렬을 한다. 그러면 두 번째 인수(idx)로 정렬값에 대한 원본 인덱스가 반환가 때문에 idx에 내림차순으로 정렬된 원본 인덱스가 저장된다.

idx 행렬의 전체 원소를 조회해서 원본 인덱스를 id에 저장한다. 그리고 원본 인덱스(id)로 lines 행렬(직선들)에서 한 원소를 가져온다. 여기서 lines 행렬에서 0번 열이 수직거리(rho)이며, 1번 열이 각도(radian)이다. 그리고 수직거리와 각도를 Vec2f형으로 선언해서 s_lines 벡터에 추가한다. 그러면 s_lines 벡터에 누적값에 따라서 내림차순으로 정렬된 직선 좌표가 저장된다.

10.1.7 최종 완성 프로그램

다음 예제는 허프 변환을 수행해서 직선을 검출하고, 영상에 직선을 그리는 전체 소스이다. 앞서 설명한 이론에 따라 직접 구현한 함수 houghLines()과 OpenCV에서 제공하는 cv::HoughLines()의 사용법을 예시한다.

```
01   #include <opencv2/opencv.hpp>
02   using namespace cv;
03   using namespace std;
04
05   void  hough_coord(Mat acc_mat, double rho, double theta, Point pt) {  .. }   // 누적행렬
06
07   void acc_mask(Mat acc_mat, Mat& acc_dst, Size size , int thresh) {  ...  }   // 지역최대값
08
09   void sort_lines(Mat acc_dst, vector<Vec2f>& s_lines, double rho, double theta, int thresh)
10   {  ...  }                                                    // 직선 정렬
11
12   void houghLines(Mat src, vector<Vec2f>& s_lines, double rho, double theta, int thresh)
13   {
14       Mat   acc_mat, acc_dst;
15       hough_coord(src, acc_mat, rho, theta);                   // 허프 누적 행렬 계산
16       acc_mask(acc_mat, acc_dst, Size(3, 7), thresh);          // 마스킹 처리
17
18       thres_lines(acc_dst, lines, rho, theta, thresh);         // 직선 가져옴
19       sort_lines(lines, s_lines);                              // 누적값에 따른 직선 정렬
20   }
21
22   void draw_houghLines(Mat src, Mat& dst, vector<Vec2f> lines , int nline)
23   {
24       cvtColor(src, dst, CV_GRAY2BGR);                         // 컬러 영상 변환
25       for (size_t i = 0; i < min((int)lines.size(), nline); i++)   // 검출 직선개수 반복
26       {
27           float rho = lines[i][0] , theta = lines[i][1];       // 수직거리, 각도
28           double a = cos(theta) , b = sin(theta);
29           Point2d  pt(a * rho, b * rho);                       // 검출 직선상의 한 좌표 계산
30           Point2d  delta(1000 * -b, 1000 * a);                 // 직선상의 이동 위치
31           line(dst, pt + delta, pt - delta, Scalar(0, 255, 0), 1, LINE_AA);
32       }
33   }
34
35   int main()
36   {
37       Mat image = imread("../image/hough_test.jpg", 0);
```

```
38        CV_Assert(image.data);
39
40        double rho = 1, theta = CV_PI / 180 ;          // 거리간격, 각도간격
41        Mat canny, dst1, dst2;
42        GaussianBlur(image, canny, Size(5, 5), 2, 2);   // 가우시안 블러링
43        Canny(canny, canny, 100, 150, 3);               // 캐니 에지 검출
44
45        vector<Vec2f> lines1, lines2;
46        houghLines(canny, lines1, rho, theta, 50);      // 직접 구현 함수
47        HoughLines(canny, lines2, rho, theta, 50);      // OpenCV 제공함수
48        draw_houghLines(canny, dst1, lines1, 10);       // 검출 직선 그리기
49        draw_houghLines(canny, dst2, lines2, 10);
50
51        imshow("source", image);
52        imshow("canny", canny);
53        imshow("detected lines", dst1);
54        imshow("detected OpenCV_lines", dst2);
55        waitKey();
56   }
```

| 설명 |

① 5행은 입력영상에서 직선으로 인지된 좌표들에 대해서 허프 누적행렬을 생성한다.

② 7행, 9행은 마스킹으로 지역최대값을 구하는 함수와 직선좌표를 정렬하는 함수이다.

③ 12~20행은 허프 변환의 전체 과정을 수행하는 함수 houghLines() 이다.

④ 16행에서 acc_mask() 함수를 호출하여 허프 누적행렬에 대해 마스크 크기에서 지역 최대값만을 유지하여 중복 직선을 제거한다. 이때 마스크의 크기를 3x7로 지정한다.

⑤ 18행은 누적행렬에서 임계값(thresh)이상인 직선들의 수직거리와 각도를 저장한다.

⑥ 19행은 선택된 직선들을 누적값 순으로 내림차순 정렬한다.

⑦ 22~33행은 입력영상에 검출된 직선을 그리는 함수이다. 마지막 인수(nlines)는 그리려는 직선의 개수를 지정한다.

⑧ 24행은 빨간색의 직선을 그리기 위해서 원본 에지 영상을 컬러 영상으로 변환한다.

⑨ 30행은 직선의 수식으로 직선 위의 이동된 위치 delta를 계산한다.

⑩ 31행은 직선상의 좌표(pt)에서 +dleta 위치와 −delta 위치를 잇는 직선을 그린다.

⑪ 46, 47행은 허프변환으로 직선을 검출한다. 마지막인수(thresh)로 50을 지정해서 에지 영상에서 직선 길이가 50 픽셀 이상인 직선들을 검출한다.

⑫ 48, 49행은 검출된 직선들로 영상에 직선을 그린다. 그릴 직선개수는 최대 10개이다.

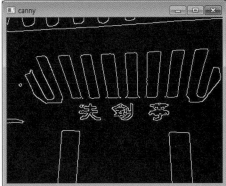
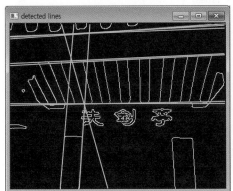
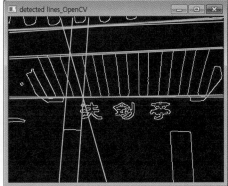

실행결과에서 왼쪽에 직접 구현한 허프 변환 결과(detected lines)와 오른쪽에 OpenCV에서 제공함수의 결과(detected lines OpenCV)에서 모두 직선을 잘 검출하는 것을 볼수 있다.

10.1.8 멀티 하네스의 전처리

다음은 허프 변환을 활용한 심화예제이다. 멀티 하네스(multi harness) 영상을 입력 받아서 하네스 객체의 기울어진 정도를 인식하고 객체가 가지런히 놓일 수 있도록 회전 보정을하는 예제이다. 멀티 하네스는 전자제품 내부에서 다중의 전선들을 한 번에 연결시키는 케이블 커넥터이다.

hough.hpp

```cpp
01  #include "opencv2/opencv.hpp"
02  using namespace cv;
03  using namespace std;
04
05  void hough_coord(Mat image, Mat& acc_mat, double rho, double theta) {  ...  }
06
07  void acc_mask(Mat acc_mat, Mat& acc_dst, Size size, int thresh) {  ...  }
08
09  void thres_lines(Mat acc_dst, Mat& lines, double _rho, double theta, int thresh) {  ...  }
10
11  void sort_lines(Mat lines, vector<Vec2f>& s_lines) {  ...  }
12
13  void houghLines(Mat src, vector<Vec2f>& s_lines, double rho, double theta, int thresh)
14  {  ...  }
15
16  void draw_houghLines(Mat image, Mat& dst, vector<Vec2f> lines, int nline) {  ...  }
```

먼저, 허프변환과 관련된 모든 함수를 다음과 같이 hough.hpp 헤더 파일로 저장하고, 메인 함수에서 이 헤더파일을 포함(include) 한다. 'opencv.hpp' 와 'using namespace cv'도 헤더 파일에 추가한다. 직선 검출을 위해 OpenCV에서 제공하는 cv::houghLines() 함수를 사용할 경우에는 draw_houghLines() 함수만 있으면 된다.

직선 검출을 이용한 멀티 하네스 기울기 보정 – correct_object.cpp

```cpp
01  #include "hough.hpp"
02
03  void detect_maxObject(Mat img, Rect &rect )            // 가장 큰 객체 사각형 검색
04  {
05      vector<vector<Point>> contours;
06      findContours(img.clone(), contours, RETR_EXTERNAL, CHAIN_APPROX_SIMPLE);
07
08      int max_area = 0 ;
09      for (int i = 0; i < (int)contours.size(); i++)      // 가장 큰 영역 찾기
10      {
11          Rect r = boundingRect(contours[i]);            // 외곽선 영역 포함 사각형
12          if (max_area < r.area()) {
```

```
13                    max_area = r.area();
14                    rect = r;
15              }
16          }
17      rect = rect - Point(10, 10) + Size(20, 20);        // 검출 사각형 크기 확대
18  }
19
20  void main()
21  {
22      Rect   rect;
23      Mat        gray, canny, morph, th_gray, canny_line, dst;
24      double rho = 1, theta = CV_PI / 180;               // 허프변환 거리간격, 각도간격
25      vector<Vec2f> lines;                                // 허프 검출 라인들
26
27      Mat  image = imread("../image/5.tif" , 1);          // 컬러 영상 로드
28      CV_Assert(image.data);
29
30      cvtColor(image, gray, CV_BGR2GRAY);                 // 명암도 영상 변환
31      threshold(gray, th_gray, 240, 255, THRESH_BINARY); // 이진 영상 변환
32      erode(th_gray, morph, Mat(), Point(-1, -1), 2);     // 침식 연산 - 2번 반복
33
34      detect_maxObject(morph, rect);                      // 가장 큰 객체 사각형 검색
35      rectangle(morph, rect, Scalar(100), 2);
36      Canny(th_gray(rect), canny, 40, 100);               // 캐니 에지 검출
37      houghLines(canny, lines, rho, theta, 50);           // 허프 직선 검출
38      draw_houghLines(canny, canny_line, lines, 1);       // 직선 표시
39
40      double angle = (CV_PI - lines[0][1]) * 180 / CV_PI ;    // 회전각도 계산
41      Point  center = image.size() / 2;                       // 입력 영상의 중심점
42      Mat rot_map = getRotationMatrix2D(center, -angle, 1);   // 역회전 행렬 계산
43
44      warpAffine(image, dst, rot_map, image.size(), INTER_LINEAR); // 역회전 수행
45
46      imshow("image", image);
47      imshow("parph", morph);
48      imshow("canny_line", canny_line);
49      imshow("dst", dst);
50      waitKey();
51  }
```

① 1행은 허프변환과 관련된 함수가 저장된 hough.hpp 헤더파일을 포함한다.

② 3~18행은 입력영상에서 객체의 외곽선을 검출하고, 검출된 객체 외곽선 중에 가장 큰 영역의 객체를 찾아그 그 사각형 영역을 반환한다.

③ 6행은 cv::findContours() 함수에 RETR_EXTERNAL 옵션으로 모든 객체의 외곽선을 검출한다.

④ 17행은 검색 사각형의 시작좌표에 (10,10) 만큼 빼고, 크기를 (20,20) 만큼 확대한다. 결국 사각형을 상하좌우로 10 픽셀만큼 확대한다.

⑤ 31행은 명암도 영상에서 240 보다 큰 화소값은 255로 이 그하는 0으로 이진화한다.

⑥ 32행은 전선 부분의 영상을 제거하기 위해서 침식연산을 2번 수행한다.

⑦ 34행은 영상에서 커넥터 부분이 가장 큰 객체이기에 큰 객체 영역을 검색한다.

⑧ 36행은 이진 영상에 검색 사각형을 관심영역으로 참조해서 캐니에지를 수행한다.

⑨ 37행은 캐니에지 영상에서 허프 변환으로 길이가 50 화소보다 긴 직선을 검출한다.

⑩ 40행은 첫번째 직선인 lines[0][0]은 수직거리이며, lines[0][1]은 수직선과 x축의 각도(θ_1)이다. 이 각도를 직선의 각도로 계산하려면 $\pi - \theta_1$ 로 해야 한다.

⑪ 42행의 회전 행렬 계산에서 역방향 보정을 위해서 회전 각도에 음수를 곱한다.

| 실행결과 |

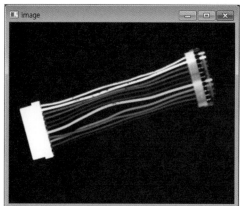
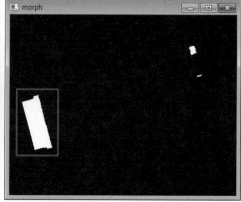

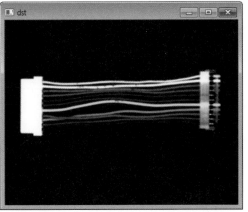

실행결과에서 'morph' 창은 이진 영상에 침식연산을 수행한 결과영상으로 검출된 커넥터의 위치를 사각형으로 그린 것이다. 왼쪽 아래 영상은 검출된 커넥터 영상에 캐니에지와 허프변환으로 직선을 검출하고, 하나의 직선만 그린 것이다. 'dst' 창은 검출된 직선의 기울기로 회전각도를 계산하고, 역회전을 통해서 보정한 영상이다.

10.2 코너 검출

영상에서 객체를 추적할 때나 영상과 영상을 매칭할 때 일반적으로 사용하는 방법이 중요한 특징 정보를 서로 비교하는 것이다. 영상 내에는 에지나 직선과 같은 다양한 특징 정보들이 있다. 그러나 직선 정보는 영상 구조 파악 및 객체 검출에는 도움이 되지만, 영상 매칭에는 큰 도움이 되지 않는다. 또한 에지는 강도와 방향 정보만 가지므로 영상 매칭을 하기엔 정보가 부족하다.

에지나 직선처럼 영상 처리에서 중요한 특징 정보로 사용되는 꼭지점 혹은 코너(corner)라 부르는 특징점이 있다. 이 코너는 〈그림 10.2.1〉과 같이 영상에서 경계가 만나는 지점의 특정한 모양을 갖는 곳을 가리킨다.

이 코너 정보들 중에서 영상의 왜곡에도 불변하는 특징을 가진 지점들이 영상

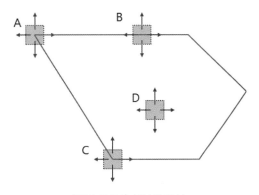

〈그림 10.2.1〉 코너의 특성

매칭에 유용하게 사용될 수 있다. 이 절에서는 대표적인 코너 검출기 중에 하나인 해리스 (Harris) 코너 검출기의 원리에 대해서 자세히 알아본다.

코너 점은 〈그림 10.2.1〉과 같이 모든 방향에서 영상의 밝기 변화가 커야 한다. A, C 지점은 모든 방향으로 밝기의 변화가 크다. 그러나 B나 D의 경우는 모든 방향으로 밝기 변화가 거의 없다.

이 아이디어는 모라벡(Moravec)에 의해서 다음 식과 같이 영상 변화량(SSD: Sum of Squared Difference)으로 정리된다. 여기서 $w(x, y)$는 지정된 크기의 윈도우로서 해당 범위만 1의 값을 갖는 마스크이다.

$$E(u, v) = \sum_y \sum_x w(x, y) \cdot (I(x+u, y+v) - I(x, y))^2$$

영상 변화량(SSD)은 현재 화소에서 u, v 방향으로 이동했을 때의 밝기 변화량의 제곱을 합한 것이기 때문에 모든 방향에서 밝기 변화가 커야 큰 값을 갖게 된다.

모라벡은 구현을 위해서 (u, v)를 (1, 0), (1, 1), (0, 1), (-1, 1)의 4개 방향으로 한정시켜서 SSD를 구하고, 그 중에서 최소값을 해당 픽셀의 영상 변화량으로 지정해서 '특징 가능성' 값으로 결정한다.

모라벡 알고리즘은 마스크가 0과 1의 값만 갖는 이진 윈도우를 사용하여 노이즈에 취약하다. 또한 4개 방향으로 한정시켰기 때문에 45도 간격의 에지만 고려할 수 있다. 이런 문제를 해결하여 좀 더 정밀한 코너 검출을 위해서 해리스(Harris)는 다음과 같은 개선 방안을 제시했다.

먼저, 이진 윈도우인 $w(u, v)$ 대신에 점진적으로 변화하는 가우시안 마스크 $G(x, y)$를 적용하여 다음과 같은 수식으로 확장한다. 이를 통해서 노이즈에 대한 민감도를 낮춘다.

$$E(u, v) = \sum_y \sum_x G(x, y) \cdot (I(x+u, y+v) - I(x, y))^2$$

또한 4개 방향에 대해서만 코너를 검출하는 것을 모든 방향에서 검출할 수 있도록 미분을 도입하여 다음과 같이 변경한다.

$$I(x+u, y+v) \cong I(x, y) + v d_y(x, y) + u d_x(x, y)$$
$$E(u, v) \cong \sum_y \sum_x G(x, y) \cdot (v d_y(x, y) + u d_x(x, y))^2$$

여기서 특징 가능성을 직접 계산하는 대신 위의 수식을 다음과 같이 행렬 M의 식으로 정리한다.

$$
\begin{aligned}
E(u, v) &\cong \sum_{y}\sum_{x}G(x, y)\cdot(vd_y+ud_x)^2 \\
&= \sum_{y}\sum_{x}G(x, y)\cdot(v^2d_y^2+u^2d_x^2+2vud_xd_y) \\
&= \sum_{y}\sum_{x}G(x, y)\cdot(u\ v)\begin{pmatrix} d_x^2 & d_xd_y \\ d_xd_y & d_y^2 \end{pmatrix}\begin{pmatrix} u \\ v \end{pmatrix} \\
&= (u\ v)M\begin{pmatrix} u \\ v \end{pmatrix}, \qquad M=\sum_{y}\sum_{x}G(x, y)\begin{pmatrix} d_x^2 & d_xd_y \\ d_xd_y & d_y^2 \end{pmatrix}
\end{aligned}
$$

모라벡 알고리즘은 (u, v)를 변화시켜 $E(u, v)$ 맵을 구해서 코너 여부를 판단하는 반면에 해리스 알고리즘은 위 수식의 행렬 M에서 고유벡터를 구하면 경계선 방향에 수직인 벡터 두 개를 얻을 수 있다. 이 행렬 M의 고유값(λ_1, λ_2)으로 다음의 식과 같이 코너 응답 함수 (corner response function)를 계산한다. 여기서 k는 상수값으로 일반적으로 0.04~0.06 정도가 적당하다.

$$
R=\lambda_1, \lambda_2-k\cdot(\lambda_1+\lambda_2)^2
$$

다만, 고유값을 계산하려면 고유값 분해의 복잡한 과정을 거쳐야하기 때문에 해리스 검출 기에서는 직접 고유값을 구하지 않고, 다음과 같이 행렬식(det)과 대각합(trace)을 통해서 코너 응답 함수로 사용한다.

$$
\begin{aligned}
M&=\begin{pmatrix} d_x^2 & d_xd_y \\ d_xd_y & d_y^2 \end{pmatrix}=\begin{pmatrix} a & c \\ c & b \end{pmatrix} \\
R&= det(M)-k\cdot trace(M)^2=(ab-c^2)-k\cdot(a+b)^2
\end{aligned}
$$

해리스 코너 검출 방법은 영상의 평행이동, 회전 변환에는 불변(invariant)하는 특징이 있고, 어파인(affine) 변환이나 조명(illumination) 변화에도 어느 정도는 강인성이 있다. 하지만 영상의 크기(scale) 변화에는 영향을 받는다.

실제 해리스 코너 검출기를 구현하려면 다음과 같은 과정을 거친다.

1. 소벨 마스크로 미분 행렬 계산 (dx, dy)
2. 미분 행렬의 곱 계산 (dx^2, dy^2, dxy)
3. 곱 행렬에 가우시안 마스크 적용
4. 코너 응답함수 $C = det(M) - k \cdot trace(M)^2$ 계산
5. 비최대치 억제

이제 예제를 통해서 해리스 검출기를 직접 구현해 보자. 여기서 비최대치 억제는 cornerharris() 함수 내부에서 구현하지 않고, 영상에 코너 좌표를 그리는 draw_coner() 함수에서 구현한다.

예제 10.2.1   헤리스 코너 검출 – harris_dectect.cpp

```cpp
01  #include <opencv2/opencv.hpp>
02  using namespace cv;
03  using namespace std;
04
05  void cornerharris(Mat image, Mat& corner, int bSize, int ksize, float k)
06  {
07      Mat dx, dy, dxy, dx2, dy2;
08      corner = Mat(image.size(), CV_32F, Scalar(0));
09
10      Sobel(image, dx, CV_32F, 1, 0, ksize);          // 미분 행렬 - 수평 소벨 마스크
11      Sobel(image, dy, CV_32F, 0, 1, ksize);          // 미분 행렬 - 수직 소벨 마스크
12      multiply(dx, dx, dxx);                           // 미분 행렬 제곱
13      multiply(dy, dy, dyy);
14      multiply(dx, dy, dxy);
15
16      Size msize(5, 5);
17      GaussianBlur(dxx, dxx, msize, 0);               // 가우시안 블러링 수행
18      GaussianBlur(dyy, dyy, msize, 0);
19      GaussianBlur(dxy, dxy, msize, 0);
20
21      // 코너 응답 함수 계산
22      for (int i = 0; i < image.rows; i++) {
23          for (int j = 0; j < image.cols; j++) {
24              float  a = dxx.at<float>(i, j);
25              float  b = dyy.at<float>(i, j);
```

```
26                  float   c = dxy.at<float>(i, j);
27                  corner.at<float>(i, j) = (a * b - c * c) - k * (a + b) * (a + b);
28              }
29          }
30  }
31
32  Mat draw_coner(Mat corner, Mat image, int thresh)       // 임계값이상인 코너 표시
33  {
34      int cnt = 0;
35      normalize(corner, corner, 0, 100, NORM_MINMAX, CV_32FC1, Mat());
36
37      for (int i = 0; i < corner.rows - 1; i++) {
38          for (int j = 0; j < corner.cols - 1; i++)   {
39              float cur = (int)corner.at<float>(i, j);          // 코너 응답값
40              if (cur > thresh)                          // 임계값 이상이면
41              {
42                  if ( cur > corner.at<float>(i - 1, j) &&   // 4개 방향만 검사
43                      cur > corner.at<float>(i + 1, j) &&
44                      cur > corner.at<float>(i, j - 1) &&
45                      cur > corner.at<float>(i, j + 1))
46                  {
47                      circle(image, Point(j, i), 2, Scalar(255, 0, 0), -1); // 좌표 표시
48                      cnt++;                             // 개수 계산
49                  }
50              }
51          }
52      }
53      cout << "코너 개수: " << cnt << endl;
54      return image;
55  }
56
57  Mat image, corner1, corner2;                           // 전역 변수
58
59  void cornerHarris_demo(int thresh, void*)
60  {
61      Mat img1 = draw_coner(corner1, image.clone(), thresh);   // 코너 표시
62      Mat img2 = draw_coner(corner2, image.clone(), thresh);
63      imshow("img1-User harris", img1);
```

```
64          imshow("img2-OpenCV harris", img2);
65      }
66
67      int main()
68      {
69          image = imread("../image/harris_test.jpg", 1);          // 컬러 영상입력
70          CV_Assert(image.data);
71
72          int blockSize = 4;                                       // 이웃화소 범위
73          int apertureSize = 3;                                    // 소벨 마스크 크기
74          double k = 0.04;
75          int   thresh = 20;                                       // 코너 응답 임계값
76          Mat gray;
77
78          cvtColor(image, gray, CV_BGR2GRAY);
79          cornerharris(gray, corner1, blockSize, apertureSize, k);  // 직접 구현 함수
80          cornerHarris(gray, corner2, blockSize, apertureSize, k);  // OpenCV 제공 함수
81
82          cornerHarris_demo(0, 0);
83          createTrackbar("Threshold: ", "img1-User harris", &thresh, 100, cornerHarris_demo);
84          waitKey();
85      }
```

| 설명 |

① 5~30행은 해리스 코너를 검출하는 함수 cornerharris()를 직접 구현한다.

② 12~14행은 cv::multiply() 함수로 미분 행렬 원소간 곱을 계산한다.

③ 17~19행은 제곱 행렬에 5x5 크기의 가우시안 마스크를 적용한다. 표준편차로 0을 입력하면 마스크 크기에 따라서 계산된 표준편차를 적용한다.

④ 22~29행은 곱 행렬(dx^2, dy^2, dxy)들로 코너 응답함수를 계산한다.

⑤ 32~55행은 코너 응답 행렬에서 임계값이상인 좌표를 특징점으로 영상에 표시한다.

⑥ 35행은 코너 응답 행렬(corn er)의 값을 0~100 사이의 값으로 정규화한다.

⑦ 42~49행은 비최대치 억제를 위해서 현재 응답값이 주위값 보다 큰지 검사한다.

⑧ 57행은 메인 함수와 트랙바 함수에서 같이 사용하는 변수를 전역 변수로 선언한다.

⑨ 59~65행은 트랙바 이벤트를 위한 콜백 함수이다. 트랙바 이벤트가 발생할 때마다 코너 응답 행렬에서 임계값 이상인 좌표를 영상에 점으로 표시한다.

⑩ 79, 80행은 직접 구현한 코너 검출기와 OpenCV에서 제공하는 함수를 호출한다.

⑪ 83행은 'img1-User harris' 창에 'threshold' 이름으로 트랙바를 추가한다. 트랙바 이벤트가 발생할 때마다 cornerHarris_demo() 함수를 호출한다.

| 실행결과 |

실행결과에서 왼쪽의 'img1' 창은 직접 구현한 해리스 코너 검출기의 결과이며, 오른쪽의 'img2-OpenCV...' 창은 OpenCV에서 제공하는 함수로 실행한 결과이다. 'img1' 창에 트랙바의 움직임에 따라서 임계값이 변경되며 검출되는 코너의 개수가 달라진다. 임계값을 낮게 하면 코너가 많이 검출되며, 높이면 코너점이 줄어든다.

직접 구현한 cornerharris() 함수와 OpenCV에서 제공하는 cv::cornerHarris() 함수의 결과가 조금 차이가 나는 것을 볼 수 있다. 이것은 cv::cornerHarris() 함수의 경우에 고유값을 직접 계산해서 적용하기 때문이다.

10.3 k-최근접 이웃 분류기

우리는 보통 잡지나 기사 등에서 새로운 영화의 소개와 장르 분류를 본다. 그런데 '과속스캔들', '미녀는 괴로워' 와 같은 영화를 보면서, 장르에 대한 정보를 모르는 상태에서 장르를 분류해 보았는가? 보통은 바로 로멘틱 코미디 장르라는 것을 알게 될 것이다. 어떻게 우리가 이 새로운 영화의 장르를 바로 인지하는 것일까?

그 과정은 다음과 같이 유추해 볼 수 있다. 먼저 새로운 한 영화에 대한 전반적인 정보를 수집할 것이다. 그러면 영화에서 어떤 배우가 캐스팅 되었는지, 액션이 어느 정도 나오는지, 키스신이 어느 정도 반복되는지 등을 인지할 수 있다. 그리고 내면적으로는 영화의 내용이나 주제가 어떤 것인지, 영화의 결말이 어떠한지 등의 정보도 알 수 있다. 이러한 인지된 정보들을 바탕으로 지금까지 자신이 보았던 영화들과 비교하여, 현재 보고 있는 이 새로운 영화에 대한 장르를 분류한다.

자 그러면 무엇이 영화의 장르를 결정하게 하는가?

장르가 같은 영화들은 보통 비슷한데, 무엇이 이들을 비슷하게 하는 것일까? 무엇이 액션 영화를 액션 영화로 불리게 하며, 무엇이 로맨스 영화를 로맨스 영화로 불리게 하는 것일까? 간단하게 판단해 보자면, 액션 영화는 발차기 장면이 많이 나올 것이며, 로맨스 영화에 키스 장면이 많이 나올 것이다.

이렇게 영화를 대표하는 어떤 판단 기준을 정하고 영화들을 분류해 두면, 새로운 영화의 장르는 기존의 분류된 기준과 비교하여 가까운 정도(근접 정도)를 가지고 자동적으로 분류할 수 있다.

이와 같은 방법으로 분류를 해주는 알고리즘이 k-최근접 이웃(k-NN: k-Nearest Neighbors) 분류 기법이다. 본 절에서는 최근접 방식을 이용한 데이터 분류에 대해 알아본다.

10.3.1 k-최근접 이웃 분류기의 이해

최근접 이웃 알고리즘은 기존에 가지고 있는 데이터들을 일정한 규칙에 의해 분류된 상태에서 새로운 입력 데이터의 종류를 예측하는 분류 알고리즘이다.

이 방법은 기존의 학습된 여러 클래스의 샘플들을 각각 좌표로 표시하여 두고, 새로운 미지의 샘플이 입력될 때, 학습 클래스의 샘플들과 새 샘플의 거리가 가장 가까운(nearest) 클래스로 분류한다. 여기서 '가장 가까운 거리'는 미지의 샘플과 학습 클래스 샘플간의 유사도가 가장 높은 것을 의미한다. 이 거리 측정 방법은 샘플의 형태와 종류에 따라서 다양한데, 대표적으로 유클리드 거리(euclidean distance), 해밍 거리(hamming distance), 차분 절대값 등을 이용한다.

최근접 이웃 방법 중에서 가장 많이 사용되는 것은 학습된 클래스들에서 여러 개(k개)의 가까운 이웃을 선출하고 이를 이용하여 미지의 샘플들을 분류하는 방법이다. 즉, 미지의 샘플과 가까운 이웃으로 선출된 여러 개의 클래스 샘플들 중에서 가장 많은 수를 가진 클래스로 미지의 샘플들을 분류하는 방법이다. 이러한 분류 과정을 k-최근접 이웃 분류(k-Nearest Neighbors: k-NN)라고 한다.

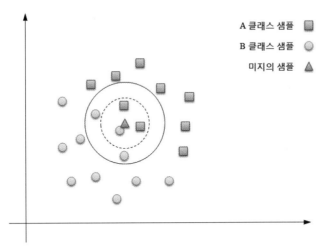

〈그림 10.3.1〉 k-NN 분류 방법의 예

k-NN에 대한 일반적인 설명을 〈그림 10.3.1〉에서 그림으로 설명한다. 원의 중심에 미지의 입력 샘플이 있다. 미지의 샘플을 중심으로 학습된 클래스의 샘플 중에서 k개의 가장 가까운 이웃을 찾는다.

먼저, k가 3일 경우를 가정해 보자. 미지의 샘플 주변으로 가장 가까운 이웃 3개를 찾고, 이 중 많은 수의 샘플을 가진 클래스로 미지의 샘플을 분류한다. 그림에서 안쪽 점선 안에 선출된 3개의 이웃에서 A 클래스의 샘플이 2개, B 클래스의 샘플이 1개이다. 따라서 미지의 샘플은 A 클래스로 분류한다.

다음은 k가 5일 경우를 가정해 보자. 실선의 큰 원내에 있는 5개의 가장 가까운 이웃이 선출된다. 선출된 5개의 이웃 중에서 2개는 A 클래스에 속하며, 나머지 3개의 이웃은 B 클래스의 샘플이다. 따라서 이번에는 미지의 샘플을 클래스 B로 분류한다.

이와 같이 k-NN 분류기는 분류에 포함되는 각 클래스의 이웃 샘플 수에서 따라서 그 결과가 달라질 수 있다. 일반적으로 k의 개수가 클수록 처리 속도는 늦어지고, 분류의 정확도는 높아진다.

10.3.2 k-NN을 위한 KNearest 클래스의 이해

간단한 Opencv 예제를 통해서 k-NN 알고리즘을 이해해 보자.

먼저, 100개의 좌표를 두 개의 그룹으로 나누어 랜덤하게 생성한다. 하나의 집단(그룹0)
은 x, y 좌표 값이 평균이 150이며, 표준편차가 50이 되도록 생성하며, 다른 집단(그룹1)
은 x, y 좌표 값이 평균이 250이며, 표준편차가 50이 되도록 생성한다. 이 과정은 다음의
make_trainData() 함수로 구현한다.

```
void make_trainData(Mat trainData, Mat group[2] , Mat& classLabel)
{
    int half = trainData.rows / 2;
    Range r1(0, half);                           // 윗 부분 절반 범위
    Range r2(half, trainData.rows);              // 아랫부분 절반 범위
    group[0] = trainData.rowRange(r1);           // 입력행렬의 위 절반
    group[1] = trainData.rowRange(r2);           // 입력행렬의 아래 절반

    randn(group[0], 150, 50);                    // 임의값 지정 - 평균 200, 표준편차 50
    randn(group[1], 250, 50);
    classLabel.rowRange(r1).setTo(0);            // 레이블 행렬 위 절반에 0 지정
    classLabel.rowRange(r2).setTo(1);            // 레이블 행렬 아래 절반에 1 지정
}
```

Range 객체로 가운데(half)를 기준으로 두 개 범위(r1, r2)를 지정하고,
Mat::rowRange() 함수를 이용해서 학습데이터(trainData)를 두 개 영역으로 나눈다. 다
음으로 cv::randn() 함수로 학습데이터의 각 좌표에 랜덤하게 값을 넣는다. group[0] 행
렬은 평균 150, 표준편차 50으로 랜덤 값을 생성하고, group[1] 행렬은 250, 표준편차 50
으로 랜덤 값을 생성한다. 그리고 각 그룹의 값을 의미하는 classLabel 행렬도 두 개 영역
으로 나누고, r1 영역은 행렬 원소에 0의 값을 지정하고, r2 영역은 1의 값을 지정한다.

이제 지정된 학습데이터를 영상으로 표시해 보자. 다음의 draw_points() 함수는 image
행렬에 두 그룹(group[0], group[1])의 좌표를 각각 다른 색의 원으로 표시한다.

```
void draw_points(Mat& image, Mat group[2])
{
    for (int i = 0; i < group[0].rows; i++)
    {
        Point2f pt1(group[0].at<float>(i, 0), group[0].at<float>(i, 1));   // 윗부분 절반
        Point2f pt2(group[1].at<float>(i, 0), group[1].at<float>(i, 1));
        circle(image, pt1, 3, Scalar(0, 0, 255), FILLED);                  // 빨간색 원
        circle(image, pt2, 3, Scalar(0, 255, 0), FILLED);                  // 녹색 원
    }
}
```

여기까지 학습데이터를 구성하는 부분을 예제로 구현해 보자.

예제 10.3.1   임의 좌표 생성 – make_traindata.cpp

```
01   #include <opencv2/opencv.hpp>
02   using namespace cv;
03   using namespace std;
04
05   void make_trainData(Mat trainData, Mat group[2] , Mat& classLabel) {   ...   }
06
07   void draw_points(Mat& image, Mat group[2]) {   ...   }
08
09   int main()
10   {
11       int Nsample = 100;
12       Mat trainData(Nsample, 2, CV_32FC1, Scalar(0));          // 학습데이터
13       Mat classLabel(Nsample, 1, CV_32FC1, Scalar(0));         // 레이블 값 행렬
14       Mat image(400, 400, CV_8UC3, Scalar(255, 255, 255));
15
16       Mat group[2];
17       make_trainData(trainData, group, classLabel);           // 학습데이터 랜덤 저장
18       draw_points(image, group);                              // 학습데이터 표시
19       imshow("학습데이터",  image);
20       waitKey();
21       return 0;
22   }
```

① 12, 13행은 학습데이터와 레이블 행렬을 선언한다.
② 17행은 make_tranData() 함수로 학습데이터를 랜덤하게 저장한다.
③ 18행은 draw-points() 함수로 group[0], group[1] 행렬의 좌표를 다른 색으로 표시한다.

| 실행결과 |

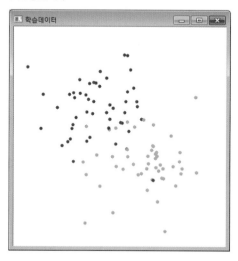

실행결과는 생성된 두 집단의 학습데이터를 좌표로 영상에 표시한다. 그룹0은 빨간색 점으로 표시하며, 왼쪽 상단에 주로 나타난다. 그리고 그룹1은 녹색으로 표시하며, 오른쪽 하단에 주로 나타난다.

이제 두 집단으로 k_NN 알고리즘에 따라 학습을 수행해야 한다.

k-최근접 이웃 알고리즘은 OpenCV에서 클래스로 제공한다. 2.x 버전에서는 CvKNearest 클래스를 사용하지만, 3.0 버전에서는 ml 라이브러리에 있는 KNearest 클래스를 Ptr 클래스로 포인터 참조 방법으로 사용한다. 다음은 2.x 버전과 3.0 이후 버전의 비교 예시를 보인 것이다.

```
2.x 버전 : CvKNearest::CvKNearest();
        bool CvKNearest::train(const Mat& trainData, const Mat& responses,
                const Mat& sampleIdx = Mat(),
                bool isRegression = false,
                int maxK = 32)
```

```
        float CvKNearest::find_nearest(const Mat& samples, int K,
                Mat& results,
                Mat& neighborResponses,
                Mat& dists)

3.0 버전 : Ptr<ml::KNearest> ml::KNearest::create(const Params& params = Params())
        bool StatModel::train(InputArray samples,
                int layout,
                InputArray responses)
        float ml::KNearest::findNearest(InputArray samples, int K,
                OutputArray results,
                OutputArray neighborResponses = noArray(),
                OutputArray dist = noArray())
```

KNearest 클래스는 StatModel 클래스를 상속받아서 만든 것이다. 학습을 위해 부모 클래스에서 상속받은 메서드인 StatModel::train()을 사용한다. 여기서 samples는 학습 데이터이며, layout은 학습 데이터의 저장 방향을 지정한다. layout값으로 'ROW_SAMPLE'을 지정하면 한 행이 하나의 샘플이 되며, 'COL_SAMPLE'을 한 열이 하나의 샘플이 된다. responses는 각 집단의 레이블 값이 저장된 행렬이다.

또한 학습된 데이터를 바탕으로 분류는 ml::KNearest::findNearest() 함수를 사용한다. 여기서 samples는 분류하고자하는 새 샘플이며, 각 집단의 레이블 값 중에 하나가 results 행렬로 반환된다.

실제 소스 코드의 사용은 다음과 같이 작성한다. ml 네임스페이스를 반드시 포함해야하며, Ptr 클래스의 포인터 형태로 선언하고 객체를 사용함에 유의한다.

```
2.x 버전 : CvKNearest knn;
        knn.train(trainData, classLable, Mat(), false, K);
        knn.find_nearest(data, K);

3.0 버전 : Ptr<ml::KNearest>  knn = ml::KNearest::create();
        knn->train(trainData, ml::ROW_SAMPLE, classLabel);
        knn->findNearest(sample, K, response);
```

위와 같이 KNearest 클래스로 객체를 생성해서 학습을 수행했다면, 이제 새로 입력되는 샘플에 대한 분류를 수행해 본다.

다음의 kNN_test() 함수는 KNearest 클래스로 분류를 수행하는 함수이다. 입력 영상의 모든 원소를 반복문으로 조회하며, x, y 인덱스로 분류하려는 샘플 좌표(x, y)를 sample 행렬로 선언한다. 이 때, sample 행렬은 Matx 클래스(Matx12f)로 선언해서 크기와 자료형을 바로 지정하며, 초기화까지 한다.

```cpp
void kNN_test(Ptr<ml::KNearest> knn, int K, Mat& image)
{
    for (int y = 0; y < image.rows; y++) {
        for (int x = 0; x < image.cols; x++)
        {
            Matx12f sample((float)x, (float)y);              // 샘플 지정
            Mat response;
            knn->findNearest(sample, K, response);           // 분류 수행

            int resp = (int)response.at<float>(0);
            if (resp == 1)          image.at<Vec3b>(y, x) = Vec3b(0, 180, 0);
            else                    image.at<Vec3b>(y, x) = Vec3b(0, 0, 180);
        }
    }
}
```

KNearest 클래스의 객체(knn)에 ml::KNearest::findNearest() 함수를 이용해서 분류하고자 하는 샘플(sample)과 선출할 이웃 개수(K)를 입력하여 분류를 수행한다. 그리고 분류의 결과는 response 행렬로 반환받는다. response는 샘플을 분류한 그룹의 레이블 값이다.

마지막으로 분류 결과(resp)는 response 행렬의 첫 번째 원소의 값이다. 이 결과 값으로 입력 영상 좌표에 색상을 지정한다. 결과 값이 1인 그룹은 Vec3b(0, 180, 0)의 녹색 계열로 지정하며, 결과 값이 0인 그룹은 Vec3b(0, 0, 180)의 붉은 계열로 지정한다.

다음은 전체 수행 코드와 실행 결과이다. 세부 함수의 내용은 설명을 참고하기 바란다.

```cpp
01  #include <opencv2/opencv.hpp>
02  using namespace cv;
03  using namespace std;
04
05  void make_trainData(Mat trainData, Mat group[2] , Mat& classLabel) {  ...  }
06
07  void draw_points(Mat& image, Mat group[2]) {  ...  }
08
09  void kNN_test(Mat trainData, Mat classLabel, Mat& image, int K) {  ...  }
10
11  int main()
12  {
13      int Nsample = 100;
14      Mat trainData(Nsample, 2, CV_32FC1, Scalar(0));      // 학습데이터 행렬
15      Mat classLabel(Nsample, 1, CV_32FC1, Scalar(0));     // 레이블 값 행렬
16      Mat image(400, 400, CV_8UC3, Scalar(255, 255, 255)); // 결과 표시 영상
17
18      Mat group[2];
19      make_trainData(trainData, group, classLabel);        // 학습데이터 랜덤 저장
20
21      int K = 7;
22      Ptr<ml::KNearest>  knn = ml::KNearest::create();      // kNN 클래스로 객체 생성
23      knn->train(trainData, ml::ROW_SAMPLE, classLabel);    // 학습 수행
24      kNN_test(knn, K, image );
25
26      draw_points(image, group);
27      imshow("sample K=" + to_string(K), image);
28      waitKey();
29      return 0;
30  }
```

| 설명 |

① 22행은 KNearest 클래스의 객체를 Ptr 클래스의 포인터로 선언한다.

② 23행은 객체에 포인터 방식으로 ml::KNearest::train() 함수를 호출하여 학습을 수행한다. 두 번째 인수로 'ml::ROW_SAMPLE'를 지정해서 한 행이 하나의 샘플이 된다.

③ 24행은 k_NN_test() 함수로 학습된 knn 객체를 바탕으로 입력영상의 모든 좌표에 대해 분류를 수행해서 색상으로 표시한다.

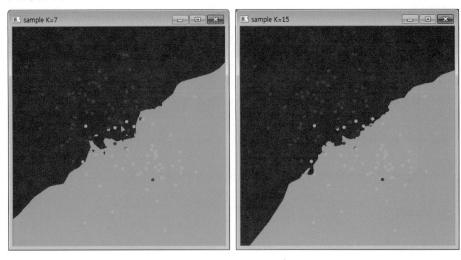

실행결과에서 빨간색과 녹색 점은 랜덤하게 구성된 학습데이터이다. 빨간색 점들은 레이블 0 그룹으로, 녹색 점들은 레이블 1 그룹으로 지정했으며, 이를 바탕으로 k-NN 학습을 수행한다.

그리고 입력 영상의 모든 좌표에 대해서 kNN 분류를 수행한다. 각 좌표를 분류 결과에 따라서 붉은 계열과 푸른 계열로 화소색을 지정한다. 따라서 빨간색 점들과 가까운 상단 왼쪽 좌표들은 붉은 계열색으로 지정되고, 녹색 점과 가까운 하단 오른쪽 좌표들은 푸른 색으로 지정된다. 따라서 대각선 방향으로 분리된 영역으로 표시된다.

여기서 왼쪽 'sample K=7' 창은 이웃 개수를 7로 실행한 결과이며, 오른쪽 'sample K=15' 창은 이웃 개수를 15개로 실행한 결과이다.

10.3.3 k-NN 응용

이번에는 k-NN을 이용해서 숫자 영상에서 숫자를 인식하는 심화예제를 다루어 보자.

이 예제는 시험 영상 데이터와 학습 영상 데이터의 이진 화소값으로 쉽게 k-NN 학습할 수 있다. 또한 단일 숫자는 0~9까지 있기에 분류해야 하는 그룹의 종류가 10개에 이른다. k-NN은 많은 그룹들에 대한 분류가 베이지언 분류기의 오차율에 근접하기 때문에 본 예제에 적용하고자 한다.

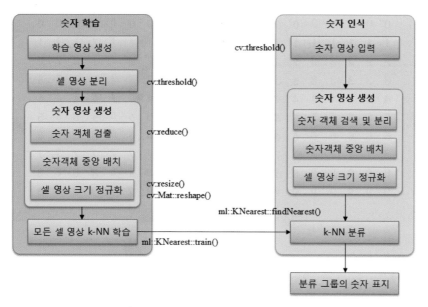

〈그림 10.3.2〉 숫자 인식 전체 수행 과정

전체 과정은 〈그림 10.3.1〉과 크게 숫자 학습 모듈과 숫자 인식 모듈로 구성된다. 먼저 학습 영상 생성에서 학습에 사용할 숫자들을 모아서 전체 영상을 구성하고, 각 숫자 영상들을 셀 영상으로 분리한다. 다음으로 숫자 영상 생성 단계에서 숫자 객체를 검출하여 셀의 중앙에 위치시키고 셀의 크기를 동일하게 정규화한다. 그리고 정규화된 셀 영상으로 k-NN 학습을 수행한다.

숫자 인식 모듈에서는 테스트할 숫자 영상을 입력 받아서 숫자 학습 모듈과 동일하게 숫자 영상 생성 단계를 거친다. 그리고 k-NN 분류를 수행하면 0~9까지 해당 그룹으로 분류해 준다. 이를 해당 숫자로 전환하면 숫자가 인식된다.

1) 학습 영상의 생성

학습 데이터를 한번 보자. 〈그림 10.3.3〉은 각기 다른 형태(폰트)의 숫자 영상들을 하나의 영상으로 구성하였다. 여기서 학습 영상을 쉽게 구성하는 방법으로 한글 워드프로세서에서 10열, 20칸으로 표를 만들고, 각 셀마다 숫자를 구성해서 그림 파일(*.png)로 저장한다. 셀의 가로, 세로 크기는 8.5mm, 폰트는 16pt로 지정하면 바로 학습데이터로 사용할 수 있다.

```
0 0 0 0 0 0 0 0 0 0 0 0 0 0 0 0 0 0 0 0 0
1 1 1 1 1 1 / 1 1 1 1 1 1 1 1 1 1 / 1 1 1
2 2 2 2 2 2 2 2 2 2 2 2 2 2 2 2 2 2 2 2 2
3 3 3 3 3 3 3 3 3 3 3 3 3 3 3 3 3 3 3 3 3
4 4 4 4 4 4 4 4 4 4 4 4 4 4 4 4 4 4 4 4 4
5 5 5 5 5 5 5 5 5 5 5 5 5 5 5 5 5 5 5 5 5
6 6 6 6 6 6 6 6 6 6 6 6 6 6 6 6 6 6 6 6 6
7 7 7 7 7 7 7 7 7 7 7 7 7 7 7 7 7 7 7 7 7
8 8 8 8 8 8 8 8 8 8 8 8 8 8 8 8 8 8 8 8 8
9 9 9 9 9 9 9 9 9 9 9 9 9 9 9 9 9 9 9 9 9
```

〈그림 10.3.3〉 학습을 위한 숫자 영상의 예

예제 소스에서 image 폴더에 'number.hwp' 이름으로 파일을 만들어 두었으니 다양한 폰트로 바꾸어서 직접 숫자 영상을 만들어서 학습데이터를 구성해보기 바란다.

2) 학습 영상에서 셀 영상 분리

학습데이터 영상이 만들어 졌으며, 전체 숫자 영상에서 각 숫자 영상의 셀 영상으로 분리해야 한다.

이것은 다음의 소스 코드로 쉽게 구현 가능하다. 10개 종류의 숫자에, 각 숫자마다 20개의 다른 영상을 구성했기에 2중 반복문을 만든다. 그리고 각 숫자 영상을 포함하는 관심영역을 Rect 객체(roi)로 구성한다. 이때, 사각형의 시작위치(start)는 j, i에 셀 사각형 크기를 곱해서 계산한다.

```
Rect  size(40, 40);                                          // 셀 사각형 크기
int   Nclass = 10;                                           // 숫자 종류
int   Nsample = 20;                                          // 각 숫자당 샘플 수
string image_file = "../image/train_data1.png";              // 학습 영상 파일명
Mat   train_image = imread(image_file, 0);                   // 전체 학습영상 로드
CV_Assert(train_image.data);

threshold(train_image, train_image, 32, 255, THRESH_BINARY);  // 이진화
for (int i = 0, k = 0; i<Nclass; i++) {
    for (int j = 0; j< Nsample; j++, k++)
```

```
    {
        Point   start(j * size.width, i * size.height);     // 관심영역 시작 좌표
        Rect    roi(start, size);                           // 관심영역 사각형
        Mat     part = train_image(roi);
    }
}
```

마지막으로 train_image 행렬에 roi로 관심 영역을 참조하여 part 행렬에 저장하면, 각 숫자 영상을 포함하는 셀 영상이 된다.

k-NN 학습을 위해서는 학습 데이터는 1행 혹은 1열의 데이터로 구성해야 한다. 즉, 셀 영상으로 분리된 part 행렬을 1행의 학습 데이터로 구성해야 한다. 이를 위해서 다음의 과정을 필요하다.

3) 숫자 객체 위치 검색 및 분리

각 셀에서 숫자객체가 동일한 위치에 있어야 학습의 효과와 분류의 정확도가 높아진다. 따라서 〈그림 10.3.4〉와 같이 숫자객체를 셀 영역의 중앙에 위치시킨다. 이를 위해서는 먼저, 숫자객체의 위치를 바르게 찾고, 숫자객체를 분리해야한다.

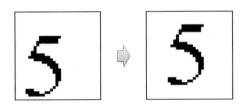

〈그림 10.3.4〉 숫자객체 셀영역의 중심 배치

숫자객체의 위치 인식은 〈그림 10.3.5〉와 같이 투영(projection) 히스토그램을 활용한다. 투영은 다음 식과 같이 영상의 화소값들을 수직 혹은 수평으로 합산하여 나타내는 히스토그램이다.

$$
\begin{aligned}
histo\_v(x) &= \sum_{y=0}^{h-1} f(x, y) \\
histo\_v(y) &= \sum_{x=0}^{w-1} f(x, y)
\end{aligned}
\quad , \quad f(x, y) = x, y \text{ 좌표의 화소값}
$$

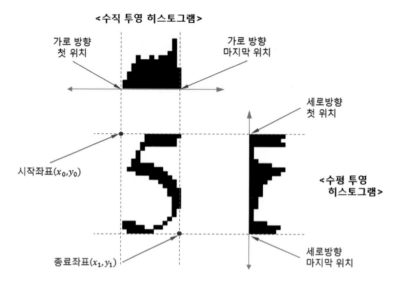

<수직 투영 히스토그램>

가로 방향
첫 위치

가로 방향
마지막 위치

세로방향
첫 위치

시작좌표(x_0, y_0)

<수평 투영
히스토그램>

종료좌표(x_1, y_1)

세로방향
마지막 위치

〈그림 10.3.5〉 투영을 통한 객체 위치 찾기

OpenCV에서 제공하는 cv::reduce() 함수가 행렬 원소를 가로방향 혹은 세로 방향을 감축하기 때문에 투영의 수식과 일치한다. 따라서 이 함수를 이용해서 투영을 구현한다. 이때 네 번째 인수로 REDUCE_AVG 옵션을 지정해서 원소들의 합이 아니라 원소들의 평균으로 투영 값을 대신한다. 이것은 투영 히스토그램 첫 위치와 마지막 위치를 찾기 위해 빈 라인을 점검하는데, 평균으로 비교하는 것이 오류를 줄일 수 있기 때문이다.

투영 히스토그램에서 시작위치와 종료위치를 찾는 과정은 다음의 find_histoPos() 함수에서 구현한다. 이 함수는 수직, 수평 투영 히스토그램을 만들고, 히스토그램에서 비어 있지 않는 첫 번째 위치와 마지막 위치를 찾는다. 그리고 이 값을 숫자객체의 시작좌표(start)와 종료좌표(end)로 지정해서 반환한다.

```
void find_histoPos(Mat img, int & start, int &end, int direct)
{
    reduce(img, img, direct, REDUCE_AVG);              // 행/열 단위 감축

    int   minFound = 0;
    for (int i = 0; i< (int)img.total(); i++) {
        if (img.at<uchar>(i) < 250)                    // 빈 라인이 아니면
```

```
                {
                    end = i;                                // 히스토그램 빈도값 종료위치
                    if (!minFound){
                        start = i;                          // 히스토그램 빈도값 시작위치
                        minFound = 1;                       // 종료 위치 플래그
                    }
                }
            }
        }
    }

Mat find_number(Mat part)
{
    Point start, end;
    find_histoPos(part, start.x, end.x, 0);                 // 수직 투영 및 위치 반환
    find_histoPos(part, start.y, end.y, 1);                 // 수평 투영 및 위치 반환

    return part(Rect(start, end));                          // 숫자객체 영상 반환
}
```

이제 숫자객체에 대한 시작좌표와 종료좌표로 숫자객체를 분리해야 한다. 이것은 find_number() 함수로 구현한다. 수직 투영으로 숫자객체의 x 좌표(start.x, end.x)를 찾으며, 수평 투영으로 숫자객체의 y 좌표(start.y, end.y)를 찾는다. 두 개의 좌표로 관심영역을 지정해서 part 행렬을 참조하면, 숫자객체만 가져올 수 있다.

4) 숫자 객체 중앙 배치 및 크기 정규화

다음은 숫자객체를 셀 영역의 중앙에 위치시켜야 한다. 이것은 다음의 place_middle() 함수로 구현한다. 여기서 핵심은 중앙사각형의 시작위치(start)를 찾는 것이다.

먼저, 〈그림 10.3.6〉의 오른쪽 그림에서 숫자객체의 가로와 세로 길이 중에 긴 것을 택하여 그 크기(big)로 정방영상(square)을 만든다. 다음으로 정방영상과 숫자객체의 크기 차이(dx, dy)를 계산한다. 이것은 두 행렬(square, number) 크기의 차분으로 구할 수 있다. 이때, 중앙사각형의 시작위치(start)는 이 차분을 좌우, 상하로 양분해야 하기 때문에 2로 나누어준다.

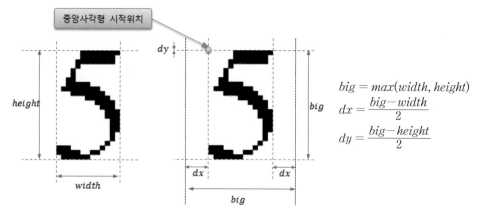

$$big = max(width, height)$$
$$dx = \frac{big - width}{2}$$
$$dy = \frac{big - height}{2}$$

〈그림 10.3.6〉 숫자객체 영상 중심 배치 계산

```
Mat   place_middle(Mat number, Size new_size)
{
    int   big = max(number.cols, number.rows);
    Mat   square(big, big, number.type(), Scalar(255));       // 정방영상

    Point start = (square.size() - number.size()) / 2;        // 두 행렬 크기의 차분
    Rect middle(start, number.size());                        // 중앙 사각형
    number.copyTo(square(middle));                            // 숫자객체 중앙사각형에 복사

    resize(square, square, new_size);                         // 크기 변경
    square.convertTo(square, CV_32F);
    return square.reshape(0, 1);                              // 1행 데이터 변경 후 반환
}
```

다음으로 시작위치(start)에서 숫자객체 크기로 사각형을 만들면 정방영상의 중앙을 가리키는 중앙사각형(middle)을 만들 수 있다. 그리고 정방영상에서 중앙사각형을 관심영역으로 참조한 후 이 영역에 숫자객체(number)를 복사하면 〈그림 10.3.4〉과 같이 숫자 객체가 셀 영역의 중앙에 배치된다.

분류 정확도를 높이기 위해서 셀 영상의 크기를 학습데이터와 동일하게 한다. 또한 학습데이터 및 샘플데이터는 CV_32F형으로 지정해야 학습과 분류가 가능하다. 마지막으로 Mat::reshape() 함수에 인수로 (0, 1)을 설정하여 1채널 1행 행렬로 만들어 반환한다. 채널 인수로 0을 지정하면 입력 행렬의 채널수와 동일하게 된다.

5) 최종 예제 프로그램

다음에서 숫자 인식 예제의 전체 소스를 보자. 앞서 설명한 find_histoPos(), find_number(), place_middle() 함수들은 'kNN.hpp' 헤더파일로 옮겨 저장한다. 이 헤더 파일에 'opencv.hpp' 헤더파일을 포함(include)하고, 'using namespace cv' 도 추가한다. 본 예제에는 'kNN.hpp' 헤더파일을 전처리 지시자로 포함(include)한다.

심화예제 10.3.2   kNN.hpp

```
01  #include <opencv2/opencv.hpp>
02  using namespace cv;
03  using namespace std;
04
05  void find_histoPos(Mat img, int & start, int &end, int direct) { ... }
06
07  Mat find_number(Mat part) { ... }
08
09  Mat place_middle(Mat number, Size new_size) { ... }
```

심화예제 10.3.2   k-NN 분류기를 이용한 숫자 인식 – KNN_number.cpp

```
01  #include "kNN.hpp"
02
03  int main()
04  {
05      Size  size(40, 40);                                          // 학습 셀 크기
06      int  K = 15;                                                 // 선출하는 이웃 샘플수
07      int  Nclass = 10;                                            // 인식 숫자(카테고리) 개수
08      int  Nsample = 20;                                           // 숫자당 학습 샘플 수
09
10      string image_file = "../image/train_data1.png";
11      Mat  train_image = imread(image_file, 0);                    // 영상 로드
12      CV_Assert(train_image.data);
13
14      threshold(train_image, train_image, 32, 255, THRESH_BINARY); // 이진화
15
16      Mat  trainData, classLable;
17      for (int i = 0, k = 0; i<Nclass; i++) {
```

```
18              for (int j = 0; j< Nsample; j++, k++)
19              {
20                      Point start(j * size.width, i * size.height);
21                      Rect  roi(start, size);
22                      Mat    part = train_image(roi);              // 숫자 영상 분리
23
24                      Mat  num = find_number(part);                // 숫자객체 검출
25                      Mat  data = place_middle(num, size);         // 셀 중앙배치 및 1행 데이터
26                      trainData.push_back(data);                   // 학습 데이터 수집
27                      classLable.push_back(i);                     // 레이블값 저장
28              }
29          }
30
31          Ptr<ml::KNearest>  knn = ml::KNearest::create();
32          knn->train(trainData, ml::ROW_SAMPLE, classLable);       // k-NN 학습
33
34          int no;
35          cout << "영상번호를 입력하세요: ";
36          cin >> no;                                               // 영상번호 입력
37
38          string demo_file = format("../image/num/%02d.png", no);
39          Mat  test_img = imread(demo_file, 0);                    // 실험 영상 로드
40          CV_Assert(test_img.data);
41
42          threshold(test_img, test_img, 128, 255, THRESH_BINARY);  // 이진화
43          Mat  num = find_number(test_img);                        // 숫자객체 검출
44          Mat  data = place_middle(num, size);                     // 셀 중심에 숫자 배치
45
46          Mat result;
47          knn->findNearest(data, K, result);                       // 숫자 분류 수행
48
49          cout << "분류결과 : " << result.at<float>(0) << endl;    // 분류 결과 출력
50          imshow("test_img", test_img);
51          waitKey();
52          return 0;
53  }
```

① 14행은 학습 영상 이진화 한다. 마찬가지로 42행에서 실험 영상도 이진화 한다.

② 25행은 place_middle() 함수로 숫자객체를 셀의 중앙에 배치하고 1행 행렬로 만든다.

③ 26행은 1행 행렬인 숫자영상을 trainData 행렬에 추가하여 학습 데이터를 수집한다.

④ 27행은 학습 데이터의 각 행에 대응하는 그룹값을 lables 행렬에 저장한다.

⑤ 31, 32행은 kNearest 클래스의 객체를 선언하고, 학습을 수행한다. Opencv 3.0부터는 Ptr 클래스를 이용해서 선언하며, 포인터 참조 형식(→)으로 내부 메서드를 사용한다.

⑥ 42~44행은 이진화, 숫자객체 검출 및 중앙 배치는 학습 과정과 동일하다.

⑦ 47행은 KNearest::findNearest() 함수를 이용해서 kNN 분류를 수행한다. 분류 결과는 마지막 인수인 result 행렬의 첫 번째 원소로 반환된다.

| 실행결과 |

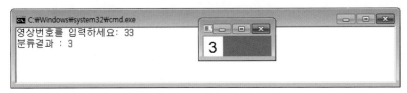

실행결과를 보면, 콘솔창에서 영상번호로 영상파일을 입력하면, 해당 영상의 창이 뜨고, 콘솔창에 분류결과가 나타난다. 본 알고리즘을 이용해서 번호판 인식이나 퍼즐 게임과 같은 응용으로 확장해 볼 수도 있다.

10.4 영상 워핑과 영상 모핑

영화나 TV 광고 등에서 등장 인물의 얼굴이 왜곡되거나 심지어 다른 사람 혹은 괴물로 변하는 특수효과들을 많이 보았을 것이다. 여기에 사용되는 영상 처리 기술이 바로 워핑(warping)과 모핑(morping)이다.

먼저, 영상 워핑은 하나의 영상에서 비선형적인 특정한 규칙에 따라 입력 영상을 재추출(resampling)하여 영상의 형태를 변형시키는 기술이다. 이 기술은 미국의 나사(NASA)에서 인공위성이나 우주선으로부터 전송된 영상이 렌즈의 변형이나 신호의 왜곡 등으로 인해 일그러지는 경우가 많아서 이를 복원하는 용도로 처음 사용되었다.

영상을 여러 다른 방향으로 늘이거나 크기를 조절하는 기법으로 수순한 스케일링과 달리 크기 변화의 정도가 영상 전체에 대해 균일하지 않는 것이 특징이다. 특히, 고무판 위에 영상이 있는 것과 같이 임의의 형태로 구부리는 것과 같은 효과를 낸다는 의미에서 고무 시트 변환(Rubber Sheet Transform)이라고도 한다.

참조: http://www.fuirestunepulsion.net/spip.php?article2989

〈그림 10.4.1〉 워핑 영상의 예

영상 워핑 기술은 랜즈 왜곡 보정, 스테레오 영상 정합, 파노라마 영상 합성 등에 사용될 수 있다.

영상 모핑은 조지 루카스가 설립한 특수 효과 전문회사인 ILM(Industrial Light and Magic)이 개발한 기법으로 변형(metamorphosis)이란 단어에서 유래되었다. 이것은 하나의 영상에서 형체가 전혀 다른 영상으로 변하도록 하는 기법을 말한다. 즉 〈그림 10.4.2〉와 같이 두 개의 서로 다른 영상 사이의 변화하는 과정을 서서히 나타내는 것이다.

참조: http://www.fuirestunepulsion.net/spip.php?article2989

〈그림 10.4.2〉 모핑 과정 예시

워핑의 기법을 이용해서 모핑을 수행할 수 있다. 모핑 기법은 영화나 TV 광고를 비롯한 여러 특수 효과 장면에 단골 메뉴로 사용되고 있다.

영상 워핑의 종류와 방법은 다양하게 있다. 먼저 간단한 영상 워핑 예제를 한번 구현해 보

자. 다음의 규칙에 따라서 원본 영상의 좌표를 목적 영상의 좌표로 재배치하면 워핑 영상이 완성된다.

$$x' = x + ratio \cdot (pt2.x - pt1.x), \quad ratio = \begin{cases} x < pt1.x & \dfrac{x}{pt1.x} \\ otherwise & \dfrac{width - x}{width - pt1.x} \end{cases}$$
$$y' = y$$

이것은 영상이 표시된 윈도우 창에서 마우스 왼쪽 버튼을 클릭하여 가로 방향으로 마우스를 드래그하고 버튼을 떼면, 드래그한 방향으로 그 비율만큼 영상이 왜곡되어 생성된다.

예제 10.4.1 마우스 드래그에 반응하는 워핑 변환 – warping.cpp

```cpp
01   #include <opencv2/opencv.hpp>
02   using namespace cv;
03   using namespace std;
04
05   Point2f pt1, pt2;                                    // 드래그 시작좌표와 종료좌표
06   Mat image;
07
08   void morphing()                                      // 드래그 거리만큼 영상 왜곡
09   {
10       Mat dst(image.size(), image.type(), Scalar(0));
11       int  width = image.cols;
12
13       for (float y = 0; y<image.rows; y++) {
14           for (float x = 0; x<image.cols; x += 0.1f)   // 가로방향 미세한 변화 표현
15           {
16               float ratio ;
17               if (x < pt1.x)  ratio = x / pt1.x;
18               else            ratio = (width - x) / (width - pt1.x);
19
20               float dx = ratio * (pt2.x - pt1.x);                // x 좌표의 변화량
21               dst.at<uchar>(y, x + dx ) = image.at<uchar>(y, x); // 목적화소값 지정
22           }
23       }
24       dst.copyTo(image);
```

```
25            imshow("image", image);
26    }
27
28    void onMouse(int event, int x, int y, int flags, void* param)   // 마우스 이벤트 콜백 함수
29    {
30            if (event == EVENT_LBUTTONDOWN) {
31                    pt1 = Point2f(x, y);                            // 드래그 시작 좌표
32            }
33            else if (event == EVENT_LBUTTONUP) {
34                    pt2 = Point2f(x, y);                            // 드래그 종료 좌표
35                    morphing();                                     // 드래그 종료시 워핑 수행
36            }
37    }
38
39    int main()
40    {
41            image = imread("../image/warp_test.jpg", 0);
42            CV_Assert(image.data);
43
44            imshow("image", image);
45            setMouseCallback("image", onMouse);                     // 마우스 콜백 함수 등록
46            waitKey();
47            return 0;
48    }
```

| 설명 |

① 14행에서 가로방향의 증가치를 0.1로 하여 미세한 변화를 표현하도록 한다.

② 17 ,18행에서 마우스가 클릭된 위치를 기준으로 비율(ratio)을 다르게 한다.

③ 20행은 비율(ratio)에 따라서 변경될 x 좌표의 변화량을 계산한다.

④ 28~37행은 마우스 드래그할 때 시작좌표와 종료좌표를 저장하고, 워핑을 수행하는 콜백함수이다.

⑤ 30~32행은 마우스 왼쪽버튼을 누르면 현재 좌표를 pt1에 저장한다.

⑥ 33~36행은 마우스 왼쪽버튼을 떼면 현재 좌표를 pt2에 저장한다.

⑦ 35행은 드래그가 종료되면 morphing() 함수로 워핑을 수행한다.

예제를 실행하면 왼쪽 그림처럼 윈도우에 영상을 표시한다. 어느 한 좌표에서 마우스 왼쪽 버튼을 클릭하여 드래그하고 마우스 버튼 떼기를 해보자. 그러면 오른쪽 그림과 같이 가로 방향으로 드래그한 거리에 비례해서 영상이 왜곡되는 것을 볼 수 있다.

워핑의 다른 응용 예로 카메라 렌즈에 의한 왜곡을 다루어본다.

OpenCV에서 제공하는 함수 중에 카메라 렌즈 등에 의해 발생하는 방사 왜곡이나 핀쿠션 왜곡을 보정하기 위한 cv::calibrateCamera(), cv::initUndistortRectifyMap() 등의 함수가 있다. 이 함수들은 영상 워핑을 응용하는 한 가지 예가 된다.

일반적으로 카메라로 찍은 영상은 여러 가지 이유에 의해서 왜곡된다. 여기서 왜곡되는 요인을 카메라 외부 파라미터와 내부 파라미터로 구분할 수 있다.

카메라는 3차원인 세상의 실세계 영상을 2차원의 평면 영상으로 맺히게 하기 때문에 기하학적인 왜곡이 발생하게 된다. 이것은 카메라 외부 파라미터에 의한 왜곡에 해당하며, 대표적으로 원근 투시 왜곡이 있다. 또한 캡쳐된 영상은 렌즈, 초첨거리, 렌즈와 이미지 센서가 이루는 각 등과 같은 카메라 내부의 기구적인 부분에 의해서 상당한 영향을 받는다. 이러한 요인을 내부 파라미터 요인이라 한다.

영상 좌표로부터 실세계의 3차원 좌표를 계산하거나 실세계의 3차원 좌표를 영상에 투영된 위치로 계산해야하는 경우가 있다. 이때 카메라 내부 요인을 제거해야만 보다 정확한 좌표의 계산이 가능하다. 여기서 내부 요인의 파라미터 값을 구하는 과정을 카메라 캘리브레이션(camera calibration)이라 한다.

카메라 영상은 3차원 공간상의 점들을 2차원 영상 평면에 투영함으로써 얻어지는데, 핀홀 (pinhole) 카메라 모델에서 이러한 변환 관계는 다음과 같이 모델링한다.

$$s\begin{pmatrix}u\\v\\1\end{pmatrix}=A\cdot M\cdot\begin{bmatrix}X\\Y\\Z\\1\end{bmatrix}=\begin{bmatrix}f_x & 0 & C_x\\0 & f_y & C_y\\0 & 0 & 1\end{bmatrix}\cdot\begin{bmatrix}r_{11} & r_{12} & r_{13} & t_1\\r_{21} & r_{22} & r_{23} & t_2\\r_{31} & r_{32} & r_{33} & t_3\end{bmatrix}\cdot\begin{bmatrix}X\\Y\\Z\\1\end{bmatrix}$$

여기서, X, Y, Z 는 실세계의 3차원 좌표이며, u, v 는 2차원 영상 평면에 투영된 좌표이다. A는 카메라 내부 파라미터(intrinsic parameters)이고, M은 카메라 외부 파라미터이다. 카메라 내부 파라미터의 요인으로는 초점거리(focal length)와 주점(principal point) 등이 있다.

초점거리(f_x, f_y)는 〈그림 10.4.3〉에서와 같이 렌즈에서 이미지 센서까지의 거리를 말한다. 보통 디지털 카메라에서는 mm 단위로 표현되지만 카메라 모델에서는 픽셀(pixel) 단위로 표현된다. 초점거리가 두 개의 값으로 표현되는 이유는 이미지 센서의 가로 방향과 세로 방향의 셀 간격이 다를 수 있기 때문이다.

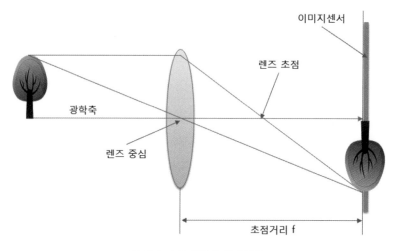

〈그림 10.4.3〉 렌즈와 초점거리

주점(C_x, C_y)은 카메라 렌즈의 중심에서 이미지 센서에 내린 수선의 영상 좌표로서 일반적으로 말하는 영상 중심점과는 다른 의미이다. 예를 들어서, 카메라 조립과정에서 오차로 인해 렌즈와 이미지 센서가 수평이 어긋나면 주점과 영상중심은 다른 값을 가질 수 있다.

다음은 카메라 캘리브레이션을 수행하여 카메라의 왜곡을 보정하는 예제이다. 본 예제는 3개의 왜곡된 체스보드 영상을 임의로 만들어서 프로그램을 수행한다. 독자들은 직접 PC 카메라로 체스보드 영상을 찍어서 실행해보기 바란다.

심화예제 10.4.2 　카메라 렌즈 왜곡 보정 - warping_camera.cpp

```cpp
01  #include <opencv2/opencv.hpp>
02  using namespace cv;
03  using namespace std;
04
05  vector<Point2f> findImageCorners(Mat image, Size boardSize)      // 체스판 코너 검출
06  {
07      static int cnt = 0;
08      vector<Point2f> imgPoints;                                   // 코너 좌표들
09      Mat gray;
10      cvtColor(image, gray, CV_RGB2GRAY);
11
12      bool found = findChessboardCorners(gray, boardSize, imgPoints);   // 코너 검출
13      if (found) {
14          cornerSubPix(gray, imgPoints, Size(11, 11), Size(-1, -1),
15              TermCriteria(TermCriteria::MAX_ITER + TermCriteria::EPS, 30, 0.1));
16
17          drawChessboardCorners(image, boardSize, imgPoints, found);    // 코너 표시
18          imshow("image_" + to_string(cnt), image);
19          waitKey();
20          destroyWindow("image_" + to_string(cnt++));
21      }
22
23      return imgPoints;
24  }
25
26  vector<Point3f> calcObjectCorners(Size boardSize, float squareSize) // 실세계 3차원 좌표
27  {
28      vector<Point3f> corners;
29      for (int i = 0; i < boardSize.height; i++)
30          for (int j = 0; j < boardSize.width; j++)
31          {
32              float x = float(j * squareSize);
33              float y = float(i * squareSize);
```

```
34              corners.push_back(Point3f(x, y, 0));          // 3차원 좌표 저정
35          }
36
37      return corners;
38  }
39
40  int main()
41  {
42      Size boardSize(8, 7), imageSize;                      // 체스판 코너 개수
43      float squareSize = 1.f;
44
45      vector<String> filelist;                              // 체스판 파일명 벡터
46      filelist.push_back("../image/chessboard_01.jpg");
47      filelist.push_back("../image/chessboard_02.jpg");
48      filelist.push_back("../image/chessboard_03.jpg");
49
50      vector<vector<Point2f>> imagePoints;                  // 코너 좌표들
51      vector<vector<Point3f>> objectPoints;                 // 실세계 3차원 좌표
52
53      for (int i = 0; i < filelist.size(); i++){
54          Mat image = imread(filelist[i], 1);               // 체스판 영상 로드
55          CV_Assert(image.data);                            // 예외처리
56
57          vector<Point2f> imgPoints = findImageCorners(image, boardSize); // 코너 검출
58
59          if (!imgPoints.empty())                           // 코너 검출되면
60          {
61              vector<Point3f> objPoints = calcObjectCorners(boardSize, squareSize);
62              imagePoints.push_back(imgPoints);             // 코너 좌표 저장
63              objectPoints.push_back(objPoints);            // 3차원 좌표 저장
64          }
65      }
66
67      vector<Mat> rvecs, tvecs;                             // 회전 및 평행이동 벡터
68      Mat cameraMatrix, distCoeffs;                         // 내부 및 외부 파라미터
69      Mat undistorted;                                      // 왜곡 보정 행렬
70
71      Mat image = imread("../image/chessboard_05.jpg" , 1);
```

```
72          CV_Assert(image.data);

73

74          double rms = calibrateCamera(objectPoints, imagePoints, image.size(),
75              cameraMatrix, distCoeffs, rvecs, tvecs );          // 캘리브레이션 수행

76

77          undistort(image, undistorted, cameraMatrix, distCoeffs);   // 왜곡 보정

78

79          cout << "cameraMatrix " << endl << cameraMatrix << endl << endl;
80          printf("RMS error reported by calibrateCamera: %g\n", rms);

81

82          imshow("Original", image);
83          imshow("Undistorted", undistorted);
84          waitKey();
85      }
```

| 설명 |

① 5~24행은 체스보드 영상에서 코너 좌표들을 찾아서 반환하는 함수이다.

② 12행은 코너를 검출하고, 코너가 있으면 개선까지 한다. OpenCV에서 제공하는 cv::findChessboardCorners() 함수로 코너 좌표들을 찾아 세 번째 인수(imgPoints)로 반환한다.

③ 14행은 cv::cornerSubPix() 함수로 서브픽셀의 위치를 찾아서 코너 좌표들을 개선한다.

④ 26~38행은 영상의 코너 좌표에 대응되는 실세계의 3차원 좌표들을 계산한다.

⑤ 45~48행은 체스보드 영상들을 입력받기 위한 파일명들이다.

⑥ 59~64행은 코너 좌표가 검출되면 체스판 영상의 코너 좌표들과 이에 대응하는 3차원 좌표를 저장한다.

⑦ 57행은 findImageCorners() 함수를 호충해서 체스보드 영상의 코너 좌표를 찾는다.

⑧ 61행은 코너 좌표와 대응되는 실세계 3차원 좌표들을 계산한다.

⑨ 62, 63행은 코너 좌표와 실세계 좌표를 각각 저장한다.

⑩ 74행은 cv::calibrateCamera() 함수를 호출하여 캘리브레이션을 수행한다. 체스판의 코너 좌표들(imagePoints)과 이에 대응하는 3차원 실세계좌표(objectPoints)를 입력하면 카메라 내부 파라미터(cameraMatrix)와 외부 파라미터(distCoeffs) 행렬을 반환한다. 또한 각 체스판 영상을 위한 회전(rvecs)과 평행이동(tvecs) 행렬을 벡터로 반환받는다.

⑪ 77행은 cv::undistort() 함수로 카메라 내부 파라미터와 외부 파라미터를 입력해서 카메라 왜곡을 보정한다.

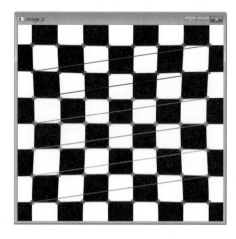

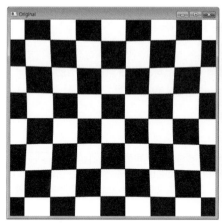
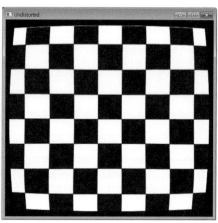

실행결과에서 키보드 이벤트를 발생할 때마다 체크보드 영상을 입력받아서 코너 좌표들을 찾는다. 찾은 코너 좌표들과 이에 대응하는 3차원 실세계 좌표를 저장한다. 영상 파일 목록을 모두 처리하면 왜곡 영상을 보정한다.

| 단원 요약 |

1. 허프 변환은 영상 내의 선, 원뿐만 아니라 임의의 형태를 지닌 물체를 감지해 내는 대표적인 기술로서 특히 직선 검출에 주로 사용된다. 직교 좌표계로 표현되는 영상의 에지 점들을 극좌표계로 옮겨, 검출하고자 하는 물체의 파라미터(ρ, θ)를 추출하는 방법이다.

$$y = ax + b \quad \leftrightarrow \quad \rho = x \cdot \cos\theta + y \cdot \sin\theta$$

2. 허프 변환은 다음과 같은 세부적인 과정을 거쳐서 수행된다.

> 1. 허프 변환 좌표계에서 행렬 구성
> 2. 영상 내 모든 화소의 직선 여부 검사
> 3. 직선 인지 좌표에 대한 허프 변환 좌표의 곡선(ρ_i, θ_j) 구성
> 4. 구성된 곡선 좌표들의 값을 1씩 증가
> 5. 허프 변환 행렬의 원소들 중에 지역 최대값 선택하여 겹친 직선 제거
> 6. ρ_i, θ_j 를 누적값 순서로 내림차순 정렬

3. 영상 처리에서 중요한 특징 정보로 사용되는 코너는 영상에서 경계가 만나는 지점의 특정한 모양을 갖는 곳을 가리킨다. 이 코너 정보들 중에서 영상의 왜곡에도 불변하는 특징을 가진 지점들이 영상 매칭에 유용하게 사용될 수 있다.

4. 해리스 코너 검출 방법은 영상의 평행이동, 회전 변환에는 불변(invariant)하는 특징이 있고, 어파인(affine) 변환이나 조명(illumination) 변화에도 어느 정도는 강인성이 있다.

5. 최근접 이웃 알고리즘은 기존에 가지고 있는 데이터들을 일정한 규칙에 의해 분류된 상태에서 새로운 데이터의 종류를 예측하는 분류 알고리즘이다. 새로운 미지의 샘플이 입력될 때, 학습 클래스의 샘플들과 새 샘플의 거리가 가장 가까운클래스로 분류한다.

6. 최근접 이웃 방법 중에서 가장 많이 사용되는 것은 학습된 클래스들에서 여러 개의 가까운 이웃을 선출하고 이를 이용하여 미지의 샘플들을 분류하는 방법이다. 이러한 분류 과정을 k-최근접 이웃 분류라고 한다.

7. OpenCV에서는 최근접 이웃 분류를 위해 ml 라이브러리에 KNearest 클래스로 제공한다. Ptr 클래스로 포인터 참조 방법으로 사용하며, StatModel 클래스에서 상속받은 train() 메서드로 학습을 한다. 또한 findNearest() 메서드로 분류를 수행한다.

8. 영상 워핑은 영상에서 비선형적인 특정한 규칙에 따라 입력 영상을 재추출(resampling)하여 영상의 형태를 변형시키는 기술이다. 영상을 다른 여러 방향으로 늘이거나 크기를 조절하는 기법으로 수순한 스케일링과 달리 크기 변화의 정도가 영상 전체에 대해 균일하지 않는 것이 특징이다.

9. 영상 모핑은 조지 루카스가 설립한 특수 효과 전문회사인 ILM(Industrial Light and Magic)이 개발한 기법으로 변형(metamorphosis)이란 단어에서 유래되었다. 이것은 하나의 영상에서 형체가 전혀 다른 영상으로 변하도록 하는 기법을 말한다.

■ 연습문제

1. 허프 변환에서 기본 직선 수식을 원점과의 수직거리와 각도로 표현하시오.

2. 허프 변환의 전체 과정에 대해서 기술하시오.

3. 허프 변환에서 하나의 직선 주위로 여러 개의 직선이 검출될 수 있는데 이 문제를 해결하는 방법을 설명하시오.

4. k-최근접 이웃(k-NN) 알고리즘의 기본 아이디어를 설명하시오.

5. k-NN 알고리즘을 사용하기 위한 OpenCV에서 제공하는 클래스는 KNearest이다. 이 클래스로 학습과 분류에 사용되는 내부 메서드들과 매개변수들에 대해서 설명하시오.

6. OpenCv 3.x에서 기계학습 알고리즘들은 ml::StatModel 클래스를 상속받아서 사용한다. 그 방법을 예시 코드로 기술하고 설명하시오.

7. 해리스 코너 검출 방법의 전체 과정에 대해서 기술하시오.

8. 워핑과 모핑에 대해서 비교 설명하시오.

9. 카메라 캘리브레이션에 대해서 설명하시오.

10. 카메라 캘리브레이션의 내부 파라미터 요인 중에서 대표적인 두 가지를 적고 설명하시오.

11. 다음과 같이 컬러 입력 영상에 허프 변환 함수를 구현해서 직선을 검출하고, 하여 그리시오.

> 1. 거리간격 1픽셀, 각도간격 2도 지정
> 2. 직선 임계값 100 화소 지정
> 3. 최대 10개 녹색 직선 표시, 직선 두께 2 지정

12. 허프 변환의 수행과정에서 허프 누적 행렬을 xml 파일로 저장하시오.

13. 10.1.6절에서 sort_lines() 함수는 중복이 제거된 허프 누적 행렬에서 임계값보다 큰 누적값들을 선별한 후에 이 값들을 내림차순으로 정렬한다. 이 함수를 cv::sortIdx() 함수를 사용하지 않고 직접 정렬 알고리즘으로 구현하시오(2가지 이상의 정렬 알고리즘을 구현하시오)

14. 허프 변환은 모든 화소에서 ρ, θ의 간격만큼 반복적으로 계산을 수행하기 때문에 속도가 상대적으로 느리다. 속도를 향상시키기 위한 방법으로 각도의 범위를 한정하여 특정 범위에 대해서만 직선을 검출하도록 예제 10.1.1을 수정하시오.

15. PC 카메라에서 입력 받은 영상에서 허프 변환을 수행해서 최대 5개의 직선을 검출하도록 프로그램을 작성하시오.

16. 예제_10.2.1의 해리스 코너 검출에서 코너 응답함수를 8방향으로 검사하여 결과를 표시하도록 소스를 수정하시오.

17. 예제_10.3.3을 화살표키로 연속적으로 실험데이터를 입력받을 수 있도록 소스코드를 수정하시오.

18. 10.3절에서 검출된 숫자 객체를 중앙에 배치하는 place_middle() 함수를 직접 구현하시오. 되도록 자신만의 방식으로 구현하여 중앙 배치한 영상을 윈도우로 출력하시오.

19. 예제_10.4.1은 가로 방향으로 드래그한 비율만큼 영상을 왜곡시킨다. 여기에 세로 방향
    으로 드래그할 때에도 왜곡을 하도록 morphing() 함수의 소스를 수정하시오.

20. 예제_10.4.2를 PC 카메라에서 영상을 입력받아서 수행할 수 있도록 수정하시오.

> 1. PC 카메라로 체크보드 영상을 입력받는 폼을 구성한다.
> 2. 입력받은 영상들로 카메라 왜곡계수를 구한다.
> 3. 왜곡 계수를 적용해서 PC 카메라로 입력받은 영상을 보정하여 윈도우에 표시한다.

PART 03

영상 처리 응용 사례

CHAPTER 11

영상 처리 응용 사례 I

contents

친구 얼굴을 간단히 스케치하는 방법

사람들은 서로의 얼굴을 보고 "안면이 있군요", "구면이네요" 라고 말한다. 얼굴(face)에 대해 우리말의 의미를 살펴보면, '얼'은 영혼이라는 뜻이고, '굴'은 통로라는 의미다. 그리고 영어 face의 어원인, 라틴어 facia도 용모, 형태, 생김새를 나타낸다. 따라서 얼굴은 다른 사람에게 자신을 나타내는 수단이 된다.

얼굴에는 사람마다 독특한 특징이 있어서 사람들은 쉽게 상대방을 인식할 수 있다. 그러면 바로 옆에 있는 친구의 얼굴을 간단히 그려보면서, 특징을 생각해보면 어떨까?

1. 위쪽 부분이 약간 넓고 아래로 약간 긴 타원(친구의 얼굴 윤곽)을 그린다.

   - 타원의 내부에 십자가를 가볍게 밑그림으로 그려 넣는다.

2. 십자가 가로축에 아몬드 모양의 눈을 그린다.

   (5개 아몬드를 가로축에 놓는다고 생각하면 2번째, 4번째 아몬드가 눈)

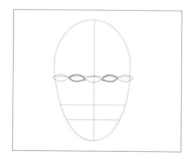

3. 가로축 아래의 세로축을 새롭게 2등분해 2등분된 위쪽에 코를 그린다.

4. 타원 양쪽 바깥 부분에 코를 그린 위치와 같은 위치에 두 귀를 그린다.

5. 3번에서 새롭게 세로축을 2등분한 세로축 아랫부분에 입을 그린다.

6. 타원 모양 위에 친구 머리 스타일의 특징을 살려 그린다.

7. 타원 아래쪽에 목 부분을 간단히 그린다.

   (더 자세한 방법은 여기를 참조 : http://www.wikihow.com/Draw-Human-Faces)

11
영상 처리 응용 사례 I

이 장에서는 영상 처리 및 컴퓨터 비전 응용 사례들 중에서 기초적인 응용을 소개함으로써, 개인의 졸업 작품이나 팀 프로젝트에 활용할 수 있는 기회를 만들고자 한다. 간단한 그림판 프로그램 만들기, 영상에서 얼굴 검출 및 남녀 맞추기, 히스토그램을 이용한 영상 검색과 같은 영상 처리 응용에 자주 사용되는 알고리즘들에 대해서 기술한다.

11.1 그림판 프로그램

OpenCV API를 활용해서 다음 〈그림 11.1.1〉과 같은 간단한 그림판 프로그램을 구현해 보자.

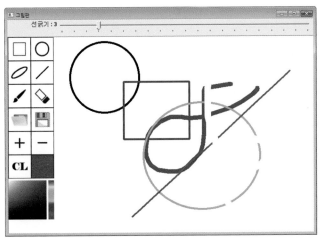

〈그림 11.1.1〉 나의 그림판 프로그램

사각형, 원, 타원, 직선 등을 그릴 수 있다. 또한 팔레트를 이용해서 색상도 지정이 가능하다. 그리고 좀 더 기능을 확장해서 영상 밝기변경 등의 간단한 영상 처리 기능도 추가해 본다.

전체 과정은 다음의 〈그림 11.1.2〉같이 그림판 레이아웃 구성과 이벤트 및 명령 구현으로 이루어져 있다. 그림판 레이아웃 구성에서 그리기 아이콘들을 배치하며, 팔레트와 색상인 덱스를 생성하여 그림판의 모양을 잡는다.

이벤트 및 명령 구현에서는 마우스 이벤트를 구현해서 그리기 아이콘을 선택할 수 있게 한다. 또한 팔레트 색상 변경 이벤트 구현을 통해 선의 색상을 변경할 수 있게 한다. 그리고 그리기를 구현해서 캔버스에 직선, 사각형 등을 그리며, 기타 명령을 구현하여 그림판을 완성한다.

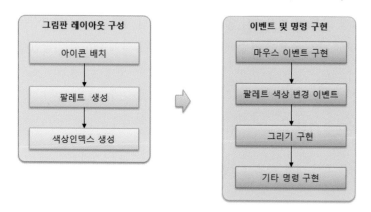

〈그림 11.1.2〉 그림판 프로그램 전체 구현 과정

11.1.1 아이콘 배치 및 팔레트 생성

명령을 수행하는 버튼들을 아이콘으로 만들고 아이콘을 윈도우 창의 왼쪽에 배치해 보자. 아이콘은 ../image/icon 폴더에 〈그림 11.1.3〉과 같은 이미지로 만들어 두었다. 다른 아이콘을 원한다면 영상 파일의 그림을 바꿀 수도 있다.

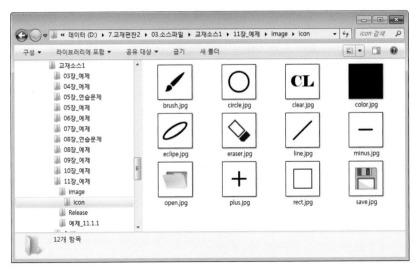

〈그림 11.1.3〉 명령 아이콘들

아이콘의 배치는 place_icons() 함수로 수행한다. 주어진 아이콘 파일들을 행렬로 읽어
들이고, 해당 아이콘의 위치를 관심영역을 지정해서 image 행렬에서 참조하여 그 위치에
아이콘들을 복사한다.

```
01    void place_icons(Size size)                              // size : 아이콘 크기
02    {
03        vector<string> icon_name = {                         // 아이콘 파일 이름
04            "rect", "circle", "eclipe", "line", "brush", "eraser",
05            "open", "save", "clear", "plus", "minus" , "color"
06        };
07        int btn_rows = (int)cvCeil(icon_name.size() / 2.0);  // 2열 버튼의 행수
08
09        for (int i = 0, k = 0; i < btn_rows; i++) {
10            for (int j = 0; j < 2; j++, k++)
11            {
12                Point   pt(j * size.width, i * size.height); // 각 아이콘 시작 위치
13                btn.push_back(Rect(pt, size));               // 각 아이콘 관심영역
```

```
14
15              Mat icon = imread("../image/icon/" + icon_name[k] + ".jpg", 1);
16              if (icon.empty()) continue;                 // 예외처리
17
18              resize(icon, icon, size);                   // 아이콘 영상 크기 통일
19              icon.copyTo(image(btn[k]));                 // 아이콘 영상 복사
20          }
21      }
22  }
```

| 설명 |

① 3~6행은 아이콘 파일의 이름을 string형의 벡터로 선언한다.

② 7행은 아이콘을 2열로 배치하기 위해 btn_icon 벡터 개수를 2로 나누어 행수를 구한다.

③ 12행은 관심영역 지정을 위해서 각 아이콘의 시작 좌표(pt)를 계산한다.

④ 13행은 각 아이콘의 위치인 관심영역을 사각형 벡터인 btn에 저장한다.

⑤ 16행은 아이콘 파일을 읽지 못한 경우 다음 아이콘 파일을 로드하는 예외처리이다.

⑥ 19행은 아이콘 영상을 image 행렬의 각 관심영역에 복사한다.

다음은 사각형이나 원을 그릴 때, 선의 색상을 지정하는 색상팔레트를 구성해 보자. 색상 팔레트는 Red, Green, Blue의 3개 채널의 값이 있어야 컬러 색을 표현할 수 있다. 여기서 모든 컬러 색상을 표현하려면 3차원 색공간에 사용해야 한다. 또한 가장 일반적인 RGB 모델로 색상을 표현하면, 3개 채널의 독립성으로 인해서 원하는 색상을 찾기가 쉽지 않다.

따라서 색상팔레트는 색상의 명확한 표현을 위해서 HSV 모델로 표현한다. 〈그림 11.1.4〉의 색상팔레트에서 팔레트 오른쪽의 '색상 막대'를 보자. 빨간색에서부터 노란색, 녹색, 파란색, 보라색까지 색이 나타나 있다. 이 막대의 색상으로 왼쪽 팔레트의 색을 지정한다. 이 색상 막대를 '색상인덱스'라 하겠다.

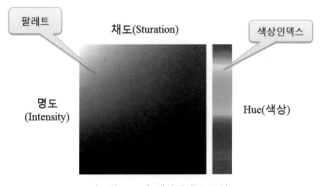

〈그림 11.1.4〉 색상팔레트 구성

색상인덱스는 순색인 Hue 색을 표현하고, 팔레트는 색상인덱스의 Hue 값에 채도와 명도를 통해서 2차원의 색을 표현한다. 이를 위해서 행렬 m_palatte는 HSV 모델로 값을 지정하고, RGB 모델로 변환하는 과정을 거친다.

먼저, create_hueIndex() 함수로 색상인덱스를 생성해 보자. 인수로 입력되는 rect은 색상인덱스의 영역을 나타내는 사각형이다. 반복문 내에서 i 값의 변화에 따라서 hue 값을 계산하며, 채도와 명도는 255를 지정해서 순색만을 표시한다.

```
void   create_hueIndex(Rect rect)                  // rect - 색상인덱스 영역
{
    Mat   m_hueIdx = image(rect);                  // 색상인덱스 영역 참조
    float   ratio = 180.0f / rect.height;          // 색상인덱스 세로크기의 hue 스케일

    for (int i = 0; i < rect.height; i++)
    {
        Scalar   hue_color(i * ratio, 255, 255);   // HSV 색상 지정
        m_hueIdx.row(i).setTo(hue_color);          // 한 행의 색상 지정
    }
    cvtColor(m_hueIdx, m_hueIdx, CV_HSV2BGR);      // HSV에서 RGB로 변환
}
```

다음은 create_palette() 함수를 색상팔레트를 생성해 보자. 먼저, hue는 색상인덱스 영역내의 y 좌표로 계산한다. 이것은 마우스 클릭된 좌표(pos_y)에 팔레트 시작 좌표(pal_rect.y)를 빼면 쉽게 계산된다. 그리고 hue 비율을 곱해서 팔레트의 기본색을 계산한다.

```
// pos_y : 마우스 클릭 y 좌표, rect_pale: 팔레트 영역
void  create_palette(int pos_y, Rect rect_pale)
{
    Mat        m_palatte = image(rect_pale);                    // 팔레트 영역 참조
    float      ratio1 = 180.0f / rect_pale.height;       // 팔레트 높이에 따른 hue 비율
    float      ratio2 = 256.0f / rect_pale.width;        // 팔레트 너비에 따른 saturation 비율
    float      ratio3 = 256.0f / rect_pale.height;       // 팔레트 높이에 따른 intensity 비율

    hue = cvRound((pos_y - rect_pale.y) * ratio1);          // 색상팔레트 기본 색상

    for (int i = 0; i < m_palatte.rows; i++) {              // 색상팔레트 조회
        for (int j = 0; j < m_palatte.cols; j++)
        {
            int saturation = cvRound(j * ratio2);           // 채도 계산
            int intensity = cvRound((m_palatte.rows - i - 1) * ratio3); // 명도 계산
            m_palatte.at<Vec3b>(i, j) = Vec3b(hue, saturation, intensity);  // HSV 색상 지정
        }
    }
    cvtColor(m_palatte, m_palatte, CV_HSV2BGR);              // HSV에서 RGB로 변환
}
```

팔레트 행렬(m_palatte)의 모든 원소를 조회하며 해당 위치의 채도와 명도를 계산해서 HSV 컬러를 지정하고, 팔레트 행렬의 원소에 저장한다. 여기서 명도는 밝은 값에서 어두워지도록 (m_palatte.rows − i − 1)로 지정한다. 행렬 조회가 모두 끝나면, HSV 컬러를 BGR 컬러로 변환하여 영상으로 표현할 수 있도록 한다.

지금까지 설명한 함수들을 바탕으로 메뉴 아이콘과 팔레트를 구성해 보자.

먼저, 각 아이콘 영역의 값을 나타내는 상수들을 모두 지정해 보자. 그리기 아이콘 상수, 명령 아이콘 상수, 팔레트 관련 상수를 모두 지정해서 다음과 같이 icon_flag.hpp 헤더 파일에 저장한다.

```
01  #define      DRAW_RECTANGLE      0          // 사각형 그리기
02  #define      DRAW_CIRCLE         1          // 원 그리기
03  #define      DRAW_ECLIPSE        2          // 타원 그리기
04  #define      DRAW_LINE           3          // 직선 그리기
05  #define      DRAW_BRUSH          4          // 브러시 그리기
06  #define      ERASE               5          // 지우개
07  #define      OPEN                6          // 열기 명령
08  #define      SAVE                7          // 저장 명령
09  #define      PLUS                8          // 밝게 하기 명령
10  #define      MINUS               9          // 어둡게 하기 명령
11  #define      CREAR               10         // 지우기 명령
12  #define      COLOR               11         // 현재 선색
13  #define      PALETTE             12         // 팔레트
14  #define      HUE_IDX             13         // 색상인덱스
```

여기서 0~6번은 그리기 상수이며, 6~10번은 일반 명령 상수이고, 11~13은 팔레트 관련 상수이다. 그리고 앞서 설명한 place_icons(), create_hueIndex(), create_palette() 함수들은 menu.hpp 헤더 파일로 저장하여 include 시킨다.

예제 11.1.1　　그림판 아이콘 배치 – place_menu.cpp

```
01  #include <opencv2/opencv.hpp>
02  using namespace cv;
03  using namespace std;
04
05  // 전역변수 설정
06  vector<Rect> icons;                       // 아이콘 사각형들
07  Mat        image;                         // 그림판 영상
08
09  #include "menu.hpp"                        // 아이콘 관련 헤더 파일
10  #include "icon_flag.hpp"                   // 아이콘 상수
11
12  int main()
13  {
14      image = Mat(500, 800, CV_8UC3, Scalar(255, 255, 255));
```

```
15          place_icons(Size(60, 60));                                         // 아이콘 배치, 아이콘 크기
16
17          Rect last_icon = *(icons.end() - 1);                               // 아이콘 사각형 마지막 원소
18          Point start_pale = Point(0, last_icon.br().y + 5);                 // 팔레트 시작 위치
19
20          icons.push_back(Rect(start_pale, Size(100, 100)));                 // 팔레트 사각형 추가
21          icons.push_back(Rect(start_pale + Point(105, 0), Size(15, 100)));  // 색상인덱스 사각형
22
23          create_hueIndex(icons[HUE_IDX]);                                   // 팔레트 생성
24          create_palette(start_pale.y, icons[PALETTE]);                      // 색상인덱스 생성
25
26          imshow("image", image);
27          waitKey();
28          return 0;
29      }
```

| 설명 |

① 6, 7행에서 여러 함수에서 사용되기 때문에 전역변수로 선언한다.

② 17행은 아이콘 사각형 벡터의 마지막 원소를 last_icon에 저장한다. vector::end() 함수가 벡터의 마지막 주소를 반환하기 때문에 역참조(*) 연산자가 필요하다.

③ 18행에서 last_icon.br()로 마지막 아이콘의 하단오른쪽 좌표의 y 값을 가져와 5를 더해서 색상팔레트의 y 좌표로 사용한다. 따라서 색상팔레트의 시작 좌표는 2열로 된 6개의 명령 아이콘 아래로 5픽셀만큼 내려간 위치가 된다.

④ 20, 21행은 팔레트 영역과 색상인덱스 영역을 아이콘 벡터(icons)에 추가한다.

11.1.2 마우스 이벤트의 구현

다음은 마우스 이벤트를 제어하기 위한 콜백 함수이다. 마우스 왼쪽 버튼 누르기와 떼기를 인식해서 시작 좌표(pt1)와 종료 좌표(pt2)를 설정한다. 또한 마우스의 상태와 그리기 모드를 mouse_mode, draw_mode 변수에 저장한다.

```
01    static void onMouse(int event, int x, int y, int, void*)
02    {
03          Point pt(x, y);
04          if (event == EVENT_LBUTTONUP)                                      // 왼쪽 버튼 떼기
05          {
```

```
06              for (int i = 0; i < (int)icons.size(); i++)    // 메뉴아이콘 사각형 조회
07              {
08                  if (icons[i].contains(pt)) {               // 메뉴 클릭 여부 검사
09                      if (i < 6)                             // 그리기 명령이면
10                      {
11                          mouse_mode = 0;                    // 마우스 상태 초기화
12                          draw_mode = i;                     // 그리기 모드
13                      }
14                      else    command(i);                    // 일반 명령이면
15                      return;
16                  }
17              }
18          pt2 = pt;                                          // 종료 좌표 저장
19          mouse_mode = 1;                                    // 버튼 떼기 상태 지정
20      }
21      else if (event == EVENT_LBUTTONDOWN)                   // 왼쪽 버튼 누르기
22      {
23          pt1 = pt;                                          // 시작 좌표 저장
24          mouse_mode = 2;
25      }
26
27      if (mouse_mode >= 2) {                                 // 왼쪽 버튼 누리기 or 드래그
28          Rect rect(0, 0, 125, image.rows);
29          mouse_mode = (rect.contains(pt)) ? 0 : 3;          // 마우스 상태 지정
30          pt2 = pt;
31      }
32  }
```

| 설명 |

① 4행과 21행에서 마우스 왼쪽 버튼이 떼기와 누르기를 점검한다.

② 9~13행에서 아이콘이 그리기 명령(i<6)일 때에는 마우스 상태(mouse_mode)를 초기화하고, 그리기 모드(draw_mode)에 아이콘 번호를 지정한다.

③ 14행에서 아이콘이 일반 명령(i)=6)일 때에는 command() 함수를 수행한다. command() 함수는 다음 절에서 다룬다.

④ 18행은 마우스 버튼 떼기를 하면, 현재 좌표를 종료 좌표(pt2)에 저장한다.

⑤ 23행은 마우스 버튼 누르기를 하면 현재 좌표를 시작 좌표(pt1)에 저장한다.

⑥ 19, 24행에서 마우스 상태(mouse_mode)를 지정한다. 마우스의 상태는 다음과 같다.

mouse_mode	의미
0	동작 종료, 초기화
1	마우스 왼쪽 버튼 떼기
2	마우스 왼쪽 버튼 누르기
3	마우스 드래그

⑦ 29행에서 메뉴 아이콘 영역에서 마우스 버튼을 누르면 mouse_mode에 0을 지정해서 초기화한다. 그 이외의 영역에서 마우스 버튼을 누르면 mouse_mode에 3을 지정한다. 이것은 메뉴 아이콘 영역에서 드래그 시에 그리기를 방지하기 위함이다.

11.1.3 팔레트 색상 변경 이벤트

마우스 콜백 함수로 마우스 이벤트를 발생하고 제어하지만, 실제 윈도우에서 변경된 내용이 없어서 현재까지는 어떤 내용이 바뀌었는지 확인이 어렵다. 이제 본격적으로 색상인덱스를 클릭하여 색상팔레트 전체 색을 변경해 보자. 또한 색상팔레트를 클릭해서 현재 색상 아이콘의 색을 바꾸어 보자.

다음의 command() 함수는 그리기 명령이 아닌 일반 명령들을 처리하는 함수이다. 명령 모드(mode)에 따라서 다양한 명령을 처리하도록 할 수 있으며, 이번에는 색상팔레트와 색상인덱스를 클릭했을 때, 색을 변경하는지 표시하도록 한다.

```
01   void  command(int mode)                                    // 일반 명령 수행 함수
02   {
03       if (mode == PALETTE)                                    // 팔레트 영역 클릭
04       {
05           float  ratio1 = 256.0f / icons[PALETTE].width;      // 너비로 채도 비율
06           float  ratio2 = 256.0f / icons[PALETTE].height;     // 높이로 명도 비율
07
08           Point pt = pt2 - icons[PALETTE].tl();               // 팔레트내 상대좌표
09           int saturation = cvRound(pt.x * ratio1);
10           int value = cvRound((icons[PALETTE].height - pt.y - 1) *ratio2);
11           Scalar  hsv(hue, saturation, value);                // HSV 색상 지정
12
13           Mat    m_color = image(icons[COLOR]);               // 색상아이콘 참조
14           m_color.setTo(hsv);
```

```
15              cvtColor(m_color, m_color, CV_HSV2BGR);              // HSV → BGR 변환
16              rectangle(image, icons[COLOR], Scalar(0, 0, 0), 1);  // 색상 아이콘 테두리색
17
18              Color = Scalar(m_color.at < Vec3b >(10, 10));
19          }
20      else if (mode == HUE_IDX)                                   // 색상인덱스 클릭시
21      {
22              create_palette(pt2.y, icons[PALETTE]);              // 팔레트 다시 그리기
23      }
24
25      imshow("그림판", image);
26  }
```

| 설명 |

① 3행에서 명령모드(mode)가 PALETTE 이면 색상팔레트 영역이 클릭된
것이다. 이때, 색상팔레트 내에서 클릭된 좌표로 현재 색상 아이콘의 색
을 변경한다.

② 5, 6행은 0~255의 색상범위 값을 팔레트 크기에 맞추기 위한 스케일
비율이다.

③ 8행은 종료 좌표(pt2)에서 색상팔레트 좌표를 빼서 색상팔레트 내의 위
치를 계산한다.

④ 9, 10행은 색상팔레트의 x 좌표와 y 좌표로 채도(saturation)와 명도
(intensity)를 계산한다. 명도는 y 좌표가 커질수록 값이 작아지도록 한
다.

⑤ 13행은 색상 아이콘 사각형을 관심영역으로 참조하는 행렬 m_color를
만든다.

⑥ 14행은 m_color 행렬에 hsv의 값을 지정해서 색상 아이콘에 색상을 설
정한다.

⑦ 18행은 색상 아이콘의 한 원소에서 색을 가져와 현재 선색(Color)을 지
정한다.

⑧ 20~23행에서 명령모드(mode)가 HUE_IDX이면 색상인덱스 영역이 클
릭된 것이며, 종료 좌표(pt2)의 세로위치(y 값) 색상값을 기준으로 팔레
트를 다시 그린다.

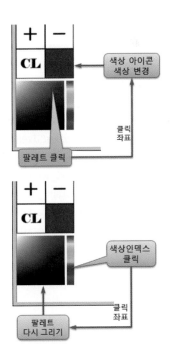

다음은 onMouse() 와 command() 함수를 추가해서 그림판에서 팔레트로 색상을 완성해
보자. 예제_11.1.1의 기본 소스 내용은 생략하고 추가된 내용 위주로 나타낸다.

```
01  #include <opencv2/opencv.hpp>
02  using namespace cv;
03  using namespace std;
04
05  vector<Rect> icons;
06  Mat image;
07  int mouse_mode = 0, draw_mode = 0;
08  Potin pt1, pt2;
09  Scalar Color(0, 0, 0);                                    // 색상 변수 – 전역변수 지정
10
11  #include "menu.hpp"
12  #include "icon_flag.hpp"                                  // 아이콘 상수
13
14  void  command(Scalar& Color)  {   ...   }
15
16  static void onMouse(int event, int x, int y, int, void* ) {   ...   }
17
18  int main()
19  {
20      image = Mat(500, 800, CV_8UC3, Scalar(255, 255, 255));
21      place_icons(Size(60, 60));
22
23      Rect last_icon = *(icons.end() - 1);
24      Point start_pale = Point(0, last_icon.br().y + 5);
25      icons.push_back(Rect(start_pale, Size(100, 100)));
26      icons.push_back(Rect(start_pale + Point(105, 0), Size(15, 100)));
27
28      create_hueIndex(icons[HUE_IDX]);                      // 팔레트 생성
29      create_palette(start_pale.y, icons[PALETTE]);         // 색상인덱스 생성
30
31      imshow("image", image);
32      setMouseCallback("그림판", onMouse);                    // 마우스 콜백 함수 등록
33      waitKey();
34      return 0;
35  }
```

| 설명 |

① 33행은 마우스 콜백 함수를 시스템에 등록한다.

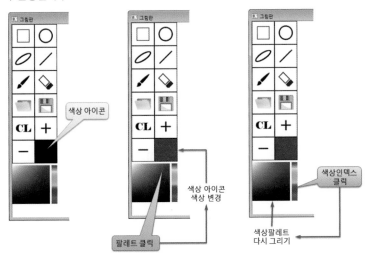

11.1.4 그리기 구현

팔레트를 이용해서 색상을 변경을 해보았으니, 다음으로 캔버스에 그리기를 해보자. 다양한 개체를 그릴 수 있지만, 본 프로그램에서는 사각형, 직선, 원, 타원 등을 구현해 보겠다.

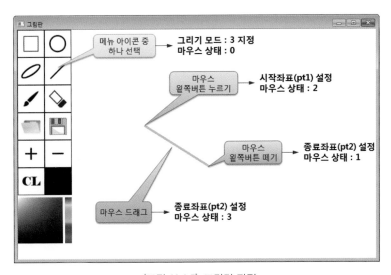

〈그림 11.1.5〉 그리기 과정

그리는 방법은 일반적인 그림판 프로그램과 같으며, 〈그림 11.1.5〉와 같은 과정으로 동작한다. 먼저, 왼쪽 메뉴에 있는 아이콘 중에서 그리기 아이콘을 클릭해서 그리기 모드(draw_mode)를 지정한다. 그리고 그리고자하는 위치에서 마우스 왼쪽 버튼을 누르고, 드래그 한 후에 마우스 버튼을 뗀다. 그러면, 마우스 콜백 함수를 통해서 시작 좌표(pt1)와 종료 좌표(pt2)가 설정되고, 마우스 상태(mouse_mode)도 지정된다. 이 값들에 따라서 draw() 함수에서는 해당 그리기만 구현하면 캔버스에 그려진다.

```cpp
01  void  draw(Mat  image, Scalar color = Scalar(200, 200, 200))
02  {
03      if (draw_mode == DRAW_RECTANGLE)                          // 사각형 그리기
04      {
05          rectangle(image, pt1, pt2, color, thickness);
06      }
07      else if (draw_mode == DRAW_LINE)                          // 직선 그리기
08      {
09          line(image, pt1, pt2, color, thickness);
10      }
11      else if (draw_mode == DRAW_BRUSH)                         // 브러시 그리기
12      {
13          line(image, pt1, pt2, color, thickness * 3);
14          pt1 = pt2;                                           // 종료 좌표를 시작 좌표로 지정
15      }
16      else if (draw_mode == ERASE)                              // 지우개
17      {
18          line(image, pt1, pt2, Scalar(255, 255, 255), thickness * 5);
19          pt1 = pt2;
20      }
21      else if (draw_mode == DRAW_CIRCLE)                        // 원 그리기
22      {
23          Point2d pt3 = pt1 - pt2;
24          int  radius = (int)sqrt(pt3.x*pt3.x + pt3.y*pt3.y);  // 두 좌표간 거리
25          circle(image, pt1, radius, color, thickness);
26      }
27      else if (draw_mode == DRAW_ECLIPSE)                       // 타원그리기
28      {
29          Point2d center = (pt1 + pt2) / 2.0;                  // 두 좌표 중심
30          Size2d  size = (pt1 - pt2) / 2.0 ;                   // 두 좌표 차분 - 타원 크기
```

```
31              size.width  = abs(size.width) ;              // 타원 크기 음수 방지
32              size.height = abs(size.height) ;
33              ellipse(image, center, size, 0, 0, 360, color, thickness);
34      }
35      imshow("그림판", image);
36  }
```

| 설명 |

① 5, 9행은 마우스 콜백함수에서 지정된 시작 좌표와 종료 좌표를 cv::rectangle(), cv::line() 함수의 인수로 지정하면 쉽게 사각형과 직선을 그릴 수 있다. thickness는 선의 두께이며 전역변수로 지정한다.

② 13행은 브러시 그리기로, 드래그 상황에서 시작 좌표와 종료 좌표로 직선을 그린다.

③ 14행에서 이전 종료 좌표를 새 시작 좌표로 지정한다. 그러면 마우스 콜백 함수가 드래그 과정에서 연속적으로 종료 좌표를 지정하며, 다시 직선을 그린다. 이 과정을 연속적으로 반복하면 브러시 효과가 난다.

④ 18행에서 지우기는 브러시와 같은데 색상만 배경색(흰색)으로 지정한다.

⑤ 21~26행은 draw_mode가 DRAW_CIRCLE이면 원을 그린다. 시작 좌표가 원의 중심이 되며, 시작 좌표에서 종료 좌표까지의 거리가 반지름이 된다.

⑥ 29행은 두 좌표(시작 좌표, 종료 좌표)의 중심점을 타원의 중심으로 지정한다.

⑦ 30행에서 타원의 크기는 두 좌표의 차분의 절반을 지정한다. 이것은 타원의 반지름으로 타원 크기를 표현하기 때문이다.

⑧ 31, 32행에서 시작 좌표가 종료 좌표보다 커도 음수가 되지 않도록 절댓값을 취한다.

다음은 그리기를 추가하고, 메인 함수의 내용을 변경한 전체 소스 내용이다. 아이콘 상수들을 icon_flag.hpp 헤더 파일로 포함(include)했으며, draw() 함수의 세부 내용은 생략한다. 또한 메인 함수에서 생략된 부분은 예제 11.1.2와 동일하다.

예제 11.1.3   그리기 및 기타 명령 구현 - draw_command.cpp

```
01  //  ........ 중략 ......
02
03  int       thickness = 3;                              // 선 굵기 - 전역변수
04
05  void  draw(Mat  image, Scalar color = Scalar(200, 200, 200)) {  ...  }
06
07  void  command(Scalar& Color)  {  ...  }
08
```

```
09   static void onMouse(int event, int x, int y, int, void*) {   ...   }
10
11   int main()
12   {
13
14   //   ....... 중략 .....          예제 11.1.2    20~32행
15
16       while (1)
17       {
18           if (mouse_mode == 1)                              // 마우스 버튼 떼기
19               draw(image, Color);                           // 원본에 그림
20           else if (mouse_mode == 3)                         // 마우스 드래그
21           {
22               if (draw_mode == DRAW_BRUSH || draw_mode == ERASE) {
23                   draw(image, Color);                       // 원본에 그림
24               }
25               else {
26                   draw(image.clone(), Scalar(200,200,200) ); // 복사본에 회색으로 그림
27               }
28           }
29           if (waitKey(30) == 27)   break;                   // ESC 키 누르면 종료
30       }
31       return 0;
32   }
```

| 설명 |

① 16~30행에서 그리기를 연속적으로 수행하도록 while()문으로 반복한다. [Esc]키가 눌려지면 그림판을 종료한다.

② 18행에서 마우스 상태(mouse_mode)가 1이면 마우스 버튼 떼기 상황이다. 이때 마우스 이벤트로 지정된 그리기 모드(draw_mode)로 image 행렬에 그리기를 수행한다.

③ 20~28행은 마우스 드래그 상황에서 처리하는 내용이다.

④ 22~24행은 그리기 모드가 브러시나 지우기일 때, draw() 함수를 호출하는 방식이다. image 행렬에 직접 그리기를 수행한다. draw() 함수 내에서 그리기 후에 종료 좌표에 시작 좌표를 지정해서 연속적인 이어서 그리게 한다.

⑤ 25~27행에서 브러시가 아닌 다른 그리기 모드로 드래그 할 때 그리는 방식이다. image 행렬의 복사본을 인수로 입력해서 복사본에 그리기를 수행한다. 매번 새 영상(복사본)에 그리기 때문에 직전 그린 것은 없어지고 새로 개체가 그려진다. 따라서 회색 개체가 드래그 되는 위치에 움직이는 것처럼 나타난다.

11.1.5 기타 명령 구현

마지막으로 기타 영상 처리들을 추가해 보자. 영상 파일을 캔버스로 읽어 오거나, 캔버스의 그림을 영상 파일로 저장할 수도 있을 것이다. 그리고 그림판 전체를 지우거나 영상의 밝기를 밝게 또는 어둡게 하는 것을 고려해 볼 수도 있다. 또한 트랙바를 추가해서 선의 굵기를 조절하는 것도 가능하다.

먼저, 다음과 같이 command() 함수를 수정해서 추가로 다른 명령들을 추가해 보자.

```
01   void   command(int mode)                                   // 일반 명령 수행
02   {
03       if (mode == PALETTE)  {    ...   }                      // 팔레트 영역 클릭
04       else if (mode == HUE_IDX)     {    ...    }             // 색상인덱스 영역 클릭
05
06       else  if (command_mode == CREAR)                       // 캔버스 영역 전체 지우기
07       {
08           canvas.setTo(Scalar(255, 255, 255));               // 캔버스 흰색으로
09           mouse_mode = 0;                                    // 마우스 상태 초기화
10       }
11       else  if (command_mode == OPEN)                        // 파일 열기
12       {
13           Mat tmp = imread("../image/my_picture.jpg", 1);    // 영상파일 읽기
14           CV_Assert(tmp.data);                               // 예외처리
15
16           resize(tmp, tmp, canvas.size());
17           tmp.copyTo(canvas);                                // 캔버스 행렬에 복사
18       }
19       else  if (command_mode == SAVE)                        // 캔버스 영역 저장
20       {
21           imwrite("../image/my_save.jpg", canvas);
22       }
23       else  if (command_mode == PLUS)
24       {
25           canvas += Scalar(10, 10, 10);                      // 캔버스 영상 밝게 변경
26       }
27       else  if (command_mode == MINUS)
28       {
29           canvas -= Scalar(10, 10, 10);                      // 캔버스 영상 어둡게 변경
```

```
30        }
31
32        imshow("그림판", image);
33   }
```

| 설명 |

① 3, 4행은 팔레트에 대한 명령 처리이다. 앞 절에서 설명했기에 소스는 생략한다.

② 6~10행은 캔버스 영역 전체를 지우는 방법이다. canvas 행렬은 그림판 전체를 나타내는 image 행렬에서 메뉴 아이콘 부분을 제외한 영역을 관심영역으로 참조한다.

③ 8행은 Mat::setTo() 함수로 canvas 전체를 흰색(255,255,255)로 지정해서 지우기를 한다.

④ 9행은 mouse_mode를 0으로 지정해서 마우스 상태를 초기화한다.

⑤ 11~18행은 지정된 파일이름으로 영상 파일을 읽어 캔버스(canvas) 영역에 복사한다.

⑥ 14행은 영상파일 읽기에 대한 예외처리로 영상 파일이 없으면 프로그램을 종료한다.

⑦ 16, 17행은 읽어온 영상의 크기를 캔버스 크기로 변경하고, 캔버스에 복사한다.

⑧ 19~22행은 캔버스 영역을 지정된 영상 파일로 저장한다.

⑨ 25, 29행은 canvas 행렬에 스칼라값을 더하거 빼서 영상의 밝기를 변경한다.

다음은 최종적인 그림판 프로그램의 소스 내용을 확인해보자. draw() 함수와 command() 함수는 draw.hpp 헤더 파일에 옮겨 작성하고, onMouse() 함수는 event.hpp 헤더 파일에 옮겨 작성한다.

예제 11.1.4   그림판 완료 - cvPaint.cpp

```
01   ##include <opencv2/opencv.hpp>
02   using namespace cv;
03   using namespace std;
04
05   vector<Rect> btn;                              // 아이콘 버튼 사각형들
06   Mat    image, canvas;;                         // 그림판 영상, 캔버스 영상
07   int    mouse_mode = 0, draw_mode = 0;          // 마우스 상태, 그리기 모드
08   int    thickness = 3;                          // 선 굵기
09   Point  pt1, pt2;
10   Scalar Color(0, 0, 0);                         // 색상 변수 - 전역변수 지정
11
12   #include "menu.hpp"                            // 아이콘 버튼 추가 헤더 파일
```

```
13   #include "icon_flag.hpp"                              // 아이콘 상수 헤더 파일
14   #include "draw.hpp"                                   // 그리기 및 명령 함수
15   #include "event.hpp"                                  // 마우스 이벤트 함수
16
17   void   onTrackbar(int value, void*) {                 // 트랙바 콜백 함수
18           mouse_mode = 0;                               // 마우스 상태 초기화
19   }
20
21   int main()
22   {
23           image = Mat(500, 800, CV_8UC3, Scalar(255, 255, 255));
24           place_icons(Size(60, 60));                    // 아이콘 배치
25
26           Rect last_icon = *(icons.end() - 1);
27           Point start_pale = Point(0, last_icon.br().y + 5);    // 팔레트 위치
28
29           icons.push_back(Rect(start_pale, Size(100, 100)));    // 팔레트 사각형
30           icons.push_back(Rect(start_pale + Point(105, 0), Size(15, 100)));
31
32           create_hueIndex(icons[HUE_IDX]);              // 팔레트 생성
33           create_palette(start_pale.y, icons[PALETTE]);  // 색상인덱스 생성
34
35           imshow("그림판", image);
36           setMouseCallback("그림판", onMouse);
37           createTrackbar("선굵기 ", "그림판", &thickness, 20, onTrackbar);
38
39           int  x = icons[1].br().x;                     // 두 번째 아이콘 x좌표
40           Rect canvas_rect(x, 0, image.cols - x, image.rows);    // 그림(캔버스) 영역
41           canvas = image(canvas_rect);                  // 캔버스 행렬
42
43           while (1)
44           {
45               if (mouse_mode == 1)                      // 마우스 버튼 떼기
46                   draw(image, Color);
47               else if (mouse_mode == 3)                 // 마우스 드래그
48               {
49                   if (draw_mode == DRAW_BRUSH || draw_mode == ERASE) {
50                       draw(image, Color);
```

```
51                   }
52              else {
53                      draw(image.clone());
54              }
55          }
56          if (waitKey(30) == 27)   break;
57      }
58
59      waitKey();
60      return 0;
61  }
```

| 설명 |

① 17~19행은 트랙바 이벤트를 제어하는 콜백 함수이다. 트랙바 선굵기는 트랙바 이벤트시에 변경되기 때문에 함수 내에서는 마우스 상태(mouse_mode)만 초기화한다.

② 37행은 트랙바 이벤트 콜백 함수를 등록하여 선 굵기(thickness)를 변경하여 지정한다.

③ 39행은 아이콘 버튼들이 2열로 구성되기에 두번째 아이콘의 x 좌표로 캔버스의 가로 방향 시작 좌표를 지정한다.

④ 40행은 메뉴 영역의 가로 끝에서 그림판 영상 높이로 관심영역 사각형을 지정한다.

⑤ 41행은 image 행렬에서 그림 영역(canvas_rect)을 참조하여 canvas 행렬로 지정한다.

| 실행결과 |

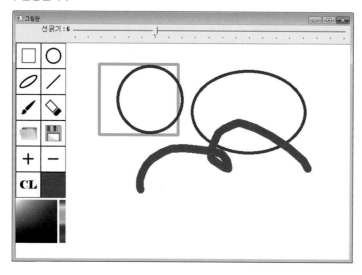

11.2 2차원 히스토그램을 이용한 이미지 검색

다음이나 네이버 등의 포털사이트에서 이미지 검색을 해보았는가? 검색할 문자를 입력하면 그 문자를 바탕으로 영상 파일의 이름, 이미지가 포함된 페이지의 태그, 출처 등의 문자 정보를 이용해서 검색을 수행하고 결과 이미지를 보여준다. 요즘에는 문자 정보만이 아니라 색상이나 이미지의 유형과 같은 이미지 내부의 정보를 이용할 수 있도록 조금씩 진화하고 있다.

〈그림 11.2.1〉 네이버와 다음의 이미지 검색 예

이렇게 영상 검색이란 디지털 영상 데이터베이스로부터 원하는 영상을 탐색하는 것을 말한다. 영상을 검색하는 방법은 크게 문자기반 검색방법(Text-Based Image Retrieval: TBIR)과 내용기반 검색 방법(Content-Based Image Retrieval: CBIR)으로 나눌 수 있다.

문자기반 검색방법은 〈그림 11.2.1〉의 예와 같이 영상마다 키워드 같은 문자정보를 일일이 부여하고, 그에 따라 검색을 수행하는 것이다. 그러나 모든 문자정보를 사람이 일일이 만들어야 하기 때문에 많은 시간이 걸리고, 문자 정보가 주관적으로 만들어 지게 된다.

근래에 들어서 상당히 진화된 방법을 서비스하는 사이트가 있다. 바로 구글의 이미지 검색 서비스이다. 이 서비스는 문자로 이미지를 검색하는 것뿐만 아니라 이미지를 업로드하면 해당 이미지와 일치하거나 비슷한 이미지들을 찾아서 보여준다.

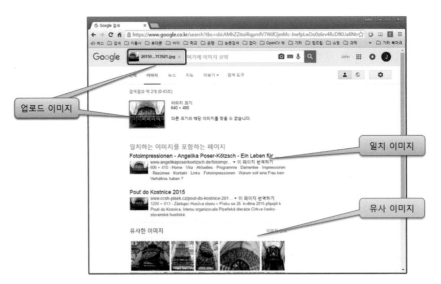

〈그림 11.2.2〉 구글의 이미지 검색 예

이와 같은 방법을 내용기반 검색방법(Content-Based Image Retrieval: CBIR)이라 한다. 이 방법은 영상의 색상, 질감, 모양과 같은 해당 영상 데이터의 특징을 자동으로 추출하여, 검색에 이용한다.

이 절에서는 색상을 이용해서 영상을 검색하여 결과 영상을 보여주는 프로그램을 구현해본다. 색상 정보를 이용은 히스토그램의 빈도 정보를 비교하는 방법을 사용한다.

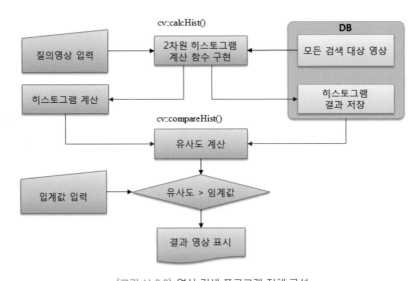

〈그림 11.2.3〉 영상 검색 프로그램 전체 구성

프로그램의 전체 과정은 〈그림 11.2.3〉과 같다. 먼저, 2차원 히스토그램 계산 함수를 구현하고, 이를 이용해서 검색 대상 영상들의 히스토그램을 계산해서 DB에 저장해 둔다.

다음으로 질의 영상이 입력되면 히스토그램을 계산하고, 저장된 DB의 히스토그램들과 유사도를 계산한다. 유사도 값이 입력된 임계값보다 큰 검색 영상들만 선택해서 화면에 해당 영상을 디스플레이 한다.

11.2.1 2차원 히스토그램

6절에서 배웠듯이 영상 처리에서 히스토그램은 영상 내에서 각 화소값의 빈도를 막대 형태의 그래프로 표현한 것이다. 보통 히스토그램은 영상의 명암도 분포를 알고자 할 때 많이 사용하지만, 이번에는 색상 정보의 분포를 비교하기 위해서 사용한다. 즉, 검색하려는 두 영상의 색상 히스토그램이 얼마나 유사한지를 비교하여 영상을 검색한다.

색상 비교를 위해서 RGB 컬러인 입력영상을 HSV 컬러로 변환하고, 색상(hue)과 채도(saturation) 정보로 2차원 히스토그램을 계산한다. 그리고 2차원의 히스토그램 빈도값으로 각 영상의 색상이 얼마나 비슷한지를 비교한다.

앞서 6장 예제에서 히스토그램 스트레칭과 히스토그램 평활화를 수행하며 영상에서 히스토그램만을 계산하는 함수 calc_Histo()를 구현하였다. 이 함수는 입력하는 영상의 채널 수와 관계없이 1차원의 히스토그램을 계산한다.

이 함수를 다음과 같이 수정한다. 먼저는 입력 영상의 채널 수와 상관없이 차원 수를 지정해서 히스토그램을 계산하도록 한다. 그 방법은 다섯 번째 인수(_dims)를 추가하고, 이 값으로 cv::calcHist() 함수의 차원 수를 지정한다. 그러면 이 값에 따라서 계산되는 히스토그램의 차원 수를 변경할 수 있다.

```cpp
void calc_Histo(const Mat& img, Mat& hist, Vec3i bins, Vec3f range, int _dims)
{
    int     dims = (_dims <= 0) ? img.channels() : _dims;    // 히스토그램 차원 수
    int     channels[] = { 0, 1, 2 };                        // 채널 목록
    int     histSize[] = { bins[0], bins[1], bins[2] };

    float   range1[] = { 0, range[0] };
    float   range2[] = { 0, range[1] };
```

```
        float   range3[] = { 0, range[2] };
        const float* ranges[] = { range1, range2, range3 };          // 모든 채널 화소범위

        calcHist(&img, 1, channels, Mat(), hist, dims, histSize, ranges);
        normalize(hist, hist, 0, 1, NORM_MINMAX);                     // 정규화
}
```

크기가 다른 영상들에서 히스토그램을 계산하면 영상간의 히스토그램 빈도값이 동등하지
않게 된다. 즉, 크기가 큰 영상은 화소의 개수가 많아서 각 빈도값이 커질 것이며, 크기가
작은 영상은 빈도값이 낮게 형성될 것이다. 따라서 영상간의 동등한 비교를 위해 계산된
히스토그램을 cv::normalize() 함수를 이용해서 0~1 사이의 값으로 정규화한다.

6장에서 계산된 1차원 히스토그램의 결과를 확인하기 위해서 막대그래프로 그리는 함수
draw_histo()를 구현했었다. 이번 예제에서 계산한 히스토그램은 2차원 행렬이기 때문에
조금 다르게 접근해야 한다.

〈그림 11.2.4.〉와 같이 2차원 히스토그램의 빈도 데이터는 색상(hue)와 채도(saturation)
를 축으로 2차원의 좌표를 구성하고, 각각의 좌표에 색상과 채도를 연관지어 빈도가 계산
된다.

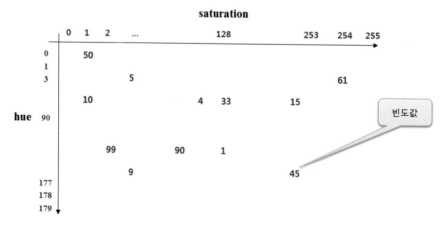

〈그림 11.2.4〉 2차원 히스토그램 빈도 누적 예

이와 같은 2차원 히스토그램을 그림으로 표현하려면, 2차원 행렬에서 x 좌표는 채도를 y

좌표는 색상을 나타내도록 하고, 빈도값을 그 좌표에서의 밝기로 지정할 수 있을 것이다. 그러면 x, y 좌표로 채도와 색상을 인식할 수 있으며, 그 좌표의 밝기로 빈도의 많고 적음을 쉽게 파악할 수 있다.

이와 같은 과정을 다음의 draw_histo() 함수로 구현한다. 여기서 빈도를 밝기로 표현할 때, 색(hue, saturation)을 바로 인지할 수 있도록 HSV 컬러로 구성한다. 여기서 HSV 채널의 채도와 색상은 graph 행렬의 x, y 좌표와 각각 매칭되며, 휘도(value)는 빈도값과 매칭된다.

히스토그램을 구할 때 계급의 개수를 조절할 수 있기 때문에 비율을 곱해서 색상은 0~180 범위, 채도는 0~256 범위를 갖도록 한다. 다만, 휘도는 작은 값도 시각적으로 밝게 표현되도록 512까지 범위를 갖도록 하였다. 다만, 자료형의 변환으로 256을 넘는 값은 saturation cast의 적용으로 255의 값을 갖게 된다.

```cpp
Mat draw_histo(Mat hist)
{
    if (hist.dims != 2) {
        cout << "히스토그램이 2차원 데이터가 아닙니다." << endl;
        exit(1);
    }
    float ratio_value = 512.f;                       // 휘도 범위 스케일 비율
    float ratio_hue   = 180.f / hist.rows;           // 색상 범위 스케일 비율
    float ratio_sat   = 256.f / hist.cols;           // 채도 범위 스케일 비율

    Mat graph(hist.size(), CV_32FC3);
    for (int i = 0; i < hist.rows; i++) {
        for (int j = 0; j < hist.cols; j++)
        {
            float value = hist.at<float>(i, j) * ratio_value ;   // 빈도값
            float hue   = i * ratio_hue;                          // 색상값
            float sat   = j * ratio_sat;                          // 채도값
            graph.at<Vec3f>(i, j) = Vec3f(hue, sat, value);
        }
    }

    graph.convertTo(graph, CV_8U);
```

```
        cvtColor(graph, graph, CV_HSV2BGR);                    // HSV →BGR 컬러변환
        resize(graph, graph, Size(0, 0), 10, 10, INTER_NEAREST);  // 그래프 크기변경

        return graph;
}
```

마지막으로 graph 행렬을 윈도우에 표시하기 위해서 uchar(CV_8U)형으로 변환하고,
RGB 컬러로 변환한다. 또한 히스토그램의 계급 개수가 작아서 graph 행렬의 크기가 너무
작아진다. 때문에 graph 행렬의 크기를 cv::resize() 함수로 확대한다. 이때 보간 옵션으
로 INTER_NEAREST로 지정해서 최근접 이웃 보간을 적용해서 의도적으로 계단현상이
나타나게 한다. 이것은 각 좌표의 구분을 명확하게 하여 해당 색(hue, saturation)을 쉽
게 확인하기 위함이다.

여기까지를 예제로 구현해 보자. 앞서 설명한 함수들의 소스는 생략한다.

예제 11.2.1   2차원 히스토그램 계산 – histo2D.cpp

```
01  #include <opencv2/opencv.hpp>
02  using namespace cv;
03  using namespace std;
04
05  void calc_Histo(const Mat& img, Mat& hist, Vec3i bins, Vec3f range, int _dims) { ...  }
06
07  Mat draw_histo(Mat hist) {  ...   }
08
09  int main()
10  {
11      Vec3i bins(30, 42, 0);                              // 히스토그램 계급 개수
12      Vec3f ranges(180, 256, 0);                         // 빈도 범위
13
14      int q_no = 66;
15      String  fname = format("../image/DB/img_%02d.jpg", q_no);
16      Mat image = imread(fname, IMREAD_COLOR);
17      CV_Assert(image.data);
18
19      Mat hsv, hist;
20      cvtColor(query, hsv, CV_BGR2HSV);                  // HSV 컬러 변환
```

```
21        calc_Histo(hsv, hist, bins, ranges, 2);              // 2차원 히스토그램 계산
22        Mat hist_img = draw_histo(hist);                     // 2차원 그래프 생성
23
24        imshow("image", image);
25        imshow("hist_img", hist_img);
26        waitKey();
27        return 0;
28    }
```

| 설명 |

① 5행은 _dims 값에 따라서 1~3차원까지의 히스토그램을 산출한다.

② 7행은 2차원 히스토그램 행렬로 히스토그램 빈도 영상을 생성한다.

③ 11행은 2채 채널에 대한 히스토그램 계급 개수를 지정한다. hue는 30개, saturaion은 42개로 정한다.

④ 12행은 2개 채널에 대한 빈도값의 범위를 지정한다. hue는 0~180 이며, saturation은 0~256이다.

⑤ 20행은 입력영상을 HSV 컬러 공간으로 변환한다.

⑥ 21행은 HSV의 3채널 영상에서 2개 채널에 대해서 2차원 히스토그램을 계산한다.

⑦ 22행은 2차원 히스토그램 빈도 행렬로 히스토그램 그래프를 생성한다.

| 실행결과 |

실행결과에서 오른쪽의 히스토그램 영상을 보면, 왼쪽 상단에 갈색이 밝게 나타나며, 오른쪽 하단의 보라색이 밝게 나타난다. 이 영상으로 원본 영상이 갈색과 보라색을 많이 포함하는 영상임을 유추할 수 있다.

11.2.2 검색 대상 영상 히스토그램 계산 및 저장

검색 대상이 되는 영상 파일들은 예제 프로젝트 폴더에서 상단으로 올라가서 …image/
DB 폴더에 저장해 두었다. 이 영상파일들을 모두 읽어서 히스토그램을 계산한다. 이때
calc_histo() 함수의 마지막 인수(_dims)로 2를 지정해서 첫 두 개 채널에 대해서 빈도를
계산하고, 2차원 히스토그램을 생성한다. 여기서 히스토그램 계산 시, 각 채널의 빈도 개
수(bins)를 각각 지정하고, 화소값의 범위(ranges)는 지정한다.

```cpp
vector<Mat> load_histo(Vec3i bins, Vec3f ranges, int nImages)
{
    vector<Mat> DB_hists;
    for (int i = 0; i < nImages; i++)
    {
        String  fname = format("../image/DB/img_%02d.jpg", i);
        Mat hsv, hist, img = imread(fname, IMREAD_COLOR);
        if (img.empty()) continue;

        cvtColor(img, hsv, CV_BGR2HSV);                 // HSV 컬러 변환
        calc_Histo(hsv, hist, bins, ranges, 2);         // 2차원 히스토그램 계산
        DB_hists.push_back(hist);
    }
    cout << format( "%d 개 파일 로드 및 히스토그램 계산 완료", DB_hists.size()) ;
    return DB_hists;
}
```

여기까지를 예제로 구현해 보자. 여기서 질의영상을 입력받는 것을 query_img() 함수에
서 구현한다. 콘솔창에서 영상번호로 영상 파일을 읽으며, do~while() 반복문을 이용해
서 질의영상의 존재하지 않는 경우에는 에러를 표시하고, 반복적으로 입력을 받도록 구현
한다. 그리고 앞서 설명한 히스토그램 관련 함수들은 histo.hpp 헤더 파일에 저장하며, 메
인함수에 포함(include)한다.

| 예제 11.2.2 | 히스토그램 관련 헤더 파일 – histo.hpp |

```cpp
01  #include <opencv2/opencv.hpp>
02  using namespace cv;
```

```
03    using namespace std;
04
05    void calc_Histo(const Mat& img, Mat& hist, Vec3i bins, Vec3f range, int _dims) { ... }
06
07    Mat draw_histo(Mat hist) { ... }
08
09    vector<Mat> load_hist(Vec3i bins, Vec3f ranges, int nImages( { ... }
```

예제 11.2.2   질의 영상 및 검색 영상 히스토그램 계산 – input_query.cpp

```
01    #include "histo.hpp"                              // 히스토그램 관련 함수들
02
03    Mat query_img()                                   // 질의영상 입력
04    {
05        do {
06            int q_no = 74;
07            cout << "질의영상 번호를 입력하세요 : ";
08            cin >> q_no;                              // 콘솔창 통한 입력
09
10            String  fname = format("../image/DB/img_%02d.jpg", q_no);
11            Mat query = imread(fname, IMREAD_COLOR);  // 질의영상 읽기
12
13            if (query.empty())         cout << "질의영상 번호가 잘못되었습니다." << endl;
14            else                       return query;  // 질의영상 반환
15        } while (1);                                  // 질의영상 없으면 계속반복
16    }
17
18    iint main()
19    {
20        Vec3i bins(30, 42, 0);                        // 범위 : 색상(0~180), 채도(0~25)
21        Vec3f ranges(180, 256, 0);                    // 계급 개수 : 색상(30개), 채도(42개)
22        vector<Mat> DB_hists = load_histo(bins, ranges, 100); // DB영상들 히스토그램
23        Mat query = query_img();
24
25        Mat hsv, query_hist;
26        cvtColor(query, hsv, CV_BGR2HSV);             // HSV 컬러 변환
27        calc_histo(hsv, query_hist, bins, ranges, 2); // 2차원 히스토그램 계산
28        Mat hist_img = draw_histo(query_hist);        // 2차원 그래프
```

```
29
30      imshow("query", query);
31      imshow("hist_img", hist_img);
32      imshow("query + hist_img", make_img(query, hist_img));
33      waitKey();
34      return 0;
35  }
```

| 설명 |

① 3~16행은 영상번호로 질의영상을 읽어서 반환한다. 영상 파일이 없으면 반복하여 다시 입력받는다.

② 22행은 DB 폴더에 있는 영상들을 최대 100개를 읽어 2차원 히스토그램들을 계산한다.

③ 23행은 query_img() 함소로 질의영상을 입력받는다.

| 실행결과 |

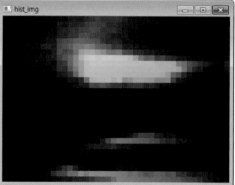

11.2.3 유사도 비교

이제 질의영상의 히스토그램과 DB 폴더에서 로드한 영상들의 히스토그램을 비교한다. 본 예제에서는 두 개의 히스토그램이 얼마나 비슷한지를 비교해주는 cv::compareHist() 함수를 사용한다. 비교 방식 옵션 중에서 CV_COMP_CORREL를 지정하면 다음의 수식으로 계산된 값을 반환한다. 이 수식은 상호상관 함수의 수식을 응용한 것으로서 두 히스토그램의 비슷한 정도를 나타낸다.

$$CV\_COMP\_CORREL : d(H_1, H_2) = \frac{\sum_i (H_1(i) - \overline{H_1})(H_2(i) - \overline{H_2})}{\sqrt{\sum_i (H_1(i) - \overline{H_1})^2 \cdot \sum_i (H_2(i) - \overline{H_2})^2}}$$

```
Mat calc_similarity(Mat query_hist, vector<Mat>& DB_hists)
{
    Mat DB_similaritys;
    for (int i = 0; i < (int)DB_hists.size(); i++)    // DB영상 히스토그램들 모두 반복
    {
        double compare = compareHist(query_hist, DB_hists[i], CV_COMP_CORREL);
                                                      // 히스토그램 유사도 계산

        DB_similaritys.push_back(compare);            // 유사도 저장
    }

    return DB_similaritys;
}
```

유사도 값이 1.0 이면 두 영상이 동일한 영상이며, 값이 작아질수록 두 영상의 히스토그램이 다르다는 것을 의미한다.

11.2.3 비교 결과 영상 출력

마지막으로 질의영상과 유사한 영상들을 데이터베이스에서 가져와서 윈도우 창으로 띄워보자. 이것은 다음의 select_view() 함수로 구현한다.

유사도가 높은 영상을 먼저 읽어서 보여주기 위해서 유사도 값이 저장된 DB_similaritys 행렬을 정렬한다. 정렬은 OpenCV에서 행 혹은 열 단위로 정렬을 수행해 주는 cv::sort() 함수를 이용한다. 주의해야 할 것은 std::sort() 함수와 인수구조가 동일하기 때문에 어느 함수를 호출하는지 컴파일러가 알지 못한다. 따라서 반드시 cv 네임스페이스를 붙여야 한다.

```
void select_view(double sinc, Mat DB_similaritys)
{
    Mat m_idx, sorted_sim;
    int flag = SORT_EVERY_COLUMN + SORT_DESCENDING;     // 행단위 + 내림차순
    cv::sort(DB_similaritys, sorted_sim, flag);          // 행렬 원소값 정렬
    sortIdx(DB_similaritys , m_idx    , flag);           // 정렬 원소의 원본 인덱스 반환

    for (int i = 0; i < (int)sorted_sim.total(); i++)
    {
        double   sim = sorted_sim.at<double>(i);         // 유사도 정렬 원소값
        if (sim > sinc)                                  // 유사도가 임계값보다 크면 출력
        {
            int idx = m_idx.at<int>(i);                  // 정렬 원소의 원본 인덱스
            String  fname = format("../image/DB/img_%02d.jpg", idx);
            Mat img = imread(fname, 1);                  // 정렬 원소의 이름으로 영상 읽기

            String  title = format("img_%03d - %5.2f", idx, sim);
            cout << title << endl;
            imshow(title, img);
        }
    }
}
```

또한 DB_similaritys 행렬은 해당 영상의 유사도 값만 저장되어 있으며, 행렬 원소의 인
덱스가 영상 번호를 의미한다. 정렬을 하면 행렬 원소의 인덱스가 변경되기 때문에 해당
유사도의 영상 파일을 읽어 올수 없다.

따라서 유사도 값의 정렬과 함께 정렬 전의 인덱스를 알아야한다. OpenCV에서는 행렬 원
소를 정렬한 후, 정렬 원소의 원본 인덱스를 반환하는 cv::sortIdx() 함수가 있다. 이 인덱
스로 DB 폴더에서 해당 영상을 가져올 수 있다.

11.2.4 전체 프로그램

다음은 색상 정보를 이용해서 영상 검색을 수행하는 전체 예제 프로그램이다. 여기서 히
스토그램 관련 함수들은 histo.hpp 헤더 파일로 저장했으며, query_img()를 비롯한 그
이외의 함수들은 utils.hpp 헤더 파일에 저장하였다.

예제 11.2.3 히스토그램 비교 및 기타 함수 – utils.hpp

```
01  Mat query_img() { ... }
02
03  Mat calc_similarity(Mat query_hist, vector<Mat>& DB_hists) { ... }
04
05  void select_view(double sinc, Mat DB_similaritys) { ... }
```

예제 11.2.3   색상 정보를 이용한 영상 검색 – ImageSearch.cpp

```
04  #include "histo.hpp"                      // 히스토그램 관련 함수들
05  #include "utils.hpp"                      // 영상 로드 및 유사도 계산 함수들
06
07  int main()
08  {
09      Vec3i divs(30, 42, 0);
10      Vec3f ranges(180, 256, 0);
11      vector<Mat> DB_hists = load_histo(divs, ranges, 100);
12      Mat query = query_img();              // 질의 영상 로드
13
14      Mat hsv, query_hist;
15      cvtColor(query, hsv, CV_BGR2HSV);
16      calc_histo(hsv, query_hist, bins, ranges, 2);
17      Mat hist_img = draw_histo(query_hist);   // 2차원 히스토그램 그래프
18
19      double  sinc ;
20      cout << "   기준 유사도 입력: ";
21      cin >> sinc;                          // 임계값 입력
22      select_view(sinc, DB_similaritys);    // 유사도 및 해당 영상 출력
23
24      imshow("image", query);
25      imshow("hist_img", hist_img);
26      waitKey();
27      return 0;
28  }
```

| 설명 |

① 1, 2행에서 함수들이 저장된 헤더 파일을 각각 포함(include)한다.

② 19~22행은 기준 유사도를 입력받아서 이 값보다 유사도가 큰 영상들을 윈도우에 출력한다.

```
100 개의 파일을 로드 및 히스토그램 계산 완료

질의 영상 번호를 입력하세요 : 74
   기준 유사도 입력: 0.8
img_074 -  1.00
img_090 -  0.92
img_073 -  0.90
img_049 -  0.86
```

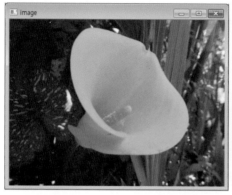

실행 결과에서 질의영상은 노란색이 많이 분포하며, 녹색도 조금 분포한다. DB 폴더에서 이와 유사한 색상(hue, saturaion)의 영상들을 찾아서 표시해 준다.

11.3 하르 분류기를 이용한 얼굴검출 및 성별 분류

과거 SF 영화에서나 나왔던 얼굴 검출이나 얼굴 인식 기법을 활용하는 사례가 이제 우리 일상생활에서도 흔히 볼 수 있게 되었다. 요즘은 "똑딱이 카메라"라 불리는 저가형 디지털 카메라에서도 얼굴을 검출해서 액정화면에서 표시해준다. 심지어 페이스북이나 구글에 사진을 올리면 〈그림 11.3.1〉의 오른쪽과 같이 얼굴 영역을 검출해서 누군지 물어보기까지 한다.

〈그림 11.3.1〉 얼굴 검출 응용 예

한번쯤은 생각해 보았을 것이다. "대체 어떻게 얼굴 검출이 가능한 걸까?"

이런 기술에 대해 생각해 보지 않았다면 지금 한번 생각해 보기 바란다.

이 절에서는 하르 기반(Harr-based) 검출기를 이용하여 얼굴과 눈을 검출하여 표시하는 방법을 소개하고자 한다. 또한 이를 이용해서 간단한 남녀 성별 분류 프로그램을 만들어 본다.

11.3.1 하르 기반 분류기

2001년 Viola와 Jones는 객체 검출 분야에 있어서 가장 대표적인 방법론으로 인정받는 논문 "Rapid Object Detection Using a Boosted Cascade of Simple Features"을 발표하였다. 이 논문에서 얼굴과 얼굴이 아닌 것의 차이를 효율적으로 보여줄 수 있는 하르 유사 특징(Haar-like features)을 이용한 방법을 제안하였다.

하르 유사 특징은 하르 웨이브릿(Haar wavelet)과 유사하기 때문에 붙여진 이름으로서, 〈그림 11.3.2〉와 같이 위치, 모양, 크기에 따라 다양한 형태로 구성되어 있다. 그 특징값은 흰색 영역의 화소값의 합과 검은색 직사각형 영역의 화소값의 합의 차로 정의된다.

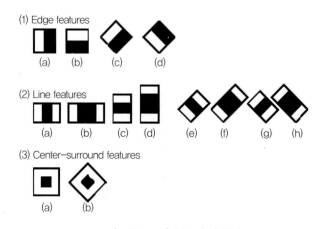

〈그림 11.3.2〉 하르 유사 특징

하르 기반 캐스케이드 분류기는 하르 유사 특징과 같은 매우 단순한 특징들을 조합하여 객체를 찾아낸다. 캐스케이드(cascade)란 용어에서 알 수 있듯이 여러 개의 검출기를 순차적으로 사용한다. 처음에 간단한 검출기를 적용하고, 진행할수록 복잡한 검출기를 적용한다. 따라서 단순 검출기를 통과한 후보에만 시간이 많이 걸리는 강력한 검출기가 적용되기 때문에 검출 속도를 크게 향상시킬 수 있다.

OpenCV의 캐스케이드 분류기는 1,000개 이상의 얼굴 영상과 10,000개 이상의 얼굴이 아닌 영상을 사용하여 학습되었다. 이 과정은 일반적인 멀티코어 CPU를 장착한 컴퓨터에서 최대 일주일 정도의 시간이 소요된다. 다행히 OpenCV에서 미리 학습된 다양한 검출기를 제공한다. 따라서 필요한 종류의 Cascade 분류기 파일을 로드하면 검출기를 사용하여 분류할 수 있다. 이를 통해서 전면 얼굴, 옆면 얼굴, 눈, 코 등을 검출할 수 있다.

OpenCV 3.1.0 버전에서는 〈그림 11.3.3〉과 같이 OpenCV 디렉터리 아래의 /sources/data/ 폴더에 있다. 여기서 하르 기반 검출기는 /harrcascades 폴더에 있다.

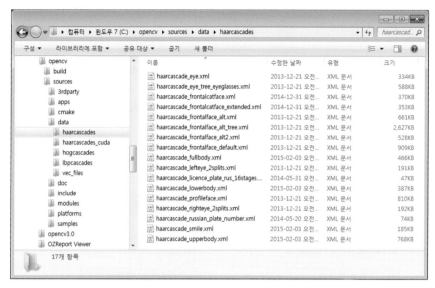

〈그림 11.3.3〉 OpenCV 디렉터리의 분류기 파일

xml 파일로된 다양한 검출기들이 있으며, 대표적인 검출기 파일은 〈표 11.3.1〉과 같다.

〈표 11.3.1〉 XML 검출기 목록

cascade classifer 분류기	XML 파일명
Face detector (default)	haarcascade_frontalface_default.xml
Face detector (fast Harr)	haarcascade_frontalface_alt2.xml
Face detector (fast LBP)	lbpcascade_frontalface.xml
Eye detector	haarcascade_eye.xml
Eye detector (separate for left)	haarcascade_lefteye_2splits.xml
Eye detector (separate for right)	haarcascade_righteye_2splits.xml
Mouth detector	haarcascade_mcs_mouth.xml
Nose detector	haarcascade_mcs_nose.xml
Whole person detector	haarcascade_fullbody.xml

이번 응용 예제는 얼굴과 눈의 검출에 하르 분류기를 사용한다. 하르 분류기는 처음에는 단순 검출기를 차례로 사용하고, 통과한 후보들에 대하여 점차 복잡한 검출기를 사용해 전체 검출속도를 높인 장점이 있다. 그리고 미리 학습된 얼굴 검출기를 사용할 수 있기 때문에 이번 응용에서 사용하기로 한다.

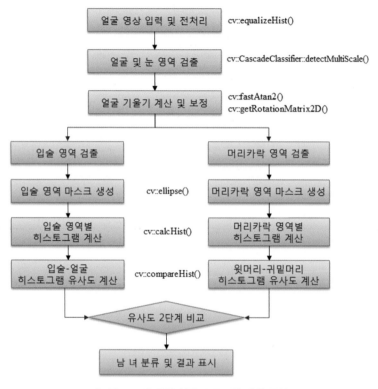

〈그림 11.3.4〉 성별 분류 프로그램 전체 구성

응용 예제의 전체 구성은 〈그림 11.3.4〉와 같다. 먼저, 얼굴 영상이 입력되면 전처리 과정을 거쳐서 얼굴 및 눈 영역을 검출한다. 검출된 눈 좌표로 얼굴의 기울기를 계산하여 얼굴 기울기를 보정한다. 그리고 보정된 얼굴과 눈 좌표를 이용해서 입술 영역과 머리카락 영역을 각각 검출한다. 다음으로 히스토그램 계산의 대상이 되는 영역을 마스크 영상(입술 영역, 머리카락 영역)으로 생성하여 각 영역 별로 히스토그램을 계산한다.

입술 영역과 얼굴 영역 히스토그램으로 유사도를 계산하고, 윗머리 영역과 귀밑머리 영역 히스토그램으로 유사도를 계산한다. 계산된 각 유사도로 2단계의 비교 과정을 거쳐서 남자 혹은 여자로 분류한다.

11.3.2 얼굴 검출 프로그램 구현

이제 얼굴 영상에서 얼굴 영역과 눈 영역을 검출해 보자.

먼저, 객체 검출을 위해서 검출기를 로드해야 한다. load_cascade() 함수는 검출기 파일이 있는 경로를 지정하고, 해당하는 xml 파일을 인수로 입력받아서 검출기를 로드한다.

```
void load_cascade(CascadeClassifier& cascade, string fname)
{
    String   path = "C:/opencv/sources/data/haarcascades/";      // 검출기 폴더
    String   full_name = path + fname;

    CV_Assert(cascade.load(full_name));                          // 분류기 로드 및 예외처리
}
```

여기서 첫 번째 인수(cascade)는 OpenCV에서 제공하는 cv::CascadeClassifier 클래스의 객체이다. 이 클래스의 내부 메서드인 CascadeClassifier::load() 함수를 사용하여 검출기 파일 주소를 지정하면 해당 검출기가 로드되어 검출할 준비가 완료된다.

또한 객체의 검출을 위해서 CascadeClassifier::detectMultiScale() 함수를 사용한다. 이 함수의 인수구조는 다음과 같다.

함수 인수와 반환자료형 구조	
void CascadeClassifier::detectMultiScale(InputArray image, CV_OUT vector⟨Rect⟩& objects, double scaleFactor = 1.1, int minNeighbors = 3, int flags = 0, Size minSize = Size(), Size maxSize = Size());	
인수	설명
InputArray image	객체 검출 대상 행렬 (8비트 명암도 영상)
vector⟨Rect⟩& objects	반환되는 검출 객체 사각형
double scaleFactor	영상 크기 감소에 대한 규정
int minNeighbors	이웃 후보 사각형의 개수
int flags = 0	과거 함수에서 사용하던 flag
Size minSize	가능한 객체 최소 크기 – 이보다 작은 객체 무시
Size maxSize	가능한 객체 최대 크기 – 이보다 큰 객체 무시

다음으로 입력된 컬러 영상에 전처리를 수행한다. 전처리의 과정은 컬러 영상을 명암도 영상으로 만들고, 히스토그램 평활화를 통해 간단하게 영상의 화질을 개선한다.

```
Mat preprocessing(Mat image)
{
    Mat gray;
    cvtColor(image, gray, CV_BGR2GRAY);                    // 명암도 영상변환
    equalizeHist(gray, gray);                              // 히스토그램 평활화

    return gray;
}
```

이제 얼굴 및 눈 검출을 위한 간단한 예시 프로그램을 구현해 보자. 여기서 load_cascade() 함수와 preprocessing() 함수는 다음과 같이 preprocess.hpp 헤더 파일로 저장하고, 메인 함수에 포함(include)한다.

예제 11.3.1   얼굴 검출 전처리 헤더 파일 - preprocess.hpp

```
01  #include <opencv2/opencv.hpp>
02  using namespace cv;
03  using namespace std;
04
05  void load_cascade(CascadeClassifier& cascade, string fname) {  ...  }
06
07  Mat preprocessing(Mat image) { ... }
```

예제 11.3.1   얼굴 검출 - detect_face.cpp

```
01  #include "preprocess.hpp"                    // 검출기로드 및 전처리 함수
02
03  Point2d calc_center(Rect obj)                // 사각형 중심 계산
04  {
05      Point2d c = (Point2d)obj.size() / 2.0;
06      Point2d center = (Point2d)obj.tl() + c;
07      return center;
```

```
08      }
09
10      int main()
11      {
12          CascadeClassifier face_cascade, eyes_cascade ;
13          load_cascade(face_cascade, "haarcascade_frontalface_alt2.xml");  // 정면 얼굴 검출기
14          load_cascade(eyes_cascade, "haarcascade_eye.xml");               // 눈 검출기
15
16          Mat  image = imread("../face/59.jpg", IMREAD_COLOR);             // 얼굴 영상 로드
17          CV_Assert(image.data);
18          Mat  gray = preprocessing(image);                               // 전처리
19
20          vector<Rect> faces, eyes;
21          vector<Point2d> eyes_center;
22          face_cascade.detectMultiScale(gray, faces, 1.1, 2, 0, Size(100, 100)); // 얼굴 검출
23
24          if (faces.size() > 0)                                           // 얼굴 사각형 검출되면
25          {   // 눈 검출 수행
26              eyes_cascade.detectMultiScale(gray(faces[0]), eyes, 1.15, 7, 0, Size(25, 20));
27
28              if (eyes.size() == 2) {                                     // 눈 사각형이 검출되면
29                  for (size_t i = 0; i < eyes.size(); i++)
30                  {
31                      Point2d center = calc_center(eyes[i] + faces[0].tl()); // 중심점 계산
32                      circle(image, center, 5, Scalar(0, 255, 0), 2); // 눈 중심에 원 그리기
33                  }
34              }
35
36              rectangle(image, faces[0], Scalar(255, 0, 0), 2); // 얼굴 검출 사각형 그리기
37              imshow("image", image);
38              waitKey();
39          }
40          return 0;
41      }
```

| 설명 |

① 1행은 'preprocess.hpp' 헤더 파일을 포함한다.

② 3~8행은 검출된 사각형(얼굴, 눈)에서 중심점을 계산하는 함수 calc_center() 이다. preprocess.hpp 헤더 파일에

추가해도 무방하다.

③ 13, 14행에서 얼굴과 눈 검출을 위한 분류기를 로드한다.

④ 22행은 CascadeClassifier::detectMultiScale() 함수로 객체를 검출한다. 얼굴 검출기를 로드했기 때문에 입력영상 (gray)에서 얼굴 사각형을 검출하여 faces 벡터로 반환한다.

⑤ 26행은 같은 방법으로 눈 검출기로 객체를 검출한다. 이때 검출 대상이 전체 명암도 영상이 아닌 얼굴 영역 (faces[0])만 참조한 영상이다.

⑥ 31, 32행은 검출된 눈 영역의 중심점을 계산하고, 원본영상에 원으로 표시한다.

| 실행결과 |

11.3.3 성별 분류 기초

남녀를 구분하는 방법은 다양하게 있을 수 있다. 본 예제에서는 다음과 같이 여자와 남자 의 구분에 대해서 두 가지 가정을 한다.

---
1. 입술의 색깔이 남자에 비해 여자가 더 붉다
2. 머리카락의 길이가 남자에 비해서 여자가 더 길다.

이 가정이 꼭 정답은 아니라는 것을 유념하기 바란다. 여성이라도 머리카락이 짧을 수 있 으며, 남자라도 머리카락이 길 수 있다. 또한 남자가 입술 화장을 할 수도 있으며, 입술 화 장을 하지 않는 여자도 있다. 위와 같은 가정을 두는 것은 간단하면서도 쉽게 남녀를 구분 하기 위해서이다. 여기에 해당하지 않을 경우에는 분류 결과에 오류가 발생할 수 있다. 좀 더 정확한 가정을 추가하거나 더 나은 알고리즘을 적용한다면 더 좋은 성능의 성별 분류

프로그램이 될 것이다.

먼저, 입술 영역으로 남녀를 어떻게 구분할지 생각해보자. 한 가지 방법은 여자의 입술 색상이 더 붉다는 가정으로 입술 영역의 색상과 얼굴 영역의 색상을 비교해서 두 영역의 색상이 비슷하면 남자로 분류하고, 다르면 여자로 분류할 수 있을 것이다.

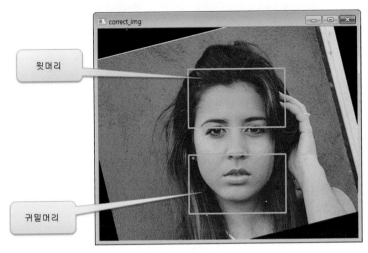

〈그림 11.3.5〉 윗머리 영역과 귀밑머리 영역

다음으로 여자의 긴 머리카락과 남자의 짧은 머리카락을 어떻게 인식할까? 단순하면서도 간단하게 인식하는 방법으로 〈그림 11.3.5〉와 같이 귀밑 영역에 머리카락이 있는지를 검사하는 것이다. 이 검사는 머리카락이 있는 윗머리 영역과 귀밑 영역의 색상을 비교하는 것이다.

색상을 비교하는 방법으로 앞 11.2절에서 사용한 것 같이 cv::compareHist() 함수에 CV_COMP_CORREL 옵션을 적용해서 두 히스토그램의 유사도를 비교값을 계산한다. 이 옵션을 적용하면 반환 결과가 높을수록 두 히스토그램이 비슷한 색상이다.

11.3.4 얼굴 기울기 계산 및 보정

입술 영역과 얼굴 영역을 분리하려면 먼저 얼굴 영상의 왜곡을 바로잡아야 한다. 입체적인 왜곡은 간단한 알고리즘으로 보정하기가 어렵지만, 〈그림 11.3.6〉과 같이 얼굴이 좌우로 기울어진 경우는 충분히 정정할 수 있다.

〈그림 11.3.6〉 검출된 두 눈을 이용한 기울기 보정 방법

얼굴의 기울어진 각도는 두 눈의 중심좌표를 이용해서 구할 수 있으며, 얼굴의 중심점에서 보정 각도만큼 역방향으로 회전을 수행하면 보정이 완료된다.

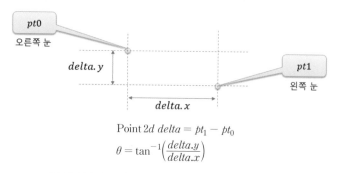

$$\text{Point } 2d \ delta = pt_1 - pt_0$$
$$\theta = \tan^{-1}\left(\frac{delta.y}{delta.x}\right)$$

〈그림 11.3.7〉 검출된 두 눈을 이용한 기울기 보정 방법

검출된 눈을 이용해서 얼굴의 기울어진 각도를 구해보자. 〈그림 11.3.7〉과 같이 검출된 두 눈 좌표의 차분으로 역탄젠트(arctan) 함수를 적용하면 쉽게 각도를 구할 수 있다.

두 눈의 검출 과정에서 CascadeClassifier::detectMultiScale() 함수는 오른쪽 눈과 왼쪽 눈을 구분해서 검출해 주지는 않는다. 따라서 pt[0]과 pt[1] 중에서 어느 것이 왼쪽 눈인지 구분해서 왼쪽 눈에서 오른쪽 눈 좌표를 빼서 차분을 계산해야 한다. 두 눈 좌표에서 x 값이 큰 것이 왼쪽 눈이기 때문에 x 값이 큰 좌표에서 x 값이 작은 좌표를 뺀다.

```
Mat  calc_rotMap(Point2d face_center, vector<Point2d>  pt)
{
    Point2d delta = (pt[0].x > pt[1].x) ? pt[0] - pt[1] : pt[1] - pt[0];
    double  angle = fastAtan2(delta.y, delta.x);                    // 차분으로 기울기 계산

    Mat  rot_mat = getRotationMatrix2D(face_center, angle, 1);
    return rot_mat;
}
```

여기서 라디안 값을 반환하는 std::atan2() 함수 대신에 cv::fastAtan2()를 이용하면 계산된 차분(delta)으로 각도를 바로 구할 수 있다. 그리고 cv::getRotationMatrix2D() 함수에 얼굴 중심좌표(face_center)와 기울어진 각도를 적용하면 회전 변환 행렬을 반환한다.

다음은 사용자 정의 함수 correct_image()로 얼굴 기울기에 대한 보정을 수행한다. 영상에 대한 회전 변환은 회전 변환 행렬(rot_mat)을 cv::warpAffine() 함수에 적용하면 보정 영상을 만들 수 있다. 여기서 눈 중심좌표들도 보정된 위치로 수정해야 보정 영상에 눈을 표시할 수 있다. 좌표에 대한 회전 변환은 회전 변환 행렬과 해당 좌표의 행렬 곱으로 계산한다.

```
Mat correct_image(Mat image, Mat  rot_mat, vector<Point2f>& eyes_center)
{
    Mat  correct_img;
    warpAffine(image, correct_img, rot_mat, image.size(), INTER_CUBIC);

    for (int i = 0; i < eyes_center.size(); i++)                    // 눈 좌표 회전변환
    {
        Point3d coord(eyes_center[i].x, eyes_center[i].y, 1);       // 행렬곱위해 3차원 좌표로
        Mat dst = rot_mat * (Mat)coord;
        eyes_center[i] = (Point2f)dst;                             // 눈 좌표 저장
    }
    return correct_img;                                            // 보정결과 반환
}
```

다음은 얼굴의 기울기를 보정하는 부분을 추가한 예제이다. calc_center(), calc_rotMap(), correct_image() 함수는 'correct_angle.hpp' 헤더 파일에 저장한다.

예제 11.3.2   얼굴 기울기 보정 - correct_face.cpp

```cpp
01  #include "preprocess.hpp"                            // 검출기로드 및 전처리 함수
02  #include "correct_angle.hpp"                          // 기울기 보정 함수들
03
04  int main()
05  {
06      CascadeClassifier face_cascade, eyes_cascade ;
07      load_cascade(face_cascade, "haarcascade_frontalface_alt2.xml");
08      load_cascade(eyes_cascade, "haarcascade_eye.xml");
09
10      Mat   image = imread("../face/59.jpg", IMREAD_COLOR);
11      CV_Assert(image.data);
12      Mat   gray = preprocessing(image);                // 전처리
13
14      vector<Rect> faces, eyes;
15      vector<Point2d> eyes_center;
16      face_cascade.detectMultiScale(gray, faces, 1.1, 2, 0, Size(100, 100)); // 얼굴 검출
17
18      if (faces.size() > 0)
19      {
20          eyes_cascade.detectMultiScale(gray(faces[0]), eyes, 1.15, 7, 0, Size(25, 20));
21
22          if (eyes.size() == 2) {
23              eyes_center.push_back(calc_center(eyes[0] + faces[0].tl()));
24              eyes_center.push_back(calc_center(eyes[1] + faces[0].tl()));
25
26              Point2d face_center = calc_center(faces[0]);      // 얼굴 중심 좌표 계산
27              Mat rot_mat = calc_rotMap(face_center, eyes_center);   // 기울기 계산
28              Mat   correct_img = correct_image(image, rot_mat, eyes_center);
29              circle(correct_img, eyes_center[0], 5, Scalar(0, 255, 0), 2);
30              circle(correct_img, eyes_center[1], 5, Scalar(0, 255, 0), 2);
31              imshow("correct_img", correct_img);
32              waitKey();
33          }
34      }
35      return 0;
36  }
```

① 26행은 검출된 얼굴 사각형에서 얼굴 중심좌표를 구한다.

② 27행은 얼굴 중심좌표와 눈 중심좌표로 얼굴의 기울기의 회전 행렬을 반환받는다.

③ 28행은 회전 행렬로 회전변환을 수행하여 기울기를 보정하고, 눈 좌표도 회전변환을 적용하여 다시 계산한다.

④ 29, 30행은 보정된 눈 좌표를 보정된 얼굴 영상에 표시한다.

| 실행결과 |

11.3.5 입술 영역 및 머리 영역 검출

기울기 보정된 얼굴에서 이제 입술 영역을 찾아보자. 입술 영역의 검출은 입술 중심좌표를 계산하고, 이 좌표에서 입술의 너비와 높이를 계산하는 방식으로 이루어진다. 입술 중심좌표는 얼굴 중심좌표에서 일정한 거리만큼 아래에 있다. 여러 얼굴 영상들을 시험한 결과, 이 거리를 검출 얼굴영역 높이의 30% 정도로 설정한다.

Rect 객체는 시작 좌표와 종료 좌표를 지정하는 방법으로 선언할 수 있다. 입술 영역 사각형도 〈그림 10.3.8〉과 같이 입술 시작 좌표와 입술 종료 좌표로 지정한다. 입술 시작 좌표는 입술 중심에서 정해진 크기(gap_size)만큼 왼쪽, 위로 이동한 위치이며, 입술 종료 좌표는 입술 중심에서 정해진 크기만큼 오른쪽, 아래로 이동한 위치이다. 여기서 gap_size의 크기는 얼굴 높이의 10%, 얼굴너비의 18%로 한다.

이 내용을 함수로 구현하면 다음의 detect_lip() 함수와 같다. 여기서 왼쪽 위로 이동하는 것(lip_start)은 입술중심에서 좌표 뺄셈연산을 하면 되고, 오른쪽 아래로 이동하는 것(lip_end)은 입술중심에서 좌표 덧셈 연산을 하면 된다.

입술중심에서
얼굴높이의 10%

입술 시작좌표

입술 중심좌표

얼굴중심에서
얼굴높이의 30% 위치

입술중심에서
얼굴너비의 18%

입술 종료좌표

〈그림 11.3.8〉 입술 영역 계산 방식

```
Rect detect_lip(Point2d face_center, Rect face){

    Point2d lip_center = face_center + Point2d(0, face.height*0.30);    // 입술 중심
    Point2d gap_size(face.width * 0.18, face.height * 0.1);    // 정해진 크기 - 평행이동 거리


    Point  lip_start = lip_center - gap_size;                // 왼쪽 위로 평행이동
    Point  lip_end = lip_center + gap_size;                  // 오른쪽 아래로 평행이동


    return Rect(lip_start, lip_end);                         // 입술 사각형
}
```

다음으로 윗머리 영역과 귀밑머리 영역 검출은 detect_hair() 함수에서 구현한다. 먼저, 전체 머리영역을 검출해야 하는데, 얼굴 영상이 얼굴 중심좌표를 중심으로 기울기 보정되었기 때문에 얼굴 검출 영역을 그대로 사용할 수 없다. 다만, 얼굴 중심좌표는 동일하다.

중심좌표의 이동을 통해서 입술 영역을 검출한 것과 같은 방법으로 전체 머리영역을 구한다. 여기서 h_gap 크기는 〈그림 11.3.9〉와 같이 얼굴 너비의 45%, 얼굴 높이의 65%로 계산한다.

얼굴 중심에서 양 방향으로 커지기 때문에 전체 머리영역은 검출 얼굴영역의 가로 90%, 세로 130%가 된다. 즉, 검출 얼굴영역보다 가로로 10% 줄어들고 세로로는 30% 길어진 영역이다. 이것은 얼굴영역 이외의 머리카락 영역을 포함하기 위함이다.

〈그림 11.3.9〉 윗머리 및 귀밑머리 영역 검출

```
void    detect_hair(Point2d face_center, Rect face, vector<Rect> &hair_rect)
{
    Point2d   h_gap(face.width *0.45, face.height*0.65);    // 평행이동 거리
    Point2d   pt1 = face_center - h_gap;                    // 왼쪽 상단 평행이동
    Point2d   pt2 = face_center + h_gap;                    // 오른쪽 하단 평행이동
    Rect    hair(pt1, pt2);                                 // 전체 머리영역

    Size    size(hair.width, hair.height * 0.40);          // 윗머리 및 귀밑머리 크기
    Rect    hair1(hair.tl(), size);                        // 윗머리 영역
    Rect    hair2(hair.br() - (Point)size, size);          // 귀밑머리 영역

    hair_rect.push_back(hair1);                            // Rect형 벡터에 저장
    hair_rect.push_back(hair2);
    hair_rect.push_back(hair);                             // 전체머리영역을 마지막에 저장
}
```

전체 머리영역에서 윗머리 영역은 상단의 40%이며, 귀밑머리 영역은 하단 40%로 지정한
다. 그리고 전체 머리영역, 윗머리 영역, 귀밑머리 영역을 Rect형 벡터(hair_rect)에 저장
해서 반환한다.

여기까지의 설명한 함수들을 바탕으로 입술과 머리 영역을 검출하는 예제를 구성하면 다음과 같다. 앞서 설명한 detect_lip(), detect_hair() 함수는 detect_area.hpp 헤더 파일에 옮겨 저장하고, 본 예제에서는 #include로 포함시킨다.

예제 11.3.3 **머리카락 및 입술 검출 – detect_lip_hair.cpp**

```cpp
01  #include "preprocess.hpp"              // 검출기로드 및 전처리 함수
02  #include "correct_angle.hpp"           // 기울기 보정 함수들
03  #include "detect_area.hpp"             // 입술 및 머리영역 검출 함수
04
05  int main()
06  {
07  //  .. 중략 (예제 11.3.2의 6~16행)
08
09      if (faces.size() > 0)
10      {
11          eyes_cascade.detectMultiScale(gray(faces[0]), eyes, 1.15, 7, 0, Size(25, 20)); // 눈
12
13          if (eyes.size() == 2)          {
14              eyes_center.push_back(calc_center(eyes[0] + faces[0].tl()));
15              eyes_center.push_back(calc_center(eyes[1] + faces[0].tl()));
16
17              Point2d face_center = calc_center(faces[0]);
18              Mat  rot_mat = calc_rotMap(face_center, eyes_center);
19              Mat  correct_img = correct_image(image, rot_mat, eyes_center); // 기울기 보정
20
21              detect_hair(face_center, faces[0], sub_obj);      // 머리영역 검출
22              sub_obj.push_back(detect_lip(face_center, faces[0])); //입술 영역 검출
23
24              imshow("sub_obj[0]", correct_img(sub_obj[0]));    // 윗머리 출력
25              imshow("sub_obj[1]", correct_img(sub_obj[1]));    // 귀밑머리 출력
26
27              rectangle(correct_img, sub_obj[2], Scalar(255, 0, 0), 2); // 전체 머리영역 표시
28              rectangle(correct_img, sub_obj[3], Scalar(0, 255, 0), 2); // 입술영역 표시
29              imshow("correct_img", correct_img);
30          }
31      }
32      waitKey();
33  }
```

| 설명 |

① 7행에서 예제 11.3.2와 같은 소스(6~16행)라서 중간부분을 생략한다.

② 21행은 윗머리, 귀밑머리, 전체머리 영역을 각각 검출해서 sub_obj 벡터에 저장한다.

③ 22행에서 입술영역을 검출하고, sub_obj 벡터에 추가한다.

④ 24, 25행은 기울기보정영상에서 윗머리, 귀밑머리 영역을 참조해서 영상으로 출력한다.

⑤ 27, 28행은 전체 머리영역과 입술영역을 사각형으로 표시한다.

| 실행결과 |

실행결과에서 'correct_img' 창은 전체 머리영역과 입술 영역을 사각형으로 표시한 것이다. 또한 오른쪽에서 'sub_obj[0]' 창은 윗머리 영역, 'sub_obj[1]' 창은 귀밑머리 영역으로 기울기 보정영상에서 참조해서 윈도우에 출력한다.

11.3.6 히스토그램 비교

이제 히스토그램을 이용한 비교를 해보자.

먼저 히스토그램을 계산해야 한다. 히스토그램은 10장에서 구현한 calc_Histo 함수를 조금 변경한다. 즉, 선택된 영역만 히스토그램을 계산하도록 인수에 msak를 추가한다. 또한 입력 영상이 컬러 영상이면 3개 채널(Blue, Gree, Red) 모두를 이용해서 3차원 히스토그램을 계산한다. 그러면 원본 영상의 각 채널의 계급을 축으로 하는 3차원 행렬로 빈도 데이터가 반환된다.

```
void calc_Histo(const Mat& img, Mat& hist, Vec3i bins, Vec3f range, Mat mask)
{
    int      dims = img.channels() ;                        // 히스토그램 차원 수
    int      channels[] = { 0, 1, 2 };                      // 채널 목록
    int      histSize[] = { bins[0], bins[1], bins[2] };

    float  range1[] = { 0, range[0] };
    float  range2[] = { 0, range[1] };
    float  range3[] = { 0, range[2] };
    const float* ranges[] = { range1, range2, range3 };     // 모든 채널 화소범위

    calcHist(&img, 1, channels, mask , hist, dims, histSize, ranges);
}
```

다음은 앞서 검출했던 입술영역과 머리 영역을 관심영역으로 지정해서 각 부분을 참조하
는 행렬을 만들고, 이 참조 행렬로 히스토그램을 계산한다. 그리고 두 히스토그램 간에 비
교는 OpenCV에서 제공하는 cv::compareHist() 함수를 이용한다.

히스토그램 산출과정에서 각 영상에 해당하는 부분만 계산하도록 하는 것이 바람직하다.
즉, 윗머리와 귀밑머리의 히스토그램을 계산할 때 얼굴 영역을 제외할 수 있으면 좋을 것이
다. 또한 얼굴영역과 입술영역의 히스토그램을 계산할 때에도 얼굴의 바깥부분인 머리영
역을 제외하고, 입술영역의 바깥 부분도 제거한다면 좀 더 정확한 비교가 될 것이다.

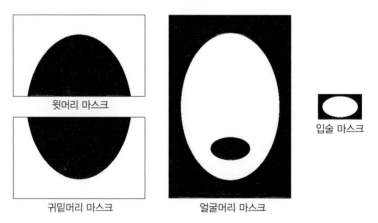

〈그림 11.3.10〉 얼굴 영상 히스토그램을 위한 마스크 영상의 예

이것은 〈그림 11.3.10〉과 같이 빈도를 계산하려는 영역만 흰색으로 구성한 행렬로 마스킹을 하면된다. 히스토그램 계산에 마스크를 적용하려면 cv::calcHist() 함수의 세번째 인수 (mask)로 해당하는 마스크 행렬을 지정하면 된다.

이 마스크들을 생성하는 과정을 make_masks() 함수에서 구현해보자.

```
void make_masks(vector<Rect> sub_obj, Size org_size, Mat mask[4])
{
    Mat base_mask(org_size, CV_8U, Scalar(0));              // 기본마스크
    draw_ellipse(base_mask, sub_obj[2], Scalar(255), -1, 0.45f); // 기본 마스크에 타원그리기

    mask[0] = ~base_mask(sub_obj[0]);                        // 윗머리 마스크
    mask[1] = ~base_mask(sub_obj[1]);                        // 귀밑머리 마스크

    draw_ellipse(base_mask, sub_obj[3], Scalar(0), -1, 0.45f);
    mask[3] = ~base_mask(sub_obj[3]);                        // 입술 마스크
    mask[2] = base_mask(sub_obj[2]);                         // 얼굴 마스크
}
```

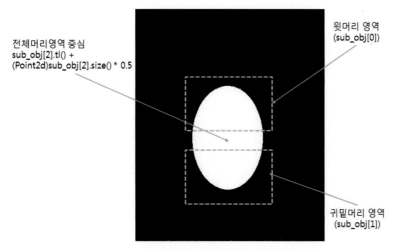

〈그림 11.3.11〉 기본 마스크의 예

각 영역을 검출한 sub_obj 벡터는 기울기 보정영상의 사각형이다. 따라서 〈그림 11.3.10〉
과 같이 원본 영상크기로 기본 마스크(base_mask)를 만들고, 검은색(0)으로 초기화
한다. 그리고 전체 머리영역(sub_obj[2])으로 타원을 그리며, 흰색(255)으로 내부를 채
운다.

기본 마스크에 검출 영역으로 타원을 그리는 것은 draw_ellipse() 함수에서 구현한다. 인
수로 검출영역, 선의 색상, 타원 크기 비율을 지정하면 타원을 그려준다. 여기서 타원 중심
(center)은 검출영역(obj) 시작 좌표에 검출영역 크기의 절반을 더한다.

```
void draw_ellipse(Mat& image, Rect2d obj, Scalar color, int thickness, float ratio)
{
    Point2d center = obj.tl() + (Point2d)obj.size() * 0.5;        // 타원 중심
    Size2d size = (Size2d)obj.size() * 0.45;                      // 타원 크기
    ellipse(image, center, size, 0, 0, 360, color, thickness);
}
```

draw_ellipse() 함수를 호출하여 타원을 그릴 때, 타원의 크기 비율을 0.45로 지정해서
전체 머리영역의 90%를 차지하게 타원을 그린다. 타원은 반지름크기로 지정되기 때문에
절반의 크기가 전체 영역으로 그려진다.

기본 마스크(base_mask)에 타원이 그려지면, 이 행렬로부터 윗머리 영역과 귀밑머리 영
역을 만든다. 먼저, 윗머리와 귀밑머리 영역을 관심영역으로 참조해서 기본 마스크 영상에
서 해당 영역을 가져온다.

〈그림 11.3.10〉와 〈그림 11.3.11〉의 그림을 보면, 윗머리와 귀밑머리 마스크는 기본 마스크
와 반대의 값을 갖는다. 즉, 중심의 얼굴부분은 검은색이고, 가장자리 쪽의 머리카락 부분
이 흰색이다. 이것은 ~ 연산자로 행렬을 반전하면 쉽게 구현할 수 있다.

다음으로 입술 마스크(masks[3])를 만든다. draw_ellipse() 함수를 호출하여 기본 마
스크에 입술영역(sub_obj[3])으로 타원을 검은색(0)으로 그린다. 그리고 입술모양 타원이 그
려진 기본 마스크에서 입술영역을 참조한다. 그러면, 입술 마스크는 흰색 바탕에 검은색
타원이 그려지게 된다. 여기서 입술 마스크도 외곽부분을 제외해야하기 때문에 참조영상
을 반전하여, 검은색 바탕에 흰색 타원으로 만든다.

마지막으로 얼굴 마스크(masks[2])는 흰색 타원의 얼굴과 검은색 타원의 입술이 모두 그

려진 기본 마스크에서 얼굴영역(sub_obj[2])을 관심영역으로 참조하면 된다.

이렇게 완성된 마스크 행렬들을 calc_histos() 함수의 마지막 인수로 지정하면, 히스토그램 계산에서 마스크의 검은색 부분은 빈도를 계산하지 않는다.

다음은 검출된 4개 영역(윗머리, 귀밑머리, 얼굴, 입술)으로 기울기 보정 영상을 참조해서 히스토그램을 구한다. 이때 빈도 계산에서 제외하기 위한 마스크 행렬(masks)을 생성해서 히스토그램을 계산한다.

```
void calc_histos(Mat  correct_img, vector<Rect> sub_obj), Mat hists[4], Mat masks[4]
{
    Vec3i bins(64, 64, 64);                              // 히스토그램 계급 개수
    Vec3f ranges(256, 256, 256);                         // 각 채널 화소범위

    for (int i = 0; i < (int)sub_obj.size(); i++)    {
        Mat sub = correct_img(sub_obj[i]);               // 검출 서브 영상
        calc_Histo(sub, hists[i], bins, ranges, masks[i]);   // 히스토그램 계산
//      imshow(format("mask[%d]",i), masks[i]);          // 마스크 영상 출력
//      waitKey();
    }
}
```

추가로 각 검출 영역에 대해서 4개의 히스토그램(hists)이 구성되면, 두 개씩 히스토그램을 비교한다. 비교방법은 CV_COMP_CORREL 옵션을 지정해서 유사도를 계산하면 된다.

여기까지의 내용을 예제로 구성해 본다. 새로 설명된 히스토그램 관련 함수들은 'histo.hpp' 헤더 파일로 옮겨 저장하고, 본 예제에서는 #include로 포함시킨다.

예제 11.3.4 히스토그램 관련 헤더 파일 – histo.hpp

```
01  Void calc_histo(const Mat& img , Mat& hist, Vec3i bins, Vec3f range, Mat mask)
02  { ... }
03  void draw_ellipse(Mat& image, Rect2d obj, Scalar color, int thickness, float ratio) { ... }
04  void make_masks(vector<Rect> sub_obj, Size org_size, Mat mask[4]) { ... }
05
06  void calc_histos(Mat correct_img, vector<Rect> sub_obj, Mat hists[4], Mat masks[4] )
07  { ... }
```

```cpp
01  #include "preprocess.hpp"                        // 검출기로드 및 전처리 함수
02  #include "correct_angle.hpp"                      // 기울기 보정 함수들
03  #include "detect_area.hpp"                        // 입술 및 머리영역 검출 함수
04  #include "histo.hpp"                              // 히스토그램 비교 관련 함수
05
06  int main()
07  {
08  //  ... 중략
09
10      if (faces.size() > 0)
11      {
12          eyes_cascade.detectMultiScale(gray(faces[0]), eyes, 1.15, 7, 0, Size(25, 20));
13
14          if (eyes.size() == 2) {
15              eyes_center.push_back(calc_center(eyes[0] + faces[0].tl()));
16              eyes_center.push_back(calc_center(eyes[1] + faces[0].tl()));
17
18              Point2d face_center = calc_center(faces[0]);
19              Mat  rot_mat = calc_rotMap(face_center, eyes_center);
20              Mat  correct_img = correct_image(image, rot_mat, eyes_center); // 기울기보정
21
22              detect_hair(face_center, faces[0], sub_obj);       // 머리영역들 검출
23              sub_obj.push_back(detect_lip(face_center, faces[0]));        // 입술 검출
24
25              Mat masks[4] , hists[4];
26              make_masks(sub_obj, correct_img.size(), masks);    // 4개 마스크 생성
27              calc_histos(correct_img, sub_obj, hists, masks); // 4개 히스토그램 생성
28
29              // 히스토그램 비교 - 유사도 값 계산
30              double criteria1 = compareHist(hists[0], hists[1], CV_COMP_CORREL);
31              double criteria2 = compareHist(hists[2], hists[3], CV_COMP_CORREL);
32              cout << format("머리부분 유사도 %4.2f\n", criteria1);
33              cout << format("입술부분 유사도 %4.2f\n", criteria2);
34          }
35      }
37      return 0;
38  }
```

① 8행에서 예제_11.3.2와 같은 소스(6~16행)라서 중간부분을 생략한다.

② 26행은 검출된 4개 영역으로 해당 마스크를 생성한다.

③ 27행은 기울기 보정영상과 4개 검출 영역으로 히스토그램을 계산한다. 이때 해당 마스크를 이용해서 필요부분만 빈도를 구한다.

④ 30, 31행은 두 히스토그램씩 비교하여 유사도를 계산한다.

| 실행결과 |

```
C:\Windows\system32\cmd.exe
머리부분 유사도 0.17
입술부분 유사도 0.40
계속하려면 아무 키나 누르십시오 . . . ■
```

11.3.7 성별 분류

이제 히스토그램 비교를 통해서 산출된 값(criteria)을 이용해서 성별을 분류한다. 여기서 criteria1은 윗머리와 귀밑머리의 유사도이며, criteria2은 얼굴과 입술의 유사도이다.

윗머리와 귀밑머리의 유사도(criteria1)가 크다는 것은 윗머리와 귀밑머리의 색상이 비슷하다는 의미이다. 그러면 귀밑에 머리카락이 있을 확률이 높아서 여자일 가능성이 더 높다. 반대로 얼굴과 입술의 유사도(criteria2)는 작으면, 입술과 얼굴의 색상이 다르다는 것을 의미한다. 이 경우에는 입술색이 도르라지는 여자일 확률이 높아진다.

두 가지 정보만으로 남녀를 구분하기에는 무리가 있을 수 있다. 본 응용은 간단하게 남녀를 구분하는 것이기에 두 개의 정보를 이용해서 최대한 좋은 결과를 도출하기 위해 〈그림 11.3.12〉와 같은 방법으로 성별을 구분한다.

많은 얼굴 영상을 실험한 결과를 통해서 임계값을 다음과 같이 두 단계로 설정한

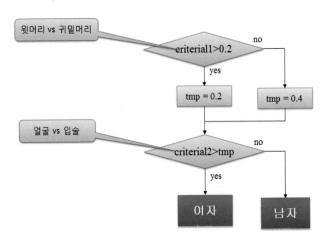

〈그림 11.3.12〉 히스토그램 비교값을 통한 남녀 분류 방식

다. 즉, 윗머리−귀밑머리 유사도 0.2을 기준으로 구분하여 비교한다. 유사도가 크면 여자일 확률이 높기 때문에 얼굴−입술 유사도(criterial 2)는 상대적으로 낮은 값(0.2)으로 설정하여 이 값보다 크면 여자로 분류한다. 반면, 윗머리−귀밑머리 유사도가 작으면 남자일 확률이 높기 때문에 criteria2를 높은 값(0.4)으로 설정하여 이 값보다 크면 여자로 분류한다.

성별의 분류는 다음의 classify() 함수로 구현한다. 먼저, 4개의 히스토그램으로 두 개의 히스토그램 비교값(criteria1, criteria2)을 계산한다.

두 단계의 비교를 수행하며, 분류 결과를 "Man"과 "Woman"으로 영상에 표시하고, 그 결과 문자열과 유사도를 콘솔창에 출력한다.

```
void classify(Mat& image, Mat hists[4], int no)
{
    // 유사도 비교
    double tmp = (criteria1 > 0.2) ? 0.2 : 0.4;              // 1차 비교
    int value = (criteria2 > tmp) ? 0 : 1;                   // 2차 비교
    string text = (value) ? "Man" : "Woman";
    text = format("%02d.jpg: ", no) + text;

    // 분류 결과 영상에 출력
    int font = FONT_HERSHEY_TRIPLEX;
    putText(image, text, Point(12, 31), font, 0.7, Scalar(0, 0, 0), 2);     // 그림자
    putText(image, text, Point(10, 30), font, 0.7, Scalar(0, 255, 0), 1);

    cout << text << format(" - 유사도 [머리: %4.2f  입술: %4.2f]\n", criteria1, criteria2);
}
```

마지막으로 검출된 얼굴과 눈, 입술 등을 영상에 표시하여 정확히 검출되었는지를 확인하는 함수 display()를 구현해 보자. 여기서 얼굴 영역과 입술 영역은 draw_ellipse() 함수를 호출하여 타원으로 그린다.

```
void display(Mat &image, Point2d face_center, vector<Point2f> eyes_center, vector<Rect> sub)
{
    circle(image, eyes_center[0], 10, Scalar(0, 255, 0), 2);           // 눈 표시
    circle(image, eyes_center[1], 10, Scalar(0, 255, 0), 2);
    circle(image, face_center  ,  3, Scalar(0, 0, 255), 2);   // 얼굴 중심점 표시

    draw_ellipse(image, sub[2], Scalar(255, 100,  0 ), 2, 0.45f);      // 입술 타원
    draw_ellipse(image, sub[3], Scalar( 0 ,  0 , 255), 2, 0.45f);      // 얼굴 타원
}
```

이제 메인 함수의 전체 내용을 확인해 보자. 앞서 설명한 classify()와 display() 함수는 classify.hpp 헤더 파일로 옮겨 저장하고, 본 예제에 포함(include)한다. 그리고 연속적으로 파일을 입력받을 수 있도록 반복문과 key_check() 함수를 이용하여 구현한다.

예제 11.3.3   **성별 분류 프로그램 완성 – genderClassifier.cpp**

```
01  #include "preprocess.hpp"                                    // 검출기 로드 및 전처리 함수
02  #include "correct_angle.hpp"                                 // 기울기 보정 함수
03  #include "detect_area.hpp"                                   // 입술 및 머리영역 검출 함수
04  #include "histo.hpp"                                         // 히스토그램 관련 함수
05  #include "classify.hpp"                                      // 성별 분류 및 표시 함수
06
07  bool key_check(int& no)
08  {
09      int key = waitKey(0);                                    // 키이벤트 대기
10      if (key == 2621440)              no++;                   // 아래 화살표 키이면 다음 영상
11      else if (key == 2490368)         no--;                   // 윗 화살표 키이면 이전 영상
12      else if (key == 32 || key == 27) return false;           // 프로그램 종료 조건
13
14      return true;
15  }
16
17  int main()
18  {
19      CascadeClassifier face_cascade, eyes_cascade;
20      load_cascade(face_cascade, "haarcascade_frontalface_alt2.xml");
21      load_cascade(eyes_cascade, "haarcascade_eye.xml");
```

```
22
23        int no = 0 ;
24        do{
25            String fname = format("../face/%02d.jpg" , no);        // 번호로 영상파일 읽기
26            Mat   image = imread(fname, IMREAD_COLOR);
27            if (image.empty()) {
28                cout << format("%02d영상이 없습니다.\n", no++);
29                continue;
30            }
31            Mat   gray = preprocessing(image);                      // 전처리 수행
32
33            vector<Rect> faces, eyes, sub_obj;            // sub_obj : 머리 및 입술 영역
34            vector<Point2f> eyes_center;
35            face_cascade.detectMultiScale(gray, faces, 1.10, 3, 0, Size(100, 100)); // 얼굴 검출
36
37            if (faces.size() > 0)
38            {
39                eyes_cascade.detectMultiScale(gray(faces[0]), eyes, 1.15, 7, 0, Size(25, 20));
40
41                if (eyes.size() == 2) {
42                    eyes_center.push_back(calc_center(eyes[0] + faces[0].tl())); // 눈 중심점
43                    eyes_center.push_back(calc_center(eyes[1] + faces[0].tl()));
44
45                    Point2d face_center = calc_center(faces[0]);        // 얼굴 중심점
46                    Mat rot_mat = calc_rotMap(face_center, eyes_center); // 기울기 각도
47                    Mat correct_img = correct_image(image, rot_mat, eyes_center);
48
49                    detect_hair(face_center, faces[0], sub_obj);     // 머리영역들 검출
50                    sub_obj.push_back(detect_lip(face_center, faces[0])); // 입술 영역 검출
51
52                    Mat masks[4], hists[4];
53                    make_masks(sub_obj, correct_img.size(), masks); // 4개 마스크 생성
54                    calc_histos(correct_img, sub_obj, hists, masks);   // 4개 히스토그램
55
56                    classify(correct_img, hists, no);                // 성별 분류 및 표시
57                    display(correct_img, face_center, eyes_center, sub_obj); // 얼굴, 눈 표시
58                    imshow("correct_img", correct_img);
59                }
```

```
60              }
61          }while (key_check(no));
62  }
```

| 설명 |

① 7~15행은 키보드 이벤트를 통해서 위쪽화살표 키와 아래쪽화살표 키로 no 변수의 값을 증감시키고, ESC 키나 스페이스 바 키가 입력되면 종료한다.

② 27~30행은 연속적으로 영상 파일을 입력 받기위해 해당번호의 파일이 없는 경우에는 no를 증가시키고, 다음 파일을 로드한다.

③ 56행에서 각영역에 대한 히스토그램으로 성별 분류를 수행하고 결과를 correct_ing 영상에 표시한다.

④ 57행은 검출된 얼굴, 눈, 입술 영역을 correct_ing 영상에 타원(원)으로 표시한다.

⑤ 61행은 while 반복문의 조건에 key_check() 함수를 호출하여 연속적인 반복으로 화살표 키 이벤트를 기다린다.

| 실행결과 |

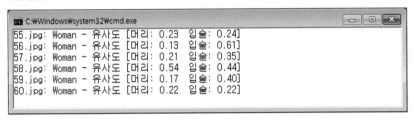

```
C:\Windows\system32\cmd.exe
55.jpg: Woman - 유사도 [머리: 0.23  입술: 0.24]
56.jpg: Woman - 유사도 [머리: 0.13  입술: 0.61]
57.jpg: Woman - 유사도 [머리: 0.21  입술: 0.35]
58.jpg: Woman - 유사도 [머리: 0.54  입술: 0.44]
59.jpg: Woman - 유사도 [머리: 0.17  입술: 0.40]
60.jpg: Woman - 유사도 [머리: 0.22  입술: 0.22]
```

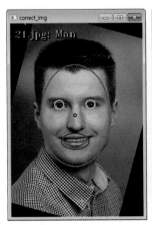

다양한 얼굴 영상으로 테스트 해보길 바란다. 단 두 가지 가정만으로 아주 간단하게 분류를 수행한 것에 비하면 어느 정도 만족할 만한 성능이 된다. 다만, 입술의 색상이 연한 여성 영상이나 귀밑머리 없는 여성 영상, 혹은 그 반대의 남성의 영상도 마찬가지로 기본 가정과 맞지 않아서 오분류될 수 있다.

| 단원 요약 |

1. 그림판 프로그램에서 팔레트를 이용해서 3차원의 색을 쉽게 표시하고 좌표를 클릭해서 사용하기 위해서 색상은 HSV 컬러로 지정하고, BGR 컬러로 변환하여 표시한다.

2. 그림판 프로그램의 그리기 명령으로 드래그 상황에서 해당 개체가 움직이듯 그려지게 하려면 원본 영상이 아닌 복사본에 해당 개체를 그리면 된다.

3. cv::calcHist() 함수는 2개 이상의 채널을 갖는 행렬에서 다차원의 히스토그램을 계산할 수 있다.

4. 색상과 채도의 2채널 행렬로 만든 2차원 히스토그램을 그래프로 표현하려면, 그래프 행렬에서 x 좌표는 채도를 y 좌표는 색상을 나타내도록 하고, 히스토그램 빈도값을 그 좌표에서의 밝기로 지정한다. 그러면 x, y 좌표로 색상과 채도를 인식할 수 있으며, 그 좌표의 밝기로 빈도의 많고 적음을 파악할 수 있다.

5. 두 개의 히스토그램을 비교하기 위해서 cv::compareHist() 함수를 사용하며, CV_COMP_CORREL 옵션은 상호상관 함수의 수식을 응용한 것으로 두 히스토그램의 유사도를 계산한다.

6. 하르 기반 캐스케이드 분류기는 단순한 여러 개의 검출기를 순차적으로 사용하여 분류를 수행한다. 처음에 간단한 검출기를 적용하고, 진행할수록 복잡한 검출기를 적용한다. 단순 검출기를 통과한 후보에만 시간이 많이 걸리는 강력한 검출기가 적용되기 때문에 검출 속도를 빨리할 수 있다.

7. OpenCV에서 하르 기반 검출기는 '/sources/data/harrcascades 폴더에 있으며, 얼굴, 눈, 코, 입 등을 검출하는 XML 파일들이 있다. 객체 검출을 위해서는 CascadeClassifier 클래스를 이용하며, 내부 메서드인 CascadeClassifier::load() 함수로 해당 XML 파일을 로드하고, CascadeClassifier::detectMultiScale() 함수로 검출을 수행한다.

8. 하르 검출기로 검출된 얼굴과 눈 영역으로 얼굴 중심좌표와 눈 중심좌표를 구할 수 있다. 그리고 두 눈의 중심좌표로 얼굴의 기울어진 각도를 계산할 수 있으며, 이 각도만큼 얼굴 중심좌표를 기준으로 회전하면 기울기를 보정할 수 있다. 또한 입술과 머리 영역은 검출된 얼굴영역의 비율을 바탕으로 계산한다.

연습문제

1. 그림판 프로그램에 자기만의 아이콘으로 변경해서 구성하시오. 또한 히스토그램 아이콘과 모자이크 아이콘을 추가하시오.

2. 그림판 프로그램에 추가된 히스토그램 아이콘에서 입력 영상에 대해서 RGB 3개 채널로 분리하고, 각 채널의 히스토그램을 윈도우 창에 표시하도록 commad() 함수를 수정하시오.

3. OpenCV에서는 cv::compareHist() 함수의 히스토그램의 비교 방법에는 네 가지의 옵션이 있다. 그 중에 CV_COMP_CORREL 옵션에 대해서 상세히 설명하시오.

4. OpenCV에서는 하르 기반 객체 검출을 위한 CascadeClassifier 클래스의 내부 메소드인 detectMultiScale() 함수를 사용한다. 이 함수의 인수에 대해서 설명하고, 사용법을 예시하여 설명하시오.

5. 예제_11.1.3의 그림판 프로그램에서 원과 타원 그리기를 통합해서 하나의 아이콘으로 수행할 수 있도록 수정하시오.

   > 일반 마우스 드래그 시: 타원 그리기
   > [Alt] + 마우스 드래그 시: 정원 그리기

6. 예제_11.1.4에서 영상 축소 및 확대를 나타내는 아이콘을 2개 추가하고, 캔버스영역의 영상을 10% 축소 또는 확대 하도록 프로그램을 수정하시오.

7. 그림판 프로그램에 아이콘이 왼쪽에 세로 2열로 구성되어 있다. 이 아이콘들을 가로 1열로 배치하도록 소스 코드를 수정하시오.

8. 예제_11.2.1에서 히스토그램을 구하는 calc_histo() 함수에서 마지막에 정규화를 수행한다. 정규화를 수행하는 이유는 무엇인가?

9. 예제 11.2.1의 draw_histo() 함수에서 히스토그램 영상을 확대한다. 확대하는 이유와 확대할 때 어떤 보간 방법을 적용하였는가? 또한 그 보간 방법을 적용한 이유는 무엇인가?

10. 예제 11.2.1의 calc_Histo() 함수는 2개 채널 행렬을 입력 받아서 2차원 히스토그램을 계산한다. 여기서 cv::calcHist() 함수를 사용하지 않고, 직접 히스토그램 계산 함수를 구현하여 2차원 히스토그램 그래프를 표시하시오.

11. 예제_11.2.1에서 히스토그램을 구하는 calc_histo() 함수에서 cv::normalize() 함수를 사용하지 않고 직접 구현하시오.

12. 예제_11.2.2에서 질의영상과 히스토그램 영상을 다음과 같이 하나의 윈도우 창에 표현하도록 구현하시오.

13. 예제_11.3.3에서 key_check() 함수는 위/아래 화살표 키로 이전 번호와 다음 번호를 반환한다. 여기에 좌/우 화살표 키를 추가해서 10개 영상씩 skip 하도록 수정하시오.

14. 예제_11.3.1은 눈검출을 위한 분류기로 "haarcascade_eye.xml"를 로드하여 2개의 눈을 동시에 검출한다. 이 소스 코드를 "haarcascade_lefteye_2splits.xml"와 "haarcascade_lefteye_2splits.xml"를 이용해서 왼쪽 눈과 오른쪽 눈을 따로 검출하도록 소스를 수정하시오.

CHAPTER 12

영상 처리 응용 사례 II

동전과 역사

동전은 역사의 작은 거울과 같다. 동전을 통해 경제의 역사, 광산기술의 역사, 동전 면에 새겨진 그림이나 문자를 통해 역사적으로 유명한 인물이나 역사적 사건을 만날 수 있다. 동전은 약 기원전 700~500년경부터 현재의 그리스, 터키, 인도 지역에서 사용된 흔적이 발견된다. 그때 이후로 지금까지 동전은 인류의 실물 화폐로 사용되고 있다.

초기 동전은 "green gold"로 불리는 금과 은의 합금 형태인 엘렉트럼(electrum)으로 만들어졌다. 금의 함량 비율이 높은 때는 약 80% 정도까지 높아서 노란색 빛이 났고, 낮을 때는 약 20% 정도로 낮아서 옅은 푸른 빛이 났다. 고대 동전들은 모루 위에 금속 조각을 놓고 망치로 두드려 동전 모양을 만들었다. 그러다보니 원전한 원은 아니었다. 그러나 중국에서는 주로 녹인 금속을 틀에 부어 만들어 사용하였다.

최근에는 비트코인(bitcoin)이라는 디지털 가상 화폐가 나왔다. 2009년에 나카모토 사토시(Nakamoto Satoshi)가 제안한 이것은 디지털 대체 화폐로서 인터넷 시대에 안전한 거래를 보장하는 암호화된 디지털 화폐이다.

비트코인의 거래는 P2P 기반 분산 데이터베이스에 의해 이루어지며, 공개키 암호 방식 기반으로 거래를 수행한다. 미국 재무성은 비트코인을 은행과 같은 중앙 중심의 통제가 되고 있는 화폐가 아닌 최초의 가상 화폐(virtual currency)로 분류하고 있다.

12 영상 처리 응용 사례 Ⅱ

이 장에서는 영상 처리 및 컴퓨터 비전 응용 중에서 심화 과제로 다루어 볼 수 있는 사례들을 소개한다. 다양한 응용 서비스의 요구와 심화된 프로그램의 작성 기법을 배움으로써 개인의 졸업 작품이나 팀 프로젝트에 활용할 수 있는 기회를 만들고자 한다.

본 장에서는 색상 히스토그램을 이용한 동전 인식 프로그램과 SVM(Support Vector Machine)을 이용한 차량번호판 검출, 그리고 k-NN(k-Nearest Neighbor) 알고리즘을 이용한 차량 번호 인식을 소개한다.

12.1 동전 인식 프로그램

동전은 금속으로 만들어진 화폐의 일종으로 일상적 거래의 수단으로 사용된다. 대부분 정부에서 발행하며, 그 크기와 무게 및 재료를 표준화하여 생산한다.

길거리를 지나가다가 100원 동전이 떨어져 있으면 여러분은 어떻게 하는가? 아마 대부분은 그냥 지나치게 될 것이다. 그만큼 동전의 가치가 떨어졌으며, 사용 및 휴대의 불편함으로 인해서 잘 들고 다니지 않게 된다.

이 불편함으로 보통 동전은 저금통 등과 같은 곳에 모아 놓는다. 모아 놓은 동전이 많아지면 지폐로 바꾸려 생각하며 한 번씩 동전을 세어보게 된다. 그러나 동전을 세는 것도 번거로운 일이지만, 보통은 정확하지 않아 여러 번 반복하는 경우도 생긴다.

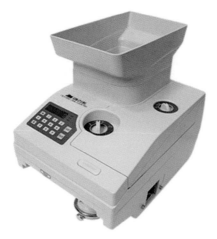

〈그림 12.1.1〉 주화 계수기

주기적으로 많은 동전을 다루어야 한다면 주화 계수기를 구매하는 것도 생각할 수 있지만, 일상생활에서 동전을 사용하는 경우라면 너무 큰 비용이 될 것이다. 디지털 영상 처리를 이용하면 소량의 동전들을 인식하여 전체 금액을 계산하는 방법을 구현할 수 있다.

이번 절에서는 동전영상을 캡처하여 각 동전을 인식하고 전체 금액을 계산하는 시스템을 구현해 본다. 프로그램의 전체 과정은 〈그림 12.1.2〉와 같다. 동전 영상이 캡처되면 객체 검출을 쉽게 하기 위해 전처리 과정(이진화와 모폴로지)을 거친 후에 모든 동전 객체를 검출한다.

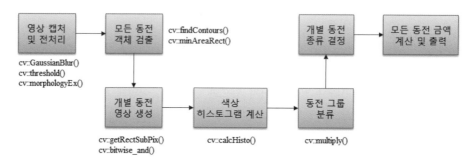

〈그림 12.1.2〉 동전 검출 전체구성

다음으로 검출된 동전 객체에서 개별 동전 영상을 생성하여 색상 히스토그램을 계산한다. 그리고 히스토그램 유사도를 활용하여 동전을 두 그룹으로 분류한다. 동전 객체의 반지름에 비례해서 개별 동전객체의 종류를 결정한다. 결정된 개별 동전의 금액들을 모두 합하며 전체 동전의 금액을 계산하고 결과를 화면에 출력한다.

12.1.1 동전 영상 캡쳐 및 전처리

동전의 캡쳐를 위해서 〈그림 12.1.3〉과 같이 동전을 놓는 받침대와 USB 카메라 그리고 카메라를 고정할 수 있는 스탠드로 구성하였다. 예제 파일에 캡쳐된 동전 파일이 있기에 독자들은 직접 캡쳐하지 않아도 프로그램을 실행하는 데에는 아무런 문제가 없다.

〈그림 12.1.3〉 동전 영상 캡쳐 과정

먼저 동전 영상 파일을 로드하면 객체의 검출이 용이하도록 전처리를 수행한다. 그 과정은 preprocessing() 함수에서 구현한다. 먼저, 동전 영상을 명암도 영상으로 변환한다. 다음으로 동전 객체 내부의 문양 등으로 인한 잡음을 제거하기 위해서 가우시안 블러링을 수행해서 동전 내부의 문양들을 흐리게 만든다. 블러링의 강도는 마스크 크기와 표준편차로 적절히 조절한다.

```
Mat  preprocessing(Mat img)                                           // 전처리 함수
{
    Mat gray, th_img;
    cvtColor(img, gray, CV_BGR2GRAY);                                 // 명암도 변환
    GaussianBlur(gray, gray, Size(7, 7), 2, 2);                       // 블러링

    threshold(gray, th_img, 130, 255, THRESH_BINARY | THRESH_OTSU);   // 이진화
    morphologyEx(th_img, th_img, MORPH_OPEN, Mat(), Point(-1, -1), 1);  // 열림연산

    return th_img;
}
```

블러링이 수행된 영상을 이진 영상으로 만들어서 객체 검출이 용이하게 한다. 마지막으로 모폴로지 열림 연산을 통해서 배경 부분의 잡음을 제거하고, 붙어있는 동전들을 분리한다.

전처리 완료된 영상은 객체 내부에 동전 문양과 조명이 반사되어 만들어진 잡음들이 조금 있다. 그러나 충분히 동전 객체의 크기를 검출하기에 허용 가능한 정도이다.

12.1.2 모든 동전 객체 검출

동전을 검출하는 과정은 낱개의 동전객체를 인식하고 각각의 중심 좌표와 반지름을 구한다. 그 과정은 find_coins() 함수로 구현한다.

먼저는 cv::findContours() 함수로 영상에서 객체의 외곽선들을 찾아서 외곽선 좌표들(vector⟨Point⟩)로 반환한다. 이 좌표들을 cv::minAreaRect() 함수에 적용하면 좌표들을 포함하는 최소영역을 회전사각형(RotatedRect) 객체로 반환한다. 따라서 검출된 객체의 외곽을 모두 포함하는 사각형들(vector⟨RotatedRect⟩)이 된다.

```cpp
vector<RotatedRect>  find_coins(Mat img)
{
    vector<vector<Point> > contours;
    // 외곽선 검출
    findContours(img.clone(), contours, RETR_EXTERNAL, CHAIN_APPROX_SIMPLE);

    vector<RotatedRect> circles;
    for (int i = 0; i< (int)contours.size(); i++)
    {
        RotatedRect  mr = minAreaRect(contours[i]);         // 외곽선의 최소영역 사각형
        mr.angle = (mr.size.width + mr.size.height) / 4.0f;  // 반지름을 각도에 저장

        if (mr.angle > 18) circles.push_back(mr);   // 반지름이 18 이상인 개체 저장
    }
    return circles;
}
```

⟨그림 12.1.4⟩는 find_coins() 함수로 검출된 회전사각형들을 이용해서 검출 객체의 중심

점과 최소영역을 전처리 결과 영상에 그린 예이다. 그림에서도 알 수 있듯이 회전사각형 객체는 멤버 변수로 사각형의 중심점(center), 각도(angle), 크기(size)를 갖는다.

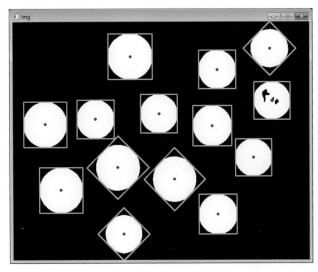

〈그림 12.1.4〉 검출된 회전사각형을 표시한 예시

이 정보를 이용해서 동전객체의 중심좌표와 반지름을 계산한다. 중심좌표는 회전사각형의 중심점을 그대로 저장하고, 반지름은 회전사각형의 너비(*Width*)와 높이(*Heihgt*)를 이용해서 다음과 같이 구한다. 여기서 검출된 동전 객체가 원형이라 회전사각형 객체의 각도가 사용되지 않는다. 따라서 반지름 저장을 위해 추가적으로 변수를 선언하지 않고 회전사각형 객체의 각도(angle) 멤버 변수에 반지름을 저장한다.

$$동전\ 객체\ 반지름(C_{radius}) = \frac{Hight + Width}{4}$$

여기까지의 과정을 프로그램으로 구성해보자. preprocessing() 함수와 find_coins() 함수는 preprocess.hpp 헤더 파일로 옮겨 저장하고, 본 예제에는 전처리 지시자(#include)로 포함시킨다.

예제 12.1.1　　전처리 헤더 파일 – preprocess.hpp

```cpp
01  #include <opencv2/opencv.hpp>
02  using namespace cv;
03  using namespace std;
04
05  Mat  preprocessing(Mat img) {  ...  }                // 전처리
06
07  vector<RotatedRect>  find_coins(Mat img) {  ...  }   // 동전 객체 검출
```

예제 12.1.1　　동전 객체 검출 – find_coins.cpp

```cpp
01  #include "preprocess.hpp"
02
03  int main()
04  {
05      int  coin_no = 20;                              // 동전 파일 번호
06      String  fname = format("../image/%2d.png", coin_no);
07      Mat  image  = imread(fname, 1 );
08      CV_Assert(image.data);
09
10      Mat th_img = preprocessing(image);              // 전처리 수행
11      vector<RotatedRect> circles = find_coins(th_img);  // 동전객체 회전사각형
12
13      for (int i = 0; i < circles.size(); i++) {
14          float radius = circles[i].angle;            // 동전객체 반지름
15          circle(image, circles[i].center, radius, Scalar(0, 255, 0), 2); // 동전 표시
16      }
17
18      imshow("전처리영상", th_img);
19      imshow("동전영상", image);
20      waitKey();
21      return 0;
22  }
```

| 설명 |

① 1행은 전처리 수행 함수들을 헤더 파일(preprocess.hpp)에 저장해서 포함한다.

② 13~16행은 검출된 동전객체의 개수만큼 반복하여 원을 그린다.

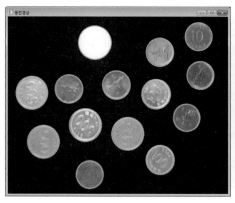 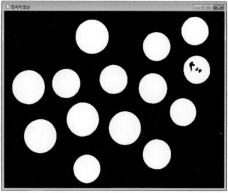

12.1.3 개별 동전 영상 생성

이제 원본 컬러 영상에서 동전 영역을 가져와서 개별 동전영상을 생성한다. 이 과정은
다음의 make_coinImg() 함수에서 cv::getRectSubPix() 함수를 이용해서 구현한다.
cv::getRectSubPix() 함수는 입력영상에서 특정좌표를 중심으로 좌우상하로 지정된 크
기만큼을 참조하는 행렬을 반환한다. 즉, cv::getRectSubPix() 함수에 인수로 검출된 회
전사각형의 중심점과 크기를 지정하면 동전 영상부분만 가져온다.

함수의 인수와 반환자료형 구조	
void getRectSubPix(InputArray image, Size patchSize, Point2f center, OutputArray patch)	
인자	설명
• InputArray image	입력 영상
• Size patchSize	추출되는 피치(patch)의 크기
• Point2f center	입력 영상에서 추출되는 사각형의 중심점 좌표
• OutputArray patch	추출되어 반환되는 결과 영상
• int patchType	결과 영상의 자료형

```cpp
vector<Mat>  make_coinImg(const Mat src, vector<RotatedRect> circles)
{
    vector <Mat> coins;                                      // 동전 영상들
    for (int i = 0; i< (int)circles.size(); i++)
    {
```

```
        int       radius = (int)circles[i].angle;           // 동전 반지름
        Size size  = circles[i].size * 1.5f;                // 검출 동전 크기 1.5배
        Point2f center = size / 2;                          // 마스크 중심

        Mat coin, mask(size, CV_8UC3, Scalar(0, 0, 0));     // 마스크 행렬
        circle(mask, center, radius, Scalar(255, 255, 255), FILLED);

        getRectSubPix(src, size, circles[i].center, coin);  // 동영상 가져오기
        bitwise_and(coin, mask, coin);                      // 마스킹 처리
        coins.push_back(coin);                              // 동전영상 저장
//      imshow(format("mask_%0d", i), mask);                // 마스크 영상 보기
    }
    return  coins;
}
```

여기서 개별 동전영상은 〈그림 12.1.5〉의 (a)와 같이 주위에 다른 동전들이 나타날 수 있
다. 따라서 배경 부분을 제거하는 것이 다음 과정의 처리에서 오류를 줄일 수 있다. 이것
은 〈그림 12.1.5〉의 (b)와 같이 검출된 회전사각형 반지름으로 원형의 마스크 영상을 생성
하고, 동전영상과 마스크 영상의 논리곱(cv::bitwise_and()) 연산을 하면 배경이 제거된
동전영상을 구성할 수 있다.

(a) 동전영상

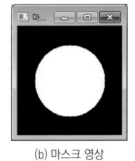
(b) 마스크 영상

(c) 최종 분리 동전영상

〈그림 12.1.5〉 마스크 영상으로 분리된 동전 영상의 예

12.1.4 색상 히스토그램 계산

동전은 금액마다 그 크기와 색상 및 문양을 다르게 제작한다. 일반적으로 동전인식 프로
그램에서는 동전의 크기를 이용해서 그 금액을 인식한다. 다만, 동전영상에 대한 전처리

및 동전객체 검출과정에서 해당 동전이 완벽하게 검출되지 않을 수 있다. 경우에 따라서 검출된 동전객체의 반지름이 조금씩 다를 수 있다. 이로 인해서 10원과 50원 및 10원과 100원 같이 크기가 비슷한 동전은 오인식될 가능성이 높다.

다행히 10원과 비교할 때, 50원 및 100원의 동전 크기는 비슷하지만 색상에서 상당히 차이가 있다. 본 프로그램에서는 이 색상의 차이를 이용해서 동전 분류의 정확도를 높이고자 한다.

그 과정으로 먼저 다음의 calc_coin_histo() 함수를 이용해서 색상 히스토그램을 구한다. 여기서 색상 히스토그램을 구하는 함수는 11장 2절에서 수정한 calc_Histo() 함수를 사용한다. 다만, 정규화는 이후에 수행하기 때문에 calc_Histo() 함수 내에 있는 cv::normalize()는 주석처리 한다.

히스토그램 계급 개수(hue_bin)는 32개로 하며, 범위 최댓값은 180으로 지정한다. 또한 Hue 채널 히스토그램만을 계산하면 되기 때문에, 히스토그램 차원 수를 지정하는 마지막 인수(_dims)를 1로 지정하여 한 개 채널만 히스토그램을 계산한다.

```cpp
vector<Mat> calc_coin_histo(vector<Mat> coins, int hue_bin)
{
    vector<Mat> histo;
    for (int i = 0; i < (int)coins.size(); i++)
    {
        Mat hsv, hist, hist_img;
        cvtColor(coins[i], hsv, CV_BGR2HSV);                    // 컬러 공간변환
        calc_Histo(hsv, hist, Vec3i(hue_bin, 0, 0), Vec3f(180, 0, 0), 1);

        hist.at<float>(0) = 0 ;                                 // 빨간색 빈도값 제거
        hist.at<float>(1) = 0;                                  // 빨간색 빈도값 제거
        normalize(hist, hist, 0, 1, NORM_MINMAX);               // 정규화
        histo.push_back(hist);
    }
    return histo;
}
```

동전 영상의 색상 히스토그램을 구하면 〈그림 12.1.6〉과 같이 빨간색 부분이 10원 동전이나 뿐만 아니라 50원 이상의 동전에서 높은 빈도값을 나타낸다. 따라서 분류를 위한 비교

대상에 포함하지 않는 것이 바람직하기에 이 빨간색 빈도값을 제거하고, 정규화를 수행한다.

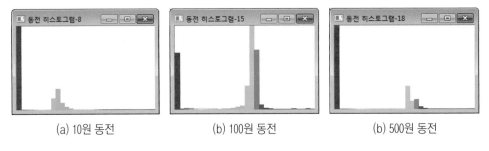

(a) 10원 동전   (b) 100원 동전   (b) 500원 동전

〈그림 12.1.6〉 동전 영상 히스토그램 예

여기까지의 과정을 예제로 구현해보자. 여기서 make_palatte()는 hsv 색상을 RGB컬러로 변경해주는 함수이며, draw_hist_hue()는 히스토그램 그래프의 막대를 해당 hue값으로 그리는 함수로서, 예제_6.3.4에서 구현한 함수들이다. 이 함수들과 calc_coin_histo() 함수까지 히스토그램 관련 함수들을 'histogram.hpp' 헤더 파일로 옮겨서 저장하고, 본 예제에 포함(include)시킨다.

예제 12.1.2   히스토그램 관련 헤더 파일 – histogram.hpp

```
01  Mat  make_palatte(int rows) {  ..  }
02
03  void draw_histo_hue(Mat hist, Mat &hist_img, Size size = Size(256, 200)) {  ...  }
04
05  void calc_Histo(const Mat& image, Mat& hist, Vec3i bins, Vec3f range, int _dims) {  ...  }
06
07  vector <Mat> calc_coin_histo(vector<Mat> coins, int hue_bin) {  ...  }
```

예제 12.1.2   동전 객체 히스토그램 그리기 – draw_coin_histo.cpp

```
01  #include "preprocess.hpp"
02  #include "histogram.hpp"                          // 히스토그램 관련 함수들
03
04  vector<Mat>  make_coinImg(const Mat src, vector<RotatedRect> circles) {  ...  }
05
06  int main()
```

```
07  {
08      int coin_no, hue_bin = 32;
09      cout << "동전 영상번호: ";
10      cin >> coin_no;
11      String  fname = format("../image/%2d.png", coin_no);
12      Mat   image = imread(fname, 1);
13      CV_Assert(image.data);
14
15      Mat th_img = preprocessing(image);                    // 전처리 - 명암도 변환 및 이진화
16      vector<RotatedRect> circles = find_coins(th_img);        // 동전 영역 검색
17
18      vector<Mat> coins_img = make_coinImg(image, circles);      // 동전영상 생성
19      vector<Mat> coins_hist = calc_coin_histo(coins_img, hue_bin); // 색상 히스토그램
20
21      for (int i = 0; i < coins_img.size(); i++)
22      {
23          Mat hist_img;
24          draw_hist_hue(coins_hist[i], hist_img, Size(256, 150)); // 히스토그램 색상 그래프
25          imshow(format("동전 -%2d", i), coins_img[i]);
26          imshow(format("히스토그램 -%2d" , i), hist_img);
27      }
28      waitKey();
29      return 0;
30  }
```

| 설명 |

① 16행은 이진영상에서 외곽선을 검출해 동전 영역들을 회전사각형들로 검출한다.

② 18행은 동전 영역들로 동전영상을 생성한다.

③ 19행은 동전영상들에서 각각 색상 히스토그램을 계산한다.

④ 21~27행은 동전영상과 색상 히스토그램을 윈도우에 표시한다.

| 실행결과 |

```
동전 영상번호: 60
계속하려면 아무 키나 누르십시오 . . .
```

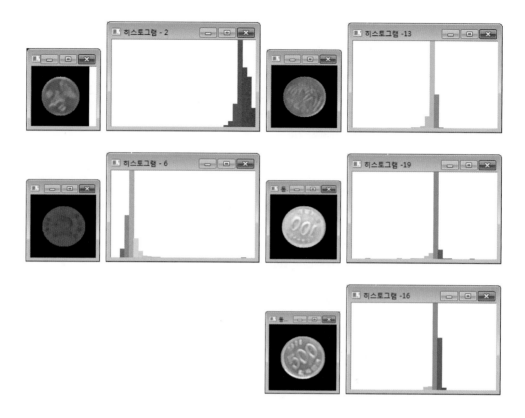

실행결과는 검출된 동전들을 대표해서 한 개씩만 나타내었다. 빨간색 부분의 빈도가 제거되었으며, 왼쪽의 10원 동전들과 오른쪽의 50원 이상의 동전들에서 색상 히스토그램의 분포가 확연히 다른 것을 볼 수 있다.

12.1.5 동전 그룹 분류

이제 동전을 인식하고, 금액을 계산해보자. 먼저 인식의 과정이다. 색상 히스토그램을 이용하여 동전을 두 그룹으로 분류한 다음, 동전객체의 반지름 정보를 이용해서 동전 금액을 인식한다.

동전영상의 색상 히스토그램은 10원 동전과 50원 이상의 동전으로 구분하여 다른 분포를 가진다. 이 분포가 명확하게 다른 경우도 있지만, 조명의 방향이나 동전의 상태 등으로 인해서 〈그림 12.1.7〉과 같이 특정한 그룹으로 구분하기 곤란한 경우도 있다. 이런 경우에도 두 그룹을 쉽게 구분할 수 있어야 한다.

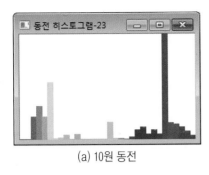
(a) 10원 동전

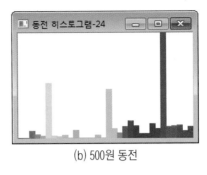
(b) 500원 동전

〈그림 12.1.7〉 분포가 불명확한 히스토그램

이를 위해서 다음과 같이 히스토그램 가중치를 도입한다. 히스토그램 가중치(w_k)는 검출된 각 동전들의 색상 히스토그램을 구해서 그룹별로 평균한 값을 기반으로 구성한 것이다. 따라서 w_0는 10원 히스토그램의 곡선과 유사하게 생성했으며, w_1는 50원 이상의 히스토그램 곡선과 유사하게 구성하였다.

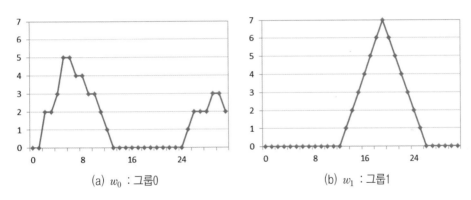
(a) w_0 : 그룹0   (b) w_1 : 그룹1

〈그림 12.1.8〉 히스토그램 가중치

이 가중치 값과 히스토그램의 각 계급의 빈도값을 곱하여 다음의 수식으로 히스토그램 유사도(S_k)를 계산한다. 여기서 가중치 곡선과 동전영상의 히스토그램 분포가 비슷하면 유사도 값이 커지며, 서로 다를 경우에는 그 값이 현저히 작아진다. 이러한 특징을 이용해서 유사도 값을 기준으로 두 개의 그룹으로 나눈다.

$$S_k = \sum w_k(i)^* H(i) \qquad k=\{0, 1\}, \ i=\{0, 1, \cdots, 31\}$$
$$\begin{cases} Group0, & where \ S_0 > S_1 \\ Group1, & otherwise \end{cases}$$

다음의 grouping() 함수는 히스토그램을 인수로 입력받아서 히스토그램 가중치 값 (w)를 설정해서 위 수식에 따라서 히스토그램 유사도(s)를 계산한다. 유사도의 계산은 cv::multiply() 와 cv::sum() 함수를 이용해서 행렬 원소의 곱셈과 곱해진 원소들이 합으로 쉽게 구현할 수 있다. 소스 코드에서 cv::sum(s[0]) 결과에 [] 첨자로 0번째 원소를 가져오는 것은 cv::sum()의 반환값이 Scalar형으로 4개의 원소를 갖기 때문이다.

```cpp
vector<int> grouping(vector<Mat> hists)
{
    Matx<float, 32, 1> w[2], s[2];                       // 가중치 행렬과 유사도 행렬
    w[0] << 0,0,2,2,3,5,5,4,4,3,3,2,1,0,0,0,0,0,0,0,0,0,0,0,1,2,2,2,3,3,2;
    w[1] << 0,0,0,0,0,0,0,0,0,0,0,0,1,2,3,4,5,6,7,6,5,4,3,2,1,0,0,0,0,0,0;

    vector<int> groups;
    for (int i = 0; i < (int)hists.size(); i++)
    {
        multiply(w[0], hists[i], s[0]);                  // 히스토그램 유사도 계산
        multiply(w[1], hists[i], s[1]);                  // 히스토그램 유사도 계산

        int group = (sum(s[0])[0] > sum(s[1])[0]) ? 0 : 1;
        groups.push_back(group);
    }
    return groups;
}
```

12.1.6 개별 동전 종류 결정

색상 히스토그램으로 두 개 그룹을 분류했으면, 각 그룹을 기반으로 동전의 반지름을 이용해서 동전의 종류를 결정한다. 각 동전을 분류하는 동전 반지름의 기준은 〈표 12.1.1〉과 같이 한다. 여기서 그룹0은 모든 동전이 10원이 되어야 하지만 조명이나 동전상태 등의 이유로 동전객체의 검출이 정확하지 않은 100원과 500원 동전으로도 분류될 수도 있어서 조건을 만들어 둔다.

표 12.1.1 동전 객체의 반지름에 따른 동전 분류

동전 종류		동전 반지름
그룹 0	500 원	48⟨ raduis ≤ 55
	100 원	46⟨ raduis ≤ 48
	10 원	25⟨ raduis ≤ 46
그룹 1	500 원	48⟨ raduis ≤ 55
	100 원	43⟨ raduis ≤ 48
	50 원	36⟨ raduis ≤ 43
	10 원	25⟨ raduis ≤ 35

이 과정은 classify_coins() 함수에서 구현한다. 동전 반지름은 회전사각형의 각도(angle)
에 저장했기 때문에 그 값을 가져오며, 반지름의 크기는 카메라로 동전을 캡처할 때의 거
리에 따라 달라질 수 있다. 본 프로그램에서는 카메라와 동전까지의 거리는 약 21cm이다.

```
void classify_coins(vector<RotatedRect> circles, vector<int>& groups , int Ncoins[4] )
{
    for (int i = 0; i < (int)circles.size(); i++)
    {
        int coin = 0;
        int radius = cvRound(circles[i].angle);          // 동전 반지름

        if (groups[i] == 0) {                            // 그룹0
            if (radius > 48)       coin = 3;             // 동전번호 저장
            else if (radius > 46)  coin = 2;
            else if (radius > 25)  coin = 0;
        }
        if (groups[i] == 1) {                            // 그룹1
            if (radius > 48)       coin = 3;
            else if (radius > 43)  coin = 2;
            else if (radius > 36)  coin = 1;
        }
        Ncoins[coin]++;                                  // 해당 동전 개수 누적
    }
}
```

12.1.6 모든 동전 금액 계산 및 출력

동전의 종류가 결정되면, 해당 동전의 개수(Ncoins)를 1 증가 시켜서 각 동전의 개수를 계산한다. 동전의 개수는 Ncoins 변수로 4개의 원소를 갖는 배열이다. 0번 원소는 10원, 1번 원소는 50원, 2번 원소는 100원, 3번 원소는 500원을 가리킨다.

검출된 모든 동전의 종류를 인식했으면 각 동전의 개수(Ncoins)를 이용해서 calc_coins() 함수와 같이 최종 금액을 산정한다.

```cpp
int calc_coins( int Ncoins[4])
{
    int coin_value[] = { 10, 50, 100, 500 };                       // 동전 금액
    int count = 0;
    for (int i = 0; i< 4; i++)
    {
        count += coin_value[i] * Ncoins[i] ;          // 동전계산= 동전금액 * 동전개수
        cout << format("%3d원: %3d 개", coin_value[i], Ncoins[i]) << endl; // 각 동전개수
    }
    return count;
}
```

마지막으로 draw_circle() 함수로 입력영상에 검출된 동전 객체를 원으로 그리며, 각 동전의 검출된 순번과 동전 반지름도 표시한다.

```cpp
void   draw_circle(Mat& image, vector<RotatedRect> circles, vector<int> groups)
{
    Scalar color[] = {
        Scalar( 0,  0, 255) , Scalar(255, 0 , 0 ) ,          // 그룹색상 (빨간색, 파란색)
        Scalar(200, 50, 0  ) , Scalar(200, 0 ,200)           // 검출순번, 동전반지름 색상
    };

    for (int i = 0; i < (int)circles.size(); i++)
    {
        int   radius = cvRound(circles[i].angle);            // 동전 반지름
        Point center = (Point)circles[i].center;             // 동전 중심
```

```
            circle(image, center, radius, color[groups[i]] , 2 );

            putText(image, to_string(i), center + Point(-10, 0), 1, 1, color[2], 2); // 검출순번
            putText(image, to_string(radius), center + Point(-10, 20), 1, 1, color[3], 2);// 동전반지름
        }
    }
```

12.1.7 최종 동전 계산 프로그램

이제 전체 프로그램을 완성해 보자. 기존의 헤더 파일 'preprocess.hpp'와 'histogram. hpp'을 포함하며, 추가로 classify_coins(), grouping() 등의 동전 인식 및 계산 관련 함수들은 'classify.hpp' 파일로 옮겨 저장하고, make_coinImg() , draw_circle() 함수는 'utils.hpp' 파일로 옮겨 저장한다.

예제 12.1.3	동전 계산 프로그램 완성 – calc_coins.cpp

```
01  #include "preprocess.hpp"                                    // 전처리 관련 함수
02  #include "histogram.hpp"                                     // 히스토그램 관련 함수
03  #include "utils.hpp"                                         // 기타 함수
04  #include "classify.hpp"                                      // 동전 인식 및 계산 함수
05
06  int main()
07  {
08      int coin_no, hue_bin = 32;
09      cout << "동전 영상번호: ";
10      cin >> coin_no;
11      String  fname = format("../image/%2d.png", coin_no);
12      Mat   image = imread(fname, 1);
13      CV_Assert(image.data);
14
15      Mat th_img = preprocessing(image);                       // 전처리
16      vector<RotatedRect> circles = find_coins(th_img);        // 동전 영역 검색
17      vector<Mat> coins_img = make_coinImg(image, circles);    // 동전영상 생성
18      vector<Mat> coins_hist = calc_coin_histo(coins_img, hue_bin);// 색상 히스토그램
19
20      int   Ncoins[4] = { 0 };                                 // 각 동전 개수 누적
21      vector<int> groups = grouping(coins_hist);               // 동전영상 그룹 분리
```

```
22        classify_coins(circles, groups, Ncoins);              // 동전 인식
23        int coin_count = calc_coins(Ncoins);                  // 금액 계산
24
25        // 결과 출력
26        String str = format("total coin: %d Won", coin_count);   // 계산 금액 문자열
27        cout << str << endl;                                   // 콘솔창에 출력
28        putText(image, str, Point(10, 50), 1, 2, Scalar(0, 200, 0), 2); // 영상에 텍스트 쓰기
29        draw_circle(image, circles, groups);
30        imshow("결과 영상", image);
31        waitKey();
32        return 0;
33   }
```

| 설명 |

① 20행은 각 동전의 개수를 누적하는 변수를 4개의 원소를 갖는 배열을 선언한다.

② 21행은 동전영상의 히스토그램으로 객체를 두 개 그룹으로 분리한다.

③ 22행은 동전 반지름과 그룹 정보로 검출 동전을 분류하여 동전별로 개수를 계산한다.

④ 23행은 각 동전의 개수를 이용해서 전체 금액을 계산한다.

⑤ 27~28행은 계산된 금액을 문자열로 만들어 입력 영상과 콘솔창에 표시한다.

⑥ 29행은 draw_circle() 함수로 입력 영상에 검출 동전들을 원으로 표시한다.

| 실행결과 |

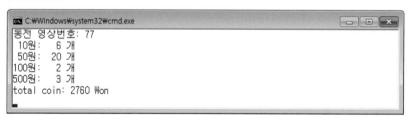

```
C:\Windows\system32\cmd.exe
동전 영상번호: 77
 10원:   6 개
 50원:  20 개
100원:   2 개
500원:   3 개
total coin: 2760 Won
```

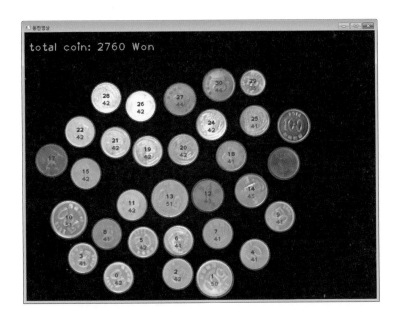

실행 결과, 콘솔창에서 동전번호를 입력하면 해당 동전영상을 읽어서 금액을 계산한다. 각 동전의 개수와 전체 금액을 출력한다. 또한 동전영상에 검출된 동전을 그룹 색상별로 원으로 표시하며, 각각 검출 순번과 반지름도 표시한다.

12.2 SVM을 이용한 차량 번호 검출 프로그램

차량 번호 인식(LPR: License Plate Recognition) 시스템은 아파트 주차장이나 공영 주차장, 빌딩 등에서 진입 차량의 번호판을 자동으로 인식 및 식별하여 차량과 주차 관리를 제어하는 시스템을 말한다.

차량 번호 인식 프로그램은 크게 두 단계로 나눌 수 있다. 첫 단계는 입력 영상에서 번호판 영역을 검출하는 단계이다. 이것은 먼저 번호판이 검출되어야 번호판에 있는 문자와 숫자를 인식할 수 있기 때문이다. 다음 단계로 검출된 번호판 영역에서 숫자나 문자를 인식하는 단계이다.

이 절에서는 기계 학습(machine learning) 알고리즘 중의 하나인 SVM(Support Vector Machine)을 이용하여, 자동차 번호판 영역을 검출한다. 또한 앞 장에서 예제로 다룬 k-NN을 이용해서 숫자와 문자를 분류하여 번호판의 번호를 인식하는 예제를 소개한다.

12.2.1 SVM의 개념

〈그림 12.2.1〉의 왼쪽과 같이 흰색 원과 검은색 원이 학습용 데이터로 주어졌고, 새로운 데이터가 이제 입력되었다고 가정하자. 일반적으로는 각 그룹 내에서 데이터 간 거리를 측정하여 중심점(center)을 구한다. 그리고 두 중심점의 중간에서 최적의 분리 경계면을 구한다. 이 판별 경계를 기준으로 새로운 데이터에 대하여 분류할 수 있다. 이러한 방식을 선형 판별법이라 한다.

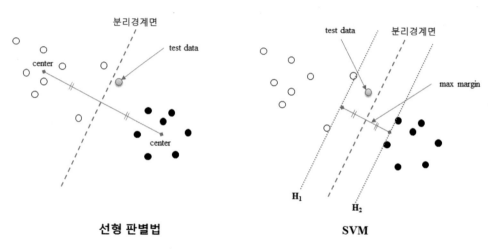

〈그림 12.2.1〉 SVM의 기본적인 원리

SVM은 데이터들을 분리하는 분리 경계면 중에서 각 분류 데이터들과의 거리(margin)가 가장 먼 분리 경계면을 찾아냄으로써, 데이터를 분리하는 방법이다. 즉, 분리 경계와 실제 데이터들 사이의 여유(margin)'가 가장 크도록 분리 경계를 설정하는 것이다. 이 여유 공간을 설정함으로써 새로운 데이터에 대한 판별의 정확도를 높이며, 일반화 오류를 줄인다.

SVM에서는 각 그룹의 중심점이 아닌 두 그룹 사이의 경계에 있는 데이터(support vector)에 초점을 맞춘다. 즉, 흰색과 검은색의 각 그룹의 경계에서 먼저 H1과 H2 선을 긋고, 그 선 안에서 가운데에 새로운 선을 그어 최적의 분리 경계면을 정한다.

여기에서 H1, H2를 구하는 방식은 무한히 존재할 수 있다. 다만, 두 선분의 사이에 학습 데이터가 존재하지 않는다는 점과 두 선분 사이의 거리가 최대가 된다는 제약 조건을 둠으로써 SVM의 분리 경계면이 하나로 정해지도록 한다.

따라서 'test data'라는 새로운 실험 데이터가 〈그림 12.2.1〉과 같이 있다면, 선형 판별법은 검정색으로 잘못 분류할 수 있지만, SVM은 흰색으로 올바르게 예측한다. 여기서 H1, H2를 정하는데 기여하는 학습용 데이터를 서포트 벡터(support vector)라고 한다.

12.2.2 번호판 검출 프로그램 전체 처리 과정

자동차 번호판을 검출하는 전체 과정은 〈그림 12.2.2〉와 같이 번호판 학습 모듈과 번호판 분류 모듈로 구성된다. 번호판 학습을 위해서 번호판 영상과 번호판이 아닌 영상들을 수집한다. 수집된 모든 영상들을 이용해서 ml::CvSVM 클래스로 SVM 학습을 수행한다.

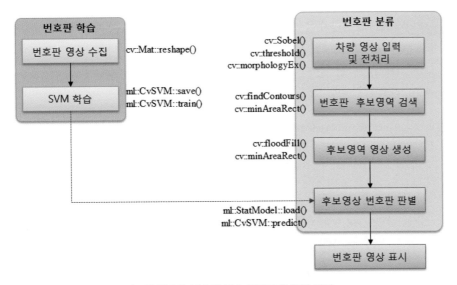

〈그림 12.2.2〉 번호판 검출 프로그램 전체 구성

학습이 완료되면 번호판 분류 모듈에서 분류 대상 차량 영상을 입력받아서 전처리를 수행한다. 다음으로 영역 채움 함수(cv::floodFill())를 이용해서 번호판 후보영역을 찾고, 후보영역을 영상으로 생성한다. 생성된 후보영상에 CvSVM::predict() 함수로 SVM 분류를 수행하면 쉽게 번호판 영상을 찾아 화면에 표시할 수 있다.

12.2.3 번호판 영상 학습

1) 번호판 영상의 수집

SVM을 수행하려면 먼저 학습 데이터를 생성해서 분류를 위한 학습을 수행해야 한다. 차량 번호를 공개할 수 없기 때문에 본 예제에서는 번호판 영상과 번호판이 아닌 영상을 70개씩을 이용해서 학습을 수행하고, "SVMDATA.xml" 파일의 형태로 제공한다.

만약 직접 학습데이터를 생성하고 싶다면 다음의 예제로 "SVMDATA.xml" 파일을 만들수 있다. 먼저, '../image/train' 폴더에 번호판이 아닌 영상은 제공한다. 다음으로 번호판 영상은 직접 촬영하거나 생성해야 한다. 그리고 ../image/train 폴더에 000.png~069.png의 이름으로 저장한다.

140개의 학습 영상이 모두 준비 되었으면 다음의 소스를 실행해 보기 바란다. 여기서 학습 영상의 크기는 144×28 이다.

예제 12.2.1　　**번호판 영상 수집 – collect_carimage.cpp**

```cpp
01  #include <opencv2/opencv.hpp>
02  using namespace cv;
03  using namespace std;
04
05  void collect_trainImage(Mat& trainingData, Mat& labels, int Nimages = 140)
06  {
07      for (int i = 0; i< imagecnt; i++)
08      {
09          string fname = format("../image/trainimage/%03d.png", i);   // 학습영상 파일
10          Mat img = imread(fname, 0);
11          CV_Assert(img.data);
12
13          Mat tmp = img.reshape(1, 1);                                // 1행 데이터 생성
14          int label = (i < 70) ? 1 : 0;
15          trainingData.push_back(tmp);                                // 학습데이터 저장
16          labels.push_back(label);                                    // 레이블값 저장
17      }
18      trainingData.convertTo(trainingData, CV_32FC1);
19  }
20
21  void write_traindata(string fn, Mat trainingData, Mat classes)
```

```
22  {
23      FileStorage fs(fn, FileStorage::WRITE);                 // 저장 모드
24      fs << "TrainingData" << trainingData;                  // 학습데이터 행렬 저장
25      fs << "classes" << classes;                            // 레이블값 행렬 저장
26      fs.release();
27  }
28
29  void main()
30  {
31      Mat trainingData, labels;
32      collect_trainImage(trainingData, labels, 140);         // 학습데이터 생성
33      write_traindata("SVMDATA.xml", trainingData, labels);  // 파일 저장
34  }
```

| 설명 |

① 9~11행은 학습 영상을 읽어 img 행렬에 저장하고 예외처리를 한다.

② 13행은 Mat::reshape() 함수를 이용해서 학습 영상을 1행 데이터로 만든다.

③ 14행은 0~69번 영상은 1로, 70~139번 영상은 0으로 레이블값을 지정한다. 이것은 번호판 영상과 번호판 아닌 영상을 구분하기 위한 값이다.

④ 15, 16행은 학습 영상과 레이블 값을 각각 행렬(trainData, labels)에 추가한다.

⑤ 18행은 학습 영상은 실수 자료형으로 지정해야 학습이 가능하다.

⑥ 33행은 "SVMDATA.xml" 파일로 학습데이터와 레이블값을 각각 저장한다.

2) 번호판 영상 학습

SVM 알고리즘은 OpenCV에서 클래스의 형태로 사용할 수 있다. 2.x 버전에서는 CvSVM 클래스를 사용하지만, 3.0 버전부터는 ml 라이브러리에 있는 SVM 클래스를 포인터 참조 방법으로 사용한다.

10장에서 예시했던 ml::KNearest 클래스와 마찬가지로 SVM 클래스도 StatModel 클래스를 상속 받아서 만든 클래스이다. 따라서 학습과 분류를 위해 StatModel 클래스의 내부 메서드인 StatModel::train() 함수와 StatModel:::predict() 함수를 사용한다.

StatModel::train() 함수의 인수 중에서 samples는 학습 데이터이며, layout은 학습데이터의 저장 방향을 지정한다. ROW_SAMPLE 옵션은 한 행이 하나의 샘플이 되며, COL_SAMPLE 옵션은 한 열이 하나의 샘플이 된다. responses는 각 집단의 레이블 값

이 저장된 행렬이다.

StatModel::predict() 함수의 인수 중에서 samples는 분류하고자 하는 행렬이며, 각 집
단의 레이블 값 중에서 분류된 결과가 results 행렬로 반환된다.

```
2.x 버전 : CvSVM::CvSVM()
        bool CvSVM::train(const Mat& trainData,
                const Mat& responses,
                const Mat& sampleIdx = Mat(),
                CvSVMParams params = CvSVMParams())
        float CvSVM::predict(const Mat& samples,
                bool returnDFVal=false)

3.x 버전 : Ptr<ml::SVM> ml::SVM::create(const Params& params = Params())
        bool StatModel::train(InputArray samples,              // 학습데이터들
                int layout,                                     // 단일 샘플의 방향
                InputArray responses)                           // 레이블값 행렬
        float StatModel::predict(InputArray samples,            // 테스트 샘플
                OutputArray esults = noArray(),                 // 분류결과 레이블값
                int flags = 0)
```

실제 소스 코드의 사용은 다음과 같이 작성한다. 여기서 ml 네임스페이스를 반드시 포함
해야 하며, Ptr 클래스를 사용해서 선언하고 포인터 접근 방식으로 객체를 사용함에 유의
한다.

```
2.x 버전 :
        CvSVMParams SVM_params;                                 // SVM 파라미터 설정
        SVM_params.svm_type = CvSVM::C_SVC;
        SVM_params.kernel_type = CvSVM::LINEAR;
        SVM_params.gamma = 1;
        SVM_params.C = 1;
        CvSVM svmClassifier;                                    // SVM 객체 선언
        svmClassifier.train(trainingData, labels, Mat(), Mat(), SVM_params); // 학습

        float   response = (int)svmClassifier.predict(img);     // 분류수행
```

3.x 버전 :

```
Ptr<ml::SVM> svm = ml::SVM::create();                  // SVM 객체선언
svm->setType(ml::SVM::C_SVC);                          // SVM 파라미터 설정
svm->setKernel(ml::SVM::LINEAR);
svm->setGamma(1);
svm->setC(1);
svm->train(trainingData, ml::ROW_SAMPLE, labels);      // 학습

svm->predict(onerow, results);                         // 분류수행
```

다음의 예제는 예제_12.2.1에서 저장한 학습데이터(SVMDATA.xml)를 읽어서 학습을 수행한다. read_trainData() 함수에서 번호판 데이터와 레이블 데이터를 행렬로 읽어 들이며, SVM_create() 함수에서 SVM 객체를 생성한다.

OpenCV 3.0부터는 기계학습(ml)과 관련된 클래스들은 Ptr 클래스를 사용하여 객체 참조 형식으로 사용함에 유의한다.

| 예제 12.2.2 | 번호판 영상 학습 – train_data.cpp |

```
01  #include <opencv2/opencv.hpp>
02  using namespace cv;
03  using namespace std;
04
05  void  read_trainData(string fn, Mat & trainingData, Mat & lables = Mat())
06  {
07      FileStorage fs(fn, FileStorage::READ);           // 파일스토리지 객체 생성
08      CV_Assert(fs.isOpened());                        // 예외처리
09
10      fs["TrainingData"] >> trainingData;              // 학습데이터 행렬로 읽기
11      fs["classes"] >> lables;                         // 레이블값 행렬로 읽기
12      fs.release();
13      trainingData.convertTo(trainingData, CV_32FC1);  // float형 변환
14  }
15
16  Ptr<ml::SVM>  SVM_create(int type, int max_iter, double epsilon)
17  {
18      Ptr<ml::SVM> svm = ml::SVM::create();            // SVM 객체 선언
```

```
19        // SVM 파라미터 지정
20        svm->setType(ml::SVM::C_SVC);              // C-Support Vector Classification
21        svm->setKernel(ml::SVM::LINEAR);           // 선형 SVM
22        svm->setGamma(1);                          // 커널함수의 감마값
23        svm->setC(1);                              // 최적화를 위한 C 파라미터
24        TermCriteria criteria(type, max_iter, epsilon);
25        svm->setTermCriteria(criteria);            // 학습 반복조건 지정
26        return svm;
27    }
28
29    int main()
30    {
31        Mat  trainingData, labels;
32        read_trainData("../SVMDATA.xml", trainingData, labels);
33
34        // SVM 객체 선언
35        Ptr<ml::SVM> svm = SVM_create(CV_TERMCRIT_ITER, 1000, 0 );
36        svm->train(trainingData, ml::ROW_SAMPLE, labels);  // 학습수행
37        svm->save("../SVMtrain.xml");              // 학습된 데이터 저장
38        return 0;
39    }
```

| 설명 |

① 5~14행은 파일로 저장된 학습데이터를 읽어서 행렬(trainingData , labels)에 저장한다.

② 13행은 SVM 학습을 위한 데이터 행렬은 자료형이 float형이여야 한다.

③ 18행은 Ptr 클래스의 포인터로 SVM 클래스의 객체를 선언한다.

④ 20~25행은 SVM 학습을 위한 세부 파라미터를 지정한다.

⑤ 24행에서 반복 알고리즘을 위한 조건으로 max_iter는 최대반복수이고 epsilon는 정확도이다. 첫 인수(type)는 다음과 같이 반복 알고리즘의 방법을 결정한다. 따라서 최대 1000번 반복학습을 한다.

　－ CV_TERMCRIT_ITER : 반복횟수를 기준으로 반복

　－ CV_TERMCRIT_EPS : 정확도를 기준으로 반복

⑥ 37행은 SVM 객체로 학습된 내용을 'SVMtrain.xml' 파일로 저장한다. 매번 SVM 학습을 하지 않고, 학습된 데이터를 로드해서 분류를 수행할 수 있다.

```
SVMtrain.xml - 메모장
파일(F)  편집(E)  서식(O)  보기(V)  도움말(H)
<?xml version="1.0"?>
<opencv_storage>
<opencv_ml_svm>
  <format>3</format>
  <svmType>C_SVC</svmType>
  <kernel>
    <type>LINEAR</type> </kernel>
  <C>1.</C>
  <term_criteria> <iterations>1000</iterations> </term_criteria>
  <var_count>4032</var_count>
  <class_count>2</class_count>
  <class_labels type_id="opencv-matrix">
    <rows>2</rows>
    <cols>1</cols>
    <dt>i</dt>
    <data>
      0 1</data> </class_labels>
  <sv_total>1</sv_total>
  <support_vectors>
    <_>
      2.42166261e-005 4.39279438e-006 -2.54070528e-006 4.73219188e-006
      5.13863552e-006 9.51447419e-007 -1.26075986e-006 8.52291009e-007
      -2.42310171e-006 8.48960099e-007 2.61173932e-006 1.32524667e-006
```

실행결과는 저장된 'SVMtrain.xml' 파일을 메모장에서 확인해 본 것이다.

12.2.4 번호판 후보영역 검색

이제 본격적으로 번호판을 검출해 보자. 먼저, 테스트 영상을 컬러 영상으로 입력 받아서 전처리를 수행한다. 전처리의 과정은 컬러 영상을 명암도 영상으로 변환하고, 블러링을 수행한다. 그리고 수평 소벨마스크(dx)를 적용해 수직방향 에지를 검출한다.

차량 영상에서 번호판 영역은 가로로 긴 모양이다. 따라서 가로로 긴 모양을 하나의 영역으로 구성해야 한다. 이것은 모폴로지 닫힘 연산을 수행함으로써 구현가능하다. 이때, 닫힘 마스크를 가로로 길게 설정(5행, 15열)하고 닫힘 연산을 2번 반복 수행한다.

```
Mat   preprocessing(Mat image)
{
    Mat gray, th_img, morph;
    Mat kernel(5, 15, CV_8UC1, Scalar(1));        // 닫힘 연산 마스크
    cvtColor(image, gray, CV_BGR2GRAY);           // 명암도 영상 변환
```

```
        blur(gray, gray, Size(5, 5));                                    // 블러링
        Sobel(gray, gray, CV_8U, 1, 0, 3);                               // 소벨 에지 검출

        threshold(gray, th_img, 120, 255, THRESH_BINARY);                // 이진화 수행
        morphologyEx(th_img, morph, MORPH_CLOSE, kernel, Point(-1,-1), 2);  // 열림 연산 수행

        imshow("th_img", th_img), imshow("morph", morph);
        return morph;
}
```

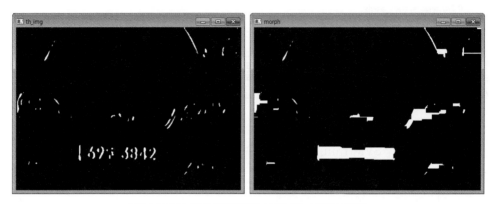

〈그림 12.2.3〉 이진 영상(좌)과 모폴로지 수행 영상(우)

〈그림 12.2.3〉의 왼쪽 그림은 소벨 연산을 거쳐 이진화를 수행한 영상이며, 오른쪽 그림은 이진 영상에 모폴로지 닫힘 연산을 수행한 것이다. 이진 영상에 비해서 모폴로지 수행 영상은 픽셀이 가로로 연결되어 가로로 긴 영역들을 볼 수 있다.

다음은 find_candidates() 함수에서 전처리 수행 영상에서 번호판 후보영역을 검색한다. cv::findContours() 함수는 입력영상에서 객체들의 외곽선을 검출한다. 또한 cv::minAreaRect() 함수는 검출된 외곽선의 최소 영역을 회전사각형으로 반환한다. 따라서 두 함수를 이용하면 객체의 외곽선과, 그 외곽선을 포함하는 사각형 영역을 쉽게 검출할 수 있다.

```cpp
bool vertify_plate(RotatedRect mr)                        // 번호판 후보 검증
{
    float size = mr.size.area();
    float aspect = (float)mr.size.height / mr.size.width  ; // 종횡비 계산
    if (aspect < 1)  aspect = 1 / aspect;                 // 종횡비가 1보다 작으면 역수로

    bool  ch1 = size > 2000 && size < 30000;              // 번호판 넓이 조건
    bool  ch2 = aspect > 1.3 && aspect < 6.4;             // 번호판 종횡비 조건

    return ch1 && ch2;
}

void find_candidates(Mat img, vector<RotatedRect>& candidates)
{
    vector< vector< Point> > contours;                    // 외곽선
    findContours(img.clone(), contours, RETR_EXTERNAL, CHAIN_APPROX_SIMPLE);

    for (int i = 0; i< (int)contours.size(); i++)         // 검출 외곽선 조회
    {
        RotatedRect  rot_rect = minAreaRect(contours[i]); // 외곽선 최소영역 회전사각형
        if (vertify_plate(rot_rect))                      // 번호판 검증
            candidates.push_back(rot_rect);               // 회전사각형 저장
    }
}
```

이제 검출된 회전사각형(rot_rect)이 번호판 후보인지를 검사해야 한다. 이것은 검출영역의 넓이와 종횡비를 이용하여 vetify_plate() 함수에서 구현한다. 즉, 검출 영역의 넓이가 2,000~30,000 범위이고, 종횡비가 1.3~6.4 범위이면 번호판 후보영역으로 판단하고, 벡터에 저장한다.

다음의 전체 소스를 통해서 검출 후보영역을 컬러 영상에 표현해 보자. 앞서 설명한 함수들은 preprocess.hpp 헤더 파일로 옮겨 저장하고, 본 예제에 포함시킨다. 그리고 검출된 번호판 후보영역을 영상에 표시하기 위해서 draw_rotatedRect() 함수를 추가한다.

```
01  #include "preprocess.hpp"
02
03  void draw_rotatedRect(Mat &img, RotatedRect mr, Scalar color, int thickness = 2)
04  {
05      Point2f  pts[4];
06      mr.points(pts);                                       // 회전사각형을 좌표로 변환
07      for (int i = 0; i <4; ++i) {
08          line(img, pts[i], pts[(i + 1) % 4], color, thickness);   // 4개 좌표 잇기
09      }
10  }
11
12  int main()
13  {
14      int car_no;
15      cout << "차량 영상 번호 (0-20) : ";
16      cin >> car_no;
17
18      string fn = format("../image/test_car/%02d.jpg", car_no);
19      Mat image = imread(fn, 1);
20      CV_Assert(image.data);
21
22      Mat  morph = preprocessing(image);                    // 전처리 – 이진화
23      vector<RotatedRect> candidates;                       // 번호판 후보영역
24      find_candidates(morph, candidates);                   // 후보영역 검출
25
26      for (int i = 0; i < (int)candidates.size(); i++) {    // 후보영역 표시
27          draw_rotatedRect(image, candidates[i], Scalar(0, 255, 0), 2);
28      }
29
30      if (candidates.size() == 0)
31          cout << "번호판 후보영역을 검출하지 못하였습니다. " << endl;
32
33      imshow("image", image);
34      waitKey();
35      return 0;
36  }
```

| 설명 |

① 3~10행은 변호판 후보인 회전사각형들을 영상에 표시하는 함수이다.

② 6행은 회전사각형의 4개 꼭짓점을 pts 배열에 좌표로 반환한다.

③ 7~9행은 4개 꼭짓점을 연결하는 직선을 그린다.

④ 26~28행은 후보영역을 입력영상에 사각형으로 표시한다.

| 실행결과 |

실행결과에서 번호판 후보영역들을 사각형으로 표시하는 것을 확인할 수 있다.

12.2.5 번호판 후보영역 영상 생성

이번에는 번호판 후보영역으로 번호판 후보 영상을 만들어 보자. 그 과정은 먼저, 원본 컬러 영상으로 기존 후보영역을 개선한다. 그리고 후보영역의 회전 각도와 중심좌표를 이용해서 컬러 영상의 기울기를 보정한 후에 후보영역의 영상을 가져온다.

앞서 검출한 번호판 후보영역들은 이진영상에서 찾았다. 이번에는 이 영역을 컬러 영상을 이용해서 번호판과 좀 더 유사한 영역으로 개선한다. 이 과정은 refine_candidates() 함수로 구현하는데 cv::floodFill() 함수와 cv::minAreaRect() 함수를 이용한다. cv::floodFill() 함수는 지정 좌표에서 색상 범위를 지정해서 범위에 속하는 영역을 흰색으로 채우는 함수이다.

```
01  void  refine_candidate(Mat image, RotatedRect& candi)
02  {
03      Mat fill(image.size() + Size(2, 2), CV_8UC1, Scalar(0));      // 채움 영역
04      Scalar  dif1(25, 25, 25), dif2(25, 25, 25);                   // 채움 색상 범위
05      int  flags = 4 + 0xff00;                                      // 채움 방향
06      flags += FLOODFILL_FIXED_RANGE + FLOODFILL_MASK_ONLY;
07
08      // 후보영역 유사 컬러 채움
09      vector<Point2f> rand_pt(15);                                  // 랜덤 좌표 15개
10      randn(rand_pt, 0, 7);
11      Rect img_rect(Point(0, 0), image.size());                     // 입력영상 범위 사각형
12      for (int i = 0; i < rand_pt.size(); i++) {
13          Point2f seed = candi.center + rand_pt[i];                 // 랜덤좌표 평행이동
14          if (img_rect.contains(seed)) {                            // 입력영상 범위이면
15              floodFill(image, fill, seed, Scalar(), &Rect(), dif1, dif2, flags);
16          }
17      }
18
19      // 채움 영역 사각형 계산
20      vector<Point> fill_pts;
21      for (int i = 0; i < fill.rows; i++) {                         // 채움 행렬 원소 조회
22          for (int j = 0; j < fill.cols; j++) {
23              if (fill.at<uchar>(i, j) == 255)                      // 채움 영역이면
24                  fill_pts.push_back(Point(j, i));                  // 좌표 저장
25          }
26      }
27      candi = minAreaRect(fill_pts);                                // 채움 좌표들로 최소영역 계산
28  }
```

| 설명 |

① 4행은 cv::floodFill() 함수에서 채워질 색상 범위로 하위값(dif1)과 상위값(dif2)을 컬러로 선언한다.

② 5행은 cv::floodFill() 함수의 마지막 인수(flags)인 연산플래그를 지정한다. 4는 4방향 연결방식이며, 8로 지정하면 8방향 연결방식이다.

③ 6행에서 추가로 'FLOODFILL_FIXED_RANGE' 옵션은 seed 화소와 비교대상화소의 차분을 대상으로 채우며, 'FLOODFILL_MASK_ONLY' 옵션은 입력영상은 변경하지 않고, 결과영상만 채움을 수행한다.

④ 9~17행은 번호판 후보영역들에서 중심 부근에서 비슷한 색상들을 채운다. 여기서 15번 누적하여 채움으로써 번호판 영역의 오검출을 최소화한다.

⑤ 9, 10행은 Point2f형 벡터를 선언하고, cv::randn() 함수로 평균 0, 표준편차 7인 x, y값을 갖는 좌표 15개를 생성한다.

⑥ 13행은 랜덤 좌표를 후보영상의 중심으로 평행이동한다.

⑦ 14~16행은 랜덤 좌표가 후보영상 범위이면 cv::floodFill() 함수로 랜덤 좌표(seed)와 비슷한 색상들을 흰색으로 채워서 fill 행렬에 저장한다.

⑧ 20~26행은 fill 행렬의 흰색 화소들을 모아서 fill_pts 벡터에 저장한다.

⑨ 27행은 채움 영역의 흰색 좌표들로 최소 영역을 계산하고, 후보영역을 개선한다.

번호판 후보영역은 회전사각형(RotatedRect)으로 저장된다. 따라서 중심점과 회전 각도를 포함하고 있어서 그 각도만큼 역으로 회전하면 번호판이 수평의 직사각형으로 배치되게 보정할 수 있다.

여기서 각도의 계산에서 종횡비가 1보다 작으면 세로로 긴 영역을 의미하지만, 검출된 후보영역은 가로로 긴 영역이다. 따라서 두 값을 맞바꾸고 회전할 각도에 90도 더해준다. 그리고 cv::getRotationMatrix2D() 함수에 중심점과 회전 각도를 지정하여 회전변환 행렬을 계산하며, cv::warpAffine() 함수에 회전변환 행렬을 적용하면 기울기가 보정된다. 마지막으로 회전된 전체 영상에서 cv::getRectSubPix() 함수로 후보영역 중심에서 영역 크기(r_size)만큼을 가져오면 번호판 후보영상만을 저장할 수 있다.

```
void   rotate_plate(Mat image, Mat& corp_img, RotatedRect candi)
{
    float aspect = (float)candi.size.width / candi.size.height;  // 종횡비
    float angle = candi.angle;                                   // 회전 각도

    if (aspect < 1) {                                            // 세로 긴 영역이면
        swap(candi.size.width, candi.size.height);              // 가로 세로 맞바꿈
        angle += 90;                                             // 회전 각도 조정
    }

    Mat rotmat = getRotationMatrix2D(candi.center, angle, 1);    // 회전 행렬 계산
    warpAffine(image, corp_img, rotmat, image.size(), INTER_CUBIC);  // 회전변환 수행
    getRectSubPix(corp_img, candi.size, candi.center, corp_img);     // 후보영상 가져오기
}
```

이제 위의 두 함수를 사용해서 번호판 후보 영상을 생성하는 함수를 make_candidates()로 구현해 보자.

후보영역을 개선한 후에 앞 절의 vertify_plate() 함수로 다시 후보영역 검증을 한다. 재검증에서도 후보영역으로 판단되면, rotate_plate() 함수로 후보영역의 중심점을 기준으로 입력 영상을 회전하고, 후보영역만 영상으로 가져온다.

```
vector<Mat> make_candidates(Mat image, vector<RotatedRect>& candidates)
{
    vector<Mat> candidates_img;
    for (int  i = 0; i < (int)candidates.size();)
    {
        refine_candidates(image, candidates[i]);              // 후보 영역 개선
        if (vertify_plate(candidates[i]))                     // 개선 영역 재검증
        {
            Mat corp_img;
            rotate_plate(image, corp_img, candidates[i]);     // 회전 및 후보영상 가져오기

            cvtColor(corp_img, corp_img, CV_BGR2GRAY);        // 명암도 변환
            resize(corp_img, corp_img, Size(144, 28), 0, 0, INTER_CUBIC); // 크기 정규화
            candidates_img.push_back(corp_img);               // 보정 영상 저장
            i++;
        }
        else                                                  // 재검증 탈락
            candidates.erase(candidates.begin() + i);         // 벡터 원소에서 제거

    }
    return candidates_img;
}
```

가져온 후보영상을 컬러 영상에서 명암도 영상으로 변환하고, 동일한 크기(144×28)로 변경하여 크기 정규화한 후에 후보영상 벡터(candidates_img)에 저장한다.

재검증에서 탈락한 후보영역들은 vector::erase() 함수로 시작 위치에서 i번째 위치에 있는 원소를 후보영역 벡터(candidates)에서 삭제한다.

다음은 여기까지 설명했던 내용을 예제로 구성한다. 앞서 설명한 refine_candidate(),

rotate_plate(), make_candidates() 함수는 'candiate.hpp' 헤더 파일로 옮겨 저장한다.

예제 12.2.4 **후보 영상 검증 헤더 파일 – candiate.hpp**

```
01   void refine_candidate(Mat image, RotatedRect& candi) { ... }
02
03   void rotate_plate(Mat image, Mat& corp_img, RotatedRect candi) { ... }
04
05   vector<Mat> make_condidates(Mat image, vecrot<RotatedRect>& condidates) { ... }
```

예제 12.2.4 **번호판 영상 생성 – correct_plate.cpp**

```
01   #include "preprocess.hpp"                         // 전처리 및 후보영역 검출 함수
02   #include "candiate.hpp"                            // 후보영역 개선 및 후보영상 생성 함수
03
04   int main()
05   {
06       int car_no;
07       cout << "차량 영상 번호 (0-20) : ";
08       cin >> car_no;
09       string fn = format("../image/test_car/%02d.jpg", car_no);   // 차량 영상 파일명
10       Mat image = imread(fn, 1);
11       CV_Assert(image.data);
12
13       Mat morph = preprocessing(image);                           // 전처리
14       vector<RotatedRect> candidates;
15       find_candidates(morph, candidates);                         // 후보 영역 검출
16
17       vector<Mat> candidate_img = make_candidates(image, candidates);  // 후보 영상 생성
18
19       // 후보영상 표시
20       for (int i = 0; i < candidate_img.size(); i++) {
21           imshow("candidate_img - " + to_string(i), candidate_img);
22           resizeWindow("candidate_img - " + to_string(i), 200, 40); //윈도우 크기 조정
23       }
24       imshow("image - " + to_string(no), image);
25       waitKey();
26       return 0;
```

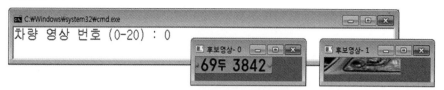

12.2.6 후보 영상의 번호판 반별

번호판 후보 영상을 완성했으면, 이제 SVM으로 분류를 수행한다. 먼저, 앞 예제에서
SVM 클래스의 학습을 위해 만든 SVM_train() 함수를 호출하여 svm 객체를 생성하고,
학습을 수행해야 한다.

후보 영상으로 분류를 수행하는 것은 classify_plates() 함수에서 구현한다. 인수로는 학
습을 수행한 svm 객체와 번호판 후보 영상들이다. 회전 보정된 번호판 후보 영상들을 1행
데이터로 만들고, 분류를 위해서 행렬의 자료형을 CV_32F로 변경한다. 그리고, svm 객체
를 포인터로 접근해서 predict() 함수를 호출하면 분류가 완료된다.

```
int classify_plates(Ptr<ml::SVM> svm, vector<Mat> candi_img)
{
    for (int i = 0; i < (int)candi_img.size(); i++)
    {
        Mat onerow = candi_img[i].reshape(1, 1);              // 1행 데이터 변환
        onerow.convertTo(onerow, CV_32F);

        Mat results;                                          // 분류 결과 저장 행렬
        svm->predict(onerow, results);                        // SVM 분류 수행
        if (results.at<float>(0) == 1)                        // 분류결과가 번호판이면
            return i;                                         // 영상번호 반환
    }
    return -1;                                                // 번호판이 없으면 -1 반환
}
```

results 행렬의 첫 원소에 분류결과가 저장되기에 0번 원소가 1이면 현재의 후보 영상 번호인 i를 반환한다. 만약 모든 후보 영상을 분류해서 분류결과가 1인 영상이 없으면, 번호판을 검출하지 못한 것으로서 −1을 반환한다.

전체 프로그램 소스를 통해서 확인해 보자. 예제_12.2.2에서 학습데이터를 로드하는 read_trainData() 함수와 SVM 객체를 생성하는 SVM_create() 함수, 그리고 방금 설명한 classify_plates() 함수들은 'SVM.hpp' 헤더 파일에 옮겨 저장한다.

예제 12.2.5   **번호판 인식 프로그램 완성 – classify_plate.cpp**

```
01   #include "preprocess.hpp"                              // 전처리 및 후보영역 검출 함수
02   #include "candiate.hpp"                                // 후보영역 개선 및 후보영상 생성 함수
03   #include "SVM.hpp"                                      // 학습데이터 로드 및 SVM 수행
04
05   int main()
06   {
07       // 학습 데이터 훈련
08       Mat  trainingData, labels;
09       read_trainData("../SVMDATA.xml", trainingData, labels);   // 학습 데이터 로드
10       Ptr<ml::SVM> svm = SVM_create(CV_TERMCRIT_ITER, 1000, 0);  // SVM 객체 생성
11       svm->train(trainingData, ml::ROW_SAMPLE, labels);          // SVM 훈련
```

```
12
13    //    학습된 데이터 로드
14    //    Ptr<ml::SVM> svm = ml::StatModel::load<ml::SVM>("../SVMtrain.xml");
15
16        int car_no;
17        cout << "차량 영상 번호 (0-20) : ";
18        cin >> car_no;
19        string fn = format("../image/test_car/%02d.jpg", car_no);
20        Mat image = imread(fn, 1);
21        CV_Assert(image.data);
22
23        Mat morph =  preprocessing(image);                          // 전처리
24        vector<RotatedRect> candidates;
25        find_candidates(morph, candidates);                          // 후보 영역 검출
26        vector<Mat> candidate_img = make_candidates(image, candidates);// 후보 영상 생성
27
28        int plate_no = classify_plates(svm, candidate_img);          // SVM 분류
29        if (plate_no >= 0)                                           // 번호판이면
30            draw_rotatedRect(image, candidates[plate_no], Scalar(0, 255, 0), 2); // 번호판 표시
31
32        imshow("번호판영상", candidate_img[plate_no]);               // 번호판 영상
33        imshow("image", image);                                     // 입력 차량영상
34        waitKey();
35        return 0;
36    }
```

| 설명 |

① 9행은 학습할 데이터(번호판 영상 데이터, 레이블값)를 로드한다.

② 10, 11행은 SVM 클래스의 객체를 생성하고, 훈련을 수행한다.

③ 14행은 예제 12.2.2에서 SVM 학습을 하고 저장한 데이터를 로드해서 SVM 객체를 생성한다. 이 행의 주석을 풀고, 8~11행을 주석처리하면 같은 결과가 된다.

④ 28행은 SVM 분류를 수행해서 번호판 후보영상들이 번호판 영상인지를 판별한다. 번호판이면 해당 후보영상 번호를 반환하고, 모든 후보영상이 번호판이 아니라면 –1을 반환한다.

⑤ 29, 30행은 번호판 영상으로 분류되면 반환받은 영상번호로 후보영역을 찾아서 입력영상에 그린다. 이때 draw_rotatedRect() 함수는 예제 12.2.3에서 소개한 함수로 입력영상에 회전사각형(RotatedRect)를 그려준다. 'preprocess.hpp' 헤더 파일에 옮겨 저장해 둔다.

실행결과에서 검출된 후보 영상을 창에 띄워 영상으로 보여주며, 번호판으로 분류되면 콘솔창에 result 행렬의 반환 결과와 imgae 창에 검출 영역을 사각형으로 그린다.

12.3 k-NN을 이용한 차량 번호 인식

12.3.1 번호판 문자 인식 프로그램 전체 처리 과정

번호판 영상을 검출했다면 이제 차량 번호판의 숫자와 문자를 인식해보자. 〈그림 12.3.1〉은 번호판 인식 프로그램의 전체 과정으로 숫자(문자) 학습 모듈과 숫자(문자) 인식 모듈로 구성된다. 숫자의 학습과 인식은 앞서 10장 k-NN 응용 예제로 다루었던 소스를 함수로 구현해서 사용한다. 다만, 차이가 있다면 학습 데이터로 번호판에 사용되는 문자를 추가로 학습 및 인식한다.

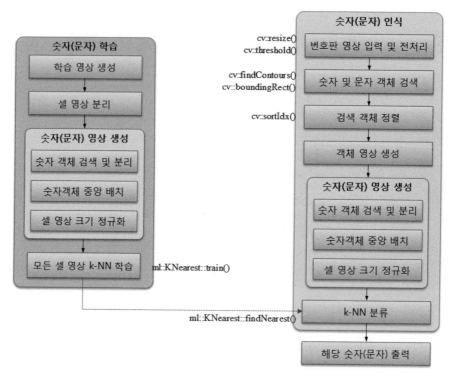

〈그림 12.3.1〉 번호판 검출 프로그램 전체 구성

숫자 인식 모듈에서는 앞 절에서 검출된 번호판 영상을 입력하면 잡음을 제거하기 위해 전처리 과정을 거친다. 그리고 숫자와 문자 객체를 검색하여, 객체의 x 좌표 값을 기준으로 정렬한 후에 객체를 영상으로 생성한다. 다음으로 생성된 영상을 객체 분리, 중앙 배치, 크기 정규화를 순서대로 수행해서 숫자(문자) 영상을 생성한다. 마지막으로 k-NN 분류 수행해서 해당 숫자(문자)를 콘솔창에 출력한다.

12.3.2 숫자 및 문자 영상의 학습

예제_10.3.3에서 KNN_number.cpp의 소스를 보면, 학습데이터를 로드해서 KNeares 클래스를 생성하고 학습의 수행하는 방법이 잘 예시되어 있다. 이번 예제에서는 그것을 다음과 같이 kNN_train() 함수로 구현하고 'knn.hpp' 헤더 파일에 추가로 저장한다.

```
Ptr<ml::KNearest>  kNN_train(string train_img, int K, int Nclass, int Nsample)
{
    Size  size(40, 40);                                        // 셀 크기
    Mat  trainData, classLable;
    Mat  train_image = imread(train_img, 0);                   // 전체 학습영상 로드
    CV_Assert(train_image.data);

    threshold(train_image, train_image, 32, 255, THRESH_BINARY);
    for (int i = 0, k = 0; i<Nclass; i++) {
        for (int j = 0; j< Nsample; j++, k++)
        {
            Point pt(j * size.width, i * size.height);         // 각 셀 시작 좌표
            Rect  roi(pt, size);
            Mat   part = train_image(roi);                     // 숫자 영상 분리

            Mat  num = find_number(part);                      // 숫자객체 검출
            Mat  data = place_middle(num, size);               // 셀 중심에 숫자 배치
            trainData.push_back(data);                         // 학습 데이터 수집
            classLable.push_back(i);                           // 레이블링
        }
    }

    Ptr<ml::KNearest>  knn = ml::KNearest::create();           // k-NN 객체 생성
    knn->train(trainData, ml::ROW_SAMPLE, classLable);         // k-NN 학습
    return knn;
}
```

kNN_train() 함수는 학습 데이터를 포함하는 영상의 경로 및 파일명과 집단의 개수 (Nclass) 및 한 집단 내 샘플수(Nsample)를 인수로 입력하면 학습이 수행된다. 소스에 대한 자세한 설명은 10장 3절의 내용을 참고하기 바란다.

여기서 숫자에 대한 학습은 10장의 숫자 학습영상(train_numbers.png)을 그대로 사용한다. 그리고 문자에 대한 학습영상은 〈그림 12.3.2〉와 같이 번호판에서 나오는 문자들을 다양한 폰트로 각 20개씩 구성한다. 하나의 문자가 40×40 크기로 전체 영상은 800×1000이다. 여기서 문자의 종류는 번호판 문자로 새로 정의된 25개의 문자에 대해서만 인식하도록 한다.

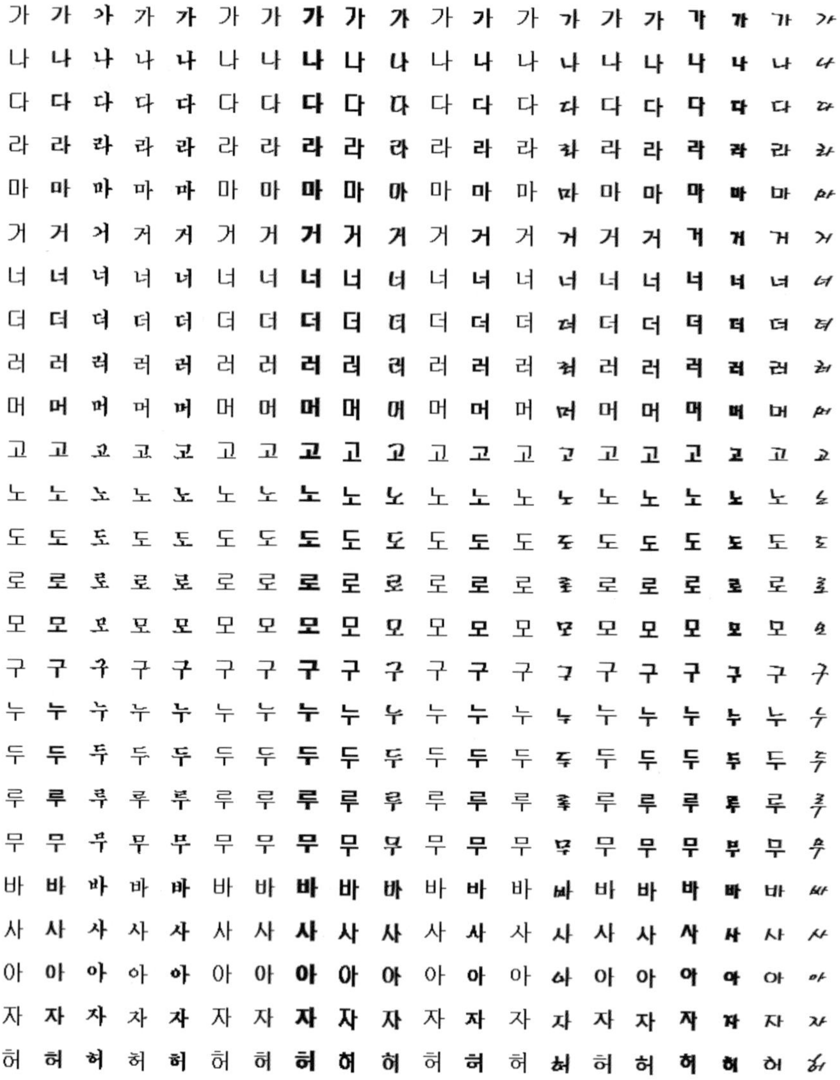

〈그림 12.3.2〉 글자 학습데이터

학습영상을 만드는 방법은 10장 3절에 숫자 학습영상을 만드는 방법과 같이 한글 워드프로세서를 이용하는 것이 편리하다. 예제 소스의 프로젝터 폴더 아래 image 폴더에 '글자체.hwp' 이름으로 한글 파일을 만들어 두었다.

12.3.2 번호판 영상 전처리

전처리의 과정은 먼저, 번호판 영상의 크기를 180×35로 변경한 후에 이진화를 수행한다. 다음으로 번호판 영상에서 좌우로 6픽셀씩 제거하고, 위아래로 3픽셀씩 제거한 크기로 관심영역(sub_roi)을 지정하여 해당 영역을 행렬로 가져와서 모서리를 제거한다. 이것은 〈그림 12.3.3〉과 같이 번호판 영상의 상하좌우 모서리 부분에서 잡음이 많기 때문이다.

〈그림 12.3.3〉 모서리 픽셀 제거

```
void preprocessing_plate(Mat plate_img , Mat& ret_img)
{
    resize(plate_img, plate_img, Size(180, 35));
    threshold(plate_img, plate_img, 32, 255, THRESH_BINARY | THRESH_OTSU);

    Point pt1 = Point(6, 3);
    Point pt2 = plate_img.size() - Size(pt1);
    ret_img = plate_img(Rect(pt1, pt2)).clone();
}
```

12.3.3 숫자 및 문자 객체 검색

다음은 번호판 영상에 숫자와 문자 객체를 찾는 find_objects() 함수를 구현한다. cv::findContours() 함수를 이용하면 쉽게 객체를 검출할 수 있다. 〈그림 12.3.4〉에서 양쪽 끝에 숫자나 문자 객체가 아닌 잡음이 있다. 이외에도 번호판 영상에는 제거되지 않은 작은 크기의 잡음들이 있을 수 있다. 이러한 잡음들도 cv::findContours() 함수에서 외곽선으로 검출하기 때문에 이들을 제거해야 오류를 줄일 수 있다.

검출된 외곽선에 cv::boundingRect() 함수를 적용하면 이 외곽선을 포함하는 사각형을 반환한다. 이 사각형의 너비와 높이로 종횡비를 계산하며, Rect::area() 함수로 사각형의 넓이를 구할 수 있다. 잡음 제거에 다음과 같이 이 종횡비와 넓이를 이용한다.

〈그림 12.3.4〉 문자 검출의 문제

여기서 번호판에는 숫자와 문자가 있으며, 번호판 영상의 크기를 정규화하기 때문에 문자 영역은 추측할 수 있다. 객체 사각형(r)의 x 좌표가 45~80 범위이면 문자 객체로 인지하여 문자 사각형 벡터(text_rects)로 저장한다.

또한 문자 영역은 한글의 형태로 인해 두 개 이상의 영역으로 분리되어 검출될 수 있다. 따라서 나누어진 문자 사각형들을 논리합(OR) 연산을 통해서 하나의 객체로 합치는 과정이 필요하다. Rect 객체에 대한 OR 연산이 두 사각형을 포함하는 사각형을 만든다.

```
01   void find_objects(Mat sub_mat, vector <Rect>& object_rects)
02   {
03       vector<vector<Point>> contours;
04       findContours(sub_mat, contours, RETR_EXTERNAL, CHAIN_APPROX_NONE);
05
06       vector <Rect> text_rects;
07       for (int i = 0; i< (int)contours.size(); i++)
08       {
09           Rect r = boundingRect(contours[i]);              // 검출 객체 사각형
10           if (r.width / (float)r.height > 2.5) continue;   // 객체 종횡비
11
12           if (r.x > 45 && r.x < 80 && r.area() > 80 )
13               text_rects.push_back(r);                     // 문자 객체 저장
```

```
14              else if (r.area() > 150)                          // 잡음 객체 크기
15                  object_rects.push_back(r);                    // 숫자 객체 저장
16          }
17
18      if (text_rects.size() > 0 ) {
19          for (size_t i = 1; i < (int)text_rects.size(); i++) {
20              text_rects[0] |= text_rects[i];                   // 첫 문자 객체에 누적
21          }
22          object_rects.push_back(text_rects[0]);
23      }
24  }
```

| 설명 |

① 4행은 cv::findContours() 함수로 번호판 영상에서 외곽선(객체)을 검출하여 contours 벡터에 저장한다. 흰색 화소 (255)를 객체로 인식하기 때문에 번호판 영상은 ～연산자로 행렬 원소를 반전하여 입력한다.

② 9행은 검출 객체에 cv::boundingRect() 함수를 적용해서 외곽선을 모두 포함하는 사각형을 만든다.

③ 10행은 검출 객체의 종횡비가 2.5보다 크면 객체로 저장하지 않는다.

④ 12행은 검출 객체가 문자 영역에 있으면 문자 객체(text_rect) 벡터에 저장한다.

⑤ 14행은 검출 객체의 면적이 150 이상인 것만 숫자 객체로 저장한다.

⑥ 18~23행은 분리되어 검출된 무자 객체들을 하나로 합친다.

⑦ 19~21행은 두 번째 문자 객체부터 마지막 문자 객체가지 반복하며 첫 번째 문자 객체에 OR 연산으로 누적하여 모두를 포함하는 사각형을 만든다.

⑧ 22행은 합쳐진 문자 객체를 숫자 객체의 마지막에 추가한다.

12.3.4 검출 객체 위치 정렬 및 개별 숫자(문자) 영상 생성

여기까지 숫자와 문자 사각형들을 모두 검출하고 벡터(obejct_rects)에 저장하였다. 그러나 검출된 사각형들의 위치가 정렬되어 있지 않기 때문에 어떤 사각형이 몇 번째 숫자인지 알 수 없다. 각 사각형의 위치를 인지해서 몇 번째 숫자인지를 정하기 위해서 obejct_rects의 사각형들을 x 좌표를 기준으로 오름차순으로 정렬한다. 이 과정은 다음의 sort_rects() 함수에서 구현하며, 그 방법으로 행렬 원소 정렬에 대한 원본 인덱스를 반환하는 cv::sortIdx() 함수를 이용한다.

```
void sort_rects(vector <Rect> obj_rects, vector<Rect>& sorted_rects)
{
    Mat pos_x;
    for (size_t i = 0; i < object_rects.size(); i++) {
        pos_x.push_back(object_rects[i].x);                    // x 좌표 저장
    }
    // x 좌표 정렬된 원본 인덱스
    sortIdx(pos_x, pos_x, SORT_EVERY_COLUMN + SORT_ASCENDING);
    for (int i = 0; i < pos_x.rows; i++)    {
        int idx = pos_x.at<int>(i, 0);
        sorted_rects.push_back(object_rects[idx]);
    }
}
```

먼저, cv::sortIdx() 함수로 정렬하기 위해 Mat형으로 변환해야 한다. 따라서 obejct_rects 벡터의 원소들에서 x 좌표의 값을 pos_x 행렬에 저장한다. 그리고 cv::sortIdx() 함수로 pos_x 행렬의 정렬 인덱스를 다시 pos_x 행렬로 반환받는다. 마지막으로 이 인덱스를 첨자로 지정해서 obejct_rects 벡터를 재배치하여 저장하면 정렬이 완료된다.

정렬이 완료되면 각 숫자 사각형으로 관심영역을 구성해서 배열(number[])에 객체를 영상으로 저장한다.

12.3.5 검출 객체 영상의 숫자 및 문자 인식

이제 마지막으로 검출 객체 영상을 분류하여 숫자 및 문자를 인식한다. 이 과정은 classify_numbers() 함수로 구현한다. 여기서 find_number() 함수로 숫자 영상에서 숫자가 있는 위치를 찾아서 숫자 객체만을 가져오고, place_middle() 함수로 숫자 객체를 영역의 중앙에 배치시킨다. find_number() 함수와 place_middle() 함수는 10장 3절에 자세히 설명되어 있다.

```cpp
void classify_numbers(vector<Mat> numbers, Ptr<ml::KNearest> knn[2], int K1, int K2)
{
    string text_value[] = {                           // 인식할 문자 – 레이블값 대응 문자
        "가", "나", "다", "라", "마", "거", "너", "더", "러", "머",
        "고", "노", "도", "로", "모", "구", "누", "두", "루", "무",
        "바", "사", "아", "자", "허",
    };

    cout << "분류결과 : ";
    for (int i = 0; i < (int)numbers.size() ; i++)
    {
        Mat   num = find_number(numbers[i]);           // 숫자객체 검색
        Mat   data = place_middle(num, Size(40, 40));  // 중앙 배치

        Mat results;
        if (i == 2)    {
            knn[1]->findNearest(data, K1, results);    // 숫자 k-NN 분류 수행
            cout << text_value[(int)results.at<float>(0)] << " "; // 결과 출력
        }
        else {
            knn[0]->findNearest(data, K2, results);    // 문자 k-NN 분류 수행
            cout << results.at<float>(0) << " ";       // 결과 출력
        }
//      imshow("number_" + to_string(i - 1), num);
    }
}
```

함수로 전달받은 두 번째 인수인 knn는 KNearest 클래스로 생성한 객체로 2개의 원소를 갖는 배열이다. 여기서 knn[0]은 숫자 학습을 시켰으며, knn[1]은 문자 학습을 시킨 객체이다. 번호판 영상의 검출 영상들 중에서 세 번째(i = 2) 영상이 문자이기 때문에 이 영상만 문자 학습 객체(knn[1])로 분류를 수행한다. 나머지 검출 영상들은 숫자 학습 객체로 분류를 한다.

결과의 출력은 분류의 결과로 반환받은 result 행렬의 레이블 값을 cout 함수로 출력한다. 다만, 문자 객체는 분류의 결과로 반환 받은 result 행렬의 레이블 값을 그대로 출력하면 숫자로 출력하기 때문에 어떤 문자인지 확인할 수 없다. 따라서 각 레이블에 해당하는 문

자들을 배열로 구성해서 text_value에 저장해 두고, 이 배열에 분류 결과값을 인덱스로 적용하면 해당 문자가 출력된다.

다음은 차량 번호판의 검출과 인식의 전체 과정에 대한 소스 코드이다.

| 예제 12.3.1 | 번호판 숫자 인식 프로그램 완성 – classify_numbers.cpp |

```cpp
01   #include "preprocess.hpp"              // 전처리 및 후보영역 검출 함수
02   #include "candiate.hpp"                // 후보영역 개선 및 후보영상 생성 함수
03   #include "SVM.hpp"                      // 학습데이터 로드 및 SVM 수행
04   #include "kNN.hpp"                      // kNN 학습 함수 – 10장 3절
05   #include "classify_objects.hpp"         // kNN 분류 함수
06
07   int main()
08   {
09       int K1 = 15, K2 = 15;
10       Ptr<ml::KNearest> knn[2];
11       knn[0] = kNN_train("../image/trainimage/train_numbers.png", K1, 10, 20);  // 숫자 학습
12       knn[1] = kNN_train("../image/trainimage/train_texts.png", K2, 25, 20);   // 문자 학습
13
14       // 번호판 학습 완료 데이터 로드
15       Ptr<ml::SVM> svm = ml::StatModel::load<ml::SVM>("../SVMtrain.xml");
16
17       int car_no;
18       cout << "차량 영상 번호 (0-20) : ";
19       cin >> car_no;
20       string fn = format("../image/test_car/%02d.jpg", car_no);
21       Mat image = imread(fn, 1);
22       CV_Assert(image.data);
23
24       Mat morph = preprocessing(image);                           // 전처리
25       vector<RotatedRect> candidates;
26       find_candidates(morph, candidates);                        // 후보 영역 검출
27       vector<Mat> candidate_img = make_candidates(image, candidates);// 후보 영상 생성
28
29       int plate_no = classify_plates(svm, candidate_img);        // SVM 분류
30
31       if (plate_no >= 0)
```

```
32          {
33              vector <Rect> obejct_rects, sorted_rects;
34              vector <Mat> numbers;                                      // 숫자(문자) 객체
35              Mat   plate_img, color_plate;                              // 컬러 번호판 영상
36
37              preprocessing_plate(candidate_img[plate_no], plate_img);  // 번호판 영상 전처리
38              cvtColor(plate_img, color_plate, CV_GRAY2BGR);
39
40              find_objects(~plate_img, obejct_rects);                    // 숫자 및 문자 검출
41              sort_rects(obejct_rects, sorted_rects);                    // 검출객체 정렬
42
43              for (size_t i = 0; i < sorted_rects.size(); i++)    {
44                  numbers.push_back(plate_img(sorted_rects[i]));         // 정렬된 숫자 영상
45                  rectangle(color_plate, sorted_rects[i], Scalar(0, 0, 255), 1); // 사각형 그리기
46              }
47
48              if (numbers.size() == 7) {
49                  classify_numbers(numbers, knn, K1, K2);                // kNN 분류 수행
50              }
51              else  cout << "숫자(문자) 객체를 정확히 검출하지 못했습니다." << endl;
52
53              imshow("번호판 영상", color_plate);                         // 번호판 영상 표시
54              draw_rotatedRect(image, candidates[plate_no], Scalar(0, 255, 0), 2);
55          }
56          else  cout << "번호판을 검출하지 못하였습니다. " << endl;
57
58          imshow("image", image);
59          waitKey();
60          return 0;
61      }
```

| 설명 |

① 11, 12행은 kNN_train() 함수로 숫자 학습 객체와 문자 학습 객체를 생성하고 학습을 수행한다.

② 15행은 12장 2절에서 SVM 학습을 수행하여 저장한 'SVMtrain.xml' 파일을 로드해서 SVM 객체를 생성한다.

③ 38행은 번호판 영상에 검출된 객체를 빨간색으로 표시하기 위해 컬러 영상을 만든다.

④ 40행은 번호판 영상에서 숫자 및 문자들을 객체로 검출한다. 이때 번호판 영상을 객체부분을 흰색으로 만들기 위해서 반전하여 입력한다.

⑤ 41행은 번호판 영상에서 검출된 객체들을 x 좌표 기준을 정렬한다.

⑥ 44행은 정렬된 객체들을 관심영역으로 참조한 영상을 numbers 배열에 저장한다.

⑦ 45행은 컬러 번호판 영상에 정렬된 객체 사각형을 빨간색으로 표시한다.

⑧ 48, 49행에서 정렬 객체가 7개 일 때에만 kNN 분류를 수행하며, 그렇지 않으면 오류 메시지를 콘솔에 출력한다. 이것은 번호판에서 숫자와 문자가 7개이기 때문이다.

⑨ 54행은 원본 차량 영상에 번호판 영역을 회전사각형으로 그린다.

| 실행결과 |

실행결과에서 차량 영상을 입력하면, 번호판을 검출하고, 검출된 번호판에서 숫자와 문자를 검출해서 사각형으로 표시하며, 각 숫자를 인식해서 분류 결과를 콘솔창에 표시해 준다.

| 단원 요약 |

1. 동전 영상에서 전치리 과정으로 가우시안 블러링은 동전 객체 내부의 문양 등으로 인한 잡음을 제거하기 위함이고, 이진화 수행후 모폴로지 열림연산은 배경 부분의 잡음을 제거하기 위함이다.

2. 객체의 검출에 유용한 OpenCV 함수로 외곽선을 검출해주는 cv::findContours() 함수가 있다. 외곽선은 Point 객체를 원소로 갖는 벡터들(vector⟨vector⟨Point⟩⟩)로 반환된다.

3. 외곽선의 좌표들로 영역을 계산하는 함수로 cv::minAreaRect()와 cv::bounding Rect() 함수가 있다. cv::minAreaRect() 함수는 좌표들을 포함하는 최소 영역을 회전 사각형(RotatiedRect)으로 반환하며, cv::boundingRect() 함수는 좌표들을 포함하는 사각형(Rect)을 반환한다.

4. 10원 동전과 50원 이상의 동전을 구분하기 위해, 동전의 반지름과 함께 색상 히스토그램의 유사도를 이용한다.

5. SVM(Support Vector Machine)은 데이터들을 분리하는 분리 경계면 중에서 각 분류 데이터들과의 거리(margin)가 가장 먼 분리 경계면을 찾아냄으로써, 데이터를 분리하는 방법이다.

6. OpenCV 2.x에서 CvSVM 클래스로 사용하던 방식에서 3.x 버전에서는 StatModel 클래스를 상속받은 SVM 클래스을 사용한다. 이 클래스들은 ml 라이브러리에 있어 ml 네임스페이스를 반드시 포함해야 하며,, Ptr 클래스를 사용해서 선언하고 포인터 접근 방식으로 객체를 사용해야 한다.

7. 번호판 영상 검출을 위한 전처리 과정은 수직방향 소벨 에지를 검출하여, 모폴로지 닫힘 연산을 수행한다. 모폴로지 연산 마스크는 번호판과 비슷한 형태를 갖게 5행, 25열로 구성한다.

8. 번호판 후보 영역을 개선은 컬러 영상을 사용하며, cv::floodFill() 함수로 지정한 좌표의 색상과 유사한 색상들을 채워서 후보 영역에서 유사한 색상들을 하나로 묶는다. 또한 채움을 여러 번 수행해서 누적함으로써 후보 영상의 유사한 색상들을 최대한 채운다.

9. kNN 클래스나 SVM 클래스는 StatModel 클래스에서 상속된 클래스이기 때문에 학습된 데이터의 StatModel::save() 함수로 xml 파일로 저장할 수 있으며, StatModel::load() 함수로 저장된 xml 파일을 로드해서 객체를 생성할 수 있다.

연습문제

1. 동전 인식 프로그램에서 전치리 과정에서 대해서 기술하고, 각 과정에 대한 이유를 대해서 설명하시오.

2. OpenCV에서는 이진 영상에서 외곽선을 검출하는 cv::findContours() 함수를 제공한다. 이 함수의 사용법과 파라미터를 설명하고, 기본 예시 코드를 작성하시오.

3. OpenCV에서 외곽선은 Point를 원소로 갖는 벡터(vector⟨Point⟩)로 표현된다. 이 좌표들이 둘러싼 영역을 구하는 함수로 cv::minAreaRect() 와 cv::boundingRect() 함수가 있다. 각각 비교 설명하시오.

4. cv::getRectSubPix() 함수는 파라미터와 사용법을 예시 코드를 통해서 설명하시오.

5. cv::floodFill() 함수의 매개변수와 사용법을 예시 코드를 통해서 설명하시오.

6. 선형판별법과 SVM을 기본 원리로 간단히 비교 설명하시오

7. SVM에서 서포트 벡터가 무엇인가?

8. OpenCV에서 제공하는 SVM 클래스의 객체 선언 방법과 파라미터 지정 방법을 예를 들어 설명하시오.

9. 예제_12.2.4에서 번호판 후보 영상을 검출하기 위한 전처리 과정을 기술하고, 가가 과정의 수행하는 이유를 설명하시오.

10. 동전 인식 프로그램에서 〈그림 12.1.3〉과 같이 검출된 회전사각형의 정보를 이용해서 회전사각형을 그리는 프로그램을 작성하시오.

11. 12.1.5절에서 색상 히스토그램으로 두 개의 그룹으로 분리하는 grouping() 함수에서 유사도를 구하는 수식을 OpenCV에서 제공하는 cv::multiply() 함수로 구현하였다. 이 부분을 다음의 수식대로 원소의 곱을 누적하는 방법으로 수정하시오.

$$S_k = \sum w_k(i) * H(i) \qquad k = \{0, 1\}, \ i = \{0, 2, \cdots, 31\}$$

$$\begin{cases} Group0, \ where \ \ S_0 > S_1 \\ Group1, \ otherwise \end{cases}$$

12. 예제 12.1.3의 소스를 화살표 키를 이용해서 연속적으로 이전/다음 영상을 입력받아서 수행하도록 수정하시오.

13. 예제_12.2.1과 예제_12.2.4의 소스로 번호판 영상을 직접 촬영해 학습데이터 파일을 'SVMtrain.xml'를 구성하시오.

14. 12.3.4 절의 번호판 인식 프로그램에서 다음의 정렬 함수 sort_rects()를 cv::sortIdx() 함수를 사용하지 않고 직접 구현하시오 (퀵 정렬 혹은 선택 정렬 알고리즘 사용)

```
void sort_rects(vector <Rect> obj_rects, vector<Rect>& sorted_rects)
{
    Mat pos_x;
    for (size_t i = 0; i < object_rects.size(); i++) {
        pos_x.push_back(object_rects[i].x);
    }

    sortIdx(pos_x, pos_x, SORT_EVERY_COLUMN + SORT_ASCENDING);
    for (int i = 0; i < pos_x.rows; i++)     {
        int idx = pos_x.at<int>(i, 0);
        sorted_rects.push_back(object_rects[idx]);
    }
}
```

찾아보기

저자 소개

정성환

경북대학교 대학원 영상처리 전공(공학박사)
미국 캘리포니아 주립대학(UCSB) Post–Doc
미국 콜로라도 CSM 주립대학 교환교수
미국 워싱턴 주립대학(UW) 연구교수
독일 콘스탄츠대학(UK) 연구교수
정보처리 기술사/ 전자계산기 기술사/ 정보시스템 감리사
한국전자통신연구소(현 ETRI) 응용 S/W 개발실 연구원
한국정보과학회 영남지부 지부장
한국컴퓨터범죄학회 부회장
한국멀티미디어학회 부회장
한국정보시스템감리사협회 부회장
국립 창원대학교 컴퓨터공학과 교수

저서
· 실용멀티미디어
· C를 이용한 영상처리의 이해와 활용
· Java를 이용한 디지털 영상처리
· MATLAB을 활용한 실용 디지털 영상처리
· 오픈소스 CxImage를 이용한 Visual C++ 디지털 영상처리
· 오픈소스 OpenCV를 이용한 컴퓨터비전 실무 프로그래밍
· 오픈소스 GS를 이용한 디지털 영상처리 기본 프로그래밍
· OpenCV로 배우는 컴퓨터비전 및 응용

배종욱

창원대학교 컴퓨터공학과 공학박사
창원대학교 산업기술연구원 연구원
창원대학교 컴퓨터공학과 강사
창원대학교 영재교육원 강사

저서
· OpenCV로 배우는 컴퓨터비전 및 응용